CHARLES MACKINNON

ENGLISH-GAELIC DICTIONARY

ENGLISH-GAELIC DICTIONARY

COMPILED BY

John Mackenzie

(This work formed Part II
of MacAlpine's *Pronouncing
Gaelic Dictionary*)

GAIRM PUBLICATIONS
29 Waterloo Street
Glasgow
1975

SBN 901771 19 8

Printed in Great Britain by
ROBERT MACLEHOSE AND CO LTD
Printers to the University of Glasgow

AN

ENGLISH-GAELIC DICTIONARY.

A,

A, *s.* Ceud litir na h-aibidil.
ABACK, *adv.* Air ais.
ABACUS, *s.* Clàr-cunntais ; clach-mhullaich.
ABAFT, *adv.* A dh'ionnsaidh an deiridh.
ABAISANCE, *s.* Umhlachd.
ABALIENATE, *v. a.* Thoir thairis do chòir do neach eile.
ABANDON, *v. n.* Fàg, dìobair, tréig.
ABANDONED, *part.* Tréigte.
ABASE, *v. a.* Ìslich, cuir sìos.
ABASED, *part.* Islichte.
ABASEMENT, *s.* Ìsleachadh, irioslachadh, leagail sìos ; eas-urram, tàir.
ABASH, *v. a.* Nàraich, athaich.
ABASHMENT, *s.* Breisleachadh, ioghnadh.
ABATE, *v. a.* and *n.* Lughdaich, beagaich.
ABATEMENT, *s.* Lughdachadh, ìsleachadh.
ABBA, *s.* Athair (facal Eabhrach).
ABBACY, *s.* Sealbh, a bhuineas do dh'-aba.
ABBESS, *s.* Ban-aba.
ABBEY, *s.* Abaid, taigh-mhanach.
ABBOT, *s.* Aba.
ABBREVIATE, *v. a.* Giorrach.
ABBREVIATION, *s.* Giorrachadh.
ABBREVIATURE, *s.* Comharradh giorrachaidh.
ABDICATE, *v. a.* Leig dhìot do chòir.
ABDICATION, *s.* Toirt suas, tréigsinn.
ABDITORY, *s.* Ionad falaich.
ABDOMEN, *s.* Iochdar a' chuirp.
ABDOMINAL, *adj.* A bhuineas do'n bhroinn.
ABDOMINOUS, *adj.* Bronnach.
ABDUCE, *v. a.* Cuir o chéile.
ABDUCTION, *s.* Toirt air falbh.

ABLE-BODIED

ABECEDARIAN, *s.* Fear-teagaisg na h-aibidil.
ABEARANCE, *s.* Giùlan, iomchar
ABED, *adv.* Air leabaidh.
ABERRANCE, *s.* Seachran o'n t-slighe cheart.
ABERRANT, *adj.* Seachranach.
ABET, *v. a.* Brosnaich, cuidich.
ABETMENT, *s.* Brosnachadh, cuideachadh.
ABETTOR, *s.* Fear-brosnachaidh.
ABEYANCE, *s.* Dlighe laghail àraidh.
ABGREGATE, *v. a.* Tearbadh.
ABHOR, *v. a.* Sgreataich, oilltich.
ABHORRENCE, *s.* Sgreamh, dù-ghràin.
ABHORRENT, *adj.* Fuathach, gràineil.
ABHORRENTLY, *adv.* Gu sgreataidh.
ABHORRING, *s.* Geur-fhuathachadh.
ABIDE, *v. a.* and *n.* Fan, fuirich.
ABIDING, *v.* Fuireach, fantainn, tàmh.
ABJECT, *adj.* Suarach, dìblidh, bochd, truaillidh, tàireil, meallta.
ABJECTION, *s.* Mìotharachd aignidh, no inntinn, suarachas, tràillealachd.
ABILITY, *s.* Comas, cumhachd, &c.
ABILITIES, *s.* Càileachd, comas-inntinn.
ABJUDICATED, *part. adj.* Air a thoirt le breth, o aon neach do neach eile.
ABJUDICATION, *s.* Diùltadh.
ABJUGATE, *v. a.* Fuasgail, saor.
ABJURATION, *s.* Mionnachadh nach deanar ni àraidh ; àicheadh. Abjuration oath, *Cùl-mhionnan.*
ABJURE, *v. a.* Cùl-mhionnaich ; tréig do bharail.
ABLATION, *s.* Tabhairt air falbh.
ABLATIVE, *adj.* A bheir air falbh.
ABLE, *adj.* Comasach, teòma, sgileil.
ABLE-BODIED, *adj.* Corp-làidir, Treun,

ABLEGATE, v. a. Cuir air theachdaireachd.

ABLEPSY, s. Doille, cion-fradhairc

ABLIGATE, v. a. Ceangail suas.

ABLOCATION, s. Suidheachadh, no leigeil a mach air mhàl.

ABLUENT, adj. Ionnladach, nighteach.

ABLUTION, s. Ionnlad, glanadh; saoradh o chiont.

ABNEGATE, v. a. Àicheadh, diùlt, seachain.

ABNEGATION, s. Àicheadh, diùltadh.

ABOARD, adv. Air bòrd luinge.

ABODE, s. Àite còmhnaidh.

ABOLISH, v. a. Thoir thairis; cuir as.

ABOLISHABLE, adj. A dh' fhaodar a chur as, no à sgrios.

ABOLITION, s. Sgaoileadh, atharrachadh, sgrios.

ABOMINABLE, adj. Gràineil, fuathor.

ABOMINABLENESS, s. Gràinealachd.

ABOMINATE, v. a. Fhuathaich, oilltich.

ABOMINATION, s. Gràinealachd, dùghrain.

ABORIGINES, s. Prìomh-mhuinntir.

ABORTION, s. Torrachas anabaich.

ABORTIVE, adj. Anabaich, neo-inbheach.

ABOVE, prep. Os-ceann, a bhàrr.

ABOVE, adv. Shuas, gu h-àrd.

ABOVE ALL, ad. Os bàrr, gu h-àraidh.

ABOVE-BOARD, ad. Os ceann bùird.

ABOUND, v. n. Fas lìonmhor sìolmhor.

ABOUT, prep. Mu, mu 'n cuairt, dlù, About ten thousand, mu dheich mìle; They were speaking about you, bha iad a bruidhinn mu d' dhéibhinn; About him, uime, mu'n cuairt da, mu 'thimchioll, mu'dhéibhinn; about them, umpa, mu'n cuairt daibh; about her, uimpe, mu'n cuairt d'i, mu 'déibhinn, mu 'timchioll; about whom? cia uime?

ABOUT, adv. An cuairt, gu cruinn, gu timchiollach. Ceithir thimchioll, mu'n cuairt; fagus air; air tì, a dol a', gu; timchioll, toirt gu crìch; gu buil, gu teachd; ag iarraidh.

ABRADE, v. a. Suath dheth, suath air falbh.

ABREAST, adv. Uchd ri uchd.

ABRIDGE, v a. Giorraich, lughdaich.

ABRIDGED, part. Giorraichte.

ABROAD, adv. Mu sgaoil; a muigh, a mach; air aineol, an tìr chéin; an tìr thall. gu, no do, thìr chéin; air gach taobh; an leth muigh.

ABROGATE, v. a. Cuir lagh air chùl, cuir a leth-taobh.

ABRUPT, adj. Cas, corrach, creagach; aithghearr, grad, cabhagach, gun uidheamachadh; briste.

ABRUPTION, s. Grad-bhriseadh.

ABRUPTNESS, s. Cabhag, caise, corrachas, bristeachd.

ABSCESS, s. Neasgaid, at, iongrachadh.

ABSCIND, v. a. Gearr dheth, gearr air falbh.

ABSCISSION, s. Gearradh dheth, sgudadh.

ABSCOND, v. a. and n. Falaich thu féin, teich air fògradh.

ABSCONDER, s. Fògarach, fear-cùirn.

ABSENCE, s. Neo-làthaireachd; neo-aireachail.

ABSENT, adj. Neo-làthaireach, neo-aireach, smuain-sheachranach.

ABSENT, v. a. Rach o'n taigh, cùm air falbh.

ABSENTEE, s. Neach a ta air falbh o 'dhùthaich.

ABSINTHIATED, part. Searbhaichte.

ABSINTHIUM, s. Lùs-nam-biast.

ABSIST, v. n. Seas air falbh, leig dhìot.

ABSOLVATORY, adj. A mhathas lochd.

ABSOLVE, v. a. Saor, math, fuasgail o, crìochnaich, co-lion.

ABSOLVER, s. Neach a ghabhas air féin peacadh a mhathadh.

ABSOLUTE, adj. Iomlan, co-lion • saor, gun chumha; neo-cheannsaichte, neo-cheangailte.

ABSOLUTENESS, s. Iomlanachd, dligheachas, fuasgailteachd, àrd-chumhachd.

ABSOLUTION, s. Saoradh, mathanas, fuasgladh.

ABSOLUTORY, adj. A shaoras, a dh' fhuasglas, a mhathas.

ABSONANT, adj. Mi-chéillidh, baoth.

ABSONOUS, adj. Neo-bhinn, searbhghuthach, searbh-ghlòireach.

ABSORB, v. a. Sluig, deothail, òl.

ABSORBENT, adj. A shluigeas, a shùghas, a dh-òlas.

ABSORBENT, s. Leigheas sùghaidh, a thiormaicheas leanntaidhean a' chuirp.

ABSORPT, part. Sluigte, sùghte sìos.

ABSORPTION, s. Tiormachadh, sùghadh, slugadh.

ABSTAIN, v. a. Seachain, seun, fàg; na gabh, àicheadh dhut féin.

ABSTEMIOUS, adj. Stuama, measarra.

ABSTEMIOUSNESS, s. Stuaim, measarrachd.

ABSTERGE, v. a. Glan-shuath, suathghlan.

ABSTERGENT, adj. A sealbhachadh nàdur glanaidh.

ABSTINENCE, s. Measarrachd, stuamachd.

ABSTINENT, adj. Stuama, measarra.

ABSTRACT, v. a. As-tharruinn; tarruinn a bhrìgh ás, thoir a shùgh as; dealaich beachdan na h-inntinn o chéile.

ABSTRACT, adj. Eadar - dhealaichte, sgairte; dorch, deacair r'a thuigsinn; neo-mheasgaichte.

ABSTRACT, *s.* As-tarruinn suim aith-ghearr, brigh; sùmhlachadh, aith-ghiorrachadh.

ABSTRACTION, *s.* Dealachadh, eadar-dhealachadh, brìgh-tharruinn; neo-aire do nithibh 's an làthair.

ABSTRUSE, *adj.* Doilleir, falachaidh, do-thuigsinn, deacair.

ABSTRUSENESS, *s.* Doilleireachd, doimh-neachd, deacaireachd.

ABSURD, *adj.* Amaideach, baoth.

ABSURDITY, *s.* Amaideachd, baogh-altas, faoinealachd.

ABSURDLY, *adv.* Gu mi-reusonta, mi-chiallach, gòrach.

ABUNDANCE, *s.* Pailteas, lìonmhorachd.

ABUNDANT, *adj.* Pailt, saibhir, làn.

ABUNDANTLY, *adv.* Gu pailt, gu saibhir.

ABUSE, *v.a.* Mi-ghnàthaich, mi-bhuilich; meall, gabh brath; thoir ana-cainnt, maslaich, trod, càin, beum.

ABUSE, *s.* Mi-ghnàthachadh, mi-bhuil-eachadh, ana-caitheamh; càineadh, trod, ana-cainnt.

ABUSER, *s.* Milltear, struidhear; fear-càinidh, fear ana-cainnt.

ABUSIVE, *adj.* Millteach, strùidheil, ana-caithteach; ana-cainnteach.

ABUTTAL, *s.* Crìoch no iomall fearainn; sgrìobhadh anns am beil crìochan air an ainmeachadh.

ABUTMENT, *s.* Co-chrìoch, stéidh togalach. ,

ABYSS, *s.* Doimhneachd gun ìochdar; dubh-aigean; ifrinn.

ACADEMIC, *s.* Fòghlumach.

ACADEMIC, *adj.* A bhuineas do thaigh-fòghlum.

ACADEMY, *s.* Àrd-sgoil.

ACATES, *s.* Biadh, teachd-an-tìr.

ACCEDE, *v. n.* Aontaich, strìochd, còrd.

ACCELERATE, *v. a.* Greas, luathaich.

ACCELERATION, *s.* Greasad, luath-achadh.

ACCENT, *s.* Fuaim, fonn, blas cainnte, pong-labhairt.

ACCEPT, *v. a.* Gabh.

ACCEPTABILITY, *s.* Taitneachd.

ACCEPTABLE, *adj.* Taitneach.

ACCEPTANCE, *s.* Gabhail le deagh-thoil.

ACCESS, *s.* Rathad, slighe, fosgladh.

ACCESSARY, *s.* Fear-cuideachaidh.

ACCESSIBLE, *adj,* So-ruigsinn; fosg-arra, fàilteach.

ACCESSION, *s.* Meudachadh, cuideach-adh, leasachadh; tighinn an ceann.

ACCESSORY, *adj.* A mheudaicheas, a chuidicheas.

ACCESSORY, *s.* Aontachair, co-pàirt-iche ann an ciont, co-chiontaiche.

ACCIDENT, *s.* Sgiorradh, tubaist, beud.

ACCIDENTAL, *adj.* Tuiteamach, tubaisteach.

ACCLAIM, *v. n.* Ard-mhol, dean luath-ghair.

ACCLAIM, *s.* Luath-ghàir.

ACCLAMATION, *s.* Caithream éibhneis.

ACCLAMATORY, *adj.* Luath-ghaireach, ait, éibhneach.

ACCLIVITY, *s.* Bruthach, uchdach.

ACCLIVOUS, *adj.* Bruthachail, uchdach-ail,cas.

ACCOIL, *v. n.* Dòmhlaich, dùmhlaich.

ACCOLENT, *s.* Fear-àiteachaidh chrìoch.

ACCOMMODABLE, *adj.* Goireasach.

ACCOMMODATE, *v. a.* Thoir coingheall, ceartaich; réitich.

ACCOMMODATE, *adj.* Iomchuidh, cubh-aidh.

ACCOMMODATION, *s.* Freagarrachd, goireas, ceartachadh, rùm; uidheam, ullachadh; réite, socrachadh, còrdadh.

ACCOMPANIER, *s.* Fear-co-thurais.

ACCOMPANIMENT, *s.* Leasachadh, ni an cois ni no neach.

ACCOMPANY, *v. a.* and *n.* Rach an cuideachd, ni no neach.

ACCOMPLICE, *s.* Fear-comuinn, pàirt-iche, co-chiontaiche.

ACCOMPLISH, *v. a.* Crìochnaich, thoir gu buil thoir gu crìch; co-lìon.

ACCOMPLISHED, *part. adj.* Iomlan, deas, sgiamhach, snasail, eireachdail, àlainn.

ACCOMPLISHMENT. Crìochnachadh, co-lìonadh; sgèimhealachd, maise; cosnadh, faotainn, fòghlum.

ACCOMPTANT, *s.* Fear-cunntais.

ACCORD, *v. a.* and *n.* Réitich, aontaich · còrd.

ACCORD, *s.* Co-chòrdadh.

ACCORDANCE, *s.* Còrdadh, co-sheirm.

ACCORDING, *prep.* A réir, a thaobh.

ACCORDINGLY, *adv.* Mar sin, a réir sin.

ACCOST, *v. a.* Cuir fàilte, fàiltich.

ACCOSTABLE, *adj.* Faoilidh, furanach.

ACCOUNT, *s.* Cunntas, àireamh; meas; urram, inbhe, àrd-inbhe, àirde; sgeul, tuairisgeul; rannsachadh, dearbhadh; mìneachadh, soilleireachadh

ACCOUNT, *v. a.* and *n.* Meas, baralaich, smuainich; àireamh, cunnt; thoir cunntas, aithris, bi freagarrach.

ACCOUNTABLE, *adj.* Freagarrach, a dh'fheumas cunntas a thabhairt.

ACCOUNTABLENESS, *s.* Freagarrachd.

ACCOUNTANT, *s.* Cunntair.

ACCOUNT-BOOK, *s.* Leabhar-cunntais.

ACCOUTRE, *v.a.* Uidheamaich, deasaich.

ACCOUTREMENTS, *s.* Armachd, uidh-eam, airneis.

ACCREDIT, *v. a.* Guidich, dean taobh ri, thoir urram do.

ACCREDITED, *adj.* Earbsach.

ACCRESCENT, *adj.* A chinneas, a dh-fhàsas suas.

ACCRETIVE, *adj.* Co-fhàsail, co-chinntinneach.

ACCROACH, *v. a.* Clic, tarruinn chugad le cromaig.

ACCRUE, *v. n.* Thig gu; éirich o, sruth o, tàrmaich.

ACCRUMENT, *s.* Meudachadh, leasachadh, fàs.

ACCUBATION, *s.* Laidhe air uilinn, sineadh air leabaidh.

ACCUMB, *v. a.* Laidh, no sìn thu féin sìos air t-uilinn.

ACCUMBENT, *adj.* A laidheas air uilinn.

ACCUMULATE, *v. a.* Càrn suas, cruach, cruinnich, cuir r'a chéile, cnuasaich.

ACCUMULATION, *s.* Co-chruinneachadh, cur r'a chéile, càrnadh suas, cnuasachadh, trusadh.

ACCURACY, *s.* Pongalachd, dearbhachd, cinnteachd, sicireachd, soilleireachd, snasmhorachd, freagarrachd.

ACCURATE, *adj.* Pongail, neo-chearbach, cinnteach, ceart, riaghailteach, freagarrach.

ACCURATENESS, *s.* Pongalachd, eagnaidheachd, freagarrachd.

ACCURSE, *v. a.* Mallaich, dìt.

ACCURSED, *part. adj.* Mallaichte; a thoill mallachd.

ACCUSABLE, *adj.* Ri choireachadh, ri chronachadh, a thoill dìteadh.

ACCUSATION, *s.* Casaid, cùis-dhìtidh.

ACCUSATIVE, *adj.* A choiricheas, casaideach.

ACCUSATORY, *adj.* A dhìteas, a chasaideas.

ACCUSE, *v. a.* Dean casaid, dìt, gearain, coirich, tagair.

ACCUSED, *part. adj.* Coirichte.

ACCUSER, *s.* Fear-dìtidh, fear-casaid.

ACCUSTOM, *v. a.* and *n.* Cleachd, gnàthaich.

ACCUSTOMARY, *adj.* Gnàthach.

ACCUSTOMED, *adj.* A réir cleachdaidh, mar bu ghnàthach.

ACE, *s.* Aon; ni meanbh, smùirnean.

ACERB, *adj.* Searbh, geur, goirt.

ACERBATE, *v. a.* Dean searbh, geur, goirt.

ACERBITY, *s.* Blas searbh, geur, goirt.

ACERVATION, *s.* Tòrradh, càrnadh, trusadh.

ACESCENT, *adj.* A' fàs geur.

ACETOSITY, *s.* Searbhas, geurachd, goirteachd, gairgead.

ACETOUS, *adj.* Goirt, searbh, garg.

ACHE, *s.* Pian, goirteas, goimh.

ACHE, *v. n.* Tinn, cràiteach.

ACHIEVE, *v. a.* Crìochnaich gu sona, co-lion gu buadhach.

ACHIEVEMENT, *s.* Euchd, gaisge.

ACHIEVER, *s.* Gaisgeach.

ACHING, *s.* Pian, goirteas, cràdh, acaid.

ACID, *adj.* Geur, goirt, searbh, garg.

ACID, *s.* Ni searbh no geur.

ACIDITY, *s.* Geurachd, searbhachd.

ACIDULATE, *v. a.* Dean searbh, garg.

ACIDULOUS, *adj.* A leth-char goirt.

ACKNOWLEDGE, *v. a.* Aidich t'eòlas air ni no neach, aidich.

ACKNOWLEDGING, *adj.* Aideachail, taingeil.

ACKNOWLEDGMENT, *s.* Aideachadh; buidheachas.

ACME, *s.* Àirde, mullach, spiris.

ACOUSTIC, *adj.* A bhuineas do chlàisdeachd.

ACOUSTICS, *s.* Iocshlaint-chluas.

ACQUAINT, *v. a.* Innis, thoir fios.

ACQUAINTABLE, *adj.* Faoilidh, fosgarra.

ACQUAINTANCE, *s.* Eòlas; fear eòlais. *pl.* luchd-eòlais.

ACQUAINTED, *adj.* Eòlach, fiosrach.

ACQUEST, *s.* Buannachd, tairbh.

ACQUIESCE, *v. n.* Co-aontaich, géill.

ACQUIESCENCE, *s.* Aontachadh, géilleadh.

ACQUIESCENT, *adj.* A cho-aontaicheas.

ACQUIRE, *v. a.* Coisinn, buannaich.

ACQUIRED, *part. adj.* Coisinnte, buannaichte.

ACQUIREMENT, *s.* Cosnadh, ionnsachadh.

ACQUIRER, *s.* Fear-buannachaidh.

ACQUISITION, *s.* Cosnadh, tairbh, buannachd.

ACQUIT, *v. a.* Fuasgail, leig fa-sgaoil.

ACQUITMENT, *s.* Fuasgladh, saoradh.

ACQUITTAL, *s.* Saoradh, glanadh o choire.

ACQUITTANCE, *s.* Sgrìobhadh fuasglaidh.

ACRE, *s.* Acair, acair-fhearainn.

ACRID, *adj.* Teith, searbh, garg, goirt.

ACRIMONIOUS, *adj.* Garg, searbh, teith.

ACRIMONY, *s.* Gargalachd, geuralachd.

ACRITUDE, *s.* Blas geur, searbh, teith.

ACRONYCAL, A laidheas, 's a dh' éireas, leis a' ghréin.

ACROSPIRE, *s.* Gucag, boinne-bàn.

ACROSS, *adv.* Tarsuinn, o thaobh gu taobh.

ACROSS, *prep.* Thar, thairis air.

ACROSTIC, *s.* Ainm-rann.

ACT, *v. a.* and *n.* Gluais, caraich; dèan, gnìomhaich, co-lion : giùlain, iom-chair ; aobharaich, thoir gu buil; gabh ort, cleasaich, cluich, gabh samhla ort; cuir air ghluasad.

ACT, *s.* Gnìomh, tùrn, reachd ; euchd, cleas; achd, dèanadas ; earrann àraidh cluiche ; sgrìobhadh achdannan lagail, reachd breithe.

ACTION, s. Gnìomh, tùrn, obair ; cath, blàr ; cùis-lagha.

ACTIONABLE, adj. Neo-dhligheach, buailteach do dhìteadh lagha.

ACTIVE, adj. Grad, ealamh, deas, fuasgailte ; sùrdail, beothail, teòma, gnìomhach tapaidh.

ACTIVITY, s. Beothalachd, gnìomhachas.

ACTOR, s. Cleasaiche.

ACTRESS, s. Bana-chleasaiche.

ACTUAL, adj. Cinnteach, dearbhta, fìor.

ACTUARY, s. Cléireach cùirte.

ACTUATE, v. a. Brosnaich, gluais.

ACUATE, v. a. Geuraich, cuir air chois.

ACULEATE, adj. Biorach, gathach, dealgach.

ACUMEN, s. Rinn, geurachd ; géire.

ACUMINATE, v. n. Fàs, no éirich suas air modh binneanach.

ACUMINATED, adj. Binneanach.

ACUMINATION, s. Rinn, binnean.

ACUTE, adj. Geur-thuigseach, biorach ; guineach ; bras, dealasach ; carach ; smiorail, beothail, mion.

ACUTENESS, s. Géire, geurachd.

ADACT, v. a. Greas, gluais, iomain.

ADAGE, s. Gnà-fhacal, sean-fhacal.

ADAMANT, s. Leug, clach-luachor.

ADAMANTINE, adj. Cruaidh-leuganta.

ADAM'S-APPLE, s. Meall-an-sgòrnain.

ADAPT, v. a. Dean freagarrach, ceart aich.

ADAPTABILITY, s. Freagarrachd.

ADAPTABLE, adj. Freagarrach.

ADAPTATION, s. Ceartachadh.

A-DAYS, adv. i. e. Now a-days, 'S an àm so ; or, 'San linn so.

ADCORPORATE, v. a. Ceangail r'a chéile.

ADD, v. a. Cuir ris, meudaich, leasaich.

ADDECIMATE, v. a. Tog an deachamh.

ADDER, s. Aithir, beithir.

ADDER'S-GRASS, s. Lùs-na-nathrach.

ADDER'S-WORT, s. Fliogh-na-nathrach.

ADDICT, v. a. Thoir suas thu fèin do, cleachdadh ; coisrig.

ADDICTED, adj. Air a thoirt suas, ro dhéigheil air.

ADDITION, s. A cur r'a chéile, a meudachadh, a leasachadh.

ADDITIONAL, adj. Barrachd, tuilleadh.

ADDLE, adj. Breun, lobh, grod.

ADDLE, v. a. Dean fàs, cuir ás.

ADDLE-HEADED, adj. Gog-cheannach.

ADDRESS, v. a. Guthaich, labhair, sgrìobh.

ADDRESS, s. Deas-labhairt ; modhalachd ; sgrìobhadh seòlaidh air cùl litreach.

ADDUCE, v. a. Thoir air aghaidh, tagair.

ADDUCIBLE, adj. A ghabhas toirt air aghaidh.

ADDUCTIVE, adj. A bheir, suas no sìos.

ADDULCE, v. a. Mìslich, dean blasda.

ADEPT s. Fear-làn-ealanta.

ADEPT, adj. Oileanta, lan-eòlach.

ADEQUATE, v. a. Làn-shamhlaich.

ADEQUATE, adj. Iomchuidh, co-ionann ; freagarrach.

ADEQUATENESS, s. Freagarrachd, co-ionannachd.

ADHERE, v. n. Dlù-lean, fan dìleas.

ADHERENCE, s. Dlù-leanailteachd.

ADHERENT, adj. Leanailteach.

ADHERENT, s. Fear-leanmhainn.

ADHESION, s. Leanmhainneachd.

ADHESIVE, adj. Leanailteach.

ADHESIVENESS, s. Leanailteachd.

ADHIBIT, v. a. Cuir gu feum, gnàthaich

ADJACENT, adj. Fagus, dlù.

ADJECT, v. a. Cuir ris, leasaich, meudaich.

ADJECTION, s. Cur ris, meudachadh.

ADJECTIVE, s. Buaidh-fhacal.

ADJECTIVELY, adv. Mar bhuaidh-fhacal.

ADIEU, adv. Soraidh leat.

ADJOIN, v. a. Tàth, dlùthaich.

ADJOIN, v. n. Dlù, am fagus.

ADJOURN, v. a. Cuir dàil gu àm eile.

ADJOURNMENT, s. Dàil gu là eile.

ADJUDGE, v. a. Thoir còir air ni le breth laghail, thoir binn, thoir breth.

ADJUDICATION, s. Toirt còir le breth laghail.

ADJUGATE, v. a. Beartaich, cuingich.

ADJUNCT, adj. Aonaichte.

ADJUNCTION, s. Tàthadh, dlù-cheangal.

ADJUNCTIVE, adj. A thàthas r'a chéile.

ADJUNCTIVELY, adv. Air mhodh tàthaidh.

ADJUNCTLY, adv. An ceangal.

ADJURATION, s. Mionnan air son riaghailt a' leantainn.

ADJURE, v. a. Gabh mionnan.

ADJURER, s. Neach a chuireas mionnan.

ADJUST, v. a. Ceartaich, réitich.

ADJUSTMENT, s. Ceartachadh, co-thromachadh.

ADJUTANCY, s. Dreuchd, no inbhe oifigich còmhnaidh ; deagh riaghailt.

ADJUTANT, s. Oifigeach a ni còmhnadh ri oifigich eile.

ADMENSURATION, s. Tomhas.

ADMINISTER, v. a. Tabhair, fritheil.

ADMINISTRATION, s. Frithealadh, riaghladh, freasdalachadh ; luchd-comhairle an rìgh, luchd-riaghlaidh, no stiùraidh na rìoghachd ; uachdaranachd ; taisbeanadh, tabhairt.

ADMINISTRATIVE, adj. Fritheilteach, a bhuilicheas, a riaghlas.

ADMINISTRATOR, s. Fear-riaghlaidh,

àrd-fhear comhairle ; fear a ghabh cùram ghnothaichean neach a chaochail.

ADMINISTRATRIX, *s.* Bana-riaghladair.

ADMIRABLE, *adj.* Ionmholta, cliùiteach.

ADMIRABLY, *adv.* Gu h-iongantach, &c.

ADMIRAL, *s.* Ard-mharaiche, ceannard cabhlaich.

ADMIRALTY, *s.* Luchd-riaghlaidh na cabhlaich cogaidh.

ADMIRATION, *s.* Iongnadh, iongantas, mòr-mheas.

ADMIRE, *v. a.* Gabh gaol no mòr-mheas air ni no neach.

ADMIRER, *s.* Fear-gaoil, fear-molaidh.

ADMISSIBLE, *adj.* Ceadachail, a leigear a steach.

ADMISSION, *s.* Leigeadh a steach.

ADMITTABLE, *adj.* A dh' fhaodar a leigeadh a steach, no fhulang.

ADMITTANCE, *s.* Cead, leigeadh a steach.

ADMIX, *v. a.* Measgaich, co-mheasgaich.

ADMIXTURE, *s.* Co-mheasgadh.

ADMONISH, *v. a.* Caoin-chronaich.

ADMONISHER, *s.* Comhairleach.

ADMONITION, *s.* Caoin-chronachadh.

ADO, *s.* Othail, iomairt, saothair.

ADOLESCENCY, *s*, Òg-aois, ùr-fhàs.

ADOORS, *adv.* Aig an dorus.

ADOPT, *v. a.* Uchd-mhacaich.

ADOPTION, *s.* Uchd-mhachdachadh.

ADORABLE, *adj.* Airidh air aoradh.

ADORABLENESS, *s.* Ard-urramachd, ion-mholtachd.

ADORATION, *s.* Aoradh, naomh-urram.

ADORE, *v. a.* Aor, dean aoradh.

ADORER, *s.* Fear-aoraidh, fear-gaoil.

ADORN, *v. a.* Sgeadaich, sgèimhich, uidheamaich.

ADOWN, *adv.* Sìos, gu làr.

ADRIFT, *adv.* Leis an t-srùth ; air iomadan.

ADROIT, *adj.* Deas, ealanta, ealamh.

ADROITNESS, *s.* Ealantachd, gleusdachd.

ADVANCE, *v. a.* and *n.* Thoir air aghaidh ; ardaich, meudaich, mòraich ; leasaich, luathaich ; dlùthaich, thig am fagus, thig air t'aghaidh ; cinn, fàs ; tairg, thoir am follais ; diol roi-làimh ; tog suas, rùisg, taisbean.

ADVANCE, *s.* Dlùthachadh, teannadh, teachd air aghaidh ; féin-thairgse, cuireadh gràidh ; cinntinn, meudachadh, àrdachadh ; soirbheachahd ; airgead-roi-làimh.

ADVANCEMENT, *s.* Adhartachd, àrdachadh, àirde ; teachd air aghaidh, soirbheachadh.

ADVANTAGE, *s.* Buidhinn, tairbhe, buannachd, sochair, leas, math, fàth ; co-throm, lamh-an-uachdar.

ADVANTAGE, *v. a.* Leasaich, àrdaich.

ADVANTAGED, *adj.* Leasaichte, air dheagh chothrom.

ADVANTAGE-GROUND, *s.* Cothrom-talmhuinn.

ADVANTAGEOUS, *adj.* Buannachail, goir-easach, tarbhach.

ADVANTAGEOUSNESS, *s.* Feumalachd, buannachd.

ADVENT, *s.* Teachd ar Slànaighear ; am mìos roi nollaig.

ADVENTITIOUS, *adj.* Tuiteamach, tub-aisdeach.

ADVENTUAL, *adj.* A bhuineas do dh' àm teachd ar Slànaighear.

ADVENTURE, *s.* Tuiteamas, tubaist; deuch-ainn, feuchainn, ionnsaidh ; cunnart.

ADVENTURE, *v. a.* and *n.* Feuch ri, thoir deuchainn, thoir ionnsaidh ; gabh misneach.

ADVENTURER, *s.* Fear-deuchainn, fear-iomairt, fear-misnich, fear-fuadain ; fear-dàna.

ADVENTUROUS, *adj.* Misneachail, dàna, deuchainneach, gleusda, gaisgeil.

ADVERB, *s.* Ceann-bhriathar.

ADVERBIAL, *adj.* Ceann-bhriathrach.

ADVERSARY, *s.* Eas-caraid, nàmhaid.

ADVERSE, *adj.* Tarsainn, crosda, an aghaidh a chéile, a cur an aghaidh, diobhalach, àmhgharach, ànrach, call-dach, dochannach, nàimhdeil.

ADVERSENESS, *s.* Crosdachd, tarsainn-eachd, nàimhdeas.

ADVERSITY, *s.* Fàth-bròin, truaighe, an-shocair, doilgheas, cruaidh-chas ; àmhghar, teinn, doilghios.

ADVERT, *v. a.* and *n.* Thoir fainear, beachdaich, dearc.

ADVERTENCE, *s.* Aire, beachd.

ADVERTENT, *adj.* Aireachail, beachdail.

ADVERTISE, *v. a.* Thoir fios follaiseach, rabhaidh.

ADVERTISEMENT, *s.* Sanas, gairm.

ADVERTISER, *s.* Fear-naigheachd, fear-sanais.

ADVICE, *s.* Comhairle seòladh.

ADVISABLE, *adj.* Glic, crionna.

ADVISE, *v. a.* and *n.* Comhairlich, cuir comhairle ri ; gabh comhairle.

ADVISEDNESS, *s.* Comhairleachd, crion nachd.

ADVISER, *s.* Comhairleach.

ADULATION, *s.* Sodal, miodal, brosgal.

ADULATOR, *s.* Sodalaiche, miodalaich.

ADULT, *adj.* Air teachd gu h-aois.

ADULT, *s.* Neach air teachd gu aois.

ADULTERATE, *v. a.* and *n.* Dean adh-altras ; mill, truaill, salaich.

ADULTERATION, *s.* Truailleadh, salach-adh.

ADULTERER, *s.* Adhaltraiche.

ADULTERESS, *s.* Ban-adhaltraiche.

ADULTERINE, s. Sliochd adhaltrannach.
ADULTERINE, adj. Truaillidh, diolain.
ADULTEROUS, adj. Adhaltrannach.
ADULTERY, s. Adhaltras, truailleadh.
ADUMBRANT, adj. A bheir fann-choltas.
ADUMBRATION, s. Toirt fann-choltas.
ADUNCITY, s. Caime, fiaradh, lùbadh.
ADUNQUE, adj. Cam, crom, dubhanach.
ADVOCACY, s. Dian-thagradh.
ADVOCATE, s. Fear-tagraidh.
ADVOCATE, v. a. Tagair, seas, dion.
ADVOCATION, s.Tagradh eadar-ghuidhe.
ADVOLATION, s. Itealachd, itealaich.
ADVOWEE, s. Neach aig am beil beath-achadh eaglais r'a thoirt seachad.
ADUST, adj. Loisgte cnàmhte.
ADUSTED, adj. Loisgte, seargte le teas.
ADZE, s. Tàl, croma-sgian.
AEGIS, s. Sgiath-chòmhraig.
AERIAL, adj. Adharail, iarmailteach.
AERIE, s. Nead eòin fhuileachdaich.
AERIFORM, adj. Mar an t-adhar.
AEROLOGY, s. Eòlas-adhair.
AEROMANCY, s. Speuradaireachd.
AEROMETER, s. Adhar-mheidh.
AEROMETRY, s. Adhar-thomhas.
AERONAUT, s. Adhar-sheòladair.
AEROSCOPY, s. Speur-choimhead.
AETHIOP'S-MINERAL, s. Cungaidh-leigh-is do phronnasg agus do dh' airgead-beò.
AETITES, s. Clach-iolaire.
AFFABILITY, s. Suairceas, ceanaltas.
AFFABLE, adj. Suairce, ceanalta.
AFFABLENESS, s. Suairceachd.
AFFAIR, s Gnothach ; cùis, còmhrag.
AFFEAR, v. n. Daingnich, suidhich.
AFFECT, s. Faireachdainn, moth-achadh.
AFFECT, v. a. Drùigh air, thoir air faireachdainn ; gabh ort, leig ort ; gabh dèigh air ; gluais inntinn.
AFFECTATION, s. Cuir am fiachaibh; baoth-choltas.
AFFECTED, adj. Luaisgte le droch, no le deagh rùn, sgleòthach, pròiseil.
AFFECTION, s. Gràdh, gaol, aigneadh ; càil ; dealas ; galar, eucail, tinneas.
AFFECTIONATE, adj. Gràdhach, gaolach, caidreach ; teò-chridheach.
AFFECTIONATENESS, s.Teò-chridheachd.
AFFECTIOUSLY adv. Gu dùrachdach, gu déigheil.
AFFECTIVE, adj. Tiomachail, blàth-cridheach.
AFFIANCE, s. Còrdadh-pòsaidh, earbsa, muinghin, dòchas.
AFFIANCE, v. a. Réitich, dean coimh-cheangal pòsaidh ; cuir dòchas.
AFFIDAVIT, s. Mionnan-sgrìobhte.
AFFILE, v. a. Dean mìn le eighe.

AFFILIATION, s. Uchd-mhacachd.
AFFINED, adj. Ceangailte le bann dàimhe, càirdeach.
AFFINITY, s. Cleamhnas ; dàimh.
AFFIRM, v. a. Cuir an céill ; dearbh,
AFFIRMABLE, adj. Daingneachail.
AFFIRMANCE, s. Daingneachadh, suidh-eachadh ; dearbhachd, daingneachadh.
AFFIRMANT, s. Fear-dearbhaidh.
AFFIRMATION, s. Dearbhadh, daing-neachadh.
AFFIRMATIVE, adj. Dhearbhte, danarra, diorrasach.
AFFIRMATIVELY, adv. Gu dearbhta.
AFFIRMER, s Fear-dearbhaidh.
AFFIX, v. a. Co-cheangail, tàth.
AFFIXION, s. Co-cheangal, tàthadh.
AFFLICT, v. a. Pian, goirtich, sàraich.
AFFLICTEDNESS, s. Doilghios, àmhghar.
AFFLICTER, s. Fear-sàrachaidh.
AFFLICTINGLY, adv. Gu doilghiosach, àmhgharach.
AFFLICTION, s. Amhghar, teinn ; doil-ghios, bròn.
AFFLICTIVE, adj. Doilghiosach, àmh-gharach.
AFFLICTIVELY, adv. Gu doilghiosach, cràiteach, &c.
AFFLUENCE, s. Tòic, mòr-mhaoin, beartas, saibhreas.
AFFLUENT, adj. Saibhir, beartach, pailt.
AFFLUX, s. Cruinneachadh, sruthadh ; sruth, maoin-ruith.
AFFLUXION, s. Sruthadh, cruinneach adh, lìonadh.
AFFORD, v. a. Thoir seachad ; builich, tabhair, deònaich ; bi comasach.
AFFRANCHISE, v. a. Saor, dean saor.
AFFRAY, v. a. Cuir eagal air, geiltich.
AFFRAY, s. Caonnag, sabaid, carraid.
AFFRICTION, s. Suathadh r'a chéile.
AFFRIENDED, adj. Réitichte.
AFFRIGHT, v. a. Cuir eagal.
AFFRIGHT, s. Eagal, geilt, giorag.
AFFRIGHTER, s. Bòcan, culaidh-eagail.
AFFRIGHTFUL, adj. Eagalach, oillteil.
AFFRIGHTMENT, s. Geilt-chrith, eagal.
AFFRONT, v. a. Nàraich, maslaich.
AFFRONT, s. Nàrachadh, masladh, tàir, tarcuis, tàmailt.
AFFRONTING, adj. Tarcuiseach, spìdeil
AFFRONTIVE, adj. Tarcuiseach, tàm-ailteach, spìdeil.
AFFUSION, s. Dòrtadh, co-mheasgadh.
AFFY, v. a. Dean co-cheangal pòsaidh
AFIELD, adv. A mach, do'n raon.
AFIRE, adv. 'Na theine, gu teinnteach.
AFLAT, adv. Air làr, gu sìnteach.
AFLOAT, adv. Air uachdar, air snàmh
AFOOT, adv. A chois ; air chois.
AFORE, prep. Air thùs.
AFORE, adv. Cheana, roimhe so.

AFORE-GOING, *adj.* Roi-so.

AFOREHAND, *adv.* Roi-làimh.

AFOREMENTIONED, *adj.* Roi-luaighte.

AFORESAID, *adj.* Roi-ainmichte.

AFORETIME, *adv.* 'S an àm a chaidhe.

AFRAID, *adj.* Fo eagal.

AFRESH, *adv.* As ùr, a rithist.

AFRONT, *adv.* Ri aghaidh.

AFT, *adv.* O thoiseach gu deireadh.

AFTER, *prep.* An déigh.

AFTER, *adv.* 'S an àm ri tighinn.

AFTER-AGES, *s.* Linntean ri teachd.

AFTER-ALL, *adv.* Mu dheireadh.

AFTER-BEARING, *s.* Ath-fhàs.

AFTER-CROP, *s.* Ath-bhàrr.

AFTER-DAYS, *s.* Làthaibh ri teachd.

AFTERMOST, *adj.* Deireannach.

AFTERNOON, *s.* Feasgar, an déigh nòine

AFTER-PAINS, *s.* Ath-phiantan.

AFTER-PROOF, *s.* Ath-dhearbhadh.

AFTER-REPENTANCE, *s.* Ath-aithreachas.

AFTER-STING, *s.* Ath-ghath, ath-ghuin.

AFTER-THOUGHT, *s.* Ath-smuain.

AFTER-TOSSING, *s.* Ath-luasgadh.

AFTERWARD, *adv.* An déigh sin, [often erroneously written " na dhéigh sin."]

AFTERWISE, *adj.* Glic an déigh làimh.

AGAIN, *adv.* A rithist, uair eile.

AGAINST, *prep.* An aghaidh ; fa-chomhair ; thall.

AGAIN-WARD, *adv.* An taobh so a rithst

AGARICK, *s.* Cungaidh-leighis do bhàrr an daraich.

AGAST, AGHAST, *adv.* Grad chlisgeadh.

AGATE, *adv.* Air an rathad, a' falbh.

AGATE, *s.* Agat, clach-luachmhor.

AGATY, *adj.* Aig am beil gnè na h-agait.

AGAZE, *v. a.* Seall le ioghnadh, spleuc.

AGAZED, *adj.* Air bhall-chrith.

AGE, *s.* Ùin ; linn, ginealach ; àm, beatha ; ùin cheud bliadhna ; aois.

AGED, *adj.* Sean, aosda.

AGENCY, *s.* Dèanadachd ; dreuchd fir-gnothaich air son neach eile.

AGEND, *s.* Seirbhis-eaglais.

AGENT, *s.* Fear-ionaid.

AGENTSHIP, *s.* Gnìomh fir-ionaid.

AGGER, *s.* Balla-daingneachaidh.

AGGERATE, *v. a.* Cuir an àirde, càrn suas.

AGGEROSE, *adj.* Cnocanach, tomanach.

AGGLOMERATE, *v. a* Cruinnich, cears-laich, trus r'a chéile.

AGGLOMERATION, *s.* Meall cruinn, trusadh.

AGGLUTINANT, *adj.* Glaodhach, tàthach.

AGGLUTINATE, *v. a.* Glaodhaich, tàth-aich, dlù r'a chéile.

AGGLUTINATION, *s.* Tàthadh, aonadh, dlùthadh.

AGGRANDIZATION, *s.* Meudachadh, àrdachadh, togail suas.

AGGRANDIZE, *v. a.* Àrdaich, tog suas an inbhe, meudaich an urram ; fàs mòr.

AGGRANDIZEMENT, *s.* Meudachadh, àrdachadh, mòrachadh, urramachadh.

AGGRANDIZER, *s.* Fear-àrdachaidh.

AGGRAVATE, *v. a.* An-tromaich.

AGGRAVATION, *s.* An-tromachadh.

AGGREGATE, *adj.* Co-chruinnichte.

AGGREGATE, *s.* An t-iomlan, am meall uile.

AGGREGATE, *v. a.* Cruinnich, trŭs, tòrr.

AGGREGATION, *s.* Co-chruinneachadh ; an t-iomlan.

AGGRESS, *v. n.* Tòisich an aimhreit buail an toiseach.

AGGRESSION, *s.* A' cheud bhuille, a' cheud teine, a' cheud ionnsaidh.

AGGRESSOR, *s.* Fear togail na strìthe, an coireach.

AGGRIEVANCE, *s.* Eucoir, sàrachadh.

AGGRIEVE, *v. a.* Doilghiosaich, léir ; buair ; dochainn, sàraich.

AGHAST, *adj.* Geiltichte, geilt-ghlacte.

AGILE, *adj.* Lùgor, ealamh, clis, grad-charach, fuasgailte, beothail.

AGILENESS, *s.* Lùghorachd.

AGILITY, *s.* Cliseachd, fuasgailteachd.

AGITATE, *v. a.* Gluais, caraich, cuir troi-chéile ; buair ; cnuasaich.

AGITATION, *s.* Carachadh, gluasad, luasgadh, inntinny ; iomairt ; cnuasachadh, buaireas imcheist.

AGITATOR, *s.* Fear-brosnachaidh fear-gluasaid.

AGNAIL, *s.* An galar-iongach.

AGNATE, *adj.* Càirdeach, dìleas.

AGNATIC, *ad* Càirdeach a thaobh athar.

AGNATION, *s.* Sìnnsireachd nam mac, o'n aon athair ; càirdeas, cleamhnas.

AGNUS-CASTUS, *s.* Craobh-na-geamn-achd.

AGO, *adv.* O so, o chian.

AGOG, *adv.* Air bhraise, gu h-iollagach.

AGOING, *adj.* A' falbh, air ghluasad.

AGON, *s.* Strì-gill, co-spàirn.

AGONE, *adv.* Seachad, air falbh.

AGONISTES, *s.* Fear-gheall-strìtheach.

AGONIZE, *v. n.* Bi air do gheur chràdh.

AGONIZINGLY, *adv.* Gu ro chràiteach.

AGONY, *s.* Uspagan a' bhàis, piantan bàis, teinn-chràdh, dòrainn ; cruaidh-ghleac, spàirn.

AGOOD, *adv* Da-rìreadh.

AGRAMMATIST, *s.* Fear neo-fhògh-lumite.

AGRARIAN, *adj.* Fearannach.

AGREE, *v. n* Còird, aontaich ; **réitich.**

AGREEABLE, *adj.* Freagarrach, taitneach, ciatach.
AGREEABLENESS, *s.* Freagarrachd, taitneachd, co-aontachd, samhlachd.
AGREEABLY, *adv.* See Agreeable.
AGREED, *adj.* Còirdte, suidhichte.
AGREEINGLY, *adv.* Do réir sin.
AGREEMENT, *s.* Réite, còrdadh, samhla; co-cheangal.
AGRICULTURAL, *adj.* Tuathanachail, àiteachail.
AGRICULTURE, *s.* Tuathanachas, àiteachd.
AGRICULTURIST, *s.* Tuathanach, treabhaiche.
AGRIMONY, *s.* A' gheurag-bhileach.
AGROUND, *adv.* An sàs, air grunnd.
AGUE, *s.* Am fiabhras-critheach.
AGUED, *adj.* Crith-bhuailte, critheach.
AGUE-TREE, *s.* A chraobh chrithinn.
AH! *interj.* Ah! Aha! mo thruaighe!
AHEAD, *adv.* Air thoiseach.
AHOLD, *adv.* Air fuaradh.
AHOY, *interj.* Ho! hòi!
AHUNGRY, *adj.* Acrach, ciorcach.
AJAR, *adv.* Leth-fhosgailte.
AID, *s.* Cuideachadh, còmhnadh.
AID, *v. a.* Cuidich, cùm suas, cobhair.
AIDANCE, *s.* Cobhair, còmhnadh.
AID-DE-CAMP, *s.* Àrd-theachdair ceannaird feachd.
AIDER, *s.* Fear-cuideachaidh.
AIDLESS, *adv.* Gun chobhair.
AIRET, *s.* A' chorra-ghlas.
AIL, *v. a.* Pian, cràdh; gearain.
AIL, *s.* Tinneas, galar, eucail.
AILMENT, *s.* Dòrainn, tinneas, galar.
AILING, *adj.* Tinn, euslainteach.
AIM, *v. a.* and *n.* Cuimsich, feuch r'a bhualadh, thoir ionnsaidh; comharraich, beachdaich.
AIM, *s.* Cuimse, cuimseachd, ionnsaidh; rùn, dùrachd; barail, seòl.
AIMLESS, *adj.* Neo-chuimseach.
AIR, *s.* Adhar, àileadh, iarmailt; speuran; gaoth; fàile, tòc; fonn, ceòl; aogas, gnè
AIR, *v. a.* Cuir ris an àileadh, sgaoil ris a' ghaoith; teò, blàthaich.
AIR-BORNE, *adj.* Aotrom, air a ghiùlan leis an àileadh.
AIR-BUILT, *adj.* Faoin, gun bhunachar.
AIR-HOLE, *s.* Toll-gaoithe.
AIRNESS, *s.* Fosgailteachd, gaotharachd.
AIRING, *s.* Spaidseireachd, a' gabhail na gaoithe; a' cnocaireachd.
AIRLING, *s.* Creutair òg iollagach.
AIR-GUN, *s.* Gunna-gaoithe.
AIR-PUMP, *s.* Pìob thaosgaidh an àilidh.
AIRY, *adj.* Adharail; àrd 's an adhar; fosgailte, gaothar; aotrom, faoin; fonnor, sunntach.

AISLE, *s.* Cùl-taigh eaglais.
AKE, *v. n.* Mothaich.
cràdh; bi goirt, cràdh an cridhe.
AKIN, *adj.* Càirdeach, dìleas coltach
ALABASTER, *s.* Clach-shoilleir.
ALACK, *interj.* Mo thruaighe! mo chreach, mo léireadh; mo dhiobhail!
ALACK-A-DAY, *interj.* Mo chreach an diugh! Mo dhùnaidh!
ALACRIOUSLY, *adj.* Gu sunntach.
ALACRIOUSNESS, *s.* Beothalachd.
ALACRITY, *s.* Sunntachd, smioralachd.
ALAMODE, *adv.* Anns an fhasan.
ALAND, *adv.* Air tìr, air tràigh.
ALARM, *s.* Caismeachd, gaoir-chatha, rabhadh; clisgeadh, fuathas.
ALARM, *v. a.* Buail caismeachd; thoir rabhadh, thoir sanas; buair.
ALARMING, *adj.* Eagalach, cunnartach.
ALARMIST, *s.* Fear-caismeachd.
ALARM-POST, *s.* Crann-tàraidh.
ALAS, *interj.* Och! mo chreach! mo thruaighe! mo dhuilichinn! mo léireadh!
ALAS THE DAY, *interj.* Och mo thruaighe! mis' an diugh!
ALB, *s.* Léine-aifrinn.
ALBEIT, *adv.* Gidheadh, air son sin.
ALBION, *s.* Alba, Albainn.
ALBUGINEOUS, *adj.* Geal, coltach ri gealagan uibhe.
ALBUM, *s.* Leabhar-cuimhneachain.
ALCHYMIST, *s.* Leughadair mhiotailtean.
ALCHYMY, *s.* Eòlas domhainn air gnè mhiotailtean; seòrsa miotailt.
ALCOHOL, *s.* Treas-tarruinn.
ALCORAN, *s.* Bìoball nan Turcach.
ALCOVE, *s.* Leabaidh-àrd suidheachan
ALDER, *s.* Feàrna.
ALDERMAN, *s.* Bùirdeiseach.
ALDERN, *adj.* Deante do dh-fhèarne
ALE, *s.* Leann, lionn.
ALE-BERRY, *s.* Leann teth.
ALE BREWER, *s.* Grùdair.
ALE-HOUSE, *s.* Taigh-leanna.
ALEMBIC, *s.* Poit-thogalach, poit-dubh.
ALERT, *adj.* Furachail, beothail, deas.
ALERTNESS, *s.* Beothalachd.
ALE-VAT, *s.* Dabhach-leanna.
ALE-WIFE, *s.* Bean-taigh-leanna.
ALEXANDERS, *s.* Lùs-nan-gràn-dubh.
ALEXANDRINE, *s.* Seòrsa bàrdachd.
ALEXANDRINE, *adj.* Fad-shreathach.
ALEXITERICAL, *adj.* Nimh-fhògrach.
ALGEBRA, *s.* An cunntas aibidileach.
ALGID, *adj.* Fuar, fionnar reòta.
ALIAS, *adv.* Air dòigh eile.
ALIBI, *adv.* An àit' eile.
ALIBLE, *adj.* Brìghor, susbaineach.
ALIEN, *adj.* Gallda, coimheach.
ALIEN, *s.* Gall, coimheach, coigreach; eilthireach, allamharach.

ALIENABLE, adj. So-thoirt thairis.
ALIENATE, v. a. Thoir thairis.
ALIENATED, adj. Dealaichte, sgaraichte.
ALIENATION, s. Dealachadh, diobradh.
ALIGHT, v. a. Teirinn, tùirlinn.
ALIKE, adv. Coltach, a réir a chéile.
ALIMENT, s. Lòn, biadh, teachd-an-tìr.
ALIMENTAL, adj. Biadhar, brighor.
ALIMENTALLY, adv. Gu biadhar.
ALIMENTARY, adj. A dh' àraicheas.
ALIMENTATION, s. Beathachadh.
ALIMONY, s. Lòn mnà aonaraich.
ALIQUANT, adj. Còrr-phàirteach.
ALIQUOT, adj. Slàn-phàirteach.
ALISH, adj. Leannach, mar leann.
ALIVE, adj. Beò, beothail, sunntach.
ALKALI, s. Salann-na-groide.
ALKALINE, adj. Nàdur salann-na-groide.
ALL, adj. Uile, iomlan, gu léir, na h-uile ; an t-iomlan.
ALL-ABANDONED, adj. Uile-thréigte.
ALL-ABHORRED, adj. Uile-fhuathach.
ALL-CHANGING, adj. Uile-chaochlaidh-each.
ALL-CHEERING, adj. Uile-bheothachail.
ALL-COMPREHENSIVE, adj. Uile-thuig-sinneach.
ALL-CONQUERING, adj. Uile-bhuadhach.
ALL-CONSUMING, adj. Uile-chaithteach.
ALL-DISGRACED, adj. Uile-mhaslaichte.
ALL-HALLOWS, s. An t-samhainn ùr.
ALL-HEAL, s. Slàn-lŭs.
ALL-KNOWING, adj. Uil'-fhiosrach.
ALL-POWERFUL, adj. Uile-chumhachd-ach.
ALL-PRAISED, adj. Uile-chliùiteach.
ALL-SAINTS-DAY, s. Latha nan uile naomh.
ALL-SEEING, adj. Uile-léirsinneach.
ALL-SUFFICIENCY, s. Uil'-fhoghain-teachd, uile-dhiongmhaltchd.
ALL-SUFFICIENT, adj Uil'-fhoghaint-each, uile-dhiangmhalt.
ALL-SUFFICIENT, s. An t-Uil'-fhogh-ainteach, an t-Uile-dhiangmhalt.
ALL-TRIUMPHING, adj. Uile-bhuadhach.
ALLAY, v. a. Caisg, bac, ciùinich.
ALLAY, s. Droch mhiotailt.
ALLAYMENT, s. Lagachadh, ìsleachadh.
ALLEGATION, s. Dearbhachd.
ALLEGE, v. a. Daingnich, cuir an céill.
ALLEGEABLE, adj. So-aithriseil.
ALLEGIANCE, s. Ùmhlachd, géilleadh, strìochdadh, cis-righ.
ALLEGORICAL, adj. Samhlachail.
ALLEGORIZE, v. n. Samhlaich.
ALLEGORY, s. Samhla, cosamhlachd.
ALLELUIAH, s. Cliù do Dhia.
ALLEVIATE, v. a. Aotromaich, lùgh-daich ; maothaich, lagaich.
ALLEVIATION, s. Aotromachadh, lùgh-dachadh ; lagachadh.

ALLEVIATIVE, s. Cofhurtair
ALLEY, s. Caol-shràid.
ALLIANCE, s. Càirdeas, cleamhnas.
ALLIGATE, v. a. Ceangail, snaim.
ALLIGATION, s. Snaimeadh, snaim ; seòrsa cùnntais.
ALLIGATURE, s. Ceanglachan, lùbag.
ALLISION, s. Co-bhualadh.
ALLITERATION, s. Sruth-fhacal.
ALLOCATION, s. Cur r'a chéile.
ALLODIAL, adj. Saor o chìs fearainn
ALLODIUM, s. Fearann saor o chìs.
ALLOT, a. Roinn le crann.
ALLOTMENT, s. Roinn crannachur, cuid.
ALLOTTERY, s. Cuibhrionn, crannachur.
ALLOW, v. a. Ceadaich, deònaich leig.
ALLOWABLE, adj. Ceadaichte, dligheach.
ALLOWANCE, s. Cubhrionn, cead
ALLUDE, v. n. Ciallaich, snasaich.
ALLURE, v. a. Meall, tàlaidh, buair.
ALLURE, s. Foill-ghlacadh, ribe.
ALLUREMENT, s. Mealladh, tàladh.
ALLURER, s. Mealltair, fear-tàlaidh.
ALLURING, s. Mealladh, tàladh.
ALLURINGLY, adv. Cluaintearach.
ALLURINGNESS, s. Mealltaireachd.
ALLUSION, s. Sanas, coimeas
ALLUSIVE, adv. Sanasach, snasail.
ALLUVION, s. Salachar-srutha.
ALLY, v. a. Co-cheangail, dean cleamh-nas ri, dlùthaich an càirdeas.
ALLY, s. Companach, caraid.
ALMANACK, s. Mìosachan.
ALMIGHTINESS, s. Uile chumhachd.
ALMIGHTY, adj. Uile-chumhachdach.
ALMOND, s. Cnò-almoin.
ALMONDS OF THE THROAT, s. Fàireagan bhun na teanga.
ALMONER, Fear-roinn dhéircean
ALMONRY, s. Taigh-tasgaidh dhéircean
ALMOST, adv. Gu inbhe bhig, theab.
ALMS, s. Déirc, déircean.
ALMS-HOUSE, s. Taigh-bhochd.
ALNAGE, s. Slat-thomhais.
ALOES, s. Àlos, fiodh cùbhraidh.
ALOFT, adv. Gu h-àrd, an àirde, shuas.
ALONE, adj. Aonarach ; ònarach.
ALONELY, adv. Gu h-aonaranach.
ALONG, adv. Air fad ; tre uile, air fhad ; maille ri, còmhla, le; air aghaidh, air adhart.
ALONGSIDE, adv. Ri taobh na luinge.
ALONGST, adv. Air fhad, ri fhad.
ALOOF, adv. Air falbh, an céin, air fuaradh ; á sealladh, an cleith ; stand aloof, seas air falbh.
ALOUD, adv. Gu labhar àrd.
ALPHA, s. A cheud litir do'n aibidil Ghreugaich ; a' ciallachadh an ceud ni, no nì a's àirde.
ALPHABET, s. Aibidil cànain sam bith.
ALREADY, adv. Cheana, mar-thà.

ALSO, *adv.* Mar an ceudna.
ALTAR, *s.* Altair, leac-iobairt, crom-leac.
ALTAR-PIECE, *s.* Dealbh o's ceann altrach.
ALTER, *v. a.* Atharraich, mùth.
ALTERABLE, *adj.* So-atharraichte.
ALTERANT, *adj.* A ni atharrachadh.
ALTERATION, *s.* Atharrachadh.
ALTERATIVE, *adj.* Caochlaidheach.
ALTERATIVE, *s.* locshlaint-ghlanadh.
ALTERCATION, *s.* Connsachadh, trod.
ALTERNATE, *v. a.* Atharraich.
ALTERNATELY, *adv.* Mu'n seach.
ALTERNATION, *s.* Freagradh mu seach.
ALTERNATIVE, *adj.* Atharrachadh, rogh-ainn, an dara h-aon; ann an seòl mùthaidh.
ALTITUDE, *s.* Àirde.
ALTOGETHER, *adv.* Gu léir, gu tùr, gu buileach, gu h-iomlan; còmhla.
ALUM, *s.* Alm, clach an datha.
ALWAYS, *adv.* Daonnan, an còmhnaidh, a ghnà, riamh; gun atharrachadh.
AM, *v.* Tha mi, ataim, is mi.
AMABILITY, *s.* Aillteachd, bòichead.
AMAIN, *adv.* Gu dian, le neart.
AMALGAMATE, *v. a.* Co-mheasgaich.
AMALGAMATION, *s.* Co-mheasgachadh.
AMANDATION, *s.* Dol air ghnothach.
AMANUENSIS, *s.* Cléireach sgrìobhaidh bhriathran neach eile.
AMARANTH, *s.* Lùs-a'-ghràidh.
AMARITUDE, *s.* Searbhachd, geurad.
AMASSMENT, *s.* Meall, cruach, cruinn-neachadh, trùsadh.
AMASS, *v. a.* Trùs, cruinnich, tòrr.
AMATEUR, *s.* Fear-spéis do dh' ealain.
AMATORY, *adj.* Gaol-gheanmhuinneach.
AMAZE, *v. a.* Cuir ioghnadh.
AMAZE, *s.* Ioghnadh, amhluadh, eagal.
AMAZEDLY, *adv.* Mar fo ioghnadh.
AMAZEMENT, *s.* Mòr ioghnadh.
AMAZING, *adj.* Iongantach, uabhasach.
AMAZON, *s.* Bana-ghaisgeach.
AMBAGES, *s.* Cuairt-chaint.
AMBASSADOR, EMBASSADOR, *s.* Tosgaire; teachdaire rìgh gu rìgh eile.
AMBASSADRESS, *s.* Ban-tosgair.
AMBASSAGE, *s.* Tosgaireachd.
AMBER, *s.* Òmar, leann-soilleir.
AMBERGRIS, *s.* Seòrsa do chùngaidh leighis chùraidh air dhreach na luaidhe agus, a leaghas mar chéir.
AMBIDEXTER, *s.* Gleus-fhear, deas-fhear, fear deas-lamhach, fear deas le 'dha làimh; fear leam leat.
AMBIDEXTROUS, *adj.* Co-dheas-lamhach, ealamh air gach làimh; mealltach, foilleil, leam leat.
AMBIGUITY, *s.* Dà-sheadh.
AMBIGUOUS, *adj.* Da-sheadhach.
AMBIGUOUSNESS, *s.* Neo-chinnteachd.

AMBILOGY, *s.* Dubh-cainnt.
AMBIT, *s.* Cuairt.
AMBITION, *s.* Glòir-mhiann.
AMBITIOUS, *adj.* Glòir-mhiannach.
AMBLE, *s.* Fàlaireachd, spaidsearachd.
AMBLER, *s.* Fàlaire, each-marcachd
AMBLINGLY, *adv.* Gu fòill-cheumach.
AMBROSIAL, *adj.* Cùbhraidh, millis.
AMBULATE, *v. a.* Spaidsearaich.
AMBULATION, *s.* Gluasad, falbh.
AMBULATIVE, *adj.* Falbhach.
AMELIORATE, *v. a.* Dean ni's fearr.
AMEN, *adv.* Gum ma h-amhlaidh bhios.
AMENABLE, *adj.* Freagarrach, buailteach.
AMEND, *v. a.* and *n.* Leasaich, ath-leas-aich; dean ni's fearr, càirich; fàs ni's fearr, rach am feabhas.
AMENDING, *s.* Leasachadh.
AMENDMENT, *s.* Ath-leasachad.
AMENDS, *s.* Dìoladh, luach, éirig.
AMENITY, *s.* Taitneachd, ciatachd.
AMERCEMENT, *s.* Ubhladh; peanas
AMETHODICAL, *adj.* Neo-dhòigheil.
AMETHYST, *s.* Clach luachmhor.
AMIABLE, *adj.* Ion-ghràdhach, gaolach, taitneach; maiseach, àluinn; càirdeil, caoimhneil.
AMIABLENESS, *s.* So-ghràdhachd, tait-neachd, &c.
AMICABLE, *adj.* Caoimhneil, càirdeil.
AMID, AMIDST, *prep.* Am measg.
AMISS, *adv.* Gu h-olc, gu docharach.
AMISS, *s.* Coireachd, coire, olc.
AMISSION, *s.* Call, calldach.
AMITY, *s.* Càirdeas, co-chòrdadh.
AMMUNITION, *s.* Uidheam gunnair-eachd, àirneis-chogaidh.
AMNESTY, *s.* Mathanas coitcheann.
AMONGST, *prep.* Am measg, air feadh.
AMONG, *adv.* Am measg, còmhla.
AMORIST, *s.* Suiridheach, leannan.
AMOROUS, *adj.* Gaolach; leannanach briodalach; gaol-dhùsgach.
AMOUNT, *v. n.* Ruig, thig, cuir an àird' an cùnntas; thig gu suim, àraidh.
AMOUNT, *s.* An t-àireamh iomlan.
AMOUR, *s.* Leannanachd-dhiomhair.
AMPHIBIOUS, *adj.* A thig beò an uisge 's air talamh.
AMPHIBOLOGICAL, *adj.* Dubh-fhaclach.
AMPHIBOLOGY, *s.* Cainnt dhà-sheadh-ach, cainnt dhorcha.
AMPHIBOLOUS, *adj.* Ioma-chiallachd.
AMPHITHEATRE, *s.* Taigh-cluiche.
AMPLE, *adj.* Mòr, farsuinn, leudach, fiùghantach, foghainteach.
AMPLENESS, *s.* Lànachd, farsuinneachd.
AMPLIATE, *v. a.* Meudaich, farsuinnich
AMPLIATION, *s.* Meudachadh, farsuinn-eachadh; lànachadh, leudachadh.
AMPLIFICATE, *v. a.* Meudaich, leudaich.
AMPLIFICATION, *s.* Meudachadh.

AMPLIFY, v. a. Meudaich, leudaich.
AMPLITUDE, s. Meudachd, lànachd.
AMPUTATE, v. a. Gearr air falbh, sgàr.
AMPUTATION, s. Gearradh, sgàradh.
AMULET, s. Paidirean giosagach, seun.
AMUSE, v. a. Toilich, cum o fhadal.
AMUSEMENT, s. Caithe-aimsir.
AMUSINGLY. adv. Air mhodh taitneach.
AMUSIVE, adj. Taitneach, a thogas sproc.
ANABAPTIST, s. Anabaisteach.
ANALEPTIC, adj. Cofhurtachail.
ANALOGIAL. adj. Samhlachail.
ANALOGOUS, adj. Co-choltach, co-chòrd-adh, co-fhreagarrach.
ANALOGY, s. Coltas, samhlachas, co-chòrdadh, fìor choltas r'a chéile.
ANALYSIS, s. Mion-rannsachadh.
ANALYST, s. Fear-mìneachaidh.
ANALYZE, v. a. Bun-rannsaich.
ANARCH, s. Fear mi-riaghailt.
ANARCHY, s. Mi-riaghailt.
ANARCHICAL, adj. Aimhreiteach.
ANASARCA, s. Seòrsa meudbhronn.
ANATHEMA, s. Ascaoin-eaglais.
ANATHEMATIZE, v. a. Sgar o chomunn nan crìosdaidhean.
ANATOMICAL, adj. Chorp-ghearradh.
ANATOMIST, s. Corp-shnasaire.
ANATOMY, s. Corp-shnasadh, corp-ghearradh, corp-rannsachadh; teag-asg corp-shnasaidh, eòlas corp-ghearraidh.
ANCESTOR, s. Priomh-athair, sinnsear.
ANCESTRY, s. Sinnsearachd.
ANCHOR, s. Acair luinge.
ANCHOR, v. a. and n. Tilg acair, laidh air acair, leag acair; stad air acair.
ANCHORAGE, s. Acarsaid; càin-acarsaid.
ANCHORED, adj. Acraichte, air acair.
ANCHORESS, s. Bana-mhanach.
ANCHORET, s. Manach diobarach.
ANCIENT, adj. Arsaidh, aosda; o shean.
ANCIENT, s. Na sean daoine, bratach, fear-brataich.
ANCIENTLY, adv. O shean, an céin.
AND, conj. Agus, a's 's.
ANDROGENE, s. Neach fireann-boireann.
ANECDOTE, s. Ùr-sgeul, mion-sgeul.
ANECDOTICAL, adj. Ùr-sgeulach.
ANEMOMETER, s. Gaoth-mheidh.
ANEW, adv. As ùr, a rithist.
ANFRACTUOUS, adj. Lùbach, cam.
ANGEL, s. Aingeal; bonn òir.
ANGEL, adj. Air dhreach aingil.
ANGELICALLY, adv. Air mhodh aingil.
ANGELICA, s. Lùs-nam-buadh.
ANGELICAL, adj. Coltach ri aingeal.
ANGELIC, adj. See Angelical.
ANGER, s. Fearg, corraich, mi-thlachd.
ANGER, v. a. Brosnaich gu feirg.
ANGLE, s. Oisinn gobhal; uileann.
ANGLE, v. a Iasgaich le slait.

ANGLED, adj. Oisinneach, uinnleach.
ANGLER, s. Iasgair-slaite.
ANGLICAN, adj. Sasunnach.
ANGLICISM, s. Dòigh na Beurla.
ANGLING, s. Iasgach le slait.
ANGRY, adj. Feargach, corrach, càs.
ANGUISH, s. Dòrainn, àmhghar.
ANGULAR, adj. Cearnach; gòbhlach.
ANGULARITY, s. Cearnachd.
ANGUST, adj. Aimhleathan cumhang.
ANHELATION, s. Sèitrich, plosgartaich.
ANIMABLE, adj. So-bheothachaidh.
ANIMADVERSION, s. Cronachadh, rann-sachadh.
ANIMADVERT, v. n. Thoir achmhasan, cronaich; rannsaich.
ANIMAL, s. Ainmhidh, brùid.
ANIMALCULE, s. Meanbh-bheathach.
ANIMATE, v. a. Beothaich; neartaich.
ANIMATE, adj. Beò, beothail, beathail.
ANIMATED, adj. Beothaichte, beothail.
ANIMATION, s. Beothachadh.
ANIMATIVE, adj. Beothachail.
ANIMOSITY, s. Gàmhlas, falachd.
ANISE, s. Anis, seòrsa luibhe.
ANKER, s. Leth-bharaille, buideal.
ANKLE, s. Aobrunn, caol na coise.
ANKLED, adj. Aobrunnach.
ANNALIST, s. Seanachaidh, eachdraiche.
ANNALS, s. Eachdraidh bhliadhnach.
ANNEX, v. a. Ceangail; snaidhm; cuirris.
ANNIHILATE. v. a. Dìthich, cuir ás.
ANNIHILATION, s. Léir-sgrios.
ANNIVERSARY, s. Cuirm bhliadhnach.
ANNOTATION, s. Mineachadh.
ANNOTATOR, Fear-mìneachaidh.
ANNOUNCE, v. a. Cuir an céill, foillsich.
ANNOY, v. a. Cuir dragh, no càmpar air.
ANNOYANCE, s. Trioblaid, buaireas.
ANNOYER, s. Buaireadair.
ANNUAL, adj. Bliadhnail.
ANNUALLY, adv. Gach bliadhna.
ANNUITANT, s. Fear-suim-bhliadhnail.
ANNUITY, s. Suim-bhliadhnail.
ANNUL, v. a Cuir ás, dubh a mach.
ANNULAR, adj. Faineach.
ANNULET, s. Faine ailbheag.
ANNUMERATE, v. a. Cuir ris an àireamh.
ANNUMERATION, s. Ath-leasachadh.
ANNUNCIATE, v. a. Aithris, innis.
ANNUNCIATION, s. Latha-feill-Muire.
ANODYNE, adj. Furtachail, faothachail.
ANOINT, v. a. Ung, suath le ola; coisrig.
ANOINTING, s. Ungadh, coisrigeadh.
ANON, adv. An dràst 's a rithist.
ANONYMOUS, adj. Neo-ainmichte.
ANOTHER, adj. Tuilleadh; neach eile.
ANSATED, adj. Cluasach, làmhach.
ANSWER. v. a. and n. Freagair, thoir freagairt, thoir freagradh; toilich, dean an gnothach; freagair an àite.
ANSWER, s. Freagradh, Freagairt.

ANSWERABLE, *adj.* Freagarrach.
ANT, *s.* Seangan, sneaghan.
AN'T. Mu 's e do thoil.
ANTAGONIST, *s.* Nàmhaid, nàmh.
ANTECEDENCE, *s.* Tùs-imeachd.
ANTECEDENT, *a.* An toiseach.
ANTECHAMBER, *s.* Seòmar-taoibh.
ANTEDATE, *v. a.* Sgrìobh ùine air ais.
ANTEDILUVIAN, *adj.* Roi 'n Tuil.
ANTELOPE, *s.* Fiadh-ghobhar.
ANTHEM, *s.* Laoidh-naomha.
ANTHOLOGY,*s.* Badag-lùs ; leabhar rann.
ANTHROPOLOGY, *s.* Corp-eòlas.
ANTICHRIST, *s.* Ana-criosd.
ANTICHRISTIAN, *adj.* Ana-criosdail.
ANTICIPATE, *v. a.* Roi-ghlac.
ANTICIPATION, *s.* Roi-bharail.
ANTICK, *adj.* Neònach, fiadh-chleasach.
ANTIDOTE, *s.* Ùrchasg, ìoc-shlaint.
ANTINOMY, *s.* Eas-cordadh dà lagha.
ANTIPATHY, *s.* Fuath, gràin, sgreamh.
ANTIPOISON, *s.* Ùr-chasg puinnsein.
ANTIQUARY, ANTIQUARIAN, *s.* Arsadair, arsair, seann-seanachaidh.
ANTIQUATE, *v. a.* Cuir á cleachdadh.
ANTIQUE,*adj.* Aosda ; seann-ghnàthach.
ANTIQUITY, *s.* Arsachd,seanachd.
ANTISCORBUTIC, *s.* Claimh-leigheas.
ANTITRINITARIAN, *s.* Fear cur an aghaidh teagasg na Trionaid.
ANTITYPE, *s.* Brìgh-shamhla.
ANTLER, *s.* Meur cabair fèigh.
ANTRE, *s.* Uamh ; gàradh ; talamh-toll.
ANVIL, *s.* Innean gobha, &c.
ANXIETY, *s.* Iomagain, smuairean.
ANXIOUS, *adj.* Iomagaineach.
ANY, *adj.* Aon, aon sam bith, cò sam bith.
ANYWISE, *adv.* Air dhòigh sam bith.
APACE, *adv.* Gu grad, gu luath.
APART, *adv.* Air leth, gu taobh.
APARTMENT, *s.* Seòmar air leth.
APATHIST, *s.* Duine gun fhaireachdainn.
APATHY, *s.* Cion-mothachaidh.
APE, *s.* Apa, apag ; fear-fanaid.
APE, *v. a.* Dean atharrais, dean fochaid.
APEAK, *adv.* Ullamh gu sàthadh.
APERIENT,*adj.* Math gu fosgladh.
APERT, *adj.* Fuasgailteach, sgarach.
APERTION, *s.* Fosgladh, bearn, bealach.
APERTURE, *s.* Fosgladh, sgoltadh.
APEX, *s.* Binnean, barr, mullach,bidean.
APHORISM, *s.* Fìrinn-shuidhichte.
APIARY, *s.* Taigh-sheillein, beachlan.
APIECE, *adv.* Gach aon, an t-aon.
APISH, *adj.* Pròiseil, faoin-bheachdail.
A-PIT-PAT, *adv.* A' plosgartaich.
APOCALYPSE, *s.* Taisbeanadh.
APOCRYPHA. Leabhraichean nach eil fios cò a sgrìobh iad, agus a tha gun ùghdarras 's an eaglais.
APOCRYPHAL, *adj.* Neo-chinnteach.

APOLOGIZE, *v. a.* Thoir leisgeul.
APOLOGUE, *s.* Sgeulachd, no ursgeul.
APOLOGY, *s.* Tagradh, leisgeul.
APOPHTHEGM, *s.* Geur-fhacal.
APOPLEXY, *s.* An spad-thinneas.
APOSTACY, *s* Cùl-shleamhnachadh.
APOSTATE, *adj.* Mealltach, neo-dhileas.
APOSTATIZE, *v.n.* Claon o d' chreideamh
APOSTLESHIP, *s.* Abstolachd.
APOSTOLICAL, *adj.* Abstolach.
APOTHECARY, *s.* Olla, lusragan.
APPAL, *v. a.* Cuir fo eagal.
APPARATUS, *s.* Uidheam, acainn.
APPAREL, *s.* Earradh, trusgan, aodach.
APPARENT, *adj.* Soilleir, a réir coltais.
APPARITION, *s.* Sealladh, samhla.
APPEACH, *v. a.* Dit, cronaich, càin.
APPEACHMENT, *s.* Dìteadh, cùis-dhìtidh, casaid, achmhasan.
APPEAL, *v. a.* and *n.* Tog do chùis gu cùirt eile ; leig gu ràdh ; gairm mar fhianais.
APPEAL, *s.* Togail cùise o aon chùirt gu cùirt eile 's àirde, tagradh an aghaidh breitheanais ; cùis-dhìtidh.
APPEAR, *v. n.* Thig am fradharc.
APPEARANCE, *s.* Teachd an làthair, sealladh ; coltas, cruth ; taisbeanadh.
APPEASE, *v. a.* Réitich, sithich.
APPEASEMENT, *s.* Sìothchaint, réite.
APPELLANT, *s.* and *adj.* Fear-dubhlanachaidh, a bhuineas do chùis-thogail.
APPELLATIVE, *s.* Co-ainm, tiodal.
APPEND, *v. a.* Cuir ris.
APPENDIX, *s.* Ath-sgrìobhadh.
APPERTAIN, *v. n.* Buintain a thaobh còrach no nàduir.
APPERTINENT, *adj.* Dligheach.
APPETITE, *s.* Miann, dèigh, togradh, toil ; Ana-miann, an-togradh feòlmhor; fadal, fìor-chion; miann; acras.
APPETITE, *v. a.* Iarr, biodh toil agad.
APPLAUD, *v. a.* Àrd-mhol, cuir suas.
APPLAUSE, *s.* Ard-mholadh, mòr-chliù.
APPLAUSIVE, *adj.* Moltach, cliùiteach.
APPLE, *s.* Ubhall.
APPLICABLE, *adj.* Freagarrach.
APPLIER, APPLICANT, *s.* Fear-iarraidh.
APPLICATE, *v. a.* Co-chuir, cuir ris.
APPLICATION, *s.* Co-chur samhlachadh ; dian-smuaineachadh, dìchioll.
APPLICATIVE, APPLICATORY, *adj.* Dìcheallach, freagarrach.
APPLY, *v. a.* and *n.* Co-chuir, càirich air, leag plàsd ; cuir air son, builich ; dian-smuainich, leag t'inntinn air, cleachd dicheall ; iarr, aslaich.
APPOINT, *v. a.* and *n.* Suidhich, ainmich, òrduich ; deasaich, uidheamaich.
APPOINTMENT, *s.* Suidheachadh, ainmeachadh, òrdachadh ; deasachadh.

APPORTION, *v. a.* Dean roinn chothromach.

APPOSITE, *adj.* Iomchuidh, cothromach.

APPOSITIVE, *adj.* Freagarrach.

APPRAISE, *v. a.* Meas, cuir luach air.

APPRECIATE, *v. a.* Meas, tuig a luach.

APPREHEND, *v. a.* Glac, beir, dean greim; tuig, measraich; gabh eagal; thoir fainear.

APPREHENSION, *s.* Smuaineachadh, measrachadh; tuigse, reuson, comas fiosrachaidh; eagal, faiteachas; amharas.

APPREHENSIVE, *adj.* Geur-thuigseach; eagalach, amharasach; mothachail.

APPRENTICE, *s.* Fòghlumaich céirde.

APPRENTICESHIP, *s.* Cìne-ceangail fir céirde.

APPRIZE, *v.* Thoir fios, thoir brath, innis cuir an céill.

APPROACH, *v a.* Thig am fagus; dlùthaich, tarruinn.

APPROACH, *s.* Dlùthachadh, teannadh.

APPROBATION, *s.* Dearbhadh, moladh, taitneas.

APPROPRIATE, *v. a.* Cuir air leth; gabh mar do chuid féin.

APPROPRIATION, *s.* Cur gu feum àraidh.

APPROVABLE, *adj.* Cliù-thoillteanach.

APPROVAL, *s.* See Approbation.

APPROVE, *v. a.* and *n.* Bi toilichte, gabh tlachd; mol; dearbh, fìreanaich.

APPROVEMENT, *s.* Dearbhadh, toil, moladh, taitneachd.

APPROXIMATE, *adj.* Faisg, dlù.

APPROXIMATION, *s.* Dlùthachadh, teachd am fagus; a soir-dhlùthachadh.

APRIL, *s.* An Giblean.

APRON, *s.* Criosan, aparan.

APROPOS, *adv.* Direach 's an àm; rofhreagarrach.

APT, *adj.* Deas, ealamh, buailteach.

APTITUDE, *s.* Freagarrachd, deasachd; aomadh, buailteachd, claonadh.

APTLY, *adv.* Deas, ealamh. buailteach.

APTNESS, *s.* Freagarrachd, deasachd; buailteachd, aomadh.

AQUA-FORTIS, *s.* Uisge teinntidh, a leaghas gach meatailt ach òr agus *Platina.*

AQUATIC, *adj.* A tighinn beò, no fàs 'san uisge.

AQUEDUCT, *s.* Amar uisge.

AQUEOUS, *adj.* Uisgidh.

AQUILINE, *adj.* Crom-shronach.

ARABIC, *s.* Cainnt nan Arabianach.

ARABLE, *adj.* So-threabhaidh.

ARATION, ARATURE, *s.* Treabhadh, àiteach, àr, rudhar.

ARATORY, *adj.* Treabhach.

ARBITER. *s.* Fear réiteachaidh cùise.

ARBITRARY, *adj.* Aintighearnail, borbsmachdail, iomluath.

ARBITRATE, *v. a.* and *n.* Thoir breith réiteachaidh; suidh am breith.

ARBITRATION, *s.* Breith-réite.

ARBITRATOR, *s.* Àrd-uachdaran.

ARBORESCENT, *adj.* A craobh-fhàs.

ARCADE, *s.* Sràid fo dhion.

ARCHARC, *s.* Roinn-cuairt, bogha.

ARCH, *adj.* Prìomh, àrd.

ARCHANGEL, *s.* Ard-aingeal; an deanntag mharbh.

ARCHANGELIC, *adj.* Ard-aingealach.

ARCHBISHOP, *s.* Ard-easbuig.

ARCHED, *adj.* Crom, air chumadh bogha.

ARCHER, *s.* Boghadair, saighdear.

ARCHERY, *s.* Boghadaireachd.

ARCHETYPE, *s.* Prìomh-shamhla.

ARCHETYPAL, *adj.* Priomh-shamhlachail.

ARCHITECT, *s.* Ard-chlachair.

ARCHITECTURE, *s.* Ard-chlachaireachd.

ARCHIVES, *s.* Tasg-thigh sheann sgrìobhaidhean a's chòraichean.

ARDENT, *adj.* Lasganta; bras, garg, àrd-inntinneach; teas-ghràdhach, càirdeil.

ARDENTLY, *adv.* Dàimheil blàth chridheach.

ARDOUR, *s.* Blàthas, teas; teas-ghràdh.

ARDUOUS, *adj.* Ard, cas; duilich.

ARE, *v.* (3d p. *pl. pr.* tense',) Tha iad.

AREA, *s.* Raon, magh; ionad fosgailte.

ARGUE, *v. a.* and *n.* Reusonaich; connsaich, tagair an aghaidh; dearbh, còmhdaich, dean a mach.

ARGUMENT, *s.* Reuson, argamaid; ceann-aobhair, cùis-thagraidh; brighsgrìobhaidh, connsachadh, deasbaireachd.

ARGUMENTAL, *adj.* Argumaideach.

ARGUMENTATION, *s.* Reusonachadh, deasbaireachd, connsachadh.

ARGUMENTATIVE, *adj.* Argamaideach, reusonta, deagh-thagarrach; connspaideach, deasbaireach.

ARGUTE, *adj.* Seòlta, carach, geur· sgreadach.

ARID, *adj.* Tioram, tartmhor, loisgte.

ARIDITY, *s.* Tiormachd, tartmhorachd; cruas-cridhe, fuar-chràbhadh.

ARIGHT, *adj.* Gu ceart, gun chron.

ARISE, *v. n.* Éirich suas, dìrich an àird; mosgail.

ARITHMETICAL, *adj.* Àireamhach.

ARITHMETIC, *s.* Cùnntas, eòlas-àireamh.

ARK, *s.* Àirc; àirc a' cho-cheangail.

ARM, *s.* Gàirdean; loch-mara.

ARM, *v. a.* Armaich, cuir ort t' airm

ARMADA, *s.* Feachd-mara.

ARMAMENT, *s.* Feachd-mara no tìre.

ARMFUL, *s.* Làn na h-achlais, achlasan.

ARMIPOTENT, *adj.* Buadhach, treun an cath.

ARMISTICE, *s.* Sìth ghoirid.

ARMLET, *s.* Meanbh-ghàirdean; bàghanmara; dion gàirdean.

ARMORIAL, *adj.* Suaicheantach.

ARMOUR, ARMOR, *s.* Armachd.

ARMOURER, *s.* Fear-dheanamh arm.

ARM-PIT, *s.* Lag-na-h-achlais.

ARMS, *s.* Armachd, beart-chogaidh; suaicheantas, gearradh-arm.

ARMY, *s.* Armailt, feachd.

AROMATIC, AROMATICAL, *adj.* Deaghbholtrach.

AROMATICS, *s.* Spìsrean.

AROMATIZE, *v. a.* Spìsrich; dean cùbhraidh.

AROSE, *pret.* Dh' éirich.

AROUND, *ad. prep.* Mu'n cuairt.

AROUSE, *v. a.* Dùisg, gluais suas, tog.

ARRAIGN, *v. a.* Deasaich, cùis, cuir an òrdugh, cuir air seòl; thoir an làthair; coirich, dit, cuir cron ás leth.

ARRAIGNMENT, *s.* Coireachadh, dìteadh.

ARRANGE, *v. a.* Cuir an uidheam, réitich.

ARRANGEMENT, *s.* Réiteachadh.

ARRANT, *adj.* Ro olc, dona.

ARRAS, *s.* Obair-ghréis.

ARRAY, *s.* Riaghailt, uidheam, òrdughcatha; deasachadh, éideadh.

ARRAY, *v. a.* Cuir an òrdugh, cuir an riaghailt, tarruinn suas; sgeadaich.

ARREAR, *s.* Fiachan gun dìoladh.

ARREST, *s.* Sàradh; glacadh, cur an làimh.

ARREST, *v. a.* Glac, cuir an làimh. cuir an sàs, cuir sàradh, dean greim laghail.

ARRIVAL, *s.* Tighinn, teachd, ruigsinn.

ARRIVE, *v. a.* Ruig tìr; thig.

ARROGANCE, ARROGANCY, *s.* Ladornas, dànadas, uaill, ceannardas, àrdan.

ARROGANT, *adj.* Ladorna, dàna, ceannasach, àrdanach.

ARROGANTLY, *adv.* See Arrogant.

ARROGATE, *v. a.* Gabh ort gu dàna.

ARROW, *s.* Saighead, guin, gath.

ARSENAL, *s.* Arm-lann.

ARSMART, *s.* Lus-an-fhogair.

ART, *s.* Eòlas, innleachd; ealain; cèird; seòltachd; alt, dòigh.

ARTERY, *s.* Cuisle, féith.

ARTFUL, *adj.* Innleachdach, seòlta, ealanta; cuilbheartach, carach; eòlach teòma, deas.

ARTFULLY, *adv.* See Artful.

ARTFULNESS, *s.* Ealantachd, seòltachd.

ARTHRITIS, *s.* Tinneas-nan-alt.

ARTICHOKE, *s.* Farusgag.

ARTICLE, *s.* Mion-fhacal; cumha, pong ceann-teagaisg.

ARTICLE, *v. a.* and *n.* Cùmhnantaich, réitich, suidhich; còrd ri, ceangail.

ARTICULAR, *adj.* Altach.

ARTICULATE, *adj.* Pongail, soilleir sothuigsinn; a bhuineas do dh' altaibh a' chuirp.

ARTICULATE, *v. a.* Abair gu soilleir, pongail; dean cumhachan.

ARTICULATELY, *adv.* See Articulate.

ARTICULATENESS, *s.* Pongalachd.

ARTICULATION, *s.* Ceangal nan alt 's nan cnàmh, alt-cheangal; pong-labhairt.

ARTIFICE, *s.* Car, cuilbheart, dò-bheart, eòlas, teòmachd.

ARTIFICER, *s.* Fear-cèirde.

ARTIFICIAL, *adj.* Innleachdach.

ARTIFICIALITY, *s.* Innleachdas.

ARTIFICIALLY, *adv.* See Artificial.

ARTILLERY, *s.* Gunnachan mòra.

ARTISAN, *s.* Fear-cèirde; fear-ealain.

ARTIST, *s.* Fear-làimh-chèirde; fear teòma, fear-innleachd.

ARTLESS, *adj.* Aineolach, neo-chealgach, fosgailte; cearbach.

AS, *conj.* implying time or action. 'Nuair, an àm; air do; (*answering to* so, *such*, &c.) mar; (in one part of a sentence answering to so, in another), mar, ceart mar, air mheud is; *mar* a thubhairt thu, thachair e; *ceart mar* thubhairt thu, thachair e; *air mheud* 's gu-n robh sin draghail bha so taitneach.

ASBESTINE, *adj.* Neo-loisgeach.

ASCEND, *v. a.* and *n.* Dìrich, streap tog, gabh suas, éirich.

ASCENDANT, *s.* Àirde; uachdranachd, ceannardachd.

ASCENDANT, *adj.* An uachdar, uachdrach, ainneartach; 's an t-sealladh.

ASCENDENCY, *s.* Cumhachd, uachdranachd, smachd.

ASCENSION, *s.* Éiridh, dìreadh.

ASCENSION-DAY, *s.* Latha dol suas ar Slànaighear.

ASCENT, *s.* Éirigh, dol suas, dìreadh rathad-dìridh, slighe dhol suas; bruthach, uchdach, aonach, àirde.

ASCERTAIN, *v. a.* Dean cinnteach, dearbh, socraich, suidhich; faigh fios, cuir á teagamh.

ASCERTAINABLE, *adj.* So dhearbhta, sofhiosraichte.

ASCERTAINMENT, *s.* Riaghailt shu'dhichte.

ASCETIC, *s.* Fear-fàsaich, fear-gnàchrabhach.

ASCITITIOUS, *adj.* Barrachdail.

ASCRIBE, *v. a.* Cuir á leth.

ASCRIPTION, *s.* Cur ás leth.

ASH, *s.* Uinnseann.

ASHAME, *v. a.* Nàraich.

ASHAMED, *adj.* Nàraichte.

ASHES, *s.* Luath, luaithre.

ASHORE, *adv.* Air tir, air tràigh.

ASHY, *adj.* Air dhreach na luaithre.

ASIA, *s.* Aon de cheàrnaibh na cruinne.

ASIDE, *adv.* Siar, a thaobh, a leth-taobh, ás an t-slighe; leis féin.

ASK, *v. a.* and *n.* Iarr, sir, guidh; ceasnaich, feòraich, faighnaich; fiosraich.

ASKANCE, ASKANT, *adv.* Cam, siar, claon.

ASKER, *s.* Fear-iarraidh, fear-achanaich, fear-siridh, fear-rannsachaidh; arcluachrach uisge.

ASKEW, *adv.* Gu claon, gu tàireil, gu sanntach; gu cam, a leth-taobh.

ASLEEP, *adv.* An cadal, an suain.

ASLOPE, *adv.* Le leathad, fiar, cam.

ASP, ASPIC, *s.* Nathair nimhe ro mharbhtach.

ASPARAGUS, *s.* Creamh-mac-fiagh.

ASPECT, *s.* Snuadh, gnùis, aogas, dreach.

ASPECTION, *s.* Sealltainn, coimhead, amharc.

ASPEN, *s.* Critheann, an critheach.

ASPER, *adj.* Garbh, geur, doirbh.

ASPERATE, *v. a.* Dean garbh, dean doirbh.

ASPERATION, *s.* Garbhachadh, doirbheachadh.

ASPERITY, *s.* Gairbhe, garbh-fhuaim; gairge, crosdachd, sglàmhrainn, fiatachd; geurachd.

ASPEROUS, *adj.* See Asper.

ASPERSE, *v. a.* Cùl-chain, maslaich.

ASPERSER, *s* Fear-tuaileis.

ASPIRATE, *v. a.* and *n.* Abair le neart analach.

ASPIRATION, *s.* Geur - thogradh, beòiarraidh; ana-mhiann, mòr dhéidh air ni-eigin mòr; labhairt le neart analach.

ASPIRE, *v. a.* and *n.* Iarr, miannaich, bi'n déidh air; dìrich suas, éirich suas.

ASPIREMENT, *s.* See Aspiration.

ASPIRING, *s.* Ard-mhiann; pong, stad.

ASS, *s.* Asal, as.

ASSAIL, *v. a.* Thoir ionnsaidh air, leum air; cas ris, connsaich, aslaich.

ASSAILABLE, *adj.* So-bhuailte.

ASSAILANT, *s.* Fear-ionnsaidh, nàmhaid.

ASSAILANT, *adj.* A bheir ionnsaidh, a dh' éireas air, connsachail, stritheil.

ASSAILMENT, *s.* Ionnsaidh.

ASSASSIN, *s.* Mortair, neach a bheir ionnsaidh mharbhaidh.

ASSASSINATE, *v. a.* and *n.* Mort, marbh le foill; thoir ionnsaidh mharbhaidh gu h-uaigneach.

ASSASSINATION, *s.* Mortadh, marbhadh le foill.

ASSASSINATOR, *s.* Mortair, foille.

ASSATION, *s.* Ròstadh, ròsladh.

ASSAULT, *s.* Ionnsaidh, aghaidh.

ASSAULT, *v. a.* Thoir ionnsaidh, buail,

ASSAY, *s.* Deuchainn, feuchainn dearbhadh; tòiseachadh, luach.

ASSEMBLAGE, *s.* Cruinneachadh, tional.

ASSEMBLANCE, *s.* Cruinneachadh.

ASSEMBLE, *v. a.* and *n.* Chruinnich.

ASSEMBLER, *s.* Fear-cruinneachaidh.

ASSEMBLING, *s.* Cruinneachadh, tional.

ASSEMBLY, *s.* Co-chruinneachadh, àrdsheanadh.

ASSENT, *s.* Aontachadh, còrdadh, aont, géill.

ASSENTMENT, *s.* Aontachadh.

ASSERT, *v. a.* Tagair, agair; saor, teasairg.

ASSERTION, *s.* Tagradh, agairt; facal, ceann-dearbhaidh.

ASSERTIVE, *adj.* Tagrach, dian-bhriathrach, abartach.

ASSERTOR, *s.* Fear-tagraidh, feardearbhaidh.

ASSESS, *v. a.* Leag cis, no càin, tog cis meas.

ASSESSABLE, *adj.* Cis-dhiolach.

ASSESSION, *s.* Co-shuidhe chum comh airle no cuideachadh a thabhairt.

ASSESSIONARY, *adj.* A bhuineas do luchd-cìse.

ASSESSMENT, *s.* Càin; cis-leagadh.

ASSEVER, ASSEVERATE, *v. a.* Dianbhriathraich, mionnaich.

ASSEVERATION, *s.* Briathar, mionnan.

ASSIDUITY, *s.* Dìchioll, buan-dhùrachd.

ASSIDUOUS, *adj.* Dìchiollach, dùrachd, leanmhainneach.

ASSIGN, *v. a.* Òrduich, comharraich, cuir air leth, sònraich; suidhich, socraich,ceartaich; thoir còir seachad.

ASSIGNATION, *s.* Coinneamh-leannanachd; toirt seachad còrach; cur air leth, sònrachadh.

ASSIGNMENT,*s.* Sònrachadh, cur air leth.

ASSIMILATE,*v. a.* Dean coltach, meirbh, cnàmh.

ASSIST, *v. a.* and *n.* Cuidich, fòir, dean còmhnadh

ASSISTANCE,*s.* Cobhair, còmhnadh.

ASSISTANT, *s.* Fear-còmhnaidh, fearcuideachaidh, fear-cobhrach.

ASSIZE, *s.* Mòd; luchd-breith, reachd riaghailt.

ASS-LIKE, *adj.* Coltach ri asail.

ASSOCIATE, *v. a.* and *n.* Dean companas, cùm cuideachdas.

ASSOCIATE, *s.* Companach.

ASSOCIATION, *s.* Co-aontachadh, cochomunn, comunn, co-chuideachd; co-chùmhnant, co-réite; co-phàirt, co-cheangaltas.

ASSOIL, *v. a.* Fuasgail, freagair, thoir deagh fhreagairt; cuir mu sgaoil, math ; salaich.

ASSORT, *v. a.* Cuir-an òrdugh, réitich.

ASSORTMENT, *s.* Cùr an òrdugh, réiteachadh.

ASSUAGE, *v. a.* and *n.* Caisg, lùghdaich, eutromaich; sithich ; traogh, tuit, laidh.

ASSUAGEMENT, *s.* Faothachadh, lasachadh, lùghdachadh, socair.

ASSUAGER, *s.* Fear-sitheachaidh, feareutromachaidh.

ASSUASIVE, *adj.* Ciùineach, a chiùinicheas, a dh' aotromaicheas.

ASSUME, *v. a.* and *n.* Gabh ort, togair ; tog, glac ; bi ceannasach, uaibhreach.

ASSUMING, *s.* Ladornas, dànadas.

ASSUMING, *adj.* Uaibhreach, ladorna.

ASSUMPTION, *s.* Glacadh, gabhail do t'ionnsuidh féin ; barail gun chòmhdachadh ; togail suas do nèamh.

ASSURANCE, *s.* Dearbhachd, làn-dearbhachd, cinnteachas ; làn-dòchas, beag-narachd, ladornachd, peasanachd ; aobhar-dòchais, meamnadh, smioralachd, tréine ; dearbhachd an gràdh Dhé.

ASSURE, *v. a.* Dean cinnteach, cuir á teagamh.

ASSURED, *adj.* Cinnteach, dearbhte.

ASSUREDLY, *adv.* Gun teagamh.

ASTERN, *adv.* Gu deireadh na luinge.

ASTHMA, *s.* Luathas-analach.

ASTHMATIC, *v.* Fo 'n luathas-analach.

ASTONISH, *v. a.* Iongantaich, cuir ioghnadh.

ASTONISHMENT, *s.* Ioghnadh.

ASTOUND, *v. a.* Uamhunnaich.

ASTRAY, *adv.* Air seacharan.

ASTRICTION, *s.* Teannachadh, ceangal.

ASTRICTIVE, *adj.* Teanntach.

ASTRIDE, *adv.* Casa-gòbhlach.

ASTRINGE, *v. a.* Teannaich, crup.

ASTRINGENT, *adj.* Ceangaltach.

ASTROLOGER, *s.* Speuradair.

ASTROLOGY, *s.* Speuradaireachd.

ASTRONOMER, *s.* Reulladair.

ASTRONOMICAL, *adj.* Reull-eòlach.

ASTRONOMY, *s.* Reull-eòlas.

ASTRO-THEOLOGY, *s.* Reull-dhiadhachd.

ASUNDER, *adv.* Air leth, o chéile.

ASYLUM, *s.* Ionad-tèarmainn.

ATHEISM, *s.* Aicheadh air bith Dhé.

ATHEIST, *s.* Fear-àicheadh Dhé.

ATHEISTICAL, *adj.* Neo-chreideach.

ATHEIZE, *v. n.* Labhair mar fhear-àicheadh Dhé.

ATHLETIC, *adj.* Làidir, calma, fearail.

ATHWART, *adv.* Gu tuaitheal tarsuinn.

ATLAS, *s.* Leabhar dealbha dhùthchannan.

ATMOSPHERE, *s.* An t-àileadh, adhar.

ATOM, ATOMY, *s.* Dadmun, smùirnean, càillean, dùradan, fuilbhean.

ATOMICAL, *adj.* Smùirneanach, deannanach, fuilbheanach, &c.

ATOMISM, *s.* Teagasg nan smùirnean.

ATONE, *v. a.* and *n.* Thoir diol, érig ; dean réite air son chiontach.

ATONEMENT, *s.* Réite, còrdadh ; éirig, iobairt-réite.

ATROCIOUS, *adj.* Aingidh, an-trom, mallaichte, fuilteach, borb.

ATROCIOUSLY, *adv.* Gu h-aingidh, &c.

ATROCITY, *s.* Aingidheachd, buirbe.

ATTACH, *v. a.* Glac ; tàlaidh, dlùthaich riut féin.

ATTACHMENT, *s.* Dìsleachd, a leanmhainneachd, dàimh ; gràdh, rùn.

ATTACK, *v. a.* Thoir ionnsaidh ; cronaich

ATTACK, *s.* Ionnsaidh nàimhdeil.

ATTAIN, *v. a.* and *n.* Faigh, buannaich, coisinn ; thig suas ; ruig, gabh seilbh thig a dh' ionnsaidh.

ATTAINABLE, *adj.* So-ruigheachd.

ATTAINDER, *s.* Dìteadh lagha, cùirtdhìteadh ; truailleachd, coire.

ATTAINMENT, *s.* Buannachd, ionnsachadh ; ruigsinn.

ATTAINT, *v. a.* Maslaich ; salaich, truaill.

ATTEMPER, ATTEMPERATE, *v. a.* Measgaich ; bogaich ; dean freagarrach.

ATTEMPT, *v. a.* Thoir ionnsaidh.

ATTEMPT, *s.* Ionnsaidh ; oidheirp.

ATTEND, *v. a.* and *n.* Feith, fritheil, fan, fuirich ; thoir aire, beachdaich.

ATTENDANCE, *s.* Feitheamh, frithealadh ; aire, seirbhis.

ATTENDANT, *adj.* Fritheilteach.

ATTENDANT, *s.* Fear-frithealaidh ;

ATTENTION, *s.* Aire, furachras, faicill,

ATTENTIVE, *adj.* Furachail, faicilleach, cùramach.

ATTENUATE, *v. a.* Tanaich ; lùghdaich.

ATTENUATION, *s.* Tanachadh, tanachd.

ATTEST, *v. a.* Thoir fianais, tog fianais.

ATTEST, *s.* Fianais, teisteannas.

ATTESTATION, *s.* Teisteas, dearbhadh.

ATTIC, *adj.* Glan-chainnteach, grinn-labhrach.

ATTIRE, *v. a.* Aodaich, còmhdaich, sgeudaich, sgiamhaich, cuir an uidheam.

ATTIRE, *s.* Aodach, eudach, còmhdach, earradh, culaidh, trusgan.

ATTITUDE, *s.* Suidheachadh, seasamh.

ATTORNEY, *s.* Àrd-sgrìobhair lagha.

ATTRACT, *v. a.* Tarruinn, tàlaidh, meall.

ATTRACTION, *s.* Comas tàlaidh no meallaidh, sùghadh.

ATTRACTIVE, *adj.* Tarruinneach, sùghach ; tàlaidheach, mealltach.

ATTRACTIVE, *s.* Tàladh, mealladh.
ATTRIBUTE, *v. a.* Cuir ás leth.
ATTRIBUTE, *s.* Feart, buaidh, cliù.
ATTRIBUTION, *s.* Moladh. buaidh-chliù.
ATTRITION, *s.* Caitheamh, rubadh, bleith, mìn-shuathadh ; duilichinn ; cràdh inntinn.
ATTUNE, *v. a.* Gleus, cuir am fonn.
AVAIL, *v. a.* Buannaich, coisinn, dean feum.
AVAILABLE, *adj.* Buannachail, tarbhach, feumail ; cumhachdach
AVARICE, *s.* Sannt, spìocaireachd.
AVARICIOUS, *adj.* Sanntach, déidheil, spìocach.
AVAST, *adv.* Cum air do làimh, stad, sguir, gu leòir,
AVAUNT, *interj.* As mo shealladh ! air falbh ! trũis !
AUBURN, *adj.* Buidhe-dhonn.
AUCTION, *s.* Reic follaiseach co-thairgseach.
AUCTIONEER, *s.* Fear-reic co-thairgseach.
AUCUPATION, *s.* Eunadaireachd.
AUDACIOUS, *adj.* Dàna, ladorna ; beagnàrach, beadaidh.
AUDACIOUSNESS, *s.* Dànachd.
AUDACITY, *s.* Tapachd, misneach.
AUDIBLE, *adj.* Labhrach, àrd-ghuthach.
AUDIENCE, *s.* Éisdeachd ; luchd-éisdeachd, co-thional.
AUDITOR, *s.* Fear-éisdeachd.
AUDITORY, *s.* Luchd-éisdeachd ; ionadéisdeachd.
AVE-MARY, *s.* Fàilte-Muire.
AVENGE, *v. a.* Dìol, thoir gu peanas.
AVENGEANCE, *s.* Dìoghaltas, peanas.
AVENGEMENT, *s.* Dìoghaltas, dìoladh.
AVENGER, *s.* Fear-dìolaidh.
AVENUE, *s.* Rathad, slighe, sràid eadar chraobhan.
AVER, *v. a.* Cuir an céill, abair gu barantach.
AVERAGE, *s.* Eadar dhà anabharra.
AVERMENT, *s.* Dearbhadh le fianais ;
AVERSE, *adi.* Fuathach, gràinichte.
AVERSION, *s.* Fuath. gràin.
AVERT, *v. a.* Tionndaidh gu taobh.
AUGER, *s.* Tora, sniamhaire, boireal.
AUGHT, *pron.* Ni sam bith, dad.
AUGMENT, *v. a.* Meudaich.
AUGMENT, *s.* Meudachadh, piseach.
AUGMENTATION, *s.* Seòl meudachaidh.
AUGUR, *s.* Fiosaiche, eun-dhruidh.
AUGURATION, *s.* Eun-dhruidheachd.
AUGURY, *s.* Fiosachd le comharraibh.
AUGUST, *s.* Ceud mìos an Fhoghair.
AUGUST, *adj.* Mòr, urramach, naomha.
AVIARY, *s.* Eun- lann.
AVIDITY, *s.* Gionachd, glamaireachd.
AULIC, *adj.* Cùirteil, rìoghail, flathail.
AULN, *s.* Slat-thomhais.

AUNT, *s.* Piuthar athar no màthar.
AVOCATE, *v. a.* Gairm air falbh.
AVOCATION, *s.* Gairm a leth-taobh.
AVOID, *v. a.* and *n.* Seachain ; cuitich, cuir cùl.
AVOIDABLE, *adj.* So-sheachante.
AVOKE, *v a.* Gairm air ais.
AVOLATION, *s.* Itealachadh, fuadach, teicheadh.
AVOUCH, *v. a.* Abair gu daingeann, cuir an céill gu dian ; thoir dearbhadh.
AVOUCH, *s.* Aideachadh, fianais, teisteas.
AVOW, *v. a.* Cuir an céill, aidich.
AVOWAL, *s.* Aideachadh fosgailte.
AURELIA, *s.* Spiontag, òg-chnuimh.
AURICLE, *s.* Bilean na cluaise ; cluasan a' chridhe.
AURICULA, *s.* Lùs-na-bann-rìgh.
AURICULAR, *adj.* Teann air a' chluais.
AURIST, *s.* Olla-chluas.
AURORA, *s.* Luibh-chrodh'-an-eich : reull na maidne.
AURORA-BOREALIS, *s.* Na fir-chlis.
AUSCULTATION, *s.* Cluas-aire.
AUSPICE, *s.* Manadh ; dìon, caoimhneas.
AUSPICIOUS, *adj.* Sealbhach ; sona.
AUSTERE, *adj.* Teann, cruaidh, bodachail ; searbh, geur.
AUSTERITY, *s.* Teanntachd, gruamachd · an-iochd.
AUSTRAL, *adj.* A deas, deiseal.
AUTHENTIC, *a.* Fìor, cinnteach.
AUTHENTICATE, *v. a.* Dearbh le ùghdarras.
AUTHENTICITY, *v. a.* Cinnteachd.
AUTHOR, *s.* Ùghdar, fear sgrìobhaidh.
AUTHORITATIVE, *adj.* Ùghdarrach.
AUTHORITY, *s.* Ùghdarras ; cumhachd.
AUTHORIZE, *v. a.* Thoir ùghdarras, ceadaich ; fireanaich, dearbh.
AUTOGRAPHY, *s.* Dearbh làmh-sgrìobh aidh.
AUTUMN, *s.* Am foghar.
AUTUMNAL, *adj.* Fogharach.
AVULSION, *s.* Spìonadh, reubadh.
AUXILIAR, AUXILIARY, *s.* Fear-cuideachaidh.
AUXILIATION, *s* Cuideachadh, còmh nadh, cobhair.
AWAIT, *v. a.* Fuirich, fan, feith.
AWAKE, *v. a.* Dùisg, mosgail.
AWARD, *v. a.* Thoir dìoladh a réir toillteanais.
AWARD, *s.* Breitheanas, binn.
AWARE, *adj.* Faicilleach, furachair.
AWAY, *adv.* Air falbh, trùs air falbh !
AWE, *s.* Eagal, urram, giorrag.
AWFUL, *adj.* Eagalach, a dhùisgeas urram ; urramach ; gealtach.
AWFULNESS, *s.* Uabhasachd, eagalachd.
AWHILE, *adv.* Tacan, car tacain.
AWKWARD, *adj.* Cearbach, neo-sgiob-

alta, slaodach, slaopach, neo-làmhach, liobasta.

AWKWARDLY, *adv* Gu cearbach.

AWL, *s.* Minidh bhròg.

AWN, *s.* Calg, arbhair no feòir.

AWNING, *s.* Brat-dìona ; brat-dubhair.

AWOKE, *the preterite* of to *Awake*, Dhùisg.

AWRY, *adv.* Cam, claon, fiar-shuileach

AXE, *s.* Tuagh ; lamh-thuagh.

AXILLA, *s.* Lag na h-achlais, asgail.

AXILLAR, *adj.* Asgaileach.

AXIOM, *s.* Firinn shoilleir, fìrinn sofhaicsinneach ; fìrinn shuidhichte.

AXLE, AXLE-TREE, *s.* Aiseal, crann-aisil.

AY, *adv.* Seadh, gu dearbh.

AYE, *adv.* Do ghnà, gu bràth.

AZURNE, *adj.* Speur-ghorm, liath-ghorm.

B

B, Dara litir na h-aibidil.

BAA, *s.* Méilich, méile nan caorach.

BAAL, *s.* Beil, dia bréige, iodhol.

BABBLE, *s.* Gobaireachd, luath-bheulachd.

BABBLER, *s.* Glagair, beul-gun-fhàitheam.

BABBLING, *s.* Glagaireachd, glogaireachd.

BABE, *s.* Naoidhean, naoidheachan, leanaban.

BABOON, *s.* Apa, do'n t-seòrsa is mò.

BACCAATED, *adj.* Neamhnaideach, cuirneanach.

BACCHANALIAN, *s.* Misgear.

BACHELOR, *s.* Seana-ghille, fear gun bhean, &c. &c.

BACK, *s.* Cùl, cùl-thaobh ; druim, croit.

BACK, *adv.* Air ais ; an coinneamh a chùil.

BACK, *v. a.* Theirig air muin, marcaich ; tog air muin ; seas dìon, tagair, neartaich, cuidich ; dìon.

BACKBITE, *v. a.* Cùl-chàin, tog tuaileas.

BACKBITER, *s.* Fear cùl-chàinnt, feartuaileis.

BACKED, *part.* Cùltacaichte.

BACKGAMMON, *s.* Tàileasg.

BACKSIDE, *s.* Leth-deiridh, tòn, taobh-cùil.

BACKSLIDER, *s.* Fear-cul-sleamhnachaidh.

BACKSTAY, *s.* Stadh-cùil.

BACKSWORD, *s.* Claidheamh aon fhaobhair.

BACKWARD, *adv.* An coinneamh a chùil.

BACKWARD, *adj.* Neo-thoileach, aindeonach ; mall, leasg, tròm.

BACON, *s.* Muic-fheoil chruaidh-shaillt

BAD, *adj.* Olc, dona ; aingidh, crosda cronail, ciurrail, tinn, euslan.

BADE, *pret.* of Bid. Dh' iarr.

BADGE, *s.* Suaicheantas ; comharradh.

BADGER, *s.* Broc, tùitean, srianach.

BAFFLE, *v. a.* and *n.* Fairtlich air, rach as o, seachainn, mill; faigh làmh an uachdar air, thoir an car á ; dean fanaid no sgeig air.

BAG, *s.* Poca, balg, sac, mala, màileid.

BAGATELLE, *s.* Faoineas, ni gun luach.

BAGGAGE, *s.* Àirneis. treathlaich feachd ; imrich ; dubh-chaile.

BAGNIO, *s.* Taigh-faircidh, taigh-siùrsachd.

BAGPIPE, *s.* Pìob Ghàëlach.

BAIL, *s.* Saorsa, no fuasgladh air urras ; fear-urrais, urras ; crioch frithe.

BAIL, *v. a.* Urrasaich, rach an urras air, thoir urras air ; fuasgail air urras.

BAILIFF, *s.* Bàillidh, maor, fear-riaghlaidh ; peathair ; maor-fearainn.

BAILIWICK, *s.* Bàillidheachd.

BAIT, *v. a.* and *n.* Cuir maghar air dubhan ; biadh, thoir biadh ; sàth ann, thoir ionnsaidh air; sàraich, mar bheathach 's an stuigear coin ; stad a chum bìdh.

BAIT, *s.* Maghar ; buaireadh, culaidh-bhuairidh, biadh meallaidh.

BAIZE, *s.* Garbh-chlò fosgailte.

BAKE, *v. a.* and *n.* Fuin, taosainn, bruich ann an àmhainn.

BAKEHOUSE, *s.* Taigh-fuine.

BAKEN, *part.* Fuinte, cruadhaichte.

BAKER, *s.* Fuineadair.

BALANCE, *s.* Meidh, toimhsean ; dlùbheachd ; co-chothromachadh ; barrachd cudthrom ; claban uaireadair.

BALCONY, *s.* For-uinneag, for-aradh.

BALD, *adj.* Maol, sgailceach, lom.

BALDERDASH, *s.* Treamsgal, goileam, earra-ghloir.

BALDNESS, *s.* Maoile, sgailc.

BALDPATE, *s.* Maol-cheann.

BALE, *s.* Bathar truiste, sac, ni sam bith truiste chum iomchar ; truaighe.

BALEFUL, *adj.* Truagh, brònach, dòghruinneach ; millteach, sgriosail.

BALK, *s.* Sail, sparr ; balc, bailc, bàndhruim eadar dà iomaire ; amladh, dìobradh dòchais.

BALK, *v.* Dìobair, tréig.

BALL, *s.* Ball, peileir, co-thional damhsa.

BALLAD, *s.* Duanag, òran, luinneag.

BALLAST, *s.* Fàradh luinge no bàta.

BALLOON, *s.* Inneal dìridh agus seòlaidh 's na speuraibh.

BALLOT, *s.* Crann, crannchur ; tilgeadh chrann.

BALM, s. Ìoc-shlaint.
BALMY, adj. Ìoc-shlainteach.
BALSAM, s. Ola-leighis.
BALSAMIC, adj. Furtachail.
BALUSTER, s. Post beag, rongas.
BALUSTRADE, s. Sreath phost no rongas.
BAMBOO, s. Cuilc Ìnnseanach.
BAMBOOZLE, v. a. Meall, car.
BAN, s. Gairm fhollaiseach.
BANANA-TREE, s. Cuach-Phàdruig.
BAND, s. Ceangal, bann; cuibhreach, slabhraidh; bann - daingneachaidh; bannal, còisir, cuideachd.
BANDAGE, s. Bann, stiom-cheangail.
BAND-BOX, s. Bòsdan sliseig.
BANDITTI, s. pl. Luchd-reubainn.
BANDORE, s. Inneal-ciùil trì-theudach.
BANDY, v. a. and n. Tilg a null 'sa nall, iomain air ais 's air, adhart; gabh is thoir, co-iomlaidich; ioma-luaisg.
BANDY-LEG, s. Cama-chas, cas-cham.
BANDY-LEGGED, adj. Cama-chasach.
BANE, s. Nimh; aimhleas, sgrios, creach.
BANEFUL, adj. Nimheil, aimhleasach.
BANE-WORT, s. Lùs-na-h-òidhche.
BANG, v. Slacaich, dòrn, garbh-laimh-sich.
BANG, s. Cnap, dòrn, garbh-bhuille.
BANISH, v. a. Fuadaich á 'dhùthaich; fògair.
BANISHMENT, s. Fògradh, fògairt.
BANK, s. Bruach aibhne no uillt; tòrr, tom, dùn; taigh-tasgaidh airgeid.
BANKER, s. Fear-malairt-airgeid.
BANKRUPT, s. Fear-briste, ceannaiche briste.
BANKRUPTCY, s. Briseadh, creideis.
BANNER, s. Bratach, suaicheantas.
BANNERET, s. Ridire-làraich.
BANNOCK, s. Bonnach, breacag.
BANQUET, s. Cuilm, cuirm, fleadh.
BANQUETING, s. Fleadhachas.
BANSTICKLE, s. A' bhiorag-lodain.
BANTER, s. Magadh, fochaid, sgeig.
BANTLING, s. Isean leinibh, leanaban.
BAPTISM, s. Baisteadh.
BAPTISMAL, adj. Baistidh, baisteachail.
BAPTIST, BAPTIZER, s. Fear-baistidh.
BAR, s. Crann, crann-tarsuinn, crann-doruis; stad, grabadh, amladh, cnap-starraidh; oitir, sgeir-bhàite; ionad-tagraidh, bhreith; aite roinn na dibhe; geinn.
BAR, v. a. Crann, glais, dùin le crann; bac, grab; cum a muigh.
BARB, s. Feusag; corran, gath, friobh-ag.
BARB, v. a. Bearr, lomair; riobhag-aich, thoir calg, thoir corran; uidh-eamaich each cogaidh.
BARBARIAN, s. Allmharach, duine borb.

BARBARIC, a dj. Céin-thireach, coimh-each.
BARBARISM, s. Brùidealachd, an-iochd-mhorachd, buirbe.
BARBAROUS, adj. Borb, allmhara, fiagh-aich; neo-oileanta, brùideil; an-iochdmhor, garg, cruaidh-chridheach.
BARBED, adj. Armaichte, beartaichte, fo làn-uidheam-cogaidh; riobhagach, corranach, biorach, gathach, calgach.
BARBEL, s. Seòrs'éisg, breac-feusagach; a' mhiol gàilleach.
BARBER, s. Bearradair fuilt no feusaig
BARBERRY, s. Preas nan-gearr-dhearc, gearr-dhearcag.
BARD, s. Bàrd, aos-dana, filidh.
BARDIC, adj. Bardail.
BARE, adj. Lom, lomnochd, rùisgte, nochdte, ris, follaiseach; falamh.
BAREFACED, adj. Bathaiseach; ladorna, leamh, mi-nàrach.
BAREFOOTED, adj. Cas-ruisgte.
BAREHEADED, adj. Ceann-ruisgte.
BARELEGGED, adj. Luirg-ruisgte.
BARGAIN, s. Cùmhnant; luach-peighinn.
BARGAIN, v. n. Cùmhnantaich, còrd.
BARGE, s. Bàta, birlinn.
BARILLA, s. Luaithre do'n deantear glainne.
BARK, s. Cairt, rùsg; bàrca, long bheag.
BARK, v. a. and n. Rùisg, thoir a chairt dheth.
BARKER, s. Fear-tathuinn; dreamaire fear-rusgaidh chraobh.
BARKY, adj. Cairteach, cairtidh.
BARLEY, s. Eòrna.
BARLEYCORN, s. Gràinnean-eòrna, treas earrainn na h-òirlich.
BARM, s. Beirm, deasgainn.
BARN, s. Sabhal, sobhal, sgiobal.
BARN-YARD, s. Iolann.
BARNACLE, s. Bàirneach; an cathan.
BAROMETER, s. Gloine-shìde.
BARON, s. Ridire. [Rìgh-tìre.]
BARONAGE, s. Baranachd, ridireachd.
BARONESS, s. Baintighearn, ban-ridire.
BARONET, s. Ridire beag.
BARONICAL, adj. Baranach.
BARONY, s. Inbhe-barain.
BARRACK, s. Taigh-feachd.
BARREL, s. Baraille, feadan, guna.
BARREN, adj. Seasg, aimrid, neo-thor-ach, fàs.
BARRENNESS, s. Aimrideachd, seasg-achd.
BARRICADE, s. Balla-bacaidh.
BARRICADE, v. a. Glais suas, duin.
BARRICADO, s. Daingneachd, babhunn, dìdean.
BARRIER, s. Daingneach, dìon, balla-bacaidh, tùr, dùn; bacadh, amladh

cnapstarraidh; comharradh-crìche, gàradh-crìche.

BARRISTER, s. Fear-tagraidh, an cùirt-ibh Shasuinn.

BARROW, s. Bara; boglach; tolman; tonn.

BARTER, s. Malairt, iomlaid.

BARTER, v. a. Iomlaidich, malairtich, suaip, dean malairt, &c.

BARTRAM, s. Lùs-a-bhalla.

BASALTES, s. Gnè chloiche.

BASE, s. Stéidh, bonn, bunait, iochdar, bunchar.

BASE, adj. Suarach, neo-luachmhor, truaillidh, gun fhiù; ìosal, tàireil.

BASENESS, s. Suarachas, neo-luachmhorachd, tàirealachd, truailleachd.

BASHAW, s. Thurcach; fear stràiceil.

BASHFUL, adj. Gnùis-nàrach, athach; diùid, saidealta.

BASHFULNESS, s. Nàire, saidealtas.

BASILICA, s. Feith-mheadhon a' ghàirdean.

BASIN, s. Soitheach ionnlaid; long-phort.

BASIS, s. Stéidh, bunait; roinn ìochdrach puist; bunchar, bun.

BASK, v. a. and n. Grianaich, laidh 's a' bhlàthas.

BASKET, s. Bascaid, cliabh, sgùlan, craidhleag.

BASS, s. Cas-chlùd.

BASS, adj. Dos-fhuaimneach.

BASTARD, s. Neach dìolain; ni truaillidh.

BASTARD, adj. Dìolain; truaillidh.

BASTARDIZE. v. a. and n. Dearbh dìolain; dean dìolanas, faigh urra dhìolain.

BASTE, v. a. Gabh air le bata; leagh ìm air.

BASTINADE, BASTINADO, v. a. Slachd le bata, gabh air le bata.

BAT, s. Ialtag, an dialtag.

BATCH, s. Uiread a' dh' aran 'sa dh' fhuinear aig aon àm.

BATE, s. Strìth, caonnag, co-strith.

BATE, v. a. and n. Lughdaich, leag sìos; thoir sìos am prìs, leag am prìs, math.

BATH, s. Àit'-ionnlaid, àite-nighe; nighe, ionnlad.

BATHE, v. a. and n. Ionnlaid, fairig, failc, nigh.

BATHOS, s. Sgleò-bhardachd.

BATLET, s. Slacan, siomaid, cuaile.

BATON, s. Bata, bata-dreuchd àrd-chinn-iùil; comharradh-dìolanais ann an gearradh-arm.

BATTALIA, s. Òrdugh-catha.

BATTALION, s. Cuideachda shaighdearan bho 500, gu 800 fear.

BATTEN, s. Maide, mìr fiodha.

BATTER, v. a. and n. Buail sìos, pronn, slachd, tìlg sìos, leag sìos; claoidh le trom sheirbhis.

BATTER, s. Coimeasgadh, glaogh.

BATTERING-RAM, s. Reithe-cogaidh, reithe-slachdaidh, ceann-reithe.

BATTERY, s. Bualadh sìos, slacadh; innealan slacaidh; balla ghunn-aichean mòra; ionnsaidh nàimhdeil.

BATTLE, s. Cath, blàr, còmhrag.

BATTLE-ARRAY, s. Òrdugh-catha.

BATTLE-AXE, s. Tuagh-chatha.

BATTLEDOOR, s. Stroidhleagan.

BATTLEMENT, s. Barra-bhalla.

BAUBLE, s. Déideag, cleas.

BAWL, v. a. and n. Glaodh, ràn, raoic.

BAWREL, s. Spearag.

BAY, adj. Buidhe-ruadh.

BAY, s. Camus, loch-mara, bàgh.

BAY-SALT, s. Salann-mara.

BAY-TREE, s. Craobh-laibhreis.

BAYONET, s. Béigeileid.

BAZAAR, s. Àite-margaidh.

BE, v. n. Bi; bi ann, bi beò.

BEACH, s. Mol, tràigh, cladach.

BEACON, s. Taigh-soluis.

BEAD, s. Paidirean; griogag.

BEADLE, s. Maor; no maor-eaglais.

BEAGLE, s. Cù-luirg.

BEAK, s. Gob; sròn; bior-snaois.

BEAKER, s. Soitheach-gobach.

BEAM, s. Sail; meidh; cròc, garm-ainn; gath-soluis, gath-gréine, deal-radh, boillsgeadh, dearsadh.

BEAM, v. n. Dealraich, soillsich, dears soillsich air.

BEAN, s. Pònar.

BEAR, v. a. and n. Giùlain, iomchair, cum suas, fuilig.

BEAR, s. Math-ghamhainn, torc.

BEARD, s. Feusag; calg, colg.

BEARDLESS, adj. Gun fheusag, lom smigeach; smigideach.

BEARER, s. Fear-iomchair; fear-giùlain cuirp do'n uaigh.

BEARING, s. Suidheachadh, sealltainn, aghaidh; modh, giùlan; cùrsa.

BEAST, s. Ainmhidh, beathach; brùid, biast.

BEASTLY, adj. Brùideil, biastail.

BEAT, v. a. and n. Buail, thoir buille; gabh air, faigh buaidh.

BEATIFIC, adj. Sona, làn sonais.

BEATIFICATION, s. Làn-shona.

BEATING, s. Gabhail air, gréidheadh.

BEATITUDE, s. Sonas néamhaidh.

BEAU, s. Spalpaire, fear, rìmheach; leannan.

BEAVER, s. Dobhar-chu, clàr-aghaidh clogaid.

BEAUTEOUS, adj. Maiseach, àluinn, bòidheach, sgiamhach, grinn.

BEAUTEOUSNESS, s. Maisealachd.
BEAUTIFUL, adj. Bòidheach, rimheach.
BEAUTIFY, v. a. and n. Maisich sgiamh-aich grinnich.
BEAUTY, s. Maise, àillte, sgèimh.
BEAUTY-SPOT, s. Ball-seirce.
BECALM, v. a. Sàmhaich, foisich, ciùinich.
BECAUSE, conj. Air son, do-bhrìgh.
BECK, s. Sméideadh.
BECKON, v. n. Sméid air.
BECOME, v. n. Cinn, fàs freagair.
BECOMING, adj. Iomchuidh, dligheach, tlachdmhor, ciatach, taitneach, freagarrach.
BED, s. Leabaidh.
BEDASH, v. a. Eabraich, beubanaich.
BEDDING, s. Uidheam-leapa.
BEDECK, v. a. Sgéimhich, snasaich.
BEDEHOUSE, s. Taigh-oiriceis.
BEDEW, v. a. Dealtraich, driùchdaich.
BEDFELLOW, s. Coimhleapach.
BEDLAM, s. Taigh-cuthaich.
BEDLAMITE, s. Neach cuthaich.
BEDRID, adj. Air an aon-leabaidh, tinn.
BEDSTEAD, s. Fiodh-leapa.
BEE, s. Beach, seillean.
BEECH, s. Crann-fàibhile.
BEEF, s. Mairt-fheoil; mart-biadhta.
BEEF-EATER, s. Gille-taigh-rìgh.
BEER, s. Leann-caol.
BEET, s. Ainm luis, biotais.
BEETLE, s. Daolag, fairche, simist.
BEEVES s. pl. Crodh, daimh, spréidh.
BEFAL, v. n. Tachair thig gu crìch gu teachd.
BEFIT, v. a. Freagair, dean iomchuidh.
BEFORE, prep. Roimh; air beulthaobh; an làthair, 'san làthair; mu choinneamh; roimhe, a roghainn air; os-ceann.
BEFORE, adv. Roimhe, roimhe sin; 'san àm a chaidh; gus a nise; cheana.
BEFOREHAND, adv. Roi-laimh, air tùs.
BEFOUL, v. a. Salaich, truaill.
BEFRIEND, v. a. Dean càirdeas.
BEG, v. a. and n. Iarr, sir, guidh, thig beò air déircibh, falbh air déirc.
BEGET, v. a. Gin; tàrmaich.
BEGGAR, s. Déirceach, diol-déirce.
BEGGARLY, adj. Bochd, diblidh, truagh.
BEGGARY, s. Bochdainn, aimbeairt.
BEGIN, v. a. and n. Tòisich, tionnsgain.
BEGINNER, s. Fòghlumaich.
BEGINNING, s. Toiseach, aobhar, prìomh-aobhar. tòiseachadh.
BEGIRD, v. a. Crioslaich, cuartaich; iadh.
BEGONE, interj. Air falbh thu! á m' fhianais! trùis!
BEGOT, pret. v. Beget. Ghin.
BEGOTTEN, pret. part v. Beget. Ginte, air a ghineamhuinn.

BEGUILE, v. a. Meall, car breug.
BEGUN, pret. part. v. Begin, Tòisichte.
BEHALF, s. Deagh-ghean, as leth, air a thaobh, air son.
BEHAVE, v. a. Giùlain, gluais, gnàthaich.
BEHAVIOUR, s. Giùlan gluasad, cleachd-adh, gnàthachadh; beus, modh.
BEHEAD, v. a. Thoir an ceann dheth.
BEHEMOTH, s. An t-Each-uisg.
BEHIND, prep. Air chùl, air deireadh.
BEHIND-HAND, adv. An déigh làimhe.
BEHOLD, v. a. Faic, seall, amhairc, thoir fainear.
BEHOLD, interj. Feuch.
BEHOLDEN, adj. An comain, fo fhiach-aibh.
BEHOOF, s. Ni tha chum buannachd, math.
BEHOOVE, v. n. Bi iomchuidh, freag-arrach.
BEING, s. Bith; inbhe, còr, beatha; creutair, tì, urra, neach, cré.
BELABOUR, v. a. Slachd, buail gu minig.
BELCH, v. a. and n. Brùchd a mach, brist gaoth, diobair; taom a mach.
BELDAM, s. Seanna chailleach chrosda.
BELEAGUER, v. a. Iomadhruid.
BELFRY, s. Taigh-cluig.
BELIE, v. a. Breugaich, thoir a bhreug dha; aithris breugan.
BELIEVE, v. a. and n. Creid, thoir creid-eas, biodh creideamh agad.
BELIEVER, s. Creideach, Criosdaidh.
BELL, s. Clag, glag; àrd onoir cùise.
BELLE, s. Boireannach, rìmheach.
BELLES-LETTRES, s. Snas-chainnt sgrìobhaidh.
BELLIGERANT, adj. Bagarach air cogadh.
BELLOW, s. Beuc, ràn, geum.
BELLOWING, s. Beucaich, bùirich.
BELLOWS, s. Balg-séididh.
BELLY, s. Brù, bolg, broinn.
BELMAN, s. Fear-bualaidh cluig.
BELONG, v. n Buin, bhuneas.
BELOVED, part. Gràdhaichte.
BELOW, prep. Fo, shios.
BELOW, adv. Gu h-ìosal.
BELT, s. Crios, crios-leasraidh.
BEMOAN, v. a. Dean cumha, caoidh.
BENCH, s. Being, ionad - suidhe; cathair-bhreitheanais; luchd-ceartais.
BENCHER, s. Fear-tagraidh an cùirt-cheartais; breitheamh.
BEND, v. a. Crom, cam, lùb; stiùr, aom; ceannsaich; bi claon, bi fiar.
BEND, s. Cromadh, camadh, fieradh.
BENDABLE, adj. So-lùbaidh.
BENEATH, prep. Fo, an ìochdar.
BENEDICTION, s. Beannachadh.

BENEFACTION, s. Tiodhlacadh, deagh-ghniomh.

BENEFACTOR, s. Tabhartair ; fear fuasg-laidh.

BENEFICE, s. Beathachadh eaglais.

BENEFICENCE, s Mathas, oircheas.

BENEFICENT, adj. Toirbheartach, seirc-eil, fiùghantach, còir

BENEFICIAL, adj. Tarbhach, luachmhor, feumail.

BENEFIT, s. Tiodhlac, deagh-ghniomh.

BENEVOLENCE, s. Mathas, fiùghantachd, deagh-ghean.

BENEVOLENT, adj. Caoimhneil, seirc-eil, mathasach, fiùghantach.

BENIGHT, v. a. Dorchaich, duibhrich ; cuartaich le dorchadas ; cum an ain-eolas.

BENIGN, adj. Caoimhneil, fiùghantach, fial, mathasach, tròcaireach.

BENIGNITY, s. Tròcaireachd, mathas-achd ; caomhalachd.

BENISON, s. Beannachd, beannachadh.

BENT, s. Camadh, lùbadh, cromadh ; claonadh, fiaradh ; rùn-suidhichte, toil, togradh; mùran.

BENUMB, v. a. Meilich, einglich.

BEQUEATH, v. a. Tiomnaich, fàg mar dhìleab.

BEQUEST, s. Dìleab.

BERBERRY, s. Goirt-dhearc.

BEREAVE, v. a. Buin uaith, creach, rùisg, thoir air falbh.

BERRY, s. Dearc, dearcag.

BERYL, s. Clach luachmor,,beril.

BESEECH, s. Iarrtas, achanaich, guidhe.

BESEEM, v. a. Bi freagarrach, iom-chuidh.

BESET, v. a. Cuartaich, iadh mu thim-chioll ; fàth, fheith ; buail air.

BESIDE, BESIDES, prep. Làmh ri, ri taobh ; a bharr, a thuilleadh.

BESIEGE, v. a. Séisd, iom-dhruid, teannaich cuartaich.

BESMEAR, v. a. Salaich, luidrich, smeur.

BESOM, s. Sguab-ùrlair.

BESOTTEDNESS, s. Amadanachd.

BESPANGLE, v. a. Dealraich, lainnirich.

BESPATTER, v. a. Salaich, tilg poll air ; càin, mill a chliù.

BESPEAK, v. a. Orduich, iarr, roi-làimh, cuir an céill do.

BESPRINKLE, v a. Uisgich, sriodag-aich.

BEST, adj. A's fearr, iomlan, math.

BESTIAL, adj. Ainmhidheach, brùideil, feòlmhor.

BESTIR, v. a. Grad ghluais, éirich, mosgail, caraich.

BESTOW, v. a. Thoir seachad, builich.

BESTRIDE, v. a. Rach casa-gòbhlach.

BET, v. a. Cuir geall.

BETAKE, v. a. Theirig, tog ort, imich, falbh.

BETHINK, v. a. and n. Smuaintich, cuimhnich.

BETIDE, v. a. and n. Tachair o, érich a mach, tàrladh.

BETIMES, adv. 'Na àm, moch, tràthail ; an ùin' ghearr, gu luath.

BETOKEN, v. a. Ciallaich le, comharr-aich, samhlaich; cuir an céill roi-làimh.

BETONY, s. Lùs-Mhic-Bheathaig.

BETRAY, v. a. Brath; dean feall, meall, leig ris rùn-dìomhair caraid ; nochd a chum a chall; bi luath-bheulach.

BETRAYER, s. Brathadair, mealltair.

BETROTH, v. a. Réitich, dean ceangal pòsaidh.

BETTER, adj. A chuid a's fearr.

BETWEEN, prep. Eadar, sa' mheadhon.

BEVEL, s. Oisinn neo-dhìreach.

BEVERAGE, s. Deoch rìmheach.

BEVY, s. Tòtal-eun ; coisir.

BEWAIL, v. a. and n. Dean caoidh, guil, tuireadh, bròn.

BEWARE, v. n. Thoir an air, bi air t' fhaicill.

BEWILDER, v. a. Seachranaich, iomrall-aich.

BEWITCH, v. a. Cuir fo gheasaibh.

BEYOND, prep. Roimhe ; thall, air an taobh thall ; ni's faide na ; air nach urrainn e ruigheachd ; air thoiseach air ; thairis air.

BIAS, s. Taobh-chudthrom, aomadh, claonadh, toil, togradh.

BIB, s. Bréid-uchd, uchdan leinibh.

BIBBER, s. Misgear, pòitear.

BIBLE, s. Bioball an leabhar naomha.

BIBLICAL, adj. Bioballach, sgriobturail.

BICE, s. Dath buidhe no uaine.

BID, v. a. Iarr, thoir cuireadh ; òr-duich ; thoir tairgse, tairg luach.

BIDDEN, adj. Cuirte, air a chuireadh ; òrduichte.

BIDDER, s. Fear-tairgse.

BIDDING, s. Ordugh, earail ; tairgse.

BIDE, v. n. Còmhnaich, tàmh, gabh còmhnaidh, fuirich ; mair, fan.

BIDENTAL, adj. Dà-fhiaclach.

BIDING, s. Tàmhachd, àros, fardoch, dachaigh, asdail, ionad-còmhnaidh.

BIENNIAL, adj. Dà-bhliadhnach.

BIER, s. Carbad, giùlan.

BIESTING, s. Nòs, ceud-bhainne.

BIFARIOUS, adj. Dà-fhillte ; dà-sheagh-ach.

BIFEROUS, adj. A' giùlan dà bharr 'sa bhliadhna.

BIFORM, adj, Dà-chruthach.

BIG, adj. Mòr, dòmhail, tomadach ; leth-tromach, torrach ; làn ; àrdanach

BIGAMY, *s.* Pòsadh ri dithis bhan

BIGOT, *s.* Fear dall dhian an creideamh

BIGOTRY, *s.* Dìan eud mi-reusanta an creideamh, dall-eud am beachdaibh àraidh.

BILBERRY, *s.* Braoileag.

BILBOES, *s.* Ceap-chas air bòrd luinge.

BILE, *s.* Sùgh searbh, domblas ; leannachadh.

BILIOUS, *adj.* Domblasach.

BILK, *v. a.* Thoir an car as, meall.

BILL, *s.* Gob eòin ; sgian-sgathaidh ; sgrìobhadh-geallaidh ; bann iomlaid ; &c.

BILL, *v. n.* Cuir gob ri gob.

BILLET-DOUX, *s.* Litir-leannanachd,

BILLIONS, *s.* Deich ceud mìle do dheich ceud mìle.

BILLOW, *s.* Tonn, sumain, bairlinn.

BIN, *s.* Taigh-taisg.

BINARY, *adj.* Dùbailte, dà-fhillte.

BIND, *v. a.* and *n.* Ceangail, cuibhrich, cuir an cuing ; crioslaich, cuir uime ; naisg, teannaich ; cuir fo mhionnaibh ; cum a steach, bac ; cuir fo fhiachaibh.

BINDER, *s.* Fear ceangail.

BINDING, *s.* Ceangal, ceanglachan.

BINDWEED, *s.* Iadh-lùs.

BINNACLE, *s.* Ionad socair na cairt-iùil.

BIOGRAPHER, *s.* Beath'-eachdraich.

BIOGRAPHY, *s.* Beath'-eachdraidh.

BIPAROUS, *adj.* A bheireas dithis còlath.

BIPARTITION, *s.* Roinn dà leth.

BIPED, *s.* Dà-chasach.

BIPENNATED, *adj.* Dà-sgiathach.

BIPETALOUS, *adj.* Dà-bhileach.

BIRCH, *s.* Beithe, slat-chaoil.

BIRD, *s.* Eun, eunlaith.

BIRD'S-CHERRY, *s.* Fiodhag.

BIRTH, *s.* Breith ; sinnsireachd, sìol ; staid-breith, inbhe ; an ni a rugadh.

BIRTHRIGHT, *s.* Còir-bhreith.

BISCUIT. *s.* Briscaid.

BISECT, *v. a.* Gearr 's a' mheadhon.

BISHOP, *s.* Easbuig.

BISHOPRIC, *s.* Easbuigeachd.

BISHOP-WEED, *s.* Lùs-an-easbuig.

BISSEXTILE, *s.* Bliadhna leum.

BIT, *s.* Mìr, crioman, criomag, bìdeag ; cabastair sréine, camagan sréine.

BITCH, *s.* Galla ; soigh-chulanach.

BITE, *v. a.* Thoir gréim as.

BITE, *s.* Gréim, làn-beòil ; gearradh.

BITING, *s.* Teumadh, beumadh.

BITTACLE, *s.* See Binnacle.

BITTER, *adj.* Goirt, searbh, teth, geur ; garg, sgaiteach, an-iochdmhor ; cràiteach, guineach ; mi-thaitneach.

BITTERN, *s.* A chorra-ghràin.

BITTERNESS, *s.* Searbhachd, gamhlas,

mi-rùn ; crosdachd ; doilghios, bris teadh-cridhe.

BITUMEN, Bigh-thalmhuinn.

BIVALVE, BIVALVULAR, *adj.* Dà-dhuilleach, chòmhlach, dà-shligeach, mar fheusgan no coilleag, &c.

BIVOUAC, *v. n.* Dean faire na h-oidhche air eagal nàmhaid.

BLAB, *v. a.* and *n.* Bi luath-bheulach.

BLACK, *adj.* Dubh, dorch, doilleir ; gruamach, nuarranta, neulach ; gràineil, mallaichte, aingidh ; dìomhaireach ; muladach, brònach, tùrsach.

BLACKAMOOR, *s.* Duine dubh.

BLACKBIRD, *s.* Lon-dubh.

BLACK-CATTLE, *s.* Crodh, buar, nì, feudail, spréidh, tàn.

BLACKCOCK, *s.* An coilleach-dubh.

BLACKGUARD, *s.* Balach suarach mi-bheusach.

BLACKEN, *v. a.* and *n.* Dubh, dubhaich, dean dubh ; dorchaich ; cùl-chàin, mill cliù ; fàs dorch, bi dubh.

BLACKNESS, *s.* Duibhead, dorchachd.

BLACKSMITH, *s.* Gobha-iarainn.

BLADDER, *s.* Aotroman, balg.

BLADE, *s.* Bileag-fheòir, no fhochainn ; lann, iarann claidheimh no sgeine ; lasgaire, fear spaideil ; cnàimh an t-slinnean.

BLAIN, *s.* Neasgaid, guirean, leus.

BLAMABLE, *adj.* Coireach, ciontach.

BLAMABLENESS, *s.* Ciontachd, coireachd.

BLAME, *v. a.* Coirich, faigh cron do.

BLAME, *s.* Coire ; cionta, lochd, cron.

BLAMELESS, *adj.* Neo-choireach, neo-chiontach.

BLANCH, *v. a.* and *n.* Gealaich, dean geal no bàn ; rùisg, sgrath ; seachain, fàg, leig le ; cuir a thaobh, buin gu séimh.

BLAND, *adj.* Caoin, caomh, mìn, tlàth séimh, ciùin, fòill.

BLANDISH, *v. a.* Séimhich, dean caoin, breug, dean caìnnt thlà.

BLANDISHMENT, *s.* Caìnnt thlà, caoin-mholadh, fòill-labhairt, brosgal.

BLANK, *adj.* Geal, bàn ; gun sgrìobhadh.

BLANK, *s.* Aite falamh, mìr pàipeir gun sgrìobhadh ; crannchur gun luach , cuspair.

BLANKET, *s.* Plaide, plancaid.

BLASPHEMING, *s.* Toibheumachadh.

BLASPHEMOUSLY, *ad.* Toibheumach.

BLASPHEMY, *s.* Toibheum.

BLAST, *s.* Osag, séideag, oiteag ; sgal.

BLAST, *v. a.* Seachd, searg ; mill.

BLAZE, *s.* Lasair, solus lasarach, lèus soluis ; blàradh.

BLAZE, *v. a.* and *n.* Cuir am far{}uinneachd, craobh-sgaoil; dealraich, taisbean thu fein.

BALZON, v. a. Dean soilleir comharran ghearradh-arm; sgeadaich gu maiseach; seòl gu follaiseach, taisbean, cuir a mach; àrd-mhol, sgaoil a chliù, dean follaiseach, gairm suas.

BLAZON, s. Gearradh-arm; soillseachadh, taisbeanadh; moladh, cliù-ghairm.

BLEACH, v. a. and n. Gealaich, dean geal; fàs geal, todhair.

BLEAK, adj. Lom, fuar, fuaraidh, nochdaidh, gun tuar.

BLEAR, adj. Rèasg-shuileach, prabshuileach, mùsgach, dearg-shuileach, brach-shuileach; doilleir, dorch, neulach.

BLEAREYED, a. Prab-shuileach.

BLEAT, v. n Meil, dean mèil.

BLEED, v. a. and n. Leig fuil, thoir fuil, tarruinn fuil; caill fuil, sil fuil.

BLATE, adj. Saidealta, nàrach, dùid.

BLEMISH, v. a. Cuir gaoid ann; salaich, truaill.

BLEMISH, s. Ciorram, gaoid, cron, michliù, sgainneal.

BLENCH, v. a. and n. Bac, cum air ais; crup, clisg, siap air falbh.

BLENCH, s. Clisgeadh, leum grad.

BLEND, v. a. Coimeasgaich, cuir toimhe chéile; truaill, salaich, mill.

BLESS, v. a. Beannaich, dean sona; mol, glòraich, thoir taing.

BLESSED, BLEST, adj. Beannaichte, sona; naomha, iomlan sona; air a bheannachadh.

BLESSING, s. Beannachadh, sonas; naomhachd; sonas nèamhaidh; geanmath Dhé, deagh dhùrachd.

BLIGHT, s. Fuar-dhealt, liath-reothadh; crìonadh, seargadh, gealadh.

BLIND, adj. Dall, gun fhradharc, dorch; dall-inntinneach, aineolach.

BLIND, s. Sgàile-shùl, dall-bhrat; neach dall.

BLINDFOLD, v. a. Dall dorchaich, còmhdaich a shùilean.

BLINDFOLD, adj. Sùil-chòmhdaichte.

BLINDMAN'S BUFF, s. Dallan-dà.

BLINDNESS, s. Doille; aineolas, dorchadas.

BLINK, v. n. Caog, priob; faic gu doilleir.

BLINK, s. Sealladh grad, plathadh.

BLISS, s. Àrd-shonas; sonas nam flath.

BLISSFUL, adj. Làn aoibhneach.

BLISTER, s. Leus, bolgan, éirigh craicinn

BLISTER, v. a. and n. Thoir leus air, thoir éirigh craicinn air, tog bolg uisg' air a chraiceann.

BLITHE, adj. Aoibhinn, àit, sunntach.

BLOAT v. a. and n. Séid suas, bòc, at.

BLOATEDNESS, s. At, bòcadh, séideadh.

BLOBBER-LIP, s. Meill, beul tiugh, borr.

BLOCK, s. Sgonn, òrda-fiodha; pluc, meall, cnap, ploc; ealag.

BLOCK, v. a. Dùin a steach.

BLOCKADE, s. Iom-dhruideadh.

BLOCKHEAD, s. Bumaileir, ùmaidh, baothaire, àmhlar, buamasdair.

BLOCK-TIN, s. Staoin neo-mheasgte.

BLOOD, s. Fuil; sliochd, sìol, gineal; luchd-dàimh, càirdean.

BLOOD, v. a. Salaich le fuil, còmhdaich le fuil, thoir fuil, mar do chù òg; leig fuil ás.

BLOOD-HOUND, s. Cù-luirg.

BLOODSHED, s. Dòrtadh fala.

BLOODSHOT, adj. Fuil-ruitheach.

BLOODY, adj. Fuileach, fuilteach;fuileachdach.

BLOOM, s. Blàth; ùr-fhàs, snuadh na h-òige, dreach cinneachaidh.

BLOOMY, adj. Blàthmhor, ùrar.

BLOSSOM, s. Blàth, bàrr-gùg.

BLOT, v. a. Dubh a mach; salaich, cuir ball dubh air; duaichnich, dorch-aich.

BLOTCH, s. Leus, guirean, builgean.

BLOW, s. Buille, gleadhar, sgealp; bualadh, slachdadh; blàth.

BLOW, v. a. and n. Séid; séid suas, lìon le gaoith, cuir gaoth ann; bi gearranalach, plosg; thig fo bhlàth, cuir blàth a mach; àt bochd.

BLOWZE, s. Caile phluiceach dhearg.

BLOWZY, adj. Ruiteach, 's an aghaidh, loisgte leis a' ghréin.

BLUBBER. s. Saill muice-mara; muirteuchd.

BLUBBER, v. a. Bòchd an aghaidh le caoineadh.

BLUDGEON, s. Bata, slacan, cuaille.

BLUE, adj. Gorm, liath.

BLUEBOTTLE, s. Gille-guirmean, cuileag mhòr.

BLUENESS, s. Guirme, guirmead.

BLUFF, adj. Atmhor, bòcach, gruamach, glagach; maol, neo-gheur.

BLUNDER, v. n. Rach am mearachd, tuislich, tuit an iomrall.

BLUNDER, s. Mearachd, iomrall, tuisleadh.

BLUNDERBUSS, s. Gunna-craosach.

BLUNT, adj. Maol, neo-gheur, gun fhaobhar; neo-thuigseach.

BLUNT, v. a. Maolaich, thoir air falbh am faobhar; lagaich, cìosnaich.

BLUNTNESS, s. Maoilead, cìon faobhair; cìon tuisge, neo-gheurchuis.

BLUR, Ball salach, smal, sal.

BLUSH, s. Rughadh, gnùis-nàire, deirge.

BLUSTER, v. a. and n. Beuc, dean toirm mar an sian; bagair, bi gleadhrach.

BLUSTER, *s.* Collaid, gleadhraich ; aimhreit, bòsd, spaglainn.

BLUSTERER, *s.* Glagaire, fear-spaglainn.

BLUSTERING, *s.* Gleadhraich, stairirich.

BLUSTROUS, *adj.* Gleadhrach, spaglainneach.

BOAR, *s.* Torc, cullach, ùmaidh.

BOARD, *s.* Bòrd, clàr, dèile ; cuirm ; bòrd luinge.

BOARD, *v. a.* and *n.* Bòrd, glac soitheach ; cuir air bhòrd ; bi air bhòrd.

BOARDWAGES, *s.* Tuarasdal-bùird.

BOARISH, *adj.* Aineolach brùideil.

BOAST, *v. a.* and *n.* Dean uaill dean spagluinn ; mol thu féin.

BOAST, *s.* Bòsd, uaill, spaglainn.

BOASTER, *s.* Fear-ràiteachais, glagaire, bòsdair.

BOASTFUL, *adj.* Bòsdail, mòr-chuiseach.

BOAT, *s.* Bàta, eithear, sgoth, birlinn, iùrach.

BOATMAN, *s.* Fear-bàta.

BOATSWAIN, *s.* Fear-acuinn luinge.

BOBBIN, *s.* Iteachan.

BOBTAILED, *adj.* Cutach.

BODE, *v. a.* and *n.* Cuir air mhanadh ; innis roi-làimh.

BODEMENT, *s.* Comharradh, tuar, manadh.

BODICE, *s.* Cliabhan-ceangail.

BODILESS, *adj.* Neo-chorporra

BODILY, *adj* Corporra

BODKIN, *s.* Putag, dealg,brodaiche.

BODY, *s.* Corp, colunn, ni neo-spioradail ; neach, creutair ; meall, buidheann, meadhon feachd ; cuideachd, communn; spionnadh, treòir, neart.

BODY-CLOTHES, *s.* Aodach-cuim.

BOG, *s.* Féithe, boglach, suil-chrithich.

BOGGLE, *v. n.* Clisg, leum, bi an teagamh.

BOGGLER, *s.* Gealtaire, claghaire.

BOIL, *v. a.* and *n.* Dean teth, bruich ; goil.

BOILER, *s.* Goileadair ; coire.

BOISTEROUS, *adj.* Gailbheach; fuathasach, stoirmeil; borb.

BOISTEROUSLY *ad.* Ro gailbheach, stoirmmeil, doireannach.

BOLD, *adj.* Dàna, danara, neo-sgàthach ; gaisgeil, fearail, treubhach ; ladorna, mi-mhodhail.

BOLDEN, *v. a.* Cuir misneach ann.

BOLDNESS, *adj.* Dànachd, neo-sgàthachd ; tapachd ; neo-shaidealtachd ; ladornas, mi-mhodhalachd.

BOLE, *s.* Seòra talmhuinn, tomhas shéa feòrlain.

BOLL, *s.* Cuinnlein déise, lurga déise ; bolla.

BOLSTER, *s.* Adhart, cluasag, ceann-adhart.

BOLSTER, *v. a.* Adhartaich, cài ich cluasag fo cheann ; cùm taice.

BOLT, *s* Saighead ; crann, dealanach, beithir.

BOLT, *v. a.* and *n.* Glais, dùin ; daingnich le crann, cum ri chéile ; gṛad leum, briosg.

BOLT-ROPE, *s.* Ball-oire, aoir.

BOLTER, *s.* Criathar ; lìon-glacaidh.

BOLTSPRIT, *s.* Crann-spreòid, cann-uisge.

BOLUS, *s.* Cungaidh-leighis, seòr:a talmhuinn.

BOMB, *s.* Toirm, àrd-fhuaim ; peileir bloighdeach; urchair-frois.

BOMBARD, *s.* Gunna-mòr toirm-shligneach ; soitheach dibhe.

BOMBARDIER, *s.* Gunnadair toirmshligean.

BOMBARDMENT, *s.* Séisd thoirm-shligean.

BOMBASIN, *s.* Sròl-dubh.

BOMBAST, *s.* Earraghloir, àrd-ghlòir.

BOMBASTIC, *adj.* Earra-ghlòireach.

BOMBULATION, *s.* Fuaim, gleadhraich.

BOMBKETCH, *s.* Long-thoirm-shligneach.

BOMBYX, *s.* Durrag shìoda.

BONASUS, *s.* Damh fiadhaich.

BOND, *s.* Ceangal, bann, còrd ; gealladh.

BOND, *adj.* Ceangailte, tràilleil, daor, fo bhruid.

BONDAGE, *s.* Braighdeanas, daorsa,

BONDMAID, *s.* Ban-tràill, daor, inilt.

BONDMAN, *s.* Tràill, daor-òglach.

BONELACE, *s.* Obair-lìn.

BONELESS, *adj.* Gun chnàimh.

BONFIRE, *s.* Tein aighear, tein-éibhinn.

BONNET, *s.* Boineid, ceann-aodach.

BONNY, *adj.* Bòidheach, maiseach, àlainn, laghach.

BONUM, MAGNUM, *s.* Plumbas mòr.

BONY, *adj.* Cnàmhach, mòr-chnàmhach.

BOOBY, *s.* Buimilear, ùmaidh.

BOOK, *s.* Leabhar, sgrìobhadh.

BOOKBINDER, *s.* Leabhar-cheangladair.

BOOKEEPER, *s.* Fear chumail leabhraichean.

BOOKEEPING, *s.* Eolas rian-chunntais.

BOOK-CASE, *s.* Leabhar-lann.

BOOK-MATE, *s.* Companach sgoill.

BOOKSELLER, *s.* Leabhar-reiceadair.

BOOKWORM, *s.* Reudan, leòmann ; feardian -leughach, fear ro dhéidheil air fòghlum.

BOOM, *s.* Crann-sgoide ; acarsaid, spàrr dìona acarsaid.

BOON, *s.* Tiodhlac, saor-thabhartas.

BOON, *adj.* Cridheil, sunntach, aobhach, ait ; caoimhneil.

BOOR, *s.* Balach, sgonn-òglach cumanta.

BOORISH, *adj.* Mi-mhodhail, neo-oileanta.

BOORISHNESS, *s.* Mi-mhodhalachd.

BOOT, s. Bòt, bròg-chalpach.

BOOTH, s. Bùth, pàilliun, bothan.

BOOTJACK, s. Ceap air son tarruinn bhòtan bharr chas.

BOOTLESS, adj. Neo-tharbhach, diomhain, faoin ; neo-bhuadhach.

BOOTY, s. Cobhartach, creach, reubainn; cluich cuil-bheartach.

BOOZE, s. Prasach mhart.

BORACHINO, s. Misgear, searrag leathair.

BOPEEP, s. Falach-fead, dideagaich.

BORAX, s. Salann-tàth.

BORDER, s. Oir, bile, crìoch, iomall, bruach, taobh, eirthir, còrsa.

BORDERER, s. Fear àiteach nan crìoch.

BORE, v. a. and n. Toll, gearr toll ; fosgail le tolladh, cladhaich, dean toll.

BORE, s. Toll ; tora, boireal, &c.

BOREAS, s. A' ghaoth a Tuath.

BORER, s. Inneal-tollaidh, tora,boireal.

BORN, v. Beirte.

BORNE, part. pas. Giùlainte, air a ghiùlan.

BOROUGH, s. Baile mòr, baile margaidh, bòrgh.

BORROW, v. a. Gabh an coingheall ; iarr iasachd ; gabh iasad.

BORROWER,s. Fear-gabhail an coingheall.

BOSCAGE, s. Coille, doire, coillteach.

BOSKY. adj. Coillteach, preasach, garbh, stobanach.

BOSOM, s. Uchd, broilleach, cridhe ; asgail,cliabh.

BOSOM, v. a. Achlaisich, dlùthaich, ri d'bhroilleach.

BOSS, s. Copan, cnap.

BOSS, adj. Copanaichte.

BOTANIC, BOTANICAL, Luidheach.

BOTANIST, Lusragan.

BOTANY, s. Luibh-eòlas.

BOTCH, s. Leus, guirean, plucan.

BOTCH, v. a. Clùd; càirich gu neoshnasmhor, prab, breòcaich.

BOTCHER, s. Prabaire, greòig.

BOTH, adj. Le chéile, 'n an dithis, araon.

BOTH, conj. Araon, cuideachd, le chéile.

BOTHER, v. a. Sàraich, sgìthich, cuir dragh.

BOTTLE, s. Searrag, botul.

BOTTOM, s. Ìochdar, ni sam bith, srath, gleann.

BOTTOMLÆSS, adj. Gun ìochdar, gun ghrunnd, gun aigeal.

BOTTOMRY s. Airgead air fhaotainn an geall air son luinge.

BOUND, s. Durrag-bhracha.

BOUGH, s. Meur, geug, meangan, fiùran, faillean.

BOUGHT, part. Ceannaichte.

BOUNCE, v. n. Leum, thoir sùrdag ; bi dàna, ladorna.

BOUNCER, s. Fear-spaglainn.

BOUND, BOUNDARY, s. Crìoch, comharradh-crìche.

BOUND. v. a. and n. Crìochnaich, cuir crìoch ri ; bac, pill, dùin a steach ; thoir leum, sùrdag.

BOUND, adj. Suidhichte air dol.

BOUNDLESS, adj. Neo-chrìochnach.

BOUNDSTONE, s. Clach-chliùch.

BOUNTEOUS, BOUNTIFUL, adj. Fiùghantach, tabhartach, pàirteach, fialaidh, mathasach

BOUNTY, s. Toirbheartas, fialachd, pàirteachd, mathas.

BOURGEON, v. n. Meanglanaich, failleanaich.

BOURN, s. Crìoch, iomall, oir, ceann ; allt, sruthan.

BOUSE or BOOSE, v. a. Òl gu saibhir, bi pòit.

BOUSY, adj. Misgeach, froganach, soganach.

BOUTADE, s. Magaid.

BOW, s. Bogha-saighde ; bogha-frois ; bogha-fidhle ; cuing ; bogha diolaide ; toiseach luinge ; cromadh, lùbadh, sleuchdadh, ùmhlachd.

BOW, v. a. and n. Crom, lùb, cam, claon ; sleuchd, crom, dean ùmhlachd.

BOWELS, s. Mionach, innidh ; taobh staigh ; cridhe, com ; innidh thròcaire, iochd, truas.

BOWER, s. Seomar, bùth ; doire sgàilthaigh, bothan-sàmhraidh badan; féithe chrupaidh ; acair luinge.

BOWERY, adj. Sgàileach, bothanach, fionnar, dubharach, doireach, badanach.

BOWL, s. Bolla, cuach, ball cruinn.

BOWL, v. a. and n. Cluich le buill, ruith car ma char.

BOWLEGGED, adj. Cam-chasach.

BOWLING-GREEN, s. Réidhlean bhall.

BOWMAN, s. Saighdear bogha.

BOWSPRIT, s. Crann-spreòid.

BOWSTRING, s. Taifeid.

BOWYER, s. Boghadair ; saor bhoghachan, saigheid.

BOX, s. Bocsa, cobhan, ciste ; dòrn, buille, gleadhar, cnap.

BOX, v. a. and n. Cuir am bosca ; dean dòrnadh, thoir sgailleag do.

BOXER, s. Dòrnaiche, fear-iomairt dhòrn

BOY, s. Leanabh gille.

BOYISH,adj. Leanabail, faoin, socharach.

BOYISHNESS, s. Leanabas, leanabaidheachd, faoineachd.

BRABBLE, s. Connsachadh, iorghuill.

BRACE, v. a. Crioslaich teannaich, daingnich.

BRACE, s. Crios, bann, ceangal, teann-

adan; armachd, uidheam cogaidh;
teannachadh, daingneachadh; paidh-
ir, dithìs.

BRACELET, *s.* Làmh-fhailean làmh;
usgar.

BRACER, *s.* Teannadan, bann-teannach-
aidh; deoch bheothachaidh.

BRACH, *s.* Galla-thòlair, saidh.

BRACHIAL, *adj.* Gàirdeanach.

BRACK, *s.* Bealach, bearn, briseadh.

BRACKEN, *s.* Raineach, roineach.

BRACKET, *s.* Ealchainn, sorachan.

BRACKISH, *adj.* Air bhlas an t-sàile.

BRAG, *v. n.* Dean uaill, bi ràiteachail,
dean bòsd, dean spaglainn, dùlanaich.

BRAG, *s.* Uaill, ràiteachas, bòsd, spag-
lainn; aobhar-uaill.

BRAGGADOCIO, *s.* Spaga-da-glid.

BRAGGART, BRAGGER, *s.* Fear ùaìll-
mhor, bòsdail, ràiteachail, spaglainn-
each.

BRAID, *v. a,* Figh, dualaich.

BRAID, *s.* Dual, ni fighte 'na dhual-
aibh, dosan-banntraich.

BRAILS, *s.* Buill-tharruinn sheòl.

BRAIN, *s.* Eanchainn, eanachaill; ceann,
tuigse, tùr.

BRAIN, *v. a.* Cuir an eanchainn ás.

BRAINLESS, *adj.* Baoth, faoin, neo-
thuigseach,neo-thùrail,gun eanchainn.

BRAIN-PAN, *s.* Copan a' chinn, an claig-
eann.

BRAINSICK, *adj.* Tuainealach, amaid-
each.

BRAIT, *s.* Daimean greannach neo-
liobta.

BRAKE, *s.* Droighionnach; raineach;
slacan-lìn; làmh pìob-thaosgaidh;
amar-fuine.

BRAKY, *adj.* Driseach, làn droighnich.

BRAMBLE, *s.* Dris nan smeur dubha.

BRAN, *s.* Càth, còrlach, garbhan.

BRANCH, *s.* Meangan, meanglan, meur,
geug, fiùran; earrann, cuid; sliochd,
gineal, iarmad.

BRANCH, *v. a.* Craobh-sgaoil, 'na
earrannaibh; sgaoil a mach, meur-
sgaoil; bi bith-bhriathrach; bi cab-
rach, bi cròcach.

BRANCHER, *s.* Isean no pùda, speireig.

BRANCHLESS, *a.* Neo-gheugach.

BRANCHY, *adj.* Meanganach, geugach,
dosach, cròcach, cabrach.

BRAND, *s.* Aithinne, bioran-teine, bior-
dearg, maide connaidh.

BRAND, *v. a.* Maslaich, comharraich le
iarann dearg.

BRANDISH, *v. a.* Crath, luaisg, tog suas.

BRANDLING, *s.* Boiteag-dhrùchda.

BRANDY, *s.* Branndaidh.

BRANGLE, *s.* Còn-stri, connsachadh,
briouglaid.

BRANNY, *adj.* Càthach, garbhanach.

BRASIER, *s.* Ceard-umha; aghann
umha.

BRASIL, *s.* Fiodh an datha.

BRASS, *s.* Umha; dànachd.

BRASSY, *adj.* Umhach, dàna, ladorna.

BRAT, *s.* Isean, garrach, droch leanabh.

BRAVADO, *s.* Fear bòsdail, bagarach,
maoidheach.

BRAVE, *adj.* Misneachail, curanta, dàna,
gaisgeil, calma; fearail.

BRAVE, *v. a.* Dùlanaich, tàirg cath.

BRAVELY, *adj.* Misneachd.

BRAVERY, *s.* Misneach, gaisge, treubh-
antas, fearalas, curantachd.

BRAVO, *s.* Fear a mhortas air son duais.

BRAWL, *v. a* and *n.* Dean ghleadhrach,
dean cànran, dean co-stri, trod,
dean stairirich.

BRAWLER, *s.* Fear-iorghuilleach.

BRAWN, *s.* Feòil a' chalpa; cruaidh-fheòil
tuirc.

BRAWNINESS, *s.* Spionnadh, neart, lùgh;
cruas.

BRAWNY, *adj.* Féitheach, làidir. cruaidh-
ghreimeach, calpach, gramail.

BRAY, *v. a.* and *n.* Pronn, brùth; ràn
beuc, sgreuch, bleith.

BRAY, *s.* Sitir asail; sgread, sgreuch,
ràn, raoichd.

BRAYER, *s.* Sitriche, sgreadair; pronn-
adair, bruthadair.

BRAZE, *v. a.* Tàth le umha.

BRAZEN, *adj.* Umhach; ladorna, mi-
nàrach.

BRAZEN-FACE, *s.* Bathais gun fhalas
gun nàire.

BRAZENNESS, *s.* Air dhreach umha;
mi-nàire, ladornas.

BREACH, *s.* Briseadh, fosgladh, sgàin-
eadh; bealach, bearn; connspaid.

BREAD, *s.* Aran; lòn, teachd-an-tìr.

BREAD-CORN, *s.* Arbhar-arain.

BREADTH, *s.* Leud, farsuinneachd.

BREAK, *v. a.* and *n.* Bris, sgealb, crac;
fàs lag, breòite.

BREAK, *s.* Briseadh, sgealbadh, sgolt-
adh; bealach, bearn.

BREAKERS, *s.* Sùmainnean, sgeir-thonn.

BREAKFAST, *s.* Ceud-longaidh biadh-
maidne.

BREAST, *s.* Uchd, broilleach, maothan;
cìoch, ciabh.

BREASTKNOT, *s.* Dos ribeanan air an
uchd.

BREASTPLATE, *s.* Uchd-éideadh.

BREASTWORK, *s.* Uchd-bhalla.

BREATH, *s.* Anail, deò; beatha.

BREATHE, *v. a.* and *n.* Analaich, séid;
bi beò; leig anail.

BREATHING, *s.* Urnaigh dhìomhair, anal-
achadh, séideadh, tarruinn analach

BREATHLESS, *adj.* Plosgartach, séid-eagach, sgith, sàraichte ; gun deò, gun anail, marbh.

BREECH, *s.* Màs, tòn, tulachann, earr, deireadh.

BREECHES, *s.* Brisnean, briogais, triubh-ais.

BREED, *v. a* and *n.* Gin, siolaich, tàrm-aich ; tog, àraich, ionnsaich, tog suas, àlaich.

BREED, *s.* Seòrsa, gnè, siol, sliochd ; àlach, linn.

BREEDING, *s.* Ionnsachadh, fòghlum, oilean, eòlas, togail suas ; modh, beus.

BREEZE, *s.* Creithleag, cuileag-ghath-ach, sgairt-ghaoth, tlà-ghaoth.

BREEZY, *adj* Sgairt-ghaothach, tlà-ghaothach ; osagach, oiteagach.

BRET, BRIT, *s.* Seòrsa liabaig.

BRETHREN, *s.* Bràithrean.

BREVIATE, *s.* Gearr-shuim cùise

BREVITY, BRIEFNESS, *s.* Giorrad, aith-ghiorrad.

BREW, *v a.* and *n.* Tog, dean togail, bi grùdaireachd.

BREWER, *s.* Grùdaire, fear-togalach.

BREWERY, BREWHOUSE, *s.* Taigh-togal-ach, taigh-grùide.

BRIBE, *s.* Duais chlaon-bhreth.

BRIBE, *v. a.* Ceannaich le duais.

BRIBERY, *s.* Duais na h-euceairt.

BRICK, *s.* Clach-chreadha.

BRICK-DUST, *s.* Crìadh-dhuslach.

BRICK-KILN, *s.* Àth-chreadha.

BRICKLAYER, *s.* Criadh-chlachair.

BRIDAL, *adj.* A bhuineas do bhanais, pòsda.

BRIDE, *s.* Bean-bainnse, bean-òg.

BRIDECAKE, *s.* Bonnach mnà-bainnse.

BRIDEGROOM, *s.* Fear-bainnse.

BRIDEMAID, *s.* Maighdean-phòsaidh.

BRIDEWELL, *s.* Gainntir, prìosan.

BRIDGE, *s.* Drochaid.

BRIDLE, *s.* Srian, taod, ceannsal.

BRIDLE, *v. a.* and *n.* Srian, stiùr, treò-raich, seòl ; ceannsaich.

BRIEF, *adj.* Goirid, gearr, aithghearr.

BRIEF, *s.* Sgrìobhadh-gearr, suim aithghearr cùise.

BRIEFNESS, *s.* Aithghearrachd.

BRIER, *s.* Dris, preas-mhucag.

BRIERY, *adj.* Driseach, deilgneach.

BRIG, *s* Soitheach dà chroinn.

BRIGADE, *s.* Buidheann mhòr airm.

BRIGAND, *s.* Spùinnear, creachadair.

BRIGANDINE, *s.* Long chreachaidh, lùireach mhàilleach.

BRIGHT, *adj.* Soilleir, soillseach, deàr-sach, dealrach, lainnireach, boill-sgeach ; glan, geur, tuigseach.

BRIGHTEN, *v. a.* and *n.* Soillsich, deàrs-aich, soilleirich.

BRIGHTNESS *s.* Soilleireachd.

BRIGOSE, *adj.* Sabaideach.

BRILLIANCY, *s.* Lainnearachd.

BRILLIANT, *adj.* Soillseach, dearsach, baillsgeach, lainnearach.

BRIM, *s.* Oir, bile, bruach, iomall ; beul.

BRIMMER, *s.* Cuach-stràcte, cuach làn.

BRIMSTONE, *s.* Pronnasg, rief.

BRINDED, *adj.* Srianach, stiallach.

BRINE, *s.* Mearshal, sàl.

BRING, *v. a.* Thoir, tabhair, beir.

BRINISH, *adj.* Saillte, air bhlas an t-sàile.

BRINK, *s.* Oir, bruach, bile.

BRISK, *adj.* Brisg, beothail, cridheil, sunntach ; gleuste, smiorail, tapaidh, clis.

BRISKET, *s.* Mir-uchd, broilleach.

BRISKNESS, *s.* Beothalachd, smioral-achd, cliseachd, meamnachd.

BRISTLE, *s.* Calg muice, friodhan.

BRISTLE, *v.* Tog friodhan air ; cuir calg air.

BRISTLY, *adj.* Calgach, colgach, friodh-anach.

BRISTOLSTONE, *s.* Seòrsa, daoimein.

BRISTA, *s.* Am blàraoghan.

BRITISH, *adj.* Breatunnach.

BRITON, *s.* Breatunnach, fear a mhuinn-tir Bhreatuinn.

BRITTLE, *adj.* Brisg, furasd' a bhriseadh.

BRITTLENESS, *s.* Brisgealachd.

BRIZE, *s.* Creithleag, speach.

BROACH, *v. a.* Cuir bior ann ; toll, leig ruith le ; labhair, cuir an céill ; tionn-daidh ris an t-soirbheas.

BROACHER, *s.* Bior-ròslaidh ; fear-innse.

BROAD, *adj.* Leathann ; mòr, farsuinn ; garbh ; drabasta, coma m'a chainnt, mi-mhodhail.

BROAD-CLOTH, *s.* Clò Sasunnach.

BROADNESS, *s.* Leud, farsuinneachd.

BROADSIDE, *s.* Làdach ghunnacha-mòra o thaobh luinge.

BROADSWORD, *s.* Claidheamh-mòr.

BROCADE, *s.* Sioda grèiste.

BROCAGE, *s.* Buannachd, ceannachd ; ceannachd bhaidreagach.

BROCOLI, *s.* Seòrsa càil.

BROCKET, *s.* Dà-bhliadhnach féigh.

BROGUE, *s.* Bròg éille ; cainnt thruaill-idh.

BROIDERY, *s.* See Embroidery.

BROIL, *v.* Ròsd, bruich air na h-éibhlean.

BROIL, *s.* Caonnag, sàbaid.

BROKEN, *part.* Briste.

BROKER, *s.* Fear-gnothaich, fear-dheanamh ghnothaichean air son neach eile ; ceannaiche shean-àirneis.

BROKERAGE, *s.* Duais fir gnothaich.

B

BRONCHIAL, *adj.* Sgòrnanach.
BRONZE, *s.* Umha, dealbh umha.
BRONZE, *v. a.* Cruadhaich mar umha.
BROOCH, *s.* Bràist.
BROOD, *v.* Àlaich, àraich; guir.
BROOD, *s.* Sliochd, àl, sìol, gineal, linn.
BROOK, *s.* Alltan, sruthan, caochan.
BROOK, *v.* Fuilig, giùlain.
BROOM, *s.* Bealaidh; sguabach, sguab-ùrlair, sguab-làir.
BROOMY, *adj.* Bealaidheach.
BROTH, *s.* Eun-bhrìgh, eanaraich.
BROTHEL, *s.* Taigh-siùrsachd.
BROTHER, *s.* Bràthair.
BROTHERHOOD, *s.* Bràithreachas.
BROTHERLY, *adj.* Bràitheil.
BROW, *s.* Mala; clàr-aodainn, bathais; bruach.
BROWBEAT, *v. a.* Eagalaich, nàraich, cuir fo sproc.
BROWN, *adj.* Donn.
BROWNISH, *adj.* Soilleir-dhonn.
BROWNNESS, *s.* Duinne, doinne.
BROWNSTUDY, *s.* Dubh-smuaintean.
BROWSE, *s.* Baralach, barrach.
BRUISE, *v. a.* Pronn, brùth, mion-phronn.
BRUISE, *s.* Bruthadh, ciùrradh, dochann,
BRUIT, *v. a.* Innis, aithris, cuir an céill.
BRUMAL *adj.* Geamhrachail·
BRUNETTE, *s.* Bean dhonn-ghnùiseach.
BRUNT, *s.* Garbh-ionnsaidh, teas, strì.
BRUSH, *s.* Sguab, no sguab-aodaich.
BRUSH, *v.* Sguab, slìob, suath.
BRUSHWOOD, *s.* Frith-choille.
BRUSK, *adj.* Borb, mi-mhodhail.
BRUTAL, *adj.* Garg, brùideil.
BRUTALITY, *s.* Brùidealachd.
BRUTE, *s.* Ainmhidh, bruid, beathach, creutair gun reusan.
BRUTISH, *adj.* Brùideil, feòlmhor, allmhara, fiadhaich, borb, garg aineolach, neo-mhothachail.
BUBBLE, *s.* Gucag, cop, builgean, splangaid, staonag.
BUBBLE, *v. a. and n.* Meall, thoir, an car á; éirich gu gucagach, bi sùil-eagach.
BUBBLER, *s.* Mealltair, cealgair.
BUBBLY, *adj.* Spliùgach, splangaideach, ronnach, staonagach.
BUCCANIERS, *s.* Luchd-spùinnidh air fairge.
BUCK, *s.* Boc, damh féigh, uisge sgùraidh, uisge nigheadaireachd; aodach air a nighe; fear spaideil, lasgaire.
BUCKBEAM, *s.* Seòrsa do thrì-bhilich.
BUCKET, *s.* Cuinneag, bucaid.
BUCKLE, *s.* Bucull, claspa; cas-fhalt, cuairteag, cuach, cuachag.
BUCKLER, *s.* Sgiath-dhìon, sgiath.

BUCKRAM, *s.* Aodach teann rag lìn.
BUCKSKIN, *s.* Leathair féigh.
BUCKTHORN, *s.* Sgitheach.
BUCOLICS, *s.* Oran buachailleachd.
BUD, *s.* Ùr-fhàs, ùr-ròs, gucag.
BUDGE, *v. n.* Caraich, gluais, glidnich.
BUDGET, *s.* Balg-solair, poca, màileid.
BUFF, *s.* Leathar-sginneir, dath soilleir buidhe.
BUFF, BUFFET, *v. a.* Buail, dòrn.
BUFFALO, *s.* Tarbh-allaidh, damh-fiadhaich.
BUFFET, *s.* Còrn-chlar; àmraidh.
BUFFOON, *s.* Dù-chleasaich.
BUFFOONERY, *s.* Dù-chleasachd.
BUG, *s.* Miol fhiodha.
BUGBEAR, *s.* Bòcan, culaidh-eagail.
BUGLE, BUGLEHORN, *s.* Dùdach, adharc-fhoghaid.
BUGLOSS, *s.* Lùs-teang'-an-daimh, bog-lùs.
BUILD, *v.* Tog, bi clachaireachd
BUILDER, *s.* Clachair, fear-togail.
BUILDING, *s.* Togail, taigh, aitreabh.
BUILT, *s.* Cumadh aitreibh, togail.
BULB, *s.* Bun cruinn, meacan, meallan.
BULBOUS, *adj.* Meacanach, làn ghlùn.
BULGE, *v. n.* Sgàin, sgoilt, bi eu-dionach, leig a steach uisge; bulgaich, brùchd a mach.
BULK, *s.* Meudachd, tomad, dòmhlachd; a' chuid a's mò.
BULKHEAD, *s.* Clàraidh soithich.
BULKINESS, *s.* Meudachd, dòmhlachd.
BULKY, *adj.* Mòr, dòmhail, tomadach.
BULL, *s.* Tarbh; mearachd facail, droch thuiteamas cainnte.
BULL-BAITING, *s.* Gleachd chon a's tharbh.
BULL-DOG, *s.* Tarbh-chù, cù feòladair
BULLET, *s.* Peileir, ruagaire.
BULLETIN, *s.* Naigheachd cùirt.
BULLION, *s.* Òrd òir, no airgeid.
BULLFINCH, *s.* Am buidh-eun-coille.
BULLOCK, *s.* Tarbh òg, damh.
BULLY, *s.* Curaidh ceatharnach dàna.
BULRUSH, *s.* Gobhal-luachair.
BULWARK, *s.* Balla-dìdein; obair-ard.
BUMBAILIFF, *s.* Maor-dubh.
BUMBOAT, *s.* Bàta-luiristeach.
BUMP, *s.* At, meall, cnap, pluc; crònan nan sgarbh.
BUMPER, *s.* Sgailc.
BUMPKIN, *s.* Luiriste, gleòsgaire.
BUN, *s.* Aran milis.
BUNCH, *s.* Bagaid, gagan, croit.
BUNCHY, *adj.* Bagaideach, gaganach.
BUNDLE, *s.* Pasgan, trusan; ultach.
BUNG, *s.* Àrcan buideil.
BUNGLE, *v.* Greòigich, clùd, dean gu cearbach.
BUNGLE, *s.* Clùd, bréid, obair sgòdach

BUNGLER, *s.* Greoig pràbaire.
BUNTER, *s.* Sgonn-chaile.
BUNTING, *s.* Gealag-bhuachair.
BUOY, *s.* Fleodruinn, bolla, àrca.
BUOY, *v.* Cum an uachdar.
BUOYANCY, *s.* Aotromachd, fleodradh.
BUOYANT, *adj.* Aotrom, a shnàmhas.
BURDEN, *s.* Eallach, uallach, éire.
BURDEN, *v. a.* Uallaich, sacaich, luchdaich.
BURDENSOME, *adj.* Doilghiosach, cudthromach.
BURDOCK, *s.* Mac-an-dogha, an Galangreannachair, an seircean-mòr.
BUREAU, *s.* Ciste chlàr-sgrìobhaidh.
BURGAGE, *s.* Gabhaltas baile-margaidh.
BURGESS, *s.* Buirdeiseach.
BURGH, *s.* Baile-mòr, bòrgh.
BURGHER, *s.* Saoranach, neach aig am bheil seilbh an còraichean baile mhòir.
BURGLARY, *s.* Briseadh thaighean, spùinneadh na h-oidhche.
BURGOMASTER, *s.* Baillidh baile mhòir.
BURIAL, *s.* Adhlacadh, tìodhlacadh.
BURINE, *s.* Iaran-grabhalaidh.
BURLESQUE, *adj.* Sgeigeil, magail.
BURLESQUE, *s.* Sgeigeireachd, fochaid.
BURLY, *adj.* Leathann, dòmhail, dinnte; stàirneach.
BURN, *v. a.* Loisg ; bi losgadh.
BURN, *s.* Losgadh, sgaldadh.
BURNET, *s.* A' bhileach-loisgein.
BURNING, *s.* A' losgadh.
BURNISH, *v. a.* Lìobh, lainnrich.
BURNISHER, *s.* Fear-lìobhaidh, no inneal lìobhaidh.
BURR, *s.* Faillean na cluaise.
BURROW, *v. n,* Cladhaich fo thalamh.
BURST, *v. a.* Sgoilt, sgàin spreadh bhrùchd.
BURST, *s.* Sgàineadh, sgoltadh, spreadhadh.
BURSTNESS, *s.* Màm-sic, beum-sic.
BURSTWORT, *s.* Lùs-an-t-sicnich.
BURTHEN, *s.* See Burden, *s.* and *v.*
BURY, *v. a.* Adhlaic, tìodhlaic.
BUSH, *s.* Preas, dos ; bad.
BUSHEL, *s.* Tomhas àraidh.
BUSHY, *adj.* Preasach, dosach, gasach ; badanach, &c.
BUSINESS, *s.* Obair, gnothach.
BUSK, *s.* Pleaghan-teannachaidh.
BUSKIN, *s.* Leth-bhòt.
BUSS, *s.* Pòg, busag ; bàt-iasgaich.
BUST, *s.* Dealbh duine, bho cheann gu gualainn.
BUSTARD, *s.* Coileach–Frangach.
BUSTLE, *s.* Cabhag, iorghuill, othail, drip, collaid, càmparaid.
BUSTLER, *s.* Fear cabhagach.
BUSY, *adj.* Saoithreach, deanadach ; leamh.

BUSYBODY, *s.* Fear-tuaileis
BUT, *conj.* Ach, gidheadh.
BUT, *s.* Crìoch, ceann-crìche.
BUTCHER, *s.* Feòladair.
BUTCHER, *v. a.* Casgair, marbh, mort.
BUTCHERY, *s.* Feòladaireachd ; mort, taigh-feòladaireachd.
BUTLER, *s.* Buidealair.
BUTMENT, *s.* Bonn bogha drochaid.
BUTT, *s.* Ionad cuimse, àite buill-amais ; buideal mòr, baraille, tocsaid.
BUTTER, *s.* Ìm.
BUTTER, *v. a.* Taisich le ìm.
BUTTERFLOWER, *s.* Buidheag-an t-sàmhraidh.
BUTTERFLY, *s.* Dearbadan-dé, eunandé, dealan-dé, dealbhan-dé, tormagandé, calaman-dé.
BUTTERMILK, *s.* Blàthach.
BUTTERWORT, *s.* Badan-measgain.
BUTTERY, *adj.* Ìmeach, iomacach.
BUTTERY, *s.* Taigh-tasgaidh, biadh-lann.
BUTTOCK, *s.* Màs, tòn.
BUTTON, *s.* Putan, cnap.
BUTTON, *v. a.* Putanaich.
BUTTONHOLE, *s.* Toll-putain.
BUTTRESS, *s.* Balla-taice.
BUTTRESS, *v. a.* Taicich, goibhlich.
BUXOM, *adj.* Aighearach, beothail, meamnach, aotrom, clis.
BUXOMNESS, *s.* Macnasachd, beadarachd, meamnadh.
BUY, *v. a.* Ceannaich.
BUYER, *s.* Fear-ceannachaidh.
BUZZ, *v. a.* Aithris os n-iosal, thoir sanas.
BUZZ, *s.* Srann, crònan, cagar.
BUZZARD, *s.* Clamhan ; sgonn-bhalach, bumailear.
BUZZER, *s.* Fear-cogarsaich, feartuaileis
BY, *prep.* Le ; tre, trid, troi ; fag dlù, faisg.
BY AND BY, *adv.* An ùin ghearr.
BY-LAW, *s.* Riagailt comuinn.
BY-NAME, *s.* Frith-ainm, far-ainm, leth-ainm, leas-ainm.
BYSTANDER, *s.* Fear amhairc.
BYWORD, *s.* Frith-fhacal, sean-fhacal.
BYRE, *s.* Bà-theach, bàthach.

~~~~~~~~~~~~~~~~~~~~~~~~~~~~~~~~~~~~

C

C, Treas litir na h-aibidil, tha i a seasamh air son : Ceud, cùig fichead.
CAB, *s.* Tomhas Iudhach a chumas trì pinnt.
CABAL, *s.* Coinneamh dhìomhair ; cluaintearachd, claon chomhairle.

CABAL, CABALA, *s.* Am beul-aithris Iudhach.
CABALIST, *s.* Fear fiosrach mu bheul-aithris nan Iudhaçh.
CABALISTICAL, *adj.* Dìomhair.
CABALLER, *s,* Fear-comhairle dhìomhair, cluaintear.
CABBAGE, *s.* Càl, càl-faobach.
CABBAGE, *v. a.* Goid fuigheall aodaich, an àm a bhi ga ghearradh.
CABIN, *s.* Seòmar luinge; bùth, bothan.
CABINET, *s.* Seòmar-comhairle; tasgaidh ; ionad-dìomhair.
CABINET-MAKER, *s.* Saor deanamh àirneis taighe.
CABLE, *s.* Muir-theud, càball.
CACHETICAL, *adj.* Euslan.
CACHEXY, *s.* Euslaint.
CACKLE, *v. n.* Ràc, bi glocail, goir, gàir.
CACODEMON, *s.* Deamhan, an-spiorad.
CADAVEROUS, *adj.* Cairbheach, lobhte, malcte, grod.
CADDIS, *s.* Durrag-chonnlaich.
CADE, *adj.* Tlà, tairis.
CADENCE, *s.* Tuiteam, leagadh, ìsleach-adh gutha.
CADET, *s.* Am bràthair is òige; fear a chogas a nasgaidh an dùil ri àrdach-adh, fhaighinn san arm.
CADGER, *s.* Ceannaiche trusaidh.
CAG, *s.* Buideal, soire.
CAGE, *s.* Eun-lann, eunadan.
CAJOLE, *v. a.* Breug, meall, ciùinich.
CAJOLER, *s.* Miodalaiche, fear-sodail.
CAITIFF, *s.* Slaightear, droch-bheartach.
CAKE, *s.* Breacag, bonnach, dearnagan.
CALAMINE. *s.* Seòrsa meine.
CALAMITOUS, *adj.* Truagh, dosgainn-each.
CALAMITY, *s.* Truaighe, dosgainn. calldachd, àmhghar ; doilghios.
CALCAREOUS, *adj.* Cailceach.
CALCINATION, *s.* Losgadh gu luaithre.
CALCINE, *v. a.* Loisg gu luaithre.
CALCULATE, *v. n.* Cunnt, meas ; tomh-ais.
CALCULATION, *s.* Cunntas.
CALCULATOR, *s.* Fear-àireamh.
CALCULOUS, *adj.* Clachach, mora-ghanach.
CALDRON, *s.* Coire-mòr.
CALEDONIAN, *adj.* Albannach.
CALEFACTORY, *adj.* Teth, a ni teth.
CALEFY, *v. a.* Dean teth, teòdh.
CALENDAR. *s.* Mìosachan.
CALENDER, *v. a.* Liosraich.
CALENDER, *s.* Preas liosrachaidh.
CALENDERER, *s.* Fear-liosraidh.
CALF. *s.* Laogh ; calpa na coise.

CALIBER, *s.* Beul gunna.
CALICO, *s.* Aodach canaich.
CALID, *adj.* Teth, loisgeach.
CALIDITY, CALIDNESS, *s.* Dian-theas.
CALIGATION, *s.* Dorchadas, gruam-achd.
CALIGINOUS, *adj.* Dorcha, gruamach.
CALIGRAPHY, *s.* Snas-sgrìobhadh.
CALIVER, *s.* Cuilibhear, Gunna-glaic.
CALK, *v. a.* Calc, dìonaich, dùin suas.
CALKER, *s.* Fear-calcaidh, calcadair
CALL, *v. a.* Gairm, goir ; glaodh, éigh.
CALL, *s.* Gairm, cuireadh, glaodh.
CALLAT, CALLET, *s.* Caile shuarach.
CALLING, *s.* Gairm, dreuchd ; inbhe ; aidmheil.
CALLIPERS, *s.* Gobhal-roinne.
CALLOSITY, *s.* Calunn, at gun chràdh.
CALLOUS, *adj.* Cruaidh, teann neo-mhothachail.
CALLOW, *adj.* Rùisgte, lom.
CALM, *adj.* Sàmhach, ciùin, féitheach sèimh, tosdach, sìothchail.
CALM, *s.* Fè, ciùine sìth, sàmhchair.
CALMNESS, *s.* Ciùine, sàmhchair.
CALOMEL, *s.* Airgead-beò fiorghlan.
CALORIFIC, *adj.* Teth, a theasaicheas.
CALTROP, *s.* An deanndag arbhair.
CALVE, *v. n.* Beir laogh.
CALUMNIATE, *v.* Cùl-chàin aithris tuaileas.
CALUMNIATION, *s.* Cùl-chàineadh, tuail-eas.
CALUMNIATOR, *s.* Fear-cùl-chàinidh.
CALUMNIOUS *adj.* Tuaileasach, sgainn-ealach.
CALUMNY, *s.* Sgainneal, tuaileas, breug.
CALYCLE, *s.* Ur-bhlàth.
CAMBRIC, *s.* Péarluinn, anart caol,
CAME, *pret.* of Come. Thàinig.
CAMEL, .. Càmhal.
CAMELOTS, *s.* Aodach clòimhe's sìoda.
CAMOMILE, . Lùs-nan-cam -bhil
CAMP, *s.* Càmpa, feachd-chòmhnaidh.
CAMPAIGN, *s.* Réidhlean, còmhnard ; ùine feachd an càmpa.
CAMPAIGNER, *s.* Seann saighdear càmpa.
CAMPESTRAL, *adj.* Machrach, fiadh-ain.
CAN, *s.* Copan, còrn, cuach.
CANAILLE, *s.* Gràisg, pràbar, fòtus.
CANAL, *s.* Clais uisge.
CANALICULATED, *adj.* Sruthanach.
CANCEL, *v. a.* Dubh a mach.
CANCELLATED, *adj.* Sgrìobhte tarsuinn.
CANCELLATION, *s.* Dubhadh a mach.
CANCER, *s.* Partan, crùbag ; aon do na comharran 'sa chuairt-ghréin chnàmhainn.
CANCEROUS, *adj.* Cnàmhainneach.
CANCRINE, *adj.* Partanach, crùbagach.
CANDENT, *adj.* Dian-theth, dearg-theth.

CANDID, *adj.* Saor, neo-chealgach.
CANDIDATE, *s.* Fear-iarraidh.
CANDIDLY, *ad.* Gu h-ionraic.
CANDIFY, *v. a.* Gealaich, dean geal.
CANDLE, *s.* Coinneal.
CANDLEMAS, *s.* Feill-brìde.
CANDLESTICK, *s.* Coinnleir.
CANDOUR, *s.* Glain'-inntinn, suairceas, fosgarrachd.
CANDY, *v. a.* Gréidh le siùcar.
CANE, *s.* Bata, lorg, cuilc.
CANE, *v. a.* Buail le bata, slacuinn.
CANINE, *adj.* Coltach ri cù.
CANISTER, *s.* Bòsdan tèa.
CANKER, *s.* Cnàmhainn, cnuimh; meirg.
CANKER, *v. a.* Truaill, mill, ith air falbh, cnàmh, caith.
CANKEROUS, *adj.* Cnàmhach.
CANNIBAL, *s.* Fear ithe feòla dhaoine.
CANNON, *s.* Gunna mòr.
CANNONIER, *s.* Gunnair.
CANOE, *s.* Curach Innseanach.
CANON, *s.* Riaghailt, lagh, reachd eaglais.
CANONICAL, *adj.* Riaghailteach, laghail, a shuidheachadh le lagh na cléire; spioradail.
CANONIST, *s.* Fear-eòlach air lagh na cléire.
CANONIZATION, *s.* Cur an àireamh nan naomh.
CANOPY, *s.* Sgàil-bhrat, còmhdach-rìoghail, ceann-bhrat.
CANOPY, *v. n.* Còmhdaich le sgàil-bhrat.
CANOROUS, *adj.* Ceòl-bhinn, fonnor
CANT, *s.* Gràisg-chòmhradh; dubh-chainnt.
CANTATA, *s.* Òran-nan-cǎr.
CANTATION, *s.* Canntaireachd.
CANTEEN, *s.* Canna saighdear.
CANTER, *s.* Cealgair, mealltair.
CANTHARIDES, *s.* Cuileagan Fràngach.
CANTHUS, *s.* Oisinn na sùla.
CANTICLE, *s.* Òran cràbhach; Dàn Sholaimh.
CANTLE, *s.* Mìr, earrann, bloigh.
CANTO, *s.* Earrann do dhuan.
CANTON, *s.* Mìr fearainn, taobh dùthcha.
CANTONIZE, *v. a.* Dean mion-roinn, roinn 'na earrannaibh.
CANVASS, *s.* Aodach cainbe.
CANVASS, *v. a.* Mion-rannsaich, sgrùd, iarr fàbhar.
CANZONET, *s.* Òran beag, duanag,
CAP, *s.* Currac, còmhdach cinn.
CAP, *v. a.* Còmhdaich, cuir currac air.
CAP-A-PIE, O mhullach gu bonn, bho churraic gu bròig.
CAPABILITY, *s.* Cumhachd, comas.

CAPABLE, *adj.* Comasach.
CAPACIOUS, *adj.* Mòr, farsuinn.
CAPACIOUSNESS, *s.* Farsuinneachd.
CAPACITATE, *v. a.* Dean comasach, iomchuidh, ullaich, deasaich.
CAPACITY, *s.* Urrainn, comas, leud, cumhachd.
CAPARISON, *s.* Còmhdach rìmheach eich.
CAPE, *s.* Rudha, ceann-tire, maol rinn.
CAPER, *s.* Leum, sùrdag; seòrsa peabair.
CAPER, *v. n.* Leum, geàrr sùrdagan.
CAPILLARY, *adj.* Caol mar-ròineig.
CAPITAL, *adj.* Prìomh, àrd, mòr, àraidh.
CAPITAL, *s.* Ceann, cuilbh, mullach; prìomh-bhaile, àrd-bhaile, àrd-chath-air; earras; litir mhòr; an calpa.
CAPITATION, *s.* Cunntas-cheann cìs-cheann.
CAPITULAR, *s.* Brìgh-sgrìobhaidh.
CAPITULATE, *v. a.* Strìochd air chumha
CAPITULATION, *s.* Cumha-géilleidh, cùmhnantan-strìochdaidh.
CAPON, *s.* Coileach spothte.
CAPRICE, *s.* Sròineas, neònachas, mùit-eachd.
CAPRICIOUS, *adj.* Neònach, mùiteach.
CAPSULAR, CAPSULARY, *adj.* Fàs, mar chisteig.
CAPSULATE, CAPSULATED, *adj.* Dùinte, ann am bocsa.
CAPTAIN, *s.* Ard-cheannard, ceann-feadhna, ceann-feachd; caiptin.
CAPTATION, *s.* Suiridhe, moladh, miodal.
CAPTIVE, *s.* Ciomach, braighde.
CAPTIVITY, *s.* Ciomachas, daorsa.
CAPTION, *s.* Glacadh, glacadh laghail.
CAPTIOUS, *adj.* Beumach, connspaid-each, corrach, tiolpach, frionasach crosda.
CAPTOR, *s.* Glacadair, fear toirt fo chìs.
CAPTURE, *s.* Glacadh, creachadh; creach, cobhartach.
CAR, *s.* Càrn, carbad, carbad-cogaidh.
CARAT, *s.* Tomhas cheithir gràinn-ean; tomhas òir.
CARAVAN, *s.* Carbad-mòr; buidheann luchd-turais 's an airde 'n-ear, luchd-siubhail.
CARAVANSARY, *s* Taigh-òsda 's an àirde 'n ear.
CARAWAY, *s.* Lùs-Mhic-Chuimein.
CARBONADE, *v. a.* Dòigh ghearraidh feòla.
CARABINE, *s.* Gunna-glaic.
CARBINER, CARABINER, *s.* Trùpair aotrom.
CARBUNCLE, *s.* Seud dealrach, leug loinnreach, carbuncul; guirean, pluc-an dearg.

CARCASS, *s.* Cairbh, closach, corp marbh.

CARD, *s.* Cairt, cairt–chluiche, cairt-iùil; càrd, sgrioban.

CARD, *v. a.* Càrd, cìr ; measgaich.

CARD-TABLE, *s.* Clar-chairtean.

CARDIAC, *adj.* Neartachail, ìoc-shlaint-'ach.

CARDINAL, *adj.* Prìomh, àrd, urram-ach.

CARDINAL, *s.* Prìomh-dhiadhair an eaglais na Ròimhe.

CARE, *s.* Iomagain, cùram, aire, faic-eil

CARE, *v. n.* Gabh cùram, gabh suim, bi faicilleach.

CAREEN, *v. a.* Calc, dionaich, càirich.

CAREER, *s.* Co-liong, reis, cùrsa.

CAREFUL, *adj.* Cùramach, iomagain-each, faicilleach, faireachail, furach-ail.

CAREFULNESS, *s.* Iomagaineachd.

CARELESS, *adj.* Mi-chùramach, dear-madach, coma gùn fheart.

CARELESSNESS, *s.* Mi-chùramachd, dear-madachd.

CARESS, *v. a.* Caidrich, gràdhaich. tàlaidh, criodaich.

CARGO, *s.* Luchd luinge.

CARICATURE, *s.* Dealbh-magaidh.

CARIES, CARIOUSITY, *s.* Grodachd.

CARIOUS, *adj.* Grod, lobhte, malcte.

CARLE, *s.* Mùigean, bodach gnù.

CARLINGS, *s.* Lunnan-chas air ùrlar luinge no bàta.

CARMAN, *s.* Cairtear.

CARMINATIVE, *s.* Iocshlaint-lasachaidh.

CARMINE, *s.* Dearg, corcur.

CARNAGE, *s.* Àr, marbhadh, casgradh, léir-sgrios, feòlach.

CARNAL, *adj.* Feòlmhor, corporra, collaidh.

CARNALITY, *s.* Feòlmhorachd.

CARNEOUS, CARNOUS, *adj.* Reamhar, sultmhor.

CARNIVAL, *s.* A' chuirm inid.

CARNIVOROUS, *adj.* Feòil-itheach.

CARNOSITY, *s.* Ain-fheòil,

CAROL, *s.* Coireal, òran-gàirdeachais.

CAROL, *v. a.* Mol, seinn cliù, ceileirich

CAROUSAL, *s.* Fleadh, cuirm, òl.

CAROUSE, *v. a.* Òl, bi air mhisg.

CARP, *s.* Carbhanach uisge.

CARP, *v. n.* Coirich, tiolp, spreig.

CARPENTER, *s.* Saor, saor luinge.

CARPET, *s.* Brat-ùrlair, stràille.

CARPING, *adj.* Coireachail, tiolpach.

CARRIAGE, *s.* Giùlan, beus, carbad.

CARRIER, *s.* Fear giùlain, cairtear, sèorsa calamain.

CARRION, *s.* Blionach, ablach.

CARROT, *s.* Miuran-buidhe.

CARROTY, *s.* Dearg, ruadh.

CARRY, *v. a.* Giùlain iomchair, thoir leat, biodh agad.

CART, *s.* Cairt, càrn.

CART, *v. a.* Giùlain le cairt.

CARTE-BLANCHE, *s.* Paipeir geal.

CARTEL, *s.* Litir chùmhnantan eadar da rìoghachd.

CARTER, *s.* Cairtear.

CARTILAGE, *s.* Maoth-chnaimh.

CARTILAGINOUS, *adj.* Maothanach.

CARTOON, *s.* Dhealbh mòr air paipeir.

CARTOUCH, *s.* Bocsa-peileireach.

CARTRIDGE, *s.* Roidhleag-urchrach.

CARTWRIGHT, *s.* Saor-chairtean.

CARVE, *v. a.* Gearr feoil, fiodh, no clachan, &c.

CARVING,, *s.* Gràbhaladh, obair-shnaidhte.

CASCADE, *s,* Eas, cas-shruth.

CASE, *s.* Còmhdach, duille, truaill, cochull ; staid, còr.

CASEHARDEN, *v. a.* Cruadhaich air an taobh muigh.

CASEKNIFE, *s.* Sgian mhòr.

CASE-SHOT, *s.* Peileirean lanna

CASH, *s.* Airgead ullamh, airgead làimhe.

CASHIER, *s.* Fear-gleidheadh an airg-eid.

CASK, *s.* Buideal, baraille.

CASK, CASQUE, *s.* Clogaid.

CASKET, *s.* Bocsachan.

CASSIA, *s.* Spìosradh ; craobh chasia.

CASSOCK, *s.*, Casag, cota sagairt.

CAST, *v. a.* Tilg, tilg air falbh ; cuir sìos ; leag; cuir air cùl ; cunnt, air-eamh ; leagh, dealbh.

CAST, *s.* Tilgeadh, urchair, buille ; le ag-adh, suidheachadh ; sgapadh, crath-adh, sgaoileadh; gluasad, claonadh, siaradh ; cumadh, dealbh.

CASTAWAY, *s.* Dìobarach, ni air a thilg-eadh, air falbh.

CASTELLAN, *s.* Fear riaghlaidh daing-nich.

CASTELLATED, *adj.* Dùinte, ann an daingneach.

CASTIGATE, *v. a.* Cronaich, smachd-aich.

CASTIGATION, *s.* Cronachadh, peanas.

CASTING-NET, *s.* Lion-sgrìobaidh.

CASTOR, See Beaver.

CASTRAMETATION, *s.* Càmpachadh.

CASTRATE, *v. a.* Spoth ; dean ni neo-iomlan.

CASTRATION, *s.* Spoth, gearradh air falbh.

CASUAL, *adj.* Tuiteamach, tubaisteach

CAUSALTY, *s.* Tuiteamas ; tubaist.

CASUIST, *s.* Fear fuasglaidh cheistean

CAT, *s.* Cat.

CATACLYSM, *s.* Tuilbheam, dìle.
CATACOMBS, *s. pl.* Uamhannan adhlaic
CATALOGUE, *s.* Clàr-ainm, ainm-chlar.
CATAPHRACT, *s.* Marcach armaichte.
CATAPLASM, *s.* Plàsd, fuar lite.
CATAPULT, *s.* Tailm, no clach-bhogha
CATARACT, *s.* Eas ; galar nan sùl.
CATARRH, *s.* An gàlar smugaideach.
CATARRHAL, *adj.* Smugaideach, ronn-
ach, staonagach.
CATASTROPHE, *s.* Crìoch, droch dheir-
eadh, tubaist.
CATCH, *v. a.* Glac, greimich, beir, ceap.
CATCH, *s.* Glacadh, beirsinn, ceapadh,
greim, cothrom; teum ; luinneag,
duanag ; gramaiche.
CATECHISE, *v. a.* Ceasnaich, rannsaich.
CATECHISM, *s.* Leabhar-cheist.
CATECHIST, *s.* Fear-ceasnachaidh,
ceistear.
CATECHUMEN, *s.* Ùr-chrìosdaidh, lean-
abh 's a chreideamh.
CATEGORICAL, *adj.* Cinnteach, freag-
arrach.
CATEGORY, *s.* Òrdugh, dream, treubh,
seòrsa, gnè.
CATENARIAN, *adj.* Coltach ri slabh-
raidh, lùbagach, ailbheagach.
CATENATION, *s.* Tinne, dul, co-cheang-
al lùbagan.
CATER, *v. n.* Solair, faigh biadh.
CATERCATERER, *s.* Fear-solair.
CATERESS, *s.* Bean-sholair.
CATERPILLAR, *s.* Burras.
CATERWAUL, *v. n.* Dean mìagail mar
chat.
CATES, *s.* Biadh math, mias bhlasta.
CATGUT, *s.* Teud ; anart ro-gharbh.
CATHARTI, *adj.* Pùrgaideach.
CATHEDRAL, *s.* Ard-eaglais easbuig-
each, cathair easbuig.
CATHOLIC, *adj.* Coitcheann; cumanta.
CATLING, *s.* Sgian-sgaraidh lèigh ;
teudan.
CATTLE, *s.* Spréidh, crodh, buar, feud-
ail, tàn.
CAVALCADE, *s.* Marc-shluagh.
CAVALIER, *s.* Marcach, ridire ; Riogh-
alaich.
CAVALIER, *adj.* Gaisgeil, treun, uall-
ach, stràiceil.
CAVALIERNESS, *s.* Mòr-chuis, stràic-
ealachd.
CAVALRY, *s.* Marc-shluagh cogaidh.
CAUDLE, *s.* Deoch bhan-shiùbhla.
CAVE, *s.* Uamh, brugh, toll fo thalamh.
CAVEAT, *s.* Rabhadh, sanas, bacadh.
CAVERN, *s.* Talamh-toll, sloc, uamh.
CAVERNED, CAVERNOUS, *adj.* Uamh-
ach, a' gabhail còmhnaidh an uamh-
aibh.
CAUGHT, *part. pas.* Glacte.

CAVIL, *y.* Cronaich, coirich, tiolp.
CAVILLATION, *s.* Cronachadh, coir-
eachadh.
CAVILLIER, *s.* Tiolpaire mi-mhoghail
féin-bharalach.
CAVITY, *s.* Fàslach, còs, lag, sloc, glac.
CAUL, *s.* Lion-cinn, currac, bréide an
crannaig ; currac-an-righ.
CAULIFEROUS, *adj.* Cuiseagach, luirg-
neach.
CAULIFLOWER, *s.* Càl-gruthach.
CAUSAL, *adj.* Aobharach.
CAUSE, *s.* Aobhar, ceann-fàth.
CAUSE, *v. a.* Dean, thoir mu'n cuairt,
thoir gu buil.
CAUSELESS, *adj.* Gun aobhar.
CAUSEY, CAUSEWAY, Càbhsair.
CAUSTIC, *s.* A' chlach-loisgeach.
CAUTERY, *s.* Losgadh le iarunn no le
cungaidhean léigh.
CAUTION, *s.* Gliocas, cùram, aire, faicill;
ràthan, urras, comhairle ; rabhadh,
sanas.
CAUTION, *v. a.* Thoir rabhadh, cuir air
'fhaicill.
CAUTIONARY, *adj.* An urras, an geall ;
sanasach.
CAUTIOUS, *adj.* Cùramach, faicilleach.
CAUTIOUSNESS, *s.* Faicilleachd.
CAW, *v. n.* Ròc, glaodh mar ròcais.
CEASE, *v. a.* Cuir stad air, cuir crioch
air, caisg ; sguir, leig dhìot ; bàsaich ;
dean tàmh.
CEASELESS, *adj.* Buan, gun stad.
CEDAR, *s.* Seudar, craobh sheudair.
CEDE, *v.* Thoir suas, leig dhìot ; géill.
CEIL, *v. a.* Còmhdaich thairis.
CEILING, *s.* Mullach a steach.
CELATURE, *s.* Eòlas gràbhalaidh.
CELEBRATE, *v. a.* Mol, dean iomrait-
each ; gléidh, cùm.
CELEBRATION, *s.* Cuimhneachan urr-
amach, cumail féille, moladh, cliù.
CELEBRIOUS, *adj.* Iomraiteach, cliùi-
teach.
CELEBRITY, *s* Greadhnachas, iom-
raiteachd.
CELERITY, *s.* Luathas, ealamhachd.
CELESTIAL, *adj.* Nèamhaidh ; diadh-
aidh, naomha.
CELESTIAL, *s.* Aon do mhuinntir
nèimh.
CELIBACY, CELIBATE, *s.* Beatha sagairt
manaich no cailliche-duibhe.
CELL, *s.* Cill, còs, fròg, bothan, balgan,
pocan.
CELLAR, *s.* Seilear, cùil.
CELTIC, *adj.* Gàëlach.
CELTS, *s.* Gàidheil, luchd-àiteachaidh
na Seann Fhrainge.
CEMENT, *s.* Leann-tàth.
CEMENT *v. a.* Tath, cuir r'a chéile.

CEMETERY, *s.* Cladh, ionad-adhlac-aidh.

CENOTAPH, *s.* Fàs-chàrn.

CENSE, *v. a.* Ung le tùis, dean deagh-bholtrach.

CENSER, *s.* Tùisear, soitheach tùis.

CENSOR, *s.* Fear-cronaichidh.

CENSORIAN, *adj.* Cronachail.

CENSORIOUS, *adj.* Cronachail, ach-mhasanach, cànranach.

CENSURABLE, *adj.* Toillteannach air achmhasan, ciontach, coireach.

CENSURE, *s.* Coire, achmhasan, cron-achadh, ascaoin-eaglais.

CENSURE, *v. a.* Cronaich, coirich ; thoir breith, thoir barail.

CENSUS, *s.* Cùnntas, sluagh-chunntas.

CENT, *s.* Giorrachadh air an fhacal laidinn *centum*, ceud.

CENTAGE, *s.* Pàidheadh as a' cheud.

CENTENARY, *s.* Ceud, cùig fichead.

CENTENNIAL, *adj.* Ceud-bliadhnach.

CENTESIMAL, *adj.* Ceudamh.

CENTIFOLIOUS, *adj.* Ceud-dhuilleag-ach.

CENTRAL, *adj.* Meadhonach.

CENTRE, *s.* Meadhon, buillsgean.

CENTRE, *v. a.* Cuir 's a mheadhon, trus gu meadhon, bi 's a mheadhon.

CENTRIC, *adj.* Suidhichte 's a mheadh-on.

CENTRIFUGAL, *adj.* Meadhon-sheach-nach.

CENTRIPETAL, *adj.* Meadhon-aom-achdail.

CENTUPLE, *adj.* Ceud fillte.

CENTURIATE, *v. n.* Roinn 'n a cheud-àibh.

CENTURION, *s.* Ceannard-ceud.

CENTURY, *s.* Ceud bliadhna.

CERATE, *s.* Ìocshlaint chéire.

CERE, *v. a.* Céir, céirich.

CERECLOTH, *s.* Aodach-céire.

CEREMENT, *s.* Leine-lighe chéire.

CEREMONIAL, *s.* Deas-ghnà, dòigh, rian, seòl, riaghailt, modh ; riaghailt-cràbhaidh.

CEREMONIOUS, *adj.* Deas-ghnàthach, òrdail, dòigheil ; làn modhalachd modhail.

CEREMONY, *s.* Deas-gnàth, riaghailt-chrabhaidh ; modhalachd, dòigh, cleachdadh, modh.

CERRUS, *s.* Searbh-dharach.

CERTAIN, *adj.* Cinnteach, fìrinneach, dearbhta, àraidh.

CERTAINTY, CERTITUDE, *s.* Cinnteachd, dearbhadh.

CERTIFICATE, *s.* Teist, teisteannas.

CERTIFY, *v. a.* Thoir fios, dean cinnt-each, dean dearbhta.

CERTITUDE, *s.* Cinnteachd, dearbhachd.

CERULEAN, CERULEOUS, *adj.* Gorm, liath-ghorm, speur-ghorm.

CERULIFIC, *adj.* Gorm-dhathach.

CERUMEN, *s.* Céir na cluaise.

CERUSE, *s.* Luaidhe gheal, dath geal.

CESS, *s.* Cìs, càin, màl.

CESSATION, *s.* Stad, socair, sgur, tàmh, clos ; fósadh cogaidh, anail-airm

CESSIBLE, *adj* So-thoirt-thairis.

CESSION, *s.* Géilleadh, strìochdadh.

CESTUS, *s.* Crios-gaoil, crios a' ghràidh.

CETACEOUS, *adj.* Orcanach.

CHAFE, *v. a.* and *n.* Suath, blàthaich, teòth ; teasaich, feargaich, casaich; bi, frionasach, crosda, feargach.

CHAFE, *s.* Blàthas, teas ; fearg, boile, corraich, frionas.

CHAFER, *s.* Daolag-bhuidhe.

CHAFF, *s.* Moll, càth ; ni suarach.

CHAFFER, *v. n.* Malairtich, connsaich mu luach.

CHAFFERER, *s.* Fear ceannachd, fear teann am malairt.

CHAFFINCH, *s.* Breac-an-t-sil.

CHAFFY, *adj.* Càthach, mollach, aotrom, gun bhrigh.

CHAFINGDISH, *s.* Crubag-ghuail.

CHAGRIN *s.* Frionas, droch-nàdur, mi-ghean, droch-fhonn, farran.

CHAGRIN, *v. a.* Dean frionasach, sàr-aich.

CHAIN, *s.* Slabhraidh, geimheal, ceang-al, cuibhreach, glas-làmh

CHAIN, *v. a.* Ceangail, cuibhrich, geimh-lich, cuir air slabhraidh ; ceangail r'a chéile.

CHAINSHOT, *s.* Urchair shlabhraidh.

CHAIR, *s.* Cathair, suidheachan.

CHAIRMAN, *s.* Fear cathrach, ceann-suidhe, fear-iomchair.

CHAISE, *s.* Carbad eutrom, carbad dà eich.

CHALDRON, *s.* Salldair, tomhas guail no sìl.

CHALICE, *s.* Cupan calpach.

CHALK, *s.* Cailc.

CHALK, *v. a.* Comharraich le cailc.

CHALKY, *adj.* Cailceach.

CHALLENGE, *v. a.* Tairg deas-chòmh-rag, dùlanaich.

CHALLENGE, *s.* Gairm-chatha, tairgse-còmhraig, dùlan.

CHALYBEATE, *adj.* Stailinneach, air bhlas iaruinn.

CHAMADE, *s.* Caismeachd, géillidh.

CHAMBER, *s.* Seòmar, ionad-cadail.

CHAMBERLAIN, *s.* Fear-ionaid uachd-arain, seumarlan, fear togail màil.

CHAMBERMAID, *s.* Maighdeann sheòm-air.

CHAMELEON, *s.* Seòrsa dearc-luach-rach.

CHAMIOS, *s.* Seòrsa gaibhre.

CHAMOMILE, *s.* A' buidheag cham-bhil.

CHAMP, *v. a.* and *n.* Cagainn, teum, gearr, criom.

CHAMPAIGN, *s.* Machair, màgh, srath.

CHAMPAIGN, *s.* Seòrsa fìona.

CHAMPION, *s.* Treunlaoch, gaisgeach, curaidh, milidh.

CHANCE, *s.* Tuiteamas, dàn, sealbh.

CHANCEL, *s.* Ionad altair an eaglais.

CHANCRE, *s.* Druis-ghuirean.

CHANDELIER, *s.* Coinnleir meurach.

CHANDLER, *s.* Fear deanamh choinnlean.

CHANGE, *v. a.* Mùth, atharraich; caochail.

CHANGE, *s.* Mùthadh, atharrachadh, caochla, iomlaid.

CHANGEABLE, CHANGEFUL, *adj.* Caochlaideach, luaineach, sgaogach, neosheasmhach; so-atharraichte; iomachruthach, ioma-dhathach.

CHANGELESS, *adj.* Neo-chaochlaideach.

CHANGELING, *s.* Tàcharan, amadan, ùmaidh; leanabh air fhàgail, no air a ghabhail an àite leinibh eile; àmhlar, sgaogan.

CHANGER, *s.* Fear-atharrachaidh, fearmùthaidh, fear-malairt airgeid.

CHANNEL, *s.* Amar, clais, leabaidh linne.

CHANT, *v.* Seinn, tog fonn air.

CHANTER, *s.* Fear-canntaireachd; siunnsair.

CHANTICLEER, *s.* Coileach, deagh sheinneadair.

CHAOS, *s.* Mi-riaghailt, aimhreit, troichéile.

CHAOTIC, *adj.* Co-measgte, aimhreiteach.

CHAP, *s.* Peasg, fosgladh, sgàineadh; càirean beathaich.

CHAPE, *s.* Teanga, bucail, crampait claidheimh no bata.

CHAPEL, *s.* Eaglais, cill, crùisle.

CHAPELRY, *s.* Cuairt eaglais.

CHAPLAIN, *s.* Ministear teaghlaich, feachd, no luinge.

CHAPLESS, *adj.* Caol-pheirceallach.

CHAPLET, *s.* Blàth-fhleasg, lùs-chrùn.

CHAPMAN, *s.* Ceannaiche.

CHAPPED, CHAPT, *part. pass.* Peasgte, pronnte.

CHAPTER, *s.* Caibidil; taigh-cléire.

CHAPTREL, *s.* Ceann-mullaich carraigh.

CHAR, *s.* Seòrsa éisg, tarragan, obairlatha.

CHARACTER, *s.* Comharradh, samhla, coltas; litir; iomradh, aithris; cliù, beusan, alla.

CHARACTER, *v. a.* Sgrìob, grabhal; dean iomradh.

CHARACTERISTIC, *adj.* Fìor-shamlachail.

CHARACTERIZE, *v. a.* Thoir cliù, thoir teisteas, aithris buadhan; comharraich; grabhal, sgrìobh.

CHARCOAL, *s.* Gual-fiodha, gual-loisgte.

CHARGE, *v. a.* Earb, thoir comas, earb gnothach, cuir as leth, dìt, faigh cron, buail, thoir ionnsaidh.

CHARGE, *s.* Cùram, gleidheadh; àinte, iompaidh; dreuchd; casaid, coire; cosgas, cìs, urchair.

CHARGEABLE, *adj.* Daor, cosgail, air a chur as leth.

CHARGER, *s.* Mias-mhòr; steud-each.

CHARIOT, *s.* Carbad.

CHARIOTEER, *s.* Carbadair.

CHARITABLE, *adj.* Oircheasach, dèirceach, carthannach; seirceil.

CHARITY, *s.* Caoimhneas, carthannas, gràdh, seirc; déirceachd, tabhartachd

CHARLATAN, *s.* Cleasaiche, léighbreige mealltair.

CHARLATANICAL, *adj.* Mealltach, aineolach.

CHARLES'S-WAIN, *s.* An griugadan, an crann-reulltach.

CHARLOCK, *s.* An carran-buidhe.

CHARM, *s.* Drùidheachd, buidseachd.

CHARM, *v. a.* Seun, cuir seun air, cuir fo gheasaibh; gairm le drùidheachd.

CHARMER, *s.* Drùidh, geasadair; gràidhean; gràidheag.

CHARMING, *adj.* Taitneach, grinn.

CHARNEL-HOUSE, *s.* Taigh-adhlacaidh.

CHART, *s.* Cairt-iùil.

CHARTER, *s.* Sgrìobhadh, cùmhnant sgrìobhte, bann sgrìobhte; còir sgrìobhte, daingneachd sgrìobhte; dlighe, saorsa.

CHARY, *adj.* Faicilleach, glic, sicir.

CHASE, *v. a.* Sealg, ruaig, fuadaich.

CHASE, *s.* Sealg, faoghaid; tòir, iarraidh; frìth, fad gunna 'san leth a staigh.

CHASM, *s.* Sgàineadh, sgoltadh, bearn.

CHASTE, *adj.* Geamnaidh; glan, fìorghlan.

CHASTEN, CHASTISE, *v. a.* Cronaich, smachdaich, peanasaich, claoidh.

CHASTITY, CHASTENESS, *s.* Geamnachd.

CHASTISEMENT, *s.* Smachdachadh, peanas.

CHAT, *v. n.* Dean còmhradh, dean gobaireachd, dean geòlam.

CHAT, *s.* Gobaireachd, frith-chòmhradh.

CHATTEL, *s.* Maoin, àirneis.

CHATTER, *s.* Geòlam, sgeilm.

CHAWDRON, *s.* Mionach beathaich.

CHEAP, *adj.* Saor; air bheag prìs.

CHEAPEN, *v. a.* Lughdaich, leag prìs.

CHEAPNESS, *s.* Saoiread.

CHEAT, *s.* Foill, feall, car; mealltair.

CHECK, v. a. Caisg, bac, grab, cuir fo smachd; cronaich, co-shamhlaich r'a chéile.

CHECKER, CHEQUER, v. a. Breac, stiallaich, tarruinn stiallan tarsuinn.

CHEEK, s. Gruaidh, lic.

CHEEK-TOOTH, s. Cùlag, fiacaill-chùil.

CHEER, s. Cuirm, cuilm, caithream.

CHEER, v. a. Misnich, brosnaich.

CHEERER, s. Fear-cofhurtachd, fearsòlais.

CHEERFUL, adj. Ait, suilbhir, aoibhinn

CHEERFULNESS, s. Sùrd, suigeart, sunnt; toil-inntinn, cridhealas.

CHEERLESS, adj. Dubhach, trom.

CHEERY, adj. Ait, aoibhneach.

CHEESE, s. Càise.

CHEESEMONGER. s. Ceannaiche-càise.

CHEESEVAT, s. Fiodhan.

CHERISH, adj. Eiridnich, àraich.

CHERRY, s. Sirist, craobh-shirist.

CHERUB, s. Spiorad nèamhaidh : aingeal ; Cherubim.

CHERUP, v. n. Dean ghuth binn.

CHESLIP, s. Corra-chòsag.

CHESNUT, CHESTNUT, s. Geanm-chnò.

CHESS, s. Taileasg.

CHESS-PLAYER, s. Fear-feòirne.

CHEST, s. Ciste, com, cliabh.

CHEVALIER,. Ridire, curidh.

CHEW, v. a. Cagain, cnàmh; cnuasaich.

CHICANE, s. staraidheachd, innleachd.

CHICK, CHICKEN, s. Eireag.

CHICKENHEARTED, adj. Gealtach.

CHICKENPOX, s. A' bhreac-òtraich.

CHIDE, v. a. Cronaich, coirich, trod.

CHIEF, adj. Priomh, àrd, araid.

CHIEFTAIN, s. Ceann-feadhna ; ceanncinnidh.

CHILBLAIN, s. Cusp, at-fuachd.

CHILD, s. Leanabh, pàisde.

CHILDHOOD, s. Leanabachd, leanabas.

CHILDISH, adj. Leanabail, leanabaidh.

CHILDISHNESS, s. Leanabachd.

CHILDLESS, adj. Gun sliochd.

CHILIARCH, s. Ceannard-mìle.

CHILL, adj. Fuar, fuaraidh, fionnar.

CHILL, v. a, Fuaraich, fionnfhuaraich.

CHILLNESS, s. Crith-fhuachd.

CHILLY, adj. Fionnfhuar, fuar, amh.

CHIME, s. Co-sheirm, co-chòrdadh.

CHIMERA, s. Breisleach, faoin-bheachd.

CHIMERICAL, adj. Breisleachail.

CHIMNEY, Luidheir, fàr-leus.

CHIN, s. Smig, smigead, smeig.

CHINCOUGH, s. Triuthach.

CHINE, s. Draonnag, mir-droma, cliathag.

CHINK, s Sgoltadh, sgàineadh, gàgadh.

CHINKY, Gàgach, sgainte.

CHIP, v. a. Pronn, snaidh ; sgàin sgoilt.

CHIP, CHIPING, s. Sliseag, mir, sgealb.

CHIROGRAPHER, s. Fear-sgrìobhaidh.

CHIROMANCER, s. Deàrnadair.

CHIROMANCY, s. Deàrnadaireachd

CHIRP, v. a. Tog fonn ; dean dùrdan.

CHIRP, s. Bìdeil, ceileirean, bìd.

CHIRPING, s. Ceileireachd.

CHIRURGEON, s. Làmh-léigh.

CHISEL, s. Gilb, sgeilb.

CHIT, s. Paìste, isean ; ball brice.

CHITCHAT, s. Pronn-chainnt, gobaireachd, gusgal, briot, geòlam.

CHITTERLINGS, s. Mionach, grealach.

CHIVALRY, s. Ridireachd ; treubhantas.

CHIVES, s. Meanbh-chalg lùis.

CHOICE, . Roghainn, taghadh ; bròd.

CHOICE, adj. Taghte.

CHOICENESS, s. Luachmhorachd, luach.

CHOIR, s. Coisir-chiùil.

CHOKE, v. a. Tachd ; mùch.

CHOLER, s. Leanntan, frionas ; fearg.

CHOLERIC, adj. Feargach, lasanta, cas.

CHOOSE, v. a. Tagh, róghnaich.

CHOP, v. a. Sgud, gearr le buille; sluig, pronn.

CHOP, s. Staoig, sgeanach.

CHOPIN, s. Seipin.

CHOPPY, adj. Làn tholl, gàgach.

CHORAL, adj. Co-sheirmeach.

CHORD, s. Teud, tafaid.

CHORISTER, s. Fear-seinn.

CHORUS, s. Co-sheirm ; luinneag.

CHOSEN, part. Taghte, roghnaichte.

CHOUSE, v. a. Meall, thoir an car.

CHRISTEN, v. a. Baist.

CHRISTENDOM, s. A' Chrìosdachd.

CHRISTENING, s. Baisteadh.

CHRISTIAN, s. Crìosdaidh.

CHRISTIAN, adj. Crìosdail.

CHRISTIANITY, s. Criosdalachd ; an creideamh a theagaisg Criosd.

CHRISTIANISE, v. a. Cneasdaich.

CHRISTIAN-NAME, s. Ainm-baistidh.

CHRISTMAS, s. Nollaig ; àm na nollaig.

CHROMATIC, adj. Dathach.

CHRONIC, CHRONICAL, adj. Tìmeil, leantach.

CHRONICLE, s. Eachdraidh.

CHRONICLER, s. Eachdraiche.

CHRONOLOGICAL, adj. Eachdraidheach.

CHRONOLOGY, s. Uin-eachdraidh.

CHRONOMETER, s. Uaireadair luinge.

CHUCK, s. Gloc, gràchdan.

CHUFF, s. Umaidh, burraidh.

CHUM, s. Companach seòmair.

CHUMP, s. Slacan, fairgean.

CHURCH, s. Eaglais, cill ; cléir.

CHURCHMAN, s. Pears-eaglais, ministear.

CHURCHYARD, s. Cladh, Reidhlic.

CHURL, s. Bodach, balach, mùigean.

CHURLISH, adj. Mùgach gnù, iargalta.

CHURLISHNESS, s. Iargaltas, gruamachd, doichioll ; crosdachd, mishuairceas.

CHURME, *s.* Toirm, fuaim, borbhan.

CHURN, *s.* Muidhe, crannag.

CHURRWORM. *s.* An t-slat-thomhais.

CHYLE, *s.* Leann-meirbhidh.

CHYMIST, *s.* Feallsanach-brighe.

CHYMISTRY, Feallsanachd-brighe.

CICATRICE, *s.* Lorg, làrach.

CICATRIZE, *v. a.* Leighis, slànaich.

CICISBEO, *s.* Gille-baintighearn.

CICURATE, *v. a.* Càllaich, ceannsaich.

CIDER, *s.* Leann-ubhall.

CILICIOUS, *adj.* Gaoisideach, molach.

CIMETER, *s.* Claidheamh-crom.

CINDER, *s.* Gual, guaillean.

CINEREOUS, *adj.* Air dhath na luaithre.

CINGLE, *s.* Crios-tarra, no tarr-iall eich.

CINNAMON, *s.* Caineal.

CINQUEFOIL, *s.* Seamrag chùig-bhileach.

CION, *s.* Faillean, fiùran, ògan.

CIPHER, *s.* An comharradh so (0) ann an cunntas, sgrìobhadh dìomhair.

CIRCLE, *s.* Cuairt, cearcall, buaile, còisir, co-thional.

CIRCLE, *v. a.* Iadh, cuairtich ; cruinnich.

CIRCLET, *s.* Cuairteag camag, buaileag ailbheag.

CIRCUIT, *s.* Cuairt nam mòraireandearga.

CIRCUIT, *v. n.* Cuairtich, rach mu'n cuairt.

CIRCUITOUS, *adj.* Cruinn mu'n cuairt.

CIRCULAR, *adj.* Cuairteach.

CIRCULATE, *v. a.* Cuir timchioll ; cuir mu'n cuairt.

CIRCULATION, *s.* Dol mu'n cuairt.

CIRCUMAMBIENT, *adj.* A' dol mu thimchioll.

CIRCUMAMBULATE, *v. n.* Coisich mu'n cuairt.

CIRCUMCISE, *v. a.* Timchioll-ghearr.

CIRCUMCISION, *s.* Timchioll-ghearradh.

CIRCUMDUCT, *v. a.* Thoir mu'n cuairt, pill, bac, dubh a mach.

CIRCUMFERENCE, *s.* Cuairt-thomhas.

CIRCUMFLEX, *s.* An comharradh so (ᴧ) air litir.

CIRCUMFLUENT, *adj.* Cuairt-shruthach.

CIRCUMFORANEOUS, *adj.* Seacharan, o thaigh gu taigh.

CIRCUMFUSE, *v. a.* Dòirt mu'n cuairt.

CIRCUMFUSION, *s.* Ioma-dhòrtadh.

CIRCUMGYRATE, *v. a.* Cuibhlich, paisg gu cruinn.

CIRCUMJACENT, *adj.* Dlù, fagus.

CIRCUMITION, *s.* Cuairteachadh.

CIRCUMLIGATION, *s.* Ceangal mu'ncuairt.

CIRCUMLOCUTION, *s.* Cuairt-chainnt.

CIRCUMMURED, *adj.* Ioma-dhùinte.

CIRCUMNAVIGABLE, *adj.* So-sheòlaidh mu'n cuairt.

CIRCUMNAVIGATE, *v. a.* Seòlmu'ncuairt.

CIRCUMNAVIGATION, *s.* Cuairt-sheòladh

CIRCUMNAVIGATOR, *s.* Seòladair-cuairt na cruinne.

CIRCUMROTATION, *s.* Cuibhleadh, mu'n cuairt.

CIRCUMSCRIBE, *v. a.* Ioma-dhuin.

CIRCUMSCRIPTION, *s.* Ioma-dhunadh.

CIRCUMSPECTION, *s.* Aire, cùram, faicill, furachas, crìonnachd.

CIRCUMSPECTIVE, *adj.* Aireachail.

CIRCUMSTANCE, *s.* Cùis, càs, gnothach, cor, staid.

CIRCUMSTANTIAL, *adj.* Mineideach ; pongail.

CIRCUMVALLATE, *v. a.* Daingnich.

CIRCUMVALLATION, *s.* Daingneach.

CIRCUMVECTION, *s.* Cuairt-ghiùlan.

CIRCUMVENT, *v. a.* Meall.

CIRCUMVENTION, *s.* Foill, cealg.

CIRCUMVEST, *v. a.* Aodaich, mu'n cuairt.

CIRCUMVOLVE, *v. a.* Cuir mu'n cuairt.

CIRCUMVOLUTION, *s.* Ioma-roladh.

CIST, *s.* Còmhdach, ciste ; toll, sloc.

CISTERN, . Amar, tobar, linne.

CITADEL, *s.* Dùn, daingneach, caisteal.

CITAL, CITATION, *s.* Achmhasan, cronachadh, bairlinn.

CITE, *v. a.* Gairm, òrduich.

CITESS, *s.* Bean-àitichidh baile-mhòir.

CITIZEN, *s.* Fear-àiteachaidh baile-mhòir.

CITRINE, *adj.* Buidhe-dhonn.

CITY, *s.* Cathair, baile-mòr.

CIVIL, *adj.* Cuideachdail, comunnach ; riaghailteach, rianail, dòigheil ; còir, deagh-bheusach, ciùin, modhail,sìobhalta, suairce, a bhuineas do cheartas na tìre; nach buin do'n eaglais, no do'n arm.

CIVILITY, *s.* Modhalachd, sìobhaltachd, suairc eas, grinneas.

CIVILIZE, *v. a.* Ciuinich, teagaisg.

CIVIL-LAW, *s.* Lagh na Rìoghachd.

CIVIL-WAR, *s.* Ar-a-mach.

CLACK, *s.* Clabar muillein.

CLACK, *v. a.* Dean glagan, gliong ; gagaireachd.

CLAD, *part* Aodaichte, sgeadaichte.

CLAIM, *v. a.* Tagair, agair, iarr.

CLAIM, *s.* Agradh, agartas.

CLAIMABLE, *adj.* Agarach, so-agraidh.

CLAIMANT, *s.* Tagaireach, agarach.

CLAMBER, *v. a.* Streap, dìrich suas.

CLAMMY, *adj.* Glaodhach, leantach.

CLAMOROUS, *adj.* Gleadhrach, labhrach.

CLAMOUR, *s.* Gàraich, gaoir.

CLAMP, *s.* Cnòt, clabhdan.

CLAN, *s.* Fine, cinneadh.

CLANDESTINE, *adj.* Uaigneach.

CLANG, *s.* Gliong, glang, gliogar.

CLANGOUR, *s.* Gleadhraich, gliong-raich.
CLANGOUS, *adj.* Gliongach, glangach.
CLANK, *s.* Gleadhar, trost.
CLANSHIP, *s.* Cinneadas.
CLAP, *v. a.* Buail r a chéile.
CLAP, *s.* Buille, farum, gleadhar, bragh ; bas-ghair, iolach.
CLAPPER, *s.* Clabar mullein, teangha cluig.
CLAPPERCLAW, *v. a.* Trod, càin.
CLASP, *s.* Cromag, dubhan.
CLASS, *s.* Buidheann, dreum, cuideachd, seòrsa.
CLASSICAL, *adj.* Ionnsaichte, fòghlumte.
CLATTER, *v. a.* Bi ri straighlich; dean blabhdaireachd.
CLATTER, *s.* Straighlich, gleadhraich.
CLAUSE, *s.* Cuibhrionn; pong.
CLAUSURE, *s.* Dùnadh, druideadh.
CLAW, *s.* Spàg, spòg, cròg, ionga ; màg dubhan, crudhan, pluit.
CLAW, *v. a.* Sgrìob sgròb, reub, tachais.
CLAY, *s.* Criadh, eré, criadhach.
CLEAN, *adj.* Glan ; geamnaidh.
CLEAN, *v. a.* Glan, nigh, sgùr, ionnlaid.
CLEANLINESS, CLEANNESS, *s.* Gloinead neo-thruailleachd, fiorghlanachd.
CLEANLY, *adj.* Glan, grinn, eireachdail.
CLEANSE, *v. a.* Glan, nigh, sgùr, ionnlaid.
CLEAR, *adj.* Soilleir, soillseach, deàlrach, dearsach, lainnreach, glan; so-thuigsinn; cinnteach ; neo-chiontach ; saor, tuìgseach.
CLEAR, *v. a.* Soilleirich, glan, sgùr, soillsich, dean lainnreach; dean so-thuigsinn, rèitich ; saor, fìreanaich; siolaidh.
CLEARANCE. *s.* Barantas-seòlaidh.
CLEARER, *s.* Fear-soilleireachaidh.
CLEARNESS, *s.* Soilleireachd.
CLEARSIGHTED, *adj.* Glan-fhradharcach.
CLEAVE, *v.* Sgoilt, spealg, spealt, dlùth-lean.
CLEAVER, *s.* Sgian-sgoltaidh.
CLEF, *s.* Uchdach, stalla.
CLEFT, *part.* Sgoilte, roinnte.
CLEFT, *s.* Sgoltadh, clais, sgàineadh.
CLEG, *s.* Creithleag-nan-each.
CLEMENCY, *s.* Iochd, bàigh, truas.
CLEMENT, *adj.* Mìn, ciùin, sèimh, bàigheil, caoin, tròcaireach.
CLERGY, *s.* Cléir.
CLERGYMAN, *s.* Pears-eaglais.
CLERICAL, *adj.* Cleireachail.
CLERK, *s.* Cléireach, duine fòghluimte ; sgrìobhaich.
CLERKSHIP, *s.* Cléirsneachd

CLEVER, *adj.* Tapaidh, deas, eòlach clis.
CLEVERNESS, *s.* Tapachd, cliseachd.
CLEW, *s.* Ceirsle ; stiùradh, fear-iùil.
CLEW, *v. a.* Paisg siùil.
CLICK, *v. a.* Bi gliongarsnaich.
CLIENT, *s.* Fear-iarraidh comhairle firlagha.
CLIFF, *s.* Creag, sgor, sgùr, stùc.
CLIFFY, *adj.* Sgorach, creagach, stùcach.
CLIMATE, CLIME, *s.* Earrainn·saoghail, àileadh.
CLIMAX, *s.* Dìreadh, éiridh an àirde.
CLIMB, *v. a.* Dìrich, streap.
CLIMBER, *s.* Fear-streapaidh, lùs streapach.
CLIMBING, *s.* Streapadh, dìreadh.
CLINCH, *v. a.* Daingnich, teannaich, dùin.
CLINCH, *s.* Gearr-fhacal.
CLINCHER, *s.* Greimiche.
CLING, *v. a.* Tiormaich, suas, toinn mu'n cuairt.
CLINIC, *s.* Neach an-shocrach tinn.
CLINICAL, *adj.* Iarganach, eucaileach, euslainteach.
CLINK, *v. a.* Thoir gliong.
CLIP, *v. a.* Gearr, bearr, lomair, rùisg ; giorraich.
CLIPPER, *s.* Gearradair, bearradair.
CLIPPING, *s.* Bearradh, gearradh, lomadh.
CLOAK, *s.* Falluinn, cleòc, brat-falaich, sgàile.
CLOAK, *v. a.* Còmhdaich, falaich, cleith ceil.
CLOCK, *s.* Uaireadair, daolag.
CLOCKWORK, *s.* Obair-uaireadair.
CLOD, *s.* Clod, ploc, fòd, sgrath ; clod-cheann, ùmaidh.
CLODDY, *adj.* Clodach, plocach.
CLODPATE, CLODEPOLE, *s.* Clod-cheann, ùmaidh.
CLOG, *v. a.* Uallaich, luchdaich sacaich bac, tromaich.
CLOG, *s.* Eallach, slacan, cudthrom, amaladh, bròg-fhiodha.
CLOISTER, *s.* Cill-mhanach, taigh chaill eacha-dubha.
CLOSE, *v. a.* Dùin, crìochnaich.
CLOSE, *s.* Dùnadh, mainnir, achadh ; crìochnachadh ; ceann, crìoch, deir-eaoh, co-dhùnadh.
CLOSE, *adj.* Dùinte, ceilte, dìomhair, uaigneach ; cumhann ; teann, daingeann, dlù ; dorch, doilleir, neulach.
CLOSENESS, *s.* Dùinteachd, cuingead, teanntachd ; dìomhaireachd uaigneachd.
CLOSET, *s.* Seòmar-uaigneach, clòsaid.
CLOSET, *v. a.* Dùin, glais, ceil.
CLOSURE, *s.* Dùnadh, crìochnachadh.

CLOT, s. Meall, ploc, clod-cheann.
CLOTH, s. Aodach, clò, tubhailt.
CLOTHE, v. a. Aodaich còmhdaich, sgeadaich.
CLOTHIER, s. Ainm uasal air tailear.
CLOTHING, CLOTHES, s. Aodach, earradh trusgan.
CLOUD, s. Neul, dubhar, sgò ceò.
CLOUD, v. a. Neulaich, dorchaich.
CLOUDBERRY, s. Oidhreag, foidhreag.
CLOUDCAPT, adj. Neulach, sgothach.
CLOUDLESS, adj. Neo-sgòthach.
CLOUDY, adj. Neulach, neo-soilleir, dubharrach, dorcha, doilleir, gruamach.
CLOVEN, part. Sgoilte.
CLOVER, s. Seamrag, simrag, bileagchapail, saimir.
CLOVERED, adj. Simeragach, seamragach.
CLOUGH, s. Sgòr, stùc, eid-bheann.
CLOUT, s. Luideag, broineag, clùd; tùthag, mìr, brèid, giobal.
CLOWN, s. Luiriste, tuasdar, sgonnbhalach, amadan-àbhachd.
CLOWNISH, adj. Tuaisdeach, luiristeach; liobasta, mi-mhodhail.
CLOY, v. a. Lìon, sàsaich, cuir gràin air.
CLOYMENT, s. Gràin-bidh, sèid.
CLUB, s. Cuaille, lorg, rongas, caman, slacan, A' chairt-chluiche do'n ainm an "dubh-bhileach," no'n "crasg," cuideachd, còisir comunn.
CLUB, v. a. Dìol an lach, cruinn bì cuid fir.
CLUBLAW, s. Làmhachd-làidir.
CLUCK, v. a. Dean gogail, mar chirc.
CLUMPS, s. Ùmpaidh, slaodair glogair.
CLUMISNESS, s. Slaodaireachd, cearbachd.
CLUMSY, adj. Slaodach, liobasta, trom.
CLUNG, part. Leanta, greimichte.
CLUNG, adj. Tioramaichte, gun saill.
CLUSTER, s. Bagaid, cluigean, dòs gagan; dornlach.
CLUTCH, v. a. Greimich, glais, glac, teannaich.
CLUTCH, s. Greimeachadh, glacadh, cròg, spòg, mag, dubhan ine.
CLUTTER, s. Straighlich, stairirich, gleadhraich, garaich.
CLYSTER, s. Cliostar.
COACERVATE, v. a. Cruinnich, càrn; dùn, tòrr, trùs.
COACH, s. Carbad.
COACT, v. n. Co-oibrich, co-shaothraich.
COACTION, s. An-toil, aindeoin.
COACTIVE, adj. Ainneartach.
COADJUTANT, adj- A' co-chuideachadh.
COADJUTOR, s. Fear-chuidiche.
COAGENT, s. Co-oibriche.
COAGMENT, v. a. Co-chruinnich. tàth ri chéile.

COAGULATE, v. a. Binndich, tiughaich righnich.
COAGULATION, s. Binndeachadh.
COAL, s. Al-ghual, gual.
COAL, v. a. Gual, loisg gu gual; comharraich le gual.
COALERY. s. Toll-guail, sloc-guail.
COAL-FISH, s. Ucsa, ucas.
COALESCE, v. n. Aonaich, tathaich.
COALESCENCE, s. Aonadh, tàthadh.
COALITION, s. Glaodhadh, r'a chéile.
COALY, adj. Gualach, air dhreach guail.
COAPTATION, s. Co-fhreagradh.
COARSE, adj. Garbh neo-fhinealta; mi-mhodhail, garg.
COARSENESS, s. Gairbhe, drabasdachd.
COAST, s. Oirthir, eirthir còrsa, slios.
COAST, v. a. Seòl cois an fhearann.
COAT, s. Còta; éideadh, aodach.
COAX, v. a. Breug, tàlaidh, meall.
COBBLE, v. a. Cairich, brèidich.
COBBLER, s. Greusache sheanna-bhrog; gròig.
COBIRONS, s. Iaruinn cnap-cheannach.
COBWEB, s. Lìon an damhain-allaidh.
COCHINEAL, s. Càrnaid.
COCK, s. Coileach; molan-feòir.
COCK, v. a. Tog suas; sgrog, cuir air lagh.
COCKADE, s. Suaicheantas, fàbhar, coc-àrd.
COCKATRICE, s. Righ-nathair.
COCKER, v. a. Criodaich tàlaidh.
COCKEREL, s. Coilleach eireig
COCKET, s. Teisteanas taigh-cuspuinn.
COCKLE, s. Coilleag, srùban; cogull.
COCKLOFT, s. Lobhta mullaich, spiris.
COCKNEY, s. Lunnainneach.
COCKPIT, s. s. Blàr-catha choileach.
COCKSURE, adj. Làn-chinnteach.
COD, s. Bodach-ruadh, trosg; cochull, plaosg, mogull.
CODICIL, s. Leasachadh tiomnaidh.
CODLE, v. a. Slaop, leth-bhruich.
COEFFICACY, s. Co-oibreachadh.
COEMPTION, s. Co-cheannachd.
COEQUAL, adj. Co-ionann.
COERCE, v. a. Bac, ceannsaich, cùm fo smachd.
COERCIBLE, adj. So-cheannsaichte.
COERCION, s. Casg, smachd.
COERCIVE, adj. Ceannsalach, smachdail.
CO-ESSENTIAL, adj. Aon-bhitheach.
CO-ETERNAL, adj. Co-shuthainn.
COEVAL, s. Co-aimsireach.
COEVAL, COEVOUS, adj. Co-aosda, co-aimsireil.
COEXIST, v. n. Bi co-bhitheach.
COEXISTENCE, s. Co-bhith.
COEXISTENT, adj. Co-bhitheach.
COFFER, s. Ciste, còbaraid, ulaidh.

COFFIN, *s.* Ciste-mhairbh, ciste-laidhe.

COG, *v. a.* Dean miodal, bi carach.

COG, *s.* Cogus ratha muillein.

COGENCY, *s.* Cumhachd, neart.

COGENT, *adj.* Làidir, spionndail.

COGITATION, *s.* Smuain, beachdachadh.

COGNATE, *adj.* Càirdeach, dàimheil.

COGNATION, *s.* Càirdeas, dàimh.

COIF, *s.* Bréid, beannag.

COIL, *v. a.* Trus, cruinnich.

COIL, *s.* Cuairteag, còrd-chearcall.

COIN, *s.* Cùinneadh, airgead.

COINCIDE, *v. n.* Coinnich, co-aontaich.

COINCIDENCE, *s.* Cò-dhalachadh; cofbreagradh.

COINCIDENT, *adj.* Co-chòrdadh.

COINER, *s.* Fear-cùnnidh.

COITION, *s.* Mairiste, cliathadh; modh siolaichidh.

COLATION, COLATURE, *s.* Sìoladh.

COLD, *adj.* Fuar, fionnar, fuaraidh.

COLD, *s.* Fuachd, fuarachd, fionnfhuar; cnatan.

COLDNESS, *s.* Fuarachd, fuairead, fionnfhuaireachd.

COLE, *s.* Guaillean, eibhil-mharbh.

COLEWORT, *s.* Càl-bloinigein.

COLIC, *s.* Greim-mionaich.

COLLAPSE, *v. n.* Crùp, trùs.

COLLAR, *s.* Bràid, coileir.

COLLAR-BONE, *s.* Cnaimh an uga.

COLLAR, *v. a.* Beir air amhaich, glac air sgòrnan.

COLLATE, *v. a.* Coimeas, feuch r'a chéile.

COLLATERAL, *adj.* Co-shìnte, taobh ri taobh.

COLLATION, *s.* Buileachadh, greimblasda; coimeas.

COLLATOR, *s.* Fear sgrùdaidh.

COLLEAGUE, *s.* Companach, coimpire.

COLLECT, *v. a.* Cò-chruinnich, tionail.

COLLECT, *s.* Urnaigh ghoirid.

COLLECTION, *s.* Co-chruinneachadh.

COLLECTIVE, *adj.* Co-chruinnichte.

COLLECTOR. *s.* Fear-trusaidh, cismhaor.

COLLEGE, *s.* Oil-taigh, àrd-sgoil.

COLLEGIAN, *s.* Fòghlumach ard-sgoile.

COLLIER, *s.* Gualadair.

CAULIFLOWER, *s.* Cal-dìtheanach.

COLLIGATION, *s.* Co-cheangal, co-nasgadh.

COLLISION, *s.* Co-bhualadh, gleadhar.

COLLOCATE, *v. a.* Suidhich, cairich, sochraich.

COLLOCATION, *s.* Suidheachadh, socrachadh.

COLLOP, *s.* Toitean, staoig.

COLLOQUIAL, *adj.* Conaltrach.

COLLOQUY, *s* Co-labhairt.

COLLUSION, *s.* Co-chealg, cuilbheart.

COLLUSIVE, *adj.* Cuilbheartach.

COLLY, *v. a.* Dubh le gual.

COLON, *s.* Pung; an caolan mu'n cuairt.

COLONEL, *s.* Cornaileir, còirneal.

COLONIST, *s.* Fear-àiteachaidh thr chéin.

COLONIZE, *v. a.* Tìrich, àitich.

COLONY, *s.* Luchd-imriche.

COLORATE, *adj.* Dathte.

COLOUR, *s.* Dath; neul, tuar, fiamh, dreach; coltas, riochd; bratach, suaicheantas.

COLOUR, *v. a.* Dath; cuir dath air.

COLOURIST, *s.* Dathadair.

COLT, *s.* Searrach, bioraiche.

COLUMBARY, *s.* Taigh chalaman.

COLUMBINE, *s.* Lùs-a'-chalamain.

COLUMN, *s.* Colbh, carragh; sreath.

COLUMNAR, *adj.* Colbhach, carraghail.

COMATE. Companach.

COMB, *s.* Cir; cirean; cir-mheala, copan.

COMBAT, *s.* Cò-chòmhrag, co-chaireachd.

COMBATANT, *s.* Fear-còmhraig; gaisgeach.

COMBINATE, *adj.* Naisgte, ceangailte.

COMBINATION, *s.* Co-aontachd, cocheangal.

COMBINE, *v. a.* Co-cheangail, co-aontaich, co-thàth.

COMBUSTIBLE, *adj.* So-loisgeach, tioram.

COMBUSTION, *s.* Fal-losgadh, ùparait.

COME, *v. n.* Thig; trobhad.

COMEDIAN, *s.* Cleasaiche.

COMEDY, *s.* Cluich, àbhachd.

COMELINESS, *s.* Eireachdas, ciatachd.

COMELY, *adj.* Eireachdail, ciatach.

COMET, *s.* Reull chearbach.

COMFIT, *s.* Greim milis, milsean.

COMFORT, *s.* Co-fhurtachd, sòlas.

COMFORTABLE, *adj.* Socrach, sòlasach.

COMFORTLESS, *adi.* Neo-shuaimhneach.

COMIC, COMICAL, *adj.* Abhachdach, cridheil, sùgach, ait, cleasanta, neònach.

COMING, *s.* Teachd, tighinn.

COMMA, *s.* Gearr-phung.

COMMAND, *v. a.* Orduich, àint, iarr, ceannsaich.

COMMAND; *s.* Uachdranachd, ard-chumhachd, ùghdarras, smachd, ceannas, tighearnas; riaghladh, òrduchadh, àinte.

COMMANDER, *s.* Uachdaran, ceannard.

COMMANDMENT, *s.* Òrdugh, iarrtas, àinte. (*Irish idiom* àithne.)

COMMEMORATE, *v. a.* Cuimhnich.

COMMEMORATION, *s.* Cuimhneachan.

COMMENCE, v. a. Tòisich, siùd.
COMMENCEMENT, s. Tionnsgnadh, tùs, tòiseachadh.
COMMEND, v. a. Mol, cliùthaich.
COMMENDABLE, adj. Cliù-thoillteann-ach.
COMMENDATION, s. Cliù, moladh ; teachdaireachd gaoil.
COMMENDATORY, adj. Cliùiteach.
COMMENSURATE, adj. Co-thoimhseach.
COMMENT, v. a. Mìnich, leudaich.
COMMENT, s. Brìgh-mhìneachadh.
COMMENTARY, s. Mìneachadh.
COMMENTATOR, s. Fear-mìneachaidh.
COMMERCE, s. Malart ; co-chomunn.
COMMERCE, v. n. Malairtich, cum comunn.
COMMERCIAL, adj. Malairteach.
COMMINATION, s. Bagradh, maoidheadh.
COMMINGLE, v. a. Co-mheasgaich.
COMMINUTE, v. a. Pronn, mìnich.
COMMINUTION, s. Mion-phronnadh.
COMMISERABLE, adj. Truagh.
COMMISERATION, s. Co-mhothachadh, bàigh.
COMMISERATIVE, adj. Iochdmhor.
COMMISSARY, s. Comasdair.
COMMISSION, s. Earbsa, barantas ; ùghdarras ; còir.
COMMISSION, v. a. Earb, ùghdarraich.
COMMISSIONER, s. Fear-ùdarrais.
COMMIT, v. a. Earb, cuir an comus leig fo chumhachd; thoir seachad, tiomain; cuir am prìosan, cuir an làimh ; cuir an gniomh, ciontaich.
COMMITTEE, s. Cuideachd-riaghlaidh.
COMMIX, v. a. Co-mheasg, measgaich.
COMMIXION, s. Co-mheasgadh.
COMMODE, s. Cionnabharr.
COMMODIOUS, adj. Goireasach.
COMMODIOUSNESS, s. Goireas.
COMMODITY, s. Tairbh, bathar.
COMMODORE, s. Ceannard-cabhlaich.
COMMON, adj. Coitcheann, suarach.
COMMON, s. Ionaltradh coitcheann.
COMMONER, s. Diun'-an-uasal.
COMMONALTY, s. Mall-shluadh.
COMMONITION, s. Comhairle, rabhadh.
COMMONNESS, s. Coitcheanntas.
COMMONS, s. Tuath-chomhairle.
COMMONWEALTH, s. An shuagh.
COMMOTION, s. Buaireas, luasgan aimhreit ùparait, troi-chéile.
COMMUNE, v. n. Co-labhair.
COMMUNICANT, s. Comanaiche.
COMMUNICATE, v. a. and n. Compàir-tich, builich, thoir seachad; aithris, innis, cuir an céill, taisbein, co-labh-air, co-roinn ; bi an compairt.
COMMUNICATION, s. Compàirteachadh, conaltradh, cur an céill ; slighe-fhosg-ailte ; co-chaidreamh ; co-chainnt.

COMMUNICATIVE, adj. Compàirteach, còmhraidhteach.
COMMUNION, s. Còmpanas, comonn-achadh, comunn.
COMMUNITY, s. Sluagh na Rìoghachd compàirt.
COMMUTABLE, adj. Iomlaideach.
COMMUTATION, s. Iomlaid, éirig.
COMMUTE, v. a. Mùth; dìol éirig.
COMPACT, s. Co-cheangal, cùmhnanta.
COMPACT, adj. Teann, daingeann.
COMPACTNESS, s. Daingneachd.
COMPANION, s. Companach.
COMPANY, s. Cuideachd, comunn.
COMPANY, v. a. Comunnaich.
COMPARABLE, adj. Co-ionann.
COMPARATIVE, adj. A réir coimeis.
COMPARE, v. a. Coimeas.
COMPARE, s. Samhla.
COMPARISON, s. Coimheart.
COMPART, v. a. Compàirtich.
COMPARTMENT, s. Roinn, earrann.
COMPARTITION, s. Compàirteachadh.
COMPASS, v. a. Cuairtich, iomadhruid.
COMPASS, s. Cuairt, cearcall ; farsuinn-eachd, tomhas, meud, leud ; crìochan; uchdach ; cùmbaist, gobhal - roinn ; cairt-iùil cumadair.
COMPASSION, s. Truas, iochd.
COMPASSIONATE, adj. Truacanta.
COMPATIBILITY, s. Co-chòrdalachd.
COMPATIBLE, adj. Co-chòrdail.
COMPATRIOT, s. Fear-dùthcha.
COMPEER, s. Companach, còimpir.
COMPEL, v. a. Co-éignich.
COMPELLATION, s. Fàilte, furan.
COMPENDIOUS, adj. Geàrr-bhrìgheach.
COMPENSATE, v. a. Dìol, pàidh, ìoc.
COMPENSATION, s. Làn-dìoladh.
COMPETENCY, s. Pailteas, fòghnadh.
COMPETENT, adj. Iomchuidh, comasach.
COMPETITION, s. Co - dheuchainn, co-stri.
COMPETITOR, s. Fear co-shreip.
COMPILATION, s. Co-chruinneachadh.
COMPILE, v. a Co-chruinnich, tionail.
COMPILER, s. Fear-trusaidh.
COMPLACENCY, s. Tlachd, suairceas.
COMPLACENT, adj. Modhail, suairce.
COMPLAIN, v. n. Gearain, talaich ; dean casaid.
COMPLAINANT, s. Fear-agairt dìolaidh.
COMPLAINER, s. Fear-gearain, fear-cumha.
COMPLAINT, s. Gearan, casaid ; galar.
COMPLAISANCE, s. Modhalachd.
COMPLAISANT, adj. Sìobhalta, modhail, suilbhir, suairce, faoilidh.
COMPLANATE, COMPLANE, v. a. Dean còmhnard, dean réidh.
COMPLEMENT, s. Co-lìonadh.
COMPLETE, adj. Iomlan, colionta.

COMPLETE, *v. a.* Dean iomlan.
COMPLETEMENT, *s.* Coilionadh.
COMPLETENESS, *s.* Iomlanachd.
COMPLETION, *s.* Co-lionadh.
COMPLEX, *adj.* Ciogailteach, deacair.
COMPLEXION, *s.* Fuar, neul, dreach, snuadh, coltas, fiamh.
COMPLEXLY, *ad.* Doilleireach.
COMPLIANCE, *s.* Striochdadh, géilleadh.
COMPLAINT, *adj.* Aontach, suairce.
COMPLICATE, *adj.* Cho-mheasgach.
COMPLICATE, *v. a.* Co-fhilltich, co-dhual, co-amlaich.
COMPLICATION, *s.* Co-amladh, co-dhualadh.
COMPLIER, *s.* Fear-co-aontachaidh.
COMPLIMENT, *s.* Moladh, miodal.
COMPLIMENTAL, *adj.* Miodalach.
COMPLINE, *s.* Aoradh feasgair.
COMPLOT, *s.* Co-bhann, co-chealg.
COMPLOT, *v. a.* Gabh claon-chomhairle.
COMPLY, *v. n.* Co-aontaich, géill.
COMPONENT, *adj.* A' deanamh suas.
COMPORT, *v. a.* Giùlain, fuilig.
COMPORT, COMPORTMENT, *s.* Giùlan, gnàths, beus.
COMPORTABLE, *adj.* Freagarrach.
COMPOSE, *v. a.* Co-dhean, dean suas, co-chuir, co-dhlùthaich; càirich, socraich, leag, suidhich, ceartaich; sgriobh; sithich, ciùinich, dean samhach.
COMPOSED, *part.* Suidhichte, socraichte.
COMPOSER, *s.* Ùghdar, sgrìobhair.
COMPOSITION, *s.* Sgrìobhadh; co-thlamadh; co-shuidheachadh; suidheachadh, socrachadh, riaghailt.
COMPOSITOR, *s.* Fear-suidhichidh.
COMPOST, COMPOSTURE, *s.* Mathachadh, leasachadh, aolaich.
COMPOSURE, *s.* Suidheachadh, sàmhchalr, riaghailt; sìthealachd.
COMPOTATION, *s.* Co--phòitearachd.
COMPOUND, *v. a.* and *n.* Coimeasg, cuir cuideachd, measg, co-dhean; dean facal dùbailte; dean co-chòrdadh; còrd ri luchd fiachan; thig gu cumhachan.
COMPOUND, *adj.* Coimeasgte, dùbailte.
COMPOUND, *s.* Coimeasgadh.
COMPREHEND, *v. a.* Measraich, tuig.
COMPREHENSIBLE, *adj.* So-mheasraichte.
COMPREHENSION, *s.* Tuigse, eòlas.
COMPREHENSIVE, *adj.* Tuigseach. ciallach.
COMPRESS, *v. a.* Dlùthaich, teannaich.
COMPRESSIBLE, *adj.* So-dhinnte.
COMPRESSION, *s.* Teannachadh.
COMPRESSURE, *s.* Bruthadh, dinneadh.

COMPRIZE, *v. a.* Cum, gabh, gléidh.
COMPROBATION, *s.* Co-dhearbhadh.
COMPROMISE, *s.* Cùmhnanta-réitich.
COMPROMISE, *v. a.* and *n.* Co-chòrd.
COMPTROL, *v. a.* Ceannsaich, smachdaich.
COMPTROLLER, *s.* Fear-riaghlaidh.
COMPULSATORY, *adj.* Éigineach.
COMPULSION, *s.* Co-éigneachadh.
COMPULSIVE, COMPULSORY, *adj.* Ainneartach.
COMPUNCTION, Agartas-cogais.
COMPURGATION, *s.* Co-dhaingneachadh.
COMPUTABLE, *adj.* So-àireamh.
COMPUTATION, *s.* Àireamh, suim.
COMPUTE, *v. a.* Meas, cunnt.
COMRADE, *s.* Companach.
CON, *v. a.* Aithnich; breithnich, smuainich, ionnsaich air do mheaghair.
CONCATENATE, *v. a.* Co-thàth.
CONCATENATION, *s.* Co-thàthadh.
CONCAVE, *adj.* Còsach, co-chòsach.
CONCAVITY, *s.* Còs, co-chòs.
CONCEAL, *v. a.* Ceil, cleith falaich.
CONCEALABLE, *adj.* So-fhalach.
CONCEALMENT, *s.* Ionad-falaich, cleith.
CONCEDE, *v. a.* and *n.* Co-cheadaich, leig seachad, aontaich, géill, striochd, fuilig, deònaich, aidich, leig thairis, luasaich.
CONCEIT, *s.* Beachd, smuain, barail; tuigse; fein-bheachd, féin-spéis féinmheas, mac-meanmnainn.
CONCEIT, *v. a.* Smuainich, beachdaich.
CONCEITED, *adj.* Féin-bheachdail.
CONCEIVABLE, *adj.* So-shaoilsinn.
CONCEIVE, *v. a.* Cnuasaich, tionnsgainn, breithnich, saoil; fàs torrach.
CONCEIVER, *s.* Beachdair.
CONCENTRATE, *v. a.* Co-chruinnich.
CONCENTRATION, *s.* Co-chruinneachadh.
CONCENTRE, *v. a.* Thoir gu meadhon.
CONCENTRIC, *adj.* Aon-mheadhonach
CONCEPTION, *s.* Gineamhuinn, meas rachadh.
CONCERN, *v. a.* Gabh gnothach.
CONCERN, *s.* Gnothach, cùis; cùram.
CONCERNING, *prep.* Mu thimchioll, mu dhéibhinn, a thaobh.
CONCERNMENT, *s.* Gnothach; cùram.
CONCERT, *v. a.* and *n.* Co-shuidhich, co-rùnaich, gabh comhairle gu dìomhair; co-shocraich, co-chomhairlich.
CONCERT, *s.* Co-chomhairle, co-shuidheachadh, co-shocrachadh, co-rùn; co-sheirm, còisir-chiùil.
CONCESSION, *s.* Striochdadh, ceadachadh, géilleadh, toirt thairis.
CONCH, *s.* Slige, faochag.

CONCILIATE, *v. a.* Réitich buannaich.
CONCILIATION, *s.* Réiteachadh.
CONCILIATOR, *s.* Fear-réiteachaidh.
CONCINITY, *s.* Freagarrachd.
CONCISE, *adj.* Goirid, gearr.
CONCISENESS, *s.* Aithghiorrad.
CONCISION, *s.* Co-ghearradh, sgudadh.
CONCITATION, *s.* Co-éiridh.
CONCLAMATION, *s.* Co-ghàir.
CONCLUDE, *v.* Co-dhùin, dùin, criochnaich.
CONCLUSION, *s.* Co-dhùnadh.
CONCLUSIVE, *adj.* Criochnach.
CONCOCT, *v. a.* Cnàmh, meirbh.
CONCOCTION, *s.* Meirbheadh.
CONCOCTIVE, *adj.* Cnàmhach.
CONCOMITANT, *adj.* Co-aontaichte.
CONCOMITANT, *s.* Companach.
CONCORD, *s.* Co-fhreagairt, co-shéirm, co-fhonn, co-chòrdadh.
CONCORDANCE, *s.* Co-chòrdachd.
CONCORDANT, *adj.* Co-chòrdail.
CONCORDATE, *s.* Co-bhann, co-ghairm.
CONCORPORATE, *v. a.* Co-chruinnich.
CONCOURSE, *s.* Co-chruinneachadh
CONCRETE, *v. a.* Co-chrùinnich.
CONCRETE, *adj.* Co-chruinnichte.
CONCRETION, *s.* Meall chruinnichte.
CONCUBINE, *s.* Coileapach.
CONCUPISCENCE, *s.* Ana-mhiann.
CONCUPISCENT, *adj.* Collaidh.
CONCUR, *v. n.* Aontaich.
CONCURRENCE, *s.* Co-aontachd, co-chuideachadh, toil.
CONCURRENT, *adj.* Co-aontach.
CONCUSSION, *s.* Criothnachadh.
CONDEMN, *v. a.* Dìt, cronaich.
CONDEMNATION, *s.* Dìteadh, binn.
CONDENSATE, *adj.* Tiughaichte.
CONDENSATION, *s.* Tiughachadh.
CONDENSE, *v. a.* Co-dhlùthaich.
CONDENSITY, *s.* Dinnteachd.
CONDESCEND, *v. n.* ìslich, irioslaich, strìochd, deònaich, ceadaich.
CONDESCENSION, *s.* Irioslachd.
CONDIGN, *adj.* Toillteannach, iomchuidh.
CONDIMENT, *s.* Amhlon, annlann.
CONDITE, *v. a.* Sailltich, saill.
CONDITION, *s.* Cor, staid ; cumha, cùmhnanta, inbhe.
CONDITIONAL, *adj.* Air chumha.
CONDITIONARY, *adj.* Cùmhnantaichte.
CONDOLE, *v. n.* Co-ghuil.
CONDOLENCE, *s.* Co-ghal.
CONDONATION, *s.* Mathadh.
CONDUCE, *v. a.* Co-chèimnich, treòraich, stiùr, seòl an t-slighe ; co-chuidich.
CONDUCIBLE, *adj.* Comhnachail.
CONDUCIVE, *adj.* Cuideachail.
CONDUCT, *s.* Rian, dòigh, riaghladh ;

stiùradh, treòrachadh ; buidheann dhiona ; giùlan, beus, caithe'-beatha.
CONDUCT, *v. a.* Treòraich, stiùr, seòl.
CONDUCTOR, *s.* Fear-iùil, fear-treòrachaidh ; ceannard.
CONDUIT, *s.* Piob-uisge, guitear.
CONE, *s.* Bidean, stalla.
CONFABULATE, *v. n.* Co-labhair.
CONFABULATION, *s.* Conaltradh.
CONFECTION, *s.* Milsean.
CONFECTIONER *s.* Milseanaich.
CONFEDERACY, *s.* Cùmhnant.
CONFEDERATE, *v. a.* Co-aontaich, co-cheangail.
CONFEDERATE, *s.* Companach.
CONFEDERATION, *s.* Co-chaidreamh.
CONFER, *v. a.* Thabhair, builich, bàirig; co-labhair.
CONFERENCE, *s.* Còmhradh.
CONFESS, *v. a.* Aidich ; faoisidich ; éisd faoisid ; taisbean, cuir an céill ; co-aontaich, ceadaich.
CONFESSION, *s.* Aidmheil ; faoisid.
CONFESSOR, *s.* Fear-aidmheil a' chreidimh ; sagart-faoisid ; fear-aideachaidh.
CONFEST, *adj.* Aidichte, soilleir.
CONFIDANT, CONFIDENT, *s.* Fear-rùineachd, caraid dealaidh.
CONFIDE, *v. a.* Earb, cuir earbsa.
CONFIDENCE, *s.* Earbsa, muinghinn, bun ; dòchas, misneach ; dànadas, ladornas.
CONFIDENT, *adj.* Cinnteach, dearbhte, earbsach, dearbh-chinnteach, neotheagmhach ; danarra, teann, dalma ; muinghinneach, dòchasach ; dàna, ladorna.
CONFIDENTIAL, *adj.* Càirdeil, dìleas.
CONFIGURATION, *s.* Co-fhreagradh.
CONFIGURE, *v. a.* Dean co-dhreachta.
CONFINE, *s.* Crioch, iomall, oir.
CONFINE, *v. a* Cum a steach.
CONFINEMENT, *s.* Prìosanachadh.
CONFIRM, *v. a.* Daingnich, socraich.
CONFIRMABLE, *adj.* So-dhearbhte.
CONFIRMATION, *s.* Co-dhearbhadh ; dol fo làimh an easbuig.
CONFISCATE, *v. a.* Ar-phuntaich.
CONFISCATION, *s.* Ar-phuntachadh.
CONFIX, *v. a.* Daingnich, suidhich.
CONFLAGRANT, *adj.* Co-lasach.
CONFLAGRATION, *s.* Co-lasadh.
CONFLATION, *s.* Co-ghàir ; co-leaghadh.
CONFLICT, *v. n.* Cathaich, dean strì.
CONFLICT, *s.* Strì, spàirn, còmhrag, sabaid, dòrainn, cràdh.
CONFLUENCE, *s.* Co-choinneachadh shruth ; co-thional.
CONFLUENT, *adj.* A' co-shruthadh.
CONFLUX, *s.* Ionbhar ; co-thional.
CONFORM, *v.* Co-aontaich, géill.

CONFORMABLE, *adj.* Co-chòrdail, coltach.

CONFORMATION, *s.* Co-chruth, cumadh, dealbh.

CONFORMIST, *s.* Fear co-aontachaidh.

CONFORMITY, *s.* Co-fhreagarrachd, coltas, samhlachas.

CONFOUND, *v. a.* Aimhreitich, cuir thar a chéile ; coimeasg, cuir an imcheist ; tuairgnich, nàraich; mill, sgrios.

CONFOUNDED, *ad* Gràineil, fuathach.

CONFOUNDER, *s.* Buaireadair, blaomair, fear tuairgnidh.

CONFRATERNITY, *s.*'Co-bhràthaireachas.

CONFRONT, *v. a.* Seas mu choinneamh; cuir aghaidh ri aghaidh.

CONFRONTED, *part.* Air an toirt aghaidh ri aghaidh.

CONFUSE, *v. a.* Aimhreitich, breislich, cuir thar a chéile ; mi-riaghailtich, dorchaich ; tuairgnich.

CONFUSION, *s.* Breisleach, tuairgneadh ; aimhreit, buaireas, aimlisg ; aimheal.

CONFUTABLE, *adj.* So-àicheadh.

CONFUTATION, *s.* Breugnachadh.

CONFUTE, *v. a.* Breugnaich.

CONGEAL, *v. a.* Reòdh, ragaich.

CONGEALABLE, *adj.* Reòdhtachail.

CONGEALMENT, *s.* Reodhadh, eighneadh.

CONGEE, CONGE, *s.* Umhlachd, cromadh, lùbadh.

CONGENIAL, *adj.* Co-ghnéitheach.

CONGEON, *s.* Duairc, arachd.

CONGER, *s.* Easgann mhara.

CONGEST, *v. a.* Càrn, cruach, tòrr.

CONGESTION, *s.* Leannachadh, trusadh.

CONGLACIATE, *v. a.* Tionndaidh gu eigh.

CONGLOBATE, *v. a.* Dean meall cruinn.

CONGLOBATE, *adj.* Co-chruinn.

CONGLOMERATE, *v. a.* Ceirslich.

CONGLOMERATE, *adj.* Ceirslichte.

CONGLOMERATION, *s.* Co-thrùsadh.

CONGLUTINATION, *s.* Aonadh.

CONGOU, *s.* Seòrsa do thì fìnealta.

CONGRATULANT, *adj.* Co-ghàirdeachail.

CONGRATULATE, *v. a.* Dean co-ghàirdeachas.

CONGRATULATION, *s.* Co-ghàirdeachas.

CONGRATULATORY, *adj.* Co-ghàirdeachail.

CONGREGATE, *v. a.* Co-thionail.

CONGREGATION, *s.* Co-thional.

CONGRESS, *s.* Coinneamh, còdhàil.

CONGRESSIVE, *adj.* A' coinneachadh.

CONGRUENCE, CONGRUITY, *s.* Freagarrachd, co-fhreagarrachd, còrdachd.

CONGRUENT, *adj.* Co-fhreagarrach.

CONGRUOUS, *adj.* Co-fhreagarrach.

CONIC, CONICAL, *adj.* Bideanach.

CONJECTOR, CONJECTURER, *s.* Fear-baralach.

CONJECTURAL, *adj.* Baralach.

CONJECTURE, *s.* Barail, tuaiream.

CONJECTURE, *v. a.* Baralaich.

CONJOIN, *v. a.* and *n.* Co-dhlùthaich, aonaich, co-aontaich, co-cheangail, co-thàth ; co-naisg.

CONJOINT, *adj.* Co - cheangailte, codhlùithte, co-naisgte.

CONJUGAL, *adj.* Pòsachail, pòsta.

CONJUGATE, *v. a.* Co-cheangail, conaisg co-dhlùthaich.

CONJUGATION, *s.* Co-cheangal.

CONJUNCTION, *s.* Aonadh, co-cheangal, coinneachadh ; facal aonaidh, càraid.

CONJUNCTIVE, *adj.* Co-cheangailte.

CONJUNCTURE, *s.* Co-chuideachd, coinneachadh, tachairt, còdhail; càs, cùis, éigin, àm sònraichte, iomacheist; co-cheangal, co-nasgadh ; cochòrdalachd.

CONJURATION, *s.* Mìonnachadh, grìosad; drùidheachd; co-chealg.

CONJURE, *v. a.* Grìos, mionnaich ; cocheangail fo mhionnaibh ; cuir fo gheasaibh ; gnàthaich drùidheachd.

CONJURER, *s.* Drùidh, fiosaiche.

CONJUREMENT, *s.* Grìosad, aslachadh.

CONNASCENCE, *s.* Co-bhreith ; aonadh.

CONNATE, *adj.* Co-bhreithte.

CONNATURAL, *adj.* Co-ghnèach.

CONNECT, *v. a.* Co-naisg.

CONNECTED, *part.* Aonaichte.

CONNEX, *v. a.* Co-naisg, snaidhm.

CONNEXION, *s.* Aonadh, dàimh.

CONNIVANCE, *s.* Leigeadh seachad.

CONNIVE, *v. n.* Caog, smèid ; reach seachad.

CONNOISSEUR, *s.* Fear fiosrach.

CONNUBIAL, *adj.* Pòsachail, posta.

CONQUASSATE, *v. a.* Coluaisg.

CONQUER, *v. a.* Buadhaich, ceannsaich ; cìosnaich.

CONQUERABLE, *adj.* So-cheannsachadh.

CONQUEROR, *s.* Buadhaiche.

CONQUEST, *s.* Buaidh-làrach.

CONSANGUINITY, *s.* Càirdeas, dàimh.

CONSCIENCE, *s.* Cogais, ceartas, còir.

CONSCIENTIOUS, *adj.* Cogaiseach.

CONSCIONABLE, *adj.* Ceart, reusonta.

CONSCIOUS, *adj.* Féin-fhiosrach.

CONSCIOUSLY, *ad.* Féin-fhiosrachail.

CONSCIOUSNESS, *s.* Féin-fhiosrachd.

CONSCRIPT, *v.* Sgrìobte sìos.

CONSECRATE, *v. a.* Coisrig , seun.

CONSECRATE, *adj.* Coisrigte, seunte.

CONSECRATION, *s.* Coisrigeadh, seunadh.

CONSECUTION, *s.* Leanmhainn.

CONSECUTIVE, *adj.* Leanmhainneach.

CONSEMINATE, *v. a.* Co-chuir sìol am measg a chéile.

CONSENT, *v. n.* Aontaich, géill còrd.

CONSENT, *s.* Aonta.

Consentaneous, *adj.* Freagarrach.
Consentient, *adj.* A dhaon bharail.
Consequence, *s.* Toradh, buaidh, brigh.
Consequent, *adj.* Leanmhainneach.
Consequential, *adj.* Cudthromach, mòr-bheachdail.
Consequently, *adv.* Uime sin.
Conservation, *s.* Gleidheadh, dìon.
Conservatory, *adj.* Ionad-tasgaidh.
Conserve, *v. a.* Taisg, gléidh, dìon; dean milis.
Conserve, *s.* Biadh blasta.
Consider, *v. a.* and *n.* Smuainich, beachd - smuainich, thoir fainear, sgrùd, rannsaich, cnuasaich; dìol, duaisich; cuimhnich.
Considerable, *adj.* Fiùghail, luachmhor, cudhromach.
Considerably, *ad.* Fiùghalachd.
Considerate, *adj.* Ciallach, glic.
Consideration, *s.* Smuaineachadh, beachd-smuaineachadh, toirt fainear, rannsachadh, sgrùdadh; crìonnachd, gliocas; geur-bheachd; meas, urram; luach, dìoladh; aobhar, fàth.
Consign, *v. a.* Thoir seachad.
Consignment, *s.* Toirt seachad.
Consimility, *s.* Aon-choltachd.
Consist, *v. n.* Mair, buanaich.
Consistence, Consistency, *s.* Staid, cŏr, bith; cumadh, dreach; seasmhachd, buanachd, maireannachd; co-chòrdadh.
Consistent, *adj.* Co-chòrdach, do réir.
Consistory, *s.* Ionad-ceartais 's an eaglais.
Consociate, *s.* Companach.
Consociate, *v. a.* Dlùthaich; aonaich.
Consociation, *s.* Co-chomunn.
Consolable, *adj.* So-fhurtachail.
Consolation, *s.* Sòlas, furtachd.
Consolatory, *adj.* Sòlasach, furtachail.
Console, *v. a.* Sòlasaich, furtaich.
Consoler, *s.* Co-fhurtair.
Consolidate, *v. a.* Cruadhaich.
Consolidation, *s.* Cruadhachadh.
Consonance, *s.* Co-sheirm, co-aont.
Consonant, *adj.* Co-fhreagarrach.
Consonant, *s.* Co-fhòghar.
Consonous, *adj.* Leadarra, binn.
Consort, *s.* Céile, coisir; aonachd.
Consort, *v.* Aonaich, measgaich; pòs; rach an cuideachd.
Conspicuity, *s.* Soilleireachd.
Conspicuous, *adj.* Faicsinneach, soilleir, ainmeil, cliùiteach, inbheach.
Conspiracy, *s.* Feall, foill ceannairc.
Conspirator, Conspirer, *s.* Fealltair, fear-foille, cluaintear.
Conspire, *v. a.* Suidhich, droch-bheart, dean co-fheall.

Conspurcate, *v. a.* Truaill.
Constable, *s.* Maor-sìthe.
Constableship, *s.* Maorsainneachd, sìth.
Constancy, *s.* Seasachd, neo-chaochlaidheachd, maireannachd, bunailteachd; dìlseachd.
Constant, *adj.* Seasach, daingeann, maireannach; bunailteach; dìleas.
Constellation, *s.* An grigleachan.
Consternation, *s.* Fuathas, uabhas.
Constipate, *v. a.* Tiughaich, dinn, dlùthaich, teannaich; lion suas, duin, iom-dhruid; ceangail.
Constipation, *s.* Dlùthachadh.
Constituent, *adj.* Dùileach, prìomh.
Constituent, *s.* Fear-òrduchaidh.
Constitute, *v. a.* Suidhich, tog, stéidhich; socraich.
Constitution, *s.* Suidheachadh, togail; stéidheadh, socrachadh, càileachd; aoradh; *the constitution of man,* aoradh mhic an duine.
Constitutional, *adj.* Càileachdail, freumhail; aorachail, laghail, reachdail.
Constrain, *v. a.* Co-éignich.
Constraint, *s.* Eigin, aindeoin.
Constriction, *s.* Teannachadh.
Constringe, *v. a.* Teannaich.
Constringent, *adj.* Teannachail.
Construct, *v. a.* Tog, dèan, dealbh, cùm, suidhich.
Construction, *s.* Togail, deanamh, dealbh, cumadh, suidheachadh.
Construe, *v. a.* Réitich; mìnich.
Constuprate, *v. a.* Eignich, truaill.
Consubstantial, *adj.* De'n aon bhrigh.
Consul, *s.* Ard-chomhairleach.
Consult, *v. a.* Faigh comhairle.
Consultation, *s.* Comhairle.
Consumable, *adj.* So-chaithte.
Consume, *v. a.* Searg, caith, sgrios.
Consumer, *s.* Milltear, struidhear.
Consummate, *v. a.* Foirfich, crìochnaich, co-lion.
Consummation, *s.* Foirfeachadh.
Consumption, *s.* Caitheamh, éiteach.
Consumptive, *adj.* Caithteach.
Contact, *s.* Co-bhualadh.
Contagion, *s.* Gabhaltachd, plàigh.
Contagious, *adj.* Gabhaltach.
Contain, *v. a.* Cùm; bac, ceannsaich.
Contaminate, *adj.* Truaillidh.
Contamination, *s.* Truailleadh.
Contemper, Contemperate, *v. a.* Ciùinich, maothaich.
Contemplate, *v. a.* Beachd-smuainich.
Contemplation, *s.* Dlùth-aire.
Contemplative, *adj.* Smuainteachail.

CONTEMPLATOR, s. Fear-beachdachaidh, fear smuainteachail.
CONTEMPORARY, adj. Co-aimsireil.
CONTEMPORARY, s. Co-aoiseach.
CONTEMPT, s. Tàir, tarcuis, dimeas.
CONTEMPTIBLE, adj. Tàireil, suarach.
CONTEMPTUOUS, adj. Tarcuiseach.
CONTEND, v. a. Cathaich, dean strì.
CONTENDER, s. Fear-co-strì.
CONTENT, adj. Buidheach, toilichte.
CONTENT, v. a. Toilich, riaraich.
CONTENTATION, s. Toileachas, socair.
CONTENTED, part. Riaraichte, toilichte.
CONTENTION, s. Strì, connspaid.
CONTENTIOUS, adj. Connspaideach.
CONTENTLESS, adj. Neo-thoilichte.
CONTENTMENT, s. Toileachas-inntinn.
CONTENTS, s. Clar-innse.
CONTEST, v. a. Tagair; dean strì.
CONTEST, s. Strì, cath, arabhaig.
CONTESTABLE, adj. Tagluinneach.
CONTEXT, s. Co-theagasg.
CONTEXTURE, s. Co-fhilleadh, dealbh.
CONTIGUITY, s. Fagusachd.
CONTIGUOUS, adj. Dlù do 'chéile.
CONTINENCE, or CONTINENCY, s. Féin-smachd; stuamachd; measarrachd.
CONTINENT, adj. Geamnaidh, beusach.
CONTINENT, s. Tìr-mòr, a mhòr-thìr.
CONTINENTAL, adj. Mòr-thireach.
CONTINGENT, adj. Tuiteamach.
CONTINGENT, s. Tuiteamas; cuid, còir.
CONTINUAL, adj. Sìor, daonnan.
CONTINUALLY, ad. Do ghnà, gun sgur.
CONTINUANCE, s. Mairsinneachd.
CONTINUATION, s. Buanachadh.
CONTINUE, v. a. Buanaich, mair.
CONTINUITY, s. Dlù-leanmhuinneachd.
CONTORT, v. a. Toinn, sniomn, fiar.
CONTORTION, s. Toinneamh, fiaradh.
CONTRA (Facal laidinn), An aghaidh.
CONTRABAND, adj. Mi-laghail, toirm-sgte, neo-cheadaichte.
CONTRACT, v. a. and n. Giorraich, lughdaich, teannaich, beagaich; réitich, dean ceangal pòsaidh; crup, preas; cumhnantaich.
CONTRACT, s. Cùmhnant, réiteach.
CONTRACTIBLE, adj. So-ghiorrachadh.
CONTRACTION, s. Giorrachadh.
CONTRACTOR, s. Fear-cùmhnantach-aidh.
CONTRADICT, v. a. Cuir an aghaidh.
CONTRADICTION, s. Co-àicheadh.
CONTRADICTORY, adj. Neo-chòrdail.
CONTRADISTINCTION, s. Eadar-dheal-achadh.
CONTRARIETY, s. Neo-fhreagarrachd.
CONTRARIWISE, adv. Direach an aghaidh.
CONTRARY, adj. An aghaidh.
CONTRAST, s. Eadar-dhealachadh.

CONTRAST, v. a. Cuir an aghaidh.
CONTRAVENE, v. a. Thig an aghaidh.
CONTRAVENTION, s. Cur an aghaidh.
CONTRIBUTARY, adj. Co-chìseachd.
CONTRIBUTE, v. a. Cuidich, cuir leis.
CONTRIBUTION, s. Cuideachadh, tabh-artas, tional, co-roinn; cis-airm.
CONTRITE, adj. Brùite, aithreachail.
CONTRIVANCE, s. Dealbh, dealbhadh; innleachd, suidheachadh.
CONTRIVE, v. a. Dealbh, faigh innleachd.
CONTRIVER, s. Fear-innleachd.
CONTROL, s. Smachd, ùghdarras.
CONTROL, v. a. Ceannsaich.
CONTROLLABLE, adj. So-cheannsaichte.
CONTROLLER, s. Fear-riaghlaidh.
CONTROVERSIAL, adj. Connsachail.
CONTROVERSY, s. Connspaid, strì.
CONTROVERT, v. a. Cuir an aghaidh.
CONTROVERTIBLE, adj. So-thagradh.
CONTROVERTIST, s. Fear-connspaid.
CONTUMACIOUS, adj. Ceann-laidir.
CONTUMACIOUSNESS, CONTUMACY, s. Eas-ùmhlachd, crosdachd.
CONTUMELIOUS, adj. Talcuiseach.
CONTUMELY, s. Tàir, talcuis.
CONTUSE, v. a. Brùth, pronn.
CONTUSION, s. Bruthadh, pronnadh.
CONVALESCENCE, s. Ath-shlàinte.
CONVALESCENT, adj. Ath-shlàinteach.
CONVENE, v. a. Tionail, gairm cuideachd, trus.
CONVENIENCE, s. Goireas, deisealachd.
CONVENIENT, adj. Goireasach.
CONVENT, s. Manachainn.
CONVENTICLE, s. Coinneamh dhìomhair a chum aoraidh.
CONVENTION, s. Co-chruinneachadh.
CONVENTIONAL, adj. Cùmhnantaichte.
CONVENTIONARY, adj. A réir cùmhnaint.
CONVERGE, v. n. Co-aom.
CONVERGENT, s. Co-aomach.
CONVERSABLE, adj. Fosgarach, conal-trach, còmhraiteach.
CONVERSANT, adj. Fiosrach, mion-eòlach.
CONVERSATION, s. Còmhradh.
CONVERSE, v. n. Labhair, dean seanachas.
CONVERSION, s. Iompachadh.
CONVERT, v. a. Iompaich; bi air t'iompachadh.
CONVERT, s. Iompachan.
CONVERTIBLE, adj. So-thionndadh.
CONVEX, adj. Cruinn, dronnach.
CONVEXITY, s. Dronnachd.
CONVEY, v. a. Giùlain, iomchair.
CONVEYANCE, s. Seòl-iomchair; còir sgrìobhte, riaghladh diamhair.
CONVEYANCER, s. Sgrìobhadair chòr-aichean.
CONVEYER, s. Fear-giùlain, fear-iomachair.

CONVICT, *v. a.* Còmhdaich, dìt.
CONVICT, *s.* Ciontach.
CONVICTION, *s.* Dearbhadh, dìteadh.
CONVICTIVE, *adj.* A dhearbhas.
CONVINCE, *v. a.* Dearbh.
CONVINCIBLE, *adj.* So-dhearbhaidh.
CONVIVIAL, *adj.* Fleadhach.
CONUNDRUM, *s.* Toimhseachan.
CONVOCATE, *v. a.* Co-chruinnich.
CONVOCATION, *s.* Co-chruinneachadh.
CONVOLVE, *v. a.* Co-fhill, co-thoinn.
CONVOLUTION, *s.* Co-fhilleadh.
CONVOY, *v. a.* Dìon air turas.
CONVULSE, *v. a.* Grad-chlisg.
CONVULSION, *s.* An tinneas ospagach.
CONVULSIVE, *adj.* Grad-chlisgeach, buaireasach, creathneachail.
CONY, *s.* Coinean.
COO, *v. n* Dean dùrdail mar chalaman.
COOK, *s.* Còcaire, fear-deasachaidh.
COOK, *v. a.* Deasaich, bruich.
COOKERY, *s.* Còcaireachd, deasachadh.
COOL, *adj.* Fionnar; fuar, amhaidh.
COOL, *v. a.* Fuaraich, fionnaraich.
COOLNESS, *s.* Fionnarachd.
COOM, *s.* Sùidhe; blonag-rotha.
COOMB, *s.* Tomhas cheithir cheithreamh.
COOP, *s.* Baraille; eunlan.
COOP, *v. a.* Dùin suas.
COOPER, *s.* Cùbair.
CO-OPERATE, *v. n.* Co-oibrich.
CO-OPERATION, *s.* Co-oibreachadh.
CO-ORDINATE, *adj.* Co-inbheach,
COOT, *s.* An dù-lach.
COP, *s.* Ceann, mullach, bàrr.
COPARCENARY, COPARCENY, *s.* Co-oighreachas, co-phairteachas.
COPARTNER, *s.* Fear-comhpairt.
COPARTNERSHIP, *s.* Combanas.
COPE, *s.* Currac-sagairt; sreath-mhullaich, no clach-mhullaich.
COPE, *v. a.* Connsaich.
COPIER, COPYIST, *s.* Fear ath-sgrìobhaidh.
COPING, *s.* Sreath-mhullaich-balla.
COPIOUS, *adj.* Làn, pailt, lionmhor.
COPIOUSNESS, *s.* Pailteas.
COPPER, *s.* Copar.
COPPER-PLATE, *s.* Clò-chlàr copair.
COPPERAS, *s.* Copar dubhaidh.
COPPERSMITH, *s.* Ceàrd-copair.
COPPICE, COPS, *s.* Preas-choille.
COPULATE, *v. a.* Càraidich.
COPULATION, *s.* Càraideachadh, maraist.
COPY, *s.* Leth-bhreac, mac-samhail.
COPY, *v. a.* Ath-sgrìobh.
COQUETRY, *s.* Guaineas, gogaideachd.
COQUETTE, *s.* Gogaid, guanag.
CORAL, *s.* Croimheal.
CORALLINE, *adj.* Croimhealach.
CORANT, *s.* Damhsa-clis.
CORBAN, *s.* Aite-gleidhidh dhéirc.

CORD, *s.* Còrd, sreang, ball, ròp.
CORDAGE, *s.* Buill, acuinn-luinge.
CORDIAL, *s.* Deoch-eiridinn.
CORDIAL, *adj.* Eiridneach, càirdeal.
CORDIALITY, *s.* Blàth-ghradh, catharanas.
CORDOVAN, CORDWAIN, *s.* Leathar eich.
CORE, *s.* Cridhe, buisgean.
CORIANDER, *s.* Lus-a'choire.
CORK, *s.* Àrc, àrcan.
CORKY, *adj.* Àrcach, àrcanach.
CORMORANT, *s.* Sgarbh.
CORN, *s.* Gràn, sìol; arbhar.
CORNCHANDLER, *s.* Grainsear.
CORN-MARIGOLD, *s.* A' bhuidheag-shamhraidh.
CORNELIAN, *s.* Clach luachmhor.
CORNEOUS, *adj.* Adharcach.
CORNER, *s.* Oisinn, cearn; cùil.
CORNET, *s.* Dùdach; fear brataich eachraidh.
CORNETER, *s.* Dùdaire.
CORNICE, *s.* Bàrr-mhaise, barr-bhile
CORNICLE, *s.* Adharcag, sgrogag.
CORNIGEROUS, *adj.* Cròcach.
CORNUCOPIA, *s.* Adharc-shaibhreis.
COROLLARY, *s.* Co-dhùnadh.
CORONATION, *s.* Crunadh.
CORONER, *s.* Breitheamh mòid.
CORONET, *s.* Ridir-chrùn.
CORPORAL, *s.* Corpaileir.
CORPORALITY, *s.* Corporrachd.
CORPORATE, *adj.* Aonaichte.
CORPORATION, *s.* Comunn.
CORPOREAL, CORPORAL, *adj.* Corporra.
CORPS, *s.* Buidheann airm.
CORPSE, *s.* Corp marbh.
CORPULENCE, *s.* Sultmhorachd.
CORPULENT, *adj.* Dòmhail.
CORPUSCLE, *s.* Dùradan smùirnean.
CORPUSCULAR, *adj.* Smùirneanach.
CORRADE, *v. a.* Suath, sgrìob r'a chéile.
CORRADIATION, *s.* Co-dhealradh.
CORRECT, *v. a.* Smachdaich, cronaich; ceartaich.
CORRECT, *adj.* Ceart, poncail.
CORRECTION, *s.* Smachdachadh, cronachadh, ceartachadh.
CORRECTIVE, *adj.* Ceartachail.
CORRECTNESS, *s.* Ceartachd, eagarachd, pongalachd, snasmhorachd.
CORRELATE, *v. a.* Co-charaid.
CORRELATIVE, *adj.* Co-dhàimheach.
CORRESPOND, *v. n.* Co-fhreagair, co-sgrìobh litrichean.
CORRESPONDENCE, *s.* Co-fhreagradh ; co-sgrìobhadh litrichean ; caidreamh, càirdeas, co-chomunn.
CORRESPONDENT, *adj.* Co-fhreagarrach.
CORRESPONDENT, *s.* Co-sgrìobhair.
CORRIGIBLE, *adj.* So-chronachadh.
CORROBORANT, *dj.* Co-neartachail.
CORROBORATE, *v. a.* Co-neartaich.

CORROBORATION, *s.* Co-dhearbhadh.
CORRODE, *v. a.* Cnàmh, caith, meirgnich.
CORRODENT, *adj.* Cnàimhteach.
CORROSIBLE, *adj.* So-chnàimhteach.
CORROSION, *s.* Cnàmh, meirgneadh.
CORROSIVE, *adj.* Cnàimhteach.
CORROSIVENESS, *s.* Cnàimhteachd.
CORRUGANT, *adj.* Preasach.
CORRUGATION, *s.* Preasadh, casadh.
CORRUPT, *v.* Grod, lobh, dean breun; truaill, salaich, mill, lochdaich, doch-unn; breòth, breun.
CORRUPT, *adj.* Truaillidh, salach, olc.
CORRUPTER, *s.* Truailleadair.
CORRUPTIBLE, *adj.* So-thruaillidh.
CORRUPTION, *s.* Truailleachd.
CORRUPTIVE, *adj.* Lobhtach, breothach.
CORRUPTNESS, *s.* Truailleadh.
CÒRSAIR, *s.* Long-spùinnidh.
CORSE, *s.* Corp, cairbh, closach.
CORSLET, or CORSLET, *s.* Uchd-éideadh.
CORTICAL, *adj.* Cairtidh, sgrothach.
CORUSCANT, *adj.* Deàlrach, lainnreach.
CORUSCATION, *s.* Deàlradh, deàrsadh.
CORYMBIATED, *adj.* Bagaideach.
COSMETIC, *s.* Cungaidh mhaise.
COSMOGONY, *s.* Cé-chruthachadh.
COSMOGRAPHER, *s.* Cé-sgrìobhair.
COSMOGRAPHY, *s.* Cé-sgrìobhadh.
COSMOPOLITE, *s.* Faodalaich.
COSSET, *s.* Uan-pheat, peat uain.
COST, *s.* Luach, fiach, cosgais.
COSTAL, *adj.* Aisinneach.
COSTARD, *s.* Ceann, cnuac; ubhall.
COSTIVE, *adj.* Ceangailte, teann; dùinte.
COSTLINESS, *s.* Cosgas, stròdhalachd.
COSTLY, *adj.* Cosgail, daor, strùidheil.
COSTUME, *s.* Aodach-suaicheanta.
COT, COTTAGE, *s.* Bothan.
COTEMPORARY, *adj.* Co-aimsireil.
COTERIE, *s.* Bannal, cuideachd, coisir.
COTQUEAN, *s.* Fear cailleachail.
COTTAGER, *s.* Coitear, croitear.
COTTILION, *s.* Damhsa Fràngach.
COTTON, *s.* Canach, aodach canaich.
COUCH, *v.* Càirich, cuir a laidhe; cuir air lagh; crùb, crom, dean laidhe.
COUCH, *s.* Leabaidh; uraigh-làir.
COUCHANT, *adj.* Sìnte, 'na laidhe.
COUCH-GRASS, *s.* Feur-a'-phuint.
COVE, *s.* Bàgh, lùb, camus; uamh, dìon.
COVENANT, *s.* Co-cheangal, cùmhnant.
COVENANT, *v. a.* Cùmhnantaich, daing-nich, co-cheangail.
COVENANTER, *s.* Cùmhnantach.
COVER, *v. a* Còmhdaich; falach, ceil.
COVER, *s.* Còmhdach; falach, brat, sgàil.
COVERING, *s.* Còmhdach, aodach.
COVERLET, COVERLID, *s.* Brat-uachdair.
COVERT, *s.* Dìdean, ionad-falaich, dìon, fasgadh; doire, badan-dlù.
COVERT, *adj.* Falaichte, dìonmhan

COVERTNESS, *s.* Dìomhaireachd.
COVET, *v. a.* Sanntaich, miannaich.
COVETABLE, *adj.* Ion-mhiannaichte.
COVETOUS, *adj.* Sanntach.
COVEY, *s.* Mathair-ghuir le 'h-àlach.
COUGH, *s.* Casad, casadaich.
COULTER, *s.* Coltar, sgoiltear.
COUNCIL, *s.* Co-chomhairle; chomhairle, seòladh, earail, luchd-tagraidh.
COUNSEL, *v. a.* Comhairlich, earalaich.
COUNSELLOR, *s.* Comhairleach-lagha.
COUNT, *v. a.* Aireamh, cunntas.
COUNTENANCE, *s.* Gnùis, aghaidh, aodann, fiamh, dreach, snuadh; dìon tearmunn, dìdeann.
COUNTENANCE, *v. a.* Dìon, seas.
COUNTER, *s.* Clàr-malairt.
COUNTER, *adv.* Càlg-dhìreach, an aghaidh, dìreach an aghaidh.
COUNTERACT, *v. a.* Grab, bac-amail.
COUNTERBALANCE, *v. a.* Co-cho-thromaich.
COUNTERCHANGE, *s.* Co-mhalairt.
COUNTER-EVIDENCE, *s.* Ath-fhianais.
COUNTERFEIT, *adj.* Mealltach.
COUNTERFEIT, *s.* Feall-chùinneadh.
COUNTERMAND, *v. a.* Ath-òrduich.
COUNTERMARCH, *v. n.* Ais-imich.
COUNTERMOTION, *s.* Ath-ghluasad.
COUNTERPANE, *s.* Brat-uachdair leapa.
COUNTERPART, *s.* Leth-bhreach.
COUNTERPLOT, *s.* As-innleachd.
COUNTERPOISE, *v. a.* Co-chothromaich.
COUNTERTIDE, *s.* Saobh-shruth.
COUNTESS, *s.* Ban-iarla.
COUNTLESS, *adj.* Do-àireamh.
COUNTRY, *s.* Dùthaich, tìr.
COUNTRYMAN, *s.* Fear-dùthcha.
COUNTY, *s.* Siorramachd.
COUPLE, *s.* Càraid, dithis.
COUPLE, *v.* Càraidich.
COUPLET, *s.* Ceathramh, càraid rann.
COURAGE, *s.* Misneach, cruadal.
COURAGEOUS, *adj.* Misneachail.
COURAGEOUSNESS, *s.* Misneachd.
COURIER, *s.* Teachdair, gille-ruith.
COURSE, *s.* Slighe, coliong; ionad-iomchar, giùlan, caithe-beatha, seòl, gnàthas, gnà; riaghailt.
COURSE, *v. a.* Ruag, lorgaich, lean.
COURT, *s.* Cùirt, lùchairt, lios; taigh-mòid; mòd; miodal, sodal.
COURT, *v. a.* Dean suiridhe.
COURTEOUS, *adj.* Cùirteil, aoidheil, suairce, caoimhneil.
COURTEOUSNESS, *s.* Cùirtealachd, aoidh-ealachd, suairceas, caoimhnealachd.
COURTESAN, *s.* Strìopach, siùrsaich.
COURTESY, *s.* Modhalachd, modh.
COURTIER, *s.* Cùirtear; suiridheach.
COURTLINESS, *s.* Cùirtealachd; cuirleis.
COURTLY, *adj.* Cùirteil, cuirteiseach.

COURTSHIP, s. Suiridhe, leannanachd.
COUSIN, s. Co-ogha.
COW, s. Bò, mart; v. eagalaich.
COWARD, s. Cladhaire, gealtaire.
COWARDICE, s. Cladhaireachd, geilt.
COWARDLY, adj. Gealtach, eagalach.
COWER, v. n. Crùb, dean crùban.
COWHERD, s. Buachaille.
COWL, s. Currac-manaich, cuinneag-uisg.
COWLED, adj. Curraiceach, boineideach.
COWSLIP, s. Bròg-na-cuthaig.
COXCOMB, s. Cìrean; sgeamhanach.
COXCOMICAL, adj. Proiseil.
COY, adj. Nàrach, màlda, beusach; sàmhach, saidealt.
COYNESS, s. Saidealtas, màldachd.
COZEN, v. a. Meall, thoir an car á.
COZENAGE, s. Ceilg, foill.
COZENER, s. Cealgair, mealltair.
CRAB, s. Partan, duine dreamach.
CRABBED, adj. Dreamach, dranndanach, frionasach, cas.
CRABBEDLY, ad. Dreamasach, dranndanachd, frionasachd, caiseachd.
CRACK, s. Sgàineadh, brag, bristeadh.
CRACK, v. a. Sgoilt, sgàin; spreadh.
CRACK-BRAINED, adj. Mi-chéillidh.
CRACKER, s. Fear-spaglainn.
CRACKLE, v. n. Dean cnacail, cnac.
CRADLE, s. Creathall, lunn bàta.
CRAFT, s. Ceàird, innleachd, seòltachd, teòmachd; loingeas beaga.
CRAFTINESS, s. Cluaintearachd, foill.
CRAFTSMAN, s. Fear-cèirde.
CRAFTY, adj. Carach, fealltach.
CRAG, s. Creag, sgòrr sgeir.
CRAGGED, CRAGGY, adj. Creagach.
CRAM, v. a. Dinn, glaimsich.
CRAMBO, s. Rann-chòmhradh, rannachd, duanaireachd.
CRAMP, s. Iodha; glamaire-teannachaidh, inneal-dlùthaidh.
CRAMP, v. a. Bac, grab, ceangail.
CRANE, s. Còrra-sgriach, corra-ghlas, corra-riabhach; inneal-togail; piobtharruinn.
CRANIUM, s. Claigeann, cnuac.
CRANK, s. Crangaid; fiar-char, fiaradh.
CRANK, adj. Corrach, guanach.
CRANKLE, v. a. Lùb, eam, fiar.
CRANNIED, adj. Tolltach, sgàinteach.
CRANNY, s. Gàg, sgàineadh, cùil, peisg.
CRAPE, s. Sròl-duth dù-shròl.
CRAPULENCE, s. Amh-dheoch, no tinn-eas-poit.
CRASH, s. Stairn, stairirich.
CRATCH, s. Prasach, mainnir.
CRAVAT, s. Suaineach-muineil.
CRAVE, v. a. Iarr, tagair; guidh.
CRAVEN, s. Fùidsidh, gealtaire.
CRAVING, s. Miann, miannachadh.

CRAW, s. Sgroban, goile, giaban.
CRAWFISH, CRAYFISH, s. Giomachuisge.
CRAWL, v. a. Crùb, snàig.
CRAZE, v. a. Bris, cuir air mi-chéill.
CRAZINESS, s. Breòiteachd; mi-chéill.
CRAZY, adj. Lag, breòite; méaranta,
CREAK, v. n, Sgread, dìosgain.
CREAM, s. Uachdar, bàrr.
CREAM-FACED, adj. Bàn-neulach.
CREAMY, adj. Uachdarach, barragach.
CREASE, s. Filleadh, preasag.
CREATE, v. a. Cruthaich, dean dealbh.
CREATION, s. An Cruthachadh, a' chruitheachd.
CREATIVE, adj. Cruthachail.
CREATOR, s. Cruthadair; Cruithear.
CREATURE, s. Creutair, cré, dùil, bith.
CREDENCE, s. Creideas, meas.
CREDENDA, s. Pongan-creidimh.
CREDENT, adj. Creideach.
CREDENTIALS, s. Litrichean, teisteis.
CREDIBILITY, CREDIBLENESS, s. Creideas, teistealachd.
CREDIBLE, adj. Creideasach.
CREDIT, s. Creideas; cliù, meas.
CREDIT, v. a. Creid; thoir dàil.
CREDITABLE, adj. Teisteil; measail.
CREDITOR, s. Fear-féich.
CREDULITY, s. Baoghaltachd.
CREDULOUS, adj. Baoghhalta.
CREED, s. Creud, aidmheil, creideamh.
CREEK, s. Bàgh, geodha, camus, cùil.
CREEP, v. a. Snaig, crùb, dean magaran, fabh air do mhàgan.
CREEPER, s. An iath-shlat.
CRESCENT, s. Leth-chearcall.
CRESS, s. Biolair an fhuarain.
CRESSET, s. Crann-tàra, gath-solais.
CREST, s. Ite-mullaich, bad-mullaich.
CRESTED, adj. Dosach, cìreanach.
CREST-FALLEN, adj. Fo thùrsa, fo sproc, fo leann-dubh.
CRETACEOUS, a'/j. Cailceach.
CREVICE, s. Sgoltadh, sgàineadh, còs.
CREW, s. Sgioba bàta no luinge, gràisg, pàbar.
CRIB, s. Prasach; bothan, crùban.
CRIB, v. a. Goid, dùin suas, fàngaich.
CRIBLE, s. Criathar.
CRIBRATION, s. Criathradh.
CRICK, s. Glosgan; tinneas-miunneil.
CRICKET, s. Greollan, cuileag-theall-aich.
CRIER, s. Fear-éigheachd.
CRIME, s. Ceannairce, eucoir, coire, cron, cionta, lochd.
CRIMINAL, CRIMINIOUS, adj. Coireach, ciontach, eucorach.
CRIMINAL, s. Ceannairceach, fear do-bheirt, ciontach.
CRIMELESS. adj. Neo-chiontach.

CRIMINATION, s. Coireachadh, dìteadh.
CRIMINATORY, adj. Coireachail.
CRIMP, v. a. Cas, preas, dualaich.
CRIMSON, adj. Craobh-dhearg.
CRINGE, s. Crùbadh, strìochdadh tràilleil, bochd-ùmhladh.
CRINGE, v. a. Crùb, strìochd.
CRINKLE, s. Preasag, preasadh, crupadh.
CRIPPLE, s. Bacach, crùbach, cripleach.
CRISIS, s. Cunnart, faothachadh.
CRISP, CRISPY, adj. Cas, bachlagach, cuachach, brisg, pronn,
CRISPATION, s. Toinneamh, dualadh, cuachadh, preasadh.
CRISPNESS, CRISPITUDE, s. Caise, caisead, preasachd, cuachagachd, brisgead.
CRITERION, s. Comharradh, dearbhadh.
CRITIC, s. Breitheamh, tiolpaire.
CRITICAL, adj. Eagnaidh, poncail, teannbhreitheach, tiolpach ; cunnartach.
CRITICISE, v. a. Geur-bhreithnich.
CRITICISM, CRITIQUE, s. Geur-bhreithneachadh, geur-rannsachadh, mionsgrùdadh.
CROAK, v. n. Ròc, dean ròcail.
CROCK, s. Soitheach-creadha, crogan.
CROCODILE, s. An lonach-sligeach.
CROCKERY, s. Gach seorsa soithichean creadha.
CRONY, s. Caraid fear cagair.
CROOK, s. Cromag ; camag cròcan, dubhan, lùb.
CROOK, v. a. Crom, cam, lùb ; aom.
CROOKED, adj. Cam, crom, fiar, cròcanach, lùbach ; crosta.
CROOKEDNESS, s. Caime, cruime, fiarachd, lùbachd, aingeachd, crosdachd.
CROP, s. Sgròban eoin ; mullach ; bàrr, arbhar.
CROP, v. a. Bearr, gearr, buain, lomair.
CROPFULL, adj. Làn sgriòbain, sàthaichte.
CROSIER, s. Cromag-an-aithreachais ; bachull-easbuig.
CROSLET, s. Croiseag ; suacan.
CROSS, s. Cràsg, crois, crann-ceusaidh.
CROSS, adj. Tarsuinn ; fiar, cam, trasda ; deacair, doirbh, àmhgharach ; aingidh, crosta ; frionasach ; mishealbhach, tuaitheal.
CROSS, v. a. Cuir tarsainn ; seun ; coisrig rach thairis.
CROSS-EXAMINE. v. a. Ath-cheasnaich.
CROSSBOW, s. Bogha saigheid.
CROSS-GRAINED, adj. Gearr-ghraineach, craindidh, crosta.
CROSSNESS, s. Crasgachd ; reasgachd.
CROTCH, s. Gobhal, cromag, dubhan, bacan.
CROTCHET, s. An comharradh [so].

CROUCH, v. n. Lùb, crom, crùb ri làr ; dean miodal.
CROUP, s. Breaman, rumpull ; dronn.
CROW, s. Feannag ; geimhleag ; gairm-coilich
CROWD, s. Dòmblachd, gràisg.
CROWD, v. a. Dòmhlaich, mùch ; teann-aich, dinn.
CROWN, s. Coron, crùn ; fleasg ; mullach a' chinn, bàrr ; bonn chùig tasdan.
CROWN, v. a. Crùn ; sgeadaich, maisich ; crìochnaich.
CRUCIAL, adj. Crasgach, tarsainn, trasta, fiar.
CRUCIBLE, s. Suacan, poit-leaghaidh.
CRUCIFIX. s. Crois-sheunaidh.
CRUCIFIXION, s. Ceusadh.
CRUCIFORM, adj. Crasgach, tarsainn.
CRUCIFY, v. a. Ceus, croch ri cram.
CRUDE, CRUDY, adj. Amh, anabaich.
CRUDENESS, CRUDITY, s. Neo-mheirbh-teachd, an-abaichead.
CRUEL, adj. An-iochdmhor, cruaidh-chridheach, borb, garg, fuilteach, neo-thruacanta, aingidh, mi-thlùsail.
CRUELTY, s. An-iochdmhorachd.
CRUET, s. Searrag bheag, olla.
CRUISE, v. n. Dean tòireachd mara.
CRUISER, s. Long-thòireachd.
CRUM, s. Mìr, pronnag, criomag, bideag, sprùileag.
CRUMBS, plur. Spruileach, fuigheal.
CRUMBLE, v. a. Pronn, criom ; bris.
CRUMMY, adj. Pronnagach.
CRUPPER, s. Cuirpean, bod-chrann, beairt-dheiridh eich.
CRURAL, adj. Luirgneach, cosach.
CRUSADE, CROISADE, s. Cogadh-na-croise.
CRUSH, v. a. Brùth, faisg, pronn, teann-aich ; ceannsaich, sàraich.
CRUSH, s. Bruthadh, pronnadh, mùch-adh, dinneadh, teannachadh.
CRUST, s. Slige, sgrath, rùsg, cochull.
CRUSTACEOUS, adj. Alt-shligeach.
CRUSTY, adj. Sligeach ; dranndanach.
CRUTCH, s. Lorg, treòsdan, crasg, cuaille, bata-laimhe.
CRY, v. a. Glaodh, éigh, gairm ; guil.
CRY, s. Eigh, iolach, beuc, ràn ; gul.
CRYPTICAL, adj. Còsach, uaigheach.
CRYSTAL, s. Criostal, glaine-shòilleir.
CUB, s. Cuilean, isean.
CUBATION, s. Suidhe, laidhe sìos.
CUBE, s, Ceithir-chearnag.
CUBIC, CUBICAL, adj. Ceithir-chearn-ach, ceithir-oisinneach.
CUBIT, s. Làmh-choille.
CUBITAL, adj. Làmh-choilleach.
CUCKOLD, s. Fear ban-adhaltraiche
CUCKOLD, v. a. Dean adhaltras.
CUCKOLDY, adj. Truagh, dìblidh.

CUCKOO, s. Cuach, cuthag.
CUCUMBER, s. Cular.
CUD, s. Cìr. ["A chnàmhas a chìr." Bible.]
CUDDLE, v. n. Laidh sìos, laidh ri làr.
CUDDY, s. Baothaire, balaoch.
CUDGEL, s. Bata, cuaille, rongas.
CUDGEL, v. a. Buail le bata, slac.
CUDWEED, s. An cnàmh-lus.
CUE, s. Dronn, feaman, rumpull,roinns, earball, deireadh ; sanas.
CUFF, s. Dòrn, cnap, bun-dùirn.
CUIRASS, s. Uchd-éideadh, uchd-bheart.
CUIRASSIER, s. Saighdear armaichte.
CUISH, s. Leas-bheart, leás-dhion.
CULDEES, s. Cùildich, coilltich.
CULLENDER, s. Liolachan.
CULLY, s. Suiridheach socharach.
CULM, s. Seòrsa do ghual min.
CULPABLE, adj. Ciontach, coireach.
CULPRIT, s. Ciontach, coireach.
CULTIVATE, v. a. Leasaich, àitich, treabh, thoir a steach.
CULTIVATION, s. Àiteach, treabhadh, leasachadh ; ionnsachadh.
CULTURE, s. Treabhadh, leasachadh.
CULVER, s. An smùdan.
CULVERIN, s. Gunna fada, cuilbheir.
CUMBER, v. a. Tromaich, cuir maille.
CUMBERSOME, adj. Trom, draghail.
CUMBRANCE, s. Uallach, dragh.
CUMBROUS, adj. Trom, Sgì, sàrachail.
CUMIN, s. Lus-Mhic-Chuimein.
CUMULATE, v. a. Tòrr, càrn, cruach.
CUMULATION, s. Càrnadh, tòrradh.
CUNEAL, CUNEIFORM, adj. Geinneach.
CUNNING, adj. Seòlta, sgileil ; carach, cluainteach, sligheach, cealgach.
CUNNING, CUNNINGNESS, s. Seòltachd, gliocas ; cuilbheartachd, cluaintearachd, cealgaireachd, caraireachd.
CUP, s. Cupan, copan, còrn, cuach.
CUPBEARER, s. Gille-cupain.
CUPBOARD, s. Còrn-chlar.
CUPIDITY, s. Ana-mhiann, sannt.
CUPOLA, s. Cruinn-mhullach.
CUR, s. Madadh, cù, duine dreamach.
CURABLE, adj. So-leigheas.
CURACY, s. Frith-mhinistearachd.
CURATE, s. Frith-mhinistear.
CURB, s. Camagan sréine, cabstar ; bacadh, grabadh, éis.
CURB, v. a. Ceannsaich, bac.
CURD, s. Gruth, slamban.
CURD, CURDLE, v. a. Binndich.
CURE, s. Leigheas, cungaidh-leighis.
CURE, v. a. Leighis, slànaich ; sàill.
CURELESS, adj. Do–leigheas.
CURFEW, s. Clag-smàlaidh.
CURIOSITY, s. Neònachas, ioghnadh.
CURIOUS, adj. Iongantach, neònach.
CURL, adj. Cutach, gearr.

CURL, s. Dual, bachlag, cam-lub.
CURL, v. a. Bachlaich, cas, dualaich.
CURLED, adj. Bachlach, dualach.
CURLEW, s. Guilbneach.
CURMUDGEON, s. Spìocaire.
CURRANT, s. Dearcag-fhrangach.
CURRENCY, s. Sgaoileadh, ruith ; ruith-chainnt, deas-bhriatharachd ; airg-ead-bainne.
CURRENT, adj. Iom-ruitheach ; measail, coitcheann ; gnàthaichte.
CURRENT, s. Buinne, cas-shruth.
CURRICLE, s. Carbad dà-rotha.
CURRIER, s. Fear-gréidhidh leathair.
CURRISH, adj. Sabaideach, mosach.
CURRYCOMB, s. Cìr-eich, càrd-eich.
CURSE, v. a. Mallaich, mionnaich.
CURSE, s. Mallachd, droch guidhe.
CURSED, adj. Mallaichte, aingidh.
CURSORINESS, s. Prabadh-thairis.
CURSORY, adj. Luath, neo-chùramach.
CURTAIL, v. a. Giòrraich.
CURTAIN, s. Cùirtein, brat-sgàile.
CURVATION, s. Cromadh, camadh.
CURVATURE, s. Cruime, caime, lùb.
CURVE, v. a. Crom, cam, fiar, lùb.
CURVET, v. a. Leum, gearr, sùrdag.
CURVET, s. Leum, cruinn-leum, sùrdag.
CURVILINEAR, adj. Cam·sgrìobach.
CUSHION, s. Sàsag, pillean.
CUSP, s. Adharc na gealaich' ùir.
CUSPATED, CUSPIDATED, adj. Rinneach.
CUSPIDATE, v. a. Geuraich, bioraich.
CUSTARD, s. Ubhagan, uibheagan
CUSTODY, s. An làimh ; cùram.
CUSTOM, s. Àbhaist ; gnàthachadh, modh, gnàths ; cuspunn.
CUSTOMARY, CUSTOMABLE, adj. Àbhaist-each, gnathach, gnàthachail.
CUSTOMER, s. Gnà-cheannaiche.
CUSTOMHOUSE, s. Taigh–cuspuinn.
CUT, v. a. Gearr ; sgath, sgud, bèarr.
CUT, s. Gearradh, sgathadh ; leòn ; mìr, dealbh, cumadh.
CUTANEOUS, adj. Craicneach.
CUTICLE, s. Craicionn-uachdrach.
CUTLASS, s. Claidheamh-cutach.
CUTLER, s. Gobha-lann.
CUTLERY, s. Lannan staillinn.
CUT-THROAT, s. Mortair.
CUTTING, s. Mìr, sliseag ; gearradh.
CUTTLE, s. Fear-tuaileis, draosdaire.
CYCLE, s. Cuairt, ré mìos.
CYGNET, s. Eala òg, isean eala.
CYLINDER, s. Rothlair, rothair.
CYLINDRICAL, adj. Cruinn-fhada.
CYMAR, s. Falluinn, sgàilean.
CYMBAL, s. Tiompan.
CYNIC, CYNICAL, adj. Dranndanach, sgaiteach.
CYNOSURE, s. Reull nah-àirde tuath.
CYPRESS, s. Craobh-bhròin.

CYST, *s.* Balgan-iongrach.
CZAR, *s.* Ainm iompaire Ruisia.
CZARINA, *s.* Ainm ban-iompaire Ruisia.

D

D, *s.* Ceathramh litir na h-aibidil.
DAB, *v. a.* Frith-bhuail, dean ballach le uisge.
DAB, *s.* Seòrsa liabaig, meall, pluc, buille, fear ceàirde.
DABBLE, *v. a.* Luidir, taisich, crath thairis le uisge.
DABBLER, *s.* Greoigean, fear gun sgil.
DACE, *s.* Seòrs do dh'iasg abhna.
DAFFODIL, DAFFODILLY, *s.* Lŭs-a-chrom-chinn.
DAGGER, *s.* Cuinnsear; sgian mhor.
DAGGLE, *v. a.* Eabair, luidir, fliuch.
DAGGLETAIL, *adj.* Salach, luidirte.
DAILY, *adv.* Gach là, gu lathail.
DAINTY, *adj.* Blasda, taitneach, milis, sòghmhor; grinn, finealta, muirneach, moiteil, modhail; min, ciatach.
DAIRY, *s.* Taigh-bainne; bothan-àiridh.
DAISIED, *adj.* Nòineanach; neòinean-ach.
DAIRYMAID, *s.* Banarach, banachaig.
DAISY, *s.* Nòinean, neòinean.
DALE, *s.* Dail, gleann, glac.
DALLIANCE, *s.* Beadradh, sùgradh, dàil.
DALLOP, *s.* Fàilean, tòrr, dùn.
DAM, *s.* Màthair-chuaine, tuil-dhoras.
DAMAGE, *s.* Dolaidh, beud, dochann, cron; luach calla.
DAMAGE, *v. a.* Dochainn, mill.
DAMAGEABLE, *s.* So-mhilleadh; cron-ail, ciùrrail.
DAMASK, *s.* Anart-geug-ghréiste.
DAME, *s.* Baintighearna, bean-taighe.
DAMN, *v. a.* Dìt gu peanas sìorruidh, mallaich; dìt.
DAMNABLE, *adj.* Mallaichte, sgriosach.
DAMNATION, *s.* Dìteadh sìorruidh.
DAMNED, *adj.* Damainte, mallaichte.
DAMNIFY, *v. a.* Dochainn, mill.
DAMP, *adj.* Tais, àitidh, fliuch, bog.
DAMP, *v. a.* Taisich, fliuch, bogaich.
DAMSEL, *s.* Cailin; maighdean, gruag-ach, ainir, finne, ribhinn.
DANCE, *v. n.* Dàmhsadh.
DANCING, *s.* Dàmhsa.
DANDELION, *s.* Am beàrnan-brìde.
DANDLE, *v. a.* Siùd, crath, caidrich cniadaich, tàthlaidh breug.
DANDRUFF, *s.* Carr, sgailc-mhullaich.
DANEWORT, *s.* Fliogh-a'-bhalla.

DANGER, *s.* Cunnart, baoghal, gàbhadh.
DANGERLESS, *adj.* Neo-chunnartach.
DANGEROUS, *adj.* Cunnartach.
DANGLE, *v. n.* Crath mar chluigean, bi co-bhogadan.
DANGLER, *s.* Gille-bhan, sliomair.
DANK, *adj.* Àitidh, tungaidh, bog.
DAPPER, *adj.* Beag, lurach, guamach.
DAPPERLING, *s.* Luspardan, duairc.
DAPPLE, *adj.* Balla-bhreac.
DARE, *v. a.* Dùlanaich, thoir dùlan.
DARING, *adj.* Dàna, dalma, ladorna, neo-sgàthach.
DARK, *adj.* Dorch, doilleir; dubh.
DARKEN, *v. a.* Dorchaich, doilleirich.
DARKNESS, *s.* Dorchadas, duibhre.
DARKSOME, *adj.* Doilleir, dubharach.
DARLING, *s.* Annsachd, luaidh, mùir-ninn.
DARLING, *adj.* Gaolach, gràdhach.
DARN, or DEARN, *v. a.* Cnòdaich, càir-ich.
DARNEL, *s.* Dithein, bùidheag.
DART, *s.* Gath, guin, gàinne.
DASH, *v. a.* and *n.* Buail air, tilg le neart, spealg, brist, pronn, spealt, spairt, taom, coimeasg, truaill; nàr-aich.
DASH, *s.* Buille, tilgeil; dubh-sgriach.
DASTARD, *s.* Cladhaire, gealtaire.
DASTARDLY, *adj.* Cladhaireach, gealt-ach, fiamhach, eagalach.
DATA, *s.* Fìrinnean suidhichte.
DATE, *s.* Àm, an latha de'n mhìos.
DATE, *v. a.* Comharraich àm.
DATELESS, *adj.* Gun àm ainmichte.
DATIVE, *adj.* Tabhartach.
DAUB, *v. a.* Smeur, buaichd, slìob.
DAUBER, *s.* Sgleogaire.
DAUGHTER, *s.* Nighean, inghean.
DAUNT, *v. a.* Geiltich, mi-mhisnich.
DAUNTLESS, *adj.* Neo-sgàthach.
DAW, *s.* An t-eun do'n ainm, a' chadhag.
DAWN, *s.* Camhanaich, briseadh na fàire, glasadh an latha.
DAY, *s.* Latha. [Poetically, "Là, and lò."]
DAY-BOOK, *s.* Leabhar-lathail.
DAY-BREAK, *s.* Briseadh na fàire.
DAY-LIGHT, *s.* Solus an latha.
DAY-STAR, *s.* Reull na maidne.
DAZZLE, *v. a.* Deàrs, deàrsaich, soill-sich, boillsgich.
DEACON, *s.* Foirfeach.
DEACONRY, *s.* Dreuchd foirfich.
DEAD, *adj.* Marbh, trom. [*The dead,* Na mairbh.]
DEADEN, *v. a.* Marbh, lagaich, fannaich.
DEADLY, *adj.* Marbhtach, bàsmhor.
DEADNESS, *s.* Marbhantachd, laigsinn.
DEAF, *adj.* Bodhar, gun chlaisteachd.
DEAFEN, *v. a.* Bodhair, dean bodhar.

DEAFNESS, s. Buidhre, boidhre.
DEAL, s. Cuibhrionn ; déile, clàr.
DEAL, v. a. Roinn, riaraich.
DEALBATE,v. a. Gealaich, cuir ri todhar.
DEALBATION, s. Gealachadh, todhar.
DEALER, s. Fear-malairt, ceannaiche, fear roinn chairtean.
DEALING, s. Gnothach, déilig.
DEAMBULATION, s. Sràid-ìmeachd.
DEAN, s. Deadhan, fear ionaid easbuig.
DEANERY, s. Dreuchd deadhain.
DEAR, adj. Gaolach, gràdhach, prìseil, daor.
DEARTH, s. Gainne, dìth, gort, airc teircead.
DEARTICULATE, v. a. Thoir ás a' chéile.
DEATH, s. Bàs, eug, aog.
DEATHLESS, adj. Neo-bhàsmhor.
DEATHLIKE, adj. Aog-neulach.
DEATHWATCH, s. Am Biog-ghairm.
DEBAR, v. a. Bac, cum air ais, toirmisg.
DEBARK, v. a. Cuir air tìr, rach air tìr.
DEBASE, v. a. Truaill, ìslich ; maslaich.
DEBASEMENT, s. Truailleadh, isleach-adh, maslachadh.
DEBATE, s. Connsachadh, tagradh.
DEBATE, v. a. Connsaich, tagair.
DEBAUCH, v. a. Truaill, salaich.
DEBAUCH, s. Misg, neo-mheasarrachd.
DEBAUCHEE, s. Geòcaire, misgear.
DEBAUCHERY, s. Mi-gheamnachd, geòc-aireachd, pòitearachd.
DEBENTURE, s. Bann-sgrìobhaidh.
DEBILE, adj. Fann, lag, marbhanta.
DEBILITATE, v. a. Fannaich, lagaich.
DEBILITY, s. Laige, anmhuinneachd.
DEBONAIR, adj. Fìnealta, grinn, suairce.
DEBT, s. Fiachan, feich, comain.
DEBTOR, s. Fear-fhiach.
DECADE, s. Deich.
DECAGON, s. Deich-shlisneach.
DECAMP, v. n. Rach imrich, atharraich campa, triall, imich, gluais air falbh.
DECANT, v. a. Taom ás, gu fòill.
DECANTER, s. Searrag ghlaine.
DECAPITATE, v. a. Dì-cheannich.
DECAPITATION, s. Dì-cheannadh.
DECAY, v. a. Caith, crìon, searg, seac.
DECAY, s. Crìonadh, seargadh, seacadh, caitheamh as.
DECEASE, s. Bas, caochla, eug.
DECEASE, v. n. Bàsaich, caochail.
DECEIT, s. Ìogan, cealg, gò, foill.
DECEITFUL, adj. Cealgach, foilleil.
DECEIVE, v. a. Meall, car, breug.
DECEIVER, s. Mealltair, cealgair.
DECEMBER, s. Mìos meadhonach a' gheamhraidh.
DECENCY, s. Eireachdas, beusachd, loinn ; modh, stuamachd.
DECENNIAL, adj. Deich bliadhnail.
DECENT, adj. Eireachdail, ciatach, loinn-

eil, grinn, còir, beusach, ceanalta, modhail, stuama, freagarrach.
DECEPTIBLE, adj. So-mhealladh.
DECEPTION, s. Mealladh, foill, cealg.
DECEPTIVE, adj. Meallta, foilleil, cealg-ach, carach.
DECIDE, v. a. Thoir breith, co-dhùin.
DECIDENCE, s. Malcadh, tuiteam dheth ; seargadh, seacadh.
DECIDER, s. Breitheamh, fear-réite.
DECIDUOUS, adj. Seargach.
DECIMAL, adj. Deich-roinneach.
DECIMATION, s. Deachamh.
DECIPHER, v. a. Leugh sgrìobhadh dorch, comharraich, cuir comharradh air ; mìnich, dean soilleir.
DECISION, s. Co-dhùnadh ; crìoch.
DECISIVE, adj. Co-dhùnach, dearbhach.
DECISIVELY, ad. Dearbhte, cinnteach.
DECK, v. a. Còmhdaich, sgiamhaich.
DECK, s. Clar-uachdair, bòrd-luinge.
DECLAIM, v. a. Tagair, dean àrd-ghlòir, labhair gu snas-bhriathrach.
DECLARATION, s. Cur an céill, daing-neacadh cùise.
DECLARATIVE, adj. Foillseachail.
DECLARE, v a. Nochd, taisbean, innis, aithris, cuir an céill ; aidich.
DECLENSION, s. Isleachadh, cromadh, téarnadh; dol sìos ; lùbadh, claonadh, aomadh.
DECLINABLE, adj. So-aomaidh.
DECLINATION, s. Isleachadh, lagachadh, seargadh ; tearnadh ; cromadh, lùbadh, camadh, fiaradh ; seacharan, claon-adh ; mùthadh.
DECLINATOR, s. Inneal faotainn a' chòmhnaird.
DECLINE, v. a. and n. Crom, aom, lùb, cam ; seachainn, diùlt, ob, leig seach-ad ; crom, seac ; claon, rach a thaobh ; crìon, searg caith ás.
DECLINE, s. Téarnadh, cromadh, dol sìos, caitheamh, crìonadh, seacadh, seargadh.
DECLIVITY, s. Téarnadh, bruthach, leathad, cromadh, fiaradh.
DECOCT, v. a. Bruich, goil ; meirbh.
DECOCTION, s. Goil, bruicheadh.
DECOLLATE, v. a. Cuir an ceann dheth.
DECOMPOSE, v. a. Eadar-dhealaich.
DECOMPOUND, v. a. Ath-mheasgaich, cuir air leth.
DECORATE, v. a. Sgeadaich, maisich.
DECORATION, s. Sgeadachadh.
DECOROUS, adj. Ciatach, cubhaidh.
DECORTICATE, v. a. Rùisg, plaoisg.
DECORUM, s. Deagh-bheus, stuaim, eir-eachdas.
DECOY, v. a. Meall, tàlaidh, breug.
DECOY, s. Culaidh-thàlaidh, buaireadh.
DECOY-DUCK, s. Tunag threòrachaidh.

DECREASE, v. a. Lùghdaich, beagaich.
DECREE, v. n. Roi-òrduich, suidhich, àithn, socraich, sònraich.
DECREE, s. Reachd-cheangal; breith cùise, roi-òrdugh.
DECREPIT, adj. Breòite, fann.
DECREPITUDE, s. Breòiteachd.
DECRESCENT, adj. A' crìonadh.
DECRETAL, adj. Reachdach.
DECRETAL, s. Leabhar-lagha.
DECRETORY, adj. Reachdach, laghail.
DECRY, v. n. Cronaich, coirich, càin.
DECUMBANT, adj. Liùgach.
DECUPLE, adj. Deich-fillte.
DECURSION, s. Ruith le bruthach.
DEDENTITION, s. Tilgeadh nam fiacal.
DEDICATE, v. a. Coisrig, naomhaich; seun cuir fo thèarmann.
DEDUCE, v. a. Tarruinn uaith; cuir sìos an òrdugh; thoir as; beagaich, lughdaich.
DEDUCEMENT, s. Co-dhùnadh.
DEDUCT, v. a. Lughdaich, beagaich, thoir sìos.
DEDUCTION, s. Co-dhùnadh; co-ghearradh, lughdachadh, beagachadh.
DEED, s. Gnìomh, dèanadas; euchd; reachd-dhaingneachaidh.
DEEM, v. a. Meas, co-dhùin; saoil.
DEEP, adj. Domhain; trom, eagnaidh, tùrail.
DEEP, s. An doimhne; an cuan; aigeal.
DEEPLY, ad. Gu trom, brònach.
DEER, s. Fiagh. [Erroneously written "Fiadh."]
DEFACE, v. a. Dubh a mach, mill.
DEFACEMENT, s. Sgrìobadh ás, sgrìos.
DEFALCATION, s. Lughdachadh.
DEFAMATION, s. Tuaileas, mì-chliù.
DEFAMATORY, adj. Tuaileasach.
DEFAME, v. a. Tuaileasaich, cul-chàin.
DEFATIGATE, v. a. Sgìthch, claoidh.
DEFAULT, s. Dearmad, dì-chuimhn; coire, lochd, cionta, fàillinn.
DEFAULTER, s. Fear dearmaid corach.
DEFEASANCE, s. Briseadh cùmhnainte.
DEFEASIBLE, adj. Nach seas lagh.
DEFEAT, s. Ruaig, teicheadh, callcatha.
DEFEAT, v. a. Ruaig, buadhaich.
DEFEATURE, s. Atharrachadh gnùise.
DEFECATE, v. a. Glan, sìolaidh; sgùr.
DEFECATION, s. Fior-ghlanadh.
DEFECT, s. Easbhuidh, fàillinn, uireasbhuidh, dìth; coire, gaoid.
DEFECTION, s. Easbhuidh, fàillneachadh; ceannairc.
DEFECTIVE, adj. Neo-iomlan, neochoimhlionta; ciorramach.
DEFENCE, s. Dìon, dìdean, tèarmann, daingneachd; leithsgeul, fireanachadh.

DEFENCELESS, adj. Neo-armaichte, gun tèarmann, nochdte, lom; lag, fann.
DEFEND, v. a. Dìon, teasraig, tèaruinn.
DEFENDANT, s. Fear-dìona.
DEFENDER, s. Fear-tagraidh.
DEFENSIBLE, adj. Tèarmannach.
DEFER, v. a. and n. Cuir air dàil, dàilich leig gu comhairle neach eile; fuirich, dean maille.
DEFERENCE, s. Meas, urram, ùmhlachd; strìochdadh, géilleadh.
DEFIANCE, s. Dùlan; dùlanachadh.
DEFICIENCY, s. Neo-iomlaineachd, easbhuidh, dìth; fàillinn.
DEFICIENT, adj. Neo-iomlan.
DEFILE, v. a. Salaich, truaill.
DEFILE, s. Cunglach, caol ghleann.
DEFILEMENT, s. Truailleadh, sal
DEFILER, s. Truailleadair.
DEFINABLE, s. So-mhinachaidh.
DEFINE, v. a. Mìnich, soilleirich.
DEFINITE, adj. Comharraichte.
DEFINITENESS, s. Soilleireachd.
DEFINITION, s. Mìneachadh.
DEFINITIVE, adj. Dearbhte, soilleir.
DEFLAGRABLE, adj. Loisgeach.
DEFLAGRABILITY, s. So-loisgeach.
DEFLECT, v. n. Crom, lùb, aom, claon.
DEFLECTION, s. Lùbadh, claonadh.
DEFLEXURE, s. Cromadh, lùbadh.
DEFLORATION, s. Òigh-thruailleadh.
DEFLOWER, v. a. Éignich, truaill òigh.
DEFLUOUS, adj. Silteach, sruthach.
DEFLUXION, s. Téarnadh leanntan.
DEFORCEMENT, s. Cumail á seilbh.
DEFORM, v. a. Duaichnich, mi-chùm.
DEFORMITY, s. Mì-dhreach, mi-dhealbh, neo-chumaireachd, ea-cuandachd.
DEFRAUD, v. a. Meall, car.
DEFRAUDER, s. Mealltair, cealgair.
DEFRAY, v. a. Dìol, ìoc, pàidh.
DEFT, adj. Sgiamhach, lurach, ealamh.
DEFUNCT, adj. Marbh, tùr-ás.
DEFUNCTION, s. Bàsachadh, eug, aog.
DEFY, v. a. Dùlanaich; dean tàir.
DEGENERACY, s. Claonadh, on chòir, cul-sleamhnachadh.
DEGENERATE, v. n. Tuit air falbh, rach am measad.
DEGENERATE, adj. An-dualach, suarach, truagh.
DEGENERATION, s. Dol am measad, andualchas, cùl-sleamhnachadh.
DEGLUTITION, s. Slugadh.
DEGRADATION, s. Isleachadh; truailleachd.
DEGRADE, v. a. Ìslich, beagaich.
DEGREE, s. Inbhe, àirde, staid, cor; ceum, glùn, ginealaich.
BY DEGREES, adv. Uidh air uidh.
DEHORT, v. a. Comhairlich.
DEHORTATION, s. Comhairleachadh.

DEICIDE, *s.* Bàs ar Slànaighear.
DEJECT, *v. a.* Mi-mhisnich; tilg sìos.
DEJECTION, *s.* Smuairean, mulad.
DEJECTURE, *s.* Òtrach, salachar, inneir.
DEIFICATION, *s.* Dia-dheanamh.
DEIFY, *v. a.* Diadhaich, àrd-mhol.
DEIGN, *v. a.* Deònaich, ceadaich.
DEIST, *s.* Ana-creideach.
DEISTICAL, *adj.* Ana-creideach.
DEITY, *s.* Dia, diadhachd.
DELACTATION, *s.* Cur o'n chìch.
DELAPSED, *adj.* A' tuiteam sìos.
DELATE, *v. a.* Giùlain, iomchair; cas-aidich, dean casaid air.
DELATION, *s.* Giùlan, iomchar; dìteadh.
DELAY, *v. a.* Cuir dàil, cuir maille; bac, fuirich, cum an amharus.
DELAY, *s.* Dàil, càird maille, màirneal, seamsan, stad.
DELECTABLE, *adj.* Taitneach, sòlasach.
DELECTATION, *s.* Tlachd, sòlas.
DELEGATE, *v. a.* Cuir air falbh; earb.
DELEGATE, *s.* Fear-iònaid, teachdair.
DELETE, *v. a.* Dubh a mach,
DELETERIOUS, *adj.* Marbhtach.
DELETERIOUS, *s.* Martach, sgriosail.
DELIBERATE, *v. a.* Meòraich.
DELIBERATE, *adj.* Smuainteach; socrach, cùramach.
DELIBERATION, *s.* Faicilleachd, cùram.
DELIBERATIVE, *adj.* Faicilleach, meòrachail, smuainteachail.
DELICACY, *s.* Milseachd; mineachd, màldachd; finealtachd, suairceas, grinneas, ceanaltachd; mùirn; séimh-ealachd; meurantachd.
DELICATE, *adj.* Blasda, milis, taitneach; milseanach, sòghail; finealta, grinn, mìn, ceanalta, meuranta, lag.
DELICATENESS, *s.* Mùirn, mineachd.
DELICIOUS, *adj.* Milis, blasda, taitneach.
DELIGATION, *s.* Ceangal suas, trusadh.
DELIGHT, *s.* Aighear, aiteas; tlachd
DELIGHT, *v. a.* and *n.* Toilich, taitinn, dean subhach, dean aoibhneach; gabh tlachd, faigh tlachd.
DELIGHTFUL, *adj.* Sòlasach, ciatach.
DELINEATE, *v. a.* Dealbh, dreachd, tarruinn, nochd an dathaìbh.
DELINEATION, *s.* Dealbh, dreachd, tarr-uinn, cumadh.
DELINQUENCY, *s.* Coire, cron, lochd.
DELINQUENT, *s.* Coireach, ciontach.
DELIQUATE, *v. a.* Leagh.
DELIRIOUS, *adj.* Breisleachail, gòrach.
DELIRIUM, *s.* Breisleach, mearaichinn.
DELIVER, *s.* Cuir fà-sgaoil, saor; teas-raig; tiomain, thoir seachad, liubh-air.
DELIVERANCE, *s.* Liùthradh, saorsa.
DELIVERER, *s.* Fear-saoraidh.
DELIVERY, *s.* Liubhairt, tèarnadh.

DELL, *s.* Coire, glacag, lagan.
DELUDE, *v. a.* Meall, car.
DELVE, *v. a.* Ruamhair, àitich.
DELVE, *s.* Dìg, sloc, toll.
DELVER, *s.* Fear ruamhair.
DELUGE, *s.* Tuil, dìle, lighe.
DELUGE, *v. a.* Tuilich, bàth.
DELUSION, *s.* Mealladh, cealg, feall.
DELUSIVE, DELUSORY, *adj.* Mealltach, cealgach, carach, fealltach.
DEMAGOGUE, *s.* Ceannard-gràisge.
DEMAND, *v. a.* Iarr, tagair; sir; feor-aich, tagradh, tagartas.
DEMAND, *s.* Iarruidh, iarrtas, sireadh.
DEMANDANT, *s.* Fear-tagraidh.
DEMANDER. Tagradair, fear-tagraidh.
DEMEAN, *v. a.* Giùlain, islich.
DEMEANOUR, *s.* Giùlan, beus, iomchar.
DEMERIT, *s.* Droch thoillteannas.
DEMI, *s.* Leth.
DEMIGRATION, *s.* Imirich.
DEMISE, *s.* Bàs, caochla, eug.
DEMISE, *v. a.* Tiomain, fàg, dìleab.
DEMISSION, *s.* Ìsleachadh, suarachas.
DEMIT, *v. a.* Cuir fo sproc.
DEMOCRACY, *s.* Cq-fhlaitheachd.
DEMOCRATICAL, *adj.* A bhuineas do cho-fhlaitheachd.
DEMOLISH, *v. a.* Sgrios.
DEMOLISHER, *s.* Sgriosadair.
DEMOLITION, *s.* Leagadh gu làr.
DEMON, *s.* Deamhan, diabhol.
DEMONIAC, *adj.* Deamhanaidh.
DEMONOLOGY, *s.* Deamhan-eòlas.
DEMONSTRABLE, *adj.* So-dhearbhadh.
DEMONSTRATE, *v. a.* Co-dhearbh.
DEMONSTRATION, *s.* Co-dhearbhadh.
DEMONSTRATIVE, *adj.* Dearbh-chinnt-each, lan-shoilleir.
DEMORALIZATION, *s.* Milleadh dheagh-bheusan, truailleadh.
DEMULCENT, *adj.* Maoth, bog.
DEMUR, *v. a.* and *n.* Cuir teagamh ann; dàilich, màirnealaich; dean maille; bi an ioma-chomhairle.
DEMUR, *s.* Teagamh, ioma-chomhairle.
DEMURE, *adj.* Stuama, socrach.
DEMURRAGE, *s.* Dìoladh maille luinge.
DEN, *s.* Garaidh, faic, uamh; còs.
DENDROLOGY, *s.* Craobh-eòlas.
DENIABLE, *s.* So-àicheadh.
DENIAL, *s.* Àicheadh; diùltadh.
DENIER, *s.* Fear-àicheidh.
DENIGRATE, *v. a.* Dubh, duaichnich.
DENIZEN, *s.* Saoranach, bùirdeiseach.
DENOMINATE, *v. a.* Ainmich, gairm.
DENOMINATION, *s.* Ainm.
DENOMINATIVE, *adj.* Ainmeannach.
DENOTATION, *s.* Comharrachadh
DENOTE, *v. a.* Comharraich, taisbean.
DENOUNCE, *v. a.* Bagair; casaidich, innis air, cuir an céill.

DENSE, *adj.* Tiugh, dlu, teann.
DENSITY, *s.* Tiuighead, dlùths.
DENTAL, *adj.* Fiaclach.
DENTICULATED, *adj.* Mion-fhiaclach.
DENTIFRICE, *s.* Fùdar-fhiacal.
DENTIST, *s.* Léigh-fhiacal.
DENTITION, *s.* Fiaclachadh.
DENUDATE, DENUDE, *v. a.* Rùisg, lom-air, faobhaich, feann.
DENUNCIATION, *s.* Cronachadh follaiseach, cuir an céill.
DENY, *v. a.* Àicheadh, diùlt, ob.
DEOBSTRUCT, *v. a.* Glan, réitich.
DEODAND, *s.* Naomh-thiodhlac.
DEPART, *v. n.* Fàg, imich, triall, cois-ich, siubhail; bàsaich, caochail.
DEPARTMENT, *s.* Gnothach, dreuchd.
DEPARTURE, *s.* Falbh, fàgail, triall; siubhal, caochla, bàs, éug.
DEPEND, *v. n.* Bi am freasdal, earb, cuir muiniginn, cuir ùidh.
DEPENDANCE, *s.* Eiseamalachd.
DEPENDANT, *adj.* Eisimeileach.
DEPENDANT, DEPENDENT, DEPENDER, *s.* Ìochdaran, fear-eiseamail.
DEPENDENT, *adj.* An crochadh.
DEPHLEGM, *v. a.* Glan o mhùsgan.
DEPICT, *v. a.* Dealbh, dreach, cùm, tarruinn dealbh mìnich, soilleirich, cuir sìos an òrdugh.
DEPILOUS, *adj.* Maol, lom; gun fhalt.
DEPLETION, *s.* Falmhachadh.
DEPLORABLE, *adj.* Brònach, muladach.
DEPLORE, *v. a.* Caoidh, caoin, dean tuireadh, dean cumha, dean bròn.
DEPLUMATION, *s.* Spìonadh itean.
DEPLUME, *v. a.* Spìon deth iteach.
DEPONE, *v. a.* Mionnaìch.
DEPONENT, *s.* Fianais air a mhionnan.
DEPOPULATE, *v. a.* Fàsaich.
DEPOPULATION, *s.* Fàsachadh.
DEPORT, *v. a.* Giùlain, iomchair, gluais.
DEPORT, DEPORTMENT, *s.* Giùlan, cleachdadh, caitheamh-beatha.
DEPORTATION, *s.* Fògradh.
DEPOSE, *v. a.* and *n.* Leig dhìot; cuir a bhàrr na cathrach, ìslich, tàmailtich, cuir á inbhe; cuir a thaobh, leig seachad; fianaisich, thoir fianais.
DEPOSIT, *v. a.* Taisg, cuir an làmhan; thoir an geall; cuir air riadh; cuir a thaobh.
DEPOSITION, *s.* Mionnan, fianais air mhionnaibh; dì-chathrachadh, eas-onarachadh; cur á dreuchd eaglais.
DEPOSITORY, *s.* Taigh-tasgaidh.
DEPRAVATION, *s.* Truailleadh.
DEPRAVE, *v. a.* Truaill, mill, salaich.
DEPRAVEDNESS, *s.* Truailleachd, aing-eachd.
DEPRAVER, *s.* Fear-truaillidh, fear-milliidh, milltear.

DEPRAVEMENT, DEPRAVITY, *s.* Truailleachd, aingeachd.
DEPRECATE, *v. a.* Aslaich; guidh.
DEPRECATION, *s.* Aslachadh, guidhe.
DEPRECIATE, *v. a.* Cuir an dimeas.
DEPREDATE, *v. a.* Spùinn, goid, creach,
DEPREDATION, *s.* Spùinneadh, creach.
DEPREDATOR, *s.* Spùinneadair.
DEPREHEND, *v. a.* Cuir an làimh.
DEPRESS, *v. a.* Brùth sìos, tilg sìos; leag; ìslich, ùmhlaich, cuir fo sproc
DEPRESSION, *s.* Dinneadh, cudthrom, cumail fodha; tuiteam sìos, leagadh, tèarnadh; ìsleachadh, mi-mhisneach-adh, trom-inntinn, sproc.
DEPRESSOR, *s.* Fear cumail fodha.
DEPRIVATION, *s.* Toirt air falbh, dìob-radh; call, creachadh, calldach.
DEPRIVE, *v. a.* Buin uaithe, thoir uaithe.
DEPTH, *s.* Doimhneachd; tulchuis.
DEPULSION, *s.* Fuadach air falbh.
DEPURATE, *adj.* Fìr-ghlan, gun druaip.
DEPURATION, *s.* Glanadh, sìoladh.
DEPUTATION, *s.* Teachdaireachd.
DEPUTE, *v. a.* Sònraich, sòcraich.
DEPUTY, *s.* Fear-ionaid, fear gnothaich.
DERANGEMENT, *s.* Eas-òrdugh.
DERELICTION, *s.* Dìobradh, tréigsinn.
DERIDE, *v. a.* Sgeig, fochaidich, mag.
DERISION, *s.* Sgeig, magadh, fochaid, fanaid; cùis-mhagaidh.
DERISIVE, *adj.* Sgeigeil, magail.
DERIVABLE, *adj.* Air am beil còir shinnsearach; ag éiridh o.
DERIVATION, *s.* Tarruinn; facal fhreumh-achd, sruth-chlaonadh.
DERIVATIVE, *adj.* A teachd o ni eile.
DERIVE, *v. a.* Tarruinn, dean facal-fhreumhachd, sruth a dh'ionnsaidh.
DERNIER, *adj.* Deireannach.
DEROGATE, *v. a.* Lùghdaich, lagaich.
DEROGATION, *s.* Cur an suarachas.
DEROGATORY, DEROGATIVE, *adj.* Tar-chuiseach, easonarach, mi-chliùiteach.
DERVIS, DERVISE, *s.* Sagart Turcach.
DESCANT, *s.* Òran, ròlaist.
DESCANT, *v. a.* Dean canntaireachd.
DESCEND, *v. a.* Teirinn; tùirlinn.
DESCENDANT, *s.* Gineal, sliochd, sìol, linn, iarmad, pòr, clann.
DESCENDANT, *adj.* A' tèarnadh, do shliochd, do shìol.
DESCENSION, *s.* Téarnadh, tuirlinn, teachd le bruthach.
DESCENT, *s.* Tearnadh, dol sìos; aomadh, leathad, leth-bhruthach; ìsleach-adh, teachd a nuas.
DESCRIBE, *v. a.* Thoir tuairisgeul.
DESCRIPTION, *s.* Dreach, tuairisgeul.
DESCRY, *v. a.* Faigh a mach, dearc, faic fad' ás, beachdaich fad ás.
DESECRATION, *s.* Mi-naomhachadh.

DESERT, *s.* Fàsach, dìthreabh ; mathas.

DESERT, *v. a.* Tréig, fàg, dìobair.

DESERTER, *s.* Fear-teichidh.

DESERTION, *s.* Tréigsinn, teicheadh.

DESERTLESS, *adj.* Neo-thoillteannach.

DESERVE, *v. n.* A bhi fiùghail, airidh.

DESICCATE, *v. a.* Tiormaich, traodh.

DESIDERATUM, *s.* Ionndran.

DESIGN, *v. a.* Rùnaich, cuir romhad, sònraich, comharraich ; tionnsgainn.

DESIGN, *s.* Rùn, tionnsgnadh, miann, beachd, smuain ; samhlachas.

DESIGNATION, *s.* Sònrachadh.

DESIGNER, *s.* Dreachdadair, fear-dealbhaidh, fear-tionnsgnaidh.

DESIGNING, *adj.* Innleachdach, carach, seòlta, cealgach, sligheach.

DESIRABLE, *adj.* Ion-mhiannaichte.

DESIRE, *s.* Toil, iarraidh, miann, togradh, déidh, càil, dùrachd.

DESIRE, *v. a.* Miannaich, sanntaich, iarr, tagair, togair sir.

DESIROUS, *adj.* Miannach, togarrach.

DESIST, *v. n.* Stad, sguir, foisich.

DESISTANCE, *s.* Stad, sgur, fosadh.

DESISTIVE, *adj.* Crìochneach.

DESK, *s.* Bòrd-sgrìobhaidh.

DESOLATE, *adj.* Neo-àitichte ; fàsail.

DESOLATE, *v. a.* Fàsaich. dìth-làraich.

DESOLATION, *s.* Fàsachadh, fàsalachd.

DESPAIR, *s.* An-dòchas, an-earbsa.

DESPAIR, *v.* Cuir an eu-dòchas ; thoir thairis dùil, bi an eu-dòchas.

DESPATCH, *s.* Teachdaireachd, cabhag, luaths, ealamhachd, deifir.

DESPERATE, *adj.* Eu-dòchasach, an-earbsach ; gun athadh ; ainmheasach, ainniseach, caillte, truagh.

DESPERATION, *s.* Eu-dòchas.

DESPICABLE, *adj.* Tàireil, suarach.

DESPISABLE, *adj.* Suarach, dìblidh.

DESPISE, *v. a.* Dean tàir, dean tarcuis.

DESPITE, *s.* Gamhlas, fearg, diomb, mì-run, spìd, droch-mhéinn, fuath, tailceas, tàir ; dùlan, aindeoin.

DESPITEFUL, *adj.* Gamhlasach.

DESPOIL, *v. a.* Spùinn, creach, slad.

DESPOLIATION, *s.* Spùinneadh, creach.

DESPOND, *v. n.* Caill dòchas.

DESPONDENCY, *s.* An-dòchas, mì-mhisneach, an-earbsa ; trium-inntinn.

DESPONDENT, *adj.* Du-dòchasach, muladach, trom-inntinneach.

DESPONSATE, *v. a.* Réitich.

DESPOT, *s.* Aintighearna.

DESPOTIC, *adj.* Aintighearnail.

DESPOTISM, *adj.* Aintighearnas, ceannasachd, smachdalachd.

DESSERT, *s.* Biadh os ceann gach bìdh.

DESTINATE, *v. a.* Sònraich, crìoch.

DESTINATION, *s.* Sònrachadh.

DESTINE, *v. a.* Òrduich, sònraich.

DESTINY, *s.* Dàn ; crannchur siorruidh.

DESTITUTE, *adj.* Falamh ; ainniseach, bochd, daoibhir.

DESTITUTION, *s.* Ainnis, airc, dìth.

DESTROY, *v a.* Sgrios, marbh.

DESTROYER, *s.* Milltear, sgriosadair.

DESTRUCTIBLE, *adj.* So-sgriosadh.

DESTRUCTION, *s.* Léir-sgrios, milleadh, fàsachadh, marbhadh, toirt gu neo-ni, dol a dhìth, dì-mhilleadh.

DESTRUCTIVE, *adj.* Sgriosail, millteach.

DESUETUDE, *s.* Ana-cleachdadh.

DESULTORY, *adj.* Bristeach, luaineach, neo-bhunailteach, neo-shuidhichte.

DESUME, *v. a.* Thoir o ni sam bith.

DETACH, *v. a.* Dealaich, cuir air leth.

DETACHMENT, *s.* Cuideachd airm.

DETAIL, *v. a.* Innis gu poncail.

DETAIL, *s.* Mion-chunntas.

DETAIN, *v. a.* Cùm air ais, cùm an làimh, gléidh, bac, grab.

DETECT, *v. a.* Faigh a mach, leig ris.

DETECTION, *s.* Faotainn a mach.

DETENTION, *s.* Gleidheadh ; cumail an làimh, amladh, grabadh, bacadh.

DETER, *v. a.* Mi-mhisnich, bac le eagal.

DETERGE, *v. a.* Siab, glan, nigh.

DETERGENT, *adj.* Siabach, glanail.

DETERIORATION, *s.* Dol am miosad.

DETERMINABLE, *adj.* So-dheanamh a mach, so chuir a thaobh.

DETERMINATE, *adj.* Suidhichte, sònraichte, cinnteach, crìochnaichte.

DETERMINATION, *s.* Rùn suidhichte.

DETERMINE, *v. a.* Sònraich, suidhich.

DETERSION, *s.* Glanadh, siabadh.

DETEST, *v. a.* Fuathaich, gràinich.

DETESTABLE, *adj.* Fuathach, gràineil.

DETESTATION, *s.* Fuath, gràin, sgreamh.

DETHRONE, *v. a.* Dìth-chathairich.

DETONATION, *s.* Tàirn-thoirm.

DETRACT, *v. a.* Di-mhol, cùl-chàin.

DETRACTION, *s.* Cùl-chaineadh, tuaillceas, di-moladh, sgainneal.

DETRACTORY, *adj.* Tarcuiseach.

DETRIMENT, *s.* Dìobhail, call, dolaidh.

DETRIMENTAL, *adj.* Diobhalach.

DETRUDE, *v. a.* Pùc sìos, ìslich.

DETRUNCATE, *v. a.* Gearr, bearr, sgud.

DETRUSION, *s.* Pùcadh sìos.

DEVASTATE, *v. a.* Fàsaich, creach, mill, sgrios ás.

DEVASTATION, *s.* Fàsachadh, sgrios.

DEUCE, *s.* Dithis ; an diabhol.

DEVELOP, *v. a.* Foillsich, taisbein.

DEVEST, *v. a.* Faobhaich, rùisg, saor uaithe, thoir air falbh.

DEVIATE, *v. n.* Rach am mearachd.

DEVIATION, *s.* Seachran, faontradh, iomrall, mearachd, claonadh air falbh; peacadh, cionta.

DEVICE, *s.* Innleachd, tionnsgal, tionnsg

nadh, cleas, car, dealbh ; rùn, comhairle, smuain ; gearradh-arm ; seòltachd, ealantas.

DEVIL, s. Diabhol, deamhan, donas.

DEVILISH, adj. Diabhlaidh, deamhnaidh, donasach.

DEVIOUS, adj. Iomrallach, seachranach.

DEVISE, v. a. Suidhich innleachd ; beachdaich, tionnsgain.

DEVISED, part. Socraichte, suidhichte.

DEVOID, adj. Falamh, fàs, as eugmhais.

DEVOIR, s. Dleasanas, aire, seirbhis.

DEVOLVE, v. a. Cuir car mu char.

DEVOTE, v. a. Coisrig ; thoir seachad.

DEVOTEE, s. Saobh-chreideach.

DEVOTION, s. Diadachd ; càbhadh, aoradh ; ùrnuigh ; teas-ghràdh, dùrachd, toirt suas a' chridhe.

DEVOUR, v. a. Ith suas, glàm, glut, beubanaich, riasail ; sgrios, mill, cuir ás, ith gu glamach.

DEVOUT, adj. Diadhaidh, cràbhach.

DEW, s. Dealt, drùchd, no driùchd.

DEWDROP, s. Cuirnean, braon.

DEWLAP, s. Caisean-uchd, sprogaill.

DEWY, s. Dealtach, drùchdach, braonach, cuirneanach.

DEXTERITY, s. Deisealachd, tapachd, ealamhachd ; teòmachd, seòltachd.

DEXTEROUS, adj. Deiseil, teòma, seòlta.

DEXTRAL, DEXTER, adj. Deas, deiseil.

DIABETES, s. An ruith-fhuail.

DIABOLICAL, adj. Diabhlaidh.

DIACODIUM, s. Sùgh a' chadolain.

DIACOUSTICS, s. Fuaim-iùil.

DIADEM, s. Crùn, coron, fleasg.

DIAGONAL, adj. Trasta, tarsuinn, fiar, bho oisinn gu oisinn. s. Trastan.

DIAGRAM, s. Dealbh.

DIAL, s. Uaireadair-gréine.

DIALECT, s. Cànan, cainnt.

DIALECTI, s. Reusonach.

DIALING, s. Tarruinn uaireadair gréine.

DIALOGIST, s. Fear co-labhairt.

DIALOGUE, s. Co-labhairt, còmhradh.

DIAMETER, s. Cuairt-thomhas.

DIAMETRICAL, adj. Croislineach.

DIAMOND, s. Daoimein, daoimean.

DIAPASON, s. Co-shéirm-nan-uil-fhuaim.

DIAPER, s. Anart-gréiste.

DIAPHORETIC, adj. Fallasach.

DIAPHRAGM, s. An sgairt.

DIARRHŒA, s. A' ghearrach.

DIARY, s. Leabhar-latha.

DIBBLE, s. Pleadhag.

DICE, s. Dìsnean.

DICER, s. Cearraiche dhìsnean.

DICTATE, v. Deachd, seòl, òrduich.

DICTATE, s. Riaghailt, deachdadh.

DICTATION, s. Deachdadh, òrduchadh.

DICTATOR, s. Ard-uachdaran Ròimheach.

DICTATORIAL, adj. Ceannsalach.

DICTATORSHIP, s. Ceannsalachd.

DICTION, s. Labhradh, deachdadh.

DICTIONARY, s. Facalair.

DIDACTIC, DIDACTICAL, adj. Seòlach.

DIE, DYE, s. Dath; dìsne; seula-cùinnidh.

DIE, v. n. Bàsaich, eug, caochail.

DIER, DYER, s. Dathadair.

DIET, s. Lòn, biadh ; coinneamh fhlath.

DIET, v. a. Beathaich ; biadh, àraich.

DIFFER, v. a. and n. Eadar-dhealaich, cuireadar-dhealachadh ; bi air t'eadardhealachadh ; connsaich, cuir a mach air ; dealaich am barail.

DIFFERENCE, s. Eadar-dhealachadh, mùthadh ; atharrachadh, caochla ; connsachadh, connspaid, cur a mach.

DIFFERENT, adj. Air leth ; de ghnè eile.

DIFFICULT, adj. Deacair, duilich, doirbh, cruaidh, draghail ; docair.

DIFFICULTY, s. Duilgheadas, deacaireachd, docaireachd, dorratas; cruaidhchàs, teinn, imcheist, airc.

DIFFIDENCE, s. An-amharas, mi-earbsa.

DIFFIDENT, adj. An-amharasach.

DIFFLUENT, adj. Silteach, fuasgailt.

DIFFORMITY, s. Neo-chumaireachd.

DIFFUSE, v. a. Dòirt a mach, taom.

DIFFUSE, adj. Sgapte, sgaoilte.

DIFFUSED, DIFFUSEDLY, adj. Sgaoilte.

DIFFUSEDNESS, s. Sgaoilteachd.

DIFFUSION, s. Sgaoileadh.

DIG, v. a. Cladhaich, tochail, treachail, bùraich, ruamhair.

DIGEST, v. a. Eagaraich, cuir an òrdugh ; meirbh, cnàmh ; cnuasaich.

DIGESTIBLE, adj. Meirbheach.

DIGESTION, s. Meirbheadh.

DIGGER, s. Fear-cladhaich.

DIGIT, s. Tri cheathram na h-òirlich.

DIGNIFIED, part. Urramaichte.

DIGNIFY, v. a. Àrdaich, urramaich.

DIGNITARY, s. Àrd-shagart.

DIGNITY, s. Àirde, urram, inbhe,

DIGRESS, v. n. Claon, rach fiar.

DIGRESSION, s. Seacharan, seanachais.

DIKE, s. Clais, dig, cam-rath ; gàradh.

DILACERATE, v. a. Riasail, stròic, reub.

DILAPIDATE, v. a. Dìth-làraich, fàsaich.

DILAPIDATION, s. Tuiteam sios.

DILATE, v. a. Sgaoil a mach, leudaich ; aithris gu mion.

DILATORY, adj. Mall, màirnealach.

DILEMMA, s. Argamaid-ribidh.

DILIGENCE, s. Dìchioll, dùrachd.

DILIGENT, adj. Dìchiollach, dèanadach.

DILUTE, v. a. Tanaich, lagaich.

DILUTION, s. Tanachadh.

DILUVIAN, adj. Tuilteach, dìleach.

DIM, adj. Doilleir, dorcha, gruamach.

DIM, v. a. Doilleirich, dorchaich, neulaich, duibhrich, gruaimich.

DIMENSION, s. Tomhas, meud, tomad.

DIMINISH, v. a. Lughdaich, beagaich.
DIMINUTION, s. Lughdachadh.
DIMINUTIVE, adj. Beag, meanbh, leibideach, crion, bideach.
DIMITY. Seòrsa do dh'aodach canaich.
DIMNESS, s. Doilleireachd, dubharachd.
DIMPLE, s. Lagan, copan.
DIMPLY, adj. Laganach, copanach.
DIN, s. Toirm, fuaim, stairirich.
DINE, v. Gabh dinneir.
DINGLE, s. Gleann, glac, lag.
DINGY, adj. Lachdunn,
DINNER, s. Diothad, dinneir.
DINT, s. Buille, gleadhar, stràc, coilleag; lorg; neart, spionnadh.
DINUMERATION, s. Cunntas aon an déigh aon, cunntas a lion aon a's aon.
DIOCESAN, s. Easbuig.
DIOCESE, s. Sgìreachd easbuig.
DIP, v. a. Tùm, bog ; taisich.
DIPHTHONG, s. Dà-fhòghair.
DIPLOMA, s. Còir sgrìobhte.
DIRE, DIREFUL, adj. Eagalach, uabhasach, oillteil.
DIRECT, adj. Dìreach, soilleir, sothuigsinn, neo-fhiar.
DIRECT, v. a. Cuir dìreach, seòl, stiùr; cuimsich, treòraich.
DIRECTION, s. Seòladh, treòrachadh.
DIRECTLY, ad. Air ball, dìreach.
DIRECTOR, s. Fear-seòlaidh.
DIRECTORY, s. Leabhar-seòlaidh.
DIRENESS, s. Uamharrachd.
DIREPTION, s. Spùinneadh, slad.
DIRGE, s. Tuireadh, cumha, corranach.
DIRK, s. Biodag, cuinnsear.
DIRT, s. Salachar; inneir, aolach; mosaiche, poll, clàbar.
DIRTINESS, s. Salacharachd. mosaiche.
DIRTY, adj. Salach, mosach, neo-ghlan.
DIRTY, v. a. Salaich, truaill ; maslaich.
DIRUPTION, s. Sgàineadh, sgoltadh.
DISABILITY, s. Neo-chomas, laige.
DISABLE, v. a. Dean neo-chomasach.
DISABUSE, v. a. Cuir ceart.
DISADVANTAGE, s. Calldachd, call.
DISADVANTAGEOUS, adj. Ana-cothromach, dìobhalach, caillteach.
DISAFFECT, v. a. Dean mi-thoilichte.
DISAFFECTED, adj. Mi-thoilichte.
DISAFFECTION, s. Mi-dhìlseaudh.
DISAGREE, v. n. Mi-chòrd, eas-aontaich.
DISAGREEABLE, adj. Neo-thaitneach.
DISAGREEMENT, s. Eas-aonachd, eucoltas, neo-chòrdadh.
DISALLOW, v. a. Toirmisg, bac ; diùlt.
DISALLOWABLE, adj. Neo-cheadaichte.
DISANIMATE, v. a. Marbh ; mi-mhisnich, meataich.
DISAPPEAR, v. n. Rach á sealladh, teich.
DISAPPOINT. v. a. Meail, dìobair.
DISAPPOINTMENT, s. Mealladh.

DISAPPROBATION, DISAPPROVAL, s. Cronachadh, coireachadh, achmhasan, diteadh, mi-thaitneadh.
DISAPPROVE, v. a. Coirich, cronaich, dìt, dì-moil.
DISARM, v. a. Dìth-armaich.
DISARRAY, s. Aimhreit, aimhreidh, easòrdugh, mi-riaghailt ; rùsgadh.
DISASTER, s. Truaighe, tubaist, sgioir adh, bochduinn, calldachd.
DISASTROUS, adj. Mi-shealbhach, sgiorrail, tubaisteach ; truagh, caillteach.
DISAVOUCH, DISAVOW, v. a. Aicheidh, na aithnich.
DISAVOWAL, DISAVOWMENT, s. Aicheadn, diùltadh.
DISBAND, v. a. Leig fa-sgaoil, leig air falbh, sgaoil, sgap.
DISBARK, v. a. Cuir air tìr á luing.
DISBELIEF, s. As-creideamh.
DISBELIEVE, v. a. Na creid.
DISBELIEVER, s. As-creideach.
DISBURDEN, v. a. Neo-luchdaich, eutromaich, cuir dheth eallach.
DISBURSE, v. a. Cosg, cuir a mach airgead, dean cosgais.
DISBURSEMENT, s. Cur-a-mach.
DISCARD, v. a. Cuir air falbh.
DISCERN, v. a. Faic, thoir fainear ; beachdaich, dearc.
DISCERNIBLE, adj. So-fhaicinn, soilleir.
DISCERNING, part. Beachdail, tuigseach.
DISCERNMENT, s. Deagh-bhreithneachadh, tuigse, eòlas, géire, tùr.
DISCERP, v. a. Srac, stròic, thoir ás a chéile 'na mhìrean.
DISCHARGE, v. a. Eutromaich, neoluchdaich ; tilg a mach, leig as; caith urchair; dìol, ioc, pàidh, thoir seachad ; saor ; cuir air falbh ; co-lion.
DISCHARGE, s. Fuasgladh, sgaoileadh, leigeadh ás, no air falbh ; urchair ; taomadh, sruth ; cur á dreuchd ; saoradh, saorsa ; pàidheadh, dìoladh ; liair shaoraidh ; co-lionadh.
DISCIPLE, s. Deisciobul, sgoilear, fear leanmhuinn.
DISCIPLESHIP, s. Deisciobulachd.
DISCIPLINE, s. Oideas, oilean, teagasg, ionnsachadh, fòghlum, riaghladh, riaghailt ; ùmhlachd, smachd.
DISCIPLINE, v. a. Oileanaich, ionnsaich, teagaisg, fòghluim; stiùr, seòl, riaghail ; smachdaich, ceannsaich.
DISCLAIM, v. a. Àicheidh. cuir cùl ri.
DISCLOSE, v. a. Foillsich, cuir os-àird, leig ris ; innis, nochd.
DISCLOSURE, s. Leigeadh ris, seòladh, taisbeanadh, nochdadh, foillseachadh.
DISCOLOUR, v. a. Mill dath.
DISCOMFIT, v. a. Ceannsaich, ruag.
DISCOMFITURE, s. Teicheadh, ruaig.

c

DISCOMFORT, *s.* An-shocair, mulad.
DISCOMMEND, *v. a.* Di-moil.
DISCOMMODE, *v. a.* Cuir dragh air.
DISCOMMODIOUS, *adj.* Draghail.
DISCOMPOSE, *v. a.* Aimhreitich.
DISCOMPOSURE, *s.* Aimhreit, tuairg-neadh, buaireas ; troi' chéile.
DISCONCERT, *v. a.* Cuir troi' chéile, feargaich, dorranaich ; cuir fa-sgaoil.
DISCONFORMITY, *s.* Neo-fhreagarrachd.
DISCONGRUITY, *s.* Mi-chòrdadh.
DISCONSOLATE, *adj.* Tùrsach, brònach, dubhach, neo-éibhneach.
DISCONTENT, DISCONTENTED, *adj.* Mi-thoilichte ; neo-thoilichte, mi-shuaimhneach.
DISCONTENT, *s.* Mi-thoileachadh.
DISCONTENTEDNESS, DISCONTENTMENT, *s.* Neo-thoileachas-inntinn, neo-thoil-ealachd.
DISCONTINUANCE, DISCONTINUATION, *s.* Neo-mhairsinneachd, bristeachd ; stad, sgur, leigeadh seachad.
DISCONTINUE, *v. a.* Sguir, leig seachad, leig dhìot, teirig.
DISCORD, *s.* Aimhreit, mi-chòrdadh.
DISCORDANCE, *s.* Neo-fhreagarrachd.
DISCORDANT, *adj.* Neo-fhreagarrach, aimhreiteach ; neo-chòrdail ; eu-coltach, neo-sheasmhach.
DISCOVER, *v. a.* Faigh a mach, foillsich, nochd ; leig fhaicinn, seall, leig ris, dean aithnichte.
DISCOVERY, *s.* Faotainn a mach ; foill-seachadh, nochdadh, taisbeanadh.
DISCOUNT, *s.* Leigeadh sìos ; riadh airgeid làimhe.
DISCOUNT, *v. a.* Ath-dhìol.
DISCOUNTENANCE, *v. a.* Mi-mhisnich, amhairc air le anntlachd.
DISCOUNTENANCE, *s.* Fuaralachd.
DISCOURAGE, *v. a.* Mi-mhisnich.
DISCOURAGEMENT, *s.* Mi-mhisneachadh
DISCOURSE, *s.* Còmhradh, co-labhairt, conaltradh ; cainnt, searmoin.
DISCOURTEOUS, *adj.* Neo-aoidheil, mi-mhodhail, neo-shuairce, neo-shìobh-alta, dalma, borb, ladorna.
DISCOUS, *adj.* Leathann, farsuinn.
DISCREDIT, *s.* Masladh, tàir, mì-chliu.
DISCREDIT, *v. a.* Na creid.
DISCREET, *adj.* Glic, faicilleach, cùram-ach ; modhail, siobhalt.
DISCREPANCE, *s.* Eadar-dhealachadh.
DISCRETION, *s.* Gliocas, ciall, crìonnt-achd ; saor-inntinneachd, toil.
DISCRETIONARY, *adj.* A réir toile.
DISCRIMINATE, *v. a.* Eadar-dhealaich.
DISCRIMINATION, *s.* Eadar-dhealachadh, mùthadh, aithneachadh, comharradh air leth, suaicheantas.
DISCUMBENCY, *s* Còrr-shuidhe.

DISCURSIVE, *adj.* Luaineach, falbhach, siùbhlach ; reusonach, luasganach.
DISCUSS, *v. a.* Feuch, rannsaich, sgrùd.
DISCUSSION, *s.* Feuchainn, deuchainn, rannsachadh, sgrùdadh, cnuasachadh, argamaid, reusonachadh.
DISDAIN, *v. a.* Cuir suarach, tarcuisich, na b' fhiach leat.
DISDAIN, *s.* Tàir, tarcuis, dìmeas, spid.
DISDAINFUL, *adj.* Tarcuiseach.
DISEASE, *s.* Tinneas, euslaint, galar.
DISEASED, *adj.* Tinn, galarach.
DISEMBARK, *v. a.* Cuir air tir.
DISEMBITTER, *v. a.* Milsich.
DISEMBOGUE, *v. a.* Sruth, dòirt, taom ; brùchd, steall.
DISENCHANT, *v. a.* Saor o gheasaibh.
DISENCUMBER, *v. a.* Dìth-luchdaich, thoir dheth uallach.
DISENGAGE, *v. a.* Fuasgail, dealaich, cuir fa-sgaoil , réitich, bi fuasgailte.
DISENGAGED, *part.* Neo-cheangailte.
DISENTANGLE, *v. a.* Fuasgail, réitich.
DISENTHRAL, *v. a.* Saor o thràilleachd.
DISENTHRONE, *v. a.* Dìth-chathraich.
DISFAVOUR, *s.* Mi-fhàbhar.
DISFIGURATION, *s.* Mi-dhealbh.
DISFIGURE, *v. a.* Duaichnich.
DISFRANCHISE, *v. a.* Cuir á còir.
DISGORGE, *v. a.* Dìobhair, sgeith, tilg.
DISGRACE, *s.* Eas-urram, cion-fàbhair ; masladh, tàmailt, nàire, aobhar-nàire.
DISGRACE, *v. a.* Maslaich, tàmailtich, eas-urramaich; nàraich; cuir á fàbhar.
DISGRACEFUL, *adj.* Maslach, nàr.
DISGUISE, *v. a.* Cleith, falaich, atharr-aich cruth, cuir an aimh-riochd.
DISGUISE, *s.* Còmhdach meallta.
DISGUST, *s.* Gràin, sgreamh, fuath, déis-inn, anntlachd, daoch.
DISGUST, *v. a.* Gràinich, cuir sgreamh air, cuir déisinn air, sgreataich ; fuath-aich, cuir miothlachd air.
DISGUSTING, DISGUSTFUL, *adj.* Déisinn-each, gràineil, fuathach, sgreamhail.
DISH, *s.* Soitheach, mias.
DISH, *v. a.* Cuir am mèis.
DISHABILLE, *s.* Neo-uidheam.
DISHEARTEN, *v.a.* Mi-mhisnich.
DISHERIT, *v. a.* Cuir á oighreachd.
DISHEVEL, *v. a.* Cléig falt.
DISHONEST, *adj.* Eas-ionraic, bradach ; cealgach, fealltach, mi-onarach.
DISHONESTY, *s.* Eas-ionracas.
DISHONOUR, *s.* Eas-urram, eas-onoir, masladh, tàmailt ; mi-chliu.
DISHONOUR, *v. a.* Eas-urramaich, mas-laich, nàraich ; truaill.
DISHONOURABLE, *adj.* Mi-chliùiteach, maslach, nàr, tàmailteach.
DISINCLINATION, *s.* Mi-thoil.

DISINCLINE, v. a. Dean neo-thoileach, dean neo-aontachail.

DISINCLINED, adj. Neo-aontachail.

DISINGENUITY, s. Mealltaireachd.

DISINGENUOUS, adj. Carach, lùbach, fealltach, sligheach, dùbailte.

DISINHERIT, v. a. Buin uaithe a chòir-bhreith.

DISINTER, v. a. Tog á uaigh.

DISINTERESTED, adj. Neo-fhéineil, glan, fialaidh ; coma.

DISJOIN, v. a. Dealaich, eadar-dheal-aich.

DISJOINT, v. a. Cuir ás an alt ; bris.

DISJOINTED, adj. As an alt, dealaichte.

DISJUNCT, adj. Dealaichte.

DISJUNCTION, s. Dealachadh.

DISK, s. Aodann, aghaidh ; peileastair.

DISLIKE, s. Fuath, sgreamh, gràin.

DISLIKE, v. a. Fuathaich, sgreamhaich.

DISLIKEN, v. a. Dean eugsamhail.

DISLOCATE, v. a. Cuir á àite.

DISLOCATION, s. Carachadh, cur á àite ; dol as an alt, cur á alt.

DISLODGE, v. a. Cuir á àite.

DISLOYAL, adj. Mì-rioghail, neo-dhìleas.

DISLOYALTY, s. Mì-rioghalachd.

DISMAL, adj. Oillteil, uamharra, eagal-ach, dubhach, brònach, neo-shuilbhear.

DISMANTLE, v. a. Rùisg, cuir dheth a chòmhdach ; tilg sìos, leag gu làr.

DISMAY, v. a. Oilltich, clisg, cuir eagal.

DISMAY, s. Oillt, eagal, uamhunn.

DISMEMBER, v. a. Spìon ás a chéile, thoir ball o bhall.

DISMISS, v. a. Cuir air falbh, sgaoil ; thoir cead ; cuir á dreuchd.

DISMISSION, s. Cuir air falbh, cur air theachdaireachd ; ceadachadh falbh.

DISMOUNT, v. a. Teirinn ; cuir no tilg sìos ; tuirlinn.

DISOBEDIENCE, s. Eas-umhlachd.

DISOBEY, v. a. Na toir ùmhlachd.

DISOBLIGE, v. a. Thoir oilbheum, cuir mìothlachd.

DISOBLIGING, adj. Mi-choingheallach.

DISORDER, s. Mi-riaghailt, aimhreit, buaireas, troi' chéile ; tinneas, galar.

DISORDER, v. a. Mì-riaghailtich, aimh-reitich, cuir thar a chéile.

DISORDERLY, adj. Mì-riaghailteach.

DISORGANIZE, v. a. Eas-orduich.

DISOWN, v. a. Àicheidh, na gabh ri.

DISPARAGEMENT, s. Masladh, tàir, tar-cuis, mì-chliu, sgainneal.

DISPARITY, s. Neo-ionannachd.

DISPASSIONATE, adj. Stòlda, ciùin, socrach, neo-bhuaireasach.

DISPEL, v. a. Sgap, sgaoil, fuadaich, fògair, iom-ruag, iom-sgaoil.

DISPENSARY, s. Taigh iocshlaintean.

DISPENSATION, s. Compàirteachadh,

riarachadh ; buileachadh, dòigh bhuil-eachaidh ; cead peacachaidh.

DISPENSE, v. a. Roinn, riaraich ; dean suas cungaidh leighis ; thig as-eugais.

DISPEOPLE, v. a. Fàsaich, dìth-làraich.

DISPERGE, v. n. Crath, sgiot.

DISPERSE, v. a. Sgap, sgaoil, iom-sgaoil.

DISPERSER, s. Sgapadair.

DISPERSION, s. Sgaoileadh, sgapadh.

DISPIRIT, v. a. Mì-mhisnich, tiomaich, lagaich spiorad ; claoidh, ciosnaich.

DISPLACE, v. a. Cuir á 'àite.

DISPLANT, v. a. Cuir imrich, fuadaich.

DISPLANTATION, s. Imrich lùis ; fuad-ach, cur imrich, fàsachadh.

DISPLAY, v. a. Sgaoil a mach, foillsich, taisbean ; fosgail, leig ris.

DISPLEASE, v. a. Mì-thoilich, thoir oilbheum, feargaich.

DISPLEASURE, s. Mì-thaitneachd, neo-thoileachas-inntinn ; diomb, fearg.

DISPLOSION, s. Spreadhadh, brùchdadh.

DISPORT, s. Cluiche, mireag, fala-dhà.

DISPOSAL, s. Buileachadh, riarachadh ; comas buileachaidh ; riaghladh, stiùr-adh, seòladh ; toirt seachad.

DISPOSE, v. a. Suidhich, cuir an òrdugh, builich, ceartaich, òrduich ; giùlain, iomchair ; dean ri, builich.

DISPOSITION, s. Riaghailt, dòigh, seòl, suidheachadh, rian ; nàdur, aomadh, gnè, càil ; aigne, dùrachd.

DISPOSSESS, v. a. Cuir á seilbh.

DISPOSSESSION, s. Cur á seilbh.

DISPOSURE, s. Comas buileachaidh.

DISPRAISE, s. Di-moladh.

DISPRAISE, v. a. Di-moil, cronaich.

DISPREAD, v. a. Sgap, sgaoil.

DISPROOF, s. Àicheadh, dearbhadh 'n a bhréig, breugnachadh.

DISPROPORTION, s. Neo-ionannachd.

DISPROPORTIONABLE, DISPROPORTION-ATE, adj. Mì-fhreagarrach.

DISPROVE, v. a. Dearbh 'na bhréig.

DISPUTABLE, adj. Tagarach.

DISPUTANT, s. Deasbair, connspaidiche.

DISPUTATION, s. Connsachadh, reuson-achadh, deasbaireachd.

DISPUTATIOUS, DISPUTATIVE, adj. Connsachail, connspaideach.

DISPUTE, v. Connsaich, cothaich, tagair ; reusanaich, bi deasbaireachd.

DISFUTE, s. Connsachadh, deasbair-eachd.

DISPUTELESS, adj. Neo-àicheach.

DISQUALIFICATION, s. Neo-fhreagarr-achd, neo-iomchuidheachd.

DISQUALIFY, v. a. Dean neo-iomchuidh.

DISQUIET, DISQUIETUDE, s. Iomaguin, neo-fhoisneachd.

DISQUIET, v. a. Trioblaidich, cuir càmpar air cuir dragh air.

DISQUIETFUL, *adj.* Mi-shuaimhneach.

DISQUISITION, *s.* Rannsachadh, sgrùdadh, deuchainn, deasbaireachd.

DISREGARD, *s.* Dìmeas, tarcuis.

DISREGARD, *v. a.* Dean dìmeas air.

DISREGARDFUL, *adj.* Tarcuiseach.

DISRELISH, *s.* Anablas, gràin, sgreamh.

DISRELISH, *v. a.* Sgreamhaich, sgreataich, gràinich, fuathaich, gabh gràin.

DISREPUTABLE, *adj.* Neo-mheasail.

DISREPUTATION, DISREPUTE, *s.* Michliù, droch ainm.

DISRESPECT, *s.* Eas-urram, tarcuis.

DISROBE, *v. a.* Faobhaich.

DISRUPTION, *s.* Bristeadh, sgàineadh.

DISSATISFACTION, *s.* Mi-thoileachadh.

DISSATISFY, *v. a.* Mi-thoilich.

DISSECT, *v. a.* Cuir as a chéile ; sgrùd.

DISSECTION, *s.* Corp-shnasadh.

DISSEMBLANCE, *s.* Neo-choltas.

DISSEMBLE, *v. a.* Cuir an aimhriochd, falaich, ceil, meall.

DISSEMBLER, *s.* Cealgair, mealltair.

DISSEMINATE, *v. a.* Craobh-sgaoil.

DISSEMINATION, *s.* Craobh-sgaoileadh.

DISSEMINATOR, *s.* Fear craobh-sgaoilidh.

DISSENSION, *s.* Aimhreit, ceannairc.

DISSENT, *v. n.* Bi air chaochla baralach, mi-chòrd ; eas-aontaich ; sgar.

DISSENT, *s.* Eas-aontachadh, dealachadh, caochla barail.

DISSENTER, *s.* Fear-dealachaidh o'n eaglais shuidhichte.

DISSENTIOUS, *adj.* Eas-aontach.

DISSERTATION, *s.* Òraid, searmoin.

DISSERVICE, *s.* Ciurradh, dochann, cron.

DISSERVICEABLE, *adj.* Caillteach.

DISSEVER, *v. a.* Géarr, sgar.

DISSIMILAR, *adj.* Eu-coltach.

DISSIMILARITY, DISSIMILITUDE, *s.* Eu-coltas, eu-cosmhalachd.

DISSIMULATION, *s.* Cealgaireachd, gnùismhealladh, cluain, cuilbheart.

DISSIPATE, *v. a.* Sgaoil, sgap, caith.

DISSIPATION, *s.* Ana-caitheamh.

DISSOCIATE, *v. a.* Eadar-dhealaich, sgar.

DISSOLUBLE, *adj.* So-leaghadh.

DISSOLVE, *v. a.* Leagh ; sgaoil, cuir o chéile, fuasgail, cuir fa-sgaoil ; eadardhealaich, sgar o chéile.

DISSOLVENT, *adj.* Leaghach, a leaghas.

DISSOLVABLE, *adj.* So-leaghach.

DISSOLUTE, *adj.* Neo-shuidhichte, neogheimnidh, fuasgailte, macnasach, baoiseach, drùiseil, strothail, anameasarra.

DISSOLUTENESS, *s.* Fuasgailteachd, stròthalachd, neo-gheamnuidheachd, ana-measarrachd.

DISSOLUTION, *s.* Leaghadh ; fuasgladh, dol as a chéile ; caochladh, bàs.

DISSONANCE, *s.* Ràcaireachd.

DISSONANT, *adj.* Searbh, neo-fhonnmhor.

DISSUADE, *v. a.* Ath-chomhairlich.

DISSUASIVE, *adj.* A' comhairleachadh an aghaidh, earalach.

DISSYLLABLE, *s.* Facal dà lididh.

DISTAFF, *s.* Cuigeal.

DISTANCE, *s.* Astar, céin, uidhe ; ùine.

DISTANCE, *v. a.* Fàg fad' air dheireadh.

DISTANT, *adj.* Fad' air falbh, fad' ás ; céin, fad' uaithe ; neo-dhaimheil.

DISTASTE, *s.* Droch-bhlas, searbhachd, gràin, anntlachd, fuath, déisinn.

DISTASTEFUL, *adj.* Neo-bhlasta, searbh.

DISTEMPER, *s.* Tinneas, galar, eucail.

DISTEMPER, *v. a.* Cuir galar ann, dean tinn, dean eucaileach ; buair.

DISTEND, *v. a.* Leudaich, farsuinnich.

DISTENTION, *s.* Leudachadh, farsuinneachadh, sgaoileadh a mach.

DISTICH, *s.* Càraid rann, ceathramh òrain.

DISTIL, *v. a.* Tarruinn ; leagh, sruth.

DISTILLATION, *s.* Tarruinn, sruthadh.

DISTILLER, *s.* Grùdaire, fear-togalach.

DISTINCT, *adj.* Soilleir, poncail.

DISTINCTION, *s.* Eadar-dhealachadh.

DISTINCTIVE, *adj.* Tuigseach, soilleir.

DISTINGUISH, *v. a.* Eadar-dhealaich.

DISTINGUISHABLE, *adj.* So-aithneachadh.

DISTINGUISHED, *adj.* Comharraichte.

DISTORT, *v. a.* Toinn, snìomh, fiar.

DISTORTION, *s.* Sreamadh, casadh, toinneamh, fiaradh, snìomh.

DISTRACT, *v. a.* Roinn, cuir as a chéile ; cuir an imcheist ; cuir air bhreitheal, buair.

DISTRACTED, *adj.* Buairte, claoidhte, sàraichte ; air a chuthach, air bhoile.

DISTRACTION, *s.* Eas-aonachd, michòrdadh, mi-riaghailt, iom-sgaradh, aimhreit, eas-òrdugh ; buaireadh, bruaillean, imcheist, breathal ; cuthach.

DISTRAIN, *v. a.* Glac, cuir an gréim.

DISTRESS, *s.* An-shocair, àmhghar, tinn eas ; teanntachd, cruaidh-chàs, teinn, airc ; claoidh, sàrachadh ; glacadh laghail.

DISTRESS, *v. a.* Sàraich, claoidh.

DISTRESSED, *adj.* Truagh, àmhgharach, an-shocrach.

DISTRIBUTE, *v. a.* Roinn, compàirtich;

DISTRIBUTION, *s.* Roinn, compàirteachadh, riarachas, comh-roinn.

DISTRIBUTIVE, *adj.* Compàirteach.

DISTRICT, *s.* Cèarn, mòr-roinn dùthcha.

DISTRUST, *v. a.* Mi-chreid, an-earb.

DISTRUSTFUL, *adj.* Mi-chreideasach, anearbsach.

DISTURB, *v. a.* Buair, cuir dragh ; cuir troi' chéile.

DISTURBANCE, *s.* Buaireas, tuairgneadh, aimhreit.

DISTURBER, *s.* Buaireadair.

DISUNION, *s.* Dealachadh, eadar-sgaradh, eas-aonachd, mi-chòrdadh.

DISUNITE, *v.* Eadar-sgar, dealaich.

DISUNITY, *s.* Eas-aonachd, eadar-sgarachdainn, tearbadh.

DISUSE, DISUSAGE. *s.* Mi-chleachdadh.

DISUSE, *v. a.* Cuir á cleachdadh.

DITCH, *s.* Clais, dìg, feuth.

DITCHER, *s.* Dìgear.

DITHYRAMBIC, *s.* Duanag òil.

DITTANY, *s.* Lùs-a'-phiobaire.

DITTO, *adv.* An ni ceudna.

DITTY, *s.* Òran, luinneag, duanag.

DIVAN, *s.* Àrd-chomhairl an Turcaich.

DIVARICATION, *s.* Caochla baralach.

DIVE, *v.* Rach fo'n uisge; rannsaich a steach, rach á sealladh.

DIVER, *s.* An gobha-uisg; shnàmhaich fo'n uisg; fear-rannsachaidh.

DIVERGE, *v. n.* Ioma-sgaoil.

DIVERGENT, *adj.* A' dol gach rathad.

DIVERS, *adj.* Iomadh, iomadach.

DIVERSE, *adj.* Eug-samhail, air leth.

DIVERSIFICATION, *s.* Mùthadh, atharrachadh, caochla; eug-samhlachd.

DIVERSIFY, *v. a.* Mùgh, atharraich, dean eug-samhail.

DIVERSION, *s.* Criodhalas, aighear, fearas-chuideachd; claonadh.

DIVERSITY, *s.* Eu-coltas, iomadachd.

DIVERT, *v. a.* Tionndaidh air falbh; cum o fhadal, breug, cum cluich ri.

DIVERTISEMENT, *s.* Aighear, cluiche.

DIVERTIVE, *adj.* Àbhachdach, sùgach.

DIVEST, *v. a.* Rùisg, faobhaich.

DIVIDE, *v.* Roinn, eadar-sgar, dealaich, cuir dealachadh eadar, cùm o chéile; pàirtich; eas-aontaich, mi-chòrd.

DIVIDEND, *s.* Earrann, roinn, cuid.

DIVIDER, *s.* Roinneadair.

DIVIDUAL, *adj.* Roinnte, pàirtichte.

DIVINATION, *s.* Fàisneachd, fiosachd.

DIVINE, *adj.* Diadhaidh, nèamhaidh.

DIVINE, *s.* Diadhair, sagart, pears'-eaglais; ministear.

DIVINE, *v. a.* Baralaich.

DIVINER, *s.* Fàisniche, fiosaiche.

DIVINITY, *s.* Diadhachd; Dia; diadhaireachd; ni neo-thalmhaidh.

DIVISIBLE, *adj.* So-roinn, pàirteachail.

DIVISION, *s.* Roinn, pàirteachadh; eadar-dhealachadh; pàirt, cuid, earrann.

DIVISOR, *s.* Àireamh leis an roinnear, fear-roinne roinneadair.

DIVORCE, DIVORCEMENT, *s.* Dealachadh phòsaidh; litir-dhealachaidh.

DIVORCE, *v. a.* Dealaich càraid phòsta; cuir air falbh.

DIURETIC, DIURETICAL, *adj.* Fual-bhrosnachail.

DIURNAL, *adj.* Lathail, gach latha.

DIURNAL, *s.* Leabhar-latha.

DIVULGE, *v. a.* Foillsich, taisbean, innis gu follaiseach, dean follaiseach.

DIZZINESS, *s.* Tuainealaich, clò-ghalar.

DIZZY, *adj.* Tuainealach; aotrom.

DO, *v.* Dean, gnàthaich; cuir an gnìomh; crìochnaich; atharraich, mùth; biodh gnothach agad ri.

DOCIBLE, DOCILE, *adj.* So-ionnsachadh, soirbh, soitheamh, callta.

DOCILITY, DOCIBLENESS, *s.* Soirbheachd.

DOCK, *s.* Copag; long-phort.

DOCKET, *s.* Sgrìobhadh-seòlaidh air bathar, gearr-sgrìobhadh.

DOCKYARD, *s.* Long-lann.

DOCTOR, *s.* Olla; ollamh; lighich; léigh.

DOCTORSHIP, *s.* Ollamhachd.

DOCTRINAL, *adj.* Oileanach.

DOCTRINE, *s.* Teagasg, ionnsachadh.

DOCUMENT, *s.* Àithne, riaghailt, dearbhadh-sgrìobhte.

DODECAGON, *s.* Dealbh dà thaobh dheug-shlisneach.

DODGE, *v. n.* Meall, bi ri mi-chleasan.

DOE, *s.* Earb, eilid, maoisleach.

DOER, *s.* Deanadair, fear-gnothaich.

DOFF, *v. a.* Cuir dhìot, cùir dàil.

DOG, *s.* Cù, madadh, balgaire.

DOG, *v. a.* Lorgaich, lean, srònaich.

DOGBRIER, *s.* Con-dris.

DOGDAYS, *s.* An t-iuchar.

DOGE, *s.* Uachdaran Bhénis.

DOGGED, *adj.* Gnù, breun, coimheach, doirbh, iargalta.

DOGGEREL, *s.* Treallain, reòlaist, bàrd-achd shuarach.

DOGISH, *adj.* Brùideil, dreamach, crost.

DOGMA, *s.* Barail shuidhichte, teagasg gnàthaichte.

DOGMATIC, DOGMATICAL, *adj.* Ùgh-darrach, fein-bharalach, dearrasach.

DOGMATISM, *s.* Danarrachd, dearras.

DOGMATIST, *s.* Fear teann 'na 'bharail.

DOGSTAR, *s.* Reull an iuchair.

DOINGS, *s.* Dèanadais, gniomharran.

DOLE, *s.* Compàirteachadh, co-roinn.

DOLE, *v. a.* Builich, compàirtich, riaraich, roinn.

DOLEFUL, *adj.* Brònach, dubhach, tùrsach, gearanach, doilghiosach; déisinneach, aonaranach, cianail, tiamhaidh, trom.

DOLL, *s.* Liùdhag, leanabh-liùdhag.

DOLLAR, *s.* Bonn airgeid.

DOLORIFIC, *adj.* Doilghiosach, trioblaideach, àmhgharach, muladach.

DOLOROUS, *adj.* Muladach, brònach, tiamhaidh, piantail, doilghiosach, amhgharach.

DOLOUR, *s.* Bròn, doilghios, tùrsa, cràdh, dòghruinn, pian.

DOLPHIN, *s.* An leumadair.

DOLT, *s.* Burraidh, ùmaidh, gurraiceach, tàmhanach.

DOLTISH, *adj.* Pleòisgeach, gurraiceil, trom-cheannach, ùmanta.

DOMAIN, *s.* Uachdranachd, fearannsaor ; baile 'n tighearna.

DOME, *s.* Aitreabh, taigh, àros, teach ; crom-thogail, astail.

DOMESTIC, *adj.* Teachail, a bhuineas do'n taigh : dìomhair, uaigneach ; soirbh, callaichte.

DOMESTIC, *s.* Fear-muinntir, seirbhiseach a chòmhnaidh 's an teaghlach.

DOMESTICATE, *v. a.* Cùm aig an taigh, càllaich.

DOMICILE, *s.* Dachaigh, aros, fàrdoch, taigh, astail, còmhnaidh.

DOMINATE, *v. a.* Riaghail, ceannsaich, cùm fo smachd.

DOMINATION, *s.* Cumhachd, uachdranachd ; aintighearnas, ceannsalachd, cruaidh-smachd.

DOMINEER, *v.* Riaghail, sàraich ; bi ain-tighearnail.

DOMINICAL, *adj.* Sàbaideach ; a bhuineas do'n phaidir.

DOMINION, *s.* Uachdranachd, àrdcheannas ; cumhachd, ùghdarras ; iompaireachd, rioghachd ; lamh-anuachdar.

DON, *s.* Duin'-uasal Spàinteach.

DONATION, *s.* Tabhartas, tiodhlac, deagh-ghean.

DONATIVE, *s.* Tabhartas, déirc.

DONE, *part.pass.* of the verb *to do.* Deante.

DONOR, *s.* Tabhartaiche, tabhartach.

DOOM, *v. a.* Thoir a mach binn, dìt, thoir breith air ; òrduich, àithn, sònraich, rùnaich.

DOOM, *s.* Breitheanas, binn ; dìteadh ; òrduchadh, crannchur, dàn ; milleadh, sgrios ; breithneachadh.

DOOMSDAY, *s.* Latha-luain.

DOOMSDAY-BOOK, *s.* An leabhar-dubh

DOOR, *s.* Dorus, comhla.

DOORPOST, *s.* Ursainn.

DOQUET, *s.* Barantas.

DORMANT, *adj.* Cadaltach ; dìomhair, os n-ìosal, falaichte.

DORMITORY, *s.* Seòmar-cadail.

DORMOUSE, *s.* An dall-luch.

DORN, *s.* Dronnag, seòrs' éisg.

DOSE, *s.* Tomhas cungaidh leigis ; balgam searbh ; lan-broinne.

DOT, *s.* Pong, punc, dùradan.

DOT, *v. a.* Comharraich, cuir buill air, puncaich, dean puncan.

DOTAGE, *s.* Breitheal, breisleach, leanabas, shean aois.

DOTARD, DOTER, *s.* Leannanach ro gaolach, seann duine leanabail.

DOTE, *v. n.* Bi 'na d' bhreitheal ; bi an trom-ghaol ; beachdaich air le gràdh.

DOTTEREL, *s.* An t-amadan-mòintich.

DOUBLE, *adj.* Dùbailte, dà-fhillte ; a dhà uibhir ; fealltach, carach, cealgach.

DOUBLE, *v. a.* Dùblaich, dùbail, cuir dàfhillte ; dean uibhir eile ; bi dùbailte, fàs uibhir eile ; bi carach.

DOUBLE, *s.* Dùbladh, dùblachadh, uibhir eile ; car, cleas ; leth-bhreac.

DOUBLE-DEALER, *s.* Cluaintear, cealgair.

DOUBLET, *s.* Peiteag, siostacota ; dithis.

DOUBLE-TONGUED, *adj.* Cealgach.

DOUBT, *v. a.* Cuir an teagamh, cuir an amharus, cuir an umhail, na h-earb ás ; bi'n ioma-chomhairle, bi 'n ioma-cheist.

DOUBT, *s.* Teagamh, ioma-chomhairle, ioma-cheist ; neo-chinnteachd ; anamharus, an-earbsa.

DOUBTFUL, *adj.* Teagmhach, mi-chinnteach, neo-shoilleir ; amharasach, anearbsach, sgàthach.

DOUBTFULNESS, *s.* Teagamh, mi-chinnteachd ; doilleireachd ; tuiteamas.

DOUBTLESS, *adj.* Cinnteach, gun teagamh, gun amharus.

DOUBTLESS, *adv.* Gu cinnteach, gun teagamh, gun cheist, gun amharus.

DOVE, *s.* Calaman, calman.

DOVECOT, DOVEHOUSE, *s.* Calm-lann, tùcaid, taigh-chalaman.

DOVETAIL, *s.* Amladh, fiaclachadh.

DOUGH, *s.* Taois.

DOUGHTY, *adj.* Gaisgeil, euchdail, flathail, calma, smiorail, curanta.

DOUGHY, *adj.* Taoiseach, plamacaidh

DOUSE, *v. n.* Tùm, thoir leagadh do.

DOWAGER, *s.* Banntrach uasal.

DOWDY, *s.* Té shlaopach neo-chruinneil, sgumrag, sgliughaisg.

DOWDY, *adj.* Sgumragach, slaopach, sgleòideach, sgliuisgeach.

DOWER, DOWRY, *s.* Tochradh ; cuibhrionn banntraich.

DOWERLESS, *adj.* Gun tochradh.

DOWLAS, *s.* Tùlainn, anart asgairt.

DOWN, *s.* Réidhleach, clòimh-itean, min-chlòimh, min-fhalt.

DOWN, *prep.* Sìos, le bruthach.

DOWNCAST, *adj.* Airtneulach, trom, smuaireanach, dubhach.

DOWNFAL, *s.* Tuiteam, leagadh, ìsleachadh ; sgrios.

DOWNHILL, *s.* Leathad, leacann.

DOWNLYING, *part.* Dlù, do'n t-sop.

DOWNRIGHT, *adj.* Soilleir, fosgailte, saor, dìreach ; calg-dhìreach, tréidhireach, neo-chealgach ; follaiseach, as an aodann.

DOWNRIGHT, *adv.* Gu buileach, gun stad ; gu soilleir, gu neo-chealgach.
DOWNWARD, DOWNWARDS, *adv.* A nuas sìos, le bruthach
DOWNWARD, *adj.* A' dol le bruthach, a' tèarnadh, a' cromadh ; smuaireanach, muladach.
DOWNY, *adj.* Clòimheach, tairis ; bog, mìn, maoth, ploiteach.
DOXY, *s.* Striopach ; aigeannach.
DOZE, *v. n.* Clò-chaidil.
DOZEN, *s.* Dusan, a dhà-dheug.
DOZY, *adj.* Cadalach ; lunndach.
DRAB, *s.* Garbh-chlò ; siùrsach, striòpach, strapaid ; mosag, caile bhreun.
DRACHM, *s.* Seann chùinneadh Greugach ; an t-ochdamh cuid do dh' unnsa.
DREAD, *adj.* Eagalach, uabhasach.
DRAFF, *s.* Treasg, dràbhag cnàmhag.
DRAFT, *s.* Bann Airgeid.
DRAG, *v. a.* Slaoid, tarruinn, spìon.
DRAG, *s.* Lion-tarruinn, tarruinn ; greimiche ; càrn-slaoid.
DRAGGLE, *v. a.* Luidir, salaich, slaod tre 'n pholl.
DRAGNET, *s.* Lion-sgrìobaidh.
DRAGON, *s.* Dràgon, nathair-sgiathach.
DRAGONFLY, *s.* Tarbh-nathrach.
DRAGOON, *s.* Saighdear eachraidh.
DRAIN, *v. a.* Traogh, tarruinn, tiormaich, siothlaidh.
DRAIN, *s.* Guitear, clais.
DRAKE, *s.* Dràc, ràc.
DRAM, *s.* Dràma, dràm.
DRAMA. *s.* Dàn-chluiche.
DRAMATIC, *adj.* Cluìcheach, a bhuineas do dhàn-chluiche.
DRAMATIST, *s.* Ìghdar cluiche.
DRAPER, *s.* Ceannaiche aodaich.
DRAPERY, *s.* Obair-aodaich ; aodaichean.
DRAUGHT, *s.* Tarruinn ; srùbadh, deoch ; uiread 's a dh' òlas neach air aon tarruinn.
DRAUGHTS. Tàileasg.
DRAW, *v. a.* Tarruinn, dragh, slaod ; spìon, spiod, spiol ; deoghail; sin, dean fada ; tàlaidh, meall ; crup ; dealbh.
DRAWBRIDGE, *s.* Drochaid-thogalach.
DRAWER, *s.* Fear-tarruinn ; cisteag-thairnneach.
DRAWING-ROOM, *s.* Seòmar coinneachaidh.
DRAWL, *v. n.* Màirnealaich, labhair gu slaodach.
DRAWL, *s.* Draoluinn, ràsan.
DRAWN, *part.* Tàirnnte.
DRAW-WELL, *s.* Tobar tharruinn.
DRAY, *s.* Cairt-leanna.
DREAD, *s.* Eagal, oillt, geilt, gealtachd, fiamh ; cùis-eagail.
DREAD, *adj.* Eagalach, oillteil.
DREAD, *v. n.* Oilltich, criothnaich.

DREADFUL, *adj.* Eagalach, uabhasach.
DREADLESS, *adj.* Neo-eagalach, neosgàthach, gun fhiamh.
DREAM, *s.* Aisling, bruadar ; breisleach.
DREAM, *v.* Bruadair, faic aisling, aislingich ; smuainich gu faoin.
DREAMER, *s.* Bruadaraiche, aislingiche.
DREAMLESS, *adj.* Saor o bhruadaraibh.
DREAR, DREARY, *adj.* Muladach, brònach, tiamhaidh ; aonaranach, dorcha, dèisinneach.
DREARINESS, *s.* Uamharrachd, dubhachas, uaigneachd.
DREDGE, *s.* Prac, lion-eisearan.
DREDGE, *v. a.* Cuir fathadh.
DREGGY, *adj.* Druaipeil, dràbhagach.
DREGS, *s.* Druaip, dràbhag, salchar ; grùid, grunnd ; fuaigheall, sguabadh.
DRENCH, *v. a.* Fliuch, bogaich ; taisich ; sgùr, purgaidich ; nigh, glan.
DRENCH, *s.* Purgaideach.
DRESS, *v. a.* Sgeadaich, còmhdaich, breaghaich, sgiamhaich, uidheamaich, ceartaich, deasaich ; grèidh.
DRESS, *s.* Aodach, earradh, sgeadach, uidheam ; rìomhadh.
DRESSER, *s.* Fear-sgeadachaidh ; còrnchlàr.
DRESSING-ROOM, *s.* Seòmar-sgeadachaidh.
DRIBBLE, *v. n.* Srid, sil, braon, fras ; tuit 'n a d' bhoinnean.
DRIER, *s.* Tiorman.
DRIFT, *s.* Cathadh ; cùrsa, brìgh, ciall.
DRIFT, *v. a.* Iomain, cuir le gaoith ; cuir 'na chuithe.
DRILL, *v. a.* Toll ; teagaisg arm.
DRILL, *s.* Caochan ; tora, sniamhaire, gimileid ; teagasg-airm.
DRINK, *v.* Òl, srùb, sùgh, gabh deoch.
DRINK, *s.* Deoch.
DRINKABLE, *adj.* A ghabhas òl.
DRINKER, *s.* Misgear, pòitear.
DRIP, *v. n.* Sil, sruth, snith.
DRIP, *s.* Sileadh, braon, snithe.
DRIPPING-PAN, *s.* Aghann-shilidh.
DRIVE, *v.* Greas, buail air aghart ; iomain, fuadaich, saodaich, ruag ; cuir an èigin.
DRIVEL, *v. a.* Bi sileadh ronn.
DRIVEL, *s.* Ronn, sgleog, splangaid staonag, smugaid.
DRIVELLER, *s.* Ronnaire, sgleogaire, spliugaire ; amhlar.
DRIVEN, DROVEN, *part.* Fògairte, fuadaichte, iomanaichte.
DRIVER, *s.* Ceannaire, fear-greasaidh ; iomanaiche.
DRIZZLE, *v.* Braon, sil ; snith.
DRIZZLY, *adj.* Braonach, ciùrach.
DROCK, *s.* Sgonnan.
DROLL, *s.* Cleasaiche, àmhailt.

Droll, *adj.* Neònach, cleasach.
Drollery, *s.* Cleasachd, àbhachd, fearas-chuideachd.
Dromedary, *s.* Dromadair, droman.
Drone, *s.* Seillein dìomhain ; leisgean, lunndair, rongair ; torman, dos.
Dronish, *adj.* Lunndach, cadalach, diomhanach, rongach, slaodach.
Droop, *v. n.* Searg, crìon, crom, meath; fàs lag, caith air falbh ; aom.
Drooping, *part.* A' siothladh ás.
Drop, *s.* Boinne, braon, driog.
Drop, *v. a.* Sil, fras, braon, driog ; leig seachad, leig dhìot ; fras ; tuit, bàsaich.
Dropping, *s.* Sileadh, snithe.
Droplet, *s.* Braon, cuirnean, driog.
Dropsical, *adj.* Meud-bhronnach.
Dropsy, *s.* Meud-bhronn.
Dross, *s.* Sal, smùrach, dus, spruilleach.
Drossy, *adj.* Salach, meirgeach.
Drove, *s.* Treud, greigh, dròbh.
Drover, *s.* Dròbhair.
Drought, Drouth, *s.* Tiormachd, tart, turadh ; pathadh.
Droughty, *adj.* Tioram, tartmhor ; pàiteach, teth.
Drown, *v.* Bàth ; tuilich ; bi air do bhàthadh.
Drowsiness, *s.* Trumadas, cadaltachd, tromsanaich ; lunndaireachd.
Drowsy, *adj.* Cadalach, tromsanach, trom-cheannach.
Drub, *v. a.* Spuac, cnapaich, slacuinn.
Drub, *s.* Spuac, cnap, buille, dòrn.
Drudge, *v. n.* Dean sìor-obair, oibrich gun tamh ; dean dubh-obair, dean obair thràilleil.
Drudge, *s.* Dubh-chosannach, tràill.
Drudgery, *s.* Dubh-chosnadh, tràill-ealachd, obair dhìblidh, saothair.
Drug, *s.* Cungaidh leighis ; ni gun diù.
Drugget, *s.* Drògaid.
Druggist, *s.* Fear-reic chùngai-leighis.
Druid, *s.* Drùidh, draoidh.
Druidical, *adj.* Drùidheil.
Druidism, *s.* Drùidheachd.
Drum, *s.* Druma.
Drummer, *s.* Drumair.
Drumstick, *s.* Bioran-druma.
Drunk, *adj.* Air mhisg, misgeach.
Drunkard, *s.* Misgear, pòitear.
Drunkenness, *s.* Misg, pòitearachd.
Dry, *adj.* Tioram ; pàiteach, iotmhor.
Dry, *v.* Tiormaich, siab ; seac.
Dryness, *s.* Tiormachd ; seacadh.
Dry-nurse, *s.* Banaltrum-thioram.
Dub, *v. a.* Dean ridire, cuir an inbhe ridire ; urramaich, àrdaich an inbhe.
Dub, *s.* Buille, cnap, dòrn.
Dubious, *adj.* Neo-chinnteach, teagmhach, neo-shoilleir.
Dubitable, *adj.* Teagmhach.

Ducal, *adj.* Diùcail.
Ducat, *s.* Bonn naoidh a's shé sgillean.
Duck, *s.* Tunnag ; lach ; cromadh-cinn, facal tàlaidh.
Duck, *v.* Cuir fo'n uisge, tùm ; rach fo'n uisge ; crùb.
Ducking, *s.* Tumadh, bogadh.
Ducking-stool, *s.* An stòl-dubh.
Ducklegged, *adj.* Clàr-chasach, spàg-ach, plùitach, spògach.
Duckling, *s.* Òg-lachan.
Duct, *s.* Seòladh ; slighe, pìob-ghiùlain.
Ductile, *adj.* Sùbailte, so-lùbadh, so-tharruinn, so-ghéillidh, maoth.
Ductility, *s.* Sùbailteachd, ciùineachd.
Dudgeon, *s.* Cuinnsear, biodag ; gruaim, dod, droch-mhéinn.
Due, *adj.* Fiachnaichte, dligheach, iomchuidh, cubhaidh ; dìreach, neo-mhearachdach.
Due, *adv.* Gu dìreach.
Due, *s.* Còir, dlighe ; fiacan, càin, màl.
Duel, *s.* Còmhrag-dithis.
Duellist, *s.* Céile-chòmhraig.
Duenna, *s.* Seann bhan-oide-foghluim.
Duet, *s.* Ceòl-dithis.
Dug, *s.* Sine.
Duke, *s.* Diùc.
Dukedom, *s.* Seilbh diùc.
Dulcet, *adj.* Milis, taitneach ; binn, fonnmhor ; ciatach ; tiamhaidh.
Dulcify, Dulcorate, *v. a.* Milsich, dean-milis.
Dulcimer, *s.* Seòrs' inneil ciùil.
Dull, *adj.* Trom-inntinneach, smuaireanach ; boaghalta, neo-gheur, trom-cheannach, pleòisgeach, maol-aig-neach ; maol, tiugh ; plubach, luid-seach, clod-cheannach; neo-chridheil.
Dull, *v. a.* Cuir 'na bhreislich, cuir tuairgneadh air ; maol ; dean trom-inntinneach, mi-mhisnich ; fàs trom-inntinneach.
Dullard, *s.* Burraidh, ùmaidh.
Dulness, *s.* Neo-thuisge, gloidhceal-achd, pleòisgeachd, mi-ghéire ; truime, dùsal ; tromsanaich, cadaltachd ; maillead, màirnealachd, màidhean-achd ; dorchaidh ; maoile.
Duly, *adv.* Gu h-iomchuidh, gu freag-arrach, gu riaghailteach.
Dumb, *adj.* Balbh ; tosdach, sàmhach.
Dumbness, *s.* Balbhachd ; tosdachd.
Dumps, *s.* Airtneal, leann-dubh, tromsan-aich ; tuirtealachd.
Dumpish, *adj.* Trom-inntinneach, dubh-ach, smuaireanach.
Dun, *adj.* Ciar, lachdunn, odhar ; duaich-nidh, dorcha.
Dun, *v. a.* Tagair, tathainn, bodhair.
Dun, *s,* Fear-tagraidh fhiach ; dùn.
Dunce, *s.* Ùmaidh, burraidh.

DUNG. s. Inneir, buachar mathachadh, todhar, aolach.

DUNG, v. a. Mathaich, leasaich, inneirich, aolaich ; tothair.

DUNGEON, s. Prìosan, toll-dubh.

DUNGHILL, s. Òtrach, dùnan, sitig, dun-aolaich ; breunan.

DUNGY, adj. Salach, breun, làn òtraich.

DUPE, s. Maoiléan, fear socharach.

DUPE, v. a. Thoir an car á, meall, gabh brath na sochair air.

DUPLICATE, s. Dùblachadh.

DUPLICATION, s. Dùblachadh ; filleadh.

DUPLICITY, s. Dùbailteachd.

DURABLE, adj. Maireannach, buan.

DURABILITY, s. Maireannachd, buanas.

DURANCE, s. Prìosanachadh, prìosan.

DURATION, s. Maireannachd, buanas, fad ùine, no aimsire.

DURING, prep. Ré.

DURST, pret. of to dare. Dàna.

DUSK, adj. Ciar, doilleir, dubharach.

DUSK, s. Doilleireachd, eadar-sholus ; feasgar, beul na h-oidhche ; duibhre.

DUSKISH, DUSKY, adj. A leth-char dorcha, no ciar.

DUST, s. Dus, duslach, ùir, smùr, stùr; ùir a' bhàis ; an uaigh.

DUST, v. a. Sguab, cuir an stùr dheth ; crath stùr air.

DUSTY, adj. Smùirneach, làn duslaich.

DUTCHESS, s. Ban-diùc.

DUTCHY, s. Dùthaich fo riadhladh diùc

DUTEOUS, DUTIFUL, adj. Dleasanach.

DUTY, s. Dleasanas, dlighe ; càin, cìs.

DWARF. s. Duairc, troich, luspardan, luch-armann, fathanach.

DWARFISH, adj. Duairceach, crìon, troicheanta, fachanta, beag.

DWELL, v. n. Fuirich; còmhnaich, tuinich, gabh tàmh ; lean air.

DWELLER, s. Fear-àiteachaidh, fear-còmhnaidh, tàmhaidh.

DWELLING, s. Taigh-còmhnaidh, dachaigh, fàrdach ; astail, ionad-còmhnaidh.

DWINDLE, v. n. Beagaich, lughdaich, crìon, searg, caith air falbh.

DYING, part. Bàsachadh ; dath.

DYNASTY, s. Uachdaranachd.

DYCRASY, s. Droch coimeasgadh fala.

DYSENTERY, s. An sgaoilteach, a'ghearrach, an sgàird, an tinneas-gearraidh.

DYSURY, s. Éigin-fhuail, galar-fuail.

E

E, s. Cùigeamh litir na h-aibidil.

EACH, pron. Gach, gach aon.

EAGER, adj. Dian, dealasach, togarrach, miannach, bras ; dùrachdach.

EAGERNESS, s. Déine, miannachd, dùrachd, togairt ; braise, caise.

EAGLE, s. Iolaire, fìr-eun ; a' bhratach Ròmanach.

EAGLE-EYED, adj. Bior-shuileach.

EAGLESPEED, s. Luathas na h-iolaire

EAGLET, s. Isean iolaire.

EAR, s. Cluas, cluas-chiùil ; dias.

EARL, s. Iarla.

EARLDOM, s. Iarlachd, oighreachd iarla.

EARLESS, adj. Bodhar, maol.

EARLY, adj. Moch, tràth, tràthail, mochthrathach, madainneach.

EARL-MARSHAL, s. Ard-mharasgal.

EARN, v. a. Coisinn, buannaich.

EARNEST, adj. Dùrachdach, dealasach, dian, dìchiollach ; suidhichte, leagte, togarrach ; cudthromach, àraidh.

EARNEST, s. Earlas ; da-rìreadh.

EARNING, s. Cosnadh, tuarasdal.

EAR-RING, s. Cluas-fhail.

EARTH, s. Talamh, ùir, cruinne.

EARTHLY, adj. Talmhaidh.

EARTH-WORM, s. Cnuimh-thalmhuinn, neach truagh, dìblidh, spiocaire.

EARTH-NUT, s. Braonan.

EARTHQUAKE, s. Crith-thalmhuinn.

EARWIG, s. Fiolan, fiolar.

EASE, s. Fois, tàmh, socair, suaimhneas ; lasachadh, faothachadh.

EASE, v. a. Faothaich, lasaich, aotromaich, lùghdaich, thoir fois.

EASEFUL, adj. Sàmhach, socrach.

EASEMENT, s. Cobhair, còmhnadh, furtachd, fuasgladh, faothachadh.

EASINESS, s. Furastachd ; soirbheachd, fois, tàmh, socair, suaimhneas.

EAST, s. Ear, an airde 'n ear.

EASTER, s. Càisg, a' chàisg.

EASTERLY, adj. and ad. An ear, o'n ear.

EASTWARD, ad. O'n àird an ear, gus an àird an ear.

EASY, adj. Furasta; soirbh, socrach, sàmhach, aig fois, foisneach , sogheilleadh ; saor, fosgailte.

EAT, v. Ith ; caith ; cnàmh.

EATABLE, adj. A dh' fhaodar itheadh.

EAVES, s. Anainn, barra-bhalla.

EAVESDROPPER, s. Fear-farcluaise.

EBB, s. Tràghadh ; crìonadh, seargadh.

EBB, v. n. Tràigh, traogh ; crìon.

EBON, EBONY, s. Fiodh cruaidh dubh.

EBRIETY, s. Misg, misgearachd.

EBULLITION, s. Goil.

ECCENTRIC, adj. A' dol o'n mheadhon; mi-riaghailteach, neònach, seachranach, iomrallach.

ECCENTRICITY, s. Aomadh o'n mheadhon, neònachas.

ECCLESIASTIC, *s.* Sagart, pears-eaglais.
ECCLESIASTIC, *adj.* Eaglaiseil.
ECHO, *s.* Mac-talla; ath-ghairm.
ECLAIRCISSEMENT, *s.* Soilleireachadh.
ECLAT, *s.* Greadhnachas, glòir, urram.
ECLECTIC, *s.* Roghainneachadh.
ECLIPSE, *s.* Ball-dubh; dubhar.
ECLIPTIC, *s.* Grian-chrios.
ECLOGUE, *s.* Òran buachailleachd.
ECONOMICAL, *adj.* Gléidhteach, caontach, cùramach, grùndail.
ECONOMIST, *s.* Fear caontach, fear crionna, fear-gléidhteach.
ECONOMISE, *v. a.* Gléidh, cuir gu deagh bhuil, steòrnaich.
ECONOMY, *s.* Banas-taighe, steòrnadh, dòighealachd, deagh-riaghladh teaghlaich; caontachd, gléidhteachd; dòigh, rian, seòl.
ECSTACY, *s.* Mor-ghàirdeachas, àrd-éibhneas, subhachas.
ECSTATIC, *adj.* Làn aoibhneis, ro aoibhneach, subhach, sòlasach.
EDACIOUS, *adj.* Gionach, geòcach, lonach, glutach, glamach.
EDACITY, *s.* Glàmhaireachd, geòcaireachd, craosaireachd.
EDDER, *s.* Barran.
EDDY, *s.* Saobh-shruth, sruth-cuairteig.
EDENTATED, *adj.* Cabach, gun fhiaclan.
EDGE, *s.* Faobhar; roinn; oir, bile.
EDGING, *s.* Oir, fàitheam; stim.
EDGELESS, *adj.* Maol, neo-gheur.
EDGETOOL, *s.* Faobhar-gearraidh.
EDGEWISE, *adv.* Air a roinn; air oir.
EDICT, *s.* Reachd, òrdugh folluiseach.
EDIFICATION, *s.* Togail suas, oileanachadh; teagasg, ionnsachadh, fòghlum.
EDIFICE, *s.* Aitreabh, togail, taigh, àros.
EDIFY, *v. a.* Teagaisg, ionnsaich.
EDIT, *v. a.* Deasaich air son clò-bhualaidh.
EDITION, *s.* Clò-bhualadh, cur a mach.
EDITOR, *s.* Fear-deasachaidh leabhair air son clò-bhualaidh.
EDUCATE, *v. a.* Fòghluim, ionnsaich, teagaisg, tog suas.
EDUCATION, *s.* Fòghlum, muineadh, ionnsachadh, teagasg, togail suas.
EDUCTION, *s.* Foillseachadh.
EDULCORATION, *s.* Millseachadh.
EEK, *v. a.* Cuir ri, meudaich.
EEL, *s.* Easgann.
EFFABLE, *adj.* So chur an céill, so-nochdadh, so-innseadh.
EFFACE, *v. a.* Dubh a mach, mill, duaichnich, cuir mi-dhreach air
EFFECT, *s.* Eifeachd, buaidh, buil, toradh, crìoch, gnìomh; co-dhùnadh, deireadh.
EFFECT, *v. a.* Co-lion, thoir gu crìch; dèan, cuir an gnìomh.

EFFECTIVE, *adj.* Foghainteach, buadhach, comasach.
EFFECTIVELY, *ad.* Gu cumhachdach, le eifeachd, gu buadhach.
EFFECTLESS, *adj.* Neo-eifeachdach.
EFFECTUAL, *adj.* Eifeachdach.
EFFECTUATE, *v. a.* Coimhlion.
EFFEMINACY, *s.* Meatachd, buige, neo-smioralachd; sòghalachd, macnus.
EFFEMINATE, *adj.* Meata, bog, meath-chridheach; macnusach, soghmhor.
EFFERVESCENCE, *s.* Goil, oibreachadh le teas.
EFFICACIOUS, *adj.* Éifeachdach, buadhach, comasach, foghainteach.
EFFICACY, *s.* Comas, cumhachd, neart, buaidh, éifeachd.
EFFICIENCE, *s.* Gnìomhachd, tairbhe, cumhachd.
EFFICIENT, *adj.* Éifeachdach, tarbhach, comasach, diongmhalta, treun, foghainteach, buadhach.
EFFIGY, *s.* Ìomhaigh, dealbh, cruth.
EFFLORESCENCE, *s.* Blàth, teachd fo bhlàth, bristeadh a mach.
EFFLORESCENT, *adj.* A' teachd fo bhlàth.
EFFLUENCE, *s.* Sruthadh.
EFFLUENT, *adj.* A' sruthadh, a' teachd o.
EFFLUVIA, *s.* Tòchd.
EFFLUXION, *s.* Sruthadh, sileadh.
EFFORT, *s.* Ionnsaidh, deuchainn.
EFFRAIBLE, *adj.* Eagalach, uabhasach.
EFFRONTERY, *s.* Bathaiseachd, ladornas, dalmachd, mi-nàire.
EFFULGENCE, *s.* Dearrsadh, boillsgeadh, lannaireachd, soillseachd.
EFFULGENT, *adj.* Dearrsach, boillsgeach, dealrach, soillseach.
EFFUSE, *v. a.* Doirt, taom.
EFFUSION, *s.* Dòrtadh, taomadh, taosgadh, cur thairis: ana-caitheamh; toirbheartachd, buileachadh.
EGG, *s.* Ubh.
EGLANTINE, *s.* Preas nan ròs.
EGOTISM, *s.* Féin-iomradh, féin-mholadh.
EGOTIST, *s.* Fear-fein-mholaidh.
EGOTISTICAL, *adj.* Féin-mholtach.
EGOTIZE, *v. n.* Bi labhairt umad féin.
EGREGIOUS, *adj.* Comharraichte, sònraichte, ainmeil; ana-cuimseach.
EGREGIOUSLY, *ad.* Gu h-ana-cuimseach.
EGRESS, EGRESSION, *s.* Dol a mach, triall, imeachd, siubhal.
EIGHT, *s.* Ochd.
EIGHTH, *adj.* Ochdamh.
EIGHTEEN, *adj.* Ochd-deug.
EIGHTHLY, *adv.* Anns an ochdamh àite.
EIGHTSCORE, *adj.* Ochd fichead.
EIGHTY, *adj.* Ceithir fichead.
EITHER, *pron.* An dara h-aon, an dàrna fear, aon air bith dhiù.

EJACULATE, *v. a.* Cuir a mach, tilg.
EJACULATION, *s.* Guidhe, achanaich.
EJACULATORY, *adj.* Tilgeadh a mach le cabhaig, mar ùrnaigh ghoirid; cabhagach, ealamh.
EJECT, *v. a.* Tilg a mach, cuir a mach; fògair, diobair, cuir air falbh.
EJECTION, *s.* Cur a mach, fògradh, fuadach; cur ás.
EJECTMENT, *s.* Bàirligeadh, bàirlinn; fògradh, cur air falbh.
EJULATION, *s.* Cumha, no tuireadh.
EKE, or EEK, *v. a.* Meudaich, leasaich, cuir ri; lìon, dean suas.
EKE, *ad.* Mar an ceudna.
ELABORATE, *adj.* Saoithreachail.
ELABORATELY, *ad.* Le mòr-shaothair.
ELANCE, *v. n.* Saighdeadh a mach.
ELAPSE, *v. n.* Rach seachad, rach thart, ruith air falbh.
ELASTIC, *adj.* Sùbailte, caoiniallach, lùbach, a' leum air ais.
ELASTICITY, *s.* Sùbailteachd, lùbachd.
ELATE, *adj.* Uaibhreach, àrdanach, air a thogail suas, stràiceil.
ELATE, *v. a.* Tog suas, dean uaibhreach, dean stràiceil.
ELATION, *s.* Uaibhreachd, mòralachd, àilleas, uaill, àrdan, stràic.
ELBOW, *s.* Uileann; lùb, oisinn.
ELBOW-CHAIR, *s.* Cathair-ghàirdean.
ELD, *s.* Aois, seann aois, breòiteachd.
ELDER, *adj.* Ni's sine, ni's aosmhoire.
ELDER, ALDER, *s.* Craobh fhearna.
ELDERLY, *adj.* Sean, aosmhor.
ELDERS, *s.* Seann daoine, seanairean, athraichean; foirfich.
ELDERSHIP, *s.* Seanaireachd, urram na h-aoise; dreuchd foirfich.
ELDEST, *adj.* A's sine, a's aosda.
ELECAMPANE, *s.* Aillean.
ELECT, *v. a.* Roghnaich, tagh; roi'-thagh, roi'-òrduich.
ELECT, ELECTED, *part.* Taghte, roghnaichte; roi'-òrduichte, air a roi'-thaghadh.
ELECTION, *s.* Taghadh, roghnachadh, sònrachadh; roghainn; roi'-thaghadh, roi'-shònrachadh; taghadh fir àird-chomhairle.
ELECTIVE, *adj.* Roghainneach, roghnach, taghach.
ELECTOR, *s.* Taghadair; prionns' aig am beil facal ann an taghadh iompaire na Gearmailte.
ELECTORAL, *adj.* Aig am beil urram fir taghaidh.
ELECTORATE, *s.* Oighreachd taghadair.
ELECTRICAL, *adj.* A' tarruinn le gné an dealanaich.
ELECTRICITY, *s.* Gné an dealanaich.
ELEEMOSYNARY, *adj.* Déirceach.

ELEGANCE, *s.* Grinneas, eireachdas, maise, ciatachd, maisealachd, bòidhchead, dreach, àille.
ELEGANT, *adj.* Eireachdail, maiseach, grinn, finealta, ciatach, àillidh.
ELEGIAC, *adj.* Marbhrannach, cianail.
ELEGY, *s.* Marbhrann, cumha, tuireadh; dàn tiamhaidh.
ELEMENT, *s.* Ceud-aobhar; dùilthionnsgnaidh; dùil; na ceithir dùilean, 's iad sin, talamh, gaoth, teine 's uisge.
ELEMENTAL, ELEMENTARY, *adj.* Dùileach, dùileachail, prìomh, neomheasgte.
ELEPHANT, *s.* Elephant, an ceithirchasach a's mò th' air thalamh.
ELEPHANTINE, *adj.* A bhuineas do dh' elephant.
ELEVATE, ELEVATED, *part.* Ardaichte.
ELEVATE, *v. a.* Tog suas, àrdaich, tog an inbhe, urramaich, séid suas, dean uaibhreach.
ELEVATION, *s.* Àirde, togail suas; àrdachadh, urramachadh, cur an onoir.
ELEVEN, *adj.* A h-aon-deug.
ELF, *s.* Sìthiche, duine-sìth, tàcharan, màileachan; droch spiorad, diabhol; gàrlaoch, siochaire, luspardan.
ELICIT, *v. a.* Thoir a mach, tarruinn a mach.
ELIGIBLE, *adj.* Airidh air roghainn.
ELIMINATE, *v. n.* Cuir a mach air dorus.
ELIMINATION, *s.* Fogradh, tilgeadh air falbh.
ELINGUID, *adj.* Balbh, gun chainnt.
ELISION, *s.* Gearradh, sgathadh dheth; eadar-sgaradh, dealachadh.
ELIXIR, *s.* Cungaidh-leighis, ìoc-shlaint.
ELK, *s.* Lon, làn-damh.
ELL, *s.* An t-slat-thomhais Albannach; slat chùig cairteil.
ELLIPSIS, *s.* Cumadh uibhe, bèarn an cainnt.
ELLIPTICAL, *adj.* Air chumadh uibhe; bèarnach an cainnt.
ELM, *s.* Leamhan.
ELOCUTION, *s.* Ur-labhairt, deas-chainnt, briathrachas, uirghioll, labhairt.
ELOGE, ELOGY, EULOGY, *s.* Moladh.
ELONGATE, *v. a.* Fadaich, tarruinn a mach, sìn a mach; rach an céin.
ELONGATION, *s.* Sìneadh a mach, fadachadh; triall, imeachd.
ELOPE, *v. a.* Ruith air falbh, teich, rach am fuadach.
ELOPEMENT, *s.* Teicheadh, ruith air falbh, fuadach, dol am fuadach.
ELOQUENCE, *s.* Ur-labhairt, deaschainnt, snas-labhairt, fileantachd.
ELOQUENT, *adj.* Ur-labhairteach, deaschainnteach, fileanta.

ELSE, *pron.* Eile, aon eile.

ELSEWHERE, *adv.* An ait' eile, an àit' eigin eile, an ionad eile.

ELVISH, *adj.* Baobhanta, siachaireil.

ELUCIDATE, *v. a.* Mìnich, dean so-thuigsinn, soilleirich.

ELUCIDATION, *s.* Mìneachadh, soilleireachadh.

ELUCIDATOR, *s.* Fear-soilleireachaidh.

ELUDE, *v. a.* Seachain, faigh ás le car; meall, teich fo-lùib.

ELUSION, *s.* Seachnadh, cleas.

ELUSIVE, ELUSORY,*adj.* Mealltach, carach, cleasach, cuilbheartach.

ELUTE, *v. a.* Ionnlaid, nigh.

ELYSIAN, *adj.* Mar phàrras, ro-thaitneach, ro aobhneach.

ELYSIUM, *s.* Pàrras nan cinneach.

EMACIATE, *v.* Searg, meath.

EMACIATION, *s.* Reangadh, caitheamh ás, seargadh, meathadh le gort.

EMACULATE, *v. a.* Glan o bhuill shalach.

EMANANT, *adj.* A' sruthadh, a' sileadh o.

EMANATE, *v. a.* Sruth, ruith, brùchd.

EMANATION, *s.* Sruth, sileadh, ruith.

EMANCIPATE, *v. a.* Fuasgail, saor, thoir saorsa bho chuing.

EMANCIPATION, *s.* Fuasgladh, toirt o chuing.

EMASCULATE, *v. a.* Spoth; lagaich, meataich.

EMBALM, *v. a.* Spìosraich, lìon le spìosradh, cuir spìosraidh air.

EMBAR, *v. a.* Dùin a steach.

EMBARGO, *s.* Bacadh, grabadh-seòlaidh.

EMBARK, *v.* Cuir air bòrd, cuir air luing; rach air bòrd; gabh gnothach o's làimh.

EMBARRASS, *v. a.* Aimhreitich; cuir an ioma-cheist.

EMBARRASSMENT, *s.* Ioma-cheist,teinn.

EMBASSAGE, EMBASSY, *s.* Tosgaireachd.

EMBATTLE, *v. a.* Cuir an òrdugh blàir.

EMBAY, *v. a.* Fliuch, nigh, dùin an geotha, druid an camus.

EMBELLISH, *v. a.* Sgeadaich, maisich, sgiamhaich, breaghaich.

EMBELLISHMENT, *s.* Sgèimh, sgeadachadh, breaghachd, rìomhadh.

EMBERS, *s.* Grìosach, beò-ghrìosach.

EMBEZZLE, *v. a.* Goid ni a chaidh earbsadh riut; ceil cuid neach eile.

EMBEZZLEMENT, *s.* Goid, cumail cuid neach eile, mi-ghnàthachadh airgeid.

EMBLAZE, EMBLAZON, *v. a.* Òraich, dean lainnireach; tarruinn gearradh arm; sgiamhaich le suaicheantas.

EMBLEM, *s.* Sàmhla, riochd, coltas, cruth-dhealbh, mac-samhail.

EMBLEMATIC, EMBLEMATICAL, *adj.* Samhlach.

EMBOSS, *v. a.* Gràbhal, breac, cnapaich carbh; dualaich, dùin a stigh.

EMBOSSMENT, *s.* Eiridh, breac-dhualachadh, gràbhaladh, obair-ghréis.

EMBOWEL, *v. a.* Thoir am mionach ás; cuir am broinn.

EMBRACE, *v. a.* Iath 'nad' ghlacaibh, cniadaich, caidrich, pòg; fàiltich.

EMBRACE, *s.* Iathadh an glacaibh, pòg, fàilteachadh, cniadachadh, caidreamh.

EMBRASURE, *s.* Barra-bhalla.

EMBROCATE, *v. a.* Suath le acainn leighis.

EMBROCATION, *s.* Suathadh le acainn leighis.

EMBROIDER, *v. a.* Gréis, cuir obair ghréis air.

EMBROIDERER, *s.* Gréiseadair.

EMBROIDERY, *s.* Obair-ghréis.

EMBROIL, *v. a.* Aimhreitich, cuir thar a chéile, dean mi-riaghailt; cuir an ioma-cheist, buair.

EMBRYO, *s.* Ceud-fhàs, torrachas anabaich.

EMENDATION, *s.* Leasachadh, càradh, ceartachadh, atharrachadh.

EMERALD, *s.* Smàrag, clach uasal uaine.

EMERGE, *v. a.* Éirich an àirde, thig an uachdar, thig ás; thig am fradharc.

EMERGENCY, *s.* Éiridh an uachdar; teachd am fradharc; tubaist, càs, tachartas.

EMERGENT, *adj.* Ag éiridh, a' teachd am follais; tuiteamach, tubaisteach, cruadalach.

EMERSION, *s.* Éiridh, teachd am fradharc.

EMERY, *s.* Seorsa mèinn iarainn.

EMETIC, *s.* Purgaid thilgidh.

EMICATION, *s.* Lainnir, dealradh.

EMIGRANT, *s.* Céin-thìreach, eilthireach, fear-imrich.

EMIGRATE, *v. n.* Rach imrich gu tìr eile, fàg an dùthaich.

EMINENCE, *s.* Airde, mullach; mòrinbhe, meas, urram; mòrachd, àrdonoir.

EMINENT, *adj.* Àrd, mòr, urramach; measail, ainmeil; sònraichte, comharraichte.

EMISSARY, *s.* Fear-brathaidh, teachdaire dìomhair; fear cur a mach.

EMISSION, *s.* Leigeadh a mach, leigeadh fa-sgaoil.

EMIT, *v. a.* Leig a mach, cuir uat.

EMMET, *s.* Seangan, sneaghan.

EMOLLIENT,*adj.* Tlàth, caomh, maoth, tairis, tlùsail.

EMOLLIENT, *s.* Ìocshlaint-thlusail.

EMOLUMENT, *s.* Buannachd, tairbhe.

EMOTION, *s.* Gluasad-inntinn.

EMPALE, v. a. Daingnich, ioma-dhruid, ceus, troimh-lot.

EMPANNEL, v. a. Gairm luchd deuch-ainn gu cùirt.

EMPASSION, v. a. Cuir fo bhuaireas.

EMPEROR, s. Iompaire.

EMPHASIS, s. Neart a' ghutha.

EMPHATIC, EMPHATICAL, adj. Làidir, neartmhor, brioghmhor.

EMPIRE, s. Ard-uachdaranachd, mòr-chumhachd ; mòr-rioghachd.

EMPIRIC, s. Léigh gun eòlas.

EMPIRIC, EMPIRICAL, adj. Deuchainn-each, teagmhach, a' toirt dheuchainn-ean.

EMPLASTIC, adj. Ronnach, glaodhach, plàsdach, righinn.

EMPLOY, v. a. Thoir obair, gnàthaich, cleachd.

EMPLOY, EMPLOYMENT, s. Gnothach, obair ; dreuchd, cèaird.

EMPLOYER, s. Fear toirt oibreach.

EMPORIUM, s. Baile-margaidh.

EMPOVERISH, v. a. Dean bochd, dean ainniseach.

EMPOWER, v. a. Thoir comas, thoir ùghdarras ; dean comasach.

EMPRESS. s. Ban-iompaire.

EMPRISE, s. Gabhail os-làimh chunn-artach dheacair.

EMPTINESS, s. Falamhachd, àite falamh'; aineolas.

EMPTY, adj. Falamh ; fàs.

EMPTY, v. Falmhaich, tràigh ; fasaich, fàs falamh

EMPURPLE, v. a. Dean dath dearg.

EMPUZZLE, v. a. Cuir an ioma-cheist, cuir am breislich.

EMPYREAL, adj. Nèamhaidh, fiorghlan.

EMPYREAN, s. Nèamh nan Nèamh, na flaitheas a's àirde.

EMPYREUM, EMPYREUMA, s. Bràth-losgadh.

EMULATE, v. a. Dean co-fharpais, dean co-stri, dean stri.

EMULATION, s. Co-fharpais, stri, spàirn, co-dheuchainn ; farmad, eud, co-stri.

EMULATIVE, adj. Co-fharpaiseach.

EMULATOR, s. Fear-co-fharpais, fear-strìghe.

EMULGE, v. a. Bligh ás, falmhaich.

EMULOUS, adj. Co-spairneach, buaidh-dhéigheil.

ENABLE, v. a. Dean comasach, thoir comas.

ENACT, v. a. Òrduich, sònraich.

ENACTED, part. Òrduichte, socraichte.

ENAMEL, v. a. Dealtraich ; bi dealtradh.

ENAMOUR, v. a. Gràdhaich, cuir an gaol.

ENCAGE, v. a. Cuir an cuing, cròidh.

ENCAMP, v. Campaich.

ENCAMPMENT, s. Campachadh.

ENCHAFE, v. a. Feargaich, fraochaich, brosnaich.

ENCHAIN, v. a. Ceangail air slabhraidh.

ENCHANT, v. a. Cuir fo gheasaibh ; dean ro-shòlasach.

ENCHANTER, s. Geasadair, drùidh.

ENCHANTMENT, s. Drùidheachd ; àrd-shòlas, aoibhneas.

ENCHANTRESS, s. Bana-bhuidsich, ban-fhiosaiche ; té mhealladh gràidh, té ro mhaiseach.

ENCHASE, v. a. Leag ann an òr, maisich.

ENCIRCLE, v. a. Cuartaich, ioma-dhruid.

ENCLOSE, v. a. Dùin, cuartaich, ioma-dhruid.

ENCLOSURE, s. Dùnadh, iathadh, ioma-dhruideadh ; àite dùinte.

ENCOMIUM, s. Moladh, cliù.

ENCOMPASS, v. a. Cuartaich, iadh.

ENCORE, adv. A rithist, uair eile.

ENCOUNTER, s. Còmhrag ; cath ; dian-chòmhradh ; tachairt, coinneamh.

ENCOUNTER, v. a. Coinnich, thoir coinneamh, thoir ionnsaidh, thoir aghaidh air ; tachair an cath.

ENCOURAGE, v. a. Misnich, brosnaich, beothaich, thoir misneach, cuir mis-neach ann.

ENCOURAGEMENT, s. Misneach, bros-nachadh ; còmhnadh.

ENCROACH, v. n. Thig, no rach, thar crich, gun fhios no gun chòir.

ENCROACHMENT, s. Gabhail gun chòir

ENCUMBER, v. a. Luchdaich, grab, cuir trom air, bac, cuir éis air.

ENCUMBRANCE, s. Cudthrom, uallach, eallach, éire, grabadh.

ENCYCLOPEDIA, s. Cuairt-fhòghluim, uile-fhòghlum, eòlas gach nì.

END, s. Deireadh, crioch, finid ; ceann, dùnadh, co-dhùnadh, foircheann, bàs.

ENDAMAGE, v. a. Ciùrr, dochainn.

ENDANGER, v. a. Cunnartaich, cuir an cunnart, cuir am baoghal.

ENDEAR, v. a. Tàlaidh, tarruinn spéis, dean gràdhach.

ENDEARMENT, s. Gràdhmhorachd, beadradh, gràdh, gaol, fàth-gaoil.

ENDEAVOUR, s. Ionnsaidh, deuchainn, dìchioll, spàirn, stri.

ENDEAVOUR, v. Thoir ionnsaidh, thoir deuchainn, dean dìchioll, feuch ri.

ENDICT, ENDICTE, v. a. Coirich, cuir as leth.

ENDICTMENT, s. Dearbhadh air dìteadh laghail.

ENDLESS, adj. Neo-chrìochnach, gun cheann, maireannach, siorruidh, bith-bhuan ; a ghnà.

ENDORSE. v. a. Cùl-sgrìobh.

ENDORSEMENT, s. Cùl-sgrìobhadh.

ENDOW, *v. a.* Thoir tochradh, thoir cuibhrionn.

ENDOWMENT, *s.* Saibhreas, beartas; tiodhlac airgeid; càil, tuigse, eòlas.

ENDUE, *v. a.* Builich, bàirig, tiodhlaic.

ENDURANCE, *s.* Maireannachd, buantas; foighidinn, fulang, giùlan le.

ENDURE, *v.* Fuiiig, giùlain le; mair, fuirich.

ENEMY, *s.* Nàmh, nàmhaid, eascaraid, fear-fuatha, an diabhol.

ENERGETIC, *adj.* Làidir, neartmhor; gniomhach, deanadach, éifeachdach, tàbhachdach.

ENERGY, *s.* Neart, spionnadh, tàbhachd; feart, lùgh.

ENERVATE, ENERVE, *v. a.* Lagaich, meataich.

ENFEEBLE, *v. a.* Lagaich, anmhannaich.

ENFEOFF, *v. a.* Cuir an seilbh, gabh seilbh.

ENFETTER, *v. a.* Cuibhrich, geimhlich.

ENFILADE, *s.* Aisir dhireach réith.

ENFORCE, *v.* Neartaich, thoir spionnadh, spàrr, fòirn; earalaich; dearbh.

ENFORCEMENT, *s.* Co-éigneachadh, aindeoin, éigin.

ENFRANCHISE, *v. a.* Dean 'na shaoranach.

ENFRANCHISEMENT, *s.* Saorsa bailemargaidh, saoradh.

ENGAGE, *v.* Gabh os láimh, geall, ceangail, freagair air son; meall, tàlaidh, gabh muinntearas.

ENGAGEMENT, *s.* Gabhail os làimh, gealladh, cùmhnant; cath, còmhrag, blàr, cò-strì.

ENGENDER, *v. a.* Gin; beir; bi gintinn.

ENGINE, *s.* Inneal, uidheam, beairt.

ENGINEER, *s.* Fear cuimseachadh ghunnacha-mora ris na nàimhdean an àm catha; fear deanamh inneal.

ENGIRD, *v. a.* Ioma-dhruid, crioslaich.

ENGLISH, *adj.* Sasunnach.

ENGLUT, *v. a.* Sluig suas, glut.

ENGORGE, *v.* Sluig, glàm.

ENGRAPPLE, *v. n.* Teann-ghlac, greimich, dean co-strì.

ENGRASP, *v. a.* Teann-ghlac, greimich.

ENGRAVE, *v. a.* Gràbhal; gearr, snaidh.

ENGRAVER, *s.* Gràbhalaiche.

ENGRAVING, *s.* Gràbhaladh, gearradh.

ENGROSS, *v. a.* Tiughaich, dean domhail, dean tomadach, meudaich, dean reamhar; glac chugad an t-iomlan; aean ath-sgrìobhadh garbh.

ENHANCE, *v. a.* Àrdaich, tog an luach; cuir barrachd meas air; meudaich, antromaich.

ENIGMA, *s.* Tòimhseachan, cruaidhcheist.

ENIGMATICAL, *adj.* Cruaidh-cheisteach, dorcha; doirbh r'a thuigsinn.

ENJOIN, *v. a.* Òrduich, earalaich.

ENJOINMENT, *s.* Òrduchadh, seòladh.

ENJOY, *v. a.* Meal, sealbhaich; gabh tlachd ann; bi sona.

ENJOYMENT, *s.* Toil-inntinn, mealtainn, sonas, suaimhneas.

ENKINDLE, *v. a.* Fadaidh, las, beothaich; dùisg, brosnaich.

ENLARGE, *v.* Meudaich, leudaich, cuir am farsuinneachd; bi bith-bhriathrach.

ENLARGEMENT, *s.* Meudachd, meudachadh, farsuinneachd; fuasgladh; saoradh; leudachadh.

ENLIGHTEN, *v. a.* Soillsich, soilleirich, thoir fradharc; teagaisg, ionnsaich.

ENLIST, *v. a.* Rach ri àireamh.

ENLIVEN, *v. a.* Beothaich, misnich.

ENMITY, *s.* Naimhdeas, mì-run, gamhlas, fuath, falachd.

ENNOBLE, *v. a.* Uaislich, àrdaich, dean urramach; dean ainmeii, dean cliùiteach.

ENNOBLEMENT, *s.* Uaisleachadh, àrdachadh, togail an urram.

ENNUI, *s.* Cianalas, airtneul, fadal.

ENODATION, *s.* Snaim-fhuasgladh.

ENORMITY, *s.* Uabhasachd, anabarrachd; gràinealachd, déisinn.

ENORMOUS, *adj.* Aingidh, déisinneach; uabhasach, fuathasach.

ENOUGH, *adv.* Gu leòir.

ENOW, *adj.* the *plr.* of Enough, Ni's leòr.

ENRAGE, *v. a.* Feargaich, fraochaich, cuir corraich air.

ENRANK, *v. a.* Cuir an òrdugh.

ENRAPTURE, *v. a.* Dean ro-aoibhneach, dean ro ait.

ENRICH, *v. a.* Beartaich, dean beartach, saibhrich; mathaich, leasaich.

ENRING, *v. a.* Iath mu'n cuairt.

ENROBE, *v. a.* Sgeadaich, éid, còmhdaich.

ENROL, *v. a.* Sgrìobh sìos ainm ann an leabhar-ainmean; paisg.

ENROLMENT, *s.* Ainm-chlàr.

ENSANGUINE, *v. a.* Dath le fuil.

ENSHRINE, *v. a.* Taisg gu cùramach, cuir an naomh-thasgadh.

ENSIGN, *s.* Bratach, meirghe, suaicheantas; fear-brataich.

ENSLAVE, *v. a.* Dean 'na thràill, thoir gu tràilleachd.

ENSLAVEMENT, *s.* Tràillealachd.

ENSTEEP, *v.* Tùm fo'n uisge.

ENSUE, *v. a.* Lean, thig an lorg, bi leanmhainn.

ENSURANCE, *s.* Urras an aghaidh cunnairt.

ENSURE, *v. a.* Dean cinnteach, cuir á cunnart.

ENTABLATURE, ENTABLEMENT, s. Barra-bhailc.

ENTAIL, v. a. Cuir fo chòir dhligheach.

ENTAIL, s. Suidheachadh, riaghailt, seilbh oighreachd.

ENTAME, v. a. Càllaich, dean soirbh.

ENTANGLE, v. a. Rib, cuir an sàs; aimhreitich, cuir an ioma-cheist.

ENTER, v. a. Inntrinn, rach a steach; tòisich gnothach.

ENTERPRISE, s. Ionnsaidh chunnartach.

ENTERTAIN, v. a. Thoir cuirm, dean biatachd; cum còmhradh ri; rùnaich.

ENTERTAINMENT, s. Cuirm, fleagh, aoidheachd, biadhtachd; co-labhairt; fearas-chuideachd.

ENTHRONE, v. a. Cuir rìgh air a chathair; àrdaich.

ENTHUSIASM, s. Blàthas-inntinn.

ENTHUSIAST, s. Fear dealasach; fearbaoth-chreidimh.

ENTHUSIASTIC, adj. Dealasach, dian, blàth-aigneach, àrd-inntinneach; baoth-chreideach.

ENTICE, v. a. Meall, tàlaidh, buair, thoir a thaobh.

ENTICEMENT, s. Mealladh, tàladh gu olc, buaireadh, culaidh-mheallaidh.

ENTICER, s. Fear-tàlaidh, mealltair.

ENTIRE, adj. Iomlan, coimhlionta, slàn, uile, làn; neo-mheasgte; neo-thruaillte.

ENTIRELY, ad. Gu léir.

ENTITLE, v. a. Thoir còir; urramaich, thoir tiodal; sgrìobh tiodal.

ENTITY, s. Beò-bhith, beò-dhùil.

ENTOMB, v. a. Adhlaic, tiodhlaic.

ENTRAILS, s. Mionach, grealach, caolain.

ENTRANCE, s. Leigeadh a steach, comas dol a steach; dol a steach, slighe dhol a steach; tòiseachadh; gabhail seilbh.

ENTRANCE, v. a. Rach am platha, cuir am paisean; giulain an inntinn o nithibh faicsinneach.

ENTRAP, v. a. Rib, glac, cuir an sàs; gabh cothrom air.

ENTREAT, v. a. Guidh, aslaich, grìos, iarr gu dùrachdach.

ENTREATY, s. Guidhe, achanaich, iarrtas, aslachadh.

ENTRY, s. Dorus; dol a steach; gabhail seilbh, inntrinn; sgrìobhadh, no cur sìos ann an leabhar.

ENUBILOUS, adj. Speur-ghlan, soilleir, sàr-ghlan.

ENUCLEATE, v. a. Sgaoil, réitich.

ENVELOP, v. a. Paisg, còmhdaich; falaich, cuartaich.

ENVELOPE, s. Pasgadh, còmhdach.

ENVENOM, v. a. Puinnseanaich; truaill; feargaich, cuir air boile.

ENVIABLE, adj. Airidh air farmad.

ENVIOUS, adj. Farmadach.

ENVIRON, v. a. Cuartaich, ioma-dhruid.

ENVIRONS, s. Iomall, coimhearsnachd.

ENUMERATE, v. a. Cunnt, àireamh.

ENUMERATION, s. Cunntas, àireamh.

ENUNCIATE, v. a. Cuir an céill, innis, aithris, gairm, foillsich.

ENUNCIATION, s. Aithris, nochdadh, cur an céill.

ENUNCIATIVE, adj. Aithriseach.

ENVOY, s. Teachdaire rìgh gu rìgh eile.

ENVY, v. a. Gabh farmad ri sonas neach eile.

ENVY, s. Farmad; tnù, mì-run, fuath, doilghios air son sonas neach eile.

EPAULETTE, s. Babag-ghuailne oifigich.

EPHEMERA, s. Fiabhras nach mair ach aon latha; cnuimh nach bi beò ach aon latha.

EPHEMERAL, adj. Neo-mhaireannach.

EPHEMERIS, s. Leabhar-latha.

EPHEMERIST, s. Speuradair.

EPIC, s. Dàn-mòr, duan-eachdraidh.

EPICURE, s. Geòcaire, craosaire, glutaire.

EPICUREAN, adj. Geòcach, sòghmhor, craosach, glutach.

EPICURISM, s. Sògh, geòcaireachd, sàimh, ròic; teagasg Epicuruis.

EPIDEMIC, EPIDEMICAL, adj. Gabhaltach, sgaoilteach, plàigheach.

EPIDERMIS, s. Craiceann a muigh a' chuirp.

EPIGLOTTIS, s. Claban an sgòrnain.

EPIGRAM, s. Gearr-dhuanag.

EPIGRAMMATIST, s. Fear-facail, duanaire, bàrd-rann.

EPILEPSY, s. An tinneas tuiteamach.

EPILEPTIC, adj. Tuiteamacl..

EPILOGUE, s. Oraid, crìoch cluiche.

EPIPHANY, s. Féill an Taisbeanaidh.

EPISCOPACY, s. Easbuigeachd.

EPISCOPAL, adj. Easbuigeach.

EPISCOPALIAN, s. Fear do chreidimh an easbu'g.

EPISODE, s. Sgeul am meadhon dàin.

EPISTLE, s. Litir, teachdaireachd-dhiomhair.

EPISTOLARY, adj. A bhuineas do litrichibh.

EPITAPH, s. Sgrìobhadh air leac-lighe.

EPITHALAMIUM, s. Beannachadh-bàird, òran pòsaidh, dàn bainnse.

EPITHET, s. Facal-buaidh, foir-ainm.

EPITOME, s. Giorradan, brìgh sgeòil.

EPITOMISE, v. a. Giorraich, coimhgheàrr.

EPOCH, EPOCHA, s. Àm o'n cunntar aimsir, àm ainmeil sam bith.

EPULARY, *adj.* Fleadhach ; cuirmeach.
EPULATION, *s.* Cuirm, fleadh, féisd, aighear, subhachas.
EUPOLOTIC, *s.* Ioçshlaint leighis.
EQUABILITY, *s.* Co-ionannachd.
EQUABLE, *adj.* Ionann, co-chothromach, dìreach.
EQUAL, *adj.* Ionann, co-ionann, coimeas ; comasach ; rèidh, còmhnard ; dìreach, ceart, neo-chlaon-bhreitheach.
EQUAL, *s.* Coimpire, leth-bhreac, seise.
EQUAL, EQUALIZE, *v. a.* Coimeas, dean ionann, dean coltach.
EQUALITY, *s.* Ionannachd, co-ionannachd, coimeas, còmhnardachd.
EQUANIMITY, *s.* Socair-inntinn, fois.
EQUATION, *s.* Co-fhreagarrachd.
EQUATOR, *s.* Cearcall meadhon na talmhuinn.
EQUERRY, *s.* Fear coimhid each an rìgh.
EQUIDISTANT, *adj.* Aig an aon fhad.
EQUILATERAL, *adj.* Co-shlisneach.
EQUILIBRIUM, *s.* Co-chothrom.
EQUINOCTIAL, *s.* Cearcall na co-fhad-thràth.
EQUINOCTIAL, *adj.* A bhuineas do'n cho-fhad-thràth.
EQUINOXES, *s.* Co-fhad-thràth.
EQUIP, *v. a.* Deasaich, cuir an uidheam, ullamhaich, sgeadaich.
EQUIPAGE, *s.* Carbad rìmheach 'na làn uidheam ; coisridh, frithealadh ; acainn, àirneis, fasair.
EQUIPMENT, *s.* Deasachadh, uidheamachadh ; acainn, airneis.
EQUIPOISE, *s.* Co-chudthrom.
EQUIPONDERANT, *adj.* Co-chudthromach, co-chothromach.
EQUIPONDERATE, *v. n.* Co-chudthromaich.
EQUITABLE, *adj.* Ceart, cothromach.
EQUITY, *s.* Ceartas, cothrom ; ceart-bhreitheanas.
EQUIVALENT, *adj.* Co-ionann, co-luachmhor, co-chudthromach.
EQUIVALENT, *s.* Ni co-luachmhor.
EQUIVOCAL, *adj.* Teagmhach, dà-sheadhach, neo-chinnteach.
EQUIVOCATE, *v. a.* Dean teagmhach, dean dà-sheadhach, dean cleith-inntinn.
EQUIVOCATION, *s.* Dubh-chainnt.
EQUIVOCATOR, *s.* Fear dubh-chainnt.
ERA, *s.* Linn, àm, aimsir.
ERADIATION, *s.* Dèarsaidh, deàlradh.
ERADICATE, *v. a.* Spion á bun.
ERADICATION, *s.* Spionadh á bun, sgrios.
ERASE, *v. a.* Mill, sgrios ; dubh a mach.
ERASEMENT, *s.* Dubhadh às, sgrios.
ERE, *adv.* Roimhe, roi', mu'n, mas.
ERECT, *v. a.* Tog, tog dìreach ; àrdaich, tog suas.

ERECT, *adj.* Dìreach, neo-chrom ; misneachail, sgairteil.
ERECTION, *s.* Èiridh, togail, seasamh
ERECTNESS, *s.* Dìrichead.
EREMITE, *s.* Maol-ciaran, aonrach.
EREMITICAL, *adj.* Aonaranach, cianail, dubhach cràbhach.
ERENOW, *adv.* Roimhe so.
EREWHILE, *adv.* A chianamh.
ERINGO, *s.* Critheann-cladaich, seòrsa luibhe.
ERMELINE, ERMINE, *s.* Seòrsa neas.
EROSION, *s.* Cnàmhuinn.
ERR, *v. n.* Rach air iomrall no air faontradh, rach air seachran, rach am mearachd.
ERRABLE, *adj.* Mearachdach.
ERRAND, *s.* Gnothach, teachdaireachd.
ERRANT, *adj.* Iomrallach, seachranach.
ERRATA, *s.* Mearachdan clò-bhualaidh.
ERRATIC, *adj.* Iomrallach, seachranach.
ERRING, *adj.* Mearachdach, seachranach.
ERRONEOUS, *adj.* Mearachdach, neo-shuidhichte, iomrallach, faondrach ; neo-fhior, neo-cheart, breugach.
ERROR, *s.* Mearachd ; iomrall, seachran, peacadh.
ERST, *adv.* Air thùs, roimhe so.
ERUBESCENCE, *s.* Deirge, ruthadh.
ERUCTATION, *s.* Brùchd.
ERUDITION, *s.* Ionnsachadh, fòghlum.
ERUGINOUS, *adj.* Méirgeach.
ERUPTION, *s.* Brùchdadh, bristeadh a mach ; broth.
ERUPTIVE, *adj.* A' bristeadh a mach ; brothach, guireanach.
ERYSIPELAS, *s.* Ruaidhe.
ESCALADE, *s.* Streapadh balla.
ESCALOP, *s.* Eisear shlaopte.
ESCAPE, *v. a.* Teich, tàr as ; seachain.
ESCAPE, *s.* Teicheadh, seachnadh, dol ás o chunnart.
ESCHEW, *v. a.* Seachain, na gabh gnothach ri, teich uaithe.
ESCORT, *s.* Coimheadachd ; dìon, freiceadan.
ESCULENT, *s.* Teachd-an-tìr.
ESCUTCHEON, *s.* Sgiath-teaghlaich, suaicheantas brataich.
ESPECIAL, *adj.* Àraidh, sònraichte.
ESPLANADE, *s.* Cùl balla daingnich ; àilean.
ESPOUSALS, *s.* Ceangal pòsaidh, còrdadh.
ESPOUSE, *v. a.* Dean ceangal pòsaidh ; pòs ; dìon, teasairg.
ESPY, *v. a.* Faic, beachdaich, comharraich ; gabh sealladh.
ESQUIRE, *s.* Tiotal duin'uasail is ìsle na ridire.

ESSAY, *v. a.* Feuch, thoir ionnsaidh, thoir deuchainn.

ESSAY, *s.* Deuchainn, feuchainn, òraid.

ESSAYIST, *s.* Fear sgrìobhaidh òraidean.

ESSENCE, *s.* Gnè, brigh, sùgh, bladh.

ESSENTIAL, *adj.* Feumail, nach gabh seachnadh, ro-àraidh, prìomh.

ESTABLISH, *v. a.* Suidhich, stéidh, socraich, daingnich, leag, riaghailtich.

ESTABLISHED, *part.* Suidhichte.

ESTABLISHMENT, *s.* Suidheachadh, socrachadh, stéidheachadh ; daingneachadh, tuarasdal, teachd a steach.

ESTATE, *s.* Oighreachd, seilbh, fearann, cor, inbhe.

ESTEEM, *v. a.* Meas, cuir luach air ; coimeas ; urramaich, meas luachmhor.

ESTEEM, *s.* Meas, urram, onoir, miadh.

ESTIMABLE, *adj.* Luachmhor, prìseil, miadhail ; measail, urramach.

ESTIMABLENESS, *s.* Luachmhorachd, miadhalachd.

ESTIMATE, *v. a.* Meas, cuir luach air.

ESTIMATE, *s.* Cunntas, àireamh, meas ; prìseachadh.

ESTIMATION, *s.* Meas, luachmhorachd, urram, onoir ; barail, breth.

ESTIVAL, *adj.* Samhrachail ; ni a bhuineas do'n t-sàmhradh.

ESTRANGE, *v. a.* Cum air falbh, tarruinn air falbh, dean fuathach, dean 'na choigreach.

ESTRANGEMENT, *s.* Fad ás, gluasad air falbh.

ESTUARY, *s.* Abar, caolas, bàgh, camus.

ETCHING, *s.* Dealbh-sgrìobhaidh.

ETERNAL, *adj.* Bith-bhuan, suthainn, sìorruidh, maireannach ; neo-chrìochnach ; gun toiseach.

ETERNITY, *s.* Sìorruidheachd, bith-bhuantachd.

ETHER, *s.* Àile fìor-ghlan, adhar fìnealta.

ETHEREAL, *adj.* Adharach, adharail ; nèamhaidh, spioradail.

ETHIC, ETHICAL, *adj.* Modhannach, modhail beusach.

ETHICS, *s. pl.* Modhannan, riaghailt nam modhannan, lagh nam beus.

ETHNIC, *adj.* Pàganach.

ETIQUETTE, *s.* Modh, deas-ghnàth.

ETYMOLOGICAL, *adj.* A bhuineas do dh' fhacal-fhreumhachd.

ETYMOLOGY, *s.* Facal-fhreumhachd.

ETYMON, *s.* Freumh-fhacal.

EULOGICAL, *adj.* Moltach.

EULOGISE, *v. a.* Mol, cliùthaich.

EULOGY, *s.* Moladh, cliù.

EUNUCH, *s.* Caillteanach, òlach.

EUPHONY, *s.* Binn-fhuaim, binnead.

EURUS, *s.* A' ghaoth an ear.

EVACUATE, *v. a.* Falmhaich dean

falamh, fàsaich ; fàg, falbh as ; leig fuil.

EVACUATION, *s.* Falmhachadh ; glanadh, purgaideachadh ; fàgail, falbh.

EVADE, *v. a.* Seachain, faigh as, tàr as.

EVANESCENCE, *s.* Diombuanachd, caochlaidheachd, faileas.

EVANGELICAL, *adj.* Soisgeulach.

EVANGELIST, *s.* Soisgeulaiche.

EVANGELIZE, *v. a.* Searmonaich an soisgeul.

EVAPORATE, *v. a.* Cuir 'na smùid, cuir 'na cheò.

EVAPORATION, *s.* Dol 'na smùid ; tiormachadh.

EVASION, *s.* Leithsgeul, seachnadh ; car, seamaguad, cur seachad, no gu taobh.

EUCHARIST, *s.* Comanachadh, suipeir an Tighearna.

EUCHARISTICAL, *adj.* A bhuineas do'n chomanachadh.

EVE, EVEN, *s.* Feasgar, anamoch, àrdfheasgar, eadar-sholus, beul na h-oidhche ; trasg roi' latha féille.

EVEN, *adj.* Réidh, còmhnard, co-ionann, neo-chaochlaidheach, co-shìnte, dìreach, neo-chlaon ; ciùin, sèimh ; do dh' àireamh a ghabhas roinn.

EVEN, *adv.* Eadhon.

EVENHANDED, *adj.* Ceart, dìreach, neo-chlaon-bhreitheach, cothromach.

EVENING, *s.* Feasgar, beul na h-oidhche.

EVENNESS, *s.* Còmhnardachd, réidheachd, ionannachd, riaghailteachd ; sèimheachd, ciùine.

EVEN-SONG, *s.* Aoradh feasgair.

EVENT, *s.* Cùis, ni, tachartas, tuiteamas ; crìoch, buil, toradh.

EVENTFUL, *adj.* Cudthromach, tùiteamach, a bheir iomadh ni mu'n cuairt.

EVEN-TIDE, *s.* Trà-feasgair.

EVER, *adv.* Aig àm sam bith, idir, riamh ; daonnan, gu bràth, an còmhnaidh, a chaoidh, gu sìorruidh.

EVERGREEN, *s.* Luibh no craobh shioruaine.

EVERGREEN, *adj.* Sìor-uaine.

EVERLASTING, *adj.* Sìorruidh, bith-bhuan, maireannach.

EVERLASTING, *s.* Sìorruidheachd.

EVERLIVING, *adj.* Neo-bhàsmhor.

EVERMORE, *adv.* Gu bràth, o so suas.

EVERY, *adj.* Gach, na h-uile, gach aon.

EVICT, *v. a.* Cuir á seilbh, thoir uaith le ceartas.

EVICTION, *s.* Cur á seilbh.

EVIDENCE, *s.* Dearbhachd, dearbhadh ; còmhdach, teisteas ; fianais.

EVIDENT, *adj.* Soilleir, dearbhte, cinnteach, follaiseach.

EVIL, *adj.* Olc, dona, droch ; aingidh.

EVIL, EVILNESS, *s.* Olc, aingidheachd :

do-bheirt dochann, cron, urchaid; truaighe, call.

EVILMINDED, *adj.* Droch-inntinneach.

EVILSPEAKING, *s.* Cùl-chaineadh, sgainneal, tuaileis.

EVINCE, *v. a.* Dearbh, dean-soilleir, còmhdaich, co-dhearbh.

EVINCIBLE. *adj.* So-dhearbhadh.

EVITABLE, *adj.* So-sheachnadh.

EVOCATION, *s.* Éigheach, glaodhaich.

EVOLATION, *s.* Itealaich, falbh air iteig.

EVOLVE, *v. a.* Fuasgail.

EVOLUTION, *s.* Teachd á filleadh.

EVULSION, *s.* Spìonadh á bun.

EWE, *s.* Othaisg, caora.

EWER, *s.* Soitheach-ionnlaid.

EXACERBATION, *s.* Feargachadh.

EXACT, *adj.* Ceart, dòigheil, pungail, riaghailteach; freagarrach.

EXACT, *v. a.* Iarr mar chòir, tagair; àithn, earalaich.

EXACTION, *s.* Iarraidh gu smachdail; daor-chàin, trom-chìs.

EXACTNESS, *s.* Pungalachd, dòighealachd, riaghailteachd, ceartas.

EXAGGERATE, *v. a.* Meudaich, cuir am meud, cuir ri.

EXAGGERATION, *s.* Meudachadh.

EXAGITATION, *s.* Luasgadh, tulgadh.

EXALT, *v. a.* Àrdaich, tog an àird, tog gu h-urram; tog suas.

EXALTATION, *s.* Àrdachadh, togail an àirde; éiridh gu h-urram; àirde, urram, inbhe.

EXAMINATION, *s.* Ceasnachadh, rannsachadh, min-sgrùdadh.

EXAMINE, *v. a.* Ceasnaich, cuir ceistean, fidir; rannsaich, sgrùd.

EXAMINER, *s.* Fear-sgrùdaidh.

EXAMPLE, *s.* Samhla; eiseamplair, ball-sampuill.

EXASPERATE, *v. a.* Farranaich, feargaich, buair, brosnaich.

EXASPERATION, *s.* Brosnachadh, buaireadh, farranachadh.

EXCAVATE, *v. a.* Cladhaich, tochail, bùraich.

EXCEED, *v.* Theirig thairis air, thoir barrachd; rach tuilleadh 's fada, rach thar tomhas.

EXCEEDING, *adj.* Anabarrach, ro-mhòr.

EXCEL, *v.* Thoir barrachd, thoir barr, faigh buaidh, coisinn buaidh; bi os ceann, bi ni's cliùthaichte, bi ni's ainmeile.

EXCELLENCE, EXCELLENCY, *s.* Gastachd, feothas, mathas; àirde, àrdachd, mòrachd; òirdheirceas.

EXCELLENT, *adj.* Òirdheirc, gasta, lùachmhor, barrail, math.

EXCEPT, *v.* Fàg a mach, cuir air cùl, diùlt, ob, cuir an leth a muigh.

EXCEPT, EXCEPTING, *prep.* Ach, saor o; mur, mur eil.

EXCEPTION, *s.* Cur an taobh a mach, fàgail a mach, diùltadh, obadh; coire, cunnuil, cron.

EXCEPTIONABLE, *adj.* Buailteach do choire.

EXCEPTIOUS, *adj.* Crosda, dreamasach, dreamlainneach.

EXCERPTOR, *s.* Taghadair.

EXCERPT, *adj.* Taghte, raoghnaichte.

EXCERPTION, *s.* Taghadaireachd, raoghnachadh.

EXCESS, *s.* Anabharr, tuilleadh 'sa chòir; ana-measarrachd.

EXCESSIVE, *adj.* Anabarrach, fuathasach; ana-measarra.

EXCET, *v. a.* Gearr air fabh, gearr ás.

EXCHANGE, *v. a.* Malartaich, iomlaidich.

EXCHANGE, *s.* Iomlaid, malairt, suaip, co-cheannachd; mùthadh luach airgeid rìoghachdan; Ionad-malairt.

EXCHEQUER, *s.* Cùirt ionmhais a' chrùin.

EXCISABLE, *adj.* Buailteach do bhi air a ghlacadh, no, buailteach do chìs righ.

EXCISE, *s.* Cìs-Rìgh.

EXCISEMAN, *s.* Gàidsear, cìs-mhaor.

EXCISION, *s.* Gearradh ás, sgrios.

EXCITATION, *s.* Gluasad, carachadh, brosnachadh, dùsgadh, buaireadh.

EXCITE, *v. a.* Dùisg, brosnaich, gluais, misnich.

EXCITEMENT, *s.* Culaidh-bhrosnachaidh.

EXCLAIM, *v. n.* Glaodh, éigh, gairm.

EXCLAMATION, *s.* Glaodh, iolach; comharradh iongantais, mar e so [!]

EXCLAMATORY, *adj.* Gairmeach, ard-ghuthach, labhrach.

EXCLUDE, *v. a.* Dùin a mach, bac, toir-misg; cùm air ais.

EXCLUSION, *s.* Dùnadh a mach; diùltadh, bacadh, toirmeasg; tilgeadh air falbh.

EXCLUSIVE, *adj.* A' bacadh, a' dùnadh a mach, a' diùltadh, a' toirmeasg.

EXCOGITATE, *v.* Breithnich, tionnsgain, cnuasaich, beachdaich; smuaintich.

EXCOGITATION, *s.* Beachd-smuainteachadh, tionnsgnadh.

EXCOMMUNICATE, *v. a.* Cuir á comunn nan criosdaidhean.

EXCOMMUNICATION, *s.* Ascaoin-eaglais, cur á comunn nan criosdaidhean.

EXCORIATE, *v. a.* Feann, rùisg, thoir an craiceann deth, faobhaich.

EXCORIATION, *s.* Rùsgadh, call craicinn; creach, spùinneadh.

EXCREMENT, *s.* Cac, aolach, inneir.

EXCRESCENCE, *s.* Meall, flùth foinne, plucan.

EXCRUCIATE, *v. a.* Cràidh, pian, claoidh.

FXCRUCIATION, *s.* Cràdh, pian, dòruinn.

EXCUBATION, *s.* Faire rè na h-òidhche.

EXCULPATE, *v. a.* Saor, gabh a leith-sgeul, fireanaich.

EXCURSION, *s.* Cuairt, siubhal, sgrìob, turas, astar, falbh.

EXCURSIVE, *adj.* Turasach, falbhach, siùbhlach.

EXCUSABLE, *adj.* Leisgeulach, so-mhathadh.

EXCUSE, *v. a.* Gabh leisgeul, math.

EXCUSE, *s.* Leisgeul.

EXCUSELESS, *adj.* Gun leisgeul.

EXECRABLE, *adj.* Fuathach, daochail, gràineil, oillteil ; mallaichte.

EXECRATE, *v. a.* Mallaich, guidh olc.

EXECRATION, *s.* Mallachd, droch ghuidhe.

EXECT, *v. a.* Gearr air fabh, gearr ás.

EXECUTE, *v.* Dean, cuir an gnìomh, colion ; marbh.

EXECUTION, *s.* Cur an gniomh, colionadh ; cur gu bàs, crochadh.

EXECUTIONER, *s.* Crochadair.

EXECUTIVE, *adj.* Gnìomhach, gnìomhchomasach, cumhachdach.

EXECUTOR, *s.* Fear-cùraim tiomnaidh.

EXECUTRIX, *s.* Bean-cùraim tiomnaidh.

EXEMPLAR, *s.* Eiseamplair.

EXEMPLARY, *adj.* Eiseamplaireach, cliù-thoillteannach, deagh-bheusach.

EXEMPLIFY, *v. a.* Minich le cosamhlachd.

EXEMPT, *v. a.* Saor, leig seachad.

EXEMPTION, *s.* Saorsa, ceadachadh dol saor.

EXERCISE, *s.* Saothair, cleachdadh corporra, sràid-imeachd, gluasad, falbh ; iomairt, gnàthachadh, gniomh ; oileanachadh ; seirbhis an Tighearna.

EXERCISE, *v.* Oibrich, gnàthaich, cleachd, dean, cùm ri saothair, cuir an gniomh, cleachd saothair chorporra.

EXERT, *v. a.* Feuch ri, dean spàirn, dean dichioll, cuir chuige, saothraich, oibrich, thoir ionnsaidh.

EXÉRTION, *s.* Ionnsaidh, deuchainn, dichioll, spàirn.

EXFOLIATE, *v. a.* Sgrath, sgar.

EXHALATION, *s.* Éiridh 'na smùid no 'na cheò ; ceò, grian-dheatach, ceathach.

EXHAUST, *v. a.* Tràigh, tiormaich, falmhaich, taosg.

EXHAUSTLESS, *adj.* Neo-thraoghach.

EXHAUSTIBLE, *adj.* So-traoghadh.

EXHAUSTION, *s.* Tràghadh, traoghadh.

EXHIBIT, *v. a.* Nochd, taisbean, feuch, foillsich, leig ris.

EXHIBITION, *s.* Nochdadh, foillseachadh, taisbeanadh, leigeadh ris.

EXHILARATE, *v. a.* Cuir aoibhneas air dean cridheil, dean sunntach.

EXHILARATION, *s.* Cridhealas, sunnt.

EXHORT, *v. a.* 'Earalaich, comhairlich.

EXHORTATION, *s.* Comhairleachadh.

EXHUMATION, *s.* Toirt ás an uaigh.

EXIGENCE, EXIGENCY, *s.* Feum, easbhuidh, dìth, uireasbhuidh ; cruaidhchas, teanntachd, éigin.

EXIGENT, *adj.* Éigineach, cruaidh, cruadalach.

EXIGENT, *s.* Eigin, teanntachd, cruaidhchas.

EXILE, *s.* Fògradh, fuadach ; fearfuadain, fògarach, diobarach.

EXILE, *v. a.* Fògair, cuir ás an tìr.

EXIST, *v. n.* Bi, bi beò, bi làthair.

EXISTENCE, EXISTENCY, *s.* Bith, beatha.

EXISTENT, *adj.* A ta beò, a làthair.

EXIT, *s.* Falbh, triall, siubhal, caochladh.

EXODUS, *s.* Turas á àite no tìr, dara Leabhar Mhaois.

EXONERATE, *v. a.* Neo-luchdaich, saor, fireanaich.

EXONERATION, *s.* Eutromachadh, fireanachadh.

EXOPTATION, *s.* Dian-iarrtas, dianthogradh.

EXORABLE, *adj.* So-chomhairleachadh.

EXORBITANCE, *s.* Ana-cuimse, uamharrachd, anabarrachd.

EXORBITANT, *adj.* Ana-cuimseach, anabarrach, fuathasach, thar tomhas.

EXORCISE, *v. a.* Fògair deamhan, fuadaich droch spiorad, cuir spiorad fo gheasaibh.

EXORCIST, *s.* Fear chur spioradan fo gheasaibh, druidh, geasadair.

EXORDIUM, *s.* Roi'-ràdh, tùs-labhairt.

EXOTIC, *adj.* Coimheach, a bhuineas do dhùthaich eile.

EXPAND, *v. a.* Sgaoil, fosgail a mach ; meudaich, at.

EXPANSE, *s.* Còmhnard mòr, fosgladh farsuinn, sineadh ; an iarmailt.

EXPANSION, *s.* Sgaoileadh, fosgladh, sineadh a mach ; farsuinneachd.

EXPANSIVE, *adj.* Sgaoilteach, so-shìneadh a mach.

EXPATIATE, *v. a.* Sìn a mach ; leudaich.

EXPATRIATE, *part.* Fògairte, fuadaichte.

EXPECT, *v. a.* Bitheadh dùil agad ; amhairc air son.

EXPECTANCY, *s.* Dùil, dòchas ; earbsa.

EXPECTANT, *adj.* Dòchasach, an dùil.

EXPECTATION, *s.* Dùil, dòchas.

EXPECTORATE, *v. a.* Cuir a mach. o'n chridhe.

EXPECTORATION, *s.* Cur a mach le casad.

EXPEDIENCE, EXPEDIENCY, *s.* Freagarrachd, iomchuidheachd, feumalachd.

EXPEDIENT, *adj.* Freagarrach, iomchuidh, cothromach.

EXPEDITE, *v. a.* Luathaich, cabhagaich.

EXPEDITION,*s.* Luathas, cabhag, graide; ionnsaidh, turas-cogaidh.

EXPEDITIOUS, *adj.* Ullamh, ealamh, luath, grad, cabhagach.

EXPEL, *v. a.* Tilg a mach, cuir air falbh; fògair, fuadaich; cum uat.

EXPEND, *v. a.* Caith, cosg.

EXPENSE, *s.* Cosgas, cur a mach airgeid.

EXPENSELESS, *adj.* Neo-chosgail.

EXPENSIVE, *adj.* Cosgail, caithteach, struidheil; daor, luachmhor.

EXPENSIVENESS, *s.* Cosgalachd, struidhealachd; luachmhorachd.

EXPERIENCE, *s.* Cleachdadh, deuchainn; féin-fhiosrachadh, gnàth, eòlas, aithne, cleachdadh.

EXPERIENCE, *v. a.* Aithnich, fairich, mothaich, faigh fios faireachdainn; gnàthaich.

EXPERIENCED, *part.* Gnàthaichte ri, cleachdte, gnàth-eòlach.

EXPERIMENT, *s.* Deuchainn dhearbhaidh.

EXPERIMENTAL, *adj.* Deuchainneach.

EXPERT, *adj.* Ealanta, teòma, seòlta; deas, ealamh.

EXPERTNESS, *s.* Seòltachd, teòmachd.

EXPIABLE, *adj.* So-dhìoladh, so-ìocadh.

EXPIATE, *v. a.* Ioc, thoir éirig, thoir dìoladh air son coire.

EXPIATION, *s.* Dìoladh, ìocadh, athdhìoladh.

EXPIATORY, *adj.* Réiteachail, a ni dìoladh.

EXPIRATION, *s.* Tarruinn na h-analach, séideadh analach; crìoch, ceann; call an deò, bàsachadh.

EXPIRE, *v.* Séid, analaich; bàsaich, thoir suas an deò; crìochnaich, thig gu crìch.

EXPLAIN, *v. a.* Dean so-thuigsinn, soilleirich, foillsich.

EXPLANATION, *s.* Mìneachadh, soilleireachadh, soillseachadh.

EXPLANATORY, *adj.* Mìneachail.

EXPLICABLE, *adj.* So-mhìneachadh.

EXPLICATE, *v. a.* Fosgail, soilleirich.

EXPLICATION, *s.* Fosgladh, soilleireachadh, mìneachadh, fuasgladh, réiteachadh; eadar-theangachadh.

EXPLICIT, *adj.* Soilleir, so-thuigsinn, pungail.

EXPLODE, *v. a.* Spreadh, tilg á mach le spreadhadh; tilg a mach le tàir, cuir an neo-shuim.

EXPLOIT, *s.* Euchd, treubhantas, mòrghnìomh.

EXPLORE, *v. a.* Feuch, rannsaich, sgrùd, sir.

EXPLOSION, *s.* Spreadhadh, bragh.

EXPORT, *v. a.* Cuir do thìr eile.

EXPORTATION, *s.* Cur bathar thar muir.

EXPOSE, *v. a.* Nochd, foillsich, leig ris, rùisg, taisbean; dean ball-magaidh dheth; cuir an cunnart.

EXPOSITION, *s.* Mìneachadh, soilleir eachadh; suidheachadh, leigeil ris; eadar-theangachadh.

EXPOSITOR, *s.* Fear-mìneachaidh, eadartheangair.

EXPOSTULATE,*v.n.* Reusonaich; connsaich, cothaich.

EXPOSTULATION, *s.* Reusonachadh, deasbaireachd; connsachadh, cothachadh; casaid.

EXPOSURE, *s.* Foillseachadh, leigeil ris, taisbeanadh; gàbhadh, cunnart; suidheachadh.

EXPOUND, *v. a.* Minich, foislich dean soilleir, leig ris.

EXPOUNDER, *s.* Fear-mìneachaidh.

EXPRESS, *v. a.* Cuir an céill, innis, aithris; nochd, foillsich, taisbean; fàisg, brùth á mach.

EXPRESS, *adj.* Soilleir, pungail, follaiseach; a dh' aon ghnothach; a dh' aon obair.

EXPRESS, *s.* Teachdaire-cabhaig, teachdaireachd-chabhaig.

EXPRESSIBLE, *adj.* So-innseadh.

EXPRESSION, *s.* Dòigh labhairt, aithris, cainnt; fàsgadh.

EXPRESSIVE, *adj.* Làn seadh, brìoghor, seadhach, làidir.

EXPROBATE, *v. a.* Cronaich, maslaich.

EXPROBATION, *s.* Cronachadh.

EXPUGN, *v. a.* Buadhaich, cìosnaich, ceannsaich.

EXPUGNATION, *s.* Buadhachadh, ceannsachadh.

EXPULSION, *s.* Fògradh, fuadach, cur a mach.

EXPULSIVE, *adj.* A dh' fhògras, a dh' fhuadaicheas.

EXPUNGE, *v. a.* Dubh a mach, sgrìob ás

EXPURGATION, *s.* Glanadh, sgùradh, ionnlad.

EXPURGE, *v. a.* Glan, ionnlaid.

EXQUISITE, *adj.* Gasta, taghte, òirdheirc, grinn, co-lìonta; ro mhothachail.

EXQUISITENESS, *s.* Òirdheirceas, grinn eas, sgiultachd.

EXTANT, *adj.* Maireann, foliaiseach, a làthair; beò.

EXTEMPORANEOUS, EXTEMPORARY, *adj.* Bharr làimhe, gun ullachadh.

EXTEMPORE, *adv.* Gun ullachadh roi' làimh.

EXTEMPORISE, *v. n.* Labhair gun ullachadh.

EXTEND, *v. a.* Sìn, sgaoil ; leudaich, meudaich, farsuinnich ; bàirig, compàirtich ; ruig air.

EXTENSION, *s.* Sìneadh, ruigheachd, sgaoileadh, farsuinneachd, leud, meud.

EXTENSIVE, *adj.* Farsuinn, leathann, mòr.

EXTENSIVENESS, *s.* Farsuinneachd, meud, leud.

EXTENT, *s.* Farsuinneachd, meud, leud, fad, dòmhladas.

EXTENUATE, *v. a.* Lughdaich, caolaich, beagaich, tanaich ; gabh leisgeul, aotromaich coire.

EXTENUATION, *s.* Lughdachadh, beagachadh, gabhail leisgeil ; aotromachadh ; tanachadh, caolachadh.

EXTERIOR, *adj.* Air an taobh muigh.

EXTERMINATE, *v. a.* Spìon á 'fhreumhaibh, dìthich, sgrios ; thoir as a bhun, fògair.

EXTERMINATION, *s.* Sgrios, milleadh.

EXTERN, EXTERNAL, *adj.* A muigh, air an taobh muigh.

EXTERNALLY, EXTERIORLY, *adv.* A muigh, air an taobh muigh.

EXTERSION, *s.* Suathadh, air falbh.

EXTIMULATE, *v. a.* Spor, brosnaich.

EXTIMULATION, *s.* Sporadh, brodadh, brosnachadh.

EXTINCT, *adj.* Crìochnaichte, nach eil a làthair ; marbh.

EXTINCTION, *s.* Cur ás, smàladh ; dol ás, mùchadh ; milleadh, sgrios, fògradh.

EXTINGUISH, *v. a.* Cuir ás, mùch, smàl ás ; mill, sgrios, caisg.

EXTINGUISHER, *s.* Smàladair.

EXTIRPATE, *v. a.* Spìon á bun, sgrios, dìthich.

EXTIRPATION, *s.* Toirt á 'fhreumhan, spìonadh á bun, sgrios.

EXTOL, *v. a.* Ard-mhol, cliùthaich.

EXTORT, *v. a.* Dean fòirneart, thoir air falbh le ainneart.

EXTORTION, *s.* Fòirneart, foireigneadh.

EXTORTIONER, *s.* Fear foireignidh.

EXTRACT, *v. a.* Tarruinn á, thoir á.

EXTRACT, *s.* As-tarruinn, brìgh, sùgh.

EXTRACTION, *s.* Tàrmachadh, sloinneadh, taruinn a mach.

EXTRAJUDICIAL, *adj.* Neo-laghail.

EXTRANEOUS, *adj.* Coimheach.

EXTRAORDINARY, *adj.* Neo-ghnàth-

ach ; neo-chumanta, sònraichte, àraid, anabarrach iongantach.

EXTRAVAGANCE, EXTRAVAGANCY, *s.* Ana-measarrachd, ana-caitheamh, struidhealachd ; mi-riaghailt, dol ás an t-slighe ; buaireas.

EXTRAVAGANT, *adj.* Strùidheil, anacaithteach ; mi-riaghailteach, ana-cuimseach.

EXTREME, *adj.* Anabarrach, ro-mhòr iomallach, a's faide muigh ; deireann-ach.

EXTREME, *s.* Iomall, deireadh, ceann thall, crìoch.

EXTREMITY, *s.* Ceann a's faide mach, crìoch, iomall, oir ; gnè an aghaidh gnè eile ; cruaidh-chas, teinn, éigin.

EXTRICATE, *v. a.* Saor, fuasgail.

EXTRICATION, *s.* Saoradh, fuasgladh, toirt á amladh.

EXTRINSIC, EXTRINSICAL, *adj.* Air an leth a muigh, a bhuineas do ni eile.

EXTRINSICALLY, *adv.* O 'n leth a muigh.

EXTRUSION, *s.* Tilgeadh a mach.

EXUBERANCE, *s.* Cùs, mòr-phailteas.

EXUBERANT, *adj.* Pailt, làn, lìonmhor, tarbhach, a' cur thairis.

EXUDATION, *s.* Fallus.

EXUDATE, EXUDE, *v. n.* Cuir fallus dhiot.

EXULCERATE, *v. a.* Leannaich, eargnaich ; bi 'g iongrachadh.

EXULT, *v. n.* Dean uaill, dean aoibhneas, dean gàirdeachas ; dean meoghail, bi ri aighear.

EXULTANCE, EXULTATION, *s.* Uaill, gàirdeachas, aoibhneas, subhachas, aighear, meoghail.

EXUNDATE, *v. a.* Cuir thairis.

EXUNDATION, *s.* Ro-phailteas, làn.

EXUPERABLE, *adj.* So-cheannsachadh.

EXUSCITATE, *v. a.* Éirich, dùisg, tog suas.

EXUSTION, *s.* Losgadh, cnàmh, caith-eamh as le teìne.

EYAS, *s.* Isean seabhaic.

EYE, *s.* Sùil ; crò snàthaid.

EYE, *v. a.* Beachdaich, faic, seall, cum sùil air, dearc, amhairc.

EYEBALL, *s.* Ubhall na sùl, clach na sùl.

EYEBRIGHT, *s.* Lùs-nan-leac.

EYEBROW, *s.* Mala.

EYELASH, *s.* Fabhradh.

EYELESS, *adj.* Gun sùilean.

EYELET, *s.* Toll-fradhairc.

EYELID, *s.* Rosg, rasg.

EYESALVE, *s.* Sàbh-shùl.

EYFSIGHT, s. Sealladh, fradharc. léir-sinn, léirsinn-shùl.

EYESORE, s. Culaidh ghràin, culaidh-mhì-thlachd, cuis-dhéisinn.

EYETOOTH, s. Fiacaill-chrìche.

EYEWITNESS, s. Fianais-shùl.

EYRE, s. Mòd ceartais.

EYRY, s. Nead iolaire, ìthich, seabh-aic, no nead eun-feòil-itheach sam bith eile.

F

F, s. Sèathamh litir na h-aibidil.

FABLE, s. Spleagh, uirsgeul, sgeulachd.

FABLE, v. Innis breugan, innis sgeul-achd, labhair faoin-sgeul spleaghach.

FABLED, part. Iomraiteach an uir-sgeulan, airmeil ann an sgeul.

FABRIC, s. Togail, aitreabh, taigh.

FABRICATE, v. a. Tog, dealbh, co-thog.

FABULIST, s. Spleaghaire, sgeulaiche.

FABULOUS, adj. Spleaghach, uirsg-eulach, faoin-sgeulach, breugach.

FACE, s. Aghaidh, gnùis, aodann tuar, aogas ; uachdar, beul-thaobh ; dreach.

FACE, v. a. Cuir aghaidh ri, thoir aghaidh air, tachair, coinnich ; seas mu choinneamh ; tionndaidh t' aghaidh mu'n cuairt.

FACETIOUS, adj. Cridheil, sunntach, àbhachdach, sùgach, sùigeartach, ait.

FACILE, adj. Furasda, soirbh, so-dheanamh, ciùin, fòil.

FACILITATE, v. a. Dean furasta, dean soirbh, dean réidh, réitich.

FACILITY, s. Furastachd, ullamhachd, teòmachd ; sùbailteachd, géilleachd-ainn, socharachd.

FACING, s. Lìnig, aghaidh, còmhdach.

FACINOROUS, adj. Aingidh, olc, dona.

FACT, s. Gniomh, gnothach, beart, tùrn ; fìrinn.

FACTION, s. Luchd-tuairgnidh ; aimh-reit, tuairgneadh, eas-aonachd.

FACTIOUS, adj. Aimhreiteach, buair-easach, easaontach, ceannairceach.

FACTOR, s. Seamarlan, bàilidh.

FACTORY, s. Taigh-dhèantaichean, ionad luchd gnothaich ; taigh-cèairde.

FACTOTUM, s. Gille-gach-gnothaich.

FACULTY, s. Comas, cumhachd ; càil,

buaidh-inntinn ; seòltachd, dòigh ; comunn luchd-teagaisg àrd-sgoile.

FACUNDITY, s. Fileantachd.

FADE, v. Caith, seachd ; teich á seall-adh ; caill dath ; searg, crìon, meath.

FADING, s. Crìonadh, seargadh, seac-adh, caitheamh ás.

FÆCES, s. Òtrach, anabas, aolach, dràbhag, druaip.

FAG, v. n. Fàs, sgith, fannaich.

FAG, FAG-END, s. Ceànn-aodaich, fuigheall, deireadh.

FAGOT, s. Cual chonnaidh, fiodh fad-aidh, &c.

FAIL, v. Tréig, dìobair, fàg ; fàillinn-ich, bi an easbhuidh ; teirig, rach ás, sguir ; fannaich, fàs lag; thig gearr air.

FAILING, s. Fàillinn, fàillneachadh ; seargadh, seacadh ; uireasbhuidh, tuisleadh, coire.

FAILURE, s. Easbhuidh, uireasbhuidh; tuisleadh, coire, fàillinn.

FAIN, adj. Sòlasach, sunntach, deòn-ach, toileach, an geall.

FAIN, adv. Gu toileach, gu deònach, le làn toil.

FAINT, v. Fannaich, rach am paisean, fàs lag, fàs fann, caill do spiorad, bi fo dhiobhail-misnich.

FAINT, adj. Lag, fann. anfhann ; neo-shoilleir ; breòite, gun chlì, gealltach, meat, tais, fo dhiobhail-misnich ; neo-smiorail, neo-sgairteil.

FAINT-HEARTED, adj. Lag-chridheach, gealtach, tais, meat, cladharra.

FAINTING, s. Fannachadh, paisean, neul, laigse.

FAINTISH, adj. Fann, a' fàs fann.

FAINTNESS, s. Laigse, laigsinn, an-fhannachd; neo-smioralachd, marbh-antachd ; lag-chridheachd, cladhair-eachd.

FAIR, adj. Maiseach, sgiamhach, bòidheach, àillidh ; geal, fionn ; taitneach, maiseach, ciatach, glan, soilleir; ceart, cothromach, dìreach; sìobhalta, suairce.

FAIR, s. Maise-mnà, àile ; féill.

FAIRING, s. Faidhrean.

FAIRNESS, s. Maise, maisealachd, bòidhchead, àilleachd ; ceartas, onoir, ionracas, tréidhireachd ; soilleir-eachd.

FAIRY, s. Sìthiche ; bean-shìth.

FAIRY, adj. A bhuineas do shìthich-ean.

FAITH, s. Creideamh ; muinghinn, dòchas, earbsa; creideas, barail ;

dìlseachd ; onoir, fìrinn ; gealltanas, gealladh.

FAITHFUL, adj. Creideach ; dìleas ; ionraic, trèidhireach, onorach ; fìreanach, fìreanta.

FAITHFULNESS, s. Trèidhireachd, ionracas ; dìlseachd, seasmhachd.

FAITHLESS, adj. Mi-chreideach ; midhìleas, mealltach, cealgach.

FAITHLESSNESS, s. Mi-dhìlseachd.

FALCHION, s. Claidheamh crom.

FALCON, s. Seabhac seilge.

FALCONER, s. Seabhacair, fear-ionnsachaidh sheabhac.

FALCONRY, s. Seabhacaireachd.

FALL, v. n. Tuit ; teirinn ; traogh, sìolaidh.

FALL, s. Tuiteam, leagadh, lèir-sgrios ; tuiteam sìos, ìsleachadh ; tèarnadh càs, bruthach ; eas, steall.

FALLABILITY, s. Buailteachd do mhearachd.

FALLACIOUS, adj. Mearachdach, mealltach, carach, cealgach.

FALLACY, s. Mealltachd, feallsachd, cealgachd.

FALLIBLE, adj. Tuiteamach, buailteach do mhearachd, fàillinneach.

FALLING, s. Tuiteam, peacadh.

FALLING-SICKNESS, s. An tinneastuiteamach.

FALLOW, adj. Dearg-shoilleir, buidheshoilleir ; Talamh bàn, neothreabhte.

FALLOW, s. Treabhadh-sàmhraidh, eilgheadh.

FALSE, adj. Breugach, fallsa, neofhìor ; mearachdach ; meallta, midhìleas.

FALSEHEARTED, adj. Meallta, foilleil, cealgach.

FALSEHOOD, FALSITY, s. Breug ; mealltaireachd, cealg.

FALSIFY, v. Dean breugach, breugnaich, dearbh 'na brèig ; àicheadh an fhìrinn.

FALTER, v. n. Bi liotach, dean gagail chainnte, bi manntach ; fàs sgìth.

FALTERING, s. Teabadaich, laigse, teachd gearr.

FAME, s. Cliù, alla, ainm ; iomradh.

FAMED, adj. Ainmeil, allail, cliùiteach, iomraiteach ; measail.

FAMELESS, adj. Neo-iomraiteach.

FAMILIAR, adj. Aoidheil, saor, ceanalta, furanach, faoilidh ; càirdeil ; eòlach, coitcheann, tric.

FAMILIAR, s. Fear eòlais, còmpanach ; leannan-sìth.

FAMILIARITY. s. Eòlas, còmpanas ; saorsa còmhraidh.

FAMILIARIZE, v. a. Dean eòlach, gnàthaich, cleachd.

FAMILY, s. Teaghlach ; sliochd, àl, clann, gineal ; cinneadh, fine, dream.

FAMINE, s. Gort, airc, gainne.

FAMISH, v. Cuir gu bàs le gort.

FAMOUS, adj. Ainmeil, cliùiteach, measail, iomraiteach, sònraichte.

FAN, s. Gaotharan, sgàileagan ; guit, fasgnag, dallanach.

FAN, v. a. Fuaraich, gluais, an t-àileadh ; fasgain.

FANATIC, s. Neach air boile le baoth chreideamh.

FANATIC, FANATICAL, adj. Boathchreideach, saobh-chreideach.

FANATICISM, s. Baoth-chreideamh, saobh-chreideamh.

FANCIFUL, adj. Mac-meanmnach, neònach, iongantach, saobhsmuainteach.

FANCIFULNESS, s. Neònachas, iongantas, macmeamnainn.

FANCY, s. Mac-meamna, saobhsmuain ; barail, miann, dèidh, tlachd.

FANCY, v. Smuainich, saoil, baralaich, beachdaich ; miannaich, gabh dèidh ; bi 'n dùil.

FANE, s. Teampull, eaglais, coilleachgaoithe.

FANFARON, s. Curaidh, gaisgeach.

FANG, s. Tosg, ionga, dubhan, pliùt.

FANGED, adj. Tosgach, iongach, dubhanach, spògach, pliùtach.

FANGLE, s. Faoin, ionnsaidh, faoin innleachd.

FANTASTIC, FANTASTICAL, adj. Macmeamnach, iongantach, neo-sheasmhach, faoin, neònach, gòrach, gogaideach, guanach.

FAR, adv. Fada, fàd' ás, fad' air falbh, an cèin ; gu mòr.

FAR, adj. Fada, fad' ás.

FARCE, s. Ealaidh, baoth chluich.

FARCICAL, adj. Àbhachdach, a bhuineas do chluich baoth.

FARCY, s. Claimh-each.

FARDEL, s. Trusgan ; cual, ultach.

FARE, v. n. Ith, gabh lòn ; siubhail, imich, gabh turas ; tàrladh dhut, bi an cor.

FARE, s. Luach giùlain, duais, dìoladh faraidh ; biadh, lòn, teachd-an-tìr.

FAREWELL, ad. Soraidh leat, slàn leat, beannachd leat.

FARFETCHED, adj. Air a tharriunn fad ás, air teachd o chéin.

FARINACEOUS, *adj.* A bhuineas do mhin, air bhlas mine.

FARM, *s.* Baile fearainn, gabhail fhearainn, tuathanas.

FARMER, *s.* Tuathanach, gabhaltaiche.

FARMOST, *adj.* A's faid ás.

FARRAGO, *s.* Brudhaiste, bròthas, brochan, cumasg.

FARRIER, *s.* Marc-lighich, léigh-each, gobha-chruidhean.

FARROW, *s.* Cuain, àlach muice.

FARROW, *v. a.* Beir uirceanan.

FART, *s.* Braim, breim, bram.

FARTHER, *adv.* Ni's fhaide as, a thumeadh, a bhàrr.

FARTHER, *adj.* Ni's faide, ni's iomallaiche; air taobh thall.

FARTHER, *v. a.* Cuir air adhart, cuidich.

FARTHERANCE, *s.* Cuideachadh, còmhnadh.

FARTHEST, *adj.* A's faid' ás, a's iomallaiche.

FARTHING, *s.* Feòirlinn, fàirdein.

FARTHINGALE, *s.* Cearcall-còta.

FASCINATE, *v. a.* Cuir fo gheasaibh.

FASCINATION, *s.* Buidseachd.

FASHION, *s.* Modh, seol ; fasan ; cleachdadh, gnàths, cumadh, cruth, dealbh, dèanamh, dreach, samhla, coltas ; dòigh, nòs ; uaisle.

FASHION, *v. a.* Cùm, dealbh, dreach.

FASHIONABLE. *adj.* Fasanta, gnàthaichte, nòsail, cleachdail.

FAST, *s.* Trasg, Trasgadh.

FAST, *adj.* Daingeann, teann, neo-ghluasadach, diongmhalta ; luath.

FASTEN, *v.* Daingnich, teannaich, ceangail ; greimich, gabh greim.

FASTENING, *s.* Ceangal, daingneachadh.

FASTIDIOUS, *adj.* Àilleasach, moiteil, tarcuiseach, àileanta, arralach.

FASTING, *s.* Trasgadh, trasg.

FAT, *adj.* Reamhar, sultmhor, feòlmhor.

FAT, *s.* Reamhrachd, saill, sult, blonag.

FATAL, *adj.* Marbhtach, bàsmhor, sgriosail, millteach ; an dàn.

FATALIST, *s.* Fear creidsinn 's an dàn.

FATALITY, *s.* Roi'-òrduchadh, dàn.

FATE, *s.* Dàn ; dàil, manadh ; bàs ; sgrios.

FATED, *adj.* Roi'-òrduichte, an dàn.

FATHER, *s.* Athair.

FATHER, *v. a.* Gabh ri mar athair, uchdmhacaich ; aidich mar do ghniomh no do sgrìobhadh ; cuir as leth, cuir air.

FATHER-IN-LAW, *s.* Athair-céile.

FATHERLESS, *adj.* Gun athair.

FATHERLY, *adj.* Athaireil.

FATHOM, *s.* Aitheamh.

FATHOM, *v. a.* Tomhais aitheamh, ruig air, faigh a mach ; tomhais doimhneachd.

FATHOMLESS, *adj.* Gun ghrunnd, gun iochdar, gun aigein.

FATIGABLE, *adj.* So-sgìtheachadh.

FATIGUE, *v. a.* Sgìthich, sàraich.

FATIGUE, *s.* Sgìos, saothair, sàrachadh, allaban.

FATLING, *s.* Beathach reamhar, ainmhidh air a bhiadhadh air son a mhàrbhadh.

FATNESS, *s.* Reamrachd, reamhad, sultmhorachd ; geir, saill.

FATTEN, *v.* Reamhraich, biadh ; fàs reamhar.

FATUITY, *s.* Baothaireachd.

FATUOUS, *adj.* Baoth, gòrach, faoin, amaideach ; lag, faileasach.

FAULT, *s.* Coire, cron, lochd, gaoid, cionta.

FAULTLESS, *adj.* Neo-lochdach, neo-chiontach, neo-choireach ; iomlan, gun mheang.

FAULTY, *adj.* Ciontach, coireach, mearachdach ; olc, dona.

FAVOUR, *v. a.* Cuidich, bi fàbharach, nochd càirdeas, dean còmhnadh le, còmhnaich.

FAVOUR, *s.* Fàbhar, deagh-ghean, bàigh, maidhean, taobh, càirdeas ; suaicheantas.

FAVOURABLE, *adj.* Fàbharach, bàigheil.

FAVOURED, *part.* A fhuair cothrom no fàbhor, dheth am beil spéis.

FAVOURITE, *s.* Annsachd, ceist, luaidh.

FAWN, *s.* Laogh féigh, fiagh òg ; meann earba.

FAWN, *v. n.* Dean miodal, dean sodal, dean cùirteas ; strìochd, lùb.

FEALTY, *s.* Ùmhlachd, dlighe iochdarain d'a uachdaran.

FEAR, *s.* Eagal, geilt, sgàth, fiamh.

FEAR, *v.* Gabh eagal, gabh fiamh ; bi fo eagal, geiltich ; bi am fiamh, bi fo chùram, bi fo iomaguin.

FEARFUL, *adj.* Gealtach, meat, lag-chridheach, eagalach, fiamhail ; oillteill, uamhunnach, uabhasach.

FEARFULNESS, *s.* Gealtachd, meatachd, geilt, eagal, fiamh, sgàth, oillt, uabhas.

FEARLESS, adj. Neo-ghealtach, gun athadh, neo-fhiamhach.

FEASIBLE, adj. So-dheanamh, coltach.

FEAST, s. Cuirm, fleadh, cuilm.

FEAST, v. a. Dean cuirm, thoir fleadh; gabh cuirm, gabh fleadh.

FEAT, s. Gnìomh, éuchd, treubhantas; cleas, car neònach.

FEAT, adj. Ealamh, sgiobalta, deas, teòma; grinn, snasmhor.

FEATHER, s. Ite, iteag.

FEATHER, v. a. Sgeadaich le itean.

FEATHER-BED, s. Leabaidh chloimh-iteach, leabaidh itean.

FEATHERED, adj. Iteagach, iteach.

FEATURE, s. Tuar, aogas, cruth, dreach ; cumadh, cruitheachd, dealbh.

FEBRILE, adj. Fiabhrasach.

FEBRUARY, s. Ceud mhìos an earr-aich.

FECULENCE, s. Drabhas, gruid druaip.

FECULENT, adj. Drabhasach, druaipeil.

FECUND, adj. Torrach, sìolmhor.

FECUNDITY, s. Sìolmhorachd.

FED, prep. and part. of to feed. Àraichte.

FEDERAL, adj. A bhuineas do chùmh-nant.

FEE, v. a. Tuarasdalaich, gabh.

FEE, s. Duais, dìoladh, tuarasdal.

FEEBLE, adj. Lag, fann, anfhann.

FEEBLENESS, s. Laigse, anfhannachd.

FEED, v. Biadh, àraich, beathaich, cùm suas.

FEED, s. Biadh, lòn, ionaltradh.

FEEDER, s. Fear-biadhaidh; fear-ithe.

FEEL, v. a. Fairich, mothaich, laimh-sich ; feuch, rannsaich.

FEELING, s. Faireachduinn, faireach-adh, mothachadh, càileachd.

FEIGN, v. Gabh ort, leig ort ; aithris gu breugach.

FEINT, s. Coltas breugach, gabhail air.

FELICITATE, v. a. Dean sona, fàiltich.

FELICITOUS, adj. Sona, sòlasach.

FELICITY, s. Sonas, sòlas.

FELINE, adj. Mar chat.

FELL, adj. Borb, fiadhaich, allaidh garg, allamhara.

FELL, s. Seiche, bian, craiceann.

FELL, v. a. Leag gu làr, buail sìos, spad, smàil ; gèarr sìos, mar chraoibh.

FELLMONGER, s. Ceannaiche-bhoic-eann.

FELLOW, s. Companach, coimpire; lethbhreac ; gille ; dubh-bhalach.

FELLOW, v. a. Càraidich, paidhrich.

FELLOWSHIP, s. Companas, compantas, comunn, co-bhann, caidreamh.

FELO-DE-SE, s. Féin-mhortair.

FELON, s. Slaoightear.

FELONIOUS, adj. Aingidh, fealltach, olc, ciontach.

FELONY, s. Coire bàis.

FELT, s. Aodach gaoisideach ; bian.

FELUCCA, s. Bàta sè-ràmhach.

FEMALE, s. Bean, boireannach, bain-ionnach, té.

FEMALE, adj. Boireann, bainionn.

FEMINALITY, s. Nàdur nam ban.

FEMININE, adj. Boireann, bainionn-ach ; caomh, bog, maoth, mìn, màlda.

FEMORAL, adj. Sléisneach, màsach.

FEN, s. Boglach, càthar, mòinteach.

FENCE, s. Dìon, callaid, dìg, daing-neach, bàbhunn.

FENCE, v. Dùin, iomadhruid, cuairtich.

FENCELESS, adj. Gun challaid, fosg-ailte.

FENCER, s. Basbair, cliaranach.

FENCIBLE, adj. So-dhion.

FENCING, s. Basbaireachd, cliaran-achd.

FEND, v. Dìon, cum dhìot ; conns-aich ; tagair.

FENDER, s. Dìonadair.

FENNEL, s. Lus-an-t-saoidh.

FENNY, adj. Mòinteachail, bog.

FEOFF, v. a. Cuir an seilbh fuinn.

FEOFFMENT, s. Cur an seilbh.

FERINE, adj. Fiadhaich, garg.

FERINENESS, FERITY, s. Gairge, buirbe, allamharrachd, fiadhaichead.

FERMENT, v. a. Cuir fo bhuaireas, tog an àirde ; bi fo bhuaireas, oibrich.

FERMENT, s. Buaireas, mi-riaghailt, oibreachadh, troi'-chéile.

FERMENTATION, s. Buaireas, oibreach-adh.

FERN, s. Raineach, rŏineach.

FERNY, adj. Raineachail, làn rŏinich.

FEROCIOUS, adj. Fiadhaich, garg, allamharra, an-iochdmhor.

FEROCITY, s. Fiadhaichead, gairge, buirbe, an-iochd.

FERRET, s. Feòcullan, coinneas; stìom.

FERRET, v. a. Cuir á toll.

FERRIAGE, s. Faradh, airgead-aisig.

FERRUGINOUS, adj. Do ghné iaruinn.

FERRY, v. Aisig ; rach thar aiseag.

FERRY, s. Aiseag.

FERRYMAN, s. Fear-aiseig, portair.

FERTILE, adj. Torach, sìolmhor, biadhchar, pailt, lìonmhor.

FERTILITY, s. Sìolmhoireachd, tarbh-achd, toraicheas.

FERTILIZE, v. a. Dean torach, dean sìolmhor, leasaich, mathaich.

FERULA, s. Slat-sgiùrsaidh, sgiùrs.

FERVENCY, s. Dealas, teas-inntinn, dian-thogradh, déine, beò-dhùrachd.

FERVENT, adj. Teth, air ghoil; dian, bras, cas, dealasach; dùrachdach, blàth.

FERVID, adj. Teth, air ghoil, loisgeach; bras, dian, dealasach, deòthasach.

FERVIDNESS, s. Déine, braise, dealas, deòthas.

FERVOUR, s. Teas, blàthas; teas inntinn, dealas, déine, beò-dhùrachd.

FESTAL, adj. Cuirmeach, fleadhach.

FESTER, v. n. Eargnaich, at, iongraich.

FESTIVAL, s. Féill, cuirm-bhliadhnail.

FESTIVE, adj. Fleadhach, cuirmeach, féisdeach, aoibhneach.

FESTIVITY, s. Aoibhneas, aighear, subhachas, gàirdeachas.

FETCH, v. a. Thoir leat, thoir an so.

FETCH, s. Innleachd, seòl, car, cleas.

FETID, adj. Breun, lobhte, grod.

FETLOCK, s. Luidhean, fiarag.

FETOR, s. Droch bholadh, droch thòchd.

FETTER, s. Cuibhreach, geimheal.

FETTER, v. a. Geimhlich, cuibhrich.

FETUS, FŒTUS, s. Ceud-fhàs.

FEU, s. Gabhail, gabhaltas.

FEUD, s. Aimhreit, strì, eas-aonachd, connsachadh, falachd, cogadh.

FEUDAL, adj. A bhuineas do shuidheachadh fearainn.

FEUDATORY, s. Gabhaltaiche.

FEVER, s. Fiabhras, cuartach, teasach.

FEVERISH, FEVEROUS, FEVERY, adj. Fiabhrasach, teth, loisgeach; mùiteach, neo-shuidhichte.

FEW, adj. Tearc, ainneamh, gann.

FEWNESS, s. Teircead, gainnead.

FIAT, s. Breitheanas, binn.

FIB, s. Breug, frìth-bhreug.

FIB, v. n. Innis breugan.

FIBBER, s. Breugaire.

FIBRE, s. Freumh chaol, teudag,

FIBULA, s. Cnàimh-caol na lurga.

FICKLE, adj. Caochlaideach, mùiteach, luasganach, luaineach, neo-shuidhichte, neo bhunailteach.

FICKLENESS, s. Caochlaideachd, mùiteachd, luasganachd, neo-bhunailteachd, neo-sheasmhachd.

FICTION, s. Naigheachd breugach; uirsgeul, sgeulachd.

FICTITIOUS, FICTITIOUSLY, adj. Feallsach, mealltach, faoin, breugach.

FIDDLE, s. Fìodhall.

FIDDLE, v. a. Dean fidhleireachd; bi diomhanach.

FIDDLEFADDLE, s. Babhdaire, beagseadh, faoineis.

FIDDLER, s. Fìdhleir.

FIDDLE-STRING, s. Teud fìdhle.

FIDELITY, s. Tréidhireas, fìrinn; dìlseachd, seasmhachd.

FIDGET, v. n. Dean iomairt, bi luasganach.

FIE, interj. Ud! ud! mo nàire!

FIEF, s. Gabhail fhearainn; fo-uachdaran.

FIELD, s. Machair, raon, achadh, faiche, màgh; blàr, farsuinneachd.

FIELDFARE, s. An liathtruisg.

FIELD-PIECE, s. Gunn'-àraich.

FIEND, s. Diabhol, deamhan.

FIERCE, adj. Fiadhaich, droch-mheinneach, feargach, garg, borb, buaireasach; laidir, treun.

FIERCENESS, s. Fiadhaichead, buirbe, gairge, buaireas, guinideachd, fuilteachd; ainteas, teinntidheachd; braise, buaireas.

FIERY, adj. Teinnteach, lasarra, loisgeach; dian, bras, cabhagach; feargach, frionasach, garg, droch-mheinneach; dealrach, soillseach.

FIFE, s. Fìdeag-Ghallda.

FIFER, s. Fear-fìdeig.

FIFTEEN, adj. Cùig-deug.

FIFTH, adj. Cùigeadh.

FIFTHLY, adv. 'S a chuigeadh àite.

FIFTY, adj. Caogad, leth-cheud.

FIG, s. Fìgis, crann-fìge.

FIGHT, s. Cath, còmhrag; caonnag, tuasaid, sabaid.

FIGHTER, s. Curaidh, gaisgeach, fearcòmhraig, fear sabaideach.

FIGURABLE, adj. A ghabhas cumadh, a ghabhas dealbh.

FIGURATIVE, adj. Samhlachail.

FIGURE, s. Dealbh, cumadh, dreach, cruth; pearsa, aogas, coltas, samhla.

FIGURE, v. a. Cum, dreach, dealbh; dean eug-samhail; samhlaich; smuainich.

FIGWORT, s. Am farach-dubh.

FILAMENT, s. Sreang chaol, toinntean.

FILBERT, s. Cnò, faoisgeag.

FILCH, v. a. Goid, slad, dean méirle.

FILE, s. Eighe, lìomhan; ainm-chlar.

FILIAL, adj. Macail, dleasanach.

FILIATION, s. Dàimh mic ri athair.

FILINGS, s. Smùrach èighe.

FILL, v. a. Lìon, luchdaich; sàsaich; dean buidheach; fàs làn.

FILL, s. Làn, sàth, leoir, teann-shàth.

FILLET, s. Stìom, crios; tiugh na sléisde.

FILLET, *v. a.* Ceangail le stìom, cuir crios air, cuir cuairteag uime.
FILLIP, *v. a.* Thoir cliùdan.
FILLIP, *s.* Spadag, cliùdan.
FILLY, *s.* Loth, lothag.
FILM, *s.* Sgrath, sgannan, sgàilean.
FILMY, *adj.* Sgrathach, sgàileanach.
FILTER, *v. a.* Sìolaidh.
FILTER, *s.* Sìolachan.
FILTH, *s.* Salchar, anabas, druaip.
FILTHY,*adj.* Salach, musach, drabhasach; neo-ghlan, truaillidh.
FILTRATE, *v. a.* Sìolaidh.
FILTRATION, *s.* Sìoladh, glanadh.
FIN, *s.* Iteach éisg, ite, sgiath.
FINABLE, *adj.* Airidh air ùbhladh.
FINAL, *adj.* Deireannach.
FINANCE, *s.* Teachd a steach, màl, cìs, càin.
FINANCIER, *s.* Fear trusaidh cìs rìgh.
FIND, *v. a.* Faigh; tachair air; faigh a mach, amais, fairich, aithnich; co-dhùin; cum suas, beathaich.
FINE, *adj.* Grinn, fìnealta, caol; glan, fìor ghlan, soilleir; geur, tana.
FINE, *s.* Ùbhladh, peanas.
FINE, *v. a.* Glan, ath-ghlan; dean fìnealta; leag ùbhladh.
FINENESS, *s.* Grinnead, fìnealtachd, grinneas, bòidhchead, maise; mìnead, caoilead.
FINERY, *s.* Breaghachd, rìmheadh.
FINESSE, *s.* Cǎr, cleas, cealg.
FINGER, *s.* Meur, corrag.
FINGER, *v. a.* Meuraich, laimhsich.
FINICAL, *adj.* Moiteil, cùirteil, grinn, gogaideach, leòmach, aralach.
FINING-POT, *s.* Suacan-leaghaidh.
FINISH, *s.* A' Chrìoch, am foircheann.
FINISH, *v. a.* Crìochnaich; co-lion.
FINISHER, *s.* Fear-crìochnachaidh.
FINITE, *adj.* Crìochnach, crìochnaichte.
FINITELESS, *adj.* Neo-chrìochnach.
FINNY, *adj.* Iteach.
FIR, *s.* Giubhas, no ghiuthas.
FIRE, *s.* Teine, teas, ainteas.
FIRE, *v.* Cuir ri theine, loisg; fadaidh, beothaich, bruidich; tilg.
FIRE-ARMS, *s.* Airm-theine.
FIREBRAND, *s.* Aithinne; brathadair.
FIRE-CROSS, *s.* Crois-tàra, crann-tàra.
FIRELOCK, *s.* Gunna, musgaid.
FIREMAN, *s.* Fear-casgaidh teine.
FIREPAN, *s.* Aoghan-theine.
FIRING, *s.* Connadh, gual, mòine.
FIRKIN, *s.* Buideal naoi galoin.
FIRM, *adj.* Daingeann, làidir, teann; seasmhach, diongmhalta, bunailteach, neo-ghluasadacb.

FIRMAMENT, *s.* Speur, iarmailt, adhar.
FIRMAMENTAL,*adj.* Iarmailteach,adharach, speurach, neamhaidh.
FIRMNESS,*s.* Daingneachd.greimealas; maireannachd,seasmhachd,cinnteas, diongmhaltas, bunailteachd.
FIRST, *adj.* Ceud, ceudamh; an tùs, an toiseach; prìomh.
FIRST, *adv.* An tùs, air toiseach, roimh; ann sa' cheud àite.
FIRST-FRUITS, *s.* Ceud-thoradh.
FIRSTLING, *s.* Ceud-ghin; no ceud-fhàs.
FISCAL, *s.* Ionmhas, tighinn a stigh rìoghachd.
FISH, *s.* Iasg; *gen.* éisg,
FISH, *v.* Iasgaich; bi 'g iasgach.
FISHER, FISHERMAN, *s.* Iasgair.
FISHERY, *s.* Iasgach.
FISH-HOOK, *s.* Dubhan iasgaich.
FISHING, *s.* Iasgaireachd.
FISHMEAL, *s.* Tràth bìdh de dh' iasg.
FISHMONGER, *s.* Còpair.
FISHY, *adj.* Mar iasg.
FISSILE, *adj.* Sgoilteach, so-sgoltadh.
FISSURE, *s.* Sgoltadh, sgàineadh, gàg.
FIST, *s.* Dòrn.
FIT, *adj.* Iomchuidh, freagarrach.
FIT, *v.* Dean freagarrach, dean iomchuidh; cuir an uidheam, cuir an òrdugh, ceartaich.
FITCH, *s.* Peasair-luch.
FITCHAT, FITCHEW, *s.* Feòcullan.
FITFUL, *adj.* Làn ghreisean, plathach.
FITNESS, *s.* Freagarrachd, deisealachd.
FIVE, *adj.* Cùig, còig.
FIVEFOLD, *adj.* Cùig-fillte.
FIVES, *s.* An galair-greidh.
FIX, *v.* Suidhich, socraich, daingnich, dean teann, spàrr; beachdaich; gabh gu fois.
FIXATION, FIXEDNESS,*s.* Suidheachadh, maireachduinn, seasmhachd; daingneach, dùiread; bunailteachd, diongmhaltachd.
FIXTURE, *s.* Ni tàirngte, no ceangailte.
FIZGIG, *s.* Seòrsa mòr-ghath.
FLABBY, *adj.* Bog, maoth; plamcaidh, neo-ghramail.
FLACCID, *adj.* Lag, tais, anfhann, maoth, so-lubaidh.
FLACCIDITY, *s.* Anfhainne, laigse.
FLAG, *v. a.* Fannaich, lagaich; caill treòir, fàs lag.
FLAG, *s.* Seileasdair; bratach; leac.
FLAGELET, *s.* Gall-fheadan.
FLAGELLATION, *s.* Sgiùrsadh.
FLAGGY, *adj.* Lag, anfhann, fuasgailte.

FLAGITIOUS, *adj.* Aingidh, droch-mhuint, olc, ciontach.

FLAGITIOUSNESS, *s.* Aingidheachd.

FLAGON, *s.* Cuinneag dhibhe.

FLAGRANCY, *s.* Teas, ainteas.

FLAGRANT, *adj.* Teth, deòthasach, dùrachdach, dealasach; follaiseach, soilleir, anabarra, fuathasach, amasgaidh.

FLAGSHIP, *s.* Long an aird-cheannaird.

FLAIL, *s.* Sùiste, uideal.

FLAKE, *s.* Lòineag, tlàm, toban; breath.

FLAKY, *adj.* Lòineagach, tlàmach, fuasgailte; 'na bhreathan.

FLAME, *s.* Lasair; teas-inntinn, déine.

FLAMBEAU, *s.* Dòrn-leus céire.

FLAMEN, *s.* Sagart pàganach.

FLAMMABILITY, *s.* Lasantachd.

FLAMMATION, *s.* Lasadh, losgadh.

FLAMMIFEROUS, *adj.* Lasrach, loisgeach.

FLAMY, *adj.* Lasrach, lasanta.

FLANK, *s.* Slios, loch-bhléin, taobh.

FLANNEL, *s.* Cùrainn-chneas.

FLAP, *s.* Libeag, bad air chrathadh, clib, clìbeag, cliban.

FLAP, *v.* Buail air falbh; crath.

FLAP-EARED, *adj.* Spad-chluasach.

FLARE, *v. a.* Dealraich, dèarrs, boillsg.

FLASH, *s.* Boillsgeadh, dreòs, dèarsadh, lasadh; caoir, plathadh.

FLASH, *v.* Deàlraich, dèarrs, boillsg.

FLASH, *a.* Spaideil, rimheach.

FLASK, *s.* Adharc-fhùdair, searrag-pòcaid.

FLAT, *adj.* Còmhnard, réidh, mìn; ìosal, sìnte, leagte gu làr; cianail, neo-chridheil, neo-smiorail; 'as an aghaidh.

FLAT, *s.* Còmhnard, réidhlean, lòn, fàn, fearann iosal, lom.

FLATNESS, *s.* Còmhnardachd, réidheachd; marbhantachd, neo-bhrisgead, neo-smioralachd; neo-fhonnmhorachd, dùrantachd.

FLATTEN, *v.* Dean còmhnard, dean réidh; leag sios, leudaich, dean leathann; mi-mhisnich, cuir fo sproc.

FLATTER, *v. a.* Dean miodal, dean sodal, mol gu breugach.

FLATTERER, *s.* Miodalaich, sodalaich.

FLATTERY, *s.* Miodal, sodal, miolasg, gabhann, brosgul.

FLATTISH, *adj.* Còmhnard, staoin.

FLATULENCY, *s.* Gaothmhorachd; falamhachd, faoineachd, diomhanas.

FLATULENT, FLATUOUS, *adj.* Gaothmhor, atmhor, falamh, faoin, gaothach.

FLAUNT, *s.* Basdal, lòiseam.

FLAVOUR, *s.* Blàs, bòladh cùbhraidh.

FLAVOROUS, *adj.* Blasda; cùbhraidh.

FLAW, *s.* Gaoid, sgàineadh, sgoltadh; ciorram, coire, meang.

FLAX, *s.* Lìon, cuiseag-anairt.

FLAX-DRESSER, *s.* Seiclear-lìn.

FLAXEN, *adj.* De lìon, lìn; fada réidh.

FLAY, *v. a.* Feann, faobhaich.

FLEA, *s.* Deargann.

FLEAM, *s.* Cuisleag cruidh, tuadhfhala.

FLEDGE, *adj.* Iteagach, sgiathach.

FLEE, *v. n.* Teich, ruith, tàr ás.

FLEECE, *s.* Rùsg, lomradh.

FLEECE, *v. a.* Rùisg, lomair; creach.

FLEECED, *part.* Ruiste, creachte.

FLEECY, *adj.* Clòimheach, rùsgach.

FLEER, *v. n.* Mag, sgeig, fochaidich.

FLEER, *s.* Fochaid, magadh, sgeig, fanaid; gàire fanaid, dréin fhochaid.

FLEET, *s.* Cabhlach, loingeas.

FLEET, *adj.* Luath, siùbhlach, clis.

FLEET, *v. n.* Siubhail grad.

FLEETING, *adj.* Siùbhlach, diombuan.

FLEETNESS, *s.* Luathas, siùbhlachd.

FLESH, *s.* Feòil.

FLESHLY, *adv.* Gu corporra, feòlmhor.

FLESHY, *adj.* Feòlmhor, reamhar, sultmhor, làn.

FLETCHER, *s.* Leistear, fear dheanamh shaighead.

FLEW, *pret.* of *to fly.* Dh'itealaich.

FLEWED, *adj.* Spreilleach, craosach.

FLEXIBILITY, *s.* Sùbailteachd.

FLEXIBLE, FLEXILE, *adj.* Sùbailte, so-lùbadh; so-chomhairleach.

FLEXION, *s.* Cromadh, lùbadh, camadh.

FLEXUOUS, *adj.* Lùbach, cam, crom.

FLEXURE, *s.* Fiaradh, camadh, cromadh, claonadh.

FLIGHT, *s.* Teicheadh, ruaig; itealaich, falbh air sgiathan; teas-inntinn, àrd-smuain; ealtainn.

FLIGHTY, *adj.* Fiadhaich, luaineach, neo-shuidhichte, neo-bhunailteach, macmeanmnach.

FLIMSY, *adj.* Lag, faoin, neo-ghramail, anfhann, neo-sgoinneil, cearbach.

FLINCH, *v. n.* Sèap, fannaich, crup.

FLINCHER, *s.* Cladhaire, gealtaire.

FLING, *v.* Tilg, thoir urchair; sgap, sgaoil, crath; fas neo-cheannsaichte.

FLING, *s.* Tilgeadh, urchair; fochaid, innisg, anaisg, beum-tàire.

FLINT, *s.* Ailbhinn, spor, airtein.

FLINTY, *adj.* Ailbhinneach, clachach.

FLIPPANCY, *s.* Beulchaireachd, leógaireachd.

FLIPPANT, *adj.* Luath-bheulach bruidhneach; gobach, peasanach, beagnarach, beadaidh.

FLIRT, *v.* Tilg, thoir urchair ghrad; dean gobaireachd.

FLIRT, *s.* Grad-char, lù-chleas, bladhm; gòdag, gogaid, goileag, leòdag.

FLIRTATION, *s.* Gogaideachd, beadradh.

FLIT, *v.* Cuir imrich; rach imrich.

FLITCH, *s.* Cliathach shaillte muice.

FLITTER, *s.* Giobal, broineag, lùireach.

FLOAT, *v.* Snàmh, bi air fleodradh.

FLOCK, *s.* Greigh; treud, ealt, ealta.

FLOCK, *v. n.* Trus, tionail, cruinnich.

FLOOD, *s.* Tuil, dìle; lìonadh.

FLOOD, *v. a.* Còmhdaich le uisge.

FLOODGATE. *s.* Tuil-dhorus.

FLOODMARK, *s.* Àirde làin mhara; dubh-chladach.

FLOOK, or FLIUKE, *s.* Soc acrach; lèabag, leobag, liabag.

FLOOR, *s.* Ùrlar, làr.

FLOOR, *v. a.* Cuir ùrlar ann.

FLOORING, *s.* Ùrlar, fiodh-ùrlair.

FLORAL, *adj.* Lusach, flùranach.

FLORID, *adj.* Lusach, flùranach; ùrail, ruiteagach; sgiamhach.

FLORIDNESS, *s.* Ruiteachas, deirge.

FLORIST, *s.* Lusragan.

FLOUNCE, *v.* Sgiot, spairt; siubhail le sraon ann an uisg.

FLOUNCE, *s.* Froinis; plub, sgiotadh.

FLOUNDER, *s.* Leòbag, lèabag, liabag.

FLOUNDER, *v. n.* Dean spàirn.

FLOUR, *s.* Min-chruineachd, mhìn.

FLOURISH, *v.* Cuir fo bhlàth; crath gu fraoidhneasach; fas suas, soirbhich; bi àrd-ghlòireach, dean spagluinn, dean uaill.

FLOURISH, *s.* Mòrachd, maise, glòir, uaill, bòsd; blàth, ùr-fhàs, duilleachadh; fuaim thrompaidean.

FLOUT, *v.* Sgeig, mag, fochaidich; dean fochaid, dean fanaid.

FLOUT, *s.* Magadh, tàir, fanaid.

FLOW, *v.* Ruith, sil; éirich, àt; bi pailt, bi sgaoilteach.

FLOW, *s.* Lìonadh, éiridh, sruth, tuil; pailteas, lànachd; ard-ghlòir, deaschainnt.

FLOWER, *s.* Blàth, ùr-fhàs; a chuid a's fèarr, brod.

FLOWER-DE-LUCE, *s.* Seileasdair.

FLOWERET, FLOWRET, *s.* Flùran, plùran.

FLOWERY, *adj.* Flùranach, gucagach.

FLUCTUANT, *adj.* Luaineach, neoshuidhichte, luasganach, neo-bhunailteach.

FLUCTUATE, *v. n.* Bi air udail, luaisg,

tulg; bi neo-sheasmhach, bi 's an ioma-chomhairle.

FLUCTUATION, *s.* Udal, luasgadh, tulgadh; ioma-chomhairle, imacheist; crathadh, luasgadh, tilgeadh a nùll 's a nall.

FLUE, *s.* Piob-deataich, sòrn.

FLUENCY, *adj.* Ùr-labhairt, réidheachd, sruthadh, deas-chainnt.

FLUENT, *adj.* Sruthach, silteach, leaghach; a' gluasad, ruitheach; deas-labhrach, réidh am bruidhinn.

FLUID, *adj.* Uisgidh, sruthach, leaghach.

FLUID, *s.* Uisge, staid uisge.

FLUIDITY, *s.* Uisgealachd, tanachd.

FLUMMERY, *s.* Làgan; brosgul.

FLURRY, *s.* Cabhag, othail; osag.

FLUSH, *v. a.* Cuir rughadh ann, dean ruiteach; fàs dearg.

FLUSH, *s.* Bladhmadh, dian-ghluasad.

FLUSTER, *v. a.* Cuir sogan air; cuir 'na chabhaig.

FLUTE, *s.* Duiseal, feadan.

FLUTTER, *v.* Dean itealaich.

FLUTTER, *s.* Udal, tulgadh, luasgan, crathadh; cabhag, troimhe chéile; eacharais.

FLUX, *s.* Sruthadh, ruith, siubhal, dol seachad, dol air falbh; a' ghèarrach, lìonadh, trusadh.

FLUX, *adj.* Neo-sheasmhach, siùbhlach.

FLUXION, *s.* Sruthadh, sileadh, siubhal; sruth.

FLY, *v.* Seachain, teich, tréig, leig dhìot, fàg, dìobair, cuir cùl ri; falbh air iteig.

FLY, *s.* Cuileag; roth; carbad faraidh.

FLYINGFISH, *s.* Iasg-sgiathach.

FOAL, *s.* Searrach.

FOAM, *s.* Cop, cobhar.

FOAM, *v. n.* Cuir cop dhiot; bi feargach.

FOAMY, *adj.* Cobharach, copach.

FOB, *s.* Pòcait bheag.

FOCUS, *s.* Buillsgean.

FODDER, *s.* Fodar, conlach, innlinn.

FOE, *s.* Nàmhaid, nàmh; eas-caraid.

FOETUS, FETUS, *s.* Ceud-fhàs.

FOG, *s.* Ceò, ceathach; ath-bharr feòir.

FOGGY, *adj.* Neulach, ceòthach.

FOIBLE, *s.* Fàillinn, beag-chionta.

FOIL, *v. a.* Ruaig, gabh air, faigh làmh an uachdar, fàirtlich, claoidh.

FOIL, *s.* Ruaig, fairtleachadh, claoidh; dealtradh, òradh; claidheamh-maol.

FOIN, *s.* Sàthadh, buille-thuige.

FOLD, s. Mainnir, fang, buaile, crò; treud, buar; filleadh, pleat.

FOLD, v.a. Fangaich, cuir am mainnir; fill, paisg, cuir dà fhilt.

FOLIAGE, s. Duilleach, duilleagan.

FOLIATE, adj. Duilleagach.

FOLIATE, v. a. Dean 'na dhuilleagan.

FOLIATION, s. Blàth chuairteag.

FOLIO, s. Leabhar nan duilleag a's mò.

FOLK, s. Muinntir, sluagh, pobull.

FOLLOW, v. Lean, ruag; thig an lorg; géill; thig 'na dhéigh.

FOLLOWER, s. Fear-leanmhuinn.

FOLLY, s. Amaideachd, gòraich.

FOMENT, v. a. Blàthaich, teòth; nigh; bruidich, brosnaich, misnich.

FOMENTATION, s. Bruideachadh.

FON, s. Amadan, amhlar.

FOND, adj. Amaideach, beadarrach, deòthasach; déidheil.

FOND, FONDLE, v. Tataidh; gràdhaich, cniadaich.

FONDLING, s. Annsachd, luaidh.

FONDNESS, s. Déidh; gràdh, gaol.

FONT, s. Tobar-baistidh.

FOOD, s. Biadh, lòn, teachd-an-tìr.

FOOL, s. Amadan, burraidh, baothaire.

FOOL, v. Dean amadan deth, meall, thoir a chreidsinn air, thoir an car á; cluich, caith aimsir.

FOOLERY, s. Amaideachd; gòraich.

FOOLHARDY, adj. Dàna, mi-chiallach.

FOOLISH, adj. Gòrach, amaideach.

FOOLISHNESS, s. Amaideachd, gòraich.

FOOT, s. Cas, troidh; bun, bonn.

FOOT, v. Imich, coisich; damhs.

FOOTBALL, s. Ball-coise, ball-iomain.

FOOTBOY, s. Gille-ruith, gille-coise.

FOOTING, s. Àite-seasaimh, bunait, suidheachadh, stéidh, seilbh; staid, còr.

FOOTMAN, s. Gille duin'-uasail.

FOOTPAD, s. Spùinneadair rathaid-mhòir,

FOOTPATH, s. Rathad-coise.

FOOTSTEP, s. Lorg coise; cas-cheum.

FOP, s. Spailpean, lasgaire, gaoithean.

FOPPERY, s. Amaideachd, spailpeis.

FOPPISH, adj. Amaideach, gòrach; spailleiceil, spailpeil, farumach.

FOPPISHNESS, s. Spailleic, spailpeis.

FOR, prep. Air son, a chionn, do bhrìgh, a thaobh; air sgàth; fa chomhair; air taobh; a dh' ionnsaidh.

FORAGE, v. Spùill, creach; solair.

FORAGE, s. Biadh, lòn, innlinn.

FORASMUCH, conj. A chionn, do-bhrìgh a thaobh; air sgàth.

FORBEAR, v. Seachain, ob; giùlain le, caomhain, fuilig, leig le; sguir; dean maille; caisg.

FORBEARANCE, s. Seachnadh, obadh leigeadh seachad, sgur, stad; fad-fhulangas, deagh-mhéin; caomhalachd, bàigh.

FORBID, v. Toirmisg; caisg, cùm air ais.

FORBIDDEN, part. Toirmisgte.

FORBIDDING, part. adj. Sgreataidh.

FORCE, s. Neart, spionnadh; ainneart; éifeachd, tàbhachd, feart, brìgh; armailt, feachd.

FORCE, v. Co-éignich, thoir a dh' aindeoin; gnàthaich ainneart; spàrr, teannaich.

FORCEPS, s. Turcais, clobha-léigh.

FORCIBLE, adj. Laidir, neartmhor; éifeachdach, tàbhachdach, brìoghmhor; aindeonach, éigneach.

FORD, s. Àth, faoghail.

FORD, v. a. Coisich tre abhainn.

FORDABLE, adj. Tana, eu-domhain.

FORE, adj. Air tùs, air toiseach, roimhe.

FOREBODE, v. n. Innis roi'-làimh, roi'-innis, cuir air mhanadh, fàisnich, roi'-aithnich.

FORECAST, v. Dealbh, tionnsgain; uidheamaich; suidhich ìnnleachd.

FORECAST, s. Uidheamachadh, deasachadh, seòladh. ìnnleachd, dealbh, tionnsgal.

FORECASTLE, s. Toiseach luinge.

FORECITED, part. Roi'-ainmichte.

FORECLOSE, v. a. Dùin, druid a stigh.

FOREDO, v. a. Creach, claoidh.

FOREDOOM, v. a. Roi'-òrduich roi'-shuidhich.

FOREFATHER, FOREGOER, s. Priomh-athair, seanair, sinnsear.

FOREFRONT, s. Clàr-aghaidh.

FOREGO, v. a. Dealaich, cuir dhìot, cuitich, tréig, fàg, dìobair.

FOREGROUND, s. Réidhlean; beul-thaobh.

FOREHAND, adj. Roi'-làimh.

FOREHEAD, s. Clar-aodainn, bathais.

FOREIGN, adj. Gallda, coimheach.

FOREIGNER, s. Gall, coimheach, all-mharach, coigreach, eilthireach, deòra.

FOREJUDGE, v. a. Roi'-bhreithnich.

FOREKNOW, v. a. Roi'-aithnich.

FOREKNOWLEDGE, s. Roi'-fhiosrachadh.

FORELAND, s. Rudha, roinn, àird, sròn.

FORELOCK, s. Dosan, ciabhag.

FOREMAN, s. Fear-amhairc-thairis.

FOREMAST, s. Crann toisich.
FOREMENTIONED, adj. Roi'-luaighte.
FOREMOST, adj. Prìomh, air thois-each.
FORENAMED, adj. Roi'-ainmichte.
FORENOON, s. Roi' mheadhon latha.
FORENSIC, adj. A bhuineas do mhòd lagha.
FOREORDAIN, v. a. Roi'-òrduich.
FOREPART, s. Toiseach, aghaidh.
FORERUNNER, s. Roi'-ruithear.
FORESAY, v. a. Roi'-innis.
FORESAIL, s. Seol-toisich.
FORESEE, v. a. Faic roi' làimh.
FORESIGHT, s. Roi'-shealladh.
FOREST, s. Frìdh, coille, fàsach.
FORESTALL, v. a. Ceannaich roi' làimh.
FORESTALLER, s. Fear-millidh marg-aidh.
FORESTER, s. Peathair, forsair.
FORETASTE, s. Roi'-bhlasad.
FORETELL, v. Roi'-innis, fàisnich.
FORETHINK. v. a. Roi'-smaoinich.
FORETHOUGHT, s. Roi'-smuain.
FORETOKEN, s. Comharradh, sanas.
FORETOP, s. Dòs-mullaich, cìrean.
FOREWARD, s. Toiseach, aghaidh.
FOREWARN, v. a. Cuir air earalas.
FORFEIT, s. Ùbhladh.
FORFEITURE, s. Arbhartachadh.
FORGE, s. Ceardach, teallach.
FORGE, v. a. Cùm, dealbh, dean goibh-neachd; dealbh gu feallsa.
FORGERY, s, Dealbhadh mealltach.
FORGET, v. a. Dì-chuimhnich, dearmaid.
FORGETFUL, adj. Dì-chuimhneach.
FORGETFULNESS, s. Dì-chuimhne.
FORGIVE, v. a. Math, thoir math-anas.
FORGIVENESS, s. Mathanas.
FORGOTTEN, part. Dì-chuimhnichte.
FORK, s. Gobhal, gobhlag.
FORK, v. n. Fàs gobhlach, cuir a mach dias.
FORKED, FORKY, adj. Gòbhlach.
FORKTAILED, adj. Earra-ghobhlach.
FORLORN, adj. Aonaranach, truagh.
FORM, s. Cumadh, dreach, dealbh, cruth, aogas, riochd, dòigh ; fasan, cleachdadh, modh, nòs, seòl, àite-suidhe ; buidhean.
FORM, v. a. Cruthaich, dealbh, cùm.
FORMAL, adj. Riaghailteach, dòigheil.
FORMALITY, s. Deas-ghnàth, modh, dòigh ; òrdugh, puncalachd.
FORMATION, s. Cumadh, dealbh.
FORMER, adj. Roi' ; roi'-ainmichte ; a chaidh seachad.
FORMIDABLE, adj. Eagalach, uabhas-ach, fuathasach, cunnartach, deac-air.
FORMLESS, adj. Gun dealbh, gun chruth.
FORMULA, s. Riaghailt shuidhichte.
FORNICATE, v. n. Dean str opachas.
FORNICATION, s. Strìopachas.
FORNICATOR, s. Fear-striòpachais.
FORNICATRESS, s. Strìopach, siùrsach.
FORSAKE, v. a. Tréig, cuir cùl ri.
FORSAKEN, part. Tréigte.
FORSOOTH, adv. Gu dearbh.
FORSWEAR, v. Cuir cùl ri fo mhionn-aibh ; thoir mionnan-eithich.
FORT, s. Daingneach, dùn, dìdean.
FORTH, adv. O so suas ; air aghart.
FORTHCOMING, part. Ullamh gu teachd a làthair.
FORTHWITH, adv. Gun dàil, gun mhaille.
FORTIETH, adj. Dà fhicheadamh.
FORTIFIABLE, adj. So-dhìonadh.
FORTIFICATION, s. Eòlas-daingneachd; daighneach, dìdean, dìon.
FORTIFY, v. a. Dìon, daingnich ; neart-aich, dean làidir ; misnich.
FORTILAGE, FORTIN, FORTLET, s. Daingneach beag.
FORTITUDE, s. Misneach, cruadal.
FORTNIGHT, s. Ceithir-latha-deug
FORTRESS, s. Daingneach, dìdean.
FORTUITOUS, adj. Tuiteamach.
FORTUITOUSNESS, s. Tuiteamas.
FORTUNATE, adj. Sona, seamhsail.
FORTUNE, s. Sealbh, àgh ; crannchur; oighreachd, saibhreas ; tochradh.
FORTUNEHUNTER, s. Fear-tòir air tochradh.
FORTUNETELLER, s. Fiosaiche, dearn-adair.
FORTY, adj. Dà fhichead.
FORUM, s. Taigh-coinneamh.
FORWARD, adj. Dian, dùrachdach, iarrtach ; dealasach teth, cas, bras; obann, ceann-laidir, beadaidh ; luath, tràthail ; grad, ealamh, cabhagach.
FORWARD, v. a. Greas, cuir air aghart.
FORWARDNESS, s. Togarrachd, déine, braise, dùrachd ; tràthalachd, ladornas.
FOSS. s. Dìg, clais.
FOSSIL, adj. Tochailteach.
FOSSIL, s. Tochailt.
FOSTER, v. Altrum, àraich, beath-aich, àlaich, tog suas.
FOSTERAGE, s. Altrum, togail, àrach.
FOSTERBROTHER, s. Co-dhalta.
FOSTERCHILD, FOSTERLING, s. Dalta.
FOUGHT, pret. and part. of to fight. Bhuail, buailte.

FOUL, *adj.* Salach, mosach, neoghlan, truaillidh ; gràineil, déisinneach ; duaichnidh; drabhasach.

FOUL, *v. a.* Salaich, duaichnich.

FOULNESS, *s.* Salchar, mosaiche ; truailleachd, gràinealachd ; déisinn, gràinde.

FOUND, *pret.* and *part.* of *to find.*

FOUND, *v. a.* Stéidhich, suidhich ; tog suas ; socraich ; tilg, leagh.

FOUNDATION, *s.* Stéidh, bunait.

FOUNDER, *s.* Fear-suidheachaidh airgeid ; leaghadair.

FOUNDER, *v.* Dean crùbach; theirig fodha.

FOUNDERY, FOUNDRY, *s.* Taigh-leaghaidh.

FOUNDLING, *s.* Faodailiche, faodalach.

FOUNT, FOUNTAIN, *s.* Tobar, fuaran; màthair-uisge, mathair-aobhair, toiseach, tùs, bun.

FOUNTFUL, *adj.* Fuaranach.

FOUR, *adj.* Ceithir.

FOURFOLD, *adj.* Ceithir-fillte.

FOURFOOTED, *adj.* Ceithir-chasach.

FOURSCORE, *adj.* Ceithir-fichead.

FOURTEEN, *adj.* Ceithir-deug.

FOURTEENTH, *adj.* Ceathramh-deug.

FOURTH, *adj.* Ceathramh.

FOURTHLY, *adv.* 'S a' cheathramh àite.

FOWL, *s.* Eun, ian.

FOWLER, *s.* Eunadair.

FOWLING, *s.* Eunach.

FOWLING-PIECE, *s.* Gunn'-eunaich.

EOX, *s.* Sionnach, madadh-ruadh.

FOXCASE, *s.* Bian sionnaich.

FOXGLOVE, *s.* Lùs-nam-ban-sìth.

FOXHOUND, *s.* Gadhar-sionnaich.

FOXHUNTER, *s.* Brocair.

FRACTION, *s.* Bristeadh, mìr, bloigh.

FRACTIONAL, *adj.* Bristeach.

FRACTIOUS, *adj.* Crosda, càs.

FRACTURE, *s.* Bristeadh.

FRACTURE, *v. a.* Bris, bloighdich.

FRAGILE, *adj.* Brisg, bristeach, lag.

FRAGILITY, *s.* Brisgead, breòiteachd.

FRAGMENT, *s.* Fuigheal, spruilleach.

FRAGRANCE, FRAGRANCY, *s.* Cùbhraidheachd, deagh bhòladh.

FRAGRANT, *adj.* Cùbhraidh.

FRAIL, *adj.* Lag, breòite, gun treòir; anfhann, so-lùbadh.

FRAILTY, *s.* Anmhuinneachd ; laigsinn.

FRAME, *v. a.* Dealbh, cruthaich, cùm.

FRAME, *s.* Cumadair, cumadh, dealbh, dreach, cruth.

FRANCHISE, *s.* Saorsa; còir.

FRANCHISE, *v. a.* Saor, thoir còir.

FRANGIBLE, *adj.* Brisg, pronn.

FRANION, *s.* Leanan ; companacn.

FRANK, *adj.* Faoilidh, saor, furanach.

FRANK, *s.* Litir-shaor; bonn Fràngach deich sgillinn ; fail-muice.

FRANK, *v. a.* Saor litir; cuir am fail.

FRANKINCENSE, *s.* Saor-thùis.

FRANKNESS, *s.* Fosgailteachd, saorsa.

FRANTIC, *adj.* Air boile, air chuthach, mearanach ; feargach, buaireasach.

FRATERNAL, *adj.* Bràithreil.

FRATERNITY, *s.* Bràithreachas.

FRATRICIDE, *s.* Mort-bràthar.

FRAUD, *s.* Mealltaireachd, foill.

FRAUDULENCE, FRAUDULENCY, *s.* Mealltaireachd, cealgaireachd.

FRAUDULENT, FRAUDFUL, *adj.* Carach, cealgach, foilleil, fealltach.

FRAUGHT, *part.* Luchdaichte, làn.

FRAY, *s.* Cath, còmhrag, caonnag.

FREAK, *v. a.* Breac, ballaich, stiallaich.

FREAKISH, *adj.* Luaineach, neònach.

FRECKLE, *s.* Breacadh-seunain.

FRECKLED, *adj.* Breac-bhallach.

FREE, *adj.* Saor, neo-cheangailte.

FREE, *v. a.* Saor, fuasgail, leig fasgaoil.

FREEBOOTER, *s.* Fear-reubainn.

FREEDOM, *s.* Saorsa, saorsainn, cead.

FREEHOLD, *s.* Fearann-saor, oighreachd.

FREEHOLDER, *s.* Fear fearainn-shaoir.

FREEMAN, *s.* Duine saor ; fear-chòraichean, tràill a fhuair a shaorsa.

FREENESS, *s.* Saorsainn ; fosgailteachd.

FREESTONE, *s.* Gaireal, saoireal.

FREETHINKER, *s.* As-creideach.

FREEZE, *v. a.* Reòdh, meilich.

FREIGHT, *v. a.* Luchdaich, far.

FREIGHT, *s.* Luchd ; faradh.

FRENCH, *s.* Fràngaich ; fràingis.

FRENCH, *adj.* Fràngach.

FRENETIC, *adj.* Air boile, mearanach.

FRENZY, *s.* Boile, bàinidh, mearan.

FREQUENCY, *s.* Coitcheanntas.

FREQUENT, *adj.* Tric, minig.

FREQUENT, *v. a.* Taghail, tathaich.

FREQUENTER, *s.* Fear-tathaich.

FREQUENTLY, *adv.* Gu tric, gu minig.

FRESCO, *s.* Fionnaireachd, duibhre.

FRESH, *adj.* Fionnar ; ùr, ùrail.

FRESHEN, *v. a.* Ùraich, fàs ùr.

FRESHNESS, *s.* Ùralachd, ùrachd.

FRET, *s.* Buaireas, iomairt, frionas.

FRET, *v.* Luaisg, càraich ; suath, caith às; feargnaich ; gabh fearg.

FRETFUL, *adj.* Frionasach, càs.

FRETFULNESS, *s.* Frionas, càise.

FRETTY, *adj.* Cnapach, plucanach.

FRIABLE, *adj.* Brisg, so-phronnadh.

FRIAR, *s.* Brathair-bochd.

FRIARY, *s.* Crùisle.

FRIBBLE, *s.* Spalpaire.

FRICTION, *s.* Suathadh, rubadh.

FRIDAY, *s.* Di-h-aoine.

FRIEND, *s.* Caraid, daimheach.

FRIENDLESS, *adj.* Gun charaid.

FRIENDLINESS, *s.* Daimhealach.

FRIENDLY, *adj.* Càirdeil, daimheil.

FRIENDSHIP, *s.* Càirdeas, dàimh.

FRIEZE, FRIZE, *s.* Clò molach.

FRIGATE, *s.* Long bheag chogaidh.

FRIGHT, FRIGHTEN, *v. a.* Cuir eagal air, oilltich, clisg, geiltich, sgeunaich.

FRIGHT, *s.* Eagal, geilt, oillt, clisgeadh.

FRIGHTFUL, *adj.* Eagalach, oillteil.

FRIGID, *adj.* Fuar, fuaralach, neochaoimhneil, tioram; neo-bheothail.

FRIGIDITY, *s.* Fuaralachd; marbhantachd.

FRIGORIFIC, *adj.* A' deanamh fuar.

FRILL, *v. n.* Crithnich, crith.

FRILL, *s.* Grinneas-uchd.

FRINGE, *s.* Fraoidhneas, oir.

FRINGY, *adj.* Fraoidhneasach.

FRIPPERY, *s.* Bàrlagan, ribagan.

FRISK, *v. n.* Leum, gèarr, sùrdag; damhs.

FRISKINESS, *s.* Mire, mireagachd.

FRISKFUL, *adj.* Mireagach, mear.

FRITH, *s.* Caolas mara, seòrsa lìn.

FRITTER, *s.* Mìrean, crioman.

FRITTER, *v. a.* Bris; pronn, bruan.

FRIVOLITY, *s.* Faoineas, faoineachd.

FRIVOLOUS, FRIVOLOUSNESS, *adj.* Faoin, suarach, dìblidh.

FRIZZLE, *v. a.* Cuairsg, càs, sniamh.

FRIZZLE, *s.* Camag, caisreag.

FRO, *adv.* Air ais, suas.

FROCK, *s.* Gùn beag; còta-gearr.

FROG, *s.* Losgann, leumnachan, gille-cràigean.

FROLIC, *s.* Mire, sùgradh, beadradh.

FROLIC, FROLICSOME, *adj.* Mireagach, sùgach, cleasanta.

FROM, *prep.* O, bho, uaithe; as.

FROND, *s.* Geug-dhuilleagach.

FRONT, *s.* Aghaidh, aodann; toiseach.

FRONT, *v.* Thoir aghaidh, coinnich; seas mu chcinneamh.

FRONTIER, *s.* Crìoch, oir, iomall.

FRONTISPIECE, *s.* Clàr-aghaidh.

FRONTLESS, *adj.* Beag-narach, ladorna.

FROST, *s.* Reodhadh, reothadh.

FROSTBITTEN, *adj.* Seargte le reothadh.

FROSTY, *adj.* Reòta, fuaralach; liath.

FROTH, *s.* Cop, cobhar, sgùm.

FROTHY, *adj.* Copach, cobharach, faoin.

FROUZY, *adj.* Laidir, breun, doilleir.

FROWARD, *adj.* Daobhaidh, crosda, danarra, do-cheannsachadh.

FROWARDNESS, *s.* Dearras, danarrachd.

FROWN, *v. a.* Amhairc le gruaim.

FROWN, *s.* Gruaim, sgraing, mùig.

FROZEN, *part. pass.* of *to freeze.* Reòte; fuaralach.

FRUCTIFEROUS, *adj.* Measach.

FRUCTIFY, *v. a.* Dean torach; giùlain meas, bi sìolmhor.

FRUCTUOUS, *adj.* Sìolmhor, measach.

FRUGAL, *adj.* Caomhantach, gléidhteach.

FRUGALITY, *s.* Caomhnadh, crìontachd.

FRUIT, *s.* Meas; toradh; sliochd.

FRUITAGE, *s.* Measach.

FRUITBEARING, *part.* A' giùlan meas.

FRUITERY, *s.* Lobhta-mheas.

FRUITFUL, *adj.* Torach, sìolmhor.

FRUITFULNESS, *s.* Sìolmhorachd, pailteas.

FRUITION, *s.* Mealtainn, sealbhachadh.

FRUITLESS, *adj.* Neo-thorach; neotharbhach, faoin; aimrid, seasg.

FRUMENTACIOUS, *adj.* Do ghràn.

FRUMENTY, *s.* Brochan-cruithneachd.

FRUMP, *v. a.* Mag, cuir 'na thosd.

FRUSH, *v. a.* Bris, bruan, pronn, brùth.

FRUSTRANEOUS, *adj.* Neo-tharbhach, faoin.

FRUSTRATE, *v. a.* Meall, mill dùil; bac, dìobair, cuir a thaobh.

FRY, *s.* Sìol-éisg, gramasgar, gràisg.

FRY, *v. a.* Ròist ann an aghainn.

FRYINGPAN, *s.* Aghann; friochdan.

FUB, *v. a.* Cuir dhiot le brèig.

FUDDLE, *v.* Cuir air mhisg; bi air mhisg.

FUEL, *s.* Connadh.

FUGACIOUS, *adj.* Luaineach, siùbhlach.

FUGACIOUSNESS, FUGACITY, *s.* Luaineachd, siùbhlachd, luathas, diombuanachd, neo-chinnteachd, neosheasmhachd.

FUGITIVE, *adj.* Siùbhlach, faileasach.

FUGITIVE, *s.* Fògarach diobarach.

FULCRUM, *s.* Gobhal cùl-taic.

FULFIL, *v. a.* Coimhlion.

FULFILMENT, *s.* Coimhlionadh.

FULGENCY *s.* Dèarsadh, dealradh.

FULGENT, FULGID, adj. Dèarsach, dealrach, boillsgeach.

FULIGINOUS, adj. Smalach, ceothach.

FULL, adj. Làn, lìonta; sàsaichte.

FULL, s. Làn, làine, iomlaine.

FULL, adv. Gu h-uile, gu h-iomlan.

FULL, v. a. Luaidh, fùc.

FULL-BLOWN, adj. Fo làn-bhlàth.

FULL-GROWN, adj. Aig làn-fhàs.

FULLER, s. Fùcadair.

FULLER'S-EARTH, s. Criadh-an-fhùcadair.

FULL-EYED, adj. Meall-shuileach.

FULMINANT, adj. Tàirnich.

FULMINATE, v. Dean tàirnich.

FULMINATION, s. Tàirneanach, toirm; ascaoin-eaglais.

FULNESS, s. Lànachd, làine, pailteas.

FULSOME, adj. Gràineil, breun, salach.

FUMADO, s. Iasg tioram cruaidh.

FUMAGE, s. Cìs-teallaich.

FUMBLE, v. Dean gu cearbach; laimhsich gu cèarr; prab.

FUMBLER, s. Prabaire, fear-cearbach.

FUME, s. Deathach; ceò, smùd, ceathach; toth, corraich.

FUMET, s. Buachar féigh.

FUMID, adj. Ceòthach, smùdanach.

FUMIGATE, v. n. Cuir smùid, toit.

FUMIGATION, s. Deatach, smùd.

FUMOUS, FUMY, adj. Smoky, deatachail, smùideach, toiteach.

FUN, s. Fearas-chuideachd, fala-dhà.

FUNCTION, s. Dreuchd, cèaird.

FUND, s. Stoc, stòras, maoin.

FUNDAMENT, s. Tòn, leth-deiridh.

FUNDAMENTAL, adj. Bunaiteach, sònraichte.

FUNERAL, s. Tiodhlacadh, adhlacadh.

FUNERAL, FUNEREAL, adj. A bhuineas do thiodhlacadh; brònach, dubhach, muladach.

FUNGOUS, adj. Spongach.

FUNGUS, s. Ballag-bhuachair.

FUNK, s. Droch bholadh.

FUNNEL, s. Lìonadair; pìob-tharruinn.

FUNNY, adj. Cridheil, sùgach.

FUR, s. Bian; craiceann-fionnaidh.

FURACIOUS, adj. Bradach.

FURACITY, s. Braid, meirle.

FURBELOW, s. Froinis, fraoidhneas.

FURBISH, v. a. Lìomh, loinnrich.

FURIOUS, adj. Air a chuthach, air bàinidh; mearanach, feargach; garg, borb, lasanta.

FURL, v. a. Paisg, trus, fill.

FURLONG, s. An t-ochdamh cuid do mhìle, dà cheud a's dà fhichead slat.

FURLOUGH, s. Fòrlach saighdear.

FURNACE, s. Fùirneis, àmhuinn.

FURNISH, v. a. Uidheamaich; thoir seachad; sgiamhaich, maisich, breaghaich.

FURNITURE, s. Àirneis, uidheam.

FURRIER, s. Fear-reic bhian.

FURROW, s. Clais; preas.

FURRY, adj. Molach, ròmach.

FURTHER, v. a. Cuidich, cuir air aghart.

FURTHERMORE, adv. Os bàrr, a bharr.

FURTHERMOST, FURTHEST, s. Is fhaid' air falbh, is iomalaiche.

FURY, s. Cuthach, bàinidh, boile; fearg, corraich, buaireas; boil' inntinn, déine; baobh chuthaich, banifrinneach.

FURZE, s. Conusg.

FURZY, adj. Conusgach.

FUSE, v. Leagh; gabh leaghadh, bi leaghadh.

FUSEE, FUSIL, s. Gunna-glaice.

FUSIBLE, adj. Leaghach, so-leaghadh.

FUSIBILITY, s. Nàdur leaghach.

FUSILEER, s. Saighdear gunna-glaice.

FUSION, s. Leaghadh.

FUSS, s. Ùparaid, fuaim, cabhag.

FUSTIAN, s. Aodach air a dheanamh do chanach agus do lìon; àrd-ghlòir.

FUSTINESS, s. Bréine, liatas.

FUSTY, adj. Breun, malcaidh, liath.

FUTILE, adj. Faoin, dìomhain, gun luach; bruidhneach, lonach.

FUTILITY, s. Lon, beilean; faoineas, dìomhanas; gòraich.

FUTURE, adj. Ri teachd, a thig.

FUTURE, FUTURITY, s. Àm ri teachd; ni ri teachd no ri tachairt.

FUZZ-BALL, s. Balgan-péiteach.

FY, O FIE! interj. Mo nàire!

G

G, s. Seachdamh litir na h-aibidil.

GABARDINE, s. Earrasaid.

GAB, GABBLE, v. n. Bi gobaireachd

GABBLE, s. Briot, glocaireachd.

GABBLER, s. Glogair, gobaire.

GABEL, s. Cìs, càin.

GABLE, s. Stuadh, tulchann.

GAD, s. Geinn stàilinn.

GAD, v. n. Ruith air chéilidh.

GADDER, s. Fear-ceilidh.

GADDING, s. Céilidh.

GADFLY, *s.* Gleithir, creithleag.
GAELIC, *s.* Gàëlig, gàëlic.
GAG, *v. a.* Glomharaich, cuir sparrag.
GAG, *s.* Glomhar, sparrag, cabstair.
GAGE, *s.* Geall, earlas ; tomhas.
GAGE, *v. a.* Cuir geall.
GAIETY, *s.* Aiteas, cridhealas, aoibh-neas, aigeantas ; sunnt, mire ; breaghas.
GAILY, *adv.* Gu h-ait, gu cridheil, gu h-aoibhneach, gu sunntach ; gu breagha.
GAIN, *s.* Buannachd, buidhinn.
GAIN, *v.* Buannaich, coisinn ; faigh.
GAINER, *s.* Fear-buannachd.
GAINFUL, *adj.* Buannachdail, tarbh-ach.
GAINSAY, *v. a.* Cuir an aghaidh, thoir a bhreug do ; àicheadh.
GAINSTAND, *v. a.* Cuir an aghaidh.
GAIRISH, *adj.* Basdalach, lòiseamach.
GAIT, *s.* Slighe ; gluasad, siubhal.
GALAXY, *s.* Co-sholus-reull.
GALE, *s.* Gaoth sgairteil ; gaoth threun.
GALL, *s.* Domhlas ; gamhlas.
GALL, *v. a.* Cràidh, ciùrr, rùisg ; claoidh ; feargaich.
GALLANT, *adj.* Basdalach, rìmheach, uallach, spaideil ; curanta, flathail.
GALLANT, *s.* Lasgaire, suiridheach.
GALLANTRY, *s.* Basdal, spairiseachd, rìmheachas ; treubhantas ; suiridhe.
GALLERY, *s.* Aisiŕ eadar dà sheòmar ; àradh, lobhta.
GALLEY, *s.* Birlinn, iùbhrach.
GALLEY-SLAVE, *s.* Traill-iomraidh.
GALLIARD, *s.* Lasgaire rìmheach.
GALLIGASKINS, *s.* Mogain, osain mhòra.
GALLIPOT, *s.* Poit-chreadha.
GALLON, *s.* Galan, ceithir-chàrt.
GALLOP, *s.* Cruinn-leum, teann-ruith.
GALLOP, *v. n.* Marcaich le cruinn-leum.
GALLOWAY, *s.* Each nach eil thar ceithir làmhan deug air àirde.
GALLOWS, *s.* Croich.
GAMBADOES, *s.* Triubhais-mharcachd.
GAMBLE, *v. n.* Cluich air son airgeid.
GAMBLER, *s.* Fear-cluiche ; mealltair.
GAMBOL, *v. a.* Damhs, leum, dean mir-eag, dean ruideis, dean lù-chleas.
GAMBOL, *s.* Mireag, leumnaich ; lù-chleas, cleas abhachdach.
GAMBREL, *s.* Cas-deiridh eich.
GAME, *s.* Cluiche ; fearas-chuideachd, magadh, culaidh-bhùird ; sealg, eòin agus beathaichean seilge.
GAME, *v. n.* Cluich air son airgeid.

GAMECOCK, *s.* Coileach-catha.
GAMEKEEPER, *s.* Peathair-seilge.
GAMESOME, *adj.* Sùgach, mireagach.
GAMESTER, *s.* Ceàrrach.
GAMING, *s.* Ceàrrachd.
GAMMON, *s.* Ceithreamh deiridh muic'.
GANDER, *s.* Gànradh.
GANG, *s.* Buidheann, còisridh, bannal.
GANGLION, *s.* Màm.
GANGRENE, *s.* Buirbein, an-fheòil.
GANGRENE, *v. a.* Lobh, grod, cnàmh.
GANGRENOUS, *adj.* Cnàimhteach, grod.
GANTLET, *s.* Buill'-o-gach-fear.
GAOL, *s.* Gainntir, prìosan.
GAOLER, *s.* Fear gleidhidh prìosain.
GAP, *s.* Bealach, bearn ; fosgladh.
GAPE, *v. n.* Dean mèananaich, spleuchd.
GAPER, *s.* Steòcaire ; miannaiche.
GARB, *s.* Éideadh, earradh, aogas.
GARBAGE, GARBISH, *s.* Gàiretheann, mionach, grealach.
GARBLE, *v. a.* Eadar-dhealaich, tagh.
GARDEN, *s.* Lios, gàradh.
GARDENER, *s.* Gàradair, gàirnealair.
GARDENING, *s.* Gàirnealaireachd.
GARGARISM, GARGLE, *s.* Deoch-glan-aidh beòil a's slugain.
GARGLE, *v. a.* Nigh, glan, sruthail.
GARLAND, *s.* Blàth-fhleasg, lùs-chrùn.
GARLAND, *v. a.* Maisich le blàth-fhleasg.
GARLIC, *s.* Creamh, gàirgean.
GARMENT, *s.* Aodach, earradh.
GARNER, *s.* Ionad-tasgaidh sìl.
GARNET, *s.* Clach luachmhor, gàirn-eid.
GARNISH, *v. a.* Maisich, sgiamhaich.
GARNISH, GARNITURE, *s.* Sgeadachadh.
GARRET, *s.* Seòmar-mullaich.
GARRETTEER. *s.* Fear-seòmair-mull-aich.
GARRISON, *s.* Saighdearan baile dìona ; dùn, tùr, daingneach.
GARRISON, *v. a.* Cuir saighdearan air baile dìon ; dìdinn, daingnich.
GARRULITY, *s.* Gobaireachd, geòileam.
GARRULOUS. *adj.* Gobach, luath-bheulach.
GARTER, *s.* Gartan, glùinean.
GARTH, *s.* Dòmhlad, tiuighead.
GASCONADE, *s.* Spagluinn, spleadhas.
GASH, *s.* Gearradh, beum, lot domh-ain.
GASP, *v. n.* Plosg, tarruinn ospag.
GASP, *s.* Ainich, plosg, ospag.
GASTRIC, *adj.* Meirbheach.
GASTROTOMY, *s.* Gearradh-bronn.
GATE, *s.* Geata, dorus, cachaileith.
GATHER, *v.* Cruinnich, tionail, trùs.

GATHERER, s. Fear-cruinneachaidh.
GATHERING, s. Co-chruinneachadh.
GATHERS, s. Fillidhean, pleatan.
GAUDE, GAUDERY, s. Basdalachd, breaghachd, rìmheachd.
GAUDY, adj. Lòiseamach, basdalach, rìmheach, breagh.
GAUGE, v. a. Tomhais soitheach.
GAUGE, s. Riaghailt thomhais shoithichean.
GAUGER, s. Fear tomhais shoithichean.
GAUNT, adj. Tana, lom; gun fheòil.
GAUNTLET, s. Làmh-dhion, dòrn-bheart.
GAUZE, s. Sròl.
GAUNTREE, s. Làir-mhaide.
GAWK, s. Cuthag; baothaire.
GAWKY, adj. Sgleòbaideach, sgleòideach.
GAY, adj. Cridheil, sunntach, sùgach, beò; rìmheach, grinn.
GAYETY, s. Cridhealas, aiteas, basdal.
GAZE, v. n. Beachdaich, dùr-amhairc.
GAZER, s. Spleuchdaire.
GAZETTE, s. Litir-naigheachd.
GAZETTEER, s. Fear-naigheachd.
GAZING-STOCK, s. Culaidh-bhùirst.
GEAR, GEER, s. Àirneis, cuid, eudail, maoin; goireas, uidheam; beairt.
GEESE, s. plural of Goose. Geòidh.
GELANTINE, GELATINOUS, adj. Tiugh; righinn.
GELD, v. a. Spòth; buin uaithe.
GELDER, s. Spòthadair.
GELDING, s. Gearran.
GELID, adj. Fuar, reòdhte.
GELIDITY, s. Fuachd mòr, reòtachd.
GEM, s. Seud, neamhnaid; ùr-fhàs.
GEMINATION, s. Dùblachadh.
GEMINI, s. Na leth-aoin, aon do chomharran na cuairt-ghrèine.
GEMINOUS, adj. Dà-fhìlt.
GEMMARY, adj. Seudach, leugach.
GENDER, s. Gné, gin, seòrsa.
GENDER, v. Gin, tàrmaich; àraich.
GENEALOGICAL, adj. Sloinnteachail.
GENEALOGIST, s. Sloinntear.
GENEALOGY, s. Sloinntearachd.
GENERAL, adj. Coitcheann, cumanta; gnàthaichte, farsuinn an seadh.
GENERAL, s. Seanailear; ceann-feachd.
GENERALISSIMO, s. Àrd-sheanailear.
GENERALITY, s. Coitcheanntas, cumantas; a' chuid a's mò.
GENERATE, v. a. Gin, sìolaich, tàrmaich, thoir a mach.
GENERATION, s. Gineamhuinn; sliochd, àlach, àl, glùn-ginealaich; linn.
GENERATIVE, adj. Sìolmhor.
GENERICAL, adj. Gnèitheach.
GENEROSITY, s. Fiùghantachd, fial-

achd,   toirbheartachd,   uaisle suairceas.
GENEROUS, adj. Fiùghantach, faoilidh, flathail, fial, tabhartach, suairce; uasal, làidir, beothail.
GENESIS, s. Leabhar nan ginealach
GENET, s. Each spàinnteach.
GENEVA, s. Sùgh an aitil.
GENIAL, adj. Gnèitheach; tlùsail, caoimhneil; nàdurra, dàimheu, cridheil.
GENITALS, s. Buill-dìomhair.
GENITIVE, adj. Gineamhuinneach.
GENIUS, s. Duine mhòr-cheud-fathan; cumhachd inntinn; nàdur, aomadh inntinn.
GENTEEL, adj. Modhail; spéiseil; suairce; eireachdail; grinn.
GENTEELNESS, s. Modhalachd, suairceas, eireachdas, grinneas.
GENTIAN, s. Lùs-a'-chrùbain.
GENTILE, s. Cinneach, geintealach.
GENTILISM, s. Pàganach.
GENTILITY, s. Speisealachd, uaisle.
GENTLE, adj. Uasal, inbheach; modhail, beusach; ciùin, sèimh, caomh, màlda; sìtheil, soitheamh.
GENTLEMAN, s. Duin'-uasal.
GENTLEMANLIKE, adj. Mar dhuin'-uasal, flathail.
GENTLENESS, s. Uaisle; ciùine.
GENTLEWOMAN, s. Bean-uasal.
GENTRY, s. Uaislean, daoin-'uaisle.
GENUFLEXION, s. Glùn-lùbadh.
GENUINE, adj. Fìor, neo-thruaillte.
GENUS, s. Dream, seòrsa, gnè.
GEOGRAPHER, s. Cruinn'-eòlaiche.
GEOGRAPHY, s. Cruinne-eòlas.
GEOLOGY, s. Eòlas air gnè na cruinne.
GEOMANCER, s. Fiosaiche, druidh.
GEOMANCY, s. Fiosachd, druidheachd.
GEOMETER, s. Fear-eolais tomhais.
GEOMETRAL, GEOMETRIC, GEOMETRICAL, adj. A bhuineas do thomhas.
GEOMETRY, s. Eòlas-meudachd.
GEORGIC, s. Dàn-tuathanachais.
GERANIUM, s. Lùs-gnà-ghorm.
GERMAN, s. Bràthair, daimheach.
GERME, GERMIN, s. Fiùran, faillean.
GERMINATE, v. n. Thoir air fàs, thig fo bhlàth.
GERMINATION, s. Ùr-fhàs, blàth.
GESTATION, s. Tòrrachas, leth-tromachd.
GESTICULATE, v. n. Dean àmhailtean.
GESTICULATION, s. Lù-chleasachd, àmhailtean.
GESTURE, s. Car, carachadh, gluasad.
GET, v. Faigh; coisinn, solair; gin.
GETTING, s, Faighinn; cosnadh.

GEWGAW, *s.* Rud faoin, ni suarach.

GHASTFUL, *adj.* Gruamach, oillteil.

GHASTLY, *adv.* Gu h-aogaidh, oillteil.

GHOST, *s.* Tannasg, spiorad; tàsg.

GHOSTLY, *adj.* Spioradail.

GIANT, *s.* Fomhair, famhair, athach.

GIANTESS, *s.* Ban-athach.

GIANTLIKE, GIANTLY, *adj.* Athanta.

GIBBER, *v. n.* Labhair gun seadh.

GIBBERISH, *s.* Goileam, cainnt chèard.

GIBBET, *s.* Croich.

GIBBOSITY, GIBBOUSNESS, *s.* Bolgachd, plucachd.

GIBBOUS, *adj.* Crotach, plucach, meallach.

GIBCAT, *s.* Cat-luathainn.

GIBE, *s.* Fochaid, magadh; sgeig.

GIBLETS, *s.* Bàrr sgiathan geòidh.

GIDDILY, *adv.* Gu guanach; gun chùram.

GIDDINESS, *s.* Tuainealaich, guanachd, gogaideachd; gòraiche.

GIDDY, *s.* Guanach, tuainealach; sgaogach, gaoitheanach, gòrach, faoin.

GIDDY-BRAINED, *adj.* Sgaog-cheannach, it-cheannach.

GIER-EAGLE, *s.* An Iolair'-fhionn.

GIFT, *s.* Tìodhlac, tabhartas, gibht.

GIFTED, *adj.* Tìodhlaicte, comasach.

GIG, *s.* Carbad beag; bàta-caol.

GIGANTIC, *adj.* Athach, tomadach.

GIGGLE, *v. n.* Dean frith-ghàire.

GILD, *v. a.* Òr, òraich.

GILDER, *s.* Fear-òraidh.

GILDING, *s.* Òradh.

GILL, *s.* Stòp-cairteil, giùran; sprogaill; lùs-na-staoine, eighean-làir.

GILLY-FLOWER, *s.* [Corruption from July flower.] Lùs-leth-an-t-sàmhraidh.

GILT, *s.* Òr-dhealt.

GIM, GIMMY, *s.* Snasmhor, grinn.

GIMLET, *s.* Gimileid.

GIN, *s.* Ribe, lìon; sùgh an aitil.

GINGER, *s.* Dinnsear.

GINGERBREAD, *s.* Aran-milis.

GINGERLY, *adv.* Gu caomhail.

GINGIVAL, *adj.* Càireanach.

GINGLE, *v.* Dean glìongraich; gliong.

GINGLYMUS, *s.* Alt-cheangal.

GIPSY, *s.* Cèard-fiosachd, ban-fhiosaiche, baobh-shiùbhlach.

GIRD, *v.* Crioslaich, cuairtich.

GIRDER, *s.* Sail-ùrlair.

GIRDLE, *s.* Crios-leasraidh.

GIRL, *s.* Caileag, cailin, nìonag.

GIRLISH, *adj.* Mar chaileag, mar phàiste.

GIRT, GIRTH, *s.* Giort-tarra, beart-bhronn diolta; dòmhlad, gairbhcad, cuairt.

GIRTH, *v. a.* Crioslaich, giortaich.

GIVE, *v. a.* Tabhair, thoir, bàirig, builich, thoir seachad.

GIVER, *s.* Fear-buileachaidh.

GIVING, *s.* Buileachadh, tabhairt.

GIZZARD, *s.* Sgròban, giaban.

GLACIATION, *s.* Reodhadh, dèigh.

GLACIOUS, *adj.* Dèigheach, eighreadail, reòdhte.

GLACIS, *s.* Bruach daingnich.

GLAD, *adj.* Ait, aoibhinn, toilichte.

GLAD, GLADDEN, *v. a.* Dean aoibhneach, dean éibhinn, dean àit, sòlasaich.

GLADE, *s.* Réidhlean, blàr, ridhe, iòm.

GLADIATOR, *s.* Cliaranach, basbair.

GLADNESS, *s.* Aoibhneas, toil-inntinn.

GLADSOME, *adj.* Aoibhneach, àit.

GLARE, *s.* Gealagan uibhe.

GLANCE, *s.* Pladhadh, grad-shealladh.

GLANCE, *v. n.* Grad amhairc, gabh pladhadh dheth, ruith fiar, thoir siaradh.

GLAND, *s.* Fàireag.

GLANDERS, *s.* Gràineasadh.

GLANDULOUS, GLANDULAR, *adj.* Faireagach.

GLARE, *v.* Boillsg, dealraich, soillsich, dèarsaich; seall gu fiadhaich; dèars, bi loinnreach.

GLARE, *s.* Boillsgeadh, dealradh, soillse, lannair; sealladh fiadhaich.

GLARING, *adj.* Follaiseach, ro shoillear.

GLASS, *s.* Glaine; sgàthan.

GLASSY, *adj.* Glaineach, réidh, mìn, soilleir.

GLAVE, *s.* Claidheamh mòr.

GLAZE, *v. a.* Còmhdaich le glaine.

GLAZIER, *s.* Glaineadair.

GLEAM, *s.* Boillsgeadh, pladhadh, dril.

GLEAM, *v. n.* Boillsg, dèars, soillsich.

GLEAMY, *adj.* Boillsgeach, dèarsach.

GLEAN, *v. a.* Trùs; dioghlum.

GLEANER, *s.* Fear dioghluim.

GLEANING, *s.* Dioghlum, tional.

GLEBE, *s.* Fonn ministear, fòd.

GLEDE, *s.* Clamhan gòbhlach,

GLEE, *s.* Mire, sunnt, aiteas, cridhealas; luinneag, òran sùgraidh.

GLEEFUL, *adj.* Cridheil, sunntach.

GLEET, *s.* Sileadh, iongar.

GLEETY, *adj.* Silteach, iongarach.

GLEN, *s.* Gleann.

GLEWY, *adj.* Glaodhach, righinn.

GLIB, *adj.* Sleamhainn, mìn, réidh.

GLIBNESS, *s.* Sleamhnad, minead.

GLIDE, *v. n.* Gluais eutrom, falbh ciùin.

GLIMMER, *v. n.* Dean fann-sholus.
GLIMMER, GLIMMERING, *s.* Fann-sholus, frith-sholus.
GLIMPSE, *s.* Pladhadh, boillsgeadh, sealladh grad, aiteal.
GLISTEN, *v. n.* Soillsich, boillsg, deal-raich.
GLISTER, *v. n.* Soillsich, dèarrs, boillsg.
GLITTER, *v. n.* Deàrs, boillsg, bi lainnearach, bi breagha.
GLITTER, GLITTERING, *s.* Dèarsadh, boillsgeadh, lainnir.
GLOBATED, GLOBED, *adj.* Cruinn.
GLOBE, *s.* Ball cruinn; cruinne; dealbh na cruinne.
GLOBOSE, GLOBULAR, GLOBULOUS, *adj.* Cruinn, cuarsgach.
GLOBOSITY, *s.* Cruinn-chumadh.
GLOMERATE, *v. a.* Cuairsg, cruinnich.
GLOMERATION, *s.* Cuairsgeadh.
GLOOM, *s.* Gruaim, duibhre, dubhar; mi-ghean, mùig, smalan, truim-inntinn.
GLOOMINESS, *s.* Duibhre, doilleir-eachd; mùgaich, gruamachd, mi-ghean.
GLOOMY, *adj.* Doilleir, neulach, dubh-arach; gulmach, gruamach, mùg-ach, trom-inntinneach.
GLORIFICATION, *s.* Glòrachadh.
GLORIFY, *v. a.* Glòraich, cliùthaich; thoir aoradh, thoir urram, thoir glòir; thoir gu glòir, naomhaich.
GLORIOUS, *adj.* Glòrmhor, òirdheirc, allail, naomha.
GLORY, *s.* Glòir, cliù; sonas nèimh; urram, àrd-mholadh.
GLORY, *v. a.* Dean uaill, dean bòsd.
GLOSS, *s.* Mìneachadh, lìomh, deal-radh.
GLOSS, *v.* Mìnich, cuir cleòc air, thoir leithsgeul bòidheach; lìomh, sgead-aich.
GLOSSARY, *s.* Sanasan, leabhar-mìn-eachaidh shean-fhacal.
GLOSSINESS, *s.* Lìomharrachd.
GLOSSY, *adj.* Lìomharra, mìn.
GLOVE, *s.* Làmhainn, meatag.
GLOVER, *s.* Làmhainnear.
GLOUT, *v.* Amhairc gruamach.
GLOW, *v.* Dèarrs, soillsich le teas; dian-loisg; bi teth, bi blàth; bi feargach, làs.
GLOW, *s.* Caoir dhearg, teas, soillse; lainnir, ainteas, dian-chorraich.
GLOW-WORM, *s.* Cuileag-shnìomhain.
GLOZE, *v. n.* Dean miodal, dean miolasg.
GLOZE, *s.* Miodal, sodal, miolasg.
GLUE, *s.* Glaodh; slaman tàth.

GLUE, *v. a.* Glaodh; co-thàth.
GLUM, *adj.* Dorcha, gruamach.
GLUT, *v. a.* Sàsaich; glàm, glut.
GLUT, *s.* Glàmadh, slugadh, iàn, sàth.
GLUTINOSITY, GLUTINOUSNESS, *s.* Glaoghach, rìghneach, leantach.
GLUTINOUS, *adj.* Glaodhach, rìghinn.
GLUTTON, *s.* Glaimsear, geòcaire, craosaire, glàimhear.
GLUTTONOUS, *adj.* Craosach, geòcach.
GLUTTONY, *s.* Geòcaireachd, craos.
GNARLED, *adj.* Meallach, plucach.
GNASH, *v.* Buail r'a chéile, dean giosgan; cas drèin.
GNASHING, *s.* Dìosgan, gìosgan.
GNAT, *s.* Meanbh-chuileag.
GNAW, *v. a.* Caith, ith, cnàmh, creim, cagainn, teum.
GNOMON, *s.* Clag-làmh, no mheur.
GO, *v. n.* Falbh, imich, theirig, rach, siubhail, coisich, gluais; tàr ás.
GOAD, *s.* Bior-greasaidh.
GOAD, *v. a.* Greas le bior greasaidh, spòr; bruidich, stuig, cuir thuige.
GOAL, *s.* Ceann-crìche, crìoch, deir-eadh, ceann-thall; ceann tòiseach-aidh rèise.
GOAT, *s.* Gobhar, gabhar.
GOATHERD, *s.* Buachaille ghobhar.
GOATISH, *adj.* Macnusach, drùiseil.
GOBB, *v. a.* Sluig, ith gu lonach.
GOBBET, *v. a.* Sluig gun chagnadh.
GOBLET, *s.* Aghann, copan, cuach.
GOBLIN, *s.* Fuath, bòcan, ùruisg màilleachan, glaistig, baobh.
GOD, *s.* Dia; dia, iodhol.
GODCHILD, *s.* Dalta.
GODDESS, *s.* Ban-dia.
GODFATHER, *s.* Oide, goistidh.
GODHEAD, *s.* Diadhachd.
GODLESS, *adj.* Aindiadhaidh.
GODLESSNESS, *s.* Aindiadhachd.
GOD-LIKE, *adj.* Mar dhia.
GODLINESS, *s.* Diadhachd.
GODLY, *adj.* Diadhaidh, cràbhach.
GODMOTHER, *s.* Muime.
GOGGLE, *v. n.* Spleuchd, seall fiar.
GOGGLE-EYED, *adj.* Fiar-shuileach.
GOING, *s.* Falbh, imeachd.
GOLD, *s.* Òr.
GOLDEN, *adj.* Òrdha, òir, òrach, do dh'òr; òr-bhuidhe, àr-bhuidhe.
GOLDFINCH, *s.* Lasair-choille.
GOLDHAMMER, *s.* Buidhein-coille.
GOLDSMITH, *s.* Òr-cheard.
GONDOLA, *s.* Seòrsa bàta, eithear beag.
GONE, *part. pret.* from *to* go. Air triall, air falbh, thairis, marbh millte.
GONORRHŒA, *s.* An clap silteach.

GOOD, *adj.* Math, deagh ; fallain.
GOOD, *s.* Math ; leas, tairbhe.
GOODWILL, *s.* Deagh-thoil.
GOODLINESS, *s.* Maise, eireachdas.
GOODLY, *adj.* Maiseach, sgiamhach, bòidheach, ciatach, eireachdail ; sultmhor, dòmhail, tomadach.
GOODNESS, *s.* Mathas, deagh-bheus.
GOODS, *s.* Cuid, maoin, bathar.
GOODY, *s.* Mo bheanag.
GOOSE, *s.* Gèadh ; iarunn-tàillear.
GOOSEBERRY, *s.* Gròiseid.
GOOSEQUILL, *s.* Gèadhach.
GORBELLIED, *adj.* Bronnach.
GORE, *s.* Fuil, flann-fhuil ; gaorr.
GORE, *v. a.* Gaorr, troi' lot, sàth.
GORGE, *s.* Sgòrnan, slugan ; biadh.
GORGE, *v. a.* Gloc, lìon, sàsaich ; sluig ; ith, ionaltair.
GORGEOUS, *adj.* Rìmheach, lòiseamach, greadhnach.
GORGET, *s* Gòrsaid.
GORGON, *s.* Culaidh-dhéisinn.
GORMANDIZE, *v. n.* Glut, ith gu lonach.
GORMANDIZER, *s.* Glaimsear, geòcaire.
GORSE, *s.* Conusg, droighneach.
GORY, *adj.* Air eabradh le fuil.
GOSHAWK, *s* Seabhac-mhòr.
GOSLING, *s.* Isean geòidh.
GOSPEL, *s.* Soisgeul ; [*etymo.* so-sgeul.]
GOSSAMER, *s.* Lùs-chlòimh.
GOSSIP, *s.* Goistidh ; sgimilear ; briot.
GOSSIP, *v. n.* Bi bruidhneach, bi gobaireachd ; bi sòganach.
GOT, GOTTEN, *part. pass.* of *to get.* Fhuaras, fhuaradh.
GOVERN, *v.* Riaghail, rìoghaich ; stiùr, seòl, steòrn ; ceannsaich, smachdaich, cùm an òrdugh.
GOVERNABLE, *adj.* So-cheannsachadh.
GOVERNESS, *s.* Ban-oid-ionnsachaich.
GOVERNMENT, *s.* Uachdranachd, riaghladh, flaitheachd ; ceannsachd, ceannsalachd.
GOVERNOR, *s.* Riaghladair ; oid-ionnsachaidh.
GOUGE, *s.* Gilb chruinn.
GOURD, *s.* Luibh-sgàile.
GOUT, *s.* Tinneas-nan-alt.
GOUTY, *adj.* Gu h-olc le tinneas-nan-alt ; a bhuineas do thinneas-nan-alt.
GOWN, *s.* Gùn, earrasaid.
GOWNSMAN, *s.* Fear-gùin.
GRACE, *s.* Fàbhar, deagh-ghean tròcair, mathanas ; gràs, subhaile, diadhachd ; maise, eireachdas ; loinn, àilleachd ; altachadh.
GRACE, *v. a.* Sgeadaich, maisich.
GRACE-CUP, *s.* A' cheud deoch slàinte.

GRACEFUL, *adj.* Àluinn, maiseach, ciatach, grinn.
GRACEFULNESS, *s.* Eireachdas, maise.
GRACELESS, *adj.* Gun ghràs, aingidh.
GRACIOUS, *adj.* Tròcaireach, gràsmhor, mathasach ; fàbharach, caomh, bàigheil.
GRACIOUSNESS, *s.* Gràsmhorachd, caomhalachd, tròcair, bàigh.
GRADATION, *s.* Ceum, éiridh, dìreadh riaghailteach, ceum air cheum.
GRADATORY, *adj.* A' dol o cheum gu ceum.
GRADE, *s.* Inbhe, ceum.
GRADUAL, *adj.* A' chuid 's a chuid.
GRADUATE, *v. a.* Thoir tiodal ionnsachaidh do ; gabh ceum ionnsachaidh ; àrdaich dean ni's fèarr ; gluais o cheum gu ceum.
GRADUATE, *s.* Sgoilear, tiodail.
GRADUALITY, GRADUATION, *s.* Dol air aghart, ceumnachadh ; buileachadh tiodal ionnsachaidh.
GRAFT, GRAFF, *s.* Faillean, fiùran.
GRAFT, GRAFF, *v. a.* Tàth, alp ; cothàth ; bi suidheachadh fhaillean.
GRAIN, *s.* Sìlean, gràinne, sìol, gràn ; calg ; nàdur, gnè.
GRAINED, *adj.* Calgach, garbh, molach.
GRAINS, *s.* Treasg, drabh.
GRAINY, *adj.* Grànach ; gràinneanach.
GRAMINEAL, GRAMINEOUS, *adj.* Feurach, lùsanach.
GRAMINIVOROUS, *adj.* Feur-itheach.
GRAMMAR, *s.* Eòlas ceart-chainnt.
GRAMMARIAN, *s.* Fear ceart-chainnt-each, snas-bhriathraiche.
GRAMMATICAL, *adj.* Ceart-chainnt-each, snas-bhriathrach.
GRAMPUS, *s.* Cana, puthag.
GRANARY, *s.* Sìol-lann, sgiobal.
GRANATE, GRANITE, *s.* Graineal.
GRAND, *adj.* Urramach, ainmeil ; mòr, greadhnach, breagha ; prìomh ; àrd, uasal.
GRANDCHILD, *s.* Ogha.
GRANDEE, *s.* Duine cumhachdach.
GRANDEUR, *s.* Mòrachd, greadhnachas ; meamnachd, mòr-chuis.
GRANDFATHER, *s.* Seanair.
GRANDILOQUENCE, *s.* Àrd-ghlòir.
GRANDINIOUS, *adj.* Sneachdaidh.
GRANDMOTHER, *s.* Seanamhair.
GRANDNESS, *s.* Mòrachd, meudachd
GRANDSIRE, *s.* Prìomh-athair.
GRANDSON, *s.* Ogha.
GRANGE, *s.* Grainnseach.
GRANIVORUS, *adj.* Gràn-itleach.
GRANNAM, GRANDAM, *s.* Seanamhair.

GRANT, v. a. Ceadaich, aidich, deonaich ; builich, tiodhlaic, bàirig.

GRANT, s. Buileachadh, tabhairt, tiodhlacadh ; tiodhlac, tabhartas ; ceadachach, aideachadh.

GRANTOR, s. Fear tiodhlacaidh.

GRANULARY, adj. Gràinneach.

GRANULATION, s. Pronnadh.

GRANULOUS, adj. Gràinneanach.

GRAPE, s. Fìon-dhearc.

GRAPHICAL, adj. Dealbhach.

GRAPNEL, s. Greimiche.

GRAPPLE, v. Greimich, glac, beir air, gleachd, teannaich.

GRASP, v. Greimich, glac, teannaich ; dean greim ; theirig an sàs.

GRASP, s. Greimeachadh, glacadh, greim ; seilbh, cumail.

GRASS, s. Feur.

GRASSHOPPER, s. Fionnan-feòir, leumnach uaine, dreòlan-teasbhuidh.

GRASSY, adj. Feurach.

GRATE, s. Cliath-theine.

GRATE, v. Suath, sgrìob, meil ; thoir sgreuch air, dean fuaim sgreuchach.

GRATEFUL, adj. Taingeil, buidheach ; taitneach, tlachdmhor, ciatach.

GRATER, s. Sgrìobadair ; sgrìoban.

GRATIFICATION, s. Toileachadh, sòlasachadh, sàsachadh ; toil-inntinn, sòlas.

GRATIFY, v. a. Toilich, taitinn ; sàsaich, duaisich, dìol.

GRATING, s. Cliath-iaruinn.

GRATING, part. adj. Sgreuchach, sgreadach.

GRATIS, adv. A nasgaidh.

GRATITUDE, GRATEFULNESS, s. Taingealachd, buidheachas.

GRATUITOUS, adj. Saor-thiodhlaicte.

GRATUITY, s. Saor-thiodhlac.

GRATULATION, s. Fàilte, fàilteachadh ; co-ghàirdeachas, co-bhuidheachas.

GRATULATORY, adj. Sòlasach, coghàirdeachail.

GRAVE, s. Uaigh.

GRAVE, v. Gèarr, gràbhal ; tarruinn, sgrìobh.

GRAVE, adj. Stòlda, suidhichte, sàmhach, cudthromach ; trom, tormanach.

GRAVECLOTHES, s. Aodach mairbh.

GRAVEL, s. Grinneal ; galar-fuail.

GRAVEL, v. a. Còmhdaich le grinneal ; amail, grab, bac.

GRAVELLY, adj. Grinnealach.

GRAVER, s. Fear-gràbhalaidh ; inneal gràbhalaidh, gilb-ghràbhalaidh.

GRAVIDITY, s. Leth-tromachas.

GRAVING, s. Gràbhaladh, obair gràbhalaiche.

GRAVITATE, v. n. Tuit, theirig le bruthach.

GRAVITATION, s. Tuiteam, tèarnadh.

GRAVITY, GRAVENESS, s. Cudthrom, truimead ; antromachadh, stòldachd, suidheachadh-inntinn.

GRAVY, s. Sùgh feòla.

GRAY, adj. Glas, liath ; ciar

GRAYISH, adj. Liath-ghlas.

GRAZE, v. Feuraich, cuir air feur; ionaltair, ith feur, suath, bean.

GRAZIER, s. Àireach, fear spréidhe

GRAZING, s. Ionaltradh.

GREASE, s. Créis, geir, saill.

GREASE, v. a. Buaic, smeur.

GREASINESS, s. Reamhrachd.

GREASY, adj. Créiseach, geireach.

GREAT, adj. Mòr, dòmhail ; lìonmhor, fada ; àrd ; uaibhreach, àrdanach ; làn, torrach.

GREATNESS, s. Mòrachd, meudachd ; mòralachd, àrd-inbhe, urram, cumhachd ; uaill, uaibhreachas, àrdan.

GREAVES, s. Cas-bheairt.

GREECE, s. A' Ghréig.

GREEDINESS, s. Sannt, gionach, lon.

GREEDY, adj. Sanntach, gionach, cìocrach, lonach, glutach, glàmhach.

GREEN, adj. Uaine, gorm ; glas ; ùrail, ùr ; àitidh, fliuch, tais ; anabaich.

GREEN, s. Dath uaine no gorm ; réidhlean, àilean, lèan, raon.

GREEN-CLOTH, s. Am bòrd-uaine.

GREENNESS, s. Uainead, guirme ; anabaicheachd, anabaichead ; ùraireachd.

GREENSICKNESS, s. An galar-uaine.

GREET, v. n. Fàiltich, furanaich ; dean co-ghàirdeachas ; cuir beannachd.

GREETING, s. Fàilte, furan, beannachd.

GREGARIOUS, adj. Greigheach.

GRENADE, GRENADO, s. Peileir spealgach.

GRENADIER, s. Saighdear àrd.

GREYHOUND, s. Miol-chù, gaothar.

GRICE, s. Orcan, uircean.

GRIDIRON, s. Branndair.

GRIEF, s. Bròn, doilghios, mulad, bristeadh-cridhe.

GRIEVANCE, s. Dochunn, cruaidhchas.

GRIEVE, v. Cràidh, dochainn ; dean tùrsach ; caoidh ; bi fo bhròn.

GRIEVOUS, adj. Doilghiosach, cràidhteach, searbh ; trom, anabarrach.

GRIFFIN, GRIFFON, s. Leòghan-sgiathach.

GRIG, s. Easgann bheag ; creutair guanach, mireagach.

GRIM, *adj.*   Gruamach, mùgach, duaichnidh, gnù, neo-aoidheil.
GRIMACE, *s.*   Gruaim, mùig.
GRIMNESS, *s.*   Gruamachd.
GRIN, *v. n.*   Cuir dréin ort.
GRIN, *s.*   Dréin, braoisg.
GRIND, *v.*   Meil, bleith, pronn; suath, geuraich; dean bleith, bi bleith.
GRINDER, *s.*   Muillear, meiltear; muileann, cùl-fhiacail.
GRINDSTONE, *s.*   Clach-gheurachaidh.
GRIPE, *v.*   Greimich, glac; cum daingean; teannaich, fàisg; cràidh.
GRIPE, *s.*   Greim; fàsgadh, teannachadh; éigin, cruaidh-chas; greim mionaich.
GRISLY, *adj.*   Déisinneach, oillteil.
GRIST, *s.*   Gràn caoin.
GRISTLE, *s.*   Maothan, brisgein.
GRISTLY, *adj.*   Maothanach.
GRIT, *s.*   Garbhan, còrlach.
GRIZZLED, GRIZZLY, *adj.*   Grìs-fhionn.
GROAN, *v. n.*   Osnaich, gearain, cnead.
GROAN, *s.*   Acain, osna, gearan, cnead.
GROAT, *s.*   Ceithir sgillinn, gròt.
GROCER, *s.*   Ceannaiche sùcair, tì, a's spiosraidh, &c.
GROG, *s.*   Spiorad a's uisge co-mheasgte.
GROIN, *s.*   Loch-bhléin.
GROOM, *s.*   Gill'-each.
GROOVE, *s.*   Uamh, sloc; clais.
GROPE, *v. n.*   Smeuraich.
GROSS, *adj.*   Garbh, tiugh, dòmhail, reamhar, sultmhor; déisinneach, neo-cheanalta, neo-thaitneach; neoghlan, neo-fhìnealta; iomlan, uile.
GROSS, *s.*   A' chuid mhòr, a' chuid a s mò; an t-iomlan; dà dhusan-deug.
GROSSNESS, *s.*   Gairbhead, tiuighead, dòmhlachd; reamhrachd; ùmpadalachd.
GROT, GROTTO, *s.*   Sgàil-thaigh.
GROTESQUE, *adj.*   Mi-dhealbhach, eucuanda mi-nadurach.
GROVE, *s.*   Doire, coille, badan.
GROVEL, *v. n.*   Snàig, màg; bi suarach, bi ìosal.
GROUND, *s.*   Talamh; làr, fonn; fearann, tìr; dùthaich; aobhar, bun, bunchar, toiseach.
GROUND, *v. a.*   Suidhich 's an talamh; socraich air làr; stéidhich, taic; bonn-shuidhich.
GROUND-IVY, *s.*   Athair-lùs, staoin.
GROUNDLESS, *adj.*   Gun aobhar.
GROUNDSEL, GRUNSEL, *s.*   Grunnasg.
GROUNDWORK, *s.*   Bunabhas, stéidh.
GROUPE, *s.*   Grunnan, dòrlach.
GROUSE, *s.*   Eòin fhraoich.

GROW, *v. n.*   Thoir fàs air; fàs, cinn, meudaich; at, éirich suas.
GROWL, *v. n.*   Dean grùnsgul, dean borbhanaich; talaich.
GROWLING, *s.*   Grùnsgul, talach, borbhan.
GROWN, *part.*   Cinnichte, air fàs.
GROWTH, *s.*   Fàs, cinneas; toradh; meudachadh, teachd air aghart.
GRUB, *v. a.*   Bùraich, cladhaich.
GRUB, *s.*   Cnuimh mhìllteach.
GRUBBLE, *v. n.*   Smeuraich.
GRUDGE, *v.*   Maoidh air, talaich; gabh farmad ri; bi neo-thoileach; bi farmadach, bi gamhlasach.
GRUDGE, *s.*   Mì-run, gamhlas, tnu; falachd; farmad, diomb.
GRUEL, *s.*   Brochan, easach.
GRUFF, GRUM, *adj.*   Gruamach, mugach, doirbh, neo-aoidheil.
GRUMBLE, *v. n.*   Talaich, dean duarmanaich, gearain, dean grùnsgul.
GRUMBLER, *s.*   Fear-talaich.
GRUMBLING, *s.*   Gearan, duarmanaich.
GRUNT, GRUNTLE, *v. n.*   Dean gnosail, sgiamh mar mhuic.
GRUNT, *s.*   Gnosail, osna, cnead, acain.
GRUNTLING, *s.*   Uircean, orcan.
GUARANTEE, *s.*   Urras; dearbhachd.
GUARD, *v. a.*   Dìon, dìdinn, gléidh.
GUARD, *s.*   Freiceadan; faire, earalas.
GUARDIAN, *s.*   Fear-gleidhidh, feardìona.
GUARDIAN, *adj.*   Dìonach, gléidhteach.
GUARDIANSHIP, *s.*   Dreuchd fir-diona.
GUARDLESS, *adj.*   Gun dìon.
GUARDSHIP, *s.*   Long-dhìona.
GUDGEON, *s.*   Clibist; bronnag.
GUESS, *v.*   Thoir tuaiream, tomhais; thoir barail, baralaich.
GUESS, *s.*   Barail, tuaiream, meas.
GUEST, *s.*   Aoidh, coigreach.
GUIDANCE, *s.*   Seòladh, steòrnadh, stiùradh, treòrachadh, riaghladh.
GUIDE, *v. a.*   Seòl, steòrn, treòraich.
GUIDE, *s.*   Fear-treòrachaidh, fearseòlaidh; fear-steòrnaidh; fearriaghlaidh, stiùradair.
GUIDELESS, *adj.*   Seachranach, gun treòir.
GUILD, *s.*   Comunn, buidheann.
GUILE, *s.*   Cealg, foill, cluain.
GUILEFUL, *adj.*   Cealgach, foilleil.
GUILELESS, *adj.*   Neo-chealgach, neo-fhoilleil, tréidhireach, gun ghò.
GUILLEMOT, *s.*   Eun-a'-chrùbain.
GUILLOTINE, *s.*   Inneal dìth-cheannaidh.
GUILT, *s.*   Cionta, cron, easaontas.
GUILTINESS, *s.*   Cionta, aingeachd.

GUILTLESS, adj. Neo-chiontach.
GUILTY, adj. Ciontach; aingidh.
GUINEA, s. Bonn òir sgillinn thar fhichead Shasunnach.
GUISE, s. Seòl, modh, dòigh; aogas, éideadh.
GULES, adj. Dearg an gearradh-arm.
GULF, s. Camus, geodha, bàgh; dubhaigean; coire cuairteig, slugan.
GULL, v. a. Meall, thoir car á.
GULL, s. Car, cleas, mi-chleas, cuilbheart; baothaire; faoileag.
GULLET, s. Sgòrnan, slùgan, eitigheach.
GULLY, s. Clais dhomhain uisge.
GULP, v. a. Gloc, glut, sluig.
GUM, s. Bìth; càirean.
GUM, v. a. Buaic le bìth, dlùthaich le bìth.
GUMMINESS, s. Rìghnead, rìghneachas.
GUMMY, adj. Bìtheanta, righinn.
GUN, s. Gunna.
GUNNER, s. Gunnair.
GUNNERY, s. Gunnaireachd.
GUNPOWDER, s. Fùdar-gunna.
GUNSHOT, s. Urchair gunna.
GUNSMITH, s. Gobha-ghunnachan.
GUNSTONE, s. Peileir gunna mhòir.
GUNWALE, GUNNEL, s. Beul-mòr bàta no luinge.
GURGLE, v. n. Dean glugan.
GURNET, GURNARD, s. Cnùdan, cnòdan, crùdan.
GUSH, v. n. Spùt, sruth, brùchd, taoisg.
GUSH, s. Brùchd, spùt, taosg.
GUSSET, s. Guiseid, eang.
GUST, s. Blas; sàth-mhiann, déidh, taitneachd; osag, oiteag, cuairtghaoth.
GUSTATION, s. Blasad, blasachd.
GUSTFUL, adj. Blasda, taitneach.
GUSTO, s. Blas, miann, aomadhinntinn.
GUSTY, adj. Stoirmeil, gaothar.
GUT, s. Caolan; geòcaireachd.
GUT, v. a. Thoir am mionach á; spùill, spùinn, creach.
GUTTER, s. Guiteir.
GUTTLER, s. Glutaire, geòcaire.
GUTTURAL, adj. Tùchanach, a' labhairt troi 'n sgòrnan.
GUZZLE, v. a. Sluig, òl gu bras.
GUZZLER, s. Geòcaire, pòitear.
GYMNASIUM, s. Sgoil-lù-chleas.
GYMNASTIC, adj. Lù-chleasach.
GYNECOCRACY, s. Rìaghladh mnà.
GYRATION, s. Cur mu chuairt.
GYRE, s. Cuairt, cearcall.
GYVES, s. Geimhlean, glas-chas, ceap.

H

H, s. Ochdamh litir na h-aibidil.
Ha! interj. Ha!
HABERDASHER, s. Ceannaich'-aodaichean.
HABERDASHERY, s. Aodaichean.
HABERDINE, s. Trosg saillt' tioram.
HABERGEON, s. Uchd-éideadh.
HABILIMENT, s. Éideadh, earradh.
HABIT, s. Còr, staid; uidheam, earradh, éideadh; cleachdadh, gnàthachadh.
HABITABLE, adj. Freagarrach air son còmhnaidh.
HABITANT, s. Tàmhaiche.
HABITATION, s. Ionad-còmhnaidh.
HABITUAL, adj. Cleachdach, gnàthach, gnàthaichte.
HABITUATE, v. a. Cleachd, gnàthaich.
HABITUDE, s. Càirdeas, còrdadh; gnàthachadh, cleachdadh.
HACK, v. a. Spealg, géarr, eagaich.
HACK, s. Each réidh.
HACKLE, v. a. Seicil, cìr.
HACKNEY, s. Each réidh; tàrlaid.
HADDOCK, s. Adag.
HAFT, s. Cas, samhach.
HAG, s. Baobh, ban-draoidh, buidseach; cailleach ghrannda mi-aoidheil.
HAGGARD, HAGGARDLY, adj. Fiadhaich, borb, garg; duaichnidh, grannda, oillteil.
HAGGESS, s. Taigeis.
HAGGISH, adj. Basbhaidh, duaichnidh.
HAGGLE, v. Gearr, pronn, eagaich.
HAGGLER, s. Fear gearraidh; fear righinn an co-cheannachd.
HAIL, s. Mheallan, geal-shìon.
HAIL! interj. Fàilte! slàinte!
HAILSTONE, s. Clach-mheallain.
HAIR, s. Falt, ròine, fuiltean; fionnadh, gaoisid, calg.
HAIRBRAINED, adj. Sgaogach.
HAIRINESS, s. Romaiche.
HAIRY, adj. Ròmach, molach, roineach, fionnach.
HALBERD, s. Pic-chatha.
HALCYON, adj. Sèimh, ciùin.
HALE, adj. Slàn, cridheil, sùgach.
HALE, v. a. Slaoid, dragh.
HALF, s. Leth.
HALFBLOOD, adj. Riataich.
HALFPENNY, s. Bonna-sè.
HALIMASS, s. Latha nan uile naomh.
HALING, s. Draghadh, slaodadh.

HALL, *s.* Talla-mòid ; lùchairt.
HALLELUJAH, *s.* Moladh do Dhia.
HALLOO, *v. a.* Stuig, leig, brosnaich, glaodh ; beuc, dean gàir.
HALLOW, *v. a.* Naomhaich, coisrig.
HALLUCINATION, *s.* Mearachd.
HALO, *s.* Roth na gréine, no na gealaiche.
HALSER, HAWSER, *s.* Muir-theud; taod, còrd ; ball bàta.
HALT, *v. n.* Bi crùbach, bi bacach ; stad, seas ; bi 'n imcheist ; bi teabadaich.
HALT, *adj.* Crùbach, bacach.
HALT, *s.* Crùbaiche ; stad, seasamh.
HALTER, *s.* Taod, tobha na croiche.
HALVE, *v. a.* Roinn 'na dhà leth.
HAM, *s.* Spàg, sliasaid, ceithreamhdeiridh ; sliasaid shaillte chrochte.
HAMLET, *s.* Baile beag, clachan.
HAMMER, *s.* Òrd.
HAMMER, *v.* Buail le òrd.
HAMMOCK, *s.* Leaba chrochta.
HAMPER, *s.* Cliabh, sgùlan.
HAMPER, *v. a.* Cuibhrich, cuir amladh air ; cuir an sàs, cuir an ribe.
HAMSTRING, *s.* Féithe na h-iosgaid.
HAND, *s.* Làmh ; tomhas cheithir òirleach; dòigh, seòl.
HAND, *v. a.* Thoir as do làimh, sìn, thoir, tabhair, thoir seachad.
HANDBREADTH, *s.* Leud boise.
HANDCUFF, *s.* Glas-làmh.
HANDICRAFT, *s.* Cèaird.
HANDFUL, *s.* Làn dùirn, dòrlach.
HANDINESS, *s.* Làmhchaireachd.
HANDKERCHIEF, *s.* Éideadh muineil.
HANDLE, *v. a.* Laimhsich.
HANDLE, *s.* Làmh, càs, cluas.
HANDMAID, *s.* Banoglach.
HANDSAW, *s.* Sàbh làimhe.
HANDSEL, HANSEL, *s.* Sainnseal.
HANDSOME, *adj.* Maiseach, àillidh, eireachdail, bòidheach ; mòr, gasda.
HANDWRITING, *s.* Lamh-sgrìobhaidh.
HANDY, *adj.* Làmhchair, deas, ealamh.
HANG, *v.* Croch; bi'n imcheist.
HANGER, *s.* Cuinnsear.
HANGING, *adj.* An crochadh, a crochadh.
HANGMAN, *s.* Crochadair.
HANK, *s.* Iarna.
HANKER, *v. n.* Bi'n geall air.
HAP, *s.* Tubais ; tuiteamas, tachairt.
HAPHAZARD, *s.* Tuiteamas, tubaist.
HAPLESS, *adj.* Mi-shealbhar, mishona, neo-sheamhsar.
HAPLY, *adv.* Theagamh.
HAPPEN, *v. n.* Tachair, tuit a mach.
HAPPINESS, *s.* Sonas, àgh, sealbh.

HAPPY, *adj.* Sona, sòlasach, àghmhor, sealbhach, rathail ; deas, ealamh.
HARANGUE, *s.* Òraid, seanachas.
HARASS, *v. a.* Claoidh, sàraich, léir.
HARBINGER, *s.* Roi-ruithear, teachdair.
HARBOUR, HARBOURAGE, *s.* Cala, acarsaid, dìon, dìdean.
HARBOUR, *v.* Gabh ri, thoir fasgadh do ; gabh còmhnaidh, gabh dìon.
HARD, *adj.* Cruaidh, teann, daingeann ; duilich r'a thuigsinn ; deacair, doirbh ; dòghruinneach, cràidhteach ; an-iochdmhor, cruadalach, garg ; gann.
HARD, *adv.* Am fagus, dlù, teann ; gu dìchiollach, gu dian, gu dùrachdach.
HARDEN, *v. a.* Cruadhaich, teannaich, lean ri ; dean ladorna; fàs cruaidh, fàs teann.
HARDFAVOURED, *adj.* Duaichnidh.
HARDIHOOD, *s.* Cruadal, danarrachd.
HARDINESS, *s.* Cruadal ; dànachd.
HARDNESS, *s.* Cruas ; an-iochd, buirbe.
HARDS, *s.* Ascart.
HARDSHIP, *s.* Cruaidh-chas, teanntachd, fòirneart, teinn ; éigin.
HARDWARE, *s.* Bathar cruaidh.
HARDY, *adj.* Dàna, ladorna, danarra ; gaisgeil ; cruadalach, fulangach.
HARE, *s.* Maigheach, gearr.
HAREBELL, *s.* Currac-na-cuthaige.
HAREBRAINED, *adj.* Gaoitheanach.
HARRIER, *s.* Tòlair mhaigheach.
HARK, *interj.* Éisd ! cluinn ! tost !
HARLEQUIN, *s.* Àmhuilteach.
HARLOT, *s.* Strìopach, siùrsach.
HARLOTRY, *s.* Strìopachas.
HARM, *s.* Cron, aimhleas, lochd, coire, ciorram, dolaidh, call, beud, dochair.
HARM, *v. a.* Ciùrr, dochainn, lochdaich.
HARMFUL, *adj.* Cronail, lochdach.
HARMLESS, *adj.* Neo-chiontach, neochronail, neo-lochdach ; sàbhailte.
HARMONIC, HARMONICAL, *adj.* Cofhuaimneach, co-cheòlach ; binn.
HARMONIOUS, *adj.* Co-chòrdach.
HARMONIST, *s.* Fear-ciùil.
HARMONIZE, *v. a.* Dean co-fhuaimneach ; co-fhreagair.
HARMONY, *s* Co-sheirm, co-chòrdadh, co-fhreagairt; co-cheòl ; càirdeas.
HARNESS, *s.* Fasair ; armachd.
HARP, *s.* Clàrsach, cruit-chiùil.
HARP, *v. a.* Cluich air clàrsaich.
HARPER, *s.* Clàrsair, cruitear.
HARPOON, *s.* Mòr-ghath muice-mara.

HARPOONER, s. Fear tilgidh mòr-ghath na muice-mara.

HARPSICHORD, s. Cruit-chiùil.

HARPY, s. Gionair, glàmair.

HARRIDAN, s. Sean strìopach sheargte.

HARROW, s. Cliath-chliata.

HARROW, v. a. Cliath; buair.

HARSH, adj. Searbh, garg, borb, reasgach, frithearra ; neo-bhinn ; coimheach, cruaidh, teann.

HARSHNESS, s. Searbhachd, gairge, gairgead ; neo-fhonnmhorachd ; reasgachd ; buirbe.

HART, s. Damh féigh.

HARTSHORN, s. Sugh chabar féigh.

HARVEST, s. Foghar, toradh.

HARVESTING, part. v. Fogharadh.

HARVEST-HOME, s. Deireadh buana.

HASH, v. a. Pronn, gèarr, bloighdich.

HASH, s. Feòil phronn.

HASSOCK, s. Cluasag ghlùin.

HASTE, s. Cabhag, greasad ; fearg.

HASTE, HASTEN, v. a. Greas, luath-aich, brosnaich, cuir cabhag air ; deifirich, dean cabhag.

HASTINGS, s. Luath-pheasair.

HASTINESS, s. Greasachd, deifir, cabh-ag, luaths ; frionas, crosdachd, conasachd.

HASTY, adj. Luath, cabhagach ; deifir-each, grad, ealamh ; bras, crosda, dian, lasanta, obann, clis.

HASTY-PUDDING, s. Mèilean, stăpag.

HAT, s. Bioraid, ăd.

HATCH, v. Guir, thoir a mach eòin ; thoir gu crìch ; àlaich, tàrmaich.

HATCH, s. Gur, linn, àlach ; dorus bùird luinge.

HATCHET, s. Làmh-thuadh.

HATE, v. a. Fuathaich, gràinich, oilltich, sgreamhaich.

HATE, HATRED, s. Fuath, gràin, oillt, sgreamh, gairisinn, gamhlas, mì-run, naimhdeas.

HATEFUL, adj. Fuathach, gràineil, gairisneach, sgreamhail, sgreataidh, déisinneach.

HATTER, s. Fear-dèanamh ădan.

HAVE, v. a. Biodh agad ; giùlain, caith ; seilbhich, meal ; iarr, agair.

HAVEN, s. Cala, acarsaid, seùlait.

HAVING, s. Sealbh, maoin.

HAUGH, s. Lèanan.

HAUGHTINESS, s. Àrdan, uaibhreach-as, uaill, uabhar.

HAUGHTY, adj. Àrdanach, uaibh-reach, mòr-chuiseach, àileasach, àrd-inntinneach ; stràiceil, meam-nach.

HAUL, v. a. Tarruinn, slaoid.

HAUM, s. Fodar, connlach.

HAUNCH, s. Sliasaid, màs, cruachann.

HAUNT, v. a. Taghail, taghaich.

HAVOCK, s. Àr, milleadh, sgrios.

HAW, s. Sgeachac ; găgail.

HAW, v. n. Briudhinn gu găgach.

HAWK, s. Seabhac, speireag.

HAWK, v. n. Éigh bathar gu 'reic ; sealg le seabhaic ; ròc, casadaich.

HAWKER, s. Seabhacair ; fear-éigheach bathair, ceannaiche-màlaid.

HAWTHORN, s. Sgitheach, droigheann.

HAY, s. Feur-saidhe.

HAYMAKER, s. Fear caoineachaidh feòir.

HAYRICK, HAYSTACK, s. Curracac-fheòir, tŭdan, mŏlan.

HAZARD, s. Cunnart ; tuiteamas.

HAZARD, v. a. Cuir an cunnart ; feuch ri, feuch cuid tuiteamais.

HAZARDOUS, adj. Cunnartach.

HAZE, s. Ceò, ceathach, smùd.

HAZEL, s. Calltunn.

HAZEL, HAZELLY, adj. Air dhath calltuinn.

HE, pron. È, se, esan ; firionnta.

HEAD, s. Ceann ; ceannard ; toiseach ; tuigse ; mullach ; neach ; barr, uachdar ; àirde, cead, comas, saor-thoil.

HEAD, v. a. Treòraich, stiùr, riagh-ail ; dìth-cheann ; cuir ceann air.

HEADACH, s. Ceann-ghalair, cràdh cinn.

HEAD-BANDS, s. Beannag.

HEAD-DRESS, s. Anard-cinn.

HEADLAND, s. Ceann-tìre, maol, rutha.

HEADLESS, adj. Gun cheann, gun cheannard ; neo-thùrail, aineolach.

HEADLONG, adj. Cas, corrach, grad ; bras, obann, cabhagach.

HEADLONG, adv. An coinneamh a chinn ; gu bras, gu h-obann ; gu neo-smaointeachail.

HEADPIECE, s. Clogaid, tuigse.

HEADSTALL, s. Claigeann aghastair.

HEADSTRONG, adj. Ceann-laidir.

HEADY, adj. Dian, bras, cas ; cabh-agach, ceann-laidir ; a' dol 'sa' cheann.

HEAL, v. Leighis, slànaich, dean gu math ; fàs gu math, fàs slàn.

HEALING, part. Leigheasach.

HEALTH, s. Slàinte, fallaineachd.

HEALTHFUL, HEALTHSOME, adj. Slàn, fallain ; slàinteil.

HEALTHY, adj. Slàn, fallain ; slàinteil.

HEAP, s. Tòrr, dùn, càrn, cruach.

HEAP, v. a. Càrn, cruach, cruinnich.

HEAR, v. Cluinn, éisd.

HEARER, s. Fear-éisdeachd.

HEARING, *s.* Clàisneachd ; éisdeachd.
HEARKEN, *v. n.* Éisd, cluinn.
HEARSAY, *s.* Iomradh, fathunn.
HEARSE, *s.* Carbad-mhàrbh.
HEART, *s.* Cridhe ; meadhon.
HEARTACH, *s.* Briseadh-cridhe.
HEARTBURNING, *s.* Losgadh-bràghad.
HEART-EASE, *s.* Socair inntinn.
HEARTFELT, *adj.* A' ruigheachd a chridhe.
HEARTSTRINGS, *s.* Féithean a' chridhe.
HEARTEN, *v. a.* Misnich, beothaich.
HEARTH, *s.* Teinntean, cagailt.
HEARTHMONEY, *s.* Cìs-teallaich.
HEARTINESS, *s.* Tréidhireas ; cridh-ealas, sunnt, beathalachd.
HEARTLESS, *s.* Lag-chridheach.
HEARTY, *adj.* Dùrachdach, dìleas ; slàn, slàinteil ; cridheil, treòrach, sunntach.
HEAT, *s.* Teas ; blàths, bruthainn ; buaireas, ainteas ; braise.
HEAT, *v. a.* Teasaich, teò ; cuir air boile, cuir air ghoil ; blàthaich.
HEATER, *s.* Uidheam teasachaidh, iarunn teinntidh.
HEATH, *s.* Fraoch.
HEATHCOCK, *s.* Coileach-fraoich.
HEATHEN, *s.* Cinneach, geintealach.
HEATHEN, HEATHENISH, *adj.* Pàg-anach ; fiadhaich, allamharra.
HEATHENISM, *s.* Pàganachd.
HEATHY, *adj.* Fraochach, làn fraoich.
HEAVE, *s.* Togail, ospag, plosg.
HEAVE, *v.* Tog suas, luaisg ; bòrc, bòc ; plosg, tarruinn osna ; àt, éirich suas.
HEAVEN, *s.* Nèamh, speur, adhar, iarmailt ; flatshonas, flaitheas.
HEAVENLY, *adj.* Nèamhaidh, flathail, naomha, diadhaidh.
HEAVINESS, *s.* Cudthrom, truime, truimead ; airtneal, cianalas, sproc, mulad, trom-inntinn.
HEAVY, *adj.* Trom, cudthromach ; airtnealach, cianail, trom-inntinn-each, neo-shunntach ; leisg, lunnd-ach, cadalach, trom-cheannach, pleoisgeach ; neulach, dorcha.
HEBDOMAND, *s.* Ùine sheachd latha.
HEBDOMADAL, HEBDOMADARY, *adj.* Seachduineil.
HEBREW, *s.* Eabhrach ; Eabhra.
HEBREW, *adj.* Eabhrach.
HECATOMB, *s.* Ìobairt-cheud.
HECTIC, HECTICAL, *adj.* Gnàthach, fiabhrasach.
HECTOR, *s.* Bagaire, bòsdair.
HEDGE, *s.* Fàl-gléidhte, callaid.

HEDGE, *v.* Dùin le fàl, druid suas le droighionn, cuairtich le callaid.
HEDGEBORN, *adj.* An-uasal.
HEDGEHOG, *s.* Cràineag.
HEDGER, *s.* Fear-togail fàil-gléite.
HEED, *v. a.* Thoir fainear, thoir aire.
HEED, *s.* Cùram, aire, faicill.
HEEDFUL, *adj.* Cùramach, faicilleach, furachair ; aireachail, aireach.
HEEDLESS, *adj.* Neo-chùramach.
HEEDLESSNESS, *s.* Dearmadachd.
HEEL, *s.* Sàil ; cas beathaich.
HEEL, *v.* Cuir spuir air coileach ; aom, claon, laidh air aon taobh.
HEFT, *s.* Làmh, cas, sàmhach.
HEGIRA, *s.* Ceann cunntais aimsir nan Arabach.
HEIFER, *s* Agh, atharla.
HEIGH-HO! *interj.* Oich O !
HEIGHT, *s.* Àirde, àirdead ; mullach, binnein ; inbhe ; iomlanachd.
HEIGHTEN, *v. a.* Àrdaich, tog suas, meudaich ; leasaich ; an-tromaich.
HEINOUS, *adj.* Uabhasach, amasgaidh, anabarrach, an-trom.
HEINOUSNESS, *s.* Uabhasachd, uabh-arrachd, amasgaidheachd.
HEIR, *s.* Oighre.
HEIR, *v. a.* Seilbhich mar oighre.
HEIRESS, *s.* Ban-oighre.
HEIRLESS, *adj.* Gun oighre.
HEIRLOOM, *s.* Ball-sinnsireachd.
HEIRSHIP, *s.* Staid oighre.
HELIOSCOPE, *s.* Gloine gréine.
HELL, *s.* Ifrinn, irinn, iutharn.
HELLENIC, *adj.* Greugach.
HELLISH, *adj.* Ifrinneach.
HELM, *s.* Clogaid ; falmadair.
HELMED, *adj.* Clogaideach.
HELMET, *s.* Clogaid.
HELMSMAN, *s.* Stiùradair.
HELP, *v.* Cuidich, cobhair, foir, comh-naich, furtaich ; cuir air aghart ; thoir cobhair, thoir cuideachadh.
HELP, *s.* Cuideachadh, cobhair, còmh-nadh, taic ; fuasgladh, furtachd.
HELPFUL, *adj.* Cuideachail, cobhar-ach, comhnachail.
HELPLESS, *adj.* Bochd, truagh, gun chòmhnadh, gun chobhair.
HELPMATE, *s.* Co-chuidiche.
HELTER-SKELTER, *adv.* Uathrais-air-thàrais ; muin air mhuin.
HELVE, *s.* Sàmhach tuaidhe.
HEM, *s.* Fàitheam ; cnead, casad.
HEM, *v. a.* Cuir fàitheam air, cuir oir ri ; iomadhruid, cuairtich ; cnead, dean casad.
HEMISPHERE, *s.* Leth-chruinne.
HEMISTICH, *s.* Leth-rann.

HEMLOCK, s. Iteotha, minmhear.
HEMORRHAGE, s. A' ghèarrach-fhala.
HEMORRHOIDS, s. Neasgaidean fola.
HEMP, s. Còrcach.
HEMPEN, adj. Cainbe, còrcaich.
HEN, s. Cearc.
HENCOOP, s. Crò-chearc.
HENPECKED, adj. Fo smachd mnatha.
HENROOST, s. Spardan, spiris, iris.
HENCE! interj. or adv. As a' so!
uaithe so; air falbh, fad' às; o'n
aobhar so, o'n bhun so.
HENCEFORTH, HENCEFORWARD, adv.
Uaithe so a mach.
HEPTAGON, s. Seachd-shlisneach.
HEPTAGONAL, adj. Seachd-shlisneach.
HEPTARCHY, s. Riaghladh sheachd-
nar.
HER, pron. I, ise.
HERALD, s. Àrd-mhaor-rìgh ; teachd-
aire.
HERALDRY, s. Dreuchd àrd mhaoir
rìgh; eòlas ghearradh-arm,
HERB, s. Lus, luibh.
HERBACEOUS, adj. Lusach.
HERBAGE, s. Feur, feurach.
HERBAL, s. Clar-ainm luibhean.
HERBALIST, s. Lusragan.
HERBY, adj. Lusach, luibheach.
HERCULEAN, adj. Mòr, làidir.
HERD, s. Greigh, buar, treud.
HERD, v. Buachaillich; comunnaich.
HERDSMAN, s. Buachaille,
HERE, adv. An so, 's an àite so.
HEREABOUTS, adv. Mu thimchioll so,
uime so, mu'n cuairt da so.
HEREAFTER. adv. 'San àm ri teachd;
'san ath-shaoghal, 'san ath-bheatha.
HEREAFTER, s. Ath-shaoghal.
HEREBY, adv. Le so, leis a' so.
HEREDITABLE, adj. A' teachd mar
oighreachd.
HEREDITARY, adj. Dùthchasach, a'
teachd le còir oighre.
HEREIN, HEREINTO, adv. An so.
HEREOF, adv. Uaithe so.
HEREON, HEREUPON, adv. Air a' so.
HEREOUT, adv. As a' so.
HERESY, s. Saobh-chreideamh.
HERETIC, s. Saobh-chreideach.
HERETICAL, adj. Saobh-chreidmheach.
HERETO, HEREUNTO, adv. Gu so.
HERETOFORE, adv. Roi' so.
HEREUPON, adv. Air a' so.
HEREWITH, adv. Leis a' so, le so.
HERIOT, s. Càrbhaist.
HERITAGE, s. Oighreachd.
HERMAPHRODITE, s. Neach firionn-
boireann.
HERMIT, s. Ònaran.

HERMITAGE, s. Bothan onarain.
HERNIA, s. Màm-sice.
HERO, s. Curaidh, gaisgeach, laoch.
HEROIC, HEROICAL, adj. Gaisgeil,
treun, foghainteach, buadhach,
euchdach.
HEROESS, HEROINE, s. Ban-laoch, bana-
ghaisgeach, bann-seud.
HEROISM, s. Euchd, gaisge, treuntas.
HERN, HERON, s. Corra-ghriodhach.
HERONRY, s. Aite nead nan còrr.
HERRING, s. Sgadan.
HERSELF, pron. Ise, i-féin.
HESITATE, v. a. Stad, bi 'n imcheist,
sòr, òb, seun.
HESITATION, s. Teagamh, amharus.
HETERODOX, adj. Saobh-chreid-
mheach.
HETEROGENEOUS, adj. Iol-ghnèitheach.
HEW, v. Géarr, sgud, snaidh, sgath;
cùm, dreach.
HEXAGON, s. Sé-shlisneag.
HEXAMETER, s. Bàrdachd shè-chas.
HEXANGULAR, adj. Sé-oisinneach.
HEY! interj. Il! Il!
HEYDAY, s. Mire, braise.
HIATUS, s. Bèarn, fosgladh.
HIBERNAL, adj. Geamhrachail.
HICCIUS-DOCCIUS, s. Cleasaiche.
HICCOUGH, s. Aileag.
HID, HIDDEN, part. Falaichte.
HIDE, v. n. Ceil, falaich.
HIDE, s. Seiche, seic, boicionn.
HIDE-AND-SEEK, s. Falach-fead.
HIDEOUS, adj. Uamharra, oillteil, eag-
alach, déisinneach ; gairisneach,
sgreataidh, gràineil, grannda.
HIE, v. n. Falbh, greas, deifrich, dear
cabhag.
HIERARCHY, s. Riaghladh-eaglais.
HIEROGLYPHIC, s. Dealbh-sgrìobhadh.
HIEROGLYPHICAL, adj. Samhlachail.
HIGH, adj. Àrd ; mòr ; uasal, urram-
ach ; spagluinneach, bòsdail ; àrd-
anach, uaibhreach, mòr-chuiseach.
HIGHLAND, s. Àrd-thir, braidhe.
HIGHLAND, adj. Gàëlach.
HIGHLANDER, s. Gàël.
HIGHMINDED, adj. Àrd-inntinneach.
HIGHNESS, s. Àirde ; mòrachd.
HIGH-WATER, s. Muir-làn.
HIGHWAY, s. Rathad-mòr.
HIGHWAYMAN, s. Fear reubainn.
HILARITY, s. Cridhealas.
HILL, s. Beinn, monadh, sliabh.
HILLOCK, s. Cnoc, sìthean, tòrr.
HILLY, adj. Monadail, beanntach.
HILT, s. Dòrn-bheirt claidheimh.
HIMSELF, pron. E-féin.
HIND, s. Eilid, agh féigh ; sgalag.

HINDER, v. a. Bac, grab ; cùm air ais.
HINDRANCE, s. Grabadh, bacadh.
HINDERMOST, HINDMOST, adj. Deir-
ⱡannach, air deireadh.
HINGE, s. Cùl-cheangal, bann.
HINT, v. a. Thoir sanas, thoir rabhadh.
HINT, s. Sanas, rabhadh.
HIP, s. Alt na sléisne, muc-fhàileag ;
trom-inntinn.
HIPPOPOTAMUS, s. An t-each-uisge.
HIPSHOT, adj. As an leis.
HIRE, v. a. Tuarasdalaich, gabh air
thuarasdal ; thoir air son tuarasdail,
suidhich.
HIRE, s. Tuarasdal, duais, pàidheadh.
HIRELING, s. Tuarasdalaiche.
HIRSUTE, adj. Ròmach, molach.
HIS, poss. pron. mas. A.
HISS, v. Dìt, éigh sìos.
HIST ! interj. Uist ! eist !
HISTORIAN, s. Seanachaidh.
HISTORICAL, adj. Eachdrachail.
HISTORIOGRAPHER, s. Eachdraiche.
HISTORIOGRAPHY, s. Eachdaireachd.
HISTORIOLOGY, s. Eòlas eachdraidhe.
HISTORY, s. Eachdraidh.
HISTRIONIC, adj. Cluicheach.
HIT, v. Buail, cuimsich, amais.
HIT, s. Buille ; tuiteamas, tapas.
HITCH, v. n. Bi'n amladh ; gluais.
HITCHEL, s. Seicil, cìr-lin.
HITHE, s. Geodha, camus.
HITHE, s. Lamraig, seòlait.
HITHER, adv. An so, an taobh so.
HITHERTO, adv. Gus a nise, fathast.
HITHERWARD, adv. Chum an àite so.
HIVE, s. Beach-lann, sgeap.
HO ! interj. O ! ho !
HOAR-FROST, s. Liath-reodhadh.
HOARD, s. Tasgaidh, ulaidh.
HOARD, v. a. Càrn, taisg ; trus.
HOARINESS, s. Léithead.
HOARSE, adj. Tùchanach, garbh.
HOARSENESS, s. Tùchadh, rùsgadh
cléibh.
HOARY, HOAR, adj. Liath, glas.
HOAX, s. Mealladh.
HOBBLE, s. Ceum crùbaiche.
HOBBY, s. Seòrsa seabhaic ; each-
maide, làir-mhaide.
HOBGOBLIN, s. Màileachan, bòcan.
HOBNAIL, s. Tarunn crudha.
HOCK, s. Fìon Gearmailteach.
HOCUS-POCUS, s. Cleasaiche, mealltair.
HOD, s. Amar-aoil.
HODGEPODGE, s. Brochan-breac.
HOE, s. Fàl-fuinn, sgrìoban.
HOE, v. a. Cladhaich le fàl-fuinn.
HOG, s. Cullach, torc spothte.
HOGSHEAD, s. Togsaid.

HOGCOTE, HOGSTY, s. Fail mhuc.
HOGGISH, adj. Gionach, mosach.
HOG-HERD, s. Mucair.
HOGWASH, s. Biadh mhuc.
HOIDEN, s. Caile gun oilean.
HOIST, v. a. Tog suas.
HOLD, v. Cùm greim ; gléidh.
HOLD, s. Greim, greimeachadh ; cum-
ail, gleidheach ; ceàrn luinge ; daing-
neach.
HOLDER, s. Fear-séilbhe.
HOLDFAST, s. Gramaiche.
HOLE, s. Toll ; sloc.
HOLIDAY, HOLYDAY, s. Latha-féile.
HOLINESS, s. Naomhachd, diadhachd.
HOLLAND, s. Olaind.
HOLLOW, adj. Còsach, fàs, falamh ;
cealgach, foilleil.
HOLLOW, s. Còs, cobhan, sloc, lag.
HOLLOWNESS, s. Còsaichead, falamh-
achd ; mealltaireachd, neo-sheas-
mhachd.
HOLLY, s. Cuileann.
HOLLYHOCK, s. An ròs-mall.
HOLOCAIST, s. Iobairt-loist.
HOLOGRAPH, s. Dearbh-sgrìobhadh.
HOLY, adj. Naomha ; coisrigte.
HOMAGE, s. Dligheachas, dleasannas,
seirbhis ; ùmhlachd, strìochdadh.
HOME, s. Dachaigh, teach.
HOME, adv. Dhachaigh, gu 'thìr dùth-
chais ; gu 'chogais ; gu ceann.
HOMEBRED, adj. Nàdurra, dualach,
dùthchasach ; neo-fhìnealta, sochar-
ach.
HOMELINESS, s. Neo-ghrinneas.
HOMELY, adj. Neo-ghrinn.
HOMER, s. Tomhas thrì pinnt.
HOMESPUN, adj. Neo-eireachdail.
HOMEWARD, adv. Dhachaigh.
HOMICIDE, s. Mort ; mortair.
HOMILY, s. Searmoin.
HOMOGENEOUS, adj. Co-ghnéitheach.
HOMOLOGOUS, adj. Co-ionann.
HONE, s. Clach-gheurachaidh.
HONEST, adj. Ionraic, onarach.
HONESTY, s. Ionracas, onair.
HONEY, s. Mil, meal.
HONEYCOMB, s. Cìr-mheala.
HONEYMOON, s. Mìos nam pòg.
HONEYSUCKLE, s. Lùs-a'-chraois.
HONIED, adj. Mileach, milis, blasda.
HONORARY, adj. Urramach.
HONOUR, s. Onair, urram ; meas.
HONOUR, v. a. Onaraich, cuir urram
air ; àrdaich, tog gu urram ; glòr-
aich, urramaich.
HONOURABLE, adj. Òirdheirc, urram-
ach, onaraqh ; àrd, fiùghantach ;
ceart, dìreach.

Hood, *s.* Cionnabharr.

Hoodwink, *v. a.* Dall; meall, fal-aich.

Hoof, *s.* Crodhan, ionga, ladhar.

Hoofed, *adj.* Crodhanach, ladhrach.

Hook, *s.* Dubhan, cromag; corran.

Hook, *v. a.* Glac le dubhan, clic.

Hooked, *adj.* Dubhanach, cromag-ach.

Hoop, *s.* Cearcall, cuairteag.

Hoop, *v.* Cuir cearcall air; cuairtich, iomadhruid; glaodh, éigh, dean ul-fhartaich.

Hooping-cough, *s.* An triuthach.

Hoot, *v. n.* Sgànraich, fuadaich; goir mar chomhachaig; glaodh, dean iolach.

Hop, *v.* Leum, dean beiceis, falbh air leth chois; bi bacach, bi crùbach.

Hop. *s.* Lùs-an-leanna; frith-leum.

Hope, *s.* Dòchas, dùil.

Hope, *v. n.* Biodh dùil, agad ri.

Hopeful, *adj.* Dòchasach, earbsach.

Hopeless, *adj.* Eu-dòchasach.

Hopper, *s.* Treabhailt; fear-beiceis.

Hopple, *v. n.* Deighnich, spearaich.

Horal, Horary, *adj.* Uaireil.

Horde, *s.* Ceathairne.

Horizon, *s.* Cuairt nan speur.

Horizontal, *adj.* Còmhnard, réidh.

Horn, *s.* Adharc, eabar; còrn.

Hornbook, *s.* Leabhar na h-aibidil.

Horned, *adj.* Adharcach, cròcach.

Hornet, *s.* Connsbeach.

Hornowl, *s.* Comhachag adharcach.

Hornpipe, *s.* Damhsa grad-charach.

Horny, *adj.* Adharcail; cruaidh.

Horography, *s.* Eòlas uairean.

Horologe, *s.* Uaireadair.

Horoscope, *s.* Suidheachadh nan reull aig àm breith.

Horrible, *adj.* Oillteil, uabhasach.

Horrid, *adj.* Oillteil, eagalach; déisinneach, sgreataidh; garbh, doirbh; gruamach, dorcha.

Horrific, *adj.* Oillteil, uamharr, uabhasach, eagalach.

Horror, *s.* Eagal, uamhunn, oillt-chrith, ball-chrith; uamhaltachd.

Horse, *s.* Each; marc-shluagh.

Horseback, *s.* Marcachd.

Horsebean, *s.* Ponar-nan-each.

Horseguards, *s.* Freiceadan each.

Horsehair, *s.* Gaoisid-each.

Horseman, *s.* Marcaiche.

Horsemanship, *s.* Marcachd.

Horseway, *s.* Each shlighe.

Hortation, *s.* Comhairleachadh.

Hortative, *adj.* Earalach.

Horticulture, *s.* Gàradaireachd.

Hosanna, *s.* Moladh do Dhia.

Hose, *s.* Osan, osain, mogain.

Hosier, *s.* Fear-reic osan.

Hospitable, *adj.* Fialaidh, faoilidh, fial, fiùghantach, aoidheil, furanach, fàilteach.

Hospital, *s.* Tigh eiridinn.

Hospitality, *s.* Aoidheachd.

Host, *s.* Fear-taighe, fear-taigh-òsda; arm, feachd, armailt.

Hostage, *s.* Fear-gill, braighde-gill.

Hostess, *s.* Bean-taighe, bean-taigh-òsda.

Hostile, *adj.* Naimhdeil, eascaird-each.

Hostility, *s.* Naimhdeas, eascairdeas.

Hostler, *s.* Gill-each.

Hot, *adj.* Teth, teinntidh, loisgeach; bras, dian, garg, lasanta; deònach.

Hotbed, *s.* Leabaidh-theth.

Hotel, *s.* Àrd-thaigh-òsda.

Hothouse, *s.* Taigh-teth.

Hotness, *s.* Teas, gairgead, ainteas, braise, boile.

Hotspur, *s.* Fear dian, fear feargach.

Hovel, *s.* Sgàth-thaigh, bruchlag, bothan.

Hover, *v. n.* Itealaich; croch os ceann; iadh timchioll air; bi 'n ioma-cheist, bi 'n ioma-chomhairle.

Hough, *s.* Iosgaid, bac-na-h-iosgaid.

Hough, *v. a.* Gèarr iosgaid.

Hound, *s.* Tòllair, gaothar, cù-seilge.

Hour, *s.* Uair, fad thri-fichead mion-aid.

Hourglass, *s.* Glaine-ghainmhich.

Hourly, *adv.* Gach uair.

House, *s.* Taigh, fàrdoch, teach.

House, *v.* Cuir a stigh, thoir fasgadh; gabh fasgadh, gabh dìon, dean còmh-naidh.

Housebreaker, *s.* Spùinneadair thaighean.

Housebreaking, *s.* Bristeadh agus spùinneadh thaighean.

Household, *s.* Teaghlach.

Housekeeping, *s.* Banas-taighe.

Houseless, *adj.* Gun àite-còmhnaidh.

Housemaid, *s.* Maighdean-sheòmair.

Housewife, *s.* Bean-taighe.

Housewifery, *s.* Riaghladh teagh-laich.

How, *adv.* Cia mar, cia cho mòr; ciod an dòigh, cionnas; c'ar son, ciod an t-aobhar.

Howbeit, *adv.* Gidheadh.

However, *adv.* Ciod air bith an dòigh; cò-dhiù; gidheadh.

Howl, *v. n.* Dean ulfhartaich, dean

donnalaich ; dean gul éigheach, dean burral.

HOWL, *s.* Donnal, burral, ràn, raoichd, gul éigheach, sgal.

HOY, *s.* Seòrsa bàta.

HUBBUB, *s.* Glaodh, iolach, gàir; othail, mi-riaghailt, aimhreit.

HUCKSTER, *s.* Frith-cheannaiche.

HUDDLE, *v.* Cuir umad gun dòigh; cuir thar a chéile, tilg air muin a chéile; dòmhlaich, thig muin air mhuin.

HUE, *s.* Dath, dreach, neul, tuar; iolach, glaodhaich, ruaig.

HUFF, *s.* Dod, sròineas, stuirt.

HUFF, *v.* Séid, bòc, ăt le àrdan.

HUFFISH, *adj.* Uaibhreach, àrdanach.

HUG, *v. a.* Glac gu caidreach, fàiltich, cniadaich; glac teann; féin chaidrich.

HUGE, *s.* Mòr, anabarrach, gailbheach, tomadach.

HUGENESS, *s.* Meudachd, anabarrachd, tomadachd.

HUGGER-MUGGER, *s.* Cuigeann, tasgaidh diamhair, ionad-falaich.

HULK, *s.* Tàrlaid luinge, slige luinge; dreall, sgonn.

HULL, *s.* Cochull, rùsg, plaosg; slige luinge.

HULLY, *adj.* Cochullach, plaosgach.

HUM, *v. n.* Dean torman, dean dùrdail, dean crònan; mol.

HUM, *s.* Srann, dranndan, gàir sheillein, crònan, torman.

HUMAN, *adj.* Daonna, talmhaidh.

HUMANE, *adj.* Bàigheil, caomh, seirceil, truacanta, tròcaireach, caoimhneil.

HUMANITY, *s.* Daonnachd, nàdur a chinne-dhaonna ; bàighealachd, truacantachd, cneasdachd.

HUMANKIND, *s.* Cinne-daonna.

HUMBLE, *adj.* Ùmhal, iriosal, sèimh.

HUMBLE, *v. a.* Irislich, irioslaich, ùmhlaich ; cìosnaich, thoir fo smachd ; thoir gu strìochdadh.

HUMDRUM, *s.* Umaidh.

HUMECTATION, *s.* Fliuchadh, bogachadh.

HUMID, *adj.* Àitidh, fliuch, bog.

HUMIDITY, *s.* Fliche, àitidheachd.

HUMILIATION, *s.* Irioslachadh.

HUMILITY, *s.* Irioslachd, ùmhlachd.

HUMMING-BIRD, *s.* An t-eun dranndanach, am beag-eun.

HUMORIST, *s.* Fear neònach, fear mac-meanmnach, fear gun srian; fear àbhachdach, àmhailteach.

HUMOROUS, *adj.* Neònach ; aighear-

ach, sùgach, àbhachdach, neo-riaghailteach.

HUMORSOME, *adj.* Frithearra, conusach; neònach, luasganach.

HUMOUR, *s.* Càil, nàdur, aomadh-inntinn ; àbhachd, fearas-chuideachd, cridhealas ; leann-tàth.

HUMOUR, *v. a.* Toilich; géill, strìochd.

HUMP, *s.* Pàit, meall, croit.

HUMPBACK, *s.* Druim crotach.

HUMPBACKED, *adj.* Crotach.

HUNCH, *s.* Meall, cnap, pàit.

HUNDRED, *adj.* Ceud, ciad.

HUNDREDTH, *adj.* An ceudamh.

HUNG, *part.* Crochte.

HUNGER, *s.* Acras; cìocras.

HUNGRY, *adj.* Acrach, air acras.

HUNKS, *s.* Daormunn, spìocaire.

HUNT, *v.* Sealg, dean fiaghach, dean sealgaireachd ; ruag, dlù-lean ; rannsaich ; stiùr lothainn chon.

HUNT, *s.* Faoghaid ; ruaig, sealg.

HUNTER, *s.* Sealgair ; giomhanach.

HUNTING, *s.* Sealgaireachd, fiaghach.

HUNTRESS, *s.* Ban-sealgair.

HUNTSMAN, *s.* Sealgair.

HURDLE, *s.* Càrn-slaodaidh, cliath.

HURL, *v. a.* Tilg sìos, cuibhil.

HURL, *s.* Iorghuill, tuasaid, sàbaid.

HURLY, HURLYBURLY, *s.* Buaireas, ùparaid, othail, iomairt.

HURRICANE, *s.* Doinionn, gaillionn, stoirm, ioma-ghaoth, an-uair.

HURRY, *v.* Greas, luathaich, deifrich; dean cabhag.

HURRY, *s.* Cabhag, buaireas, othail.

HURT, *v. a.* Ciùrr, dochainn, goirtich, cràidh, leòn, lot, dean dochair air.

HURT, *s.* Dochann, ciurradh, leòn; coire, cron, dochair.

HURTFUL, *adj.* Cronail, dochannach.

HURTFULNESS, *s.* Cronalachd.

HURTLEBERRY, *s.* Dearcag-choille.

HUSBAND, *s.* Fear-pòsta, céile.

HUSBAND, *v. a.* Caomhain.

HUSBANDMAN, *s.* Treabhaiche.

HUSBANDRY, *s.* Treabhadh, tuathanachas ; caomhnadh.

HUSH, *v.* Caisg, cuir sàmhach; mùch; bi sàmhach, bi tosdach.

HUSHMONEY, *s.* Brìob air son a bhi sàmhach.

HUSK, *s.* Cochull, rùsg, plaosg, mogull, mogunn.

HUSKY, *adj.* Cochullach, rùsgach, plaosgach ; garbh, reasgach.

HUSSAR, *s.* Seòra trùpair.

HUSSY, *s.* Dubh-chaile, botrumaid.

HUSTINGS, *s. pl.* Mòd, coinneamh.

HUSTLE, *v. a.* Coimeasg.

Hut, s. Bothan, bruchlag.

Hutch, s. Ciste-shìl.

Huzza ! interj. Co-ghàir, iolach.

Hyacinth, s. Seòrsa neòinein ; dath.

Hydra, s. Ua-bheist ioma-cheannach.

Hydraulics, s. pl. Eòlas air tarruinn uisge tre phìoban.

Hydrocele, s. Meud-bhronn.

Hydrocephalus, s. Uisge 'sa cheann.

Hydrographer, s. Fear-tarruinn dealbh na mara.

Hydrography, s. Muir-eòlas.

Hydromancy, s. Fàisneachd le uisge.

Hydrometer, Hygrometer, s. Meidhuisge.

Hydrophobia, s. Cuthach nan con.

Hydrostatics, s. pl. Eòlas tomhais uisge.

Hyemal, adj. A bhuineas do'n gheamhradh.

Hydrus, s. Nathair uisge.

Hyena, s. Ainmhidh-fiadhaich.

Hymen, s. Dia a' phòsaidh ; maighdeanas.

Hymeneal, adj. Pòsachail.

Hymn, s. Laoidh, dàn spioradail.

Hymn, v. a. Mol le laoidhibh.

Hymnic, adj. Laoidheach.

Hyp, v. a. Cuir fo sproc.

Hyperbole, s. Aibheiseachadh, spleadhachas, spleadh.

Hyperbolical, adj. Spleadhach.

Hyperbolize, v. a. Dean spleadhachas.

Hyperborean, adj. Tuath ; fuar.

Hypercritic, s. Gann-thiolpair.

Hypercritical, adj. Gann-thiolpach.

Hypermeter, s. Ni thar tomhas.

Hyphen, s. Comharradh ceangail fhacal mar e so (-).

Hypnotic, s. Ìoc-shlaint chadail.

Hypochondriac, s. Leann-dubh.

Hypocist, s. Ioc-shlainte cheanghail.

Hypocrisy, s. Cealgaireachd.

Hypocrite, s. Cealgair, mealltair.

Hypocritical, adj. Cealgach.

Hypothesis, s. Barail gun dearbhadh.

Hypothetical, adj. Baralach.

Hyrst, Herst, s. Doire, badan-coille.

Hyssop, s. Hisop, seòrsa luibh.

Hysterical, adj. Ospagach, air am beil tinneas nan neul, no tinneas builg.

Hysterics, s. An tinneas paiseanach.

I

I, s. Naothamh litir na h-aibidil.

I, pron. Mì ; emph. mise.

Iambic, s. Cam-dhàn.

Iambic, adj. Cam-dhànach.

Ice, s. Eigh, deigh, éithre.

Icehouse, s. Taigh-eighe.

Ichor, s. Ruith-iongrach.

Ichorous, adj. Silteachail.

Icthyology, s. Eòlas nan iasg.

Icthyophagy, s. Iasg-itheannaich.

Icicle, s. Caisean-reòdhta.

Icon, s. Ìomhaigh.

Iconolater, s. Dealbh-aoradair.

Icy, adj. Eigheach, reòdhta.

Idea, s. Smuain, barail, dealbh-inntinn.

Ideal, adj. A réir barail, dealbh-inntinneach.

Identical, Indentic, adj. Ceudna, ionann, ceart-cheudna.

Identification, s. Dearbhadh ionannachd.

Identify, v. a. Dearbh ionannachd.

Identity, s. Ionannachd.

Idiom, s. Gnàths-cainnte.

Idiomatic, adj. Gnàths-chainnteach.

Idiotism, s. Amadanachd.

Idle, adj. Leisg, monaiseach ; dìomhain, dìomhanach ; gun ghnothach ; neo-éifeachdach ; faoin, suarach, baoth.

Idleness, s. Dìomhanachd, dìomhanas ; faoineas, neo-nitheachd ; neo-éifeachd.

Idler, s. Leisgean, lunndaire, dìomhanaiche, bataire, droll.

Idol, s. Ìomhaigh, iodhol.

Idolater, s. Fear-iodhol-aoraidh.

Idolatrous, adj. Iodhol-aorach.

Idolatry, s. Iodhol-aoradh.

Idolish, adj. Iodholach.

Idolize, v. Gabh mar iodhol.

If, conj. Ma, na, mur, ma 's urra mi, na 'n abrainn, na 'm biodh e air teachd ; mur tig e.

Igneous, adj. Teinntidh, lasarra, lasanta, loisgeach.

Ignis-fatuus, s. Spiorad-lodain, teine-sionnachain, srada-bianain.

Ignite, v. a. Cuir teine ri, fadaidh ; las, gabh teine.

Ignition, s. Lasadh, losgadh.

Ignoble, adj. An-uasal, neo-inbheach ; mìothar, suarach, iosal.

Ignominious, adj. Nàr, maslach, dìblidh, tarcuiseach.

Ignominy, s. Nàire, mì-chliù.

IGNORAMUS, s. Burraidh, sgonn.
IGNORANCE, s. Aineolas, an-fhios.
IGNORANT, adj. Aineolach.
ILE, s. Dias, aisir.
ILIAC, adj. Caolanach.
ILL, adj. Olc, dona ; tinn, euslan.
ILL, s. Olc, aingidheachd, cron.
ILLAPSE, s. Sleamhnachadh ; ionnsaidh, tachartas, tuiteamas.
ILLAUDABLE, adj. Neo-airidh.
ILLEGAL, adj. Neo-dhligheach, milaghail, neo-cheadaichte.
ILLEGALITY, s. Mi-laghalachd.
ILLEGIBILITY, s. Do-leughtachd.
ILLEGIBLE, adj. Do-leughadh, neoshoilleir, dorcha.
ILLEGITIMATE, adj. Dìolain.
ILLEGITIMACY, s. Dìolanas.
ILLIBERAL, adj. Neo-uasal, neo-fhialaidh ; spìocach, crìon, gortach.
ILLIBERALITY, s. Cruas, spìocaiche.
ILLIMITABLE, adj. Neo-chrìochnachail.
ILLIMITED, adj. Neo-chrìochnaichte.
ILLITERACY, s. Neo-fhòghlumachd.
ILLITERATE, adj. Neo-fhòghluimte.
ILLITERATENESS, s. Neo-fhoghluimteachd.
ILLNATURE, s. Droch-nàdur.
ILLNESS, s. Tinneas, galar, euslaint.
ILLOGICAL, adj. Mi-reusonta.
ILL-STARRED, adj. Neo-shealbhach.
ILLUDE, v. a. Meall, thoir an car á.
ILLUME, ILLUMINE, ILLUMINATE, v. a. Soillsich, soilleirich, dealradh.
ILLUMINATION, s. Soillseachadh, soilleireachadh, dealradh, dearsadh.
ILLUMINATIVE, adj. Soillseach.
ILLUSION, s. Mealladh, mearachd.
ILLUSIVE, adj. Mealltach, faoin.
ILLUSORY, adj. Cealgach, carach.
ILLUSTRATE, v. a. Soillsich, mìnich.
ILLUSTRATION, s. Mìneachadh.
ILLUSTRATIVE, adj. Mìneachail.
ILLUSTRATOR, s. Fear-mìneachaidh.
ILLUSTRIOUS, adj. Uasal, ainmeil.
IMAGE, s. Iomhaigh, samhla.
IMAGERY, s. Ìomhaighean ; faoinsmuaintean ; samhlaidhean.
IMAGINABLE, adj. A dh' fhaodar a smuaineachadh.
IMAGINARY, adj. Faoin-bharaileach.
IMAGINATION, s. Mac-meanmainn ; smuain-inntinn ; breithneachadh ; faoin-bheachd ; innleachd.
IMAGINATIVE, adj. Mac-meanmnach.
IMAGINE, v. a. Smaoinich, beachdaich; dealbh, tionnsgain.
IMBECILE, adj. Lag-chuiseach, fann.
IMBECILITY, s. Lag chuiseachd,

IMBIBE, v. a. Òl, sùigh, deoghail.
IMBITTER, v. a. Searbhaich, dean searbh ; dean mi-shona, léir ; buair.
IMBODY, v. Corpaich ; co-chorpaich ; co-aonaich.
IMBOLDEN, v. a. Misnich, brosnaich.
IMBOSOM, v. a. Uchdaich, tàlaidh ; caidrich, gràdhaich.
IMBOUND, v. a. Iomadhruid, cuairtich.
IMBOW, v. a. Cuir bogha air.
IMBOWER, v. a. Sgàilich, còmhdaich.
IMBRICATED, adj. Eagach, slocach.
IMBRICATION, s. Eagachadh, sloc.
IMBROWN, v. a. Donnaich, dean donn.
IMBRUE, v. a. Fliuch, bog, tùm.
IMBRUTE, v. a. Ìslich, dean brùideil.
IMBUE, v. a. Snuadhaich, dath.
IMITABILITY, s. So-shamhlachd.
IMITABLE, adj. So-shamhlachdail.
IMITATE, v. a. Co-shamhlaich, aithris, lean eiseamplair, dean coltach ri.
IMITATION, s. Lean-shamhlachadh.
IMITATIVE, adj. Aithriseach.
IMITATOR, s. Fear-aithris.
IMMACULATE, adj. Glan, fìor-ghlan.
IMMANE, adj. Anabarrach, fuathasach ; borb, garg.
IMMANITY, s. Buirbe, brùidealachd.
IMMARCESSIBLE, adj. Neo-sheargach.
IMMARTIAL, adj. Neo-ghaisgeanta.
IMMATERIAL, adj. Neo-chorporra, spioradail ; neo-nitheach.
IMMATERIALITY, s. Neo-chorporrachd, spioradalachd, neo-nitheachd.
IMMATURE, adj. An-abaich.
IMMATURITY, s. An-abaichead.
IMMEABILITY, s. Neo-ghluaisneachd.
IMMEASURABLE, adj. Do-thomhas.
IMMECHANICAL, adj. Neo-ealanta.
IMMEDIATE, adj. Dlù, aig làimh ; grad, ealamh, clis.
IMMEDIATELY, adv. Gu grad, gu luath, gun dàil, gun stàd, air ball.
IMMEDICABLE, adj. Do-leigheas.
IMMELODIOUS, adj. Neo-bhinn.
IMMEMORIAL, adj. Cian, o chian.
IMMENSE, adj. Fuathasach mòr.
IMMENSITY, s. Anabarrachd.
IMMENSURABLE, adj. Do-thomhas
IMMERGE, IMMERSE, v. a. Cuir fodha, tùm, bogaich ann an uisg'.
IMMERSION, s. Tumadh, cur fodha, bogadh ; dol fodha.
IMMETHODICAL, adj. Mi-riaghailteach, mi-dhòigheil, neo-sheòlta.
IMMETHODICALLY, adv. Gun riaghailt.
IMMIGRATION, s. Teachd a nall.
IMMINENCE, s. Cunnart, gàbhadh.
IMMINENT, adj. Cunnartach, gàbhaidh.

IMMIX, IMMINGLE, v. a. Co-measgaich, co-mheasg.

IMMIXABLE, adj. Do-mheasgadh.

IMMOBILITY, s. Neo-ghluasadachd.

IMMODERATE, adj. Ana-meas-arra.

IMMODERATION, s. Ana-measarrachd.

IMMODEST, adj. Mi-nàrach, beag-narach ; mi-stuama, neo-ghlan.

IMMODESTY, s. Ladornas ; mi-stuaim.

IMMOLATE, v. a. Thoir ìobairt, ìobair.

IMMOLATION, s. Ìobradh.

IMMORAL, adj. Mi-bheusach, eas ionraic, eucorach, droch-bheartach.

IMMORALITY, s. Mi-bheus, eas-ionracas, eucoir, droch-bheart.

IMMORTAL, adj. Neo-bhàsmhor.

IMMORTALITY, s. Neo-bhàsmhorachd.

IMMORTALIZE, v. a. Dean neo-bhàsmhor.

IMMOVEABLE, adj. Neo-ghluasadach.

IMMUNITY, s. Saorsa ; fuasgladh, cead.

IMMURE, v. a. Druid, cuir an sàs.

IMMUTABILITY, s. Neo-chaochlaideachd.

IMMUTABLE, adj. Neo-chaochlaideach.

IMP, s. Mac, màileachan.

IMP, v. a. Cuir ri, meudaich.

IMPACT, v. a. Teannaich, spàrr, dinn.

IMPAIR, v. a. Lughdaich, dìobhailich, mill ; fàs ni's miosa.

IMPALPABLE, adj. Do-fhaireachdainn, mìn, meanbh.

IMPARITY, s. Neo-ionannachd.

IMPART, v. a. Tabhair, tìodhlaic, compàirtich ; soilleirich ; co-roinn.

IMPARTIAL, adj. Ceart-bhreitheach, neo-chlaon, dìreach, cothromach, còir.

IMPARTIALITY, s. Neo-leth-bhreitheachd, neo-chlaonachd, cothrom.

IMPASSABLE, adj. Do-shiubhal.

IMPASSION, v. a. Feargaich, brosnaich.

IMPASSIONED, adj. Brosnaichte.

IMPATIENCE, s. Mi-fhaighidinn, neochruadal ; boile, ainteas, caise, braise.

IMPATIENT, adj. Neo-fhoighidneach ; neo-shocrach, cas, dian.

IMPAWN, v. a. Thoir an geall.

IMPEACH, v. a. Càsaidich, dìt gu follaiseach, cuir as leth ; bac, grab.

IMPEACHMENT, s. Casaid, dìteadh, cùis-dhìtidh ; coire, masladh.

IMFEARL, v. a. Neamhnaidich.

IMPECCABILITY, s. Neo-chiontas.

IMPECCABLE, adj. Neo-chiontach.

IMPEDE, v. a. Bac, cuir maille air.

IMPEDIMENT, s. Bacadh, cnap-starraidh.

IMPEL, v. a. Greas, cuir air aghaidh.

IMPEND, v. n. Croch os-ceann, bi aig làimh.

IMPENETRABLE, adj. Do-tholladh, dodhrùigheadh ; dùinte ; do ghluasad.

IMPENITENCE, s. Neo-aithreachas.

IMPENITENT, adj. Neo-aithreachail.

IMPENNOUS, adj. Neo sgiathach.

IMPERATIVE, adj. Ceannsalach.

IMPERCEPTIBLE, adj. Neo-fhaicsinneach, neo-léirsinneach, do-mhothachadh.

IMPERFECT, adj. Neo-fhoirfe, neoiomlan, neo choimhlionta.

IMPERFECTION, s. Neo-iomlanachd.

IMPERFORATE, adj. Neo-tholldach.

IMPERIAL, adj. Rìoghail, àrd-urramach, àrd-uachdaranach.

IMPERIOUS, adj. Aintighearnail, cruaidh-smachdail, fòirneartach ; ceannsachail, smachdail ; uachdaranach ; uaimhreach.

IMPERIOUSNESS, s. Ceannasachd, smachdalachd ; aintighearnas.

IMPERISHABLE, adj. Neo-bhàsmhor.

IMPERSONAL, adj. Neo-phearsanta.

IMPERSPICUOUS, adj. Neo-shoilleir.

IMPERSUASIBLE, adj. Do-chomhairleachadh.

IMPERTINENCE, s. Beadaidheachd ; mimhodh, leamhadas, dànadas, gòraich.

IMPERTINENT, adj. Amaideach ; leamh, beadaidh, mi-mhodhail, ladorna, dàna, beag-narach.

IMPERVIOUS, adj. Air nach drùighear

IMPETRABLE, adj. So-fhaotainn.

IMPETRATE, v. a. Faigh le achanaich.

IMPETUOSITY, s. Braise, caise, déine.

IMPETUOUS, adj. Ainteasach, fiadhaich, feargach ; càs, bras, dian.

IMPETUS, s. Déine, sitheadh, deann, neart.

IMPIERCEABLE, adj. Do-tholladh.

IMPIETY, s. Ain-diadhachd, mi-naomhachd, aingeachd ; droch-bheart.

IMPINGE, v. a. Buail, tuit air muin.

IMPIOUS, adj. Ain-diadhaidh.

IMPLACABLE, adj. Gamhlasach, dochasgadh.

IMPLANT, v. a. Suidhich, socraich.

IMPLAUSIBLE, adj. Neo-choltach.

IMPLEMENT, s. Inneal, ball-deise.

IMPLICATE, v. a. Rib, bac, caisg.

IMPLICATION, s. Ribeadh, bacadh, seadh, ciall.

IMPLICATIVE, adj. Fillteach, seadhachail.

IMPLICIT, adj. Fillte, ribte, iomfhillte ; seadhaichte ; earbsach, an crochadh air, ùmhal.

IMPLORE, v. a. Aslaich, guidh, grìos.
IMPLY, v. a. Fill, ciallaich.
IMPOISON, v. a. Puinnseanaich.
IMPOLITE, adj. Mi-mhodhail.
IMPOLITIC, adj. Neo-sheòlta.
IMPONDEROUS, adj. Aotrom.
IMPOROUS, adj. Neo-chòsach, dlù.
IMPORT, v. a. Thoir o chéin, faigh o chéin ; seadhaich, ciallaich.
IMPORT, s. Cudthrom, brìgh, bladh, seadh, toirt.
IMPORTANCE, s. Cudthrom, mòr-thoirt, seadh, stà.
IMPORTANT, adj. Cudthromach, toirt-eil, brìoghmhor, feumail.
IMPORTATION, s. Toirt dhachaigh.
IMPORTUNATE, adj. Iarrtachail.
IMPORTUNE, v. a. Sàraich le iarrtas.
IMPORTUNITY, s. Leamhachas.
IMPOSE, v. a. Leag air ; àithn, cuir mar fhiachaibh air; meall, thoir an car.
IMPOSITION, s. Leagail, leagail air ; éigin, ainneart ; mealladh, foill.
IMPOSSIBILITY, s. Neo-chomasachd.
IMPOSSIBLE, adj. Eu-comasach.
IMPOST, s. Cìs, càin, cuspunn.
IMPOSTHUMATE, v. n. Iongraich, àt.
IMPOSTHUME, s. Iongrachadh.
IMPOSTOR, s. Mealltair, slaightear.
IMPOSTURE, s. Mealladh, foill, ceilg.
IMPOTENCE, IMPOTENCY, s. Laigse, anfhannachd, lag-chuiseachd, neo-chomas.
IMPOTENT, adj. Lag, anfhann, neo-chomasach, fann, lag-chuiseach.
IMPOUND, v. a. Dùin ann am punnd.
IMPRACTICABLE, adj. Do-dheanamh.
IMPRECATE, v. a. Guidh olc.
IMPRECATION, s. Droch ghuidhe.
IMPREGNABLE, adj. Do-ghlacadh.
IMPREGNATE, v. a. Dean torrach.
IMPREGNATION, s. Torrachas.
IMPREJUDICATE, adj. Neo-chlaon-bhreathach.
IMPREPARATION, s. Neo-uigheam.
IMPRESS, v. a. Clò-bhuail ; comharr-aich ; glac, ceap.
IMPRESSIBLE, adj. So-chomharrach-adh.
IMPRESSION, s. Comharradh, athailt; dealbh, cruth, riochd ; clò-bhualadh.
IMPRESSIVE, adj. Drùighteach.
IMPRESSURE, s. Comharradh, lòrg.
IMPRIMIS, adv. Anns a' cheud àite.
IMPRINT, v. a. Comharraich ; drùigh.
IMPRISON, v. a. Cuir am prìosan.
IMPRISONMENT, s. Prìosanachadh.
IMPROBABILITY, s. Mi-choltas.
IMPROBABLE, adj. Mi-choltach.

IMPROBATE, v. a. Toirmisg, di-mol.
IMPROBATION, s. Toirmeasg.
IMPROBITY, s. Eas-ionracas, foill.
IMPROPER, adj. Neo-iomchuidh.
IMPROPRIETY, s. Neo-fhreagharrachd.
IMPROVABLE, adj. So-leasachadh.
IMPROVE, v. Leasaich ; rach am feabhas.
IMPROVEMENT, s. Leasachadh ; feabh-as, teachd air aghaidh ; ionnsachadh.
IMPROVIDENCE, s. Neo-fhreasdalachd.
IMPROVIDENT, adj. Neo-fhreasdalach.
IMPRUDENCE, s. Gòraich, amaideachd.
IMPRUDENT, adj. Gòrach, amaideach.
IMPUDENCE, s. Dànadas, ladornas.
IMPUDENT, adj. Dàna, ladorna.
IMPUGN, v. a. Coirich, faigh cron.
IMPUGNATION, s. Coireachadh.
IMPUISSANCE, s. Anmhuinneachd.
IMPULSE, s. Faireachadh, togradh.
IMPULSIVE, adj. Brosnachail.
IMPUNITY, s. Saor o dhioghaltas.
IMPURE, adj. Neo-ghlan, truaillidh.
IMPURITY, s. Neo-ghloine ; sal.
IMPURPLE, v. a. Dean dearg.
IMPUTABLE, adj. So-chur as leth.
IMPUTATION, s. Cur as leth ; casaid.
IMPUTE, v. a. Cuir cron as leth.
IN, prep. Ann, an, am, anns, 's.
IN, prefix. Do, neo, eu, as, an.
INABILITY, s. Neo-chomas, laigse.
INACCESSIBLE, adj. Do-ruigsinn.
INACCURACY, s. Neo-phoncalachd.
INACCURATE, adj. Mearachdach.
INACTION, s. Tàmh, fois, clos.
INACTIVE, adj. Neo-ghnìomhach.
INACTIVITY, s. Neo-ghnìomhachas.
INADEQUATE, adj. Neo-fhreagarrach.
INADEQUACY, s. Neo-fhreagarrachd.
INADVERTENCE, s. Neo-churam.
INADVERTENT, adj. Neo-chùramach.
INALIENABLE, adj. Do-dhealachadh.
INANE, adj. Fàs, faoin, falamh.
INANIMATE, adj. Marbhanta.
INANITY, s. Faoineachd, fàsachd.
INAPPLICABLE, adj. Neo-fhreagarrach.
INAPTITUDE, s. Neo-iomchuidheachd.
INARTICULATE, adj. Manntach.
INATTENTION, s. Neo-aire.
INATTENTIVE, adj. Neo-aireil.
INAUDIBLE, adj. Do-chluinntinn.
INAUGURATE, v. a. Coisrig.
INAUGURATION, s. Coisrigeadh.
INAURATION, s. Òradh, òrachadh.
INAUSPICIOUS, adj. Mi-shealbhach.
INBORN, adj. Nàdurra.
INCALCULABLE, adj. Do-àireamh.
INCANTATION, s. Ubag, ubhaidh, geas.
INCANTATORY, adj. Ubagach.
INCAPABILITY, s. Neo-chomasachd.

INCAPABLE, *adj.* Neo-urrainneach.
INCAPACIOUS, *adj.* Cumhang.
INCAPACITATE, *v. a.* Dean mi-chom-asach.
INCAPACITY, *s.* Neo-chomas.
INCARCERATE, *v. a.* Prìosanaich.
INCARCERATION, *s.* Prìosanachadh.
INCARN, *v.* Fàs 'na fheòil.
INCARNATE, *v. a.* Gabh cruth feòla.
INCARNATE, *adj.* 'S an fheòil.
INCARNATINE, *v. a.* Càrnaidich.
INCARNATION, *s.* Corp-ghabhail.
INCASE, *v. a.* Còmhdaich, dùin.
INCAUTIOUS, *adj.* Mi-fhaicilleach.
INCAUTIOUSNESS, *s.* Mi-fhaicilleachd.
INCENDIARY, *s.* Loisgeadair; brath-adair, ceann-aimhreit, buaireadair.
INCENDIARY, *adj.* Buaireasach.
INCENSE, *s.* Tùis.
INCENSE, *v. a.* Buair, feargaich.
INCENSORY, *s.* Tùisear.
INCENTIVE, *s.* Brosnachadh, buair-eadh; cùis-aimhreit; mathair-aobh-air.
INCENTIVE, *adj.* Brosnachail.
INCESSANT, *adj.* Daonnan, sìor.
INCEST, *s.* Col, con-dàimh.
INCESTUOUS, *adj.* Colach, con-dàimh-each.
INCH, *s.* Òirleach.
INCHIPIN, *s.* Am poca-buidhe.
INCHMEAL, *s.* Mìr-oirleich.
INCHOATE, *v. a.* Tòisich.
INCHOATION, *s.* Tòiseachadh.
INCHOATIVE, *adj.* Ceud-cheumach.
INCIDE, *v. a.* Gearr, roinn.
INCIDENCE, INCIDENT, *s.* Tuiteamas, tachartas.
INCIDENT, INCIDENTAL, *adj.* Tuit-eamach, tachartach, buailteach.
INCINERATE, *v. a.* Dù-loisg.
INCINERATION, *s.* Dù-losgadh.
INCIPIENT, *adj.* Tòiseachail, ceud.
INCIRCUMSPECTION, *s.* Neo-aire.
INCISED, *adj.* Gèarrte.
INCISION, INCISURE, *s.* Gearradh; toll-adh.
INCISIVE, *adj.* Gearrtach, geur.
INCISOR, *s.* A' ghearr-fhiacail.
INCITATION, INCITEMENT, *s.* Brosnach-adh, misneachadh, beothachadh.
INCITE, *v. a.* Brosnaich, gluais, beoth-aich, tog, misnich.
INCIVILITY, *s.* Mi-mhodhalachd.
INCLEMENCY, *s.* An-iochd.
INCLEMENT, *adj.* An-iochdmhor.
INCLINABLE, *adj.* Deònach, togarrach, dèidheil, toileach, miannach.
INCLINATION, *s.* Aomadh; toil, tog-radh; dèidh, miann, iarrtas, deòin;

gaol, tòirt, ùidh; cromadh, cam-adh, claonadh.
INCLINE, *v.* Aom, crom, claon, lùb sleuchd; togair, miannaich.
INCLOSE, *v. a.* Duin, ioma-dhruid.
INCLUDE, *v. a.* Iath; cùm.
INCLUSION, *s.* Cumail, cuairteachadh.
INCLUSIVE, *adj.* A' gabhail a stigh.
INCOAGULABLE, *adj.* Do-bhinnteach-adh.
INCOG, INCOGNITO, *adv.* Gu falaichte, gu dìomhair.
INCOHERENCE, *s.* Neo-lèanailteachd, fuasgailteachd; neo-aontachas, eas-cordadh.
INCOHERENT, *adj.* Fuasgailte, sgaoilte, neo-cheangailte; neo-fhreagarrach, neo-aontachail, baoth.
INCOMBUSTIBLE, *adj.* Neo-loisgeach.
INCOME, *s.* Teachd a steach.
INCOMMENSURABLE, *adj.* Do-thomhas.
INCOMMISCIBLE, *adj.* Do-mheasgadh.
INCOMMODE, *v. a.* Cuir dragh air.
INCOMMODIOUS, *adj.* Neo-ghoireasach, draghail, neo-fhreagarrach.
INCOMMUNICABLE, *adj.* Do-phàirt-eachadh, do-labhairt, do-innseadh.
INCOMMUNICATED, *adj.* Neo-phàirt-ichte.
INCOMMUNICATING, *adj.* Neo-chom-panta.
INCOMMUTABLE, *adj.* Do-mhalart-ach.
INCOMPACT, *adj.* Fuasgailte, sgaoilte.
INCOMPARABLE, *adj.* Gun choimeas.
INCOMPASSIONATE, *adj.* An-tròcair-each, neo-thlùsail, cruaidh-chridh-each.
INCOMPATIBILITY, *s.* Neo-fhreagarr-achd.
INCOMPATIBLE, *adj.* Neo fhreagarr-ach.
INCOMPETENCY, *s.* Neo-chomasachd.
INCOMPETENT, *adj.* Neo-chomasach.
INCOMPLETE, *adj.* Neo-choimhlionta.
INCOMPLIANCE, *s.* Diùltadh, raige.
INCOMPOSED, *adj.* Neo-shuidhichte.
INCOMPREHENSIBILITY, INCOMPREHEN-SIBLENESS, *s.* Do-thuigsinneachd.
INCOMPREHENSIBLE, *adj.* Do-thuig-sinn.
INCOMPRESSIBLE, *adj.* Do-theannach-adh.
INCONCURRING, *adj.* Neo-aontach-ail.
INCONCEALABLE, *adj.* Do-chléith.
INCONCEIVABLE, INCONCEPTIBLE, *adj.* Do-smuaineachadh, do-bharalach-adh, do-thuigsinn.
INCONCLUSIVE, *adj.* Neo-chinnteach.

INCONCLUSIVENESS, s. Neo-chinnteachd.
INCONCOCT, adj. An-abaich.
INCONCOCTION, s. An-abaicheachd.
INCONCURRING, adj. Neo-chòrdaidh.
INCONCUSSIBLE, adj. Do-ghluasad.
INCONDITE, adj. Neo-riaghailteach.
INCONDITIONAL, INCONDITIONATE, adj. Neo-chùmhnantach.
INCONFORMITY, s. Neo-aontachd.
INCONGRUENCE, INCONGRUITY, s. Neo-fhreagarrachd, ea-coltas.
INCONGRUOUS, INCONGRUENT, adj. Neo-fhreagarrach.
INCONNEXION, s. An-dàimh.
INCONSCIONABLE, adj. Neo-chogaiseach.
INCONSIDERABLE, adj. Suarach.
INCONSIDERABLENESS, s. Suarachas.
INCONSIDERATE, adj. Neo-chùramach, dearmadach, neo-aireil.
INCONSIDERATENESS, s. Neo-airealachd, neo-chùramachd.
INCONSISTENCY, s. Mi-chòrdadh.
INCONSISTENT, adj. Neo-fhreagarrach.
INCONSOLABLE, adj. Dù-bhrònach.
INCONSONANCY, s. Neo-aontachd.
INCONSTANCY, s. Neo-bhunailteachd.
INCONSTANT, adj. Neo-bhunailteach.
INCONTESTABLE, adj. Do-àicheadh.
INCONTIGUOUS, adj. Neo-dhlù.
INCONTINENCE, s. Mi-stuamachd.
INCONTINENT, adj. Mi-stuama.
INCONTROVERTIBLE, adj. Dearbhte.
INCONVENIENCE, s. Neo-iomchuidheachd, neo-fhreagarrachd, neo-ghoireasachd, dragh, duilichinn, ana-cothrom.
INCONVENIENT, adj. Mi-ghoireasach.
INCONVERTIBLE, adj. Do-mhùthadh.
INCONVINCIBLE, adj. Rag-mhuinealach.
INCORPORAL, INCORPOREAL, INCORPORATE, adj. Neo-chorporra.
INCORPORALITY, s. Neo-chorporrachd.
INCORPORATE, v. Measgaich, co-cheangail, co-chomunnaich ; cuir cruth air, corpaich ; aonaich.
INCORPORATION, s. Coimeasgadh ; co-chomunn ; aonachadh.
INCORPOREITY, s. Neo-chorporrachd.
INCORRECT, adj. Mearachdach.
INCORRECTLY, adv. Gu mearachdach.
INCORRECTNESS, s. Docharachd.
INCORRIGIBLE, adj. Do-cheannsachadh, aingidh.
INCORRIGIBLENESS, s. Do-cheannsachd, aingidheachd.
INCORRUPT, adj. Neo-thruaillte.

INCORRUPTIBILITY, s. Neo-sheargte.
INCORRUPTIBLE, adj. Neo-thruaillidh.
INCORRUPTION, s. Neo-thruailleachd.
INCORRUPTNESS, s. Ionracas, tréidhireas.
INCRASSATE, v. a. Dean tiugh.
INCRASSATION, s. Tiughachadh.
INCRASSATIVE, adj. Tiughachail.
INCREASE, v. Meudaich, cuir am meud, lìonmhoraich ; fàs lìonmhor, cinn, rach am meud, fàs mòr.
INCREASE, s. Fàs, cinntinn, meudachadh ; teachd a mach, tuilleadh ; toradh, cinneas ; sìol, sliochd, gineal.
INCREDIBILITY, s. Neo-chreidsinneachd.
INCREDIBLE, adj. Do-chreidsinn.
INCREDULITY, s. As-creidimh.
INCREDULOUS, adj. As-creideach.
INCREMABLE, adj. Do-losgadh.
INCREMENT, s. Fàs, meudachadh ; leasachadh ; toradh, piseach.
INCRIMINATE, v. a. Casaidich, dìt.
INCRUST, v. a. Cuir rùsg air.
INCRUSTATION, s. Rùsg, sgröth.
INCUBATE, v. n. Guir, laidh air uibhean.
INCUBATION, s. Gur.
INCUBUS, s. An trom-lighe.
INCULCATE, v. a. Dian-chomhairlich.
INCULCATION, s. Dian-chomhairleachadh.
INCUMBENCY, s. Laidhe, leagail taic ; beatha, ùine-beatha.
INCUMBENT, adj. A' leagail taic air, a' laidhe ; dligheach, mar fhiachaibh.
INCUMBENT, s. Sealbhadair beathachaidh, pears'-eaglais.
INCUMBER, v. a. Cuir eallach air.
INCUR, v. a. Bi buailteach do ; toill.
INCURABLE, adj. Do-leigheas.
INCURIOUS, adj. Coma, suarach, mu.
INCURSION, s. Ionnsaidh, ruathar.
INCURVATE, v. a. Lùb, crom, cam.
INCURVATION, s. Lùbadh, cromadh.
INCURVITY, s. Lùbadh, cruime, caime.
INDAGATE, v. a. Rannsaich.
INDAGATION, s. Lorgachadh, rannsachadh, fidreachadh, leantainn.
INDIGATOR, s. Fear-rannsachaidh.
INDART, v. a. Sàth a steach.
INDEBTED, adj. Am fiachaibh ; fo chomain, an comain.
INDECENCY, INDECORUM, s. Mi-chiatachd, mi-bheus, neo-eireachdas.
INDECENT, adj. Neo-eireachdail, neo-chumhaidh.
INDECIDUOUS, adj. Neo-thuiteamach.
INDECISION, s. Neo-chinnteachd.
INDECISIVE, adj. Neo-chinnteach.

INDECLINABLE, *adj.* Neo-atharrachail.

INDECOROUS, *adj.* Neo-bheusach, mimhodail, neo-eireachdail, mi-chiatach.

INDEED, *adv.* Gu fìrinneach, gu dearbh, gu deimhinn.

INDEFATIGABLE, *adj.* Do-sgìtheachadh.

INDEFEASIBLE, *adj.* Do-chur an aghaidh.

INDEFECTIBLE, *adj.* Neo-fhàilneach.

INDEFENSIBLE, *adj.* Do-dhìonadh.

INDEFINABLE, *adj.* Do-ainmeachadh.

INDEFINITE, *adj.* Neo-chrìochnach, neo-shònraichte.

INDELIBERATE, *adj.* Cabhagach, càs.

INDELIBLE, *adj.* Do-mhilleadh.

INDELICACY, *s.* Mi-mhodh, mi-shuairceas, neo-cheanaltas.

INDELICATE, *adj.* Mi-mhodhail.

INDEMNIFICATION, *s.* Ath-dhìoladh ; urras.

INDEMNIFY, *v. a.* Dìon o challdach.

INDEMNITY, *s.* Làn-mhathanas.

INDEMONSTRABLE, *adj.* Do-dhearbhadh.

INDENT, *v.* Eagaich, fiaclaich, gròb ; cùmhnantaich.

INDENT, INDENTATION, *s.* Eagachadh, fiaclachadh, gròbadh.

INDENTURE, *s.* Cèird-chùmhnant.

INDEPENDENCE, INDEPENDENCY, *s.* Saorsa ; neo-eiseamaileachd.

INDEPENDENT, *adj.* Saor ; neo-eiseamaileach.

INDESCRIBABLE, *adj.* Do aithris.

INDESTRUCTIBLE, *adj.* Do-mhilleadh.

INDETERMINABLE, *adj.* Do-shònrachadh.

INDETERMINATE, *adj.* Neo-shònraichte, neo-mheasraichte.

INDETERMINED, *adj.* Neo-shuidhichte.

INDEVOTED, *adj.* Neo-dhìleas.

INDEVOTION, *s.* Mi-dhiadhachd.

INDEVOUT, *adj.* Neo-chràbhach.

INDEX, *s.* Clàr-innseadh leabhair ; làmh-uaireadair ; comharradh-corraig mar e so 𝄇.

INDEXTERITY, *s.* Neo-ealantachd.

INDIAN, *s.* and *adj.* Innseanach.

INDICATE, *v. a.* Taisbean, foillsich, innis, comharraich a mach.

INDICATION, *s.* Comharradh, innseadh, foillseachadh ; rabhadh, sanas, fios.

INDICATIVE, *adj.* Taisbeanach, foillseachail, innseachail.

INDICTION, *s.* Cuir an cèill, gairm, rabhadh follaiseach.

INDICTMENT, *s.* Dìteadh-sgrìobhte.

INDIFFERENCE. *s.* Coimhiseachd ; neoshuim, neo-chùram, neo-aire.

INDIFFERENT, *adj.* Coimhis ; neoaireil, coma, dearmadach ; neochlaon-bhreitheach ; meadhonach, an eatarras.

INDIGENCE, *s.* Bochdainn, ainniseachd, truaighe, gainne.

INDIGENOUS, *adj.* Dùthchasach.

INDIGENT, *adj.* Bochd, gann, truagh ; falamh, fàs.

INDIGESTED, *adj.* Mi-riaghailteach ; fuasgailte, sgaoilte ; neo-mheirbhte.

INDIGESTION, *s.* Cion-meirbhidh.

INDIGITATE, *v. a.* Nochd, feuch.

INDIGITATION, *s.* Nochdadh, feuchainn.

INDIGNANT, *adj.* Feargach, diombach.

INDIGNATION, *s.* Fearg, corraich.

INDIGNITY, *s.* Dimeas, tàmailt, tàir, tarcuis, masladh.

INDIGO, *s.* Guirmean.

INDIRECT, *adj.* Neo-dhìreach, fiar, cam ; mealltach, foilleil.

INDIRECTNESS, *s.* Fiaradh, caime.

INDISCERNIBLE, *adj.* Do-fhaicsinneach.

INDISCERPTIBLE. *adj.* Do-sgarachdainn.

INDISCOVERABLE, *adj.* Do-rannsachadh.

INDISCREET, *adj.* Neo-chrìonna.

INDISCRETION, *s.* Neo-chrìonnachd.

INDISCRIMINATE, *adj.* Feadh a chéile.

INDISCUSSED, *adj.* Neo-rannsaichte.

INDISPENSABLE, *adj.* Neo-seachnach.

INDISPOSE, *v. a.* Neo-uidheamaich.

INDISPOSITION, *s.* Euslaint ; fuath.

INDISPUTABLE, *adj.* Cinnteach.

INDISPUTABLENESS, *s.* Cinnteachas.

INDISSOLUBLE, *adj.* Do-leaghadh ; neosgaranta ; buan, maireannach.

INDISTINCT, *adj.* Neo-shoilleir.

INDISTINCTNESS, *s.* Neo-shoilleireachd, neo-chinnteachas, doilleireachd.

INDISTURBANCE, *s.* Ciùineachd.

INDIVIDUAL, *adj.* Leis féin.

INDIVIDUAL, *s.* Aon, ùrra, neach.

INDIVIDUALITY, *s.* Pearsantachd, bith air leth.

INDIVIDUALLY, *adv.* Air leth, fa-leth.

INDIVISIBLE, *adj.* Do-sgarachadh.

INDIVISIBILITY, *s.* Do-roinnteachd.

INDOCIBLE, INDOCILE, *adj.* Do-ionnsachadh, dùr, fiadhaich.

INDOCILITY, *s.* Do-theagaisgeachd.

INDOLENCE, *s.* Leisg, dìomhanas.

INDOLENT, *adj.* Leisg, dearmadach.

INDRAUGHT, *s.* Camus, bàgh, cala, leigeadh a steach.

INDRENCH, v. a. Tùm, fliuch, bogaich, fluch, bàth.
INDUBITABLE, adj. Neo-theagmhach.
INDUBITATE, adj. Soilleir.
INDUCE, v. a. Thoir air; thoir air aghaidh.
INDUCEMENT, s. Aobhar brosnachaidh, cuireadh, misneach, comhairle.
INDUCT, v. a. Cuir an seilbh, thoir a steach.
INDUCTION, s. Dol a stigh, sealbhachadh; deanamh a mach.
INDUCTIVE, adj. Earalach, treòrachail; seadhach.
INDUE, v. a. Còmhdaich.
INDULGE, v. a. Leig le, toilich; beadraich, breug; thoir cead do.
INDULGENCE, s. Caoimhneas, caomhalachd, maoth-chaidreamh; bàigh, deagh-gean; saor-thìodhlac; toileachadh; cead-peacaidh.
INDULGENT, adj. Caoimhneil, caidreach, fial; caomh, bàigheil; faoinghràdhach; truacanta.
INDULT, INDULTO, s. Ùghdarras.
INDURATE, v. Cruadhaich, fàs cruaidh.
INDURATION, s. Cruadhachadh; cruas; cruas cridhe.
INDUSTRIOUS, adj. Gnìomhach, dìchiollach, dèanadach, aghartach.
INDUSTRY, s. Dìchioll, saothair, deanadachd, gnìomhachas.
INDWELLER, s. Fear-còmhnaidh.
INEBRIATE, v. Misgich, bi air mhisg.
INEBRIATION, s. Misg, daorach.
INEFFABILITY, s. Do labhartachd.
INEFFABLE, adj. Do-innseadh.
INEFFECTIVE, adj. Neo-bhuadhach, fann, neo-dhrùiteach.
INEFFECTUAL, adj. Neo-tharbhach, fann.
INEFFICACIOUS, adj. Neo-éifeachdach.
INEFFICACY, s. Neo-chomasachd.
INELEGANCE, s. Mi-mhaise, mi-loinn.
INELEGANT, adj. Neo-mhaiseach, miloinneil, mi-dhreachmhor, mi-eireachdail.
INELOQUENT, adj. Neo-fhileanta.
INEPT, adj. Neo-fhreagarrach, baoth.
INEPTITUDE, s. Neo-fhreagarrachd.
INEQUALITY, s. Neo-choimeasachd, neo-ionannachd; eadar-dhealachadh.
INEQUITABLE, adj. Mi-cheart.
INERRABLE, adj. Neo-mhearachdail.
INERT, adj. Trom, marbhanta, leisg.
INERTNESS, s. Marbhantachd.
INESCATION, s; Tàladh, buaireadh.
INESTIMABLE, adj. Os ceann luach.
INEVIDENT, adj. Mi-shoilleir, dorcha.
INEVITABLE, adj. Do-sheachnadh.

INEXCUSABLE, adj. Neo-leithsgeulach.
INEXHALABLE, adj. Nach éirich 'na cheò.
INEXHAUSTIBLE, adj. Do-thraoghadh.
INEXISTENCE, s. Neo-bhith.
INEXISTENT, adj. Neo-bhitheach.
INEXORABLE, adj. Do-lùbadh.
INEXPEDIENCE, s. Neo-iomchuidheachd.
INEXFEDIENT, adj. Neo-iomchuidh.
INEXPERIENCE, s. Cion-eòlais.
INEXPERIENCED, adj. Neo-chleachdte.
INEXPERT, adj. Neo-ealanta.
INEXPIABLE, adj. Do-réiteachadh.
INEXPLICABLE, adj. Do-mhineachadh.
INEXPLORABLE, adj. Do rannsachadh.
INEXPRESSIBLE, adj. Do-innseadh.
INEXTINCT, adj. Neo-mhùchte.
INEXTINGUISHABLE, adj. Do-mhùchadh.
INEXTIRPABLE, adj. Do-spìonadh.
INEXTRICABLE, adj. Do-fhuasgladh.
INFALLIBILITY, s. Do-mhearachdas.
INFALLIBLE, adj. Neo-mhearachdach.
INFAMOUS, adj. Maslach, olc.
INFAMY, s. Masladh, mi-chliù, sgainneal.
INFANCY, s. Leanabachd; tùs.
INFANT, s. Naoidh, (etymo. nuadh-thì,) naoidheachan, naoidhean, leanabh, leanaban, pàiside.
INFANTICIDE, s. Naoidh-mhortair.
INFANTILE, INFANTINE, adj. Leanabaidh, leanabail, leanabanta.
INFANTRY, s. Saighdearan coise.
INFATUATE, v. a. Dall, buair, cuir fo gheasaibh.
INFATUATED, adj. Buairte, as a chiall.
INFATUATION, s. Dalladh, buaireadh.
INFEASIBLE, adj. Do-dheanamh.
INFECT, v. a. Cuir galar no tinneas air; truaill, lìon le truailleachd.
INFECTION, s. Galar-ghabhail.
INFECTIOUS, adj. Gabhaltach.
INFECUND, adj. Neo-thorach, seasg.
INFECUNDITY, s. Neo-thorachas.
INFELICITY, s. Mi-shonas, mi-àgh.
INFER, v. a. Co-dhùin, thoir fainear.
INFERENCE, s. Co-dhùnadh, seadh.
INFERRIBLE, adj. So-thuigsinn o, a thuigear le.
INFERIOR, adj. Ìochdrach; suarach; ni's suaraiche, ni's neo-inbhiche.
INFERIOR, s. Ìochdaran.
INFERIORITY, s. Ìochdranachd, neo-inbheachd, neo-luachachd.
INFERNAL, adj. Ifrinneach, dona.
INFERTILE, adj. Mi-thorach, aimrid
INFERTILITY, s. Mi-thorachas.

INFEST, *v. a.* Taghaich, claoidh, cuir dragh air.

INFESTIVE, *adj.* Neo-shunntach.

INFIDEL, *s.* Ana-creideach.

INFIDELITY, *s.* As-creideamh ; anacriosdachd ; mealltaireachd.

INFINITE, *adj.* Neo-chrìochnach, neomheasraichte.

INFINITELY, *adv.* Gun tomhas, gun chrìoch, mòran ni's, gu mòr ni's.

INFINITENESS, INFINITUDE, INFINITY, *s.* Neo-chrìochnachd, anabarrachd.

INFIRM, *adj.* Èuslan, anfhann, breòite ; neo-dhaingeann.

INFIRMARY, *s.* Taigh-eiridinn.

INFIRMITY, *s.* Laigse, anfhannachd, anmhainneachd ; breòiteachd, fàillinn, euslaint, tinneas.

INFIRMNESS, *s.* Laigse, eucail.

INFIX, *v. a.* Sàth a steach ; daingnaich.

INFLAME, *v. a.* Loisg, làs, cuir r'a theine ; feargaich, buair ; brosnaich ; àt, gabh fearg, iongraich.

INFLAMMABLE, *adj.* So-lasadh, lasaireach, lasanta.

INFLAMMATION, *s.* Cur r'a theine, lasadh, losgadh ; brosnachadh ; iongrachadh, ainteas.

INFLAMMATORY, *adj.* Lasarra, loisgeach, buaireasach, feargach.

INFLATE, *v. a.* Sèid, suas, cuir gaoth ann ; dean ardanach, dean moiteil.

INFLATION, *s.* Sèideadh, àt ; moit, fèinbheachd, fèin-spèis.

INFLECT, *v. a.* Lùb, fiar, crom.

INFLECTIVE, *adj.* A lùbas, a chromas.

INFLEXIBILITY, INFLEXIBLENESS, *s.* Neo-lùbtachd, raige, raigead ; ragmhuinealas, reasgachd.

INFLEXIBLE, *adj.* Do-lùbadh, dochromadh, rag ; dùr, reasgach, ceannlaidir ; do-atharrachadh, do-chaochladh.

INFLICT, *v. a.* Leag peanas air, peanasach, pian, sàraich, goirtich, cràidh.

INFLICTION, *s.* Leagadh peanais, peanasachadh, sàrachadh, peanas.

INFLICTIVE, *adj.* Peanasail.

INFLUENCE, *s.* Cumhachd, ceannardachd, uachdranachd.

INFLUENCE, *v. a.* Stiùr, lùb, aom, treòraich, earalaich, comhairlich.

INFLUENT, *adj.* A' lìonadh, a' sruthadh a steach.

INFLUENTIAL, *adj.* Cumhachdach, buadhach, uachdranail.

INFLUX, *s.* Tighinn a steach, sruthlìonaidh.

INFOLD, *v. a.* Fill, paisg.

INFOLIATE, *v. a.* Còmhdaich le duilleach.

INFORM, *v. a.* Teagaisg, thoir eòlas, casaidich, innis ; thoir bràth.

INFORMAL, *adj.* Mi-riaghailteach.

INFORMALITY, *s.* Mi-riaghailt.

INFORMANT, *s.* Fear-bràtha.

INFORMATION, *s.* Naigheachd, sgeul ; rabhadh, bràth ; ionnsachadh, oilean, fiosrachadh.

INFORMER, *s.* Fear-innsidh.

INFORMIDABLE, *adj.* Neo-eagalach.

INFORMITY, *s.* Neo-chumaireachd.

INFORTUNATE, *adj.* Mi-shealbhach.

INFRACT, *v. a.* Bris, bris cùmhnant.

INFRACTION, *s.* Briseadh.

INFRAMUNDANE, *adj.* Fo'n t-saoghal.

INFRANGIBLE, *adj.* Do-bhristeadh.

INFREQUENCY, *s.* Ainminigeas.

INFREQUENT, *adj.* Ainmig, ainneamh.

INFRIGIDATE, *v. a.* Fuaraich, ragaich.

INFRIGIDATION, *s.* Fuachd-ragachadh.

INFRINGE, *v. a.* Mill, sgrios, bac.

INFRINGEMENT, *s.* Bristeadh.

INFRUGIFEROUS, *adj.* Neo-thorach.

INFUMATE, *v. a.* Tiormaich sa' cheò.

INFURIATE, *adj.* Air boile, cuthaich.

INFURIATE, *v. a.* Cuir air boile.

INFUSE, *v. a.* Dòirt ann, dòirt a steach ; bogaich, cuir am bogadh.

INFUSIBLE, *adj.* A ghabhas cur ann.

INFUSION, *s.* Dòrtadh a steach ; teagasg, deachdadh ; bogachadh ; sùgh, deoch.

INFUSIVE, *adj.* Dòirteach ; leaghtach.

INGEMINATION, *s.* Ath-aithris.

INGENERATE, INGENERATED, *adj.* Neoghinte.

INGENIOUS, *adj.* Innleachdach, tùrail, geur-chuiseach, seòlta, teòma, ealanta, innealta.

INGENUITY, *s.* Innleachd, tùralachd, teòmachd, seòltachd, ealantachd, innealtachd.

INGENUOUS, *adj.* Fosgarra, fìrinneach, ceart, còir, fialaidh.

INGLORIOUS, *adj.* Neo-allail, suarach ; diblidh, gun dèidh air cliù.

INGOT, *s.* Geinn òir no airgeid.

INGRAFF, INGRAFT, *v. a.* Alp ; suidhich faillean o aona chraoibh ann an craoibh eile.

INGRAFTMENT, *s.* Alpadh.

INGRATE, *s.* Neonach, mi-thaingeil.

INGRATIATE, *v. a.* Mol thu fèin do ; faigh caoimhneas o neach.

INGRATITUDE, *s.* Mi-thaingealachd.

INGREDIENT, *s.* Earrann-measgachaidh.

INGRESS, *s.* Dol a steach, slighe.

INGULPH, *v. a.* Tilg sios ann an slugan.

INGURGITATE, *v.* Sluig, sìos, dean geòcaireachd.

INGURGITATION, *s.* Geòcaireachd.

INHABIT, *v.* Àitich, sealbhaich ; còmhnaich, tàmh, fuirich.

INHABITABLE, *adj.* So-àiteachadh.

INHABITANT, *s.* Fear-àiteachaidh.

INHALE, *v. a.* Tarruinn t' anail, gabh a steach leis an anail.

INHARMONIOUS, *adj.* Neo-bhinn.

INHERENT, *adj.* Ann-féin, nàdurra, dualach, neo-ghinte, leanabhaineach.

INHERIT, *v. a.* Gabh mar oighreachd, faigh mar oighreachd.

INHERITABLE, *adj.* Oighreachail.

INHERITANCE, *s.* Oighreachd, sealbh dlighe, maoin dhligheach.

INHERITOR, *s.* Oighre, sealbhadair.

INHERITRESS, INHERITRIX, *s.* Banoighre, bann-sealbhadair.

INHIBIT, *v. a.* Bac, cum air ais, gráb, cuir stad air ; toirmisg, diùlt.

INHIBITION, *s.* Bacadh, grabadh, stad, amladh ; toirmeasg, casg.

INHOSPITABLE, *adj.* Neo-fhialaidh, iargalta, coimheach doichiollach.

INHOSPITALITY, *s.* Neo-fhialachd, iargaltachd, coimhiche, doichiollachd, mosaiche, spìocaiche, crìonachd, cruas, mùgaireachd, doirbheachd.

INHUMAN, *adj.* Neo-dhaonairceach, mi-dhaonna, borb, an-iochdmhor, cruaidh-chridheach.

INHUMANITY, *s.* Mi-dhaonnachd, aniochdmhorachd, buirbe.

INHUMATE, INHUME, *v. a.* Adhlaic, tòrr, tiodhlaic.

INHUMATION, *s.* Adhlacadh, tòrradh.

INJECT, *v. a.* Tilg a stigh, tilg suas.

INJECTION, *s.* Tilgeadh a steach ; a' chungaidh a thilgear a steach.

INIMICAL, *adj.* Neo-chàirdeil, mirùnach.

INIMITABLE, *adj.* Do-leanmhainn, doshamhlach ; gun choimeas.

INIQUITOUS, *adj.* Eucorach, peacach, aingidh, ciontach, olc.

INIQUITY, *s.* Eucoir, peacadh, aingeachd, ana-ceartas, cionta, olc.

INITIAL, *adj.* Toiseachail, air thoiseach.

INITIATE, *v.* Fòghluim, teagaisg ; tionnsgain, tòisich.

INITIATION, *s.* Ceud thòiseachadh.

INITIATORY, *adj.* Tòiseachail.

INJUDICIAL, *adj.* Mi-riaghailteach.

INJUDICIOUS, *adj.* Neo thuigseach, neo-chrìonna, neo thùrail.

INJUNCTION, *s.* Àinte, earail, dianiarrtas, òrdugh.

INJURE, *v. a.* Docharaich, lochdaich, ciùrr, dochannaich, dean coire do.

INJURIOUS, *adj.* Cronail, eucorach, ana-ceart ; coireach, ciontach ; aimhleasach, docharach ; tarcuiseach, tàmailteach.

INJURY, *s.* Lochd, leth-trom, ciurradh, ana-cothrom, dochair ; dochunn, dìobhail, call, calldach ; tàir, tarcuis, càineadh.

INJUSTICE, *s.* Ana-ceartas, eucoir, ana-cothrom ; easaontas, olc.

INK, *s.* Dubh, dubh-sgrìobhaidh.

INKLE, *s.* Stìom, stiall, caol-chrios.

INKLING, *s.* Sanas, faireachadh, rabhadh.

INKY, *adj.* Dubh, dorcha.

INLAND, *adj.* Braigheach.

INLAND, *s.* Bràighe-dùthcha.

INLAPIDATE, *v. a.* Fàs mar chlòich.

INLAY, *v. a.* Ioma-dhreachaich.

INLET, *s.* Dorus, fosgladh, rathad, bealach, caolas, aisir.

INLY, *adj.* Meadhonach, dìomhair.

INMATE, *s.* Co-thàmhaiche.

INMOST, INNERMOST, *adj.* A's fhaide steach.

INN, *s.* Taigh-òsda, taigh-òil, taigh-leanna.

INNATE, *adj.* Neo-ghinte, nàdurra, gnèitheach, dualach.

INNAVIGABLE, *adj.* Do-sheòladh.

INNER, *adj.* A's fhaide steach.

INNHOLDER, INNKEEPER, *s.* Òsdair.

INNOCENCE, *s.* Neo-chiontachd, neo-chiontas ; neo-lochdachd, neo-chronalachd ; fìreantachd, ionracas, neo-chiont ; tréidhireas.

INNOCENT, *adj.* Neo-chiontach, neo-choireach, glan ; neo-lochdach.

INNOCUOUS, *adj.* Neo-chronail, neo-lochdach.

INNOVATE, *v. a.* Ùr-ghnàthaich, dean ùr-chaochla ; atharraich.

INNOVATION, *s.* Ùr-ghnàthachadh.

INNOVATOR, *s.* Ùr-ghnàthadair.

INNOXIOUS, *adj.* Neo-lochdach, neo-choireach, neo-chiùrrail.

INNUENDO, *s.* Fiar-rabhacn.

INNUMERABLE, *adj.* Do-àireamh.

INOCULATE, *v.* Suidhich ; cuir a' bhreac air.

INOCULATION, *s.* Suidheachadh, alpadh ; cur na brice.

INODOROUS, *adj.* Gun fhàileadh.

INOFFENSIVE, *adj.* Neo-lochdach, soitheamh, ciùin, suairce, neo-bhuaireasach.

INOFFENSIVENESS, *s.* Suairceas.

INOFFICIOUS, *adj.* Mi-mhodhail.

INOPPORTUNE, *adj.* An-aimsireil.

INORDINACY, *s.* Ana-cuimse.

INORDINATE, *adj.* Ana-cuimseach, mi-riaghailteach, aimhreiteach.

INORDINATENESS, *s.* Aimhreit.

INORGANICAL, *adj.* Neo-ghleusta.

INOSCULATE, *v. n.* Buin r'a chéile, cocheangail, tàthaich.

INOSCULATION, *s.* Aonadh, dlùthachadh, tàthadh, co-bhuntainn, pòg.

INQUEST, *s.* Sgrùdadh, ceasnachadh, rannsachadh laghail; iarraidh, sireadh.

INQUIETUDE, *s.* Mi-shuaimhneas, neofhoisneachd, an-shocair.

INQUINATE, *v. a.* Truaill, salaich, mill.

INQUINATION, *s.* Truailleadh, salachadh.

INQUIRE, *v.* Feòraich, farraid, iarr, faighnich ; rannsaich, sir, dean sgrùdadh.

INQUIRER, *s.* Fear-rannsachaidh, fearceasnachaidh, fear-sgrùdaidh.

INQUIRY, *s.* Ceasnachadh, feòraich, rannsachadh, sireadh, sgrùdadh.

INQUISITION, *s.* Rannsachadh laghail, mion-cheasnachadh, sireadh ; cùirt a chaidh a shocrachadh air son saobhchreideamh fhaotainn a mach.

INQUISITIVE, *adj.* Rannsachail, faighneachdail, fidreachail.

INQUISITIVENESS, *s.* Faighneachdas, geur-rannsachadh, fidreachadh.

INQUISITOR, *s.* Fear-ceasnachaidh, fear-rannsachaidh, fear-sgrùdaich.

INROAD, *s.* Ionnsaidh, ruathar, ruaig.

INSALUBRIOUS, *adj.* Neo-fhallain.

INSALUBRITY, *s.* Neo-fhallaineachd.

INSANE, *adj.* Cuthaich, mearanach.

INSANENESS, INSANITY, *s.* Cuthach, mearan-céille, boile.

INSATIABLE, INSATIATE, *adj.* Doshàsachadh, do-riarachadh, do-thoileachadh, gionach, geòcach, glùtach, lònach, craosach, ciocrach.

INSATIABLENESS, *s.* Lòin-chraois.

INSATURABLE, *adj.* Do-lìonadh.

INSCRIBE, *v. a.* Sgrìobh air.

INSCRIPTION, *s.* Sgrìobhadh, tiodal, gràbhaladh, cuimhne.

INSCRUTABLE, *adj.* Do-rannsachadh.

INSCULPTURE, *s.* Gràbhaladh, snaidheadh.

INSECT, *s.* Cuileag, cnuimh, biastag.

INSECTATOR, *s.* Fear-tòrach.

INSECURE, *adj.* Neo-thèarainte.

INSECURITY, *s.* Neo-thèarainteachd.

INSENSATE, *adj.* Neo-thuigseach.

INSENSIBILITY, *s.* Neo-mhothachadh.

INSENSIBLE, *adj.* Neo-mhothachail, neo-thuigseach ; neo-chaidreach.

INSEPARABLE, *adj.* Do-dhealachadh, do-sgaradh, do-fhuasgladh.

INSERT, *v. a.* Suidhich, gabh a steach.

INSERTION, *s.* Suidheachadh, cur ann.

INSIDE, *s.* An taobh a staigh.

INSIDIOUS, *adj.* Meallta, cealgach, foilleil, carach, cuilbheartach, sligheach.

INSIDIOUSNESS, *s.* MeALLtachd, ceilg, foillealachd, cuilbheartachd.

INSIGHT, *s.* Fiosrachadh, geur-bheachd.

INSIGNIA, *s.* Suaicheantas.

INSIGNIFICANCE, *s.* Faoineas.

INSIGNIFICANT, *adj.* Faoin, suarach, tàireil, neo-luachmhor.

INSINCERE, *adj.* Neo-fhìrinneach, neodhùrachdach, neo-thréidhireach, cealgach, claon, foilleil, carach.

INSINCERITY, *s.* Neo-fhìrinneachd, neo-thréidhireas, ceilg, foillealachd.

INSINUANT, *adj.* Miodalach, brionnalach, seòlta.

INSINUATE, *v.* Cuir a steach le faicill; dean miodal, dean brosgal ; faigh a staigh air ; thoir leth-shanas, lethchiallaich.

INSINUATION, *s.* Cur a staigh, sàthadh ; miodal, sodal, brosgal, brionnal.

INSINUATIVE, *adj.* Seòltach, miodalach, sodalach, brosgalach.

INSIPID, *adj.* Neo-bhlasda, neo-shunntach, neo-sheadhach, marbhanta, tioram, trom, amhaidh.

INSIPIDITY, *s.* Neo-bhlasdachd; marbhantachd, tiormachd, truime, amhaidheachd.

INSIPIENCE, *s.* Neo-ghliocas, gòraiche, baothaltachd, baothaireachd.

INSIST, *v. n.* Seas air, socraich air, lean air, buanaich air, seas ri, cùm air.

INSITION, *s.* Suidheachadh mheanglan an craobhan.

INSNARE, *v. a.* Rib, glac, cuir an sàs.

INSOBRIETY, *s.* Ana-measarrachd, misg.

INSOCIABLE, *adj.* Neo-chòmhraideach, neo-chonaltrach, neo-chòmpanta.

INSOLATE, *v. a.* Cuir ri gréin.

INSOLATION, *s.* Grianachadh.

INSOLENT, *adj.* Uaibhreach, stràiceil, beadaidh, tarcuiseach.

INSOLENCE, *s.* Uaibhreachas, tàir, àrdan, stràic, beadaidheachd.

INSOLVABLE, *adj.* Do-fhuasgladh, do-mhìneachadh, do-réiteachadh ; do-dhìoladh, do-ìocadh.

INSOLUBLE, *adj.* Do-leaghadh;

INSOLVENCY, *s.* Bristeadh creideis.

INSOLVENT, *adj.* Briste.

INSOMUCH, *adv.* A' mheud agus gu.

INSPECT, *v. a.* Rannsaich, beachdaich.

INSPECTION, *s.* Amharc, geur-amharc, mion-rannsachadh, sgrùdadh, dearcadh; cùram, sùl amharc.

INSPECTOR, *s.* Fear-rannsachaidh, fear-sgrùdaidh; fear-coimhid, fearcùraim.

INSPIRABLE, *adj.* A ghabhas tarruinn a steach.

INSPIRATION, *s.* Analachadh, sùghadh analach; deachdadh an Spioraid, teagasg nèamhaidh.

INSPIRE, *v.* Analaich air; cuir 's an inntinn; tarruinn a steach, sùigh, tarruinn t' anail.

INSPIRIT, *v. a.* Beothaich, dùisg suas, brosnaich, misnich.

INSPISSATE, *v. a.* Tiughaich, dean tiugh.

INSPISSATED, *adj.* Tiughaichte.

INSPISSATION, *s.* Tiughachadh.

INSTABILITY, *s.* Neo-bhunailteachd.

INSTALL, *v. a.* Cuir an dreuchd.

INSTALLATION, *s.* Cur an seilbh dreuchd, suidheachadh an dreuchd, dreuchd-shuidheachadh.

INSTALMENT, *s.* Dreuchd-ionad; earrann-dhìoladh.

INSTANT, *adj.* Dian, éigneach, dianiarrtasachd, dùrachdach, cabhagach, bras, ealamh.

INSTANT, *s.* Tìota, àm, tamall, uair.

INSTANTANEOUS, *adj.* An gradaig.

INSTANTLY, INSTANTANEOUSLY, *adv.* Gu grad, gu h-obann, gu h-ealamh, gu clis.

INSTATE, *v. a.* Suidhich, cuir an inbhe.

INSTAURATION, *s.* Ath-aiseadh.

INSTEAD, *adv.* An àite, air son.

INSTECH, *v. a.* Bogaich, tùm an uisg.

INSTEP, *s.* Uachdar na traidhe.

INSTIGATE, *v. a.* Brosnaich, buair.

INSTIGATION, *s.* Brosnachadh, buaireadh.

INSTIGATOR, *s.* Buaireadair.

INSTIL, *v. a.* Sil, sil a stigh; teagaisg.

INSTILLATION, *s.* Sileadh-a-stigh; teagasg, mion-theagasg.

INSTINCT, *adj.* Beò, beothail, beathail.

INSTINCT, *s.* Aomadh nàdurra, nàdur, ciall, gnè.

INSTINCTIVE, *adj.* Gnèitheil, nàdurrach.

INSTITUTE, *v. a.* Suidhich, socraich.

INSTITUTE, *s.* Reachd, lagh, rian, òr-

dugh, seòl suidhichte; àinte, fìrinn shuidhichte.

INSTITUTION, *s.* Suidheachadh, òrduchadh; lagh, reachd; oilean, foghlum.

INSTITUTOR, *s.* Fear-suidheachaidh, fear-òrduchaidh; fear-teagaisg.

INSTRUCT, *v. a.* Teagaisg, oileanaich, seòl, comhairlich, ionnsaich.

INSTRUCTION, *s.* Teagasg, oilean, seòladh, eòlas, comhairle; àinte, ionnsachadh.

INSTRUCTIVE, *adj.* Teagasgach.

INSTRUCTOR, *s.* Oid-ionnsachaidh, fear-teagaisg, fear-fòghluim.

INSTRUMENT, *s.* Inneal, ball, beart, arm; inneal-ciùil; bann-sgrìobhte; meadhon, ball-acuinn.

INSTRUMENTAL, *adj.* 'Na mheadhon air.

INSUAVITY, *s.* Neo-thaitneachd.

INSUBJECTION, *s.* Eas-ùmhlachd.

INSUBORDINATION, *s.* Mi-riaghailt.

INSUBSTANTIAL, *adj.* Neo-bhrìoghor.

INSUFFERABLE, *adj.* Do-fhulang, do-ghiùlan, do-iomchar; déisinneach.

INSUFFICIENCY, *s.* Neo-choimhliontachd, neo-dhiongmhaltachd, easbhuidheachd, neo-fhoghainteachd.

INSUFFICIENT, *adj.* Neo-choimhlionta, neo-dhiongmhalta, neo-fhoghainteach.

INSULAR, *adj.* Eileanach, 'na aonar, leis féin.

INSULATED, *adj.* Dealaichte, air leth.

INSULT, *s.* Tàmailt, masladh, tàir, tarcuis, dimeas, beum, toibheum.

INSULT, *v. a.* Tàmailtich, thoir tàmailt, maslaich, cuir gu nàire.

INSULTER, *s.* Fear-tarcuis.

INSUPERABILITY, *s.* Do-cheannsachd, do-chlaoidhteachd; do-dheantachd.

INSUPERABLE, *adj.* Do-cheannsachdh; do-chlaoidheadh, do-shàrachadh; do-dhèanamh, do-fhairtleach.

INSUPPORTABLE, *adj.* Do-ghiùlan.

INSUPPORTABLENESS, *s.* Do-ghiùlantachd.

INSUPPRESSIBLE, *adj.* Do-fhalach.

INSURANCE, *s.* Urras, airgead urrais.

INSURE, *v. a.* Faigh no thoir urras air.

INSURGENT, *s.* Ceannaircach.

INSURMOUNTABLE, *adj.* Thar comas.

INSURRECTION, *s.* Ar-a-mach.

INTACTIBLE, *adj.* Do-fhaireachadh.

INTANGIBLE, *adj.* Do-bheantainn.

INTEGER, *s.* Slàn àireamh, an-t-iomlan.

INTEGRAL, *adj.* Slàn, iomlan, coimhlionta, neo-bhriste.

INTEGRAL, *s.* An t-iomlan.

INTEGRITY, *s.* Tréidhireas, ionracas ; gloine, neo-chiontas.

INTEGUMENT, *s.* Còmhdach, cochull.

INTELLECT, *s.* Tuigse, toinisg. ciall.

INTELLECTIVE, *adj.* Tuigseach, ciallach ; inntinneil, mothachail.

INTELLECTUAL, *adj.* Inntinneil, inntinneach ; tuigseach, ciallach.

INTELLIGENCE, *s.* Fios, fiosrachadh, eòlas, tuigse ; spiorad.

INTELLIGENT, *adj.* Tuigseach, eòlach, fiosrach, fòghluimte, ionnsaichte.

INTELLIGIBLE, *adj.* So-thuigsinn.

INTEMERATE, *adj.* Neo-thruaillte.

INTEMPERAMENT, *s.* Droch càileachd.

INTEMPERANCE, *s.* Ana-measarrachd.

INTEMPERATE, *adj.* Ana-measarra, mi-stuama ; glùtail ; lasanta, feargach.

INTEMPERATURE, *s.* Mi-riaghailt san iormalt, anabharra.

INTENABLE, *s.* Do-chumail.

INTEND, *v. a.* Cuir romhad, sònraich, rùnaich, togair ; thoir fainear.

INTENDENT, *s.* Fear-freasdail.

INTENERATION, *s.* Maothachadh, taiseachadh, tlàthachadh.

INTENSE, *adj.* Teann, cruaidh, teannaichte ; dlù-aireach ; dian.

INTENSENESS, *s.* Teinne, teanntachd; dèinead, dèine ; ro-aire, dlù-aire.

INTENTION, *s.* Rùn, miann, sannt, cur romhad, aire, beachd.

INTENTIONAL, *adj.* Rùnaichte, le deòin.

INTENTIVE, *adj.* Dlù-aireach, dùrachdach.

INTENTNESS, *s.* Ro-aire, geur-aire.

INTER, *v. a.* Adhlaic, tìodhlaic.

INTERCALARY, *adj.* Barrachdail.

INTERCALATION, *s.* Eadar-chur.

INTERCEDE, *v. a.* Dean eadar-ghuidhe.

INTERCEPT, *v. a.* Glac 's an t-slighe, beir air ; cuir bacadh air.

INTERCESSION, *s.* Eadar-ghuidhe.

INTERCESSOR, *s.* Eadar-mheadhonair.

INTERCHAIN, *v. a.* Co-cheangail.

INTERCHANGE, *v. a.* Malairtich.

INTERCHANGE, *s.* Iomhaid, malairt.

INTERCHANGEABLE, *adj.* Co-iomlaideach, co-mhalairteach.

INTERCIPIENT, *adj.* Eadar-ghlacach.

INTERCISION, *s.* Bacadh, amladh.

INTERCLUDE, *v. n.* Dùin a mach.

INTERCLUSION, *s.* Dùnadh a mach.

INTERCOLUMNIATION, *s.* Eadar dhà charragh.

INTERCOSTAL, *adj.* Eadar dhà aisne.

INTERCOURSE, *s.* Co-chomunn.

INTERDICT, *v. a.* Toirmisg, seun, bac.

INTERDICTION, *s.* Bacadh, toirmeasg, grabadh, iomasgaradh.

INTERDICTORY, *adj.* Toirmeasgach.

INTEREST, *v.* Cuir fo chùram, cuir fo smuain ; gabh gnothach ri, gabh cùram do ; gluais, drùidh air ; tog dèidh.

INTEREST, *s.* Leas, math, buannachd, tairbhe, feum ; cumhachd, ùghdarras ; comh-roinn, comh-pàirt, lethphàirt ; ocar, riadh.

INTERFERE, *v. n.* Dean meachranachd.

INTERFERENCE, *s.* Eadraiginn.

INTERFULGENT, *adj.* Eadar-dhealrach.

INTERFUSED, *adj.* Eadar-thaomte.

INTERJACENT, *adj.* Eadar-laidheach.

INTERJECT, *v.* Dean eadraiginn.

INTERJECTION, *s.* Guth-fhacal.

INTERIM, *s.* An t-àm, 's an àm.

INTERJOIN, *v. a.* Eadar-dhlùthaich.

INTERIOR, *adj.* An leth stigh.

INTERKNOWLEDGE, *s.* Co-eòlas.

INTERLACE, *v. a.* Eadar-fhigh.

INTERLAPSE, *s.* Eadar-ùine.

INTERLARD, *v. a.* Measgaich le.

INTERLEAVE, *v. a.* Eadar-dhuilleagaich.

INTERLINE, *v. a.* Eadar-shreathaich.

INTERLINEATION, *s.* Eadar-shreathadh, eadar-sgrìobhadh.

INTERLOCATION, *s.* Eadar-shuidheachadh.

INTERLINK, *v. a.* Eadar-theinich.

INTERLOCUTION, *s.* Eadar-labhairt.

INTERLOCUTOR, *s.* Eadar-labhairtair

INTERLOCUTORY, *adj.* Conaltrach.

INTERLOPE, *v. n.* Eadar-leum.

INTERLOPER, *s.* Sgimilear.

INTERLUCENT, *adj.* Eadar-shoillseach.

INTERLUDE, *s.* Eadar-chluiche.

INTERLUNAR, *adj.* Eadar dhà sholus.

INTERMARRIAGE, *s.* Co-chleamhnas.

INTERMEDDLE, *v. n.* Dean meachranachd.

INTERMEDIAL, INTERMEDIATE, *adj.* Eadar-mheadhonach.

INTERMEDIUM, *s.* Eadar-uidhe.

INTERMENT, *s.* Tìodhlacadh, adhlacadh.

INTERMENTION, *v. a.* Eadar-ainmich.

INTERMIGRATION, *s.* Iomlaid àite.

INTERMINABLE, INTERMINATE, *adj.* Neo-chrìochnach, neo-iomallach, gun chrìoch.

INTERMINATION, *adj.* Bagradh.

INTERMINGLE, *v. a.* Coimeasgaich.

INTERMISSION, *s.* Stad, clos, tàmh ; eadar-ùine ; lasachadh, faothachadh.

INTERMISSIVE, INTERMITTENT, adj. Neo-bhitheanta, neo-ghnàthach.

INTERMIT, v. Sguir, stad, leig tàmh dha; faothaich, lasaich, clos ré ùine.

INTERMIX, v. Coimeasg.

INTERMIXTURE, s. Coimeasgadh.

INTERMUNDANE, adj. Eadar-dhà shaoghal.

INTERMURAL, adj. Eadar-dhà-bhalla.

INTERMUTUAL, adj. Eadar-mhalairteach, eadar-iomlaideach.

INTERNAL, adj. 'S an leth a' steach.

INTERNUNCIO, s. Eadar-theachdair.

INTERPELLATION, s. Bairlin, gairm.

INTERPOINT, v. a. Eadar-phoncaich.

INTERPOLATE, v. a. Eadar-sgriobh, spàrr an àite nach buin do.

INTERPOLATION, s. Eadar-sgrìobhadh, eadar-sparradh.

INTERPOLATOR, s. Fear-breugachaidh seagha le mi-sgrìobhadh.

INTERPOSAL, INTERPOSITION, s. Eadraiginn, teachd 's an rathad.

INTERPOSE, v. Eadar-chuir, eadarshuidhich; cuir grabadh air, amail; tairg cuideachadh; dean eadraiginn.

INTERPOSITION, s. Eadraiginn.

INTERPRET, v. a. Mìnich, soilleirich; eadar-theangaich.

INTERPRETABLE, adj. So-mhìneachadh, so-shoilleireachadh.

INTERPRETATION, s. Mìneachadh, soilleireachadh, eadar-theangachadh, brìgh, seadh.

INTERPRETER, s. Fear-mìneachaidh.

INTERREIGN, INTERREGNUM, s. Eadarriaghladh.

INTERROGATE, v. Ceasnaich, rannsaich, fidrich, cuir ceistean.

INTERROGATION, s. Ceasnachadh, rannsachadh, cur cheistean; ceist, faighneachd, comharradh-ceiste (?).

INTERROGATIVE, adj. Faighneachdach, ceisteach, ceasnachail.

INTERROGATIVE, s. Ceist-fhacal.

INTERROGATORY, s. Ceist, ceasnachadh, faighneachd.

INTERROGATORY, adj. Ceasnachail.

INTERRUPT, v. a. Cuir stad air, bac.

INTERRUPTED, adj. Bristeach, briste.

INTERRUPTION, s. Stad, briseadh, briseadh a steach, stad-chur; eadarchur, grabadh, bacadh; cnap-starraidh; stad, clos.

INTERSECT, v. a. Co-ghearr, gearr tarsainn; eadar-chuir, eadar-shuidhich.

INTERSECTION, s. Eadar-ghearradh.

INTERSPERSE, v. a. Eadar-sgap.

INTERSTICE, s. Eadar-fhosgladh.

INTERSTITIAL, adj. Eadar-fhosglach.

INTERTEXTURE, s. Eadar-fhighe.

INTERTWINE, v. a. Eadar-thoinn.

INTERVAL, s. Eadar-uidhe, eadarionad; eadar-ùine, eadar-àm; faothachadh.

INTERVENE, v. n. Thig eadar.

INTERVENIENT, adj. A thig eadar.

INTERVENTION, s. Eadar-thighinn.

INTERVERT, v. a. Cuir gu buil eile.

INTERVIEW, s. Co-shealladh.

INTERVOLVE, v. a. Eadar-fhill.

INTERWEAVE, v. a. Eadar-fhigh.

INTESTATE, adj. Gun tiomnadh.

INTESTINAL, adj. Caolanach.

INTESTINE, adj. 'S an leth a staigh; corporra.

INTESTINE, s. A' ghrealach.

INTHRAL, v. a. Cìosnaich cuir fo dhaorsa.

INTHRALMENT, s. Braighdeanas.

INTIMACY, s. Comunn, co-chomunn, dlù eòlas, companas, caidreamh.

INTIMATE, adj. Mion-eòlach, caidreach; dlù, fagus, teann air.

INTIMATE, s. Caraid, còmpanach.

INTIMATE, v. a. Innis, thoir sanas.

INTIMATION, s. Fios, rabhadh, sanas.

INTIMIDATE, v. a. Gealtaich, eagalaich.

INTO, prep. A staigh, a steach, gu; a stigh ann; a dh' ionnsaidh.

INTOLERABLE, adj. Do-ghiùlan, dona.

INTOLERANT, adj. Neo-fhulangach.

INTONATION, s. Torrunn, tairnthoirm.

INTOXICATE, v. a. Cuir air an daoraich, misgich.

INTOXICATED, adj. Air mhisg.

INTOXICATION, s. Misg, daorach.

INTRACTABLE, adj. Do-cheannsachadh, ceann-laidir, dùr.

INTRANSMUTABLE, adj. Do-mhùthadh, do-atharrachadh.

INTRAP, v. a. Cuir an sàs, glac, rib.

INTRENCH, v. Cladhaich, tochail, treachail; dìon le clais; bris a steach air.

INTRENCHMENT, s. Clais-dhaingneachd, dìdean threachailte.

INTREPID, adj. Gaisgeil, curanta.

INTREPIDITY, s. Curantachd.

INTRICACY, s. Aimhreit, deacaireachd.

INTRICATE, adj. Aimhreidh, deacair, ioma-cheisteach, ioma-lùbach.

INTRIGUE, s. Rùn-aimhleis, comhairle dhìomhair, cùis-leannanachd; innleachd meallaidh, feall, cuilbheart.

INTRIGUE, *v. n.* Meall, cleasaich, dean leannanachd dhìomhair.

INTRINSIC, INTRINSICAL, *adj.* Nàdurra, gnèitheil, ann féin, dlùdhaimheil.

INTRODUCE, *v. a.* Thoir 's an làthair, thoir am fianais, thoir am follais, thoir a staigh ; thoir air aghart.

INTRODUCTION, *s.* Treòrachadh, toirt an làthair, toirt am fianais ; roiràdh.

INTRODUCTIVE, *adj.* Treòrachail.

INTROMISSION, *s.* Meachranachd, buintinn ri cuid neach eile ; cur a steach.

INTROMIT, *v.* Cuir a stigh, leig a staigh ; buin ri cuid neach eile.

INTROSPECTION, *s.* Seulltainn a staigh.

INTROVENIENT, *adj.* A thig a steach.

INTRUDE, *v. n.* Fòirn, spàrr a staigh ; thig gun chuireadh ; bris a steach.

INTRUDER, *s.* Sgimilear, fear-fòirnidh.

INTRUSION, *s.* Sgimeilearachd, fòirneadh.

INTRUSIVE, *adj.* Leamh, beag-narach.

INTRUST, *v. a.* Earb ri, cuir earbs' ann.

INTUITION, *s.* Beachd-eòlas, grad-eòlas.

INTUITIVE, *adj.* So-thuigsinn ; geurthuigseach, grad-thuigseach.

INTWINE, *v. a.* Toinn, fill, figh, snìomh.

INUMBRATE, *v. a.* Sgàil, cuir sgàil air.

INUNCTION, *s.* Ungadh, ol'-ùngadh.

INUNDATE, *v.* Còmhdaich le uisge.

INUNDATION, *s.* Tuil-chòmhdach.

INURBANITY, *s.* Neo-shuairceas.

INURE, *v. a.* Ri, cuir an cleachdadh, cleachd.

INUREMENT, *s.* Cleachdadh.

INURN, *v. a.* Adhlaic, tìodhlaic, tòrr.

INUSTION, *s.* Losgadh, lasadh.

INUTILE, *adj.* Neo-fheumail, suarach.

INUTILITY, *s.* Neo-fheumalachd.

INUTTERABLE, *adj.* Do-labhairt.

INVADE, *v. a.* Thoir ionnsaidh air, bris a steach ; leum air, cas ri, buail air.

INVADER, *s.* Nàmhaid, fear brisidh a steach, fear-fòirnidh.

INVALESCENCE, *s.* Slainte, lùgh, neart.

INVALID, *adj.* Lag, anfhann, neothreòrach, fann.

INVALID, *s.* Neach tinn, euslainteach, neach gun cnlì.

INVALIDATE, *v. a.* Lagaich, dìobhalaich, anfhannaich.

INVALIDITY, *s.* Laigse, anfhannachd.

INVALUABLE, *adj.* Os ci ann luach.

INVARIABLE, *adj.* Neo-chaochlaideach.

INVARIABLENESS, *s.* Neo-chaochlaideachd, maireannachd, gnàthachas.

INVARIED, *adj.* Neo-atharraichte.

INVASION, *s.* Brlseadh a staigh, ionnsaidh naimhdeil.

INVASIVE, *adj.* Ainneartach.

INVECTIVE, *s.* Achmhasan, geur-achmhasan, cronachadh, beum.

INYECTIVE, *adj.* Beumnach, aoireil.

INVEIGH, *v. a.* Càin, faigh cron.

INVEIGLE, *v. a.* Meall, thoir a thaobh, mi-chomhairlich, rib.

INVEIGLER, *s.* Mealltair, mi-chomhairleach.

INVENT, *v. a.* Faigh ìnnleachd ùr, faigh a mach, tionnsgail ; fealltaich.

INVENTION, *s.* Ùr-innleachd, ùr-ghleus, breug-dhealbhadh.

INVENTIVE, *adj.* Innleachdach, ealanta, tùrail, tionnsgalach.

INVENTOR, *s.* Fear a dhealbhas innleachd ùr ; fear deanamh bhreug.

INVENTORY, *s.* Maoin-chunntas.

INVERSE, *adj.* Tarsainn, air chaochla dòigh.

INVERSION, *s.* Rian-atharrachadh.

INVERT, *v. a.* Cuir bun-os-ceann.

INVEST, *v. a.* Èid, sgeadaich, còmhdaich ; cuir an seilbh, cuir an dreuchd ; cuairtich, ioma-dhruid, séisd ; cuir umad.

INVESTIGABLE, *adj.* So-rannsachadh.

INVESTIGATE, *v. a.* Rannsaich.

INVESTIGATION, *s.* Rannsachadh.

INVESTITURE, *s.* Còir-sheilbhe.

INVESTMENT, *s.* Èideadh, earradh, aodach, culaidh, trusgan.

INVETERACY, *s.* Danarrachd, buantasuilc ; cian mhairsinn an olc.

INVETERATE, *adj.* Sean, buan ; danarra, dìorrasach, dùr, dian, cruadhaichte.

INVETERATION, *s.* Buanachadh, cruadhachadh.

INVIDIOUS, *adj.* Fuath-thogalach, farmadach, mì-runach, gamhlasach, naimhdeil.

INVIDIOUSNESS, *s.* Fuath-thogalachd.

INVIGORATE, *v. a.* Neartaich, beothaich, lùghaich, brosnaich.

INVIGORATION, *s.* Neartachadh.

INVINCIBLE, *adj.* Do-cheannsachadh.

INVIOLABLE, *adj.* Do-thruaillidh.

INVIOLATE, *adj.* Neo-chiùrrte, neothruaillte, neo-bhriste.

INVISIBILITY, *s.* Do-fhaicsinneachd.

INVISIBLE, *adj.* Do-fhaicsinneach.

INVITATION, *s.* Cuireadh, iarraidh.

INVITE, v. Iarr, gairm, thoir cuireadh; tàlaidh.

INVITER, s. Fear-cuiridh, fear-gairme.

INVITINGLY, adj. Gu tàlaidheach.

INVOCATE, v. a. Guidh, grias.

INVOCATION, s. Ùrnuigh, achanich.

INVOICE, s. Maoin-chlàr.

INVOLVE, v. a. Cuairtich iadh mu; seadhaich; co-aonaich, co-cheangail; rib; cuir troi-chéile, aimhreitich, cuir an ceann a chéile.

INVOLUNTARY, adj. Neo-thoileach.

INVOLUTION, s. Filleadh, cuairteachadh; cochull, cuairt-chòmhdach.

INVULNERABLE, adj. Do-leònadh.

INWARD, INWARDLY, adv. A steach; gu diamhair.

INWRAP, v. a. Fill, cuairtich, iomchòmhdaich; dorchaich, doilleirich.

INWREATHE, v. a. Stìom-chuairtich, coronaich.

IRASCIBLENESS, s. Lasantachd, feargachd, crosdachd.

IRASCIBLE, adj. Lasanta, feargach, crosda.

IRE, s. Fearg, corraich, fraoch, boile.

IREFUL, adj. Feargach, lasanta, crosda.

IRIS, s. Bogha-frois, bhogha-braoin; cearcall na sùl; seileastair.

IRKSOME, adj. Sgìth, buaireasach.

IRON, s. Iarunn; cuibhreach.

IRON, adj. Iaruinn, iarnach; cruaidh.

IRON, v. a. Iarnaich; dean mìn.

IRONICAL, adj. Magail, dà-sheadhach.

IRONMONGER, s. Ceannaiche-cruadhach.

IRONY, s. Sgeigearachd, fochaid.

IRRADIANCE, IRRADIANCY, s. Dealradh, dearsadh, soillse.

IRRADIATE, v. Dealraich, loinnrich; soillsich, soilleirich; sgiamhaich.

IRRADIATION, s. Dèarsadh, dealradh; soilleireachadh, soillseachadh.

IRRATIONAL, adj. Eu-céillidh.

IRRATIONALITY, s. Eu-céillidheachd.

IRRECLAIMABLE, adj. Do-leasachadh.

IRRECONCILEABLE, adj. Do-réiteachadh.

IRRECONCILED, adj. Neo-réitichte.

IRRECOVERABLE, adj. Caillte, dofhaotainn air ais; do-leasachadh.

IRREDUCIBLE, adi. Do-briseadh.

IRREFRAGABLE, adj. Do-àicheadh.

IRREFUTABLE, adj. Do-dhiùltadh.

IRREGULAR, adj. Mi-riaghailteach.

IRREGULARITY, s. Mi-riaghailt, easòrdugh; mi-dhòigh; mi-bheus.

IRRELATIVE, adj. Aonarach, leis féin.

IRRELEVANT, adj. Neo-fhreagarrach.

IRRELIEVABLE, adj. Do-fhuasgladh.

IRRELIGION, s. Aindiadhachd.

IRRELIGIOUS, adj. Aindiadhaidh.

IRREMEDIABLE, adj. Do-shlànachadh.

IRREMISSIBLE, adj. Do-mhathadh.

IRREMOVEABLE, adj. Do-ghluasad.

IRRENOWNED, adj. Neo-chliùiteach.

IRREPARABLE, adj. Do-leasachadh.

IRREPENTANCE, s. Neo-aithreachas.

IRREPREHENSIBLE, adj. Neo-choireach.

IRREPRESENTABLE, adj. Do-shamhlachadh.

IRREPRESSIBLE, adj. Do-cheannsachadh.

IRREPROACHABLE, adj. Neo-choireach, neo-chiontach.

IRREPROVEABLE, adj. Neo-chinteach.

IRRESISTIBLE, adj. Do-chur 'na aghaidh.

IRRESOLUTE, adj. Neo-bhunailteach.

IRRESOLUTION, s. Neo-sheasmhachd.

IRRETENTIVE, adj. Ao-dhìonach.

IRRETRIEVABLE, adj. Do-leasachadh.

IRREVERENCE, s. Neo-urram.

IRREVERENT, adj. Mi-mhodhail.

IRREVERSIBLE, adj. Do-atharrachadh.

IRREVOCABLE, adj. Do-aisig.

IRRIGATE, v. a. Uisgich, fliuch, bog.

IRRIGATION, s. Uisgeachadh, bogadh.

IRRISION, s. Gàireachdaich, fochaid.

IRRITABLE, adj. Dranndanach, crosda.

IRRITATE, v. a. Brosnaich, feargaich.

IRRITATION, s. Brosnachadh, frionas.

IRRUPTION, s. Briseadh a steach, ionnsaidh, ruathar.

IRRUPTIVE, adj. Brùchdach, ionnsaidheach, ruatharach.

IS, v. Is; it is, is e, no, thà e, is mì, is tu, &c. no, tha mì, tha thu, &c.

ISCHURY, s. Casg-uisge; galar-fuail.

ISINGLASS, s. Glaodh-éisg.

ISLAND, ISLE, s. Eilean, innis, I.

ISLANDER, s. Eileanach.

ISOLATED, adj. Air leth, aonarach.

ISSUE, s. Ruith, dòrtadh, sruthadh; buil, crìoch, toradh; silteach; gineal, sliochd, clann, sìol.

ISSUE, v. Thig a mach, bris a mach thig o, sruth o; cuir a mach.

ISSUELESS, adj. Gun sliochd, aimrid.

ISTHMUS, s. Doirlinn, tairbeart.

ITCH, s. Cloimh, sgrìobach, tachas; dian-iarrtas, miann, fìleadh.

ITCHY, adj. Claimheach, clamhach.

ITEM, s. Ni ùr; leth-shanas.

ITERABLE, adj. So-aithris.

ITERANT, adj. Aithriseach.

ITERATION, s. Ath-aithris.

ITERATIVE, adj. Ath-aithriseach.

ITINERANT, adj. Siùbhlach, turasach.

ITINERARY, *s.* Leabhar-siubhail.
ITSELF, *pron.* E-féin, no i-féin.
IVORY, *s.* Deud elephaint.
IVY, *s.* Iadh-shlat, eidheann.

J

J, *s.* Deicheamh litir na h-aibidil.
JABBER, *v. n.* Bi geolamach.
JABBERER, *s.* Geolamaiche.
JACENT, *adj.* Sìnteach, 'na shìneadh.
JACINTH, *s.* Clach-luachmhor.
JACK, *s.* Iain; greimiche-bhòt; geadas; lùireach-mhàilleach; sorchan tuirisg; bratach luinge.
JACKALENT, *s.* Blaghastair balaich.
JACKAL, *s.* Fear-solair an leòghainn.
JACKANAPES, *s.* Peasan, bùban.
JACKASS, *s.* Asail-fhireann.
JACKDAW, *s.* Cathag-fhireann.
JACKET, *s.* Peiteag mhuilichinneach.
JACOBIN, *s.* Manach glas.
JACOBINE, *s.* Calman cìreanach.
JACOBITE, *s.* Fear-leanmhainn teaghlach nan Stiùbhartach.
JACTITATION, *s.* Iom-luasgadh.
JACULATION, *s.* Tilgeadh, caithe.
JADE, *s.* Sean-each; caile.
JADE, *v. a.* Sgìthich, claoidh; maslaich, sàraich; géill, sìolaidh.
JADISH, *adj.* Gun chlì, neo-sheasmhach.
JAG, *v. a.* Eagaich, fiaclaich.
JAG, *s.* Eag, bearn, càb.
JAGGY, *adj.* Eagach, fiaclach, bèarnach, càbach.
JAIL, *s.* Prìosan, carcair, gainntir.
JAILER, *s.* Fear gleidhidh prìosain.
JALAP, *s.* Seòrsa purgaid.
JAM, *s.* Mìlsean-measa.
JAM, *v. a.* Teannaich, stailc, dinn.
JAMB, *s.* Ursann, taobh-thaic.
JANGLE, *v. n.* Dean gobaireachd, dean gleadhraich.
JANGLER, *s.* Fear-bruidhneach.
JANITOR, *s.* Dorsair.
JANTINESS, *s.* Iollagachd.
JANTY, JAUNTY, *adj.* Iollagach, sgeilmeil.
JANUARY, *s.* Ceud mhìos na bliadhna.
JAPAN, *s.* Obair lìomhaidh.
JAR, *v. n.* Gliong, buail, co-bhuail; cuir an aghaidh, dean aimhreit.

JAR, *s.* Gliongadh; mi-chòrdadh soitheach creadha.
JARGON, *s.* Brolaìch, goileam.
JASPER, *s.* Seòrsa cloiche, iaspar.
JAUNDICE, *s.* A' bhuidheach.
JAUNDICED, *adj.* Fo 'n bhuidhich.
JAUNT, *v. n.* Thoir sgrìob, rach air turas.
JAUNT, *s.* Cuairt, sgrìob, turas.
JAVELIN, *s.* Gath, leth-shleagh.
JAW, *s.* Giall, peirceall, carbad.
JAWED, *adj.* Giallach, peirceallach.
JAY, *s.* Pigheid, sgreuchan-coille.
JEALOUS, *adj.* Eudmhor.
JEALOUSY, *s.* Eud, eudmhorachd.
JEER, *v.* Mag, sgeig, fochaidich; dean magadh, dean fochaid.
JEHOVAH, *s.* Iehobhah; ainm Dhé 's a' chainnt Eabhraich.
JEJUNE, *adj.* Falamh, neo-tharbhach, faoin; neo-bhlasda.
JEJUNENESS, *s.* Falamhachd, fàsachd; tiormachd, neo-bhlasdachd.
JELLY, *s.* Slaman-milis.
JENNET, *s.* Each spàinteach.
JEOPARDY, *s.* Cunnart, gàbhadh.
JERK, *v. a.* Buail, grad bhuail, suas.
JERK, *s.* Grad bhuille, grad-thulgadh.
JERKIN, *s.* Peiteag; cota-gearr.
JESSAMINE, *s.* Lus curaìdh.
JEST, *s.* Àbhcaid, fala-dhà.
JESTER, *s.* Cleasaiche, amhlair.
JESUIT, *s.* Feall-chreideach.
JESUITICAL, *adj.* Fealltach.
JET, *s.* Clach-dhubh; steall, spùtan.
JET, *v n.* Grad shruth, steall.
JETTEE, *s.* Laimhrig.
JEW, *s.* Iùdhach.
JEWEL, *s.* Seud, leug, usgar, àilleagan.
JEWELLER, *s.* Seudair.
JEWESS, *s.* Ban-Iùdhach.
JEW'S HARP, *s.* Tromp.
JIFFY, *s.* Tiota, priobadh nan sùl.
JIG, *s.* Port-cruinn; damhsa-cruinn.
JILT, *s.* Ban-mhealltair.
JINGLE, *s.* Gliong, gliongan.
JOB, *s.* Gnothach, car-oibre.
JOB, *v.* Sàth, gon; reic a's ceannaich.
JOBBER, *s.* Fear-mhion-ghnothach.
JOCKEY, *s.* Dròbhair each; mealltair.
JOCKEY, *v. a.* Thoir an car á, meall.
JOCOSE, JOCULAR, *adj.* Àbhcaideach, beadarrach, mear, macnusach, aighearach, mireagach.
JOCOSENESS, JOCOSITY, JOCULARITY, *s.* Abhcaideachd, beadarrachd, cleasantachd, macnusachd, aighearachd, mireagachd.
JOCUND, *adj.* Mear, aighearach, cridheil.

JOCUNDITY, *s.* Aighearachd, cridhealas.

JOG, JOGGLE, *v.* Put, purr, crath; dean bogadaich, crath-ghluais; mallimich.

JOGGER, *s.* Slaodaire, leisgean.

JOIN, *v.* Ceangail, dlùthaich, caignich, cuir r'a chéile; aonaich.

JOINER, *s.* Saor.

JOINT, *s.* Alt; teumadh.

JOINT, *adj.* Coitcheann; co-shealbhach, co-oibreachail, co-phàirteach.

JOINT, *v. a.* Altaich; aonaich, cuir r'a chéile; gearr 'na altaibh.

JOINTED, *adj.* Altach, lùdnanach.

JOINTER, *s.* Locair-dhlùthaidh.

JOINTLY, *adv.* Cuideachd, le chéile.

JOINTURE, *s.* Tighinn a steach bliadhnach-banntraich.

JOIST, *s.* Sail, spàrr.

JOKE, *s.* Àbhcaid, fala-dhà.

JOKING, *s.* Fala-dhà, àbhcaid.

JOLE, *s.* Ceann-aghaidh; ceann éisg.

JOLLITY, *s.* Subhachas, cridhealas, aighear; fleadhachas; maise, àileachd.

JOLLY, *adj.* Aotrom, aigeannach, cridheil,subhach,aoibhneach; beothail, mear, fleadhach, àit; reamhar, sultmhor,fallain; maiseach, dreachmhor.

JOLT, *v.* Crath, crith, luaisg.

JOLT, *s.* Crathadh, crith, luasgadh.

JONQUILLE, *s.* Lŭs-a'-chrom-chinn.

JORDEN, *s.* Poit-leapa, poit-fhuail.

JOSTLE, *v. a.* Put, utagaich, tulg.

JOT, JOTA, *s.* Ponc, dad, tiodal.

JOVIAL, *adj.* Fonnmhor, aighearach, àit, suilbhearra, subhach.

JOVIALNESS, JOVIALITY, *s.* Fonnmhorachd, àiteas, suilbhearrachd.

JOURNAL, *s.* Cunntas-lathail, leabharlatha, paipeir-naigheachd.

JOURNALIST, *s.* Fear cunntais-lathail.

JOURNEY, *s.* Turas, cuairt, astar.

JOURNEYMAN, *s.* Fear-cèirde air thuarasdal.

JOUST, *s.* Còmhrag, falagha.

JOY, *s.* Aoibhneas, gàirdeachas, àiteas, aighear; subhachas, sòlas.

JOY, *v.* Dean àit, guidh math le; dean aoibhneach, sòlasaich; bi àit, dean gàirdeachas, bi aoibhneach.

JOYFUL, *adj.* Aoibhneach, àit, subhach.

JOYFUL, *adj.* Làn-éibhneis, subhach.

JOYFULNESS, *s.* Aoibhneas, sonas, subhachas, àiteas.

JOYFULLY, *adv.* Gu h-éibhinn, àit.

JOYLESS, *adj.* Neo-aoibhneach, neoshòlasach, dubhach, trom.

JUBILANT, *adj.* Buaidh-ghaireach.

JUBILEE, *s.* Gàirdeachas, fleadhachas, àrd-fhéill; bliadhna shaorsa.

JOCUNDITY, *s.* Taitneachd, taitneas.

JUDAICAL, *adj.* Iùdhach.

JUDAISM, *s.* Creideamh nan Iùdhach.

JUDGE, *s.* Breitheamh.

JUDGE, *v. a.* Thoir breth, thoir a mach binn; meas, thoir barail air; breithnich, feuch, rannsaich cùis.

JUDGMENT, *s.* Breitheanas; breth, barail, tuisge, breithneachadh, ciall, geur-bheachd; binn, dìteadh; làtha a' bhreitheanais.

JUDICATORY, *s.* Mòd laghail.

JUDICATORY, *adj.* Breth-thabhairteach.

JUDICATURE, *s.* Riaghladh-ceartais.

JUDICIAL, JUDICIARY, *adj.* Laghail, a réir ceartais; peanasach, dìoghaltach.

JUDICIOUS, *adj.* Tuigseach, crìonna, glic, ciallach, seòlta, geur-chùiseach.

JUDICIOUSLY, *adv.* Gu tuigseach.

JUG, *s.* Soitheach-dibhe, noigean creadha.

JUGGLE, *v. a.* Dean cleasachd; meall.

JUGGLE, *s.* Cleasachd, foill.

JUGGLER, *s.* Cleasaiche; mealltair.

JUGULAR, *adj.* Sgòrnanach.

JUICE, *s.* Sùgh, brìgh, blagh.

JUICELESS, *adj.* Neo-bhrioghmhor, blian.

JUICINESS, *s.* Brìoghmhorachd.

JUICY, *adj.* Sùghmhòr, brìoghmhor.

JULAP, *s.* Uisg millis.

JULY, *s.* An seachd-mhìos, mìos deireannach an-t-sàmhraidh.

JUMBLE, *v. a.* Cuir troi' chéile, comeasgaich, crath an eeann a' chéile.

JUMBLE, *s.* Coimeasgadh, dreamsgal.

JUMP, *v. a.* Leum, gearr sùrdag.

JUMP, *s.* Leum, sùrdag.

JUNCATE, *s.* Ceapaire-càise.

JUNCOUS, *adj.* Riasgach.

JUNCTION, *s.* Ceangal, co-aonadh.

JUNE, *s.* An òg mhìos, mìos meadhoin an t-Sàmhraidh.

JUNIOR, *adj.* A's òige, ìochdrach.

JUNIPER, *s.* Aitean, aiteal.

JUNK, *s.* Long Innseanach; seanna càball.

JUNKET, *v. n.* Gabh cuirm fhalaich.

JUNTA, JUNTO, *s.* Comhairle, comhairle-riaghlaidh, flath-chomhairle.

JURATORY, *adj.* Mionnachail.

JURIDICAL, *adj.* Lagh-ghnàthach.

JURISCONSULT, *s.* Comhairleach lagha.

JURISDICTION, s. Uachdranachd laghail.

JURISPRUDENCE, s. Eòlas lagha.

JURIST, s. Fear-lagha, fear-breithe.

JUROR, JURYMAN, s. Fear-sgoltadh breith.

JURY, s. Luchd-sgoltadh breith.

JURYMAST, s. Crann-éigin.

JUST, adj. Ceart, dìreach, fìrinneach, ionraic, tréidhireach ; dligheach ; cothromach, iomlan.

JUSTICE, s. Ceartas, còir, cothrom.

JUSTICESHIP, s. Dreuchd fir-ceartais.

JUSTICIARY, s. Fear-ceartais.

JUSTIFIABLE, adj. So-thagradh.

JUSTIFIABLENESS, s. So-thagraidheachd.

JUSTIFICATION, s. Fìreanachadh.

JUSTIFICATOR, s. Fear-saoraidh.

JUSTIFY, v. a. Fìreanaich, saor ; dìon.

JUSTLE, v. Put, purr, utagaich.

JUSTLY, s. Gu h-ionraic gu ceart.

JUSTNESS, s. Ceartas, ceartachd.

JUT, v. n. Seas a mach, tulg a mach.

JUTTY, v. a. Sìn a mach, cuir am fad.

JUVENILE, adj. Leanabaidh, òg, ògail.

JUVENILITY, s. Ògalachd.

JUXTAPOSITION, s. Fagusachd

K

K, s An t-aon litir deug do'n aibidil.

KAIL, s. Càl.

KALENDAR, s. Mìosachan, féillire.

KALI, s. Feamainn.

KAM, adj. Fiar, crom, cam, claon.

KAW, v. n. Ròc, dean ròcail.

KAW, s. Ròc fithich no feanaig.

KAYLE, s. Cluich-nan-naodh-toll.

KECK, v. a. Dìobhair, sgreamhaich.

KECKLE, v. a. Suain càball.

KECKSY, s. An gunn'-uisge, iteodha.

KEDGER, s. Acair bheag, gramaiche.

KEEL, s. Druim-iochdair luinge, no bàta.

KEELFAT, s. Dabhach-fhuarachaidh.

KEELHALE, v. a. Leth-bhàth.

KEEN, adj. Geur, faobharach ; sgaiteach, coimheach, nimheil ; dian, togarrach, dùrachdach ; bur.

KEENNESS, s. Géire ; fuachd ; beurachd, dèrachd, eudmhorachd ; deine.

KEEP, v. a. Cùm, gléidh ; coimhid dìon, teasraig ; bac, cuir stad air cùm air ais ; cùm suas, beathaich ; ceil, cùm ort ; mair ; buanaich, rach air t' aghaidh.

KEEP, s. Daingneach.

KEEPER, s. Fear-gleidhidh, fearcoimhid.

KEEPING, s. Cùram, cùram-gleidhidh, aire ; coimhid, dìon, gleidheadh.

KEEPSAKE, s. Cuimhneachan.

KEG, s. Buideal beag, gingean, gòthan

KELL, s. An sgairt, brat a' mhionaich.

KELP, s. Celp, luath feamnach.

KELSON, KEELSON, s. Druim-uachdair luinge no bàta.

KEN, v. a. Aithnich, an céin.

KEN, s. Sealladh, fad fradhairc ; aithne.

KENNEL, s. Taigh-chon ; saobhaidh guitear, clais-shalachair.

KEPT, pret. and part. pass. of to keep. Gléidhte, cùmta.

KERCHIEF, s. Breid an càradh crannaig, beannag.

KERN, s. Bràdh, saighdear, coise.

KERN, v. Cruadhaich ; meallanaich.

KERNEL, s. Eitein, biadh cnuthan.

KERNELLY, adj. Eiteineach ; fàireagach.

KERSEY, s. Garbh-Chlò.

KESTREL, s. Coilleach, seabhaic.

KETCH, s. Sgùda, long throm.

KETTLE, s. Coire, goileire.

KETTLEDRUM, s. Gall-druma.

KEY, s. Iuchair ; mìneachadh ; fonn, séis ; laimhrig, seòlait.

KEYAGE, s. Cìs-laimhrig.

KEYHOLE, s. Toll-iuchrach.

KEYSTONE, s. Clach-ghlasaidh.

KIBE, s. Cùsp, peisg, gàg.

KICK, v. a. Breab, buail le d' chois.

KICK, s. Breab, buile coise.

KICKSHAW, s. Annas, faoineas.

KID, s. Meann, cualag fhraoich.

KIDNAP, v. a. Goid clann no daoine.

KIDNAPPER, s. Mèirleach cloinne.

KIDNEY-BEAN, s. Am pònar-àirneach.

KIDNEYS, s. Àirnean.

KILDERKIN, s. Leth-bharaille.

KILL, v. a. Marbh, cuir gu bàs.

KILLER, s. Marbhaiche, fear-casgairt.

KILLOW, s. Dubh-smùir ; sùthaidh.

KILN, s. Àth, àtha.

KIMBO, adj. Fiar, cuagach, cam.

KIN, s. Cinneadh, fine, dàimh, càirdeas.

KIND, adj. Còir, caoimhneil, mathasach ; bàigheil, carthannach, fialaidh.

KIND, s. Gnè, gineal ; modh, seòl.

K'NDLE, v. Làs ; beothaich, cuir chuige ; brosnaich, cuir air boile ; gabh teine, gabh.

KINDLER, s. Brathadair, fear-lasaidh; fear-brosnachaidh, buaireadair.
KINDLINESS, s. Deagh-ghean, earthannas, tlùs, còiread.
KINDLY, adj. Bàigheil, caoimhneil.
KINDNESS, s. Caomhalachd, seirc.
KINDRED, s. Càirdeas, dàimh; cleamhnas; càirdean, cinneadh, luchddàimh.
KINDRED, adj. Aon-ghnèitheach coghnèitheach; dàimheil, càirdeach.
KINE, s. Crodh, spréidh, feudail, buar.
KING, s. Rìgh.
KINGCRAFT, s. Eòlas-riaghlaidh.
KINGDOM, s. Rìoghachd, dùthaich.
KINGFISHER, s. An gobha-uisge, an cruiteun.
KINGLY, adj. Rìoghail, flathail, mòrdha.
KINGSEYIL, s. Tinneas an rìgh, an easba-bhràghaid.
KINGSHIP, s. Rìoghalachd.
KINSFOLK, s. Luchd-dàimh, càirdean.
KINSMAN, s. Fear-dàimh, caraide.
KINSWOMAN, s. Bean-dàimhe, banacharaid.
KIPPER, s. Bradan tiormaichte.
KIRK, s. Eaglais, eaglais na h-Albann.
KIRTLE, s. Fallainn, aodach-uachdair.
KISS, v. a. Pòg, thoir pòg.
KISS, s. Pòg.
KIT, s. Miosair dhùinte; fiodhall bheag.
KITCHEN, s. Taigh-còcaireachd; seomar-deasaichidh; annlann.
KITCHEN-GARDEN, s. Gàradh-càil.
KITCHEN-MAID, s. Banna-chòcair.
KITE, s. Clamhan, clamhan-gòbhlach; ball-cluich' àraidh.
KITTEN, s. Piseag; v. n. Beir piseagan.
KNACK, s. Làmhchaireachd, ealantachd.
KNAG, s. Snuaim, cnag; meur a' choin.
KNAGGY, adj. Snaimeach, plucanach.
KNAP, s. Meall, flùth, maol, àird.
KNAP, v. Sgath dheth, sgud, criom; sgailc, buail.
KNAPSACK, s. Abarsgaic, crapsaic.
KNARE, KNUR, KNURLE, s. Cruaidh-shnaim; gath.
KNAVE, s. Slaightear, mealltair.
KNAVERY, s. Slaightearachd, fealltachd.
KNAVISH, adj. Cluainteach, mealltach, foilleil, fealltach.
KNAVISHNESS, s. Cluaintearachd.
KNEAD, v. a. Taoisinn, aoibrich, fuin.
KNEADING-TROUGH, s. Losaid, amarfuine, clàr-fuine.
KNEE, s. Glùn, lùgh.

KNEEDEEP, adj. Gu ruig na glùinean.
KNEEPAN, s. Falaman a' ghlùin.
KNEEL, v. n. Strìochd, lùb do ghlùn.
KNELL, s. Beum-cluig, clag-bàis.
KNEW, pret. of to know. Dh' aithnich.
KNIFE, s. Sgian, corc; cuinnsear.
KNIGHT, s. Ridire (etymol. Rightìre.)
KNIGHT, v. a. Ridirich, dean 'na ridire.
KNIGHTHOOD, s. Ridireachd.
KNIGHTLY, adj. Ridireach.
KNIT, v. a. Figh; ceangail, dlùthaich.
KNITTER, s. Figheadair.
KNOB, s. Cnap, cnag, snaim.
KNOBBED, KNOBBY, adj. Cnapach, gathach, cairgeach, snaimeach.
KNOCK, s. Buille, sgailc, cnap.
KNOCK, v. Buail; cnap, sgailc; spad, buail sìos; buail aig dorus.
KNOCKER, s. Bàs-ri-crann; glagandoruis.
KNOLL, v. Beum mar chlag, séirm.
KNOLL, s. Tolm, tolman, tom, toman, dùn.
KNOT, s. Snaim; ceangal, bann, cobhann; comunn, buidheann; bagaid.
KNOT, v. Snaim; aimhreitich; aonaich, dlùthaich.
KNOTGRASS, s. A ghlùineach-dhearg.
KNOTTED, KNOTTY, adj. Snaimeach.
KNOW, v. Aithnich, fiosraich; ionnsaich; comharraich; tuig; bi eòlach.
KNOWING, adj. Eòlach, ealanta, seòlta, fiosrach, gleusta; glic, oileanta.
KNOWINGLY, adv. Gu h-eòlach.
KNOWLEDGE, s. Eòlas; aithne, tuigse, fios, fiosrachd; fòghlum, ionnsachadh, soilleireachd, fiosrachadh, tùr. .
KNUCKLE. s. Rùdan, alt.
KNUCKLE, v. n. Strìochd, géill.
KNUCKLED, adj. Rùdanach, altach.
KNUCKLES, s. Uilt nam meur.
KNUFF, s. Slaodaire.
KORAN, s. Bìoball Mhahomet.

L

L, s. An dara litir deug de'n aibidil.
LA! interj. Feuch! seall! faic!
LABEL, s. Comharradh sgrìobhte.
LABIAL, adj. Bil-fhuaimneach.
LABORANT, s. Feallsanach-brìghe.
LABORATORY, s. Bùth dhrogaichean.
LABORIOUS, adj. Saoithreachail, gnìomhach, dìchiollach; doirbh, deacair, sgìth.

LABOUR, *s.* Saothair ; saothair-chloinne ; obair.

LABOUR, *v.* Saothraich, oibrich, dean dìchioll, gabh saothair ri ; dean spàirn ; bi 'n teanntachd, bi 'n teinn ; bi 'n saothair-chloinne.

LABOURER, *s.* Fear-oibre, oibriche.

LABYRINTH, *s.* Cuairt aimhreidh, iomachuairt.

LABURNUM, *s.* Bealaidh Fràngach.

LACE, *s.* Sreang, stìom, stiall, iall ; balt air fhighe.

LACE, *v. a.* Ceangail, sreangaich, iall-aich ; rìomhaich, grinnich.

LACERATE, *v. a.* Reub, srac, sgoilt.

LACERATION, *s.* Reubadh, sracadh.

LACERATIVE, *adj.* Sracach, reub-ach.

LACHRYMAL, *adj.* Deurach, deurach-ail.

LACHRYMARY, *adj.* Deurach.

LACHRYMATION, *s.* Gul, caoidh, sil-eadh dheur.

LACK, *v.* Bi am feum ; bi dh' eas-bhuidh, bi 'n uireasbhuidh.

LACK, *s.* Uireasbhuidh, easbhuidh, dìth, gainne, ainnis, aimbeart.

LACKADAY ! *interj.* O ! mis' an diugh !

LACKBRAIN, *s.* Baoghaire, ùmaidh.

LACKER, *s.* Sùgh lìomhaidh.

LACKER, *v. a.* Cuir sùgh-lìomhaidh air.

LACKEY, *s.* Gille coise.

LACKEY, *v. a.* Fritheil, feith.

LACKLUSTRE, *adj.* Neo-dhealrach.

LACONIC, *adj.* Gearr, aithghearr, gearr-chainnteach, gearr-bhriath-rach.

LACONISM, *s.* Gearr-chainnteachd.

LACTAGE, *s.* Toradh bainne.

LACTARY, *s.* Taigh-baine ; *adj.* Bainn-each.

LACTATION, *s.* Deoghal, cìoch-thabh-airt.

LACTEAL, *s.* Cuisle-goile.

LACTEOUS, LATEAL, *adj.* Bainn-each.

LACTESCENT, LATIFIC, *adj.* Bainn-each.

LAD, *s.* Òganach, òigear, balachan ; gille.

LADDER, *s.* Fàradh, dreimire.

LADE, *v. a.* Luchdaich, lìon ; tilg a mach, taom, falmhaich ; tarruinn uisge.

LADING, *s.* Luchd, làn.

LADLE, *s.* Liagh, ladar, lodar.

LADY-BIRD, LADY-COW, *s.* An daolag dhearg bhreac.

LADY-DAY, *s.* Latha Muire naoimh.

LADY-LIKE, *s.* Bainndidh, màlda, miùinte, suairce, sgiamhach.

LADYSHIP, *s.* Baintighearnas.

LAG, *adj.* Deirennach, athaiseach ; màirnealach, leisg, trom, mall ; air deireadh.

LAG, *v. n.* Dean màirneal, tuit air deireadh, mall-ghluais, fiurich air deireadh.

LAIC, LAICAL, *adj.* Pobullach, nach buin do 'n chléir.

LAID, *pret. part.* of *to lay.* Càirichte, socraichte, suidhichte.

LAIN, *pret. part.* of *to lie.* Air laidhe.

LAIR, *s.* Saobhaidh, brocluinn.

LAIRD, *s.* Tighearna, uachdaran.

LAITY, *s.* Am pobull ; an sluagh air leth o'n chléir, am mall-shluagh.

LAKE, *s.* Loch-uisge ; dath dù-dhearg.

LAMB, *s.* Uan, uainean.

LAMBENT, *adj.* Cluicheach, mireag-ach.

LAMBKIN, *s.* Uanan, uanachan.

LAME, *adj.* Bacach, crùbach.

LAME, *v. a.* Dean bacach, dean crùb-ach.

LAMENESS, *s.* Bacaiche, crùbaiche.

LAMENT, *v.* Caoidh, guil, dean bròn ; dean tuireadh, bi brònach, bi dubh-ach.

LAMENT, *s.* Cumha, caoidh, tuir-eadh.

LAMENTABLE, *adj.* Tùrsach, brònach, airsnealach, muladach, dubhach.

LAMENTATION, *s.* Tuireadh, cumha.

LAMINA, *s.* Sgrath thana, rùsg tana.

LAMINATED, *adj.* Sgrathach, leacach.

LAMMAS, *s.* Lùnasdal, liùnasd-fhéill.

LAMP, *s.* Lòchran, crùisgean.

LAMP-BLACK, *s.* Dubhadh sùthaidh.

LAMPOON, *s.* Aoir, aoireadh.

LAMPOON, *v. a.* Aoir, càin, màb.

LAMPOONER, *s.* Aoireadair, éisg.

LAMPREY, *s.* Seòrsa easgainn.

LANARIOUS, *adj.* Clòimheach.

LANCE, *s.* Sleagh, lann, gath, pìc.

LANCE, *v. a.* Gon, bruidich ; leig fuil.

LANCER, *s.* Saighdear sleagha.

LANCET, *s.* Sgian-fhala, cuisleag.

LANCITATE, *v. a.* Srac, sgoilt, sgàin.

LANCITATION, *s.* Sracadh, reubadh.

LAND, *s.* Tìr, dùthaich, fearann ; talamh, talamh tioram ; oighreachd.

LAND, *v.* Cuir air tìr, rach air tìr.

LANDED, *adj.* Fearannach.

LAND FORCES, *s.* Feachd-tìre.

LANDHOLDER, *s.* Fear-fearainn.

LANDING, *s.* Ceann staighreach; laimhrig.

LANDLADY, s. Ban-uachdaran; bean-an-taighe.

LANDLOCKED, adj. Tìr-dhruidte.

LANDLORD, s. Uachdaran; fear-an-taighe.

LANDMARK, s. Comharradh-crìche.

LANDSCAPE, s. Dealbh tìre, aghaidh, dùthcha.

LANDWAITER, s. Maor-cuspuinn.

LANDWARD, adv. Gu tìr.

LANE, s. Caol-sràid, frìth-rathad.

LANGUAGE, s. Cainnt, cànan.

LANGUID, adj. Lag, fann, anfhann; marbhanta, trom, neo-shunntach.

LANGUIDNESS, s. Marbhantachd, laige.

LANGUISH, v. n. Fannaich, fàs lag, searg ás, caith ás, crìon.

LANGUISHMENT, s. Lagachadh, fann-achadh, crìonadh, seargadh ás, sìol-adh seachad; tlàth-shealladh.

LANGUOR, s. Laigse, sgìos, anfhann-achd.

LANK, adj. Seang, neo-chullach, bochd.

LANKNESS, s. Seangachd, neo-lànachd.

LANSQUENET, s. Saighdear-coise; cluiche àraidh chairtean.

LANTERN, s. Trillsean; lanntair.

LAP, s. Uchd; glùn.

LAP, v. Fill nu'n cuairt.

LAPDOG, s. Measan, crann-chù.

LAPIDARY, s. Leug-ghearradair.

LAPPER, s. Filleadair, fear-pasgaidh.

LAPPET, s. Beannag-chinn, filleag.

LAPSE, s. Aomadh, tuiteam, slaodadh, réidh-shruth; tapag, mearachd.

LAPSE, v. a. Sleamhnaich, tuit; fàil-nich, rach am mearachd; tuislich; cùl-shleamhnaich, tuit o'n chreid-eamh.

LAPWING, s. An t-adharcan-luachrach.

LARBOARD, s. Taobh clì luinge.

LARCENY, s. Braide, mion-mhèirle.

LARCH, s. Guibhas-learaig.

LARD, s. Muc-bhlonag, saill.

LARD, v. a. Lìon le saill; reamhraich.

LARDER, s. Taigh-bìdh.

LARDON, s. Staoig muic-fheola.

LARGE, adj. Mòr, tomadach; farsuinn.

LARGENESS, s. Meudachd, leud; far-suinneachd.

LARGESS, s. Tìodhlac, saor-thabhartas.

LARK, s. Uiseag, riabhag.

LARUM, s. Clag caismeachd, maoim.

LARYNX, s. Bràigh an sgòrnain.

LASCIVIOUS, adj. Macnusach, drùiseil.

LASCIVIOUSNESS, s. Drùisealachd.

LASH, s. Iall-sgiùrsair; buille.

LASH, v. a. Sgiùrs, buail le slait; aoir, ceangail.

ss, s. Nighean, cailin, òg-bhean,

ainnir, finne, gruagach, cruinneag, òigh, maighdean.

LASSITUDE, s. Sgìos, airtneul, laigse.

LAST, adj. Deireannach, air deireadh.

LAST, adv. Mu dheireadh; Anns an àite mu dheireadh.

LAST, v. a. Mair, buanaich, seas, fan.

LAST, s. Ceap bhròg.

LASTAGE, s. Cuspunn faraidh.

LASTING, adj. Maireannach, buan.

LATCH, s. Dealan-doruis, claimhean.

LATCHET, s. Barr-iall, iall-bròige.

LATE, adj. Anmoch, fadalach, màirn-ealach; deireannach; nach maireann.

LATE, adv. Mu dheireadh, gu h-an-moch.

LATELY, LATTERLY, adv. O cheann ghoirid.

LATENESS, s. Anmoichead.

LATENT, adj. Falaichte, dìomhair.

LATERAL, adj. Leth-taobhach.

LATH, s. Lathus, spealt.

LATHE, s. Beairt-thuairnearachd.

LATHÉR, v. Dean cop, tog cobhar.

LATHER, s. Cop, cobhar-shiabuinn.

LATIN, s. Laideann, laidionn.

LATINIZE, v. a. Tionndaidh gu laid-eann.

LATISH, adj. Leth-anmoch.

LATITUDE, s. Leud, farsuinneachd, meudachd, sgaoilteachd, fuasgail-teachd.

LATITUDINARIAN, s. Saobh-chreid-each, baoth-chreideach.

LATRATION, s. Comhartaich, tathunn.

LATRIA, s. An t-àrd-aoradh.

LATTEN, s. Umha, iaran-geal.

LATTER, adj. Deireannach.

LATTICE, s. Cliath-uinneag.

LAUD, s. Cliù, moladh, àrd-mholadh.

LAUD, v. a. Cliùthaich, àrd-mhol.

LAUDABLE, adj. Ion-mholta, cliùi-teach.

LAUDANUM, s. Deoch-chadail.

LAUDATION, s. Àrd-chliù.

LAUDATORY, adj. Moltach, cliùteach.

LAUGH, v. Dean gàire; dean fochaid.

LAUGHABLE, adj. Neònach, a thogas gàire.

LAUGHING-STOCK, s. Cullaidh-mhag-aidh.

LAUGHTER, s. Gàireachdaich, fearas-chuideachd, àit-iolach.

LAUNCH, v. Cuir air snàmh; leud-aich; gabh farsuinneachd; grad thòisich air; gabh gu fairge.

LAUNDRESS, s. Bean-nighe.

LAUNDRY, s. Taigh-nighe.

LAUREATE, s. Am Bàrd rìoghail.

LAUREL, s. Craobh laibhreis.

LAVE, v. Nigh, ionnlaid, fairic, failc.
LAVENDER, s. Lŭs-na-tùise.
LAVER, s. Saitheach-nighe; saigheach-ionnlaid.
LAVISH, adj. Struidheil, stròdhail, barr-sgaoilteach; neo-stéidhichte.
LAVISH, v. a. Struidh, barr-sgaoil, sgap, dean ana-caitheamh.
LAVOLT, or LAVOLTA, s. Damhsa-mear.
LAW, s. Lagh, reachd, riaghailt; stàtunn, òrdugh; bunait, stéidh.
LAWFUL, adj. Laghail, ceadaichte.
LAWFULNESS, s. Laghalachd, ceartas.
LAWGIVER, s. Lagh-thabhairtair.
LAWLESS, adj. Neo-laghail, mi-laghail, an-dligheach, ana-ceart.
LAWN, s. Réidhlean, achadh, faiche eadar-dà-choill; anart grinn.
LAWSUIT, s. Cùis-lagha.
LAWYER, s. Fear-lagha.
LAX, adj. Fuasgailte, saor; fuasgail-teach, neo-cheangailte, neo-theann; neo-dhiongmhalta, neo-eagnaidh; lasach, neo-dhaingeann; fuasgailte 'sa' chorp.
LAX, s. A' ghearrach, seòrs' éisg.
LAXATION, s. Lasachadh, fuasgladh.
LAXATIVE, adj. Fuasgailteach, purg-aideach; sgaoilteach.
LAXITY, LAXNESS, s. Sgaoilteachd, neo-theanntachd, fuasgailteachd; fosgailteachd.
LAY, pret. of to lie. Laidh.
LAY, v. Càirich, cuir; suidich; leag sìos, buail sìos; sgaoil air; ciùinich, sìthich, cuir gu fois; cuir geall; taisg.
LAY, s. Òran, duanag, luinneag, fonn.
LAY, adj. Nach buin do'n chléir.
LAYER, s. Sreath, breath; faillean, mean-glan; cearc-ghuir.
LAYMAN, s. Fear nach buin do'n chléir.
LAZAR, s. Fear fo eucail ghràineil, lobhar.
LAZARHOUSE, LAZARETTO, s. Taigh leighis nam mùireach, taigh nan lobhar.
LAZINESS, s. Leisg, lunndaireachd, màirnealachd, dìomhanas.
LAZY, adj. Leisg, lunndach, dìomh-ain; màirnealach, mall.
LEA, LEE, s. Achadh, cluan, raon, faiche, glas-talamh, fiadhair.
LEAD, s. Luaidhe.
LEAD, v. Treòraich, stiùr.
LEADEN, adj. Luaidheach; trom, neo-ghluasadach, marbhanta; dùr.

LEADER, s. Fear-treòrachaidh; ceann-feadhna; fear-ceann-sreatha.
LEADING, part. Prìomh, àrd, ceud.
LEADING, s. Treòrachadh, stiùradh.
LEAF, s. Duilleag, duille.
LEAFLESS, adj. Gun duilleach, lom.
LEAFY, adj. Duilleagach, fo bhlàth.
LEAGUE, s. Co-cheangal, comh-phàirt; fad thrì mile.
LEAGUE, v. n. Dean co-cheangal, aon-aich.
LEAK, v. a. Leig uisg' a mach, no steach; bi ao-dionach, sil, snith.
LEAKAGE, s. Dioll calldach ao-dìona.
LEAKY, adj. Ao-dionach; bruidh-neach, fosgailte, luath-bheulach.
LEAN, v. n. Leag do thaic ri, leig do chudthrom air; aom; crom thu féin.
LEAN, adj. Bochd, tana, caol, gun fheòil; neo-shultmhor, tioram, neo-bhrìoghail.
LEAN, s. Blìonach, feòil gun saill.
LEANNESS, s. Caoile, tainead; tiormad.
LEAP, v. Leum; thoir leum.
LEAP, s. Leum, cruinn-leum; briosg-adh.
LEAPYEAR, s. Bliadhna-léim.
LEARN, v. n. Fòghlum, ionnsaich.
LEARNED, adj. Fòghlumte, ionns-aichte; eòlach, fiosrach; leabhrach.
LEARNER, s. Fòghlumaiche, sgoilear.
LEARNING, s. Fòghlum, ionnsachadh.
LEASE, s. Gabhail, suidheachadh.
LEASE, v. n. Dìoghluim, tionail suas.
LEASH, s. Iall, bann, ceanglàchan.
LEASING, s. Breugan, mealltaireachd.
LEAST, adj. A's lugha, a's bige, a's crine.
AT LEAST, adv. Air a' chuid a's lugha, co-dhiù.
LEATHER, s. Leathar, seiche cairtidh.
LEATHERN, adj. Leathair, mar leathar.
LEAVE, s. Cead; comas.
LEAVE, v. Fàg, tréig, cùlaich.
LEAVEN, s. Taois; v. a. Taoisinn.
LEAVES, s. the plur. of leaf. Duill-each, duilleagan.
LEAVINGS, s. Fuighleach, fuigheall.
LECHER, s. Fear-siùrsachd.
LECHEROUS, adj. Drùiseil, collaidh.
LECHERY, s. Drùisealachd.
LECTION, s. Leughadh.
LECTURE, s. Seanachas mìneachaidh; achmhasan, cronachadh, trod.
LECTURE, v. n. Mìnich, cronaich teagaisg am follais.
LECTURER, s. Fear-teagaisg.
LED, pret. part. of to lead. Treòr-aichte.

LEDGE, *s.* Stìm-oire, oir.
LEDGER, *s.* Leabhar cunntais.
LEE, *s.* Làib; taobh an fhasgadh.
LEECH, *s.* Deal, seil-uisge.
LEEK, *s.* Creamh-gàraidh.
LEER, *s.* Caog-shealladh, fiar-shealladh.
LEER, *v. n.* Amhairc siar, dean caog-shùil.
LEES, *s.* Laìb, dràib, druaip.
LEET, *s.* Mòd ceartais uachdarain.
LEEWARD, *adj.* Air fasgadh.
LEFT, *pret. part.* of *to leave.* Fàgte, tréigte, cùlaichte.
LEFT-HANDED, *adj.* Clìth-lamhach, cearr-lamhach, ciotach.
LEG, *s.* Lurga, cǎs, calpa.
LEGACY, *s.* Dìleab.
LEGAL, *adj.* Laghail, ceadaichte, dligheach.
LEGALITY, LEGALNESS, *s.* Dligheach-as, dligheachd.
LEGALIZE, *v. a.* Dean laghail, dean ceadaichte.
LEGATE, *s.* Teachdaire Pàp na Ròimhe.
LEGATEE, *s.* Fear dìlib, dìleabach.
LEGATION, *s.* Teachdaireachd.
LEGATOR, *s.* Fear-tiomnaidh.
LEGEND, *s.* Seanachas, faoinsgeul, sgeulachd; seann sgrìobhadh.
LEGENDARY, *adj.* Seann-sgeulach.
LEGERDEMAIN, *s.* Lù-chleasachd, claon-char.
LEGGED, *adj.* Cǎsach, spògach.
LEGIBILITY, *s.* Soilleireachd.
LEGIBLE, *adj.* So-leughadh, soilleir.
LEGION, *s.* Feachd Ròmhanach mu chùig mìle fear.
LEGISLATE, *v. a.* Dean lagh, thoir reachd.
LEGISLATION, *s.* Lagh-thabhartas.
LEGISLATIVE, *adj.* Lagh-thabhairt-each.
LEGISLATOR, *s.* Lagh-thabhartair.
LEGISLATURE, *s.* Lagh-chumhachd.
LEGITIMACY, *s.* Dligheachd-breithe, fior-ghlaine.
LEGITIMATE, *adj.* Neo-dhìolain, dligh-each.
LEGITIMATION, *s.* Dlighe-thabhairt.
LEGUME, LEGUMEN, *s.* Sìol cochullach, fròs, fras, peasair, pònair.
LEGUMINOUS, *adj.* Cochullach mar pheasair no mar phònair.
LEISURABLE, *adj.* Athaiseach, socrach.
LEISURE, *s.* Athais, socair, fois.
LEISURELY, *adj.* Athaiseach, mall.
LEMAN, *s.* Leannan.
LEMON, *s.* Seòrsa meas, liomaid.
LEND, *v. a.* Thoir an iasad, thoir an coingheall.

LENDER, *s.* Conghalaich, iasadaiche.
LENGTH, *s.* Fad, feadh, sìneadh, astar.
LENGTHEN, *v.* Cuir am fad, dean ni's faide, sìn, sìn a mach.
LENGTHWISE, *adv.* Air fhad.
LENIENT, *adj.* Ciùin, caoin, maoth, tlàth, tairis, fuasgailteach.
LENIENT, *s.* Iocshlaint-thaiseachaidh.
LENIFY, *v. n.* Ciùinich, taisich, maothaich.
LENITIVE, *adj.* Ciùineachail, maoth-achail.
LENITIVE, *s.* Leigheas-maothachaidh.
LENITY, *s.* Bàigh, iochd, tròcair, ciùine, caomhalachd, caoimhneas.
LENS, *s.* Seòrsa do ghlain-amhairc.
LENT, *s.* An carghus, àm trasgaidh.
LENTIL, *s.* Peasair-nan-luch.
LENTITUDE, *s.* Slaodaireachd, leisg.
LENTOR, *s.* Rìghneachd; màirneal-achd.
LENTOUS, *adj.* Righinn, rag, slamach.
LEOFARD, *s.* An liopard.
LEPER, *s.* Lobhar, mùireach.
LEPEROUS, LEPROUS, *s.* Lobharach, luibhreach, mùireach.
LEPOREAN, LEPORINE, *adj.* Maigh-eachail.
LEPROSY, *s.* A' mhuir, an luibhre.
LESS, LESSER, *adv.* Ni's lugha, ni's bige.
LESSEE, *s.* Fear-gabhalach, tuathan-ach.
LESSEN, *v.* Lughdaich, cuir an lughad; ìslich; fàs ni's lugha.
LESSON, *s.* Earann-leughaidh, leasan, ionnsachadh, teagasg; trod, ach-mhasan.
LESSOR, *s.* Fear-suidheachaidh fear-ainn, &c.
LEST, *conj.* Mu, mu 'n, air eagal gu.
LET, *v. a.* Leig, ceadaich; suidhich, thoir air ghabhail.
LET, *s.* Bacadh, stad, grabadh, maille.
LETHAL, *adj.* Bàsmhor, fuilteach, millteach.
LETHARGIC, *adj.* Marbhanta, cadal-ach, airsnealach, trom.
LETHARGY, *s.* An suain-ghalar.
LETHE, *s.* Deoch dhì-chuimhne.
LETHIFEROUS, *adj.* Bàsmhor, marbh-tach.
LETTER, *s.* Litir, fear-ceadachaidh.
LETTERS, *s.* Fòghlum, ionnsachadh.
LEVEE, *s.* Ceathairne duine mhòir.
LEVEL, *adj.* Còmhnard, réidh.
LEVEL, *v.* Dean còmhnard, dean réidh - leag sìos, leag gu làr; dean co-inbheach; gabh cùimse; thoir ionn-saidh.

Level, *s.* Còmhnard, réidh-ionad; co-àirde, co-chuimse, co-inbheachd.

Leveller, *s.* Fear-islichidh.

Levelness, *s.* Còmhnardachd.

Lever, *s.* Geimhleag, inneal-togail.

Leveret, *s.* Cuilein maighich.

Leviable, *adj.* So-thogail mar chìs.

Leviathan, *s.* An cinionnan-crò.

Levigate, *v. a.* Lìomh ; mìn-mheil, mìn-phronn ; suath.

Levigation, *s.* Lìomhadh, meileadh, suathadh.

Levite, *s.* Lebhitheach, neach do threubh Lebhi, sagart.

Levitical, *s.* Lebhitheach, sagartach.

Levity, *s.* Aotruime, aotromachd; gòraiche, gogaideachd ; dìomhanas, amaideachd ; neo-stòldachd.

Levy, *v. a.* Tog daoine, dean suas feachd.

Levy, *s.* Togail ; feachd, armailt, cruinneachadh, buidheann.

Lewd, *adj.* Olc, aingidh, mi-bheusach; ana-miannach, drùiseil, draosda, collaidh.

Lewdness, *s.* Mì-nàire, mi-stuamachd; aingidheachd ; anamiann, draosdachd.

Lexicographer, *s.* Fear-dèanamh facalair, facalairiche.

Lexicography, *s.* Facladaireachd.

Lexicon, *s.* Facalair, leabhar-fhacal.

Liable, *adj.* Buailteach, buailteach do.

Liar, *s.* Breugadair, breugaire.

Libation, *s.* Ìobairt-fhiona.

Libel, *s.* Aoir, aoireadh ; casaid-sgrìobhte, cùis-chasaid, cùis-dhìtidh.

Libel, *v. a.* Aoir ; càin ; maslaich.

Libeller, *s.* Aoireadair, fear-càinidh.

Libellous, *adj.* Tàir-chainnteach, maslachail, tuaileasach.

Liberal, *adj.* Fiùghantach, uasal, flathail, fial, fialaidh ; tabhairteach, toirbheartach, pailt-lamhach, faoil-idh.

Liberality, *s.* Fialaidheachd, tabhairteachd, toirbheartachd, aoidh-eachd, aoidhealachd.

Liberate, *v. a.* Cuir fa sgaoil, saor.

Liberation, *s.* Cur fa sgaoil, fuas-gladh.

Liberator, *s.* Fear-fuasglaidh.

Libertine, *s.* Duine gun smachd, fear-aimhreit ; ana-creideach, fear neo-mheasarra ; saoranach.

Libertine, *adj.* Ana-creideach.

Libertinism, *s.* Ain-diadhachd.

Liberty, *s.* Saorsa; cead, sochair, dlighe.

Libidinous, *adj.* Connanach, ana-miannach, neo-gheamnaidh, coll-aidh, drùiseil.

Librarian, *s.* Fear-gleidhidh leabhraichean, fear-leabhar-lann.

Library, *s.* Leabhar-lann, seòmar leabhraichean.

Libration, *s.* Co-chothromachadh.

Lice, *s.* the *plural* of *louse.* Mialan.

Licence, *s.* Ro-shaorsa; cead reic comas.

License, *v. a.* Ceadaich, thoir cead reic laghail seachad.

Licentiate, *s.* Fear-barantais.

Licentious, *adj.* Mi-bheusach.

Licentiousness, *s.* Mi-bheus.

Lichen, *s.* Crotal, griaman.

Licit, *adj.* Laghail, dligheach.

Lick, *v. a.* Ìmlich.

Lick, *s.* Buille, cnap, dòrn.

Lickerish, *adj.* Sòghmhor, geòcach.

Licorice, *s.* Maide-milis, cara-meala.

Lictor, *s.* Maor Ròimheach.

Lid, *s.* Brod ; fabhradh, rosg.

Lie, *s.* Breug, spleagh.

Lie, *v. n.* Innis breug, dean breug ; laidh ; caidil.

Liege, *s.* Tighearna, uachdaran.

Liege, *adj.* Uachdranach.

Lieu, *s.* Àite, ionad, riochd.

Lieve, *adv.* Gu toileach, gu deònach.

Lieutenancy, *s.* Fo-uachdranachd.

Lieutenant, *s.* Fo-uachdaran.

Life, *s.* Beatha, deò ; caithe-beatha ; beothalachd, meanmnachd.

Lifeguard, *s.* Freiceadan diona rìgh.

Lifeless, *adj.* Marbh, gun deò ; marbhanta ; neo-bheothail, neo-shunntach, tròm.

Lifetime, *s.* Aimsir, ùine, làithean.

Lift, *v. a.* Tog ; àrdaich, cuir suas.

Lift, *s.* Togail ; eallach.

Lifter, *s.* Fear-togalach ; gadaiche, mèirleach.

Ligament, *s.* Ceanglachan, ceangal.

Ligature, *s.* Bann-cheangail.

Light, *s.* Solus ; soillse ; eòlas, soill-eireachd, fòghlum ; lòchrann.

Light, *adj.* Aotrom, eutrom; lùghor; suarach, beag ; neo-shuidhichte, gòr-ach, guanach, gogaideach ; soilleir, soillseach.

Light, *v.* Las, soillsich, beothaich; thoir solus do ; tuit air, amais air ; teirinn, thig a nuas.

Lighten, *v.* Dealraich, dèars, boillsg, soillsich, soilleirich ; aotromaich.

Lighter, *s.* Bàta-luchda.

Lightfingered, *adj.* Bradach.

Lighterman, *s.* Sgiobair bàta-luchda.

LIGHTHEADED, *adj.* Gŏg-cheannach; sgaogach, aotrom, air mhearancéille.

LIGHTHEARTED, *adj.* Sunntach,aighearach, suigeartach, cridheil.

LIGHTHOUSE, *s.* Taigh-soluis.

LIGHTNESS, *s.* Aotromachd,aotruime; luaineachas, guaineas.

LIGHTNITG, *s.* Dealanach,tein'-adhair.

LIGHTSOME, *adj.* Soilleir, soillseach, dealrach ; sunntach, aighearach, cridheil.

LIGNEOUS, *adj.* Fiodhach, marfhiodh.

LIKE, *adj.* Coltach ; ionann.

LIKE,*s.* Mac-samhail, samhail, samhla.

LIKE, *adv.* Ionann agus, amhail, mar; coltach.

LIKELIHOOD, *s.* Coltas, cosmhalachd.

LIKELY, *adj.* Coltach ; dreachmhor.

LIKEN, *v. a.* Samhlaich, coimeas.

LIKENESS, *s.* Samhla, coltas, cosamhlachd ; dealbh ; mac-samhail.

LIKEWISE, *adv.* Mar an ceudna, fòs.

LILY, *s.* Lili, lilidh.

LILYLIVERED, *adj.* Cladhaireach, gealtach.

LIMATURE,*s.* Duslach-eadha.

LIMB, *s.* Ball, ball-cuirp.

LIMBER, *adj.* So-lùbadh, maoth.

LIMBERNESS, *s.* So-lùbaidheachd, maothachd.

LIMBO, *s.* Gainntir ; ifrinn.

LIME, *s.* Aol ; *v. a.* Aol, aolaich.

LIMEKILN, *s.* Àth-aoil.

LIMIT, *s.* Crìoch, iomall, ceanncrìche.

LIMIT, *v.a.* Cuir crìoch ri, cuir crìoch mu, suidhich crìochan.

LIMITARY, *adj.* Iomallach.

LIMITATION, *s.* Crìoch-chur, bacadh ùine shuidhichte, iomal.

LIMN, *v. a.* Tarruinn dealbh.

LIMNER, *s.* Fear-tarruinn dhealbh.

LIMP, *v. n.* Bi bacach, bi crùbach.

LIMP, *s.* Crùbaiche, bacaiche.

LIMPET, *s.* Bàirneach.

LIMPID, *adj.* Troi-shoilleir, glan.

LIMPIDNESS, *s.* Troi-shoilleireachd.

LIMY, *adj.* Aolach.

LINCHPIN, *s.* Tarunn-aisil.

LINDEN, *s.* Teile, crann-teile.

LINE, *s.* Sgrìob, fad, sìneadh ; sreang ; driamlach ; sreath-sgrìobhaidh ; crios-meadhoin aŋ t-saoghail;sliochd, sìol, gineal ; deicheamh-earrann na h-oirlich.

LINE, *v. a.* Lìnig, cluthaich.

LINEAGE, *s.* Linn, sliochd, iarmad, clann, cinneadh, fine, sìol, teaghlach, gineal.

LINEAL, *adj.* Sìnte, sreathach, tarruinnte;direach,dligheach,dùthchasach.

LINEAMENT, *s.* Cruth, dreach, dualachas, comharradh-gnùise.

LINEATION, *s.* Stiall, sgrìob, sgriach.

LINEN, *s.* Anart, lion-aodach.

LINEN, *adj.* Anartach, mar anart.

LINEN-DRAPER, *s.* Ceannaich'-anairt.

LING, *s.* Fraoch; langa.

LINGER, *v. n.* Bi fad' am péin, bi fo chràdh-thinneas; bi an iom-chomhairle ; cuir dàil ann, dean dàil, bi fada ri, gabh ùine.

LINGERER, *s.* Slaodaire, màirnealaich, leisgean, lunndaire.

LINGO, *s.* Cànan, cainnt.

LINGUACIOUS, *adj.* Bruidhneach, cainnteach, gobach, geŏpach.

LINGUIST, *s.* Cànanaich, teangair.

LINIMENT, *s.* Cungaidh-leighis,sàbh.

LINING, *s.* Lìnig, lìnigeadh.

LINK, *s.* Tinne, dùl; leus, dòrnais.

LINK, *v.* Co-cheangail, tàth, figh 's a chéile ; co-dhlùthaich, aon; cuir am bannaibh ; bi'n dlùthachd.

LINNET, *s.* Am breacan-beithe.

LINSEED, *s.* Frŏs-lìn, fras-lìn.

LINSEY-WOOLSEY,*s.* Drògaid.

LINSTOCK, *s.* Bior-fadaidh-cluaise.

LINT, *s.* Lìon ; caiteas.

LINTEL, *s.* Ard-dorus, for-dhorus.

LION, *s.* Leòghann ; erroneously written, " Leomhann" and " leobhan."

LIONESS, *s.* Ban-leòghann.

LIP, *s.* Bile, lip, oir.

LIPOTHYMY, *s.* Paisean, breisleach, neul.

LIPPED,*adj.* Bileach, busach; oireach.

LIPPITUDE, *s.* Prabaiche, brach-shuileachd.

LIQUABLE, *adj.* So-leaghadh.

LIQUATION,*s.* Leaghadh.

LIQUATE, *v. n.* Leagh, fàs tana.

LIQUEFACTION, *s.* Leaghadh.

LIQUEFIABLE, *adj.* So-leaghadh.

LIQUEFY, *v. a.* Leagh, fàs tana.

LIQUESCENT, *adj.* Leaghtach.

LIQUID, *adj.* Tana ; bog, soilleir; mìn.

LIQUID, *s.* Uisge, ni tana sam bith.

LIQUIDATE, *v. a.* Glan air falbh, lùghdaich, fiachan.

LIQUIDITY, *s.* Tainead, leaghtachd, uisgealachd.

LIQUOR, *s.* Deoch làidir.

LISP, *v. n.* Dean liotaiche ; bi liotach, bi manntach.

LIST, *s.* Clàr-ainm, ainm-chlàr, togradh, miann, toil ; stiall, stìom.

List, *v.* Tog, cuir an àireamh; gabh mar shaighdear; éisd, thoir an aire do; dean far-chluais.

Listed, *adj.* Stiallach, grianach.

Listen, *v. n.* Eisd; dean far-chluais.

Listless, *adj.* Coma; neó-chùramach, neo-mhothachail, gun aire.

Listlessness, *s.* Cion-umhaill, coéiseachd, neo-mhothachalachd, neochùram.

Lit, *pret.* of *to light.* Las, bheothaich, shoillsich.

Litany, *s.* An Leadan, fiurm ùrnaigh.

Literal, *adj.* Litireil, litireach.

Literary, *adj.* Ionnsaichte, fòghluimte, grinn fhòghluimte.

Literati, *s.* Luchd-fòghluim.

Literature, *s.* Ionnsachadh, fòghlum.

Lithography, *s.* Leac-sgrìobhadh.

Lithotomist, *s.* Léigh fuail-chloich.

Litigant, *s.* Lagh-thagradair.

Litigant, *adj.* Lagh-thagartach.

Litigate, *v. a.* Agair lagh air.

Litigation, *s.* Tagairt-lagha.

Litigious, *adj.* Connspaideach.

Litigiousness, *s.* Tagluinneachd.

Litter, *s.* Crò-leabaidh; connlach; cuain, lir; treamsgal.

Litter, *v. a.* Beir, beir àl; sgap mu'n cuairt.

Little, *adj.* Beag, bìdeach; crìon, meanbh, suarach.

Little, *s.* Beagan, rud-beag.

Littleness, *s.* Bige, lughad, crìonad; mìotharachd, suarachas.

Littoral, *adj.* Cladachail.

Liturgy, *s.* Ùrnaigh choitcheann.

Live, *v. n.* Bi beò; thig beò; mair beò.

Live, *adj.* Beò; beothail, beathail.

Livelihood, *s.* Teachd-an-tìr, lòn.

Liveliness, *s.* Beothalachd, sunntachd.

Livelong, *adj.* Fadalach, buan, sgìth.

Lively, *adj.* Sunntach, beothail; meanmnach, aighearach, mear.

Liver, *s.* Atha, sgòchraich, grùthan.

Liver-colour, *adj.* Dù-dhearg.

Livery, *s.* Éideadh-suaicheantais seirbheisich.

Liveryman, *s.* Gille-suaicheantais.

Livid, *adj.* Dù-ghorm.

Lividity, *s.* Dù-ghuirme.

Living, *part. adj.* Beò, beothail.

Living, *s.* Teachd-an-tìr, beathachadh.

Lixivial, *adj.* Saillt, salannach.

Lixiviate, *adj.* Saillteach, salannach.

Lixivium, *s.* Uisge làn salainn.

Lizard, *s.* Arc-luachrach.

Lo! *interj.* Faic! feuch! seall! amhairc!

Load, *s.* Luchd, eallach, éire, cudthrom; trom, truime, uallach.

Load, *v. a.* Luchdaich, eallaich, lìon, cuimrigich, cuir fo éire; cuir urchair an gunna; tromaich.

Loadstone, *s.* Clach-iùil.

Loaf, *s.* Builionn, muilion.

Loam, *s.* Trom-thalamh.

Loamy, *adj.* Laomaidh.

Loan, *s.* Iasad, iasachd, coingheall.

Loath, *adj.* Aindeonach, neo-thoileach.

Loathe, *v. a.* Fuathaich, sgreataich roimh; gabh gràin.

Loathful, *adj.* Fuathmhor, deisinneach.

Loathing, *s.* Gràin, fuath, sgreat.

Loathsome, *adj.* Gràineil, sgreataidh.

Loathsomeness, *s.* Sgreamhalachd.

Lob, *s.* Slaodaire, liobasdair, buimilear.

Lobby, *s.* Foir-sheòmar.

Lobe, *s.* Duilleag an sgamhain, earrann.

Lobster, *s.* Giomach.

Local, *adj.* Dùthchail, ionadail.

Locality, *s.* Àite, còmhnaidh.

Location, *s.* Suidheachadh ann.

Lock, *s.* Glas; gleus gunna; bachlag, dual, ciabhag.

Lock, *v.* Glais; druid, dùin; bi dùinte, bi glaiste.

Locker, *s.* Àite-gleidhidh, àite-glaiste.

Locket, *s.* Glasag-mhuineil.

Lockram, *s.* Anart-asgairt.

Locomotion, *s.* Gluasad, siubhal.

Locomotive, *adj.* Gluasadach, siùbhlach.

Locust, *s.* Locust.

Lodge, *v.* Cuir an ionad còmhnaidh; suidhich, socraich, càirich; gabh còmhnaidh.

Lodge, *s.* Taigh-geata, taigh-fasgaidh.

Lodgement, *s.* Cruinneachadh, dòmhlachadh; seilbh-ghlacaidh, toirt a mach daingnich.

Lodger, *s.* Fear-fàrdaich, aoidh.

Lodging, *s.* Fàrdoch, còmhnaidh dìon, fasgadh.

Loft, *s.* Ùrlar, ùrlar-déile, lobhta.

Loftiness, *s.* Àirde, àrd-smuainteachd; mòr-chuis, àrdan, féinbheachd.

Lofty, *adj.* Àrd, mòr, uasal; allail, òirdheirc; mòr-chuiseach, àrdanach, féin-bheachdail, uaibhreach.

Log, s. Sgonn, òrda fiodha; tomhas Eabhruidheach.

Loggerhead, s. Gurraiceach, amhlair, baothaire, ùmaidh.

Logic, s. Ealain reusonachaidh.

Logical, adj. Dian-chiallach.

Logician, s. Fear dian-reusonachaidh.

Logwood, s. Fiodh an datha.

Loin, s. Leasraidh, am blian.

Loiter, v. a. Dean màirneal, bi dìomhanach, bi ri steòcaireachd.

Loiterer, s. Steòcaire, leisgean, lunndaire, slaodaire.

Loll, v. Dean leth-laidhe ri, leag do thaic air.

Lone, adj. Aonarach; leis féin.

Loneliness, Loneness, s. Aonaranachd; dìomhaireachd, uaigneachd.

Lonely, Lonesome, adj. Aonarach, aonaranach; dìomhair, uaigneach.

Long, adj. Fada, buan, maireannach.

Long, v. n. Miannaich, bi miannach, biodh a mhiann ort, gabh fadal.

Long-boat, s. Bàta-mòr luinge.

Longevity, s. Fad-shaoghalachd.

Longimanous, adj. Fad-làmhach.

Longing, s. Miann, togradh, geall, déidh, dian-thogradh.

Longitude, s. Fad; iar-astar; earastar.

Longitudinal, adj. Air fhad.

Longsome, adj. Fadalach; sgìtheil.

Longsuffering, adj. Fad-fhulangach.

Longsuffering, s. Fad-fhulangas.

Longways, adj. Air fhad.

Longwinded, adj. Fad-anaileach; sgìth.

Looby, s. Burraidh, blaghastair.

Loof, Luff, v. a. Teann ri soirbheas, thoir a dh' ionnsaidh na gaoithe; fan ri gaoith; cùm ri fuaradh.

Look, v. Sir, iarr, rannsaich; dearc, seall air, amhairc, beachdaich; feuch, mion-rannsaich.

Look! interj. Seall! faic! feuch!

Look, s. Snuadh, dreach, aogas, sealladh, tuar, fiamh, neul; faicinn, amharc.

Looking-glass, s. Sgàthan.

Loom, s. Beart, beart-fhigheadair.

Loon, s. Slaoightear, crochaire.

Loop, s. Lùb, eag-shùl, eag-amhairc.

Loophole, s. Toll, fosgladh; dorusteichidh, cuilbheart, car.

Loopholed, adj. Sùileach, tolltach, lùbach.

Loose. v. Fuasgail, lasaich; cuir mu sgaoil, leig fa sgaoil; thoir cead; cuir saor; leig às.

Loosen, v. Lasaich, fuasgail; thoir às a chéile; bi sgaoilteach.

Looseness, s. Fuasgailteachd, neodhaingneachd; macnus; mi-riaghailteachd, buaireasachd; fuasgladh cuirp, a' ghearrach.

Lop, v. a. Gèarr, bèarr, sgud, sgath.

Loppings, s. Barrach, sgathach.

Loquacious, adj. Bruidhneach, abartach, beul-fhuasgailte, gòbach.

Loquacity, s. Abarachd, gòbaireachd.

Lord, s. Tighearna, uachdaran, triath, morair.

Lord, v. n. Dean morair dheth; bi aintighearnail, bi stràiceil; dean cruaidh riaghladh.

Lording, Lordling, s. Tighearna beag.

Lordliness, s. Flathaileachd, mòrachd, urram, àrd-inbhe; stràic, stràicealachd, mòr-chuis.

Lordship, s. Tighearnas, moraireachd.

Lore, s. Fòghlum, oilean, teagasg.

Lorimer, Loriner, s. Fear deanamh shrian, srianadair.

Lorn, adj. Tréigte, caillte, aonaranach.

Lose, v. Caill; leig á fradharc.

Loseable, adj. So-chall.

Loser, s. Fear-calldaich, am fear a chaill.

Loss, s. Call; teagamh.

Lost, pret. of to lose. Caillte.

Lot, s. Crannchur; roinn, earrann.

Lotion, s. Cungaidh-nighe.

Lottery, s. Crannchur, tuiteamas.

Loud, adj. Ard-fhuaimneach, tartarach, labhar; farumach.

Loudness, s. Labhrachd, toirm, farum.

Lounge, v. n. Bi dìomhain, bi lunndach.

Lounger, s. Lunndaire, fear-dìomhain.

Louse, s. Miol, mial.

Lousewort, s. An lùs-riabhach.

Lousiness, s. Mialachas, mosaiche.

Lousy, adj. Mialach, làn mhial.

Lout, s. Burraidh, sgonn balaich.

Loutish, adj. Ludaireach, balachail.

Lovage, s. Lùs-an-liùgaire.

Love, v. a. Gràdhaich, thoir gaol, thoir gràdh; gabh tlachd.

Love, s. Gaol, gràdh, déidh; miann, suiridhe; càirdeas, deagh-rùn; gràidhean, gràidheag; mo ghràdh, mo ghaol, mo rùn.

Loveknot, s. Bad-leannanachd.

Loveletter, s. Litir-leannanachd.

Loveliness, s. Ionmhuinneachd.

Lovelorn, adj. Tréigte, cùlaichte.

LOVELY, *adj.* Caomh, àillidh, maiseil.
LOVER, *s.* Fear-gaoil, leannan.
LOVESICK, *adj.* Tinn le gaol, an gaol.
LOVESONG, *s.* Òran-gaoil.
LOVESUIT, *s.* Suiridhe.
LOVETALE, *s.* Sgeula-gaoil.
LOVING, *part. adj.* Gràdhach, caoimhneil, caomh ; gràdh-bhriathrach.
LOVINGKINDNESS, *s.* Caoimhneas-gràidh.
LOVINGNESS, *s.* Caomhalachd, gràdhalachd, caoimhneas.
LOW, *adj.* Iosal ; domhain ; neofhuaimneach, neo-labhar ; muladach, . trom-inntinneach, tùrsach ; mosach, mìothar ; neo-allail, bochd.
LOW, *v. n.* Dean géimnich, dean langanaich.
LOWER, *v.* Islich, thoir sìos, ceannsaich ; lùghdaich luach ; sìolaidh sìos.
LOWER, *s.* Gruaim, mùig.
LOWERMOST, *adj.* Iochdrach, a's ìsle.
LOWLAND, *s.* Fonn còmhnard, machair.
LOWLINESS, *s.* Irioslachd, macantas, suairceas ; mìotharachd, tàirealachd.
LOWLY, *adj.* Iriosal, macanta, stuama, ciùin, soitheamh ; an-uasal, mìothar, suarach ; neo-allail, ìosal.
LOWNESS, *s.* Isleachd, suarachas, neo-inbheachd ; ùmhlachd ; trom-inntinn, mulad.
LOWSPIRITED, *adj.* Trom-inntinneach, dubhach, muladach.
LOYAL, *adj.* Rìoghail, dìleas ; tairis, fìrinneach, tréidhireach.
LOYALIST, *s.* Fear-dìleas do'n rìgh.
LOYALTY, *s.* Dìlseachd, tréidhireas.
LUBBER, LUBBARD, *s.* Rag-bhalach, steòcaire, slaodaire, gurraiceach, boganach, claghaire.
LUBBERLY, *adj.* Slaodach, bog, gealtach, claghaireach.
LUBRIC, LUBRICOUS, *adj.* Sleamhain, neo-sheasmhach.
LUBRICATE, *v. a.* Lìomh, dean sleamhainn, fàg sleamhainn.
LUBRICITY, *s.* Sleamhnachd, slìomachd, macnus, macnusachd.
LUCE, *s.* Geadas, gead-iasg.
LUCENT, *adj.* Lìomhaidh, lainnearach.
LUCERNE, *s.* Seòrsa feòir.
LUCID, *adj.* Lainnearach, deàrsach, dealrach ; soilleir, glan, troi-shoilleir, trìd-shoilleir.
LUCIDITY, *s.* Lainnearachd, dearsachd.
LUCIFER, *s.* An diabhol ; reull na maidne.
LUCIFEROUS, LUCIFIC, *adj.* Soillseach, soilleir, soills-thabhartach.

LUCK, *s.* Tuiteamas, tachartas, dàn, tapadh, càs ; crannchur.
LUCKLESS, *adj.* Mi-shealbhach, mishona.
LUCKY, *adj.* Sealbhach, sona.
LUCRATIVE, *adj.* Buannachdail, airgeadach, tarbhach.
LUCRE, *s.* Buannachd, cosnadh.
LUCTATION, *s.* Strì, spàirn, deuchainn.
LUCUBRATE, *v. n.* Dean faire, oibrich 's an oidhche, no, le solus coinnle.
LUCUBRATION, *s.* Saothair oidhche, sgrìobhadh le solus coinnle.
LUDICROUS, *adj.* Àbhachdach.
LUDIFICATION, *s.* Magadh, fanaid.
LUFF, *v. n.* Cùm ris a' ghaoith.
LUG, *v. a.* Slaoid, spìon leat.
LUG, *s.* An lugas, am biathain-tràghad.
LUGGAGE, *s.* Goireas-turais ; trealaich.
LUKEWARM, *adj.* Meagh-bhlàth.
LUKEWARMNESS, *s.* Meagh-bhlàths.
LULL, *v. a.* Cuir gu cadal, cuir sàmhach.
LULLABY, *s.* Òran fulasgaidh, crònan.
LUMBAGO, *s.* An leum-droma.
LUMBER, *s.* Trealaich, sean-àirneis.
LUMBER, *v.* Dòmhlaich, gluais trom.
LUMINARY, *s.* Solus ; fear-eòlais, fear soillseachaidh ; fear-naidheachd.
LUMINOUS, *adj.* Soillseach, dealrach ; soilleir, glan ; dearsach, boillsgeach.
LUMP, *s.* Meall, sgonn, an t-iomlan.
LUMPING, LUMPISH, *adj.* Trom, marbhanta, leasg, tomadach.
LUMPISHLY, *adv.* Gu tròm, gu marbhanta.
LUMPY, *adj.* Meallanach, cnapanach.
LUNACY, *s.* Cuthach-na-gealaich, mearan-céille.
LUNAR, LUNARY, *adj.* Gealachail.
LUNATED, *adj.* Leth-chruinn.
LUNATIC, *s.* Fear-cuthaich, fearmearain, fear-aotromais.
LUNATION, *s.* Cuairt na gealaich.
LUNCH, LUNCHEON, *s.* Biadh meadhoin latha.
LUNETTE, *s.* Leth-ghealach, solus-ùr.
LUNGS, *s.* Sgamhan.
LUNGWORT, *s.* Crotal-coille.
LURCH, *s.* Teinn, teanndachd, drip.
LURCH, *v.* Thoir an car á, dean frithghoid, siolc ; dean ceilg.
LURCHER, *s.* Cù-seilg, gaothar.
LURE, *s.* Culaidh bhuairidh, mealladh.
LURE, *v. a.* Buair, tàlaidh, meall.
LURID, *adj.* Duaichnidh, gruamach.
LURK, *v. n.* Dean feall-fhalach.
LURKER, *s.* Gadaich-chùl-phreas.

LUSCIOUS, *adj.* Sòghmhor, ro-bhlasda.
LUSH, *adj.* Trom-dhathach.
LUST, *s.* Miann-feòlmhor ; ann-togradh, ana-miann.
LUSTFUL, *adj.* Ana-miannach, collaidh.
LUSTINESS, *s.* Spionnadh, sultmhorachd, dòmhalachd.
LUSTRAL, *adj.* Ionnladach, a ghlanas.
LUSTRATION, *s.* Glanadh le uisge.
LUSTRE, *s.* Dealradh, dearsadh, lainnear, soillse; mòr-chliù, ainmealachd; ùine chùig bliadhna.
LUSTRING, *s.* Sìoda boillsgeil.
LUSTY, *adj.* Làidir, calma, neartmhor, sultmhor, foghainteach, reamhar, garbh.
LUTE, *s.* Inneal-ciùil àraidh, crèadhghlaodh.
LUTE, *v. a.* Cuir crèadh-ghlaodh air.
LUX, LUXATE, *v. a.* Cuir ás an àlt.
LUXURIANCE, LUXURIANCY, *s.* Mòrchinneas, ro-phailteas, reamhrachd.
LUXURIANT, *adj.* Ro-phailt, fàsmhor.
LUXURIOUS, *adj.* Sòghail, geòcach ; ròiceal, ana-miannach.
LUXURIOUSNESS, *s.* Sòghalachd.
LUXURY, *s.* Sòghalachd ; sògh, anabarra, ana-miann, neo-ghloine.
LYCANTHROPY, *s.* An troma-tàisean.
LYING, *s.* Deanamh bhreug ; laidhe.
LYMPH, *s.* Uisge, sùgh glan.
LYMPHATIC, *adj.* Uisgeach, uisgeil.
LYMPHEDUCT, *s.* Soitheach-uisge.
LYRE, *s.* Clàrsach, cruit.
LYRIC, LYRICAL, *adj.* Fonnmhor, ceòlmhor, cruit-bhinn.
LYRIST, *s.* Cruitear, clàrsair.

M

M, *s.* An treas litir deug do'n aibidil.
MACARONI, *s.* Sgèamhanach, lasgaire.
MACARONIC, *s.* Measgachadh.
MACAROON, *s.* Aran-millis.
MACAW, *s.* A' pharaid.
MACE, *s.* Suaicheantas inbhe ; bata maol : seòrsa spìosraidh.
MACEBEARER, *s.* Fear-iomchair slatshuaicheantais.
MACERATE, *v. a.* Cnàmh, caith air falbh ; claoidh, sàraich, pian; brùth; bogaich, taisich an uisge.
MACERATION, *s.* Cnàmh, caitheadh

ás ; sàrachadh, bruthadh ; bogachadh, taiseachadh.
MACHINAL, *adj.* Innleachdach.
MACHINATE, *v. a.* Dean innleachd.
MACHINATION, *s.* Dealbhadh, tionnsgaladh, droch-innleachd.
MACHINE, *s.* Beairt-innleachd.
MACHINERY, *s.* Obair ealanta, obair innleachdach, obair ghluasadach.
MACHINIST, *s.* Fear-dheanamh bheairtinnleachd.
MACKEREL, *s.* Ronnach, reannach.
MACROLOGY, *s.* Fad-sheanachas.
MACROCOSM, *s.* An cruinne-cé, a' chruitheachd, an domhan, an saoghal.
MACTATION, *s.* Ìobradh ; càsgairt.
MACULA, MACULATION, *s.* Ballachadh, sallachadh.
MACULATE, MACLE, *v. a.* Ballaich, salaich.
MACULATION, *s.* Ballachadh, salachadh.
MAD, *adj.* Air a chuthach, mearanach.
MAD, MADDEN, *v.* Cuir air chuthach.
MADAM, *s.* Baintighearna.
MADBRAINED, *adj.* Mearanach, bras.
MADCAP, *s.* Fear-fiadhaich, fearmearain, fear-cuthaich.
MADDER, *s.* An ruadh dhath, màdar.
MADE, *pret.* of to make. Rinn ; dèante.
MADHOUSE, *s.* Taigh-cuthaich.
MADEFY, *v. a.* Taisich, bogaich.
MADNESS, *s.* Cuthach, mearan.
MADRIGAL, *s.* Òran dùthcha.
MAGAZINE, *s.* Taigh-tasgaidh.
MAGGOT, *s.* Spiantag, cnuimheag , baoth-smuain, magaid.
MAGGOTY, *adj.* Cnuimheach, spiantagach ; baoth-smuainteach.
MAGI, *s.* Speuradairean na h-airde an ear.
MAGIC, *s.* Drùidheachd, geasan.
MAGIC, MAGICAL, *adj.* Drùidheil, geasagach.
MAGICIAN, *s.* Drùidh, fiosaiche.
MAGISTERIAL, *adj.* Tighearnail ; ceannasach, làdasach, stràiceil.
MAGISTRACY, *s.* Uachdranachd.
MAGISTRATE, *s.* Bàillidh, uachdaran, fear-riaghlaidh, breitheamh.
MAGNANIMITY, *s.* Mòr-inntinneachd.
MAGNANIMOUS, *adj.* Mòr-inntinneach.
MAGNESIA, *s.* Gnè do dh' fhùdar pùrgaide.
MAGNET, *s.* Clach-iùil.
MAGNETIC, MAGNETICAL, *adj.* Tarruinneach, mar a' chlach iùil.
MAGNETISM, *s.* Cumhachd tarruinn da ionnsaidh féin, mar th' aig a' chloich iùil.

Magnificence, *s.* Mòrdhalachd.

Magnificent, *adj.* Òirdheirc, mòrchuiseach ; glonnmhor ; àrd.

Magnifier, *s.* Fear-meudachaidh, fear-àrdachaidh ; gloine-mheudachaidh.

Magnify, *v. a.* Meudaich ; àrdaich, tog, urramaich.

Magnitude, *s.* Meudachd, meud.

Magpie, *s.* Pioghaid.

Maid, Maiden, *s.* Maighdeann, òigh, cailin, caileag, gruagach, nighean, ainnir, finne, cruinneag ; ban-oglach.

Maiden, *adj.* Òigheach, maighdeannach ; glan, ùr, fìor-ghlan, neothruaillidh.

Maidenhair, *s.* An dubh-chàsach.

Maidenhead, Maidhood, Maidenhood, *s.* Maighdeannas.

Mail, *s.* Lùireach-mhàilleach, deise-chruadhach ; màla, balg-litrichean.

Maim, *v. a.* Leòn, ciurr, dochainn.

Maim, *s.* Dochunn, ciurradh ; bacaiche, crùbaiche ; cron, coire ; gaoid.

Main, *adj.* Prìomh, ceud, àraidh ; mòr, àrd, fuathasach ; cudthromach, sònraichte.

Main, *s.* A' mhòr chuid ; tomad ; an lear, an cuan, an fhairge mhòr.

Mainland, *s.* Tìr-mòr, a' mhòr-thìr.

Mainmast, *s.* Crann-mòr, an crann-meadhoin.

Mainprize, *s.* Tabhairt air urras.

Mainsail, *s.* An seòl-mòr, an seòl-meadhoin.

Mainsheet, *s.* Sgòd an t-siùil mhòir.

Maintain, *v.* Gléidh, cùm ; daingnich, dean seasmhach ; dìon, seas, buanaich, coisinn ; cùm suas, beathaich, thoir teachd-an-tìr do ; tagair, còmhdaich.

Maintainable, *adj.* So-dhìon, so-ghleidheadh, so-thagradh, so-sheasamh, so-chòmhdachadh.

Maintenance, *s.* Dìon, taic, fasgadh, tèarmann ; tsachd-an-tìr, beathachadh ; seasmachd, maireannachd, daingneachd.

Maintop, *s.* Bàrr a' chroinn mhòir.

Mainyard, *s.* Slat shiùil a chroinn mhòir.

Maize, *s.* Cruithneachd Innseanach.

Majestic, Majestical, *adj.* Mòrdha, urramach, flathail ; àrd.

Majesty, *s.* Mòrachd, mòrdhalachd, greadhnachas, òirdheirceas ; àrd-chumhachd ; rìoghalachd.

Major, *adj.* A's mò, a's urramaiche.

Major, *s.* Ard-oifigeach, màidsear.

Majoration, *s.* Meudachadh.

Majority, *s.* A' mhòr chuid ; lànaois, mòid.

Make, *v.* Dèan, dean suas ; dealbh ; thoir air, co-éignich gu ; dèan air, coisinn air ; ruig.

Make, *s.* Dèanamh, cumadh, cruth.

Makebate, *s.* Ball-aimhleis, ceannbuaireis.

Maker, *s.* An Cruthadair ; fear-dèanamh, dealbhadair, cumadair.

Makepeace, *s.* Fear-eadraiginn.

Making, *s.* Deanamh, deàlbh.

Maladministration, *s.* Mi-riaghladh, mi-steòrnadh, mi-bhuileachadh.

Malady, *s.* Galar, euslaint, tinneas, eucail.

Malapert, *adj.* Beadaidh, dàna, bathaiseach, dalma, leamh, lonach.

Malapertness, *s.* Beadaidheachd, ladornas, dalmachd.

Malcontent, *adj.* Mi-thoilichte, neoriaraichte.

Male, *s.* Fireann, firionn, firionnach

Malecontent, *s.* Fear-mi-thoilichte, fear gearanach, fear tuaireapach, fear-talaich.

Maledicted, *adj.* Mallaichte.

Malediction, *s.* Mallachd.

Malefaction, *s.* Coire, droch-bheart, lochd, oilbheum, ciont.

Malefactor, *s.* Fear-droch-bheirt, eucorach, ciontach.

Malefic, *adj.* Buaireasach, cronail.

Malevolence, *s.* Mi-rùn, gamhlas, fuath, nimhealachd, miosgainn.

Malevolent, *adj.* Mì-runach, gamhlasach, nimheil, miosgainneach.

Malice, *s.* Mì-run, gamhlas, droch-mhèinn, nàimhdeas, tnù.

Malicious, *adj.* Gamhlasach, mìrunach, droch-mhèinneach, naimhdeil.

Maliciousness, *s.* Falachd, droch-mhèinneachd, nimhealachd.

Malign, *adj.* Gabhaltach, guineach, nimheil, millteach.

Malign, *v. a.* Fuathaich ; dochainn, ciurr, dean cron do.

Malignancy, Malignity, *s.* Drochmhèinn ; millteachd, sgriosalachd.

Malignant, *adj.* Millteach, sgriosail.

Malkin, *s.* Bhreun-chaile, dubh-chaile.

Mall, *s.* Simid, òrd ; sràid.

Mall, *v. a.* Slaicinn, buaill.

Mallard, *s.* Dràc fiadhaich.

Malleability, *s.* Fulang ùird.

Malleable, *adj.* So-oibreachadh.

Malleate, *v. a.* Oibrich air innean.

MALLET, *s.* Fairche, slacan, simid.
MALLOWS, *s.* Lŭs-nam-meall-mòra.
MALT, *s.* Braich.
MALT, *v. n.* Brach, gabh brachadh.
MALTSTER, *s.* Brachadair.
MALTREAT, *v. a.* Droch ghréidh.
MALVERSATION, *s.* Mealltaireachd.
MAM, MAMMA, *s.* Màthair.
MAMMON, *s.* Beartas, saibhreas.
MAN, *s.* Duine, fear.
MAN, *v. a.* Cuir sgioba air, &c.
MANACLES, *s.* Glas làmh, cuibhreach.
MANAGE, *v.* Stiùr, riaghail, òrduich; ceannsaich; steòrn.
MANAGE, MANAGEMENT, MANAGERY, *s.* Riaghladh, stiùradh; seòltachd, sicireachd, innleachd; iomairt, cleachdadh.
MANAGEABLE, *adj.* So-iomairt, so-riaghladh, so-stiùradh, so-cheann-sachadh.
MANAGER, *s.* Fear-riaghlaidh, fear-stiùraidh; fear-steòrnaidh.
MANATION, *s.* Sruthadh, brùchdadh.
MANCHET, *s.* Aran-milis, aran-cridhe.
MANCIPATE, *v. a.* Cuir fo dhaorsa.
MANDAMUS, *s.* Òrdugh rìoghail.
MANDATARY, *s.* Pears'-eaglais pàpanach.
MANDATE, *s.* Àinte, òrdugh, earail.
MANDATORY, *adj.* Àinteil, earalach.
MANDIBLE, *s.* Peirceall, gial.
MANDIBULAR, *adj.* Peirceallach.
MANDRAKE, *s.* A chara-mhill.
MANDUCATE, *v. a.* Cagainn, ith.
MANDUCATION, *s.* Cagnadh, itheadh.
MANE, *s.* Muing, gath-muinge.
MANEGE, *s.* Sgoil-mharcachd.
MANES, *s.* Tàsg, spiorad, tannasg.
MANFUL, *adj.* Fearail, duineil.
MANFULNESS, *s.* Fearalas, duinealas.
MANGE, *s.* Cloimh, galar spréidhe.
MANGER, *s.* Prasach, frasach.
MANGLE, *v. a.* Reub, srac, mill, thòir á sa chéile; dean ablach dheth; mìnich anart.
MANGLE, *s.* Muillean mìneachaidh.
MANGY, *adj.* Cloimheach, clamhrach.
MANHOOD, *s.* Làn-aois; fearalas.
MANIA, *s.* Boile-cuthaich.
MANIAC, *s.* Neach cuthaich.
MANIACAL, *adj.* Air boile cuthaich.
MANIFEST, *adj.* Follaiseach, soilleir.
MANIFEST, *s.* Chunntas luchd luinge.
MANIFEST, *v. a.* Taisbean, soilleirich, foillsich, nochd, feuch, leig ris.
MANIFESTATION, *s.* Foillseachadh.
MANIFESTNESS, *s.* Soilleireachd.
MANIFESTO, *s.* Gairm-fhollaiseach.
MANIFOLD, *adj.* Iom-fhillteach.

MANIKIN, *s.* Duairc, luspardan.
MANIPLE, *s.* Lan-dùirn; prasgan.
MANKIND, *s.* An cinneadh-daonna.
MANLIKE, MANLY, *adj.* Duineil, fearail, gaisgeil.
MANLINESS, *s.* Duinealas, fearalachd.
MANNA, *s.* Mana, aran nèamhaidh, &c.
MANNER, *s.* Modh, seòl, alt, rian; gnà, gnàths, cleachdadh, nòs; gnè, seòrsa; tuar, snuadh, sealladh, aogas.
MANNERLY, *adj.* Beusach, modhail.
MANNERS, *s.* Deas-ghnà, oilean.
MANŒUVRE, *s.* Sicireachd.
MANOR, *s.* Fearann tighearna.
MANSE, *s.* Taigh ministear.
MANSION, *s.* Taigh tighearna.
MANSLAUGHTER, *s.* Mort, casgairt.
MANTLE, *s.* Falluinn, aodach-uachdair.
MANTUA, *s.* Gùn baintighearna.
MANTUA-MAKER, *s.* Ban-tàillear.
MANUAL, *adj.* Làmhach.
MANUDUCTION, *s.* Làmh-threòrachadh, làmh-stiùradh.
MANUFACTORY, *s.* Bùth cèirde.
MANUFACTURE, *s.* Làmh-obair.
MANUFACTURE, *v. a.* Oibrich, dèan.
MANUFACTURER, *s.* Fear-làimh-oibre.
MANUMISSION, *s.* Saoradh tràille.
MANUMIT, *v. a.* Saor o dhaorsa.
MANURABLE, *adj.* So mhathachadh.
MANURE, *v. a.* Leasaich, mathaich.
MANURE, *s.* Mathachadh, inneir.
MANUSCRIPT, *s.* Leabhar-sgrìobhte.
MANY, *adj.* Iomadh, lìonmhor.
MANY-COLOURED, *adj.* Ioma-dhathach.
MANY-CORNERED, *adj.* Ioma-bheannach.
MANY-HEADED, *adj.* Ioma-cheannach.
MANY-LANGUAGED, *adj.* Ioma-chainnteach.
MANY-TIMES, *adv.* Iomadh uair, tric.
MAP, *s.* Dealbh dùthcha, no baile, &c.
MAR, *v. a.* Léir, mill, dochainn, truaill.
MARASMUS, *s.* An tinneas caitheamh.
MARAUDER, *s.* Saighdear-spùinnidh.
MARBLE, *s.* Marmor, marbhal.
MARBLE, *v. a.* Breacaich, srianaich.
MARCH, *s.* Am màrt, mìos a' mhàirt; feachd-shiubhal; ceum stòlda; port-siubhail; crìoch, iomall, oir.
MARCH, *v.* Màrsail, imich le feachd-cheum; triall, gluais; ceumnaich, gluais gu stàtail; gluais an òrdugh.
MARCHIONESS, *s.* Bana-mharcus.
MARCHPANE, *s.* Seòrs' aran-milis.
MARCID, *adj.* Caol, seargte, glais-neulach.
MARE, *s.* Làir.
MARESCHAL, *s.* Ard-mharascal.

MARGARITE, MARGARITES, *s.* Neamh-naid, déideag.

MARGENT, MARGIN, *s.* Oir, bile, iomall, crìoch, beul, leth-oir.

MARGINAL, *adj.* Iomallach, bileach, leth-oireach.

MARGRAVE, *s.* Duin-uasal Gearmailt-each.

MARIGOLD, *s.* A' bhile-bhuidhe.

MARINE, *adj.* Mara, muireach.

MARINER, *s.* Maraiche, seòladair.

MARITIME, *adj.* Fairgeach.

MARK, *s.* Marg; bonn airgeid thrì-tasdain deug as gròt; comharradh; làrach, athailt, lorg; dearbhadh, còmhdach; ball-amais, cuspair.

MARK, *v.* Comharraich; beachdaich, thoir fainear; seall, amhairc.

MARKET, *s.* Féill, margadh, faighir; reic, a's ceannachd.

MARKETABLE, *adj.* A ghabhas reic.

MARKSMAN, *s.* Fear-cuspaireachd.

MARL, *s.* Lagus, criadh-mhathach-aidh.

MARLLINE, *s.* Sreang sgeinnidh.

MARQUIS, *s.* Oighre diùc, marcus.

MARRIAGE, *s.* Pòsadh.

MARRIAGEABLE, *adj.* Aig aois-pòs-aidh.

MARRIED, *adj.* Pòsta.

MARROW, *s.* Smior, smear.

MARROW-FAT, *s.* A' pheasair mhòr.

MARROWLESS, *adj.* Neo-smiorach.

MARRY, *v.* Pòs; thoir am pòsadh.

MARSH, MARISH, *s.* Lòn; boglach, breun-loch, féith.

MARSH-MALLOW, *s.* Lŭs-nam-meall mòra, an cnap-lŭs.

MARSH-MARIGOLD, *s.* Lŭs-buidhe-bealltainn, lŭs Muire.

MARSHAL, *s.* Marasgal.

MARSHAL, *v. a.* Tarruinn suas, cuir an òrdugh; roi'-imich, treòraich.

MARSHALSHIP, *s.* Marasgalachd.

MARSHY, *adj.* Bog, fliuch, féitheach.

MART, *s.* Àite margaidh.

MARTEN, *s.* Taghán; gobhlan-gaoithe.

MARTIAL, *adj.* Cathach, gaisgeanta, curanta, crodha, treun.

MARTIALIST, *s.* Curaidh, gaisgeach.

MARTINGAL, *s.* Srian-cheannsachaidh.

MARTINMAS, *s.* An fhéill-màrtainn.

MARTYR, *s.* Martarach, fear-fianais.

MARTYRDOM, *s.* Bàs air son creidimh.

MARTYROLOGY, *s.* Eachdraidh mhar-tarach.

MARVEL, *s.* Iongantas, iongnadh.

MARVEL, *v. n.* Gabh iongnadh.

MARVELLOUS, *adj.* Iongantach, neòn-ach.

MARVELLOUSNESS, *s.* Neònachas.

MASCULINE, *adj.* Firionn; duineil.

MASH, *s.* Measgan, coimeasgadh, magul lìn.

MASH, *v. a.* Pronn, brùth, masg.

MASK, *s.* Cidhis; leithsgeul, car.

MASKER, *s.* Fear-cidhis.

MASON, *s.* Clachair.

MASONIC, *adj.* Clachaireach.

MASONRY, *s.* Clachaireachd.

MASQUERADE, *s.* Cluiche-chidhis.

MASQUERADER, *s.* Fear-cidhis.

MASS, *s.* Meall, dùn, torr; tomad; a' mhòr-chuid; aifrionn.

MASSACRE, *s.* Casgradh, mort.

MASSACRE, *v. a.* Casgair, marbh, mort.

MASSINESS, MASSIVENESS, *s.* Cudthrom, tomad, truimead.

MASSIVE, MASSY, *adj.* Cudthromach, trom, tomadach.

MAST, *s.* Crann; cnò.

MASTER, *s.* Maighistear, fear-taighe; fear - riaghlaidh, fear - stiùraidh, uachdaran, tighearna; sgiobair; fear-teagaisg.

MASTER, *v. a.* Dean maighistearachd, riaghail; ceannsaich; bi ealanta, bi gleusda.

MASTERLINESS, *s.* Àrd-ealantachd.

MASTERLY, *adj.* Ealanta, grinn.

MASTERPIECE, *s.* Àrd-ghnìomh, euchd.

MASTERSHIP, MASTERY, *s.* Maighistear-achd, uachdranachd, ceannsal; urram, buaidh; ealain, eòlas.

MASTICATION, *s.* Cagnadh.

MASTICATORY, *s.* Leigheas-cagnaidh.

MASTICH, *s.* Bìgh, seòrsa glaoidh.

MASTIFF, *s.* Cù mòr, balgaire.

MASTLESS, *adj.* Gun chrann.

MASTLIN, MESLIN, *s.* Prac.

MAT. *s.* Brat luachrach.

MATCH, *s.* Lasadan, brathadair.

MATCH, *s.* Mac-samhail, fear-dùlain; leth-bhreac; pòsadh; comh-strì.

MATCH, *v.* Co-fhreagair; pòs, thoir am pòsadh, bi pòsta.

MATCHABLE, *adj.* Co-ionannach.

MATCHLESS, *adj.* Gun choimeas.

MATE, *s.* Céile; còmpanach.

MATERIAL, *adj.* Corporra; feumail, sònraichte.

MATERIALIST, *s.* Fear-àicheadh spiorad.

MATERIALITY, *s.* Corporrachd.

MATERIALS, *s.* Deisealasan.

MATERNAL, *adj.* Màithreil.

MATERNITY, *s.* Màthaireachd.

MATHEMATICIAN, *s.* Fear-eòlais thomhas a's àireamh.

MATHEMATICS, *s.* Eòlas tomhas a's àireamh.

MATIN, *adj.* Madainneach, moch.

MATINS, *s.* Aoradh maidne, madainnean, maidnean. *Md.*

MATRICE, or MATRIX, *s.* Bolg, machlag; laghadair, inneal cumaidh.

MATRICIDE, *s.* Mòrt màthar.

MATRICULATE, *v. a.* Cuir sìos ainm an co-chomunn oil-taighean Shasuinn.

MATRICULATION, *s.* Ainm-ghabhail.

MATRIMONIAL, *adj.* Pòsachail.

MATRIMONY, *s.* An dàimh-phòsaidh.

MATRON, *s.* Bean; seanna bhean; bean-taighe.

MATRONLY, *adj.* Sean; màithreil.

MATTER, *s.* Ni corporra, ni talmhaidh; brìgh, ni, rud, stuth; cùis, gnothach, aobhar, mathair-uilc, cùisghearain, cùis-thalaich; iongar.

MATTOCK, *s.* Piocaid, matag.

MATTRESS, *s.* Leabaidh-iochdrach.

MATURATION, *s.* Abachadh.

MATURATIVE, *adj.* Abachail.

MATURE, *adj.* Abaich; deas, ullamh.

MATURITY, *s.* Abaichead, coimhliontachd.

MAUDLIN, *adj.* Leth-mhisgeach, frŏganach, sŏganach; *s.* Lŭs-àraidh.

MAUGRE, *adv.* A dh' aindeoin.

MAUL, *s.* Fairche, slacan mòr.

MAUL, *v. a.* Buail, grèidh, spuac, brùth, pronn, slacraich, dochainn, ciurr.

MAUND, Sgùlan-laimhe, seòrs' ùird.

MAUNDER, *v. n.* Dean monmhar, dean bòrbhan.

MAUSOLEUM, *s.* Taigh adhlacaidh.

MAW, *s.* Goile; sgròban eòin.

MAWKISH, *adj.* Sgreamhail, sgreataidh, déisinneach.

MAWKISHNESS, *s.* Sgreamhalachd.

MAW-WORM, *s.* Cnuimh goile.

MAXIM, *s.* Fìrinn-shuidhichte, gnàfhacal, sean-fhacal.

MAY, *v. auxil.* Faod, faodaidh, feudaidh.

MAY, *s.* Am màigh, an céitean.

MAY-DAY, *s.* Latha bealltainn.

MAYOR, *s.* Àrd bhaillidh baile-mhòir.

MAYORALTY, *s.* Ceannardachd baile-mhòir,

MAYORESS, *s.* Banna-bhaillidh.

MAZZARD, *s.* Cnàimh a' pheirceill.

MAZE, *s.* Cuairt-shloc; tuaineal, imacheist, ioma-chomhairle.

MAZY, *adj.* Cuairteach, troi' chéile.

ME, *pron.* Mi, mise.

MEAD, *s.* Madh, leann-meala.

MEAD, MEADOW, *s.* Lòn, àilean, cluan, miadan, miadair, faiche.

MEADOW-SWEET, *s.* Cneas-Cuchulainn, lŭs-cuchulainn.

MEAGER, *adj.* Caol, bochd, tana, lom, gun fheòil; acrach, gortach, gann.

MEAGERNESS, *s.* Caoile, tainead, luime.

MEAL, *s.* Trà bìdh; min.

MEALMAN, *s.* Ceannaiche mine.

MEALY, *adj.* Tioram, mar mhin.

MEALY-MOUTHED, *adj.* Tlàth-bheulach, sodalach, brosgalach, mìnbhriathrach, cealgach.

MEAN, *adj.* Ìosal, suarach, mìodhoir, tàireil; dìblidh, dìmeasach.

MEAN, *s.* Meadhonachd, cuibheasachd; tomhas, riaghailt.

MEAN, *v. a.* Rùnaich, cuir romhad, togair; ciallaich; biodh a mhiann ort.

MEANDER, *s.* Cuairt-char, fiaradh.

MEANDER, *v. n.* Lùb, fiar, crom.

MEANING, *s.* Rùn-suidhichte; ciall, seadh, brìgh bladh; tuigse.

MEANNESS, *s.* Ìsleachd, bochdainn, suarachas; tàirealachd; spìocaireachd, mosaiche.

MEANT, *part. pass.* of *to mean.* Ciallaichte, rùnaichte.

MEASLES, *s.* A' ghriuthach a' ghriùthrach, a' ghriobhach.

MEASURABLE, *adj.* A ghabhas tomhas.

MEASURE, *s.* Tomhas, cuimse, riaghailt, inneal-tomhais; gu leòir, ni's leòir; cuibhrionn, cuid, roinn, earrann; measarrachd.

MEASURE, *v. a.* Tomhais.

MEASURELESS, *adj.* Do-thomhas.

MEASUREMENT, *s.* Tomhas.

MEASURER, *s.* Fear-tomhais.

MEAT, *s.* Feòil; biadh, teachd an-tìr.

MECHANIC, *s.* Fear-cèirde.

MECHANIC, MECHANICAL, *adj.* Cèirdeil, innleachdach, saoithreachail, ionnsaichte an cèird; oibreachail.

MECHANICS, *s.* Ealain-chèirde.

MECHANICIAN, MECHANIST, *s.* Fear-cèirde, fear-eulain.

MECHANISM, *s.* Ealain-ghluasadachd.

MEDAL, *s.* Seanna-chùinneadh, bonn-cuimhne.

MEDDLE, *v.* Buin ri, bean ri; dean eadraiginn, cuir làmh ann: biodh làmh agad ann.

MEDDLER, *s.* Beadagan, meachranaiche.

MEDIATE, *v.* Sìthich, réitich, dean réidh; dean eadraiginn; bi eadardithis.

MEDIATION, *s.* Eadraiginn, réite, réiteachadh, sìtheachadh, eadar-ghuidhe.

MEDIATOR, *s.* Eadar-mheadhonair.

MEDIATORY, adj. Eadar-mheadhonach.

MEDIATORSHIP, s. Eadar mheadhonaireachd.

MEDIATRIX, s. Bean-shìtheachaidh.

MEDICABLE, adj. So-leigheas.

MEDICAL, MEDICINAL, s. Léigh.

MEDICAMENT, s. Cungaidh-leighis.

MEDICATE, v. a. Measgaich le iocshlaint.

MEDICINAL, adj. Ioc-shlainteach.

MEDICINE, s. Eòlas-leighis, iocshlaint.

MEDIETY, s. Meadhon, meadhonachd.

MEDIOCRE, adj. Meadhonach, an eatorras, cùibheasach.

MEDIOCRITY, s. Eatorras, cùibheas.

MEDITATE, v. Tionnsgain, deilbh ; smuainich, cnuasaich, beachdsmaointich.

MEDITATION, s. Smaointean, breithneachadh, beachd-smaointean.

MEDITATIVE, adj. Smaointeachail.

MEDITERRANEAN, MEDITERRANEOUS, adj. Meadhon-thìreach, eadarthìreach.

MEDIUM, s. Inneal ; eadar-mheadhon.

MEDLEY, s. Coimeasgadh, treamsgal.

MEDULLAR, MEDULLARY, adj. Smiorach, beo-smiorach.

MEED, s. Duais ; tiodhlac, tabhartas.

MEEK, adj. Macanta, ciùin, màlda, soitheamh, mìn, sèimh, iriosal.

MEEKNESS, s. Macantas, irioslachd.

MEER, s. Loch ; crìoch.

MEET, adj. Iomchuidh, freagarrach.

MEET, v. n. Còmhlaich, coinnich, tachair; cùm còdhail; cruinnich.

MEETING, s. Cruinneachadh, cothional, còdhail, coinneachadh.

MEETLY, adv. Gu h-iomchuidh.

MEETNESS, s. Iomchuidheachd.

MEGRIM, s. Galar-cinn, ceann-ghalar.

MELANCHOLIC, MELANCHOLY, adj. Dubhach, fo leanndubh, trom ; brònach ; muladach, tiamhaidh.

MELANCHOLY, s. Leann-dubh, mulad ; truime-inntinn, dù-bhròn ; dubhachas, cianalas, tùrsa.

MELIORATE, v. a. Leasaich, càirich.

MELIORATION, MELIORITY, s. Leasachadh, càradh, feabhas.

MELLIFLUOUS, adj. Mileach, mealach, mil-shruthach.

MELLOW, adj. Tlàth-fhuaimneach ; làn-abaich ; air mhisg.

MELLOWNESS, s. Làn-abachd ; tlàthghuthachd, buigead.

MELODIOUS, adj. Leudarra, fonnmhor, binn, ceileireach, ceòl-bhinn.

MELODY, s. Ceòl-bhinneas, binneas.

MELON, s. Meal-bhucan.

MELT, v. Leagh, taisich, bogaich, caith às.

MELTER, s. Leaghadair.

MEMBER, s. Ball, ball-cuirp.

MEMBRANE, s. Féith-lianan, cochull.

MEMBRANEOUS, adj. Féith-liananach.

MEMENTO, s. Cuimhneachan, sanas.

MEMOIR, s. Mion-eachdraidh.

MEMORABLE, adj. Ainmeil, cliùiteach.

MEMORANDUM, s. Cuimhneachan.

MEMORIAL, s. Cuimhneachan-duaise.

MEMORIALIST, s. Fear-cuir-ancuimhne, fear-cuimhneachaidh.

MEMORY, s. Cuimhne, meadhair.

MEN, plural of man. Daoine, fir.

MENACE, v. a. Bagair, maoidh.

MENACE, s. Bagradh, maoidheadh.

MENAGE, MENAGERIE, s. Co-chruinneachadh fhiadh-bheathaichean.

MEND, v. a. Càirich, dean suas ; leasaich ; cuidich ; rach am feabhas, cinn ni's fearr.

MENDACITY, s. Breugaireachd.

MENDER, s. Fear-càradh.

MENDICANT, s. Déirceach, deòra,

MENIAL, s. Seirbheiseach.

MENOLOGY, s. Mìosachan.

MENSTRUAL, adj. Mìosach.

MENSTRUUM, s. Uisge-tarruinn.

MENSURATE, v. a. Tomhais.

MENSURATION, s. Tomhas.

MENTAL, adj. Inntinneach, inntinneil.

MENTION, s. Ainmeachadh, iomradh.

MENTION, v. a. Ainmich, aithris.

MEPHITICAL, adj. Lobte, grod, breunbholtrach.

MERCANTILE, adj. Malairteach, margail.

MERCENARY, adj. Gionach, sanntach.

MERCENARY, s. Seirbhiseach-duaise.

MERCER, s. Ceannaiche sìoda.

MERCERY, s. Ceannachd shìoda.

MERCHANDISE, s. Ceannachd ; bathar.

MERCHANT, s. Ceannaiche.

MERCHANTMAN, s. Long cheannachd.

MERCIFUL, adj. Tròcaireach, iochdmhor, bàigheil.

MERCILESS, adj. An-tròcaireach, an-iochdmhor, cruaidh-chridheach.

MERCURIAL, adj. Beò-airgeadach.

MERCURY, s. Airgiod-beò ; sunnt.

MERCY, s. Tròcair, iochd, mathanas.

MERCY-SEAT, s. Cathair-na-tròcair.

MERE, adj. Fìor, a mhàin.

MERELY, adv. A mhàin, dìreach.

MERETRICIOUS, adj. Macnusach, fallsail.

MERIDIAN, s. Meadhon-latha, trànòine, àird' an latha ; cridhe na h-airde-deas.

MERIDIONAL, adj. Deiseal, mu dheas.

MERIT, s. Fiùghantas, fiùghalach, òirdheirceas.

MERITORIOUS, adj. Airidh, cliùiteach.

MERLE, s. An lon-dubh.

MERLIN, s. Seòrsa seabhaic.

MERMAID, s. Maighdeann-mhara.

MERRIMENT, s. Aighear, subhachas, meoghail, mire, sùgradh, àiteas, sùigeart, fonn.

MERRY, adj. Aoibhinn, àit ; mear, mireagach, aighearach, subhach, geanail, suigeartach.

MERRY-ANDREW, s. Baoth-chleasaiche.

MERRYTHOUGHT, s. An cnàimh-pòs-aidh, cnaimh-uchd eòin.

MESENTERY, s. Lìon a mhionaich.

MESH, s. Mogull-lìn.

MESS, s. Mias ; comh-ith ; biadh cuid-eachd.

MESS, v. n. Ith ; rach an comh-ith.

MESSAGE, s. Teachdaireachd.

MESSENGER, s. Teachdaire, gille-ruith ; maor, earraid.

MESSIAH, s. Mesiah, an Slànaighear.

MESSMATE, s. Fear-comh-ith.

MESSUAGE, s. Taigh-còmhnaidh.

MET, pret. and part. of to meet. Choinn-ich, chòmhlaich ; coinnichte, còmh-laichte.

METAL, s. Meatailt, miotailt.

METALLIC, adj. Meatailteach.

METALLINE, adj. Làn meatailt.

METALLURGY, s. Obair-mheatailtean.

METAMORPHOSIS, s. Cruth-chaochla, cruth-atharachadh.

METAPHOR, s. Briathar-samhla, samhla.

METAPHORICAL, adj. Samhlachail.

METAPHRASE, s. Eadar-theangachadh.

METAPHYSICAL, adj. Domhain, dìomh-air, àrd-fhiosrach.

METAPHYSICS, s. Eòlas nithibh inn-tinneach.

METATHESIS, s. Atharrachadh.

METE, v. a. Tomhais, cothromaich.

METEOR, s. Driug, dreag.

METEOROGIAL, adj. Driugach.

METEOROLOGIST, s. Speuradair.

METEOROLOGY, s. Speurada reachd.

METER, s. Fear-tomhais.

METEWAND, METEYARD, s. Slat-thonhais.

METHEGLIN, s. Leann-meala.

METHINKS, v. imp. Air leam.

METHOD, s. Dòigh, seòl, rian, modh.

METHODICAL, adj. Dòigheil, òrdail, seòlta, rianail.

METHODICALLY, adv. Gu dòigheil.

METHODIST, s. Fear dealachaidh o eaglais Shasuinn.

METHODIZE, v. a. Cuir air dòigh.

METHOUGHT, pret. of methinks. Shaoil mi, shaoil leam.

METONYMY, s. Samhla, modh-samhla.

METOPOSCOPY, s. Gnùis-fhiosachd.

METRE, s. Rannachd, dàn.

METRICAL, adj. Rannach, rann-réidh.

METROPOLIS, s. Àrd-bhaile-mòr.

METROPOLITAN, s. Àrd-easbuig.

METTLE, s. Smioralachd ; stuth.

METTLED, METTLESOME, adj. Smior-ail, misneachail, duineil, fearail, cruadalach.

MEW, s. Eun-lann ; fang ; faoileag.

MEW, v. Druid suas, dean prìosan-aich ; tilg na h-itean ; dean miamhail, mar chat.

MEWL, v. n. Ràn, mar naoidhean.

MICE, plural of mouse. Luchan.

MICHAELMAS, s. An Fhéill-Mìcheil.

MICKERY, s. Siolcaireachd, frith-ghoid.

MICROCOSM, s. An saoghal beag ; corp an duine.

MICROSCOPE, s. Glaine mheudachaidh.

MID, MIDST, adj. Eadar-mheadhon-ach.

MID-DAY, s. Meadhon-latha.

MIDDLE, adj. Meadhon.

MIDDLE, s. Meadhon, buillsgean.

MIDDLEMOST, MIDMOST, adj. 'Sa' mheadhon, sa' bhuillsgean, sa' chridhe.

MIDDLING, adj. Meadhonach, an eatorras, cùibheasach.

MIDGE, s. Meanbh-chuileag.

MID-HEAVEN, s. Meadhon nan speur.

MID-LEG, s. Leth a' chalpa.

MIDNIGHT, s. Meadhon oidhche.

MIDRIFF, s. An sgairt.

MIDSHIPMAN, s. Òg-oifigeach luinge.

MIDSTREAM, s. Coilleach-an-t-srutha.

MIDSUMMER, s. An Fhéill-Eoin.

MIDWAY, s. Leth an rathaid.

MIDWAY, adv. 'Sa mheadhon.

MIDWIFE, s. Bean-ghlùine.

MIDWIFERY, s. Banas-glùine.

MIDWINTER, s. An Fhéill-Shlinnein.

MIEN, s. Snuadh, dreach, aogas, tuar, gnùis, coltas, cruth.

MIGHT, pret. of may. Dh' fhaodadh.

MIGHT, s. Cumhachd, neart, spionn-adh.

MIGHTINESS, s. Mòr-chumhachd.

MIGHTY, adj. Cumhachdach, neart-mhor, treun euchdach ; smachdail, uachdranach, ùghdarrach ; làidir, foghainteach

MIGRATE, *v. n.* Rach imrich, falbh.
MIGRATION, *s.* Imrich, dol imrich.
MILCH, *adj.* Bainneach, bainnear.
MILD, *adj.* Bàigheil ; mìn, ciùin, sèimh ; neo-gheur, milis, blasda.
MILDEW, *s.* Crith-reothadh, cith-reodhadh, liath-reodhadh, fuar-dhealt, mill-cheò ; liathtas.
MILDNESS, *s.* Bàighealachd ; cùine.
MILE, *s.* Mìle, 1760 slat.
MILESTONE, *s.* Clach-mhìle.
MILFOIL, *s.* Earr-thalmhuinn.
MILIARY, *adj.* Caol, meanbh.
MILITANT, *adj.* Cogach, cathach.
MILITARY, *adj.* Cathachail, cogail.
MILITATE, *v. n.* Cuir an aghaidh.
MILITIA, *adj.* Feachd-dùthcha.
MILK, *s.* Bainne ; sùgh-luibhean.
MILK, *v. a.* Bleodhainn, bligh, leig.
MILKEN, *adj.* Bainneach, bliochdach.
MILKINESS, *s.* Bainneachas.
MILKMAID, *s.* Banarach, banachaig.
MILKPAIL, *s.* Currasan, cuman.
MILKSOP, *s.* Boganach ; gealtaire, claghaire ; fear-cailleachail.
MILKTEETH, *s.* Ceud fhiaclan searraich.
MILKWHITE, *adj.* Geal mar bhainne.
MILKY, *adj.* Bainneach ; maoth, ciùin.
MILKY-WAY, *s.* Geal-shruth nan speur.
MILL, *s.* Muileann, meiligir.
MILL, *v. a.* Bleith, meil, pronn.
MILL-DAM, *s.* Linne-muilinn.
MILLENARY, *s.* Mìle-bliadhna.
MILLENIUM, *s.* Ùine mìle bliadhna tha cuid a' saoilsinn, anns an riaghail Criosd fathast air thalamh maille ris na naoimh, an deigh na h-aiséirigh.
MILLEPEDE, *s.* Corra-chòsag.
MILLER, *s.* Muillear.
MILLESIMAL, *adj.* Mìlteabh, mìleadh.
MILLINER, *s.* Bhean ghrinneis.
MILLINERY, *s.* Grinneas bhan.
MILLION, *s.* Deich ceud mìle.
MILLIONTH, *adj.* An deicheamh ceud-mìle.
MILLSTONE, *s.* Clach-mhuilinn.
MILT, *s.* Mealag éisg ; an dubh-liath.
MILTER, *s.* Iasg mealagach.
MIMIC, *s.* Fear-atharais.
MIMIC, MIMICAL, *adj.* Atharraiseach, fochaideach, fanaideach.
MIMICRY, *s.* Atharrais, sgeigireachd.
MINCE, *v. a.* Mìn-ghearr ; falbh le meanbh-cheum, imich gu mùirneach.
MIND, *s.* Inntinn, tuigse ; tùr ; toil, déidh, togradh ; smuaintean ; beachd.

MIND, *v. a.* Thoir an aire, thoir fainear, beachdaich ; cuir an cuimhne.
MINDED, *adj.* Togarrach, deònach.
MINDFUL, *adj.* Faicilleach, cùramach.
MINDLESS, *adj.* Neo-aireil, neo-chùramach, neo-fhaicilleach.
MINE, *pron. posses.* Mo, leamsa.
MINE, *s.* Shloc-mèinne, àite mèinne ; sloc-sèisdidh.
MINE, *v. a.* Cladhaich fodha ; mill gun fhios, mill gu diomhair.
MINER, *s.* Fear-cladhaich mèinne.
MINERAL, *s.* Mèinn.
MINERAL, *adj.* Mèinneach.
MINERALIST, *s.* Mèinneadair.
MINERALOGIST, *s.* Fear mèinn-eòlach.
MINERALOGY, *s.* Mèinn-eòlas.
MINGLE, *v. a.* Measgaich, coimeasg, cuir an ceann a chéile ; truaill ; cuir troi' chéile.
MINGLE, *s.* Measgadh, coimeasgadh.
MINIATURE, *s.* Meanbh-dhealbh.
MINIKIN, *adj.* Beag, crìon, meanbh.
MINIM, MINUM, *s.* Duairce ; punchiùil àraid.
MINIMUM, *s.* A' chuid a's lugha.
MINIMUS, *s.* An creutair a's lugha.
MINION, *s.* Peasan, beadagan-millte.
MINION, *adj.* Mùirneach, greannar.
MINISTER, *s.* Ministear [*often erroneously written* " ministir"] ; fear-riaghlaidh, fèar-comhairle ; teachd-aire.
MINISTER, *v.* Fritheil ; tabhair, builich, bairig, thoir seachad.
MINISTERIAL, *adj.* Ministearach, frìtheilteach.
MINISTRATION, *s.* Ministrealachd.
MINISTRY, *s.* Dreuchd, seirbheis ; ministrealachd ; meadhonachd, luchd-riaghlaidh, luchd-comhairle.
MINNOW, *s.* Am bior-deamhnaidh.
MINOR, *s.* Neach fo làn-aois.
MINORATE, *v. a.* Lughdaich, beagaich.
MINORATION, *s.* Lughdachadh.
MINORITY, *s.* Òg-aois ; a' chuid a's lugha.
MINSTER, *s.* Cill-mhanach.
MINSTREL, *s.* Cruitear, clàrsair.
MINSTRELSY, *s.* Cruitearachd, ceòl, coisir-chiùil.
MINT, *s.* Mionnt, meannt ; taigh-cùinnidh.
MINUTE, *adj.* Meanbh, beag, mion.
MINUTE, *s.* Mionaid, trì ficheadamh earrann na h-uarach ; gearr-chunntas, sgrìobhadh.
MINUTE, *v. a.* Sgrìobh gearr-chunntas.
MINUTE-BOOK, *s.* Leabhar chuimhne.
MINUTENESS, *s.* Meanbhachd, bige.

MINUTELY, *adv.* Gu meanbh, gu mion, gu mionaideach.

MINUTIÆ, *s.* Meanbh-phoncan.

MINX, *s.* Gaorsach, caile bheag-narach, aigeannach.

MIRACLE, *s.* Mìorbhuil.

MIRACULOUS, *adj.* Mìorbhuileach.

MIRACULOUSLY, *adv.* Gu mìorbhuileach, gu h-iongantach.

MIRADOR, *s.* Aradh, lobta.

MIRE, *s.* Poll, làthach, eabar, clàbar.

MIRE, *v. a.* Salaich, eabraich.

MIRROR, *s.* Sgàthan.

MIRTH, *s.* Mire, sùgradh, aighear.

MIRTHFUL, *adj.* Aighearach, cridheil, sùgach; aoibhneach.

MIRY, *adj.* Clàbarach, eabarach.

MISADVENTURE, *s.* Mi-shealbh, donas.

MISADVISE, *v. a.* Mi-chomhairlich.

MISADVISED, *adj.* Mi-chomhairlichte.

MISAIMED, *adj.* Mi-chuimsichte.

MISANTHROPE, *s.* Fear-fuathachaidh dhaoine, fuathadair dhaoine.

MISANTHROPY, *s.* Fuath do dhaoine.

MISAPPLICATION, *s.* Mi-bhuileachadh.

MISAPPLY, *v. a.* Mi-bhuilich.

MISAPPREHEND, *v. n.* Mi-bhreithnich.

MISAPPREHENSION, *s.* Mi-bhreithneachadh, mi-thuigsinn.

MISBECOME, *v. n.* Bi mi-chiatach.

MISBEGOTTEN, *adj.* Dìolain.

MISBEHAVE, *v. n.* Cleachd mi-bheus.

MISBEHAVIOUR, *s.* Droch-giùlan.

MISBELIEF, *s.* Saobh-chreideamh.

MISBELIEVER, *s.* Saobh-chreideach.

MISCALCULATION, *s.* Mear-chunntadh.

MISCALCULATE, *v. a.* Dean mear-chunntadh, dean mi-chunntadh.

MISCARRIAGE, *s.* Aisead-anabaich.

MISCARRY, *v. n.* Beir anabaich; rach am mearachd, mi-ghiùlain.

MISCELLANEOUS, *adj.* Measgaichte.

MISCELLANY, *s.* Co-measgadh.

MISCHANCE, *s.* Tubaist, droch-dhàn.

MISCHIEF, *s.* Aimhleas, cron, lochd.

MISCHIEVOUS, *adj.* Aimhleasach, cronail, do-bheairteach.

MISCIBLE, *adj.* So-mheasgadh.

MIS-CITATION, *s.* Mi-aithris.

MISCLAIM, *s.* Tagradh gun chòir.

MISCONCEPTION, *s.* Barail mhearachdach, mi-bharail.

MISCONDUCT, *s.* Mi-riaghladh; droch ghiulan, mi-bheus.

MISCONJECTURE, *s.* Beachd mearachdach, mi-bheachd.

MISCONSTRUCTION, *s.* Mi-mhìneachadh, mi-sheadh.

MISCONSTRUE, *v. a.* Mi-mhìnich.

MISCREANCE, *s.* As-creideamh.

MISCREANT, *s.* As-creideach, saobhchreideach, ann-spiorad, baobh.

MISDEED, *s.* Dò-bheart, droch-bheart.

MISDEEM, *v. a.* Thoir mi-bhreth air.

MISDEMEANOUR, *s.* Mi-ghniomh, coire.

MISDOUBT, *v. a.* Cuir an teagamh.

MISEMPLOY, *v. a.* Mi-bhuilich.

MISEMPLOYMENT, *s.* Mi-bhuileachadh.

MISER, *s.* Spìocaire, fineag.

MISERABLE, *adj.* Truagh, neo-shona, ainnis; gortach, gann, cruaidh.

MISERABLENESS, *s.* Truaighe, gainne.

MISERY, *s.* Truaighe, bochdainn, dòruinn; mi-shealbh.

MISFASHION, *v. a.* Mi-dhealbhaich, mi-chùm, cuir an droch riochd.

MISFORTUNE, *s.* Mi shealbh, tubaist.

MISGIVE, *v. a.* Cuir am mi-earbsa.

MISGIVING, *s.* Teagamh; mi-earbsa.

MISGOVERN, *v. a.* Mi-riaghal.

MISGUIDE, *v. a.* Mi-threòraich.

MISGUIDANCE, *s.* Mi-threòrachadh.

MISHAP, *s.* Mi-thapadh, droch thuiteamas, sgiorradh, tubaist.

MISINFER, *v. a.* Mi-mheasraich.

MISINFORM, *v. a.* Thoir fios meallta.

MISINTERPRET, *v. a.* Mi-bhreithnich.

MISJUDGE, *v. a.* Thoir mi-bhreth.

MISLAY, *v. a.* Mi-shuidhich.

MISLEAD, *v. a.* Mi-threòraich.

MISLIKE, *v. a.* Bi mi-thoilichte le.

MISLIKE, *s.* Mi-thoileachadh, gràin.

MISLY, *adj.* Ciurach, braonach.

MISMANAGE, *v. a.* Mi-bhuilich.

MISMANAGEMENT, *s.* Mi-bhuileachadh.

MISNAME, *v. a.* Thoir frith-ainm.

MISNOMER, *s.* Mi-ainmeachadh.

MISOBSERVE, *v. a.* Mi-bheachdaich.

MISOGAMIST, *s.* Fuathadair pòsaidh.

MISOGYNY, *s.* Fuath bhan.

MISORDER, *v. a.* Mi-òrduich, mi-stiùr.

MISPEND, *v. a.* Mi-chaith, mi-bhuilich.

MISPERSUASION, *s.* Droch-iompaidh.

MISPLACE, *v. a.* Mi-shuidhich.

MISPOINT, *v. a.* Mi-phoncaich.

MISPRINT, *s.* Mearachd clò-bhualaidh.

MISPRISON, *s.* Tàire dearmad, dìchuimhne, ceiltinn; mearachd.

MISPROPORTION, *s.* Mi-chuimse.

MISRECITE, *v. a.* Mi-abair.

MISRECKON, *v. a.* Mi-chunnt.

MISRELATE, *v. a.* Mi-innis.

MISREPORT, *v. a.* Mi-aithris.

MISREPRESENT, *v. a.* Thoir mi-theist.

MISRULE, *s.* Mi-riaghailt, buaireas.

MISS, *s.* Òigh, maighdeann uasal.

MISS, *v. a.* Mearachdaich, rach iomrall; mi-amais; thig gearr, caill; iondrainn; leig seachad.

MISSAL, *s.* Leabhar-aifrionn.

MISSILE, *adj.* Tilgte leis an làimh.
MISSION, *s.* Teachdaireachd.
MISSIONARY, *s.* Teachdaire, searmonaiche, ministear-siubhail.
MISSIVE, *s.* Litir-chumhachan.
MIST, *s.* Ceò, eitheach, ceathach, braon.
MISTAKE, *v.* Rach iomrall, mi-thuig.
MISTAKE, *s.* Mearachd, iomrall.
MISTIME, *v. a.* Mi-thràthaich.
MISTINESS, *s.* Ceòthachd, neulachd.
MISTLETOE, *s.* An t-uil-ìoc.
MISTRESS, *s.* Banna-mhaighstear; bann-seilbheadair, bean-theagaisg, coimhleapach.
MISTRUST, *s.* An-earbsa, teagamh.
MISTRUSTFUL, *adj.* Mi-earbsach.
MISTRUSTFULLY, *adv.* Gu h-an-earbsach, gu neo-dhòchasach.
MISTY, *adj.* Ceòthach, ceòthar, citheach; dorcha, doilleir, neulach.
MISUNDERSTAND, *v. a.* Mi-thuig.
MISUNDERSTANDING, *s.* Mi-thuigse, mearachd, mi - bhreithneachadh, aimhreit, mi-chòrdadh.
MISUSAGE, MISUSE, *s.* Droch bhuileachadh, mi-bhuileachadh, droch-càramh; ni-ghnàthachadh.
MITE, *s.* Fìneag; dadmunn; tùrn, an dara cuid deug do sgillinn.
MITHRIDATE, *s.* Deoch-nimh-chasg.
MITIGATE, *v. a.* Lughdaich, aotromaich; lasaich, sàmhaich, ciùinich; bogaich, maothaich.
MITIGATION, *s.* Lughdachadh, aotromachadh; lasachadh, sèimheachadh; bogachadh, maothachadh.
MITRE, *s.* Crùn-easbuig; coron.
MITRED, *adj.* Crùnte mar easbuig.
MITTENS, *s.* Meatagan, làmhainean.
MITTIMUS, *s.* Òrdugh prìosanachaidh.
MIX, *v. a.* Measgaich.
MIXTURE, *s.* Measgachadh, measgadh.
MIZENMAST, *s.* An crann-deiridh.
MOAN, *v.* Caoidh, guil, gearain, caoin, dean cumha, dean tuireadh.
MOAN, *s.* Caoidh, gearan, acan, iargain, caoineadh, tuireadh.
MOAT, *s.* Dìg, ruith uisge mar dhìdean.
MOB, *s.* Prasgan-buairidh, gràisg.
MOB, *v. a.* Tionail gràisg.
MOBBY, *v.* Leann-buntàta.
MOBILITY, *s* Gluasadachd; gràisg.
MOBLE, *v. a.* Sgeadaich gu cearbach.
MOCK, *v. a.* Mag, dean fanaid.
MOCK, *adj.* Meallta, feallsa, breugach.
MOCKABLE, *adj.* Ion-fhochaideach.
MOCKERY, *s.* Sgeigeireachd, fanaid.
MODE, *s.* Modh, dòigh, gnè; seòl, cumadh; rian, gnàths.
MODEL, *s.* Cumadh; riaghailt, tomhas.

MODEL, *v. a.* Dealbh, cùm.
MODERATE, *adj.* Ciùin, stuama, sèimh; measarra, cuimseach; meadhonach, cùibheasach.
MODERATE, *v. a.* Ciùinich, ceannsaich, dean measarra; riaghail.
MODERATELY, *adv.* Gu fòil.
MODERATION, *s.* Ciùineachd, stuaim.
MODERATOR, *s.* Fear-riaghlaidh.
MODERN, *adj.* Ùr, neo-shean.
MODERNISE, *v. a.* Dean ùr, ùraich.
MODEST, *adj.* Nàrach, màlda, stuama; banail, beusach, bìth.
MODESTY, *s.* Beusachd, màldachd, stuamachd, measarrachd.
MODICUM, *s.* Cuibhrionn bheag.
MODIFICATION, *s.* Atharrachadh.
MODIFY, *v. a.* Atharraich, cùm; ciùinich, taisich; lagaich.
MODISH, *adj.* Fasanta, nòsach.
MODISHNESS, *s.* Fasantachd, nòsachd.
MODULATE, *v. a.* Cuir fonn-ciùil air.
MODULATION, *s.* Binneas; gleus.
MODULATOR, *s.* Fear-gleusaidh.
MODUS, *s.* Dìoladh deachaimh.
MOIETY, *s.* Leth, leth-earrann.
MOIL, *v.* Eabraich, salaich, làbanaich; sgìthich, sàraich; oibrich 's an làthaich, luidrich.
MOIST, *adj.* Àitidh, bog, tais.
MOISTEN, *v. a.* Taisich, bogaich.
MOISTNESS, *s.* Àitidheachd, buige.
MOISTURE, *s.* Taiseachd, fliche, buige.
MOLE, *s.* Ball-dòrain, miun; famh, ùir-reodhadh.
MOLECATCHER, *s.* Famhoir.
MOLEHILL, *s.* Famh-thòrr.
MOLEST, *v. a.* Cuir dragh air, buair.
MOLESTATION, *s.* Aimheal, dragh.
MOLEWARP, MOULDWARP, *s.* Famh.
MOLLIENT, *adj.* Maoth, taiseachail.
MOLLIFICATION, *s.* Maothachadh.
MOLLIFY, *v. a.* Bogaich, taisich, maothaich; ceannsaich, ciùinich; lasaich.
MOLOSSES, MOLASSES, *s.* Druaip an t-siùcair.
MOLTEN, *part. pass.* from to *melt*. Leaghte.
MOLTING, MOULTING, *part. a.* A' cur nan itean, a' tilgeadh a' bhreun fhionnaidh, a' tilgeadh nan cabar, &c.
MOLY, *s.* Creamh fhiadhaich.
MOME, *s.* Burraidh, amhlar; post.
MOMENT, *s.* Toirt, brìgh, toradh, luach, tiota.
MOMENTARY, *adj.* Grad-ùineach, goirid.
MOMENTOUS, *adj.* Cudthromach, toirteil, feumail.
MONACHAL, *adj.* Manachail.

Monachism, s. Beatha-manaich.
Monade, s. Ni neo-fhaicsinneach.
Monarch, s. Àrd-righ.
Monarchial, adj. Àrd rìoghail.
Monarchical, adj. Aon-fhlathach.
Monarchy, s. Aon-fhlathachd.
Monastery, s. Manachainn.
Monastic, adj. Manachail.
Monday, s. Di-luain.
Money, s. Airgead-làimhe.
Moneyed, adj. Airgeadach, beartach.
Moneyless, adj. Gun airgead, bochd.
Monger, s. Fear reic a's ceannaich.
Mongrel, adj. Eadar-dà-ghnè.
Mongrel, s. Beathach-eadar-dà-ghnè.
Monish, v. a. Comhairlich.
Monisher, s. Fear-comhairle.
Monition, s. Earail.
Monitive, adj. Comhairleach.
Monitor, s. Comhairleach.
Monitory, adj. Comhairleach.
Monitory, s. Comhairle.
Monk, s. Manach; (etymo. Math-neach, math and neach.)
Monkey, s. Ap, apa, amadan gòrach.
Monkish, adj. Manachail, aonarach.
Monocular, Monoculous, adj. Leth-shùileach, aon-sùileach.
Monody, s. Òran-mòr.
Monogamy, s. Aon-phòsadh.
Monologue, s. Féin-labhairt.
Monomachy, s. Còmhrag-dithis.
Monopetalous, adj. Aon-duilleagach.
Monopolist, s. Léir-cheannaiche.
Monopolize, v. a. Léir-cheannaich.
Monopoly, s. Léir-chomas-reic.
Monosyllable, s. Facal aon lididh.
Monostich, s. Ochd-rann.
Monotony, s. Aon-ghuthachd.
Monotonous, adj. Aon-ghuthach.
Monster, s. Uile-bheist; ni mi-nà-durrach, ni gràineil; cuis-uabhais.
Monstrous, adj. Mi-nàdurra; fuath-asach, uabhasach, oillteil, sgreat-aidh, gairsinneach.
Monero, s. Curac-mharcachd.
Month, s. Mìos, mì.
Monthly, adj. Mìosach, mìosail.
Monument, s. Barpa, càrn-cuimhne; carragh, leac.
Monumental, adj. Barpail, càrnach.
Mood, s. Suidheachadh; seòl, gleus, dòigh, corraich, fraoch, friodh.
Moody, adj. Feargach, corrach; gruamach, greannach, frionasach, cas, bras, tiamhaidh; trom, mulad-ach, brònach, dubhach.
Moon, s. Gealach, ré, mìos.
Moon-beam, s. Gath-gealaich.
Moon-calf, s. Uile-bheist, burraidh.

Moon-eyed, adj. Ròsp-shuileach.
Moonlight, s. Solus-gealaich.
Moonstruck, adj. Mearanach.
Moor, s. Sliabh mhonadh; càthair, mòinteach; duine-dubh.
Moor, v. Tilg acair; bi acraichte.
Moorhen, s. Cearc-fhraoich.
Mooring, s. Cala, acarsaid.
Moorish, Moory, adj. Sliabhach; mòinteachail, mònadail; mar dhaoine-dubha.
Moorland, s. Sliabh, cathair.
Moose, s. An lòn Americanach.
Moot, v. a. Tagair, connspaidich.
Moot-case or point, s. Cùis-thag-raidh theugamhach.
Mooted, adj. Spìont á bun.
Mop, s. Moibeal, maban, sguab-làir.
Mope, v. n. Bi trom, bi neo-shunnt-ach, bi tùrsach, bi turra-chadalach.
Mope, Mopus, s. Rongaire; aisliniche.
Moppet, Mopsey, s. Fear-brèige; duine-maile; liùbhag.
Moral, adj. Modhannail, beusach, beus-theagasgail.
Moral, s. Modh, modhalachd, beus; dheagh bheus.
Moralist, s. Fear-teagaisg dheagh bheus, fear-beusach.
Morality, s. Deagh beusachd, modh-alachd, subhailcean.
Moralize, v. Dean deagh-bheusach; teagaisg deagh-bheusan.
Moralizer, s. Fear-dheanamh dheagh bheus, fear-teagaisg bheus.
Morals, s. Deagh-bheusan, modh-annan, subhailcean.
Morass, s. Boglach, mòinteach.
Morbid, adj. Euslainteach, galarach.
Morbidness, s. Euslainteachd.
Morbific, adj. Galarach, mi-fhallain.
Morbose, adj. Euslan, galarach.
Mordacious, adj. Beumach; sgobach.
More, adv. Ni's mò, ni bu mhò; tuill-eadh, barrachd, fòs.
More, s. Tuilleadh, barrachd.
Moreover, adv. Os bàrr, a' bharr a thuilleadh, air so.
Morion, s. Clogaid, ceann-bheairt.
Morn, Morning, s. Madainn.
Morose, adj. Gruamach, mùgach.
Moroseness, s. Gruamaiche, mùg-aiche, doirbhe, dùire.
Morphew, s. Leus-mùire, luibhre.
Morris-dance, s. Dàmhs-nan-clag.
Morrow, s. Am màireach.
Morse, s. An t-each-mara.
Morsel, s. Greim, criomag, crioman, mìr, bideag, rud beag.
Mort, s. Iolach séilge.

MORTAL, *adj.* Bàsmhor; bàs-dhualach, marbhtach, sgriosail; daonna, talmhaidh.

MORTAL, *s.* Duine, bith-bàsmhor creutair-talmhaidh.

MORTALITY, *s.* Bàsmhorachd; marbhtachd; nàdur-daonna.

MORTAR, *s.* Aol-tàthaidh; soitheach pronnaidh; gunna-thoirm-shligean.

MORTGAGE, *v. a.* Thoir fearan seachad an geall airgeid.

MORTGAGEE, *s.* Fear-gabhail fearain an geall argeid.

MORTGAGER, *s.* Fear-tabhairt fearain an geall airgeid.

MORTIFICATION, *s.* Grodadh, breothadh; claoidh, doilghios.

MORTIFY, *v.* Claoidh, marbh, thoir bàs; ceannsaich, smachdaich; ìslich, cuir doilghios air; breoth, grod.

MORTISE, *s.* Toll-alpaidh.

MORTMAIN, *s.* Seilbh-beatha.

MORTUARY, *s.* Dìleab do 'n eaglais.

MOSAIC, MOSAICAL, *adj.* A bhuineas do lagh agus do fhrithealadh Mhaois; bhreac-dhualadh air clachan, &c.

MOSCHETO, *s.* Creathlag Innseanach.

MOSQUE, *s.* An eaglais Thurcach.

MOSS, *s.* Mòinteach, mòine; còinneach, coinnteach, liath-sgrath.

MOSSY, *adj.* Mòinteachail, còinneachail, coinnteachail., liathsgrathach.

MOST, *adj.* A's mò, a' chuid a's mò.

MOST, *s.* A chuid a's mò, a' chuid mhòr, a' mhòr chuid.

MOSTLY, *adv.* Mar a's trice, cha mhòr nach, 's beach nach.

MOTE, *s.* Dùradan, smùirnean.

MOTH, *s.* Leòman, raodan, cnuimh.

MOTH-EATEN, *part.* Raodanaite.

MOTHER, *s.* Màthair; deasgann.

MOTHERLESS, *adj.* Gun mhàthair.

MOTHERLY, *adj.* Màithreil; caomh.

MOTHERY, *adj.* Deasgainneach.

MOTHY, *adj.* Leòmanach, raodanach.

MOTION, *s.* Gluasad, car; deò, beatha; siubhal, ceum; tairgse, iarrtas, comhairle.

MOTIONLESS, *adj.* Neo-ghluasadach.

MOTIVE, *s.* Cuspair-gluasaid, aobharbrosnachaidh.

MOTLEY, *adj.* Iom-dhathach, iomghnèitheach, measgaichte.

MOTTO, *s.* Facal-suaicheantais.

MOVE, *v.* Gluais, atharraich, caraich; cuir air ghluasad; cuir iompaidh air, aom gu; feargaich, brosnaich; buair, luaisg; imich, siubhail, triall, bi beò, bi gluasadach.

MOVEABLE, *adj.* So-ghluasad.

MOVEABLES, *s.* Earnais, treathlaich.

MOVELESS, *adj.* Do-ghluasad.

MOVEMENT, *s.* Gluasad, carachadh.

MOVING, *part. adj.* Drùighteach, brònach.

MOULD, *s.* Liathtas; ùir, talamh; molltair, cumadair; dealbh, cruth, cumachd.

MOULD, *v. a.* Dealbh, riochdaich, cùm; lobh, fàs liath.

MOULDER, *v.* Crìon, tionndaidh gu luaithre; fàs 'na d' luaithre.

MOULDERING, *part. adj.* A' tionndadh gu ùir, a' tionndadh gu smùir.

MOULDINESS, *s.* Liathtas.

MOULDING, *s.* Stiom-oire.

MOULDY, *adj.* Air liathadh, liath.

MOULT, *v. a.* Tilg na h-itean.

MOUND, *s.* Tòrr, tom tolm, bruachdhìona, fàl-sgèithe.

MOUNT, *s.* Sliabh, beinn, cnoc.

MOUNT, *v.* Dìrich, streap; cuir air muin eich; sgeadaich, grinnich; èirich suas; leum air muin eich; rach air freiceadan.

MOUNTAIN, *s.* Sliabh, beinn, monadh, cruach, meall, màm, tòrr, àrd, aonach, fireach.

MOUNTAINEER, *s.* Braidheach, Gaèl, fear-slèibhe, fear-monaidh.

MOUNTAINOUS, *adj.* Slèibhteach, beanntach, monadail, garbh.

MOUNTEBANK, *s.* Lighiche-brèige, baoth-cleasaiche.

MOUNTING, *s.* Spàngan-sgeadachaidh.

MOURN, *v.* Caoidh, caoin, guil; bi fo bhròn, dean caoidh, bi tùrsach.

MOURNER, *s.* Fear-bròin, fear-caoidh.

MOURNFUL, *adj.* Brònach, tùrsach, muladach, dubhach, tiamhaidh.

MOURNING, *s.* Bròn, mulad, caoidh, tuireadh, tùrsa, caoineadh, cumha; èideadh-bròin.

MOUSE, *s.* Luch.

MOUSER, *s.* Sealgair-luch.

MOUSE-TRAP, *s.* Càt-cnaige.

MOUSE-EAR, *s.* Lùs-nam-mial.

MOUTH, *s.* Beul, craos; clab.

MOUTH, *v.* Labhair àrd, glaodh, gabh làn beòil; glac 'n ad chraos.

MOUTHFUL, *s.* Lan-beòil; balgum.

MOUTHLESS, *adj.* Gun bheul.

MOW, *v.* Gearr, buain le fàladair; speal, sgud, gearr sìos.

MOW, *s.* Mìr, cruach, tùdan.

MOW-BURN, *s.* Brachadh-dearg.

MOWER, *s.* Spealadair.

MOXA, or MOXO, *s.* Coinnteach Innseannach.

MUCH, *adv.* Mòran, iomadh, ioma.

Much, *s.* Mòran; cŭs ro, glé.

Mucid, *adj.* Sleamhainn, slìobach, ceòthach, àitidh, air liathadh.

Mucidness, *s.* Sleamhnachd, liath-tachd, àiteachd.

Mucilage, *s.* Slamban, sleamhnachd.

Mucilaginous, *adj.* Slambanach, slambach; barragach; sleamhainn.

Muck, *s.* Inneir, mathachadh; æolach, salchar, buachar.

Muck, *v. a.* Mathaich, innearaich.

Muckhill, *s.* Otrach, dùnan, sitig.

Muckiness, *s.* Otrach, salachar, ana-bas, mosaiche.

Muck-worm, *s.* A' chnuimheag-bhuachair, a' chnuimh-aolaich.

Mucky, *adj.* Otrachail, salach.

Mucous, Muculent, *adj.* Ronnach, sglongach, smugach, slamach.

Mucronated, *adj.* Barra-chaol.

Mucus, *s.* Ronn, sglong, sglongaid.

Mud, *s.* Eabar, làthach, poll, clàbar.

Muddiness, *s.* Sal, druaipealachd.

Muddle, *v. a.* Cuir troi' chéile, salaich, truaill; cuir air leth-dhaoraich, dean fròganach, dean sŏganach.

Muddy, *adj.* Salach, drabastach; eabarach; gruamach, dorcha.

Mudsuccer, *s.* Calum-dubh.

Muff, *s.* Mùtan, làmh-bhian.

Muffle, *v.* Ceil, cuir sgàil air, còmhdaich; paisg, trŭs.

Muffler, *s.* Gnùis-bhrat.

Mufti, *s.* Àrd-shagart Turcach.

Mug, *s.* Soitheach òil, cuach, noigean.

Muggish, Muggy, *adj.* Tais, fliuch, àitidh; doilleir, mùgach.

Mughouse, *s.* Taigh leanna, taigh-òil.

Mugwort, *s.* An liath-lŭs, gròban.

Mulatto, *s.* Neach-lachdunn.

Mulberry, *s.* Smeur, maol-dhearc.

Mulct, *s.* Ùbhladh, peanas.

Mule, *s.* Muileid, muilead.

Muller, *s.* Brà-bhleith dhathan.

Mullet, *s.* An cearbanacn.

Mulligrubs, *s.* An greim-moinaich.

Mullock, *s.* Anabas, mosaiche.

Multangular, *adj.* Ioma-chèarnach.

Multifarious, *adj.* Ioma-ghnèith-each, ioma-chùiseach.

Multifidous, *adj.* Iom' earrainneach.

Multiform, *adj.* Ioma-chruthach.

Multiformity, *s.* Ioma chruthachd.

Multilateral, *adj.* Ioma-shliosach.

Multilineal, *adj.* Ioma-shreathach.

Multiloquous, *adj.* Ioma-bhriath-rach, iom'-fhaclach.

Multinominal, *adj.* Iom'-ainmeach.

Multiparous, *adj.* Ioma-ghinteach.

Multipede, *s.* Ioma-chasach.

Multiple, *adj.* Ioma-fillteach.

Multipliable, *adj.* So-mheudachadh.

Multiplicand, *s.* Àireamh a mheud-aichear le àireamh eile.

Multiplication, *s.* Meudachadh.

Multiplicator, *s.* Am meudachair.

Multiplicity, *s.* Iomadachd.

Multiplier, *s.* Fear-meudachaidh.

Multiply, *v. a.* Siolaich, lìonmhor-aich; meudaich.

Multipotent, *adj.* Ioma-chumhachd-ach, ioma-bhuadhach.

Multisonous, *adj.* Ioma-ghuthach.

Multitude, *s.* Mòr-shluagh; cruinn-eachadh, dòmhlachadh.

Multitudinous, *adj.* Iom'-fhillteach.

Multocular, *adj.* Ioma-shùileach.

Multure, *s.* Meilteir, cìs, molltair.

Mum! *interj.* To:d! éisd!

Mum, *s.* Leann cruithneachd.

Mumble, *v.* Dean prondal bruidhne, labhair gu glugach, leth labhair.

Mumbler, *s.* Glugaire, fear mannd-ach, fear-liodach.

Mumm, *v. a.* Dean cluich-chidhis.

Mummer, *s.* Fear-cidhis, chleasaiche.

Mummery, *s.* Balbh-chleasachd.

Mummy, *s.* Corp-spìosraiehte.

Mump, *v. a.* Cagainn; abair gu mann-tach; iarr déirc.

Mumper, *s.* Fear-iarraidh dhéirc.

Mumps, *s* Gruaim, tosd-fhearg, stùrd; stŭirt; an tinneas-plocach.

Mundane, *adj.* Saoghalta, talmhaidh.

Mundanity, *s.* Saoghalachd.

Mundation, *s.* Glanadh, sgùradh.

Mundify, *v. a.* Glan, dean glan.

Munerary, *adj.* Tìodhlacail.

Mungrel, *adj.* Dialoin.

Municipal, *adj.* Comunnach; a bhuineas do bhaile mòr.

Munificence, *s.* Toirbheartas.

Munificent, *adj.* Toirbheartach.

Muniment, *s.* Daingneach, dìdean; dìon, tèarmann; daingneachd-sgrìobhaidh, còraichean, ranntanan bann-sgrìobhte.

Munition, *s.* Daingneach, dìon.

Mural, *adj.* A bhuineas do bhalla.

Murder, *s.* Mort, murt.

Murder, *v. a.* Mort, dean mort.

Murderer, *s.* Mortair, fear-casraidh.

Murderous, *adj.* Mortach, fuilteach.

Muriatic, *adj.* Saillte.

Murk, *s.* Moignean mheas, dorchadas.

Murky, *adj.* Dorcha, doilleir, dubh.

Murmur, *s.* Borbhan, torman, dùrdan, crònan; monmhor, gearan, talach, cànran.

Murmur, *v. a.* Dean borbhan, dean

crònan, dean torman, dean mon-
mhor.
MURMURER, s. Gearanaiche, fear-tal-
aich, fear-cànrain.
MURRAIN, s. Tinneas-dubh na spréidhe.
MURREY, adj. Dù-dhearg, dù-ruadh.
MUSCLE, s. Féith, feith-lùthaidh.
MUSCOSENESS, MUSCOSITY, s. Coinn-
teach, coinneach.
MUSCULAR, adj. Fèitheach, neart-
mhor, stairbeanta, laidir.
MUSE, v. Beachd-smuainich, cnuas-
aich, trom-smuainich.
MUSE, s. Buaidh na bàrdachd; The
muses. A' cheòlraidh.
MUSEUM, s. Taigh-iongantais.
MUSHROOM, s. Ballag-bhuachair.
MUSIC, s. Ceòl, binneas, fonn.
MUSICAL, adj. Ceòlmhor, binn.
MUSICIAN, s. Fear-ciùil.
MUSING, s. Beachd-smuainteachadh.
MUSK, s. Seòrsa, deagh boltraich.
MUSKET, s. Musg, gunna-saighdear.
MUSKETEER, MUSQUETEER, s. Saigh-
dear-musgaide.
MUSKETOON, s. Gearr-ghunna.
MUSKY, adj. Cùbhraidh, boltrachail.
MUSLIN, s. Anart-grinn, péarluinn.
MUSROL, s. Iall-sròine sréine.
MUSSEL, s. Feusgan, clab-dubh.
MUSSULMAN, s. Mahomatanach.
MUST, verb imperf. Feumaidh, feumar,
's éigin, b' éigin, 's fheudar, b'
fheudar, &c.
MUSTACHES, MUSTACHOES, s. Caisean-
feusaig, feusag bil'-uachdair.
MUSTARD, s. Sgeallan.
MUSTER, v. n. Cruinnich, co-chruinn-
ich, truis, tionail.
MUSTER, s. Sealladh airm, feachd-
shealladh; cruinneachadh, feach-
thional buidheann.
MUSTER-MASTER, s. Fear-cruinneach-
aidh shaighdearan.
MUSTER-ROLL, s. Ainm-chlàr feachd.
MUSTINESS, s. Liathtas, àiteachd.
MUSTY, adj. Àitidh, mùsgach, dong-
aidh, liath; trom, lunndach.
MUTABILITY, s. Caochlaidheachd.
MUTABLE, adj. Caochlaidheach.
MUTATION, s. Atharrachadh.
MUTE, adj. Balbh, tosdach, bìth.
MUTE, s. Balbhan, balbh.
MUTELY, adv. Gu tosdach.
MUTENESS, s. Tosdachd, balbhachd.
MUTILATE, v. a. Ciurramaich, gearr
dheth, sguidh deth.
MUTILATION, s. Ciurramachadh.
MUTINE, MUTINEER, s. Fear-ceann-
airc, fear-àr-a mach.

MUTINOUS, adj. Ceannairceach.
MUTINY, v. n. Dean àr-a-mach.
MUTINY, s. Ar-a-mach, ceannairc.
MUTTER, v. Dean dranndan, dean
dùrdan, dean gearain, talaich.
MUTTON, s. Muilt-fheoil; caora.
MUTTON-FIST, s. Garbh-dhòrn-dearg.
MUTUAL, adj. A réir a' chéile, aon-
tachail, mu seach, a bhuineas do
dhithis.
MUTUALITY, s. Co-iasad, coingheall.
MUZZLE, s. Beul; bus-iall, glas-
ghuib.
MUZZLE, v. Bus-iallaich, cuir glas-
ghuib, glomharaich.
MY, pron. poss. Mo, m'.
MYOGRAPHY, s. Féith-eòlas.
MYOLOGY, s. Féith-theagasg.
MYOTOMY, s. Féith-shnasadh.
MYRIAD, s. Àireamh, dheich mìle,
MYRMIDON, s. Ceatharnach-mi-mhoil.
MYRRH, s. Mir, spìosraidh chùraidh.
MYRTLE, s. Miortal, lùs cùbhraidh.
MYSELF, pron. Mi-féin, mise féin.
MYSTAGOGUE, s. Fear leigeadh ris
dìomhaireachd.
MYSTERIOUS, adj. Domhain, dìomhair.
MYSTERIOUSLY, adv. Gu diamhair.
MYSTERIOUSNESS, s. Dìomhaireachd.
MYSTERIZE, v. a. Diamhairich, dorch-
naich, doileirich.
MYSTERY, s. Dìomhaireachd.
MYSTIC, MYSTICAL, adj. Dìomhair,
dorcha, do-thuigsinn.
MYTHOLOGICAL, adj. Faoin-sgeulach.
MYTHOLOGIST, s. Faoin-sgeulaiche.
MYTHOLOGY, s. Faoin sgeulachd ;
eachdraidh nan dia bréige.

N

N, s. Ceathramh litir deug na-
h-aibidil.
NAB, v. a. Grad-ghlac, foill-ghlac.
NADIR, s. Am ball 's isle do'n chruinne.
NAG, s. Each beag ; each òg.
NAIL, s. Ionga ; tarung ; tomhas dhà
òirleich a's cairteal.
NAILER, s. Gobha thàirngnean.
NAKED, adj. Lonmochd ; rùisgte,
nochdaidh, gun arm; soilleir, fosg-
ailte, lom.
NAKEDNESS, s. Nochdachd, luime.
NAME, s. Ainm ; iomradh ; cliù, alla.
NAME, v. a. Ainmich ; goir air ainm.

NAMELESS, a\'j. Neo-ainmeil, gun ainm.
NAMELY, adv. Gu sònràichte.
NAMESAKE, s. Fear-cinnidh, co-ainm.
NANKEEN, s. Seòrsa do dh' aodach canaich.
NAP, s. Dùsal, pràmh; cnap.
NAPE, s. Alt chùl a' mhuineil.
NAPKIN, s. Neapuig, nèapaigin.
NAPLESS, adj. Gun chaitean, lom.
NAPPY, adj. Cobharach, ròmach.
NARABLE, adj. So-aithris.
NARCISSUS, s. Lùs-a'-chroma-chinn.
NARCOTIC, adj. Cadalach, tuainealach, breisleachail.
NARRATE, v. a. Innis, aithris.
NARRATION, NARATIRE, s. Aithris, sgeul, iomradh, tuaireasgeul.
NARRATIVE, adj. Aithriseach, innseach.
NARRATOR, s. Fear-aithris, fear-innsidh, fear-eachdraidh, seanachaidh.
NARROW, adj. Cumhann, aimhleathan, caol, sanntach; spìocach, mosach.
NARROWLY, adv. Gu cumhann.
NARROWMINDED, adj. Sanntach, spìocach, beag-aigneach.
NARROWNESS, s. Cuingead, bochdainn, spìocaireachd.
NASAL, adj. Srònach, glòmach.
NASTILY, adv. Gu salach, gu truaillidh, gu drabasta.
NASTINESS, s. Trustaireachd; drabastachd, draosdachd, salachar.
NASTY, adj. Salach, mosach, truaillidh.
NATAL, adj. Dùthchasach.
NATION, s. Fine, cinneadh, cinneach, sluagh, muinntir, dùthaich, rìoghachd.
NATIONAL, adj. Dùthchasach, dùthchail cinneadail.
NATIVE, adj. Nàdurrach, gnèitheil; dùthchasach, dualach.
NATIVE, s. Dùthchasaiche; plr. Natives. Gnà-mhuinntir.
NATIVITY, s. Breith; tìr-bhreith.
NATURAL, adj. Nàdurrach, nàdurra; gnèitheil; dàimheil, caoimhneil; tlàth, dìolain.
NATURAL, s. Amadan, staid nàduir.
NATURALIST, s. Fear-eòlaich nàdurra.
NATURALIZATION, s. Gabhail a steach coigrich do dhùthaich.
NATURALIZE, v. a. Dean nàdurrach.
NATURALLY, adv. Gu nàdurrach.
NATURALNESS, s. Nàdurrachd.
NATURE, s. Nàdur, gnè, seòrsa; càil; mèinn; an domhan, an cruthachadh; dàimh, nàdurrachd.
NAUGHT, adj. Olc, aingidh, truaillidh, dona, droch.

NAUGHT, s. Neo-ni.
NAUGHTINESS, s. Droch-mhèinn, olcas.
NAUGHTY, adj. Olc, aingidh, dona, truaillidh, crosda, droch.
NAUSEA, s. Togradh gu dìobhairt.
NAUSEATE, v. Sgreataich; cuir sgreat air, gabh sgreat roimh.
NAUSEOUS, adj. Sgreataidh, sgreamhail, déisinneach, gràineil.
NAUSEOUSNESS, s. Sgreamhalachd, deisinneachd, sgreatachd, gràin.
NAUTICAL, adj. Fairgeach, cuanach.
NAVAL, adj. Longach, cabhlachail.
NAVE, s. Cìoch, cuibhle; meadhon eaglais.
NAVEL, s. Imleag; meadhon.
NAVIGABLE, adj. So-sheòladh, domhainn.
NAVIGABLENESS, s. Doimhneachd-uisge.
NAVIGATE, v. a. Seòl, thairis an luing.
NAVIGATION, s. Maraireachd, sgoilmhara.
NAVIGATOR, s. Maraiche, sgoilearmara.
NAVY, s. Cabhlach, luingeas-chogaidh.
NAY, adv. Ni-h-eadh, cha n-è.
NEAF, s. Dòrn.
NEAL, v. a. Dean tais no cruaidh le blàthas teine; adhairt.
NEAP-TIDE, s. Conn-tràigh.
NEAR, NEARLY, adv. Fagus, faisg, aig làimh, dlù; an dàimh, an cleamhnas.
NEAR, adj. Faisg, dlù, fagus, teann; dàimheil, dlù o; gann, spìocach.
NEARNESS, s. Fagusachd, dlùthachd, faisgeachd; dàimh, dìlseachd; gainne, spìocaireachd, gortachd.
NEAT, adj. Snasmhor, grinn, cuimir.
NEATLY, adv. Gu snasmhor.
NEATNESS, s. Snasmhorachd, grinneas, sgiultachd.
NEB, s. Gob eoin, beul.
NEBULOUS, adj. Neulach, ceòthach.
NECESSARIES, s. Feumalachd, goireas.
NECESSARY, adj. Feumail, goireasach; dualach, neo-sheachanta.
NECESSARY, s. Taigh-fuagairt.
NECESSITATE, v. a. Éignich.
NECESSITATION, s. Éigneachadh.
NECESSITOUS, adj. Aimbeartach.
NECESSITUDE, s. Aimbeart, gainne.
NECESSITY, s. Airc, éigin, aimbeart, do-sheachnaidheachd; dàn.
NECK, s. Muineal, amhach.
NECKCLOTH, s. Éideadh muineil.
NECKED, adj. Muinealach, sgòrnanach.
NECKLACE, s. Usgar-bràgaid, seudmuineil; paidearan.

NECROMANCER, *s.* Taracadair, fios-aiche, fàidh draoidh.

NECROMANCY, *s.* Taracandachd, drùidheachd, fiosachd.

NECROMANTIC, *adj.* Fiosachdail.

NECTAR, *s.* Deoch mhilis nan dia bréige.

NECTAREOUS, NECTARINE, *adj.* Milis, mar dheoch nan dée bréige.

NECTARINE, *s.* Seòrsa plùmbais.

NECTARY, *s.* Cuach-mhile nam flùran.

NEED, NEEDINESS, *s.* Dìth, feum, easbhuidh, airc.

NEED, *v.* Feum; bi a dhìth, bi feum-ach.

NEEDFUL, *adj.* Feumach, bochd, truagh, ainniseach.

NEEDLE, *s.* Snàthad; bior-gréisidh dealg na cairt-iùil.

NEEDLEMAKER, *s.* Gobha-shnàthad.

NEEDLEWORK, *s.* Obair-ghréis.

NEEDLESS, *adj.* Gun fheum, dìomhain.

NEEDS, *adv.* Feumaidh, 's éigin.

NEEDY, *adj.* Bochd, ainniseach, feum-ach, dòghlum.

NEFARIOUS, *adj.* Ro-aingidh, mall-aichte, uamhar, gràineil, fuathas-ach.

NEGATION, *s.* Diùltadh, àicheadh.

NEGATIVE, *adj.* Diùltach, àicheanach.

NEGATIVE, *s.* Am facal, àicheadh, cha, ni.

NEGATIVELY, *adv.* Gu h-aicheadhach.

NEGLECT, *v. a.* Dean, dearmad; cuir suarach, dean tàir, cuir an neo-shùim.

NEGLECT, *s.* Dearmad; dìmeas, tàir, neo-shùim, mi-chùram.

NEGLECTFUL, *adj.* Dearmadach, neo-chùramach; dìmeasach, neo-shuim-eil.

NEGLIGENCE, *s.* Dearmadachd.

NEGLIGENT, *adj.* Dearmadach, neo-aireil, mi-chùramach.

NEGOTIATE, *v. n.* Dean gnothach, thoir gu buil, thoir gu h-ìre.

NEGOTIATION, *s.* Co-ghnothach, cùmhnant, socrachadh.

NEGRO, *s.* Duine-dubh.

NEIGH, *s.* Guth eich, sitir,

NEIGH, *v. n.* Dean sitir, dean sitrich.

NEIGHBOUR, *s.* Nàbaidh, coimhears-nach.

NEIGHBOUR, *adj.* Coimhearsnachail, nàbaidheach, dlù.

NEIGHBOURHOOD, *s.* Nàbaidheachd, coimhearsnachd; luchd-coimhears-nachd.

NEIGHBOURLY, *adj.* Coingheallach, càirdeil.

NEITHER, *conj.* Cha, cha mhò, cha-n e, ni mò, ni h-è, &c.

NEMORAL, *adj.* Badanach, doireach.

NEOTERIC, *adj.* Ùr, nodha, nuadh.

NEPHENTHE, *s.* Iocshlaint leigheis nan uile phian, &c.

NEPHEW, *s.* Mac peathar na bràthar.

NEPHRETIC, *adj.* Àirneach; leigheas-ach air a' ghalar-fhuail.

NERVE, *s.* Féith-mhothachaidh.

NERVE, *v. a.* Neartaich, lùghaich, spionntaich.

NERVELESS, *adj.* Gun lùgh, gun bhrì, gun seadh, gun bhladh.

NERVOUS, NERVY, *adj.* Mion-mhoth-achail, féitheach; neartmhor, lùgh-mhor.

NERVOUSNESS, *s.* Féith-laigseachd.

NESCIENCE, *s.* Ain-fhios, aineolas.

NEST, *s.* Nead; còs, còmhnaidh.

NEST-EGG, *s.* Ubh-nid.

NESTLE, *v. n.* Neadaich, crùb sìos, gabh fasgadh, laidh clùth; cuir an nead, cuir an còs; eiridnich.

NESTLING, *s.* Isean, eun òg 's an nead.

NET, *s.* Lìon, eangach, ribe.

NETHER, *adj.* Ìochdrach; ifrinneach.

NETHERMOST, *adj.* A's ìochdraiche.

NETTING, *s.* Obair-lìn, lìon-obair.

NETTLE, *s.* Feanntag, deanntag.

NETTLE, *v. a.* Brosnaich, feargaich.

NEVER, *adv.* Gu bràth, gu suthainn, gu dilinn, a chaoidh; riamh, am feasd: "*cha-n* fhaic mi *gu bràth* e, *cha-n* fhaca mi *riamh* e."

NEVERTHELESS, *adj.* Gidheadh.

NEUROTOMY, *s.* Gearradh-fhéithean.

NEUTER, NEUTRAL, *adj.* Neo-phàirt-each, nach buin do thaobh seach taobh.

NEUTRALITY, *s.* Neo-phàirteachd.

NEW, *adj.* Ùr, nuadh; annasach.

NEWFANGLED, *adj.* Mùirneach mu annasaibh, no fasanan ùra.

NEWISH, *adj.* Breac-ùr, a leth char ùr.

NEWLY, *adv.* Gu h-ùr gu h ùrail.

NEWNESS, *s.* Ùrachd, nuadhachd.

NEWS, *s.* Naidheachd, ùr-sgeul.

NEWSMONGER, *s.* Fear-naidheachd.

NEWSPAPER, *s.* Litir-naidheachd.

NEWT, *s.* Arc-luachrach bheag.

NEXT, *adj.* A's faisge, a's dlù, an ath.

NEXT, *adv.* Anns an ath àite; a rithist, an déigh sin.

NIB, *s.* Gob eoin, rinn snàthaid.

NIBBED, *adj.* Gobach, srònach.

NIBBLE, *v.* Spiol, creim, teum, tiolp.

NICE, *adj.* Poncail, faicilleach, eag-naidh; eagallach, fiamhach, amharus-ach; grinn, innealta; duilich, deacair; aralach, blasda; àluinn, taitneach.

NICENESS, s. Eagnaidheachd, poncalachd, aralachd.

NICETY, s. Poncalachd; grinneas, innealtachd; cùram, faieilleachd; mùirn, mùirnealachd.

NICHE, s. Oisinn, cùil, fròg.

NICK, s. An ceart àm; eag.

NICK, v. a. Amais, buail dìreach; eagaich; thoir an car, meall.

NICKNAME, s. Frith-ainm, far-ainm, leth-ainm, aithnisg.

NICKNAME, v. Thoir frith-ainm.

NIECE, s. Nighean bràthar no peathar.

NIGGARD, s. Spìocaire, fìneag.

NIGGARD, NIGGARDLY, adj. Spìocach, mosach, cruaidh, gann, gortach, sanntach, lom.

NIGGARDISH, adj. A leth-char spìocach, rud eigin cruaidh.

NIGGARDLINESS, s. Spìocaireachd.

NIGH, NIGHLY, adv. Fagus do, goirid o, làimh ri, dlù, an taice.

NIGHT, s. Oidhche, dorchadas.

NIGHTCAP, s. Currac-oidhche.

NIGHTDEW, s. Braon-oidhche.

NIGHTDRESS, s. Eideadh-oidhche.

NIGHTFIRE, s. Teine-fionn, teine-sionnachain, teine-bianain.

NIGHTINGALE, s. An spìdeag.

NIGHTLY, adv. Gach oidhche.

NIGHTMAN, s. Fear-cartaidh.

NIGHTMARE, s. An trom-lighe.

NIGHTSHADE, s. Lùs-na-h-oidhche.

NIGHTWARBLING, s. Ceilleireachd-oidhche, canntaireach-oidhche.

NIGHTWATCH, s. Faire na h-oidhche.

NIGRESCENT, adj. A' fàs dorcha, dorganta, dubh.

NIMBLE, adj. Luath, lùghmhor, clis.

NIMBLEFOOTED, adj. Lùgh-chasach.

NIMBLENESS, s. Luaths, clise.

NINE, adj. Naodh, naoidh, naoi.

NINEFOLD, s. Naoidh-fillte.

NINETEEN, adj. Naoidh-deug.

NINETY, adj. Ceithir fichead 's a deich, naoidheanna. Ir.

NINNY, NINNYHAMMER, s. Leth-chiallach, baothbhallan, amadan.

NINTH, adj. An naodhamh.

NINTHLY, adv. Anns an naodhamh àite.

NIF, v. a. Spiol, pioc, teum, thoir greim á.

NIP, s. Bid, bideag, gòmag; osag, onfhadh; beum.

NIPPERS, s. Turcais; greimiche.

NIPPLE, s. Sine; ceann na cìche.

NIT, s. Sneagha, sneamh.

NITID, adj. Soilleir, boillsgeach, dèarsach, soillseach.

NITRE, s. Mear-shalunn.

NITROUS, adj. Mear-shailt.

NITTY, adj. Sneaghach.

NIVAL, adj. Sneachdach, làn sneachda.

NIYEOUS, adj. Sneachdaidh, sneachdagheal; geal mar shneachda.

NIZY, s. Gurraiceach, tamhasg.

NO, adv. Ni, cha, cha n-e; cha n-ann, cha n-eil, ni h-eadh, &c.

NO, adj. Air bith, neach sam bith, aon, sam bith.

NOBILITY, s. Àrd-uaisleachd, àrd-uaislean; maithean, mòr-uaislean; àrd-urram, mòrachd.

NOBLE, adj. Uasal, flathail; mòr, àrd, allail, urramach; fiùghantach, fial.

NOBLE, s. Ard-uasal, morair, flath.

NOBLEMAN, s. Ard-dhuin-uasal morair, maith; plur. Maithean.

NOBLENESS, s. Ard-uaisleachd, flathalachd, fiallach.

NOBLESSE, s. Mòr-uaislean.

NOBLY, adv. Gu mòrdha, gu h-allail.

NOBODY, s. Aon, a h-aon, aon air bith, neach, neach sam bith: (preceded by a negative in the sentence.)

NOCENT, NOCIVE, adj. Ciontach, coir-each; cronail, aimhleasach, dochannach, ciùrrail.

NOCTAMBULIST, s. Coisiche-cadail, fear a bhios a' coiseachd 'na chadal.

NOCTUARY, s. Cunntas-oidhche.

NOCTURN, s. Cràbhadh-oidhche.

NOCTURNAL, adj. Oidhcheach.

NOD, v. Aom, claon; crith, crithich; lùb, crom, dean cromadh cinn; dean turra-chadal.

NODDLE, s. Claigeann gun chiall.

NODDY, NOODLE, s. Buamasdair, burraidh, bàirisg, ùmaidh.

NODE, s. Meall, cnap, snaim.

NODOUS, adj. Cnapanach, meallanach.

NOGGIN, s. Noigean, gogan.

NOISE, s. Fuaim, farum, tartar, toirm, torman; glaodh, gleadhar, sgread, iolach, gàir; buaireas.

NOISELESS, adj. Neo-fhuaimneach.

NOISINESS, s. Fuaimneachd, farum-achd, gleadhrachd, tartarachd, bruidhneachd.

NOISOME, adj. Cronail, ciurrail, aimhleasach; neo-fhallain; sgreataidh, sgreamhail, dèisinneach.

NOISY, adj. Fuaimneach, farumach, tartarach, gleadhrach, buaireasach.

NOLITION, s. Aindeonachd, aindeoin.

NOMBLES, s. Grealach féigh.

NOMENCLATOR, s. Fear toirt ainmean.

NOMENCLATURE, *s.* Facalair-ainm.

NOMINAL, *adj.* Ainmeach, fo ainm.

NOMINATE, *v. a.* Gairm air 'ainm.

NOMINATION, *s.* Còir ainmeachaidh.

NOMINATIVE, *s.* (*in grammar.*) Ainm-fhacal.

NOMINEE, *s.* Neach-ainmichte.

NONAGE, *s.* Òg-aois, aois-leanabais.

NON-APPEARANCE, *s.* Neo-theachd-an-lathair.

NON-COMPLIANCE, *s.* Diùltadh.

NON-CONFORMIST, *s.* Fear-aicheadh a' chreidimh shuidhichte.

NONCONFORMITY, *s.* Neo-aontachd.

NONDESCRIPT, *adj.* Neo-shloinnte.

NONE, *adj.* Aon, neach, ni, neach sam bith, ni sam bith ; a' bheag.

NONENTITY, *s.* Neo-bhith.

NONESUCH, *s.* Ainm ubhail àraidh.

NONEXISTENCE, *s.* Neo-bhitheachd.

NONJUROR, *s.* Fear-diùltaidh mhionn-an do 'n righ dhligheach.

NONPAREIL, *s.* Barrachd, òirdheirceas, meanbh-litir clò-bhualaidh.

NONPLUS, *s.* Iomacheist.

NONPLUS, *v. a.* Cuir an iomacheist.

NONRESIDENT, *s.* Fear á dhùthaich féin, fear o'n bhaile.

NONRESIDENT, *adj.* Neo-chòmhnaidh-each, neo-thàmhach.

NONRESISTANCE, *s.* Làn-ghéill.

NONRESISTANT, *adj.* Làn-ghéilleach.

NONSENSE, *s.* Neo-sheadh, bòilich.

NONSENSICAL, *adj.* Neo-sheadhach.

NONSPARING, *adj.* Neo-thròcaireach.

NONSUIT, *v. a.* Cuir stad air cùis lagha.

NOOK, *s.* Cùil, oisinn, cèarn.

NOON, *s.* Ard-mheadhon-latha.

NOONDAY, NOONTIDE, *s.* Nòin, meadh-on-latha, àird' an làtha.

NOOSE, *s.* Lùb-ruithe, snaim-ruithe.

NOOSE, *v. a.* Snaim, rib, cuir an sàs.

NOR, *conj.* No, ni mò, ni's mò, n'as mò, cha mhò.

NORMAL, *adj.* Riaghailteach.

NORTH, *s.* An àirde-tuath ; tuath.

NORTHERLY, NORTHERN, NORTHWARD, *adj.* Tuathach, tuath, á tuath.

NORTHEAST, *s.* An àird' an ear-thuath.

NORTHSTAR, *s.* Reull na h-àirde tuath.

NORTHWARD, *adv.* Mu thuath.

NORTHWEST, *s.* An àird' an iar-thuath.

NORTHWIND, *s.* A' ghaoth á tuath.

NORWEGIAN, *s.* and *adj.* Lochlunnach.

NOSE, *s.* Sròn ; fàile, sicireachd.

NOSE, *v.* Srònaisich, gabh fàile.

NOSEGAY, *s.* Giobag bhlàth-luibhean.

NOSSLE, *s.* Rinn-a-mach, iomal.

NOSOLOGY, *s.* Eòlas, ghalaran.

NOSTRIL, *s.* Cuinnean, pollair.

NOSTRUM, *s.* Leigheas dìomhair.

NOT, *adv.* Cha, ni, cha-n é, ni h-eadh.

NOTABLE, *adj.* Ainmeil, sònraichte.

NOTABLENESS, *s.* Ainmealachd.

NOTARY, *s.* Nòtair, fear-lagha.

NOTATION, *s.* Pùngachadh, cur sìos.

NOTCH, *s.* Eag, gàg, peasg.

NOTE, *s.* Comharradh ; fios, aire ; imbhe, cliù, iomradh ; mì-chliù, tàir ; pong-chiùil ; cuimhneachan ; litir bheag ; bann, bann-sgrìobhte ; mìneachadh.

NOTE, *v. a.* Comharraich, cuir sìos, thoir fainear, beachdaich.

NOTED, *part.* Ainmeil, sònraichte.

NOTEDNESS, *s.* Ainmealachd.

NOTELESS, *adj.* Neo-ainmeil.

NOTHING, *s.* Neo-ni, dad, sìon.

NOTHINGNESS, *s.* Neo-nitheachd.

NOTICE, *s.* Aire, beachd ; fios, sanas.

NOTICE, *v. a.* Beachdaich, thoir fain-ear, thoir an aire.

NOTIFICATION, *s.* Cur-an-céill.

NOTIFY, *v. a.* Cuir an céill, foillsich.

NOTION, *s.* Breithneachadh, smuain.

NOTIONAL, *adj.* Inntinneach, beachd-ach.

NOTORIETY, *s.* Fiosrachadh follais-each.

NOTORIOUS, *adj.* Comharraichte ainmeil, suaicheanta.

NOTORIOUSNESS, *s.* Allail.

NOTT, *v. a.* Gearr, bearr, lomair.

NOTWITHSTANDING, *conj.* Gidheadh.

NOTUS, *s.* A' ghaoth á deas.

NOUGHT, *s.* Neo-ni.

NOUN, *s.* Ainm, ainm-ni.

NOURISH, *v. a.* Àraich, tog, eiridnich

NOURISHABLE, *adj.* So-àraich, so-thogail, so-bheathachadh.

NOURISHMENT, *s.* Beathachadh, àrach.

NOVATION, *s.* Nuadhachadh, mùth-adh, atharrachadh.

NOVEL, *adj.* Nuadh, annasach, ùr.

NOVELIST, *s.* Ùr-sgeulaiche.

NOVELTY, *s.* Ùrachd, annas.

NOVEMBER, *s.* Ceud-mhìos a' gheamh-raidh.

NOVERCAL, *adj.* Muimeach.

NOVICE, *s.* Neach neo-theòma, neach aineolach, ùr-chreideach.

NOVITIATE, *s.* Ùr-thoiseach.

NOVITY, *s.* Urachd, annas.

NOW, *adv.* A nise, an dràsta, an ceart-uair', 's an àm so, 'sa' cheart àm, air an uair.

NOWADAYS, *adv.* Anns na làithibh so.

NOWHERE, *adv.* An àite sam bith : *with a preceding negative.*

Nowise, ad. Idir, air dòigh sam bith: requiring a negative to precede.

Noxious, adj. Ciurrail, cronail, dochannach; neo-fhallain.

Noxiousness, s. Dochannachd, neofhallaineachd.

Nozle, s. Smeachan, bus, gnos.

Nubble, v. a. Spuaic, dean brùite.

Nubiferous, adj. Neulach.

Nubilate, v. a. Neulaich, dorchaich.

Nubile, adj. Infhir, aig aois pòsaidh.

Nuciferous, adj. Cnòdhach, cnùdhach.

Nucleus, s. Eitean, mathair-iongarach.

Nudation, s. Lomadh, rùsgadh.

Nude, adj. Lom, rùisgte, lomnochd.

Nudity, s. Lom, nochdachd, luime.

Nugacity, Nugality, s. Gusgul, briot, pronna-ghlòir.

Nugatory, adj. Faoin, diamhain, baoth, gun fhiù.

Nuisance, s. Trustaireachd, salachar.

Null, s. Ni gun fheun, gun stàth.

Null, adj. Neo-stàthach, gun fheum.

Nullity, s. Neo-thairbh; neo-bhìth.

Numb, adj. Fuar-rag, rag le fuachd.

Numb, v. a. Meilich, ragaich le fuachd.

Number, v. a. Àir, cunnt, dean suas.

Number, s. Mòran, iomadh; iomadaidh àireamh, cunntas, uimhir, uibhir; fonn, rannachd.

Numberer, s. Fear-àireamh.

Numberless, adj. Gun-àireamh.

Numbness, s. Marbh-fhuachd.

Numerable, adj. So-àireamh.

Numeral, adj. Àireamhach.

Numerary, adj. A bhuineas do dh' àireamh.

Numeration, s. Àireamhachadh.

Numerator, s. Fear-àireamh.

Numerical, adj. Àireamhail.

Numerist, s. Uaimhiriche.

Numerous, adj. Lìonmhor, iomadaidh, iomadach.

Nummary, adj. Airgeadach.

Numskull, s. Ploc-cheann, amadan.

Nun, s. Cailleach-dhubh, piutharbhochd; tè aonaranach.

Nunchion, s. Biadh-eadar-dha-thràth.

Nuncio, s. Teachdaire o'n Phàpa.

Nuncupative, Nuncupatory, adj. A chuireas an céill gu follaiseach, le càinnt beoíl.

Nunnery, s. Cill chailleacha-dubha.

Nuptial, adj. A bhuineas do phòsadh.

Nuptials, s. Pòsadh, banais.

Nurse, s. Banaltrum, bean-eiridnidh.

Nurse, v. a. Altrum, àraich, eiridnich.

Nursery, s. Gàradh-altrum; seòmar-altrum, seòmar cloinne.

Nursing, s. Banaltrumachd.

Nursling, s. Dalta, bann-dalta.

Nurture, s. Àrach, teachd-an-tìr, lòn, oilean; fòghlum.

Nurture, v. a. Àraich, tog suas, teagaisg, fòghlum, ionnsaich.

Nustle, v. a. Caidrìch; cniadaich.

Nut, s. Cnò, cìoch cuibhle.

Nutation, s. Clisgeadh, oilt-chrith.

Nutgall, s. Am buicean-daraich.

Nutmeg, s. A' chnò-mheannt.

Nutrication, s. Seòl-beathachaidh.

Nutricious, Nutritive, adj. Beathachail, àrachail.

Nutriction, s. Buaidh-àraich.

Nutriment, s. Beathachadh, lòn.

Nutrimental, adj. Beathachail, biadhar, àrachail.

Nutriture, s. Biadhadh, beathachadh, àrach.

Nut-tree, s. Craobh-chnò.

Nuzzle, v. a. Falaich do cheann mar ni leanabh.

Nymph, s. Ban-dia nan coilltean, ainnir, rìbhinn, maighdean.

O

O, s. Cùigeamh litir deug na h-aibidil.

O! interjection. O! a!

Oaf, s. Amadan, ùmaidh, ònaid.

Oafish, adj. Baoth, amadanach.

Oafishness, s. Baoghaltachd.

Oak, s. Darag, darach.

Oakapple, s. Cnò-dharaich.

Oaken, adj. Daraich, do dharach.

Oakling, s. Òg-dharach.

Oakum, s. Calcas.

Oar, s. Ràmh, suaibe.

Oar, v. Iomair, dean iomaradh.

Oatcake, s. Bonnach-coirce.

Oaten, adj. Corcach, coirceach, coirce.

Oath, s. Mòid, boid, mionnan.

Oath-breaking. s. Eitheach.

Oatmalt, s. Braich-choirce.

Oatmeal, s. Min-choirce.

Oats, s. Corc, coirc, coirce.

Obambulation, s. Coiseachd mu'n cuairt, cuairt-iomachd.

Obconical, adj. Bonna-chaol.

Obcordate, adj. Air cumadh cridhe.

Obduce, v. a. Còmhdaich, thairis.

Obduction, s. Còmhdachadh.

OBDURACY, *s.* Cruas-cridhe, neo-aithreachas, rag-mhuinealas.

OBDURATE, *adj.* Cruaidh-chridheach, rag-mhuinealach, neo-aithreachail.

OBDURATION, OBDURATENESS, *s.* Rag-mhuinealas, cruas-cridhe.

OBDURATELY, *adv.* Gu neo-gheilleach, gu neo-umhailte.

OBEDIENCE, *s.* Ùmhlachd, géill.

OBEDIENT, *adj.* Ùmhal, so riaghladh.

OBEDIENTIAL, *adj.* Ùmhlachdail.

OBEISANCE, *s.* Fàilte, ùmhlachd, beic.

OBELISK, *s.* Carragh-chrasgach, an comharradh so (†) air marbhan leabhair.

OBERATION, *s.* Siubhal-seacharain.

OBESE, *adj.* Reamhar, meath, cullach.

OBEY, *v. a.* Strìochd, géill, freagair.

OBIT, *s.* Falair, alair.

OBITUARY, *s.* Clàr-innsidh nam marbh.

OBJECT, *s.* Cuspair, ni, cùis, crìoch.

OBJECT, *v. a.* Cuir an aghaidh, diùlt.

OBJECTION, *s.* Cunnuil; cur an aghaidh, tagradh ; fàth-gearain, coire, talach.

OBJECTIVE, *adj.* Cuspaireach, cùiseach.

OBJECTOR, *s.* Fear-diùltaidh.

OBJURATION, *s.* Bòid-cheangail.

OBJURGATE, *v. a.* Cronaich, trod.

OBJURGATION, *s.* Achmhasan, trod.

OBJURGATORY, *adj.* Achmhasanach.

OBLATION, *s.* Tabhartas, ìobairt.

OBLIGATION, *s.* Ceangal, còir, dleasanas; cùmhnant; comain.

OBLIGATORY, *adj.* Ceangaltach, cùmhnantach, comaineach.

OBLIGE, *v. a.* Cuir mar fhiachaibh air, thoir air ; cuir fo chomain, cuir comain air.

OBLIGEE, *s.* Neach fo-chomain.

OBLIGING, *adj.* Coingheallach, suairce.

OBLIQUE, *adj.* Neo-dhìreach, siar.

OBLIQUENESS, OBLIQUITY, *s.* Fiaradh, siaradh, camadh, cromadh; claonadh, cluaintearachd.

OBLITERATE, *v. a.* Dubh a mach, mill.

OBLITERATION, *s.* Dubhadh ás, milleadh.

OBLIVION, *s.* Di-chuimhne ; mathanas.

OBLIVIOUS, *adj.* Dì-chuimhneach.

OBLONG, *adj.* Cruinn-fhada.

OBLOQUY, *s.* Coire, cùl-chainnt, masladh.

OBMULESCENCE, *s.* Balbhachd.

OBNOXIOUS, *adj.* Buailteach do.

OBNUBLIATE, *v. a.* Dorchaich, neulaich, dubharaich.

OBOLE, *s.* Deich gràinean.

OBREPTION, *s.* Feath-laidhe, eun-laidhe.

OBSCENE, *adj.* Draosda, drabasda, neo-ghlan truaillidh, salach; déisinneach, sgreataidh.

OBSCENITY, *s.* Draosdachd, drabasdachd, neo-ghlaine.

OBSCURATION, *s.* Doilleireachd, duirche.

OBSCURE, *adj.* Dorcha, doilleir, dubharach ; uaigneach, falaichte; deacair, dìomhair ; neo-ainmeil.

OBSCURE, *v. a.* Dorchaich, doilleirich, neulaich ; ceil, falaich ; sgàilich, dean deacair.

OBSCURENESS, OBSCURITY, *s.* Duirche, doilleireachd ; uaigneas ; deacaireachd, doirbheachd.

OBSECRATION, *s.* Achanaich.

OBSEQUIES, *s.* Bròn-tiodhlaicidh.

OBSEQUIOUS, *adj.* Ùmhal, strìochdail.

OBSEQUIOUSNESS, *s.* Strìochdalachd.

OBSERVABLE, *adj.* So-fhaicinn, comharraite ; soillir.

OBSERVABLY, *adv.* Gu comharraite.

OBSERVANCE, *s.* Modh, urram, ùmhlachadh ; aoradh, gnà-aoradh ; aire, faicill, cùram; riaghailt; spéis, meas.

OBSERVANT, *adj.* Aireil, faicilleach, cùramach ; spéis-thabhartach.

OBSERVATION, *s.* Beachd, beachdachadh, dearcadh, aire, toirt-fainear ; sealladh, amharc; fiosrachadh; deasghnàthachadh, frithealadh.

OBSERVATOR, OBSERVER, *s.* Fear-amhairc, fear-aire, fear-coimheid, fear-beachdachaidh.

OBSERVATORY, *s.* Taigh-amhairc reull.

OBSERVE, *v.* Beachdaich, seall, amhairc ; thoir fainear, fiosraich ; fritheil, faic ; bi air t' fhaicill.

OBSESSION, *s.* Séisd, séisdeadh.

OBSOLETE, *adj.* A cleachdadh.

OBSTACLE, *s.* Grabadh, bacadh, cnapstarra ; ball-toirmisg.

OBSTINACY, *s.* Rag-mhuinealas.

OBSTINATE, *adj.* Ceann-laidir, rag.

OBSTINATELY, *adv.* Gu reasgach.

OBSTINATENESS, *s.* Rag-mhuinealachd, Rag-mhuinealas.

OBSTIPATION, *s.* Dunadh suas.

OBSTREPEROUS, *adj.* Gleadhrach.

OBSTRICTION, *s.* Daingneachadh, bann.

OBSTRUCT, *v. a.* Bac, dùin suas.

OBSTRUCTION, *s.* Ceap-starra, bacadh ; ball-toirmisg.

OBSTRUCTIVE, *adj.* Grabach, amlach.

OBSTRUENT, *adj.* Grabanta, éiseil.

OBSTUPEFACTION, *s.* Tuaineulachd.

OBTAIN, *v. a.* Buannaich, coisinn, faigh ; mair, buanaich ; bi seasmhach.

OBTAINABLE, *adj.* So-fhaotainn.

OBTAINMENT, *s.* Buannachadh, coanadh, faotainn.

OBTEMPERATE, *v. a.* Strìochd, géill.

OBTEND, *v. a.* Cuir an aghaidh, cum a mach.

OBTENEBRATION, *s.* Dorchadas, duibhre, doillearachd.

OBTENTION, *s.* Cur an aghaidh.

OBTEST, *v.* Aslaich, guidh, grìos.

OBTESTATION, *s.* Aslachadh, griosad.

OBTRECTATION, *s.* Cùl-chàineadh.

OBTRUDE, *v. a.* Rach gun chuireadh.

OBTRUDER, *s.* Sgimilear.

OBTRUSION, *s.* Sgimilearachd.

OBTRUSIVE, *adj.* Sgimilearach.

OBTUND, *v. a.* Maolaich; lagaich.

OBTUSE, *adj.* Maol, neo-gheur; clod-cheannach, marbhanta, troma-cheannach.

OBTUSELY, *adv.* Gu roinn, maol.

OBTUSENESS, *s.* Maoile, neo-gheire.

OBTUSION, *s.* Maoladh.

OBVERSE, *adj.* Air a bheul-fodha.

OBVERT, *v. a.* Tionndaidh chuige.

OBVIATE, *v. a.* Thig 'san rathad, bac, grab, coinnich.

OBVIOUS, *adj.* Soilleir, furasda; réidh.

OBVIOUSNESS, *s.* Soilleireachd.

OCCASION, *s.* Tuiteamas, tachartas, cothrom, fàth, àm; aobhar; feum.

OCCASION, *v. a.* Aobharaich, tàrmaich; thoir mu'n cuairt.

OCCASIONAL, *adj.* Tachartach, air uairibh, tuiteamach.

OCCASIONALLY, *adv.* An dràsd, 's a rithist, air uairibh.

OCCIDENT, *s.* An iar, an airde 'n iar.

OCCIDENTAL, OCCIDUOUS, *adj.* Iar, siar, iarach.

OCCIPUT, *s.* Cùl a' chinn.

OCCLUDE, *v. a.* Dùin suas.

OCCULT, *adj.* Dìomhair, falaichte.

OCCULTATION, *s.* Reull-fhalach.

OCCULTNESS, *s.* Dìomhaireachd.

OCCUPANCY, *s.* Séilbh-ghabhail.

OCCUPANT, *s.* Fear-sealbhachaidh.

OCCUPATE, *v. a.* Gabh séilbh.

OCCUPATION, *s.* Sealbh-ghlacadh; obair, dreuchd, ceaird, gnothach.

OCCUPIER, *s.* Fear-séilbhe, sealbhadair.

OCCUPY, *v.* Gabh sealbh, séilbhich, gléidh; saoithrich, gnàthaich, caith; lean; cuir gu buil.

OCCUR, *v. n.* Thig 's a chuimhne; thig 's an rathad; tachair.

OCCURRENCE, *s.* Tachartas, tuiteamas.

OCCURSION, *s.* Co-bhuille, co-bhual-adh.

OCEAN, *s.* Cuan, lear, fairge, muir, aibheis.

OCELLATED, *adj.* Sùileach, coltach ri sùil.

OCHRE, *s.* Ruadh-chailc, cailc-dhatha.

OCHREOUS, *adj.* Ruadh-chailceach.

OCTAGON, *s.* Ochd-shlisneag.

OCTAGONAL, *adj.* Ochd-chearnach.

OCTANGULAR, *adj.* Ochd-oisinneach.

OCTAVO, *adj.* Ochd-dhuilleagach.

OCTENNIAL, *adj.* Ochd-bhliadhnach.

OCTOBER, *s.* Mios deireannach an fhoghair.

OCTONOCULAR, *adj.* Ochd-shùileach.

OCTOPETALOUS, *adj.* Ochd-bhileach.

OCTUPLE, *adj.* Ochd-fhillteach.

OCULAR, *adj.* Fo'shealladh sùl.

OCULIST, *s.* Léigh-shùl, sùil-léigh.

ODD, *adj.* Còrr, gàbhaidh, neònach, ioghantach; sònraichte.

ODDITY, *s.* Neònachas, neach iong-antach, annas.

ODDNESS, *s.* Còrr, neo-ghnàthachd.

ODDS, *s.* Barrachdas; lamh an uachd-ar; tuasaid, sabaid, carraid.

ODE, *s.* Duanag, luinneag, rann.

ODIOUS, *adj.* Fuathmhor, gràineil.

ODIOUSNESS, *s.* Fuathmhorachd.

ODIUM, *s.* Fuath, gamhlas, coire.

ODORIFEROUS, *adj.* Cùbhraidh.

ODOROUS, *adj.* Boltrachail, cùbhraidh.

ODOUR, *s.* Cùbhraidheachd, bòladh.

OECUMENICAL, *adj.* Coitcheann.

OEILIAD, *s.* Priobadh, caogadh.

O'ER, *adv.* contracted from *over.* Thall.

OF, *prep.* De dhe, a; o; mu, mu dhéibhinn; à, as; am measg.

OFF, *adv.* Dheth; as; air cùl.

OFF, *interj.* Air falbh! teich as mo shealladh! as m' fhianais!

OFF, *prep.* De, dhe; o.

OFFAL, *s.* Spruilleach, fuighleach, dràib, blionach.

OFFENCE, *s.* Cionta, coire, droch-bheart; oilbheum, tàmailt; ionn-saidh, ruathar.

OFFENCEFUL, *adj.* Cronail, ciùrrail; oilbheumach, tàmailteach.

OFFENCELESS, *adj.* Neo-oilbheumach.

OFFEND, *v.* Feargaich, brosnaich; thoir ionnsaidh, buail; dean coire.

OFFENDER, *s.* Ciontach, coireach.

OFFENSIVE, *adj.* Oilbheumach; doch-annach, cronail; ionnsaidheach; mi-thaitneach, fuathmhor.

OFFENSIVENESS, *s.* Cron, dochair; gràinealachd, fuathmhorachd.

OFFER, *v.* Tairg; ìobair; nochd, tòis-ich; thig 's an làthair, bi am fagus; thoir ionnsaidh.

OFFER, *s.* Tairgse.

OFFERING, *s.* Tabhartas, ìobairt.

OFFERTORY, *s.* Tabhartas; ionad-tasgaidh iobairtean.

OFFICE, *s.* Seirbhis, feum ; gnothach, obair ; seòmar-gnothaich.

OFFICER, *s.* Oifigeach.

OFFICIAL, *adj.* Dreuchdail.

OFFICIATE, *v.* Coimhlion ; fritheil.

OFFICIOUS, *adj.* Còir, caoimhneil, coingheallach ; bleideil.

OFFICIOUSNESS, *s.* Bleidealachd.

OFFING, *s.* Stiùradh o thìr.

OFFSCOURING, *s.* Anabas, salchar.

OFFSET, *s.* Meangan, fiùran, ùr-fhàs.

OFFSPRING, *s.* Iarmad, sliochd, sìol, àl, gineal, clann.

OFFUSCATE, *v. a.* Neulaich, gruamaich, doilleirich.

OFT, OFTEN, OFTENTIMES, OFTIMES, *adv.* Gu tric, gu minig.

OFTEN, *adj.* Tric, minig, iomadh uair.

OGEE, OGIVE, *s.* Seòrsa do bhreacdhualadh air clachan aitribh.

OGLE, *v. n.* Claon-amhairc, caog.

OGLING, *s.* Claon-amharc, caogadh.

OH ! *interj.* O ! och ! mo thruaighe !

OIL, *s.* Ola, ùilleadh, eòlan.

OIL, *v. a.* Olaich, ùill, ùillich.

OILINESS, *s.* Olachd, ùillidheachd.

OILY, *adj.* Olach, ùilleach.

OINTMENT, *s.* Ola-ungaidh, ola-leighis, acuinn sàbh.

OLD, OLDEN, *adj.* Sean, aosmhor aosda ; àrsaidh.

OLDFASHIONED, *adj.* Sean-ghnàthach.

OLDISH, *adj.* A leth-char sean.

OLDNESS, *s.* Seanachd, aosdachd.

OLEAGINOUS, OLEOSE, OLEOUS, *adj.* Eòlanach, ùilleach.

OLFACTORY, *adj.* Fàileach, fàileanta.

OLIGARCHY, *s.* Iar-fhlaitheachd.

OLIVASTER, *adj.* Lachdunn, riabhach.

OLIVE, *s.* Crann-ola, dearcan-ola, meas a' chroinn ola.

OMBRE, *s.* Cluich trìuir air cairtean.

OMEGA, *s.* Deireadh, crìoch, an litir dheireannach do'n aibidil Ghreugaich.

OMELET, *s.* Sgreabhag, bonnachuibhe.

OMEN, *s.* Manadh, roi'-chomharradh.

OMER, *s.* Tomhas Eabhreach thìk piunt.

OMINATE, *v.* Fàisnich, roi-innis.

OMINOUS, *adj.* Droch-thargrach.

OMISSION, OMITTANCE, *s.* Dearmad, dì-chuimhn, neo-chùram, neo-aire.

OMIT, *v. a.* Dearmaid, dì-chuimhnich; fàg às, fàg a mach.

OMNIFEROUS, *adj.* Uile-thabhartach.

OMNIFIC, *adj.* Uile-dhèanadach.

OMNIFORM, *adj.* Uile-chruthach.

OMNIGENOUS, *adj.* Uile-ghnèitheach.

OMNIPOTENCE, OMNIPOTENCY, *s.* Uilechumhachd, uile-chomas.

OMNIPOTENT, *adj.* Uile-chumhachdach, uile-chomasachd.

OMNIPRESENCE, *s.* Uile-làthaireachd.

OMNIPRESENT, *adj.* Uile-làthaireach.

OMNISCIENCE, *s.* Uil'-fhiosrachd.

OMNISCIENT, *adj.* Uil'-fhiosrach.

OMNIVOROUS, *adj.* Uile-shluigeach.

OMNOLOGY, *s.* Co-choltas, samhlachas.

ON, *prep.* and *adv.* Air.

ON ! *interj.* Air aghart ! air t'aghart !

ONCE, *adv.* Aon uair ; uair, uair-eigin.

ONE, *adj.* Aon, a h-aon.

ONE, *s.* Neach, urra, aon fear, té.

ONE-EYED, *adj.* Leth-shuileach, cam.

ONEIROCRITIC, *s.* Fear-breathnachaidh bhruadar.

ONERARY, *adj.* Luchdail, lòdail.

ONERATE, *v. a.* Luchdaich, sacaich.

ONERATION, *s.* Luchdachadh.

ONEROUS, *adj.* Trom, sàrachail.

ONION, *s.* Uinnean.

ONLY, *adv.* A mhàin.

ONSET, *s.* Ionnsaidh, ruathar.

ONTOLOGY, *s.* Eòlas-bhithean.

ONWARD, *adv.* Air aghart, air aghaidh.

ONYX, *s.* Clach-onics, seud shoilleir.

OOZE, *s.* Dràib, làthach ; sileadh.

OOZE, *v. n.* Snith, sil, drùidh.

OOZY, *adj.* Dràibeach, silteach.

OPACITY, *s.* Duirche, doilleireachd.

OPACOUS, OPAQUE, *adj.* Dorcha.

OPAL, *s.* Seud àraidh, clach-uasal.

OPEN, *v.* Fosgail ; mìnich ; tòisich.

OPEN, *adj.* Fosgailte ; soilleir, follaiseach ; fosgarra, réidh, saor.

OPENEYED, *adj.* Furachail, leirsinneach.

OPENHANDED, *adj.* Toirbheartach ; fiallaidh, fiùghantach.

OPENHEARTED, *adj.* Saor-chridheach.

OPENHEARTEDNESS, *s.* Fiùghalachd.

OPENING, *s.* Fosgladh ; bealach.

OPENLY, *adv.* Gu fosgailt.

OPENMOUTHED, *adj.* Beul-fhosgailte, beul-fharsuinn, geòcach ; gleadhrach.

OPENNESS, *s.* Fosgailteachd, soilleireachd, soillseachd ; follaiseachd.

OPERA, *s.* Ceòl-chluich, cluich-ciùil.

OPERATE, *v. n.* Gnìomhaich, oibrich.

OPERATION, *s.* Gnìomhachd, obair.

OPERATIVE, *adj.* Gnìomhach.

OPERATOR, *s.* Gnìomharraiche.

OPEROSE, *adj.* Sàrachail, draghail.

OPERTANIOUS, *adj.* Diamhaireach.

OPHTHALMIC, *adj.* Fradharcail.

OPHTHALMY, *s.* Galar-nan-sùl.

OPIATE, *s.* Cungaidh-chadail.
OPINIATIVE, *adj.* Rag-bharalach.
OPINION, *s.* Barail, beachd.
OPIUM, *s.* Cungaidh-chadail.
OPPONENT, *adj.* Eascairdeach.
OPPONENT, *s.* Nàmhaid, eascaraid.
OPPORTUNE, *adj.* Tràthail, àmail.
OPPORTUNITY, *s.* Fàth, cothrom.
OPPOSE, *v.* Cuir an aghaidh, bac, grab; dùbhlanaich; taisbean, nochd; coinnich.
OPPOSELESS, *adj.* Do-dhùbhlanach.
OPPOSITE, *adj.* Fa chomhair.
OPPOSITION, *s.* Aghaidh-ri-aghaidh, co-strì, neo-aonachd.
OPPRESS, *v. a.* Sàraich, claoidh.
OPPRESSION, *s.* Sàrachadh, fòirneart, cruaidh-chas, àmhghar, deuchainn, truaighe.
OPPRESSIVE, *adj.* An-iochdmhor, cruaidh; fòirneartach; trom.
OPPRESSOR, *s.* Fear-sàrachaidh, fear-fòirneirt, fear-foireignidh.
OPPROBRIOUS, *adj.* Sgainnealach.
OPPROBRIOUSNESS, *s.* Sgainnealachd.
OPPROBRIUM, *s.* Masladh, mì-chliù.
OPPUGN, *v. a.* Cuir an aghaidh.
OPPUGNANCY, *s.* Cothachadh.
OPTATIVE, *adj.* Iarrtach, iarrtanach.
OPTIC, *adj.* Léirsinneach, fradharcach.
OPTIC, *s.* Sùil; inneal-fradhairc.
OPTICIAN, *s.* Fear-eòlais-fradhairc.
OPTICS, *s.* Eòlas-fradhairc.
OPTIMACY, *s.* Mòr-uaislean.
OPTION, *s.* Roghainn, comas taghaidh.
OPULENCE, OPULENCY, *s.* Saibhreas, beartas, pailteas, maoin, toic.
OPULENT, *adj.* Saibhir, beartach.
OR, *conj. either.* No, air neo.
ORACLE, *s.* Facal, taisbean; guth-àite; fear ro-ghlic.
ORACULAR, ORACULOUS, *adj.* Tais-beanach, briathrach, smachdail; dorcha, &c.
ORAL, *adj.* Beul-aithriseach.
ORANGE, *s.* Òr-ubhall, òr-mheas.
ORATION, *s.* Òraid, deas-chainnt, duan.
ORATOR, *s.* Fear deas-chainnteach.
ORATORICAL, *adj.* Deas-chainnteach, ùr-labhrach, binn-ghlòireach.
ORATORIO, *s.* Naomh-cheòl.
ORATORY, *s.* Deas-chainnt, ùr-labhradh, òraideachd.
ORB, *s.* Cruinne, cuairt, cearcall, rath, roth, reull; sùil, rosg.
ORBATE, *adj.* Gun chuid, gun chàird-ean, gun sliochd.
ORBATION, *s.* Call-sliochda, bochdainn.
ORBED, *adj.* Cruinn, cuairteach.
ORBICULAR, *adj.* Leth chruinn.

ORBIT, *s.* Reull-chuairt, reull-shlighe.
ORCHARD, *adj.* Ubhall-ghart, lios-mheas, gàradh-abhaill.
ORCHESTRA, ORCHESTRE, *s.* Ionad-luchd-ciùil; lobhta-ciùil.
ORDAIN, *v. a.* Sònraich, socraich, suidhich, cuir air leth, òrduich.
ORDEAL, *s.* Cruaidh-dheuchainn.
ORDER, *s.* Òrdugh, suidheachadh, dòigh; riaghailt, àinte; ceannsal.
ORDER, *v. a.* Òrduich, ceartaich, riaghail; cuir an òrdugh, suidhich, socraich; àint.
ORDERLESS, *adj.* Mi-riaghailteach.
ORDERLY, *adj.* Riaghailteach, dòigheil.
ORDINABLE, *adj.* So-shòurachadh.
ORDINAL, *adj.* Riaghailteach.
ORDINAL, *s.* Leabhar riaghailtean.
ORDINANCE, *s.* Reachd, riaghailt, lagh.
ORDINARY, *adj.* Riaghailteach, dòigh-eil, suidhichte; gnàthaichte; cum-anta, ìosal, suarach; neo-àluinn.
ORDINARY, *s.* Cléir-bhreitheamh; seòl-suidhichte; gnà-dhreuchd.
ORDINATE, *v. a.* Sònraich, suidhich.
ORDINATION, *s.* Suidheachadh.
ORDINATIVE, *adj.* Ùghdarrach.
ORDNANCE, *s.* Gunnachan mòra.
ORDURE, *s.* Gaorr, inneir, buachar.
ORE, *s.* Mèinn miotailte.
ORGAL, *s.* Druaip fiona.
ORGAN, *s.* Ball; òraghan.
ORGANIC, ORGANICAL, *adj.* Innealach.
ORGANISM, *s.* Ball-shuidheachadh.
ORGANIST, *s.* Òraghanaiche.
ORGANIZATION, *s.* Cruth-shuidheach-adh, dealbhadh.
ORGANIZE, *v. a.* Cruth-shuidhich.
ORGASM, *s.* Fraoch-feirge, déine.
ORGIES, *s.* Misg, ruidhtearachd.
ORIENT, *adj.* Camhanach, soills-bhris-teach, loinnireach, deàrsach, ear.
ORIENT, *s.* An ear, an aird' an ear.
ORIENTAL, *adj.* Earach, searach, soir.
ORIFICE, *s.* Beul, fosgladh, toll.
ORIGIN, *s.* Tùs, toiseach, bun, ceud-aobhar, màthair-aobhar; sinnsearr-achd.
ORIGINAL, *adj.* Prìomh, tùsail.
ORIGINALITY, *s.* Tùsalachd,
ORIGINARY, *adj.* Tàrmachail, tùsail.
ORIGINATE, *v. a.* Tàrmaich, tòisich; gin, thoir gu bith.
ORISON, ORAISON, *s.* Ùrnaigh.
ORNAMENT, *s.* Ball-maise, ball.
ORNAMENT, *v. a.* Ball-mhaisich, mais-ich, sgeudaich.
ORNAMENTAL, *adj.* Ball-mhaiseach.
ORNATE, *adj.* Grinn, breagha.

ORNITHOLOGY, s. Eun-eòlas.
ORPHAN, s. Dìlleachdan.
ORPIMENT, s. Seòrsa mèinn.
ORPINE, s. Lŭs-nan-laogh.
ORTHODOX, adj. Ceart-chreideach.
ORTHODOXY, s. Fallaineachd-teagaisg.
ORTHOEPY, s. Ponc-labhairt.
ORTHOGRAPHER, s. Ceart-sgrìobhair.
ORTHOGRAPHICAL, adj. Ceart-sgrìobte.
ORTHOGRAPHY, s. Ceart-sgrìobhadh.
ORTHOLOGY, s. Ceart-chunntas.
ORTS, s. Fuigheall, farstus, sprùilleach.
OSCILLATION, s. Luasgan, udal.
OSCILLATORY, adj. Luasganach.
OSCITANCY, OSCITATION, s. Meunan-aich.
OSCITANT, adj. Meunanach, trom-cheannach.
OSIER, s. Craobh sheilich.
OSPRAY, s. An iolair-uisge.
OSSICLE, s. Meanbh-chnaimh.
OSSIFICATION, s. Cnàimheachadh.
OSSIFRAGE, s. Seors' iolaire.
OSSIFY, v. a. Dean 'na chnàimh.
OST, OUST, s. Dabhach-thìridh.
OSTENSIBLE, adj. So-nochdadh.
OSTENSIVE, adj. Taisbeanach.
OSTENT, s. Coltas, tuar, dreach, aogas.
OSTENTATION, s. Faoin-ghlòir, uaill.
OSTENTATIOUS, adj. Faoin-ghlòireach.
OSTENTATIOUSNESS, s. Faoin-uaill.
OSTLER, s. Gille-stàbaill.
OSTRICH, s. Sruth, sruth-chàmhal.
OTHER, pron. Eile.
OTHERWISE, adv. Air mhodh eile, no.
OTTER, s. Dòran, biast-dubh.
OUGHT, or AUGHT, s. Ni, ni-eigin dad, rud, ni sam bith.
OUGHT, v. imp. Is còir, is cubhaidh.
OUNCE, s. Ùnnsa.
OUR, pron. poss. Ar.
OURSELVES, pron. recip. Sinn-féin.
OUSEL, s. Lon, fiagh mòr.
OUST, v. a. Falmhaich; tilg a mach.
OUT, adv. A muigh, a mach; o'n taigh; ann am mearachd; an ioma-chomh airle; às, air falbh.
OUT! interj. Gabh a mach! a mach!
OUTBRAVE, v. a. Cuir fo gheilt.
OUTBREAK, s. Briseadh a mach.
OUTCAST, s. Dìobarach, fògarrach.
OUTCRAFT, v. a. Cuir a mach le seòl-tachd.
OUTCRY, s. Gaoir, gàir, iolach.
OUTDARE, v. a. Cuir a mach le dàn-adas.
OUTDO, v. a. Buadhaich, fairtlich air.
OUTER, adj. A muigh, a mach.
OUTERMOST, adj. A's fhaide 'mach.
OUTFACE, v. a. Nàraich, cuir a mach.

OUTGROW, v. a. Fàs thairis, fàs.
OUTGUARD, s. Freiceadan-iomaill.
OUTKNAVE, v. a. Meall am mealltair.
OUTLANDISH, adj. Alabharra.
OUTLAST, v. a. Mair ni 's faide na.
OUTLAW, s. Fear-cùirn, fògarrach, ceathairneach-coille, coilltear.
OUTLAW, v. a. Cuir air choilltearachd.
OUTLAWRY, s. Binn-fhògraidh.
OUTLINE, s. Dealbh; crìoch, iomall.
OUTLIVE, v. a. Fan beò ni's fhaide na.
OUTLOOK, s. Faicill, faire, aire.
OUTMOST, adj. Iomallach.
OUTRAGE, s. Sàbaid, eucoir, ainneart.
OUTRAGE, v. Càin, màb, maslaich, dean aimhleas, dean caonnag.
OUTRAGEOUS, adj. Cuthachail, fiadh-aich; sàbaideach, aimhleasach, ainn-eartach; ana-measarra, mallaichte; ro-aingidh.
OUTRAGEOUSNESS, s. Cuthach, fearg.
OUTRIGHT, adv. Gu buileach, gu h-iomlan, gu tŭr; gu h-ealamh, gun dàil.
OUTRUN, v. a. Ruith seachad air.
OUTSCORN, v. a. Dean dìmeas air.
OUTSELL, v. a. Reic ni's daoire.
OUTSHINE, v. a. Deàrs a mach.
OUTSHOOT, v. a. Tilg seachad air.
OUTSIDE, s. An taobh a muigh.
OUTSKIRT, s. Oir-iomall, iomall.
OUTSPREAD, v. a. Sgaoil a mach.
OUTSTRIP, v. a. Fàg air deireadh.
OUTVIE, v. a. Faigh barrachd.
OUTWARD, adj. Air an taobh muigh; faicsinneach; corporra; céin.
OUTWARD, adv. Gu tìr chéin.
OUTWARDLY, adv. Do réir coltais o'n taobh a mach.
OUTWARDS, adv. A chum an taobh a mach, an leth a muigh.
OUTWIT, v. a. Meall, thoir an car á.
OUTWORK, s. Balla muigh-daingnich.
OVAL, adj. Air chumadh uibhe.
OVARIOUS, adj. Ubhach, uibheach.
OVARY, s. Machlag, uibheagan.
OVATION, s. Mion-chaithream.
OVEN, s. Àmhuinn.
OVER, prep. and adv. Os-ceann; thar: thairis; tarsainn, air a tharsainn • null; thall, a' nall; seachad, seach; a rithist; tuilleadh agus, a bharrachd, a bharr air, os-barr.
OVERACT, v. a. Dean tuilleadh 's a' chòir, rach thar a' chòir.
OVERANXIOUS, adj. Ro-chùramach.
OVERARCH, v. a. Drochaitich.
OVERAWE, v. a. Sgàthaich, eagalaich.
OVERBALANCE, v. a. Taobh-thromaich.
OVERBALANCE, s. Taob chuidthrom.

OVERBEAR, *v. a.* Cùm fo smachd.
OVERBID, *v. a.* Tairg barrachd.
OVERBOARD, *adv.* A mach thar stoc.
OVERBOIL, *v. a.* Mill le bruich.
OVERBURDEN, *v. a.* An-luchdaich.
OVERBUY, *v. a.* Ceannaich ro dhaor.
OVERCAST, *v. a.* Dorchaich, neulaich.
OVERCHARGE, *v. a.* Iarr tuilleadh 'sa' chòir; dean tuilleadh 's làn.
OVERCLOUD, *v. a.* Neulaich; dubharaich, gruamaich.
OVERCOME, *v. a.* Buadhaich, ceannsaich, faigh buaidh.
OVERDO, *v. a.* Dean tuilleadh 's a' chòir.
OVERDRIVE, *v. a.* Iomain ro luath.
OVEREAGER, *adj.* Ro-dhian, ro-bhras.
OVERFLOW, *v.* Cuir thairis, sruth thairis, lion thairis.
OVERFLOWING, *s.* Ro-làn; cur thairis.
OVERFORWARDNESS, *s.* Ro-dhéine.
OVERGROW, *v. a.* Fàs ro-mhòr.
OVERGROWTH, *s.* Ro-fhàs, ro-chinneas.
OVERHALE, *v. a.* Ath-sgrùd.
OVERHEAD, *adv.* Gu h-àrd; os ceann.
OVERHEAR, *v.* Dean farchluais.
OVERJOY, *v. a.* Dean ùr-ghàirdeachas.
OVERJOY, *s.* Ùr-ghàirdeachas.
OVERLAY, *v. a.* Mùch; còmhdaich thairis.
OVERLOAD, *v. a.* An-luchdaich.
OVERLOOK, *v. a.* Amhairc sios air; dean dìmeas air; seall thairis air.
OVERMATCH, *v. a.* Fairtlich air.
OVERMUCH, *adj.* Tuille 's a chòir.
OVERPAY, *v. a.* Dìol tuille 's a chòir.
OVERPLUS, *s.* Barrachd, an còrr.
OVERPOWER, *v. a.* Faigh làmh-an-uachdar, ceannsaich.
OVERPRIZE, *v. a.* Meas thar a luach.
OVERREACH, *v. a.* Faigh os ceann, meall, thoir an car.
OVERRULE, *v. a.* Cùm fo smachd; cuir fo smachd, diùlt.
OVERRUN, *v. a.* Sàraich, mill, claoidh, spùinn; rach thairis air; ioma-sgaoil, sgaoil thairis; cuir thairis, ruith thairis.
OVERSEE, *v. a.* Amhairc thairis.
OVERSEER, *s.* Fear-coimhid.
OVERSET, *v. a.* Tilg bun os ceann.
OVERSHADE, *v. a.* Dùibhrich, neulaich, sgàilich.
OVERSHADOW, *v. a.* Cuir sgàil air.
OVERSIGHT, *s.* Coimhead, mearachd.
OVERSOON, *adv.* Mò 's luath.
OVERSPENT, *adj.* Sàraichte, claoidhte.
OVERSPREAD, *v. a.* Sgaoil thairis.
OVERSTOCK, *v. a.* Dòmhlaich, an-lìon.
OVERSTRAIN, *v.* Thoir dian-ionnsaidh.

OVERT, *adj.* Fosgailte, soilleir.
OVERTAKE, *v. a.* Beir, glac', thig suas.
OVERTHROW, *v. a.* Tilg bun os ceann; ceannsaich; mill, sgrios, cuir ás da.
OVERTHWART, *adj.* Mu choinneamh, mu chomhair, tarsainn, trasd.
OVERTIRE, *v. a.* Dù-sgìthich, sàraich.
OVERTOP, *v. a.* Éirich os ceann.
OVERTURE, *s.* Fosgladh; foillseachadh, soillseachadh.
OVERTURN, *v. a.* Tilg sios, mill, sgrios.
OVERVALUE, *v. a.* Meas thar a luach.
OVERWEEN, *v. n.* Bi féin-bheachdail.
OVERWHELM, *v. a.* Mùch, brùth.
OVERWORK, *v. a.* Sgìthich le obair.
OVERWORN, *part.* Air caitheamh ás.
OVERWROUGHT, *part.* Claoidhte le obair, sàraichte.
OVIFORM, *adj.* Cruinn mar ubh.
OVIPAROUS, *adj.* Ubh-bheirteach.
OWE, *v. a.* Bi fo fiachaibh do.
OWL, OWLET, *s.* A chomhachag, a' chailleach-oidhche.
OWN, *pron.* Féin; mo chuid féin.
OWN, *v. a.* Gabh ri, gabh le; aidich.
OWNER, *s.* Sealbhadair, fear-seilbhe.
OWNERSHIP, *s.* Sealbh, maoin, còir.
OX, *s.* Damh; *plr.* OXEN. Daimh.
OXEYE, *s.* Am bréinean-brothach.
OXGANG, *s.* Damh-imir, tomhas fearainn fhichead acair.
OXLIP, *s.* Bròg-na-cuthaig.
OXTONGUE, *s.* Am bog-lùs.
OXYCRATE, *s.* Fion-guer agus uisge.
OXYMEAL, *s.* Fion-geur agus mil.
O YES! *interj.* Eisdibh! thugaibh! aire! thugaibh fainear!
OYSTER, *s.* Eisir, eisear.

P

P, *s.* Seathamh litir deug na h aibidil.
PABULAR, PABULOUS, *adj.* Biadhar, innlinneach, feurach, ionaltrach.
PACATED, *adj.* Siochail, sìtheil.
PACE, *s.* Ceum, gàmag; imeachd, gluasad; tomhas chùig troidhean.
PACE, *v.* Ceimnich, gluais; tomhais le gàmagan.
PACER, *s.* Ceumaiche, falaire.
PACIFIC, *adj.* Sìothchail, ciùin, sèimh.
PACIFICATION, *s.* Sìtheachadh.
PACIFICATOR, *s.* Fear deanamh sìthe.
PACIFICATORY, *adj.* Sìth-dhèanadach.

PACIFIER, *s.* Fear-ciùineachaidh.
PACIFY, *v. a.* Sìthich, ciùinich.
PACK, *s.* Eallach, uallach, cuallach, trusachan ; sac, luchd ; lothainn chon ; droch comunn, gràisg.
PACK, *v.* Trus, ceangail suas, paisg.
PACKER, *s.* Fear-trusaidh, fear-ceangail, fear-pacaidh.
PACKET, *s.* Ceanglachan, sac, sacan ; long-aisig, bàt-aisig.
PACKHORSE, *s.* Each saic.
PACKSADDLE, *s.* Srathair.
PACKTHREAD, *s.* Sgeinnidh.
PACT, PACTION, *s.* Cùmhnant.
PAD, *v. n.* Coisich gu fòill ; dean reubainn rathaid mhòir.
PADAR, *s.* Garbhan, garbh-mhin.
PADDLE, *v. a.* Iomair ; luidrich.
PADDLE, *s.* Ràmh beag ; pleadhan.
PADDOCK, *s.* Mial-mhàg, cràigean.
PADLOCK, *s.* Glas-chrochaidh.
PÆAN, *s.* Dàn-buaidh-chaithream.
PAGAN, *s.* Pàganach, ana-criosdaidh.
PAGANISM, *s.* Pàganachd.
PAGE, *s.* Taobh-duilleig ; gille-freasdail, gille-bùirde.
PAGEANT, *s.* Greadhnachas.
PAGEANT, *adj.* Greadhnach, faicheil.
PAGEANTRY, *s.* Greadhnachd, faichealachd, mòralachd.
PAGNIAL, *adj.* Duilleagach.
PAID, *pret.* and *part. pass.* of *to pay.* Pàighte, diolte.
PAIL, *s.* Cuinneag, cuman, miodar.
PAIN, *s.* Cràdh, pian ; péin, goimh, guin, dòrainn.
PAIN, *v. a.* Cràidh, pian, claoidh.
PAINFUL, *adj.* Cràiteach, piantach.
PAINFULNESS, *s.* Àmhghar, cràdh.
PAINIM, *s.* As-creideach.
PAINLESS, *adj.* Neo-chraiteach.
PAINSTAKER, *s.* Fear-saoithreachail.
PAINSTAKING, *adj.* Saoithreachail.
PAINT, *v. a.* Dreach-dhath, dealbh.
PAINT, *s.* Dreach-dhath, lì.
PAINTER, *s.* Fear-dreach-dhathaidh.
PAINTING, *s.* Dreach-dhathadh; dealbh.
PAIR, *s.* Càraid ; lànan ; dithis.
PAIR, *v. a.* Càraidich, aonaich.
PALACE, *s.* Lùchairt, mùr-rìoghail.
PALATABLE, *adj.* Blasda, milis.
PALATE, *s.* Bràighe-beòil.
PALATINE, *adj.* Rìoghail.
PALE, *adj.* Bàn, glaisneulach.
PALE, *v. a.* Dean bàn ; ioma-dhruid.
PALE, *s.* Cliath-mhaide, buaile ; lann, post ; dùthaich, cearn.
PALEFACED, *adj.* Glas-ghnùiseach.
PALENDER, *s.* Long-chòrsaireachd.
PALENESS, *s.* Glaisneulachd, bànachd.

PALEOUS, *s.* Mogunnach, cathach, rùsgach, salach.
PALFREY, *s.* Each-marcachd baintighearna.
PALIAMENT, *s.* Falluinn, trusgan.
PALING, *s.* Cliath-dhìdinn, ataigin.
PALISADE, PALISADO, *s.* Callaid, banniom-dhruididh.
PALISADE, *v. a.* Druid le callaid, cuir callaid mu thimchioll.
PALISH, *adj.* Glasdaidh, bànaidh.
PALL, *s.* Brat-mairbh ; falluinn àirdeasbuig.
PALL, *v.* Fàs mi-bhlasda, dean mibhlasda ; lagaich ; sàsaich, fàs lag.
PALLET, *s.* Sèid, leabaidh-làir.
PALLIATE, *v. a.* Falluinnich, còmhdaich ; gabh leisgeul, thoir leisgeul, lughdaich coire no cionta ; lasaich.
PALLIATION, *s.* Leisgeulachadh, lughdachadh coire no cionta ; faothachadh, fuasgladh, lasachadh.
PALLIATIVE, *adj.* Leisgeulach, lughdachail ; lasachail, fuasglach.
PALLID, *adj.* Bàn, glasdaidh.
PALLMALL, *s.* Seòrsa cluiche.
PALM, *s.* Craobh-phailm ; buaidh ; bois, bàs, dèarna ; tomhas trì òirlich.
PALM, *v. a.* Falaich 's a bhois ; meall ; slìob, cnìadaich.
PALMIPEDE, *adj.* Dlù-spàgach.
PALMISTER, *s.* Dearnadair.
PALMISTRY, *s.* Dearnadaireachd.
PALMY, *adj.* Pailmeach ; buadhach.
PALPABILITY, *s.* So-bheanailteachd.
PALPABLE, *adj.* So-bheanailteach.
PALPATION, *s.* Mothachadh.
PALPITATE, *v. n.* Plosg, buail.
PALPITATION, *s.* Plosgartaich.
PALSICAL, PALSIED, *adj.* Pairiliseach.
PALSY, *s.* Pairilis, crith-thinneas.
PALTRINESS, *s.* Fagharsachd.
PALTRY, *adj.* Fagharsach, suarrach.
PAM, *s.* Am mùnsaidh, am balach.
PAMPER, *v. a.* Sàthaich, sàsaich.
PAMPHLET, *s.* Duilleachan. *Kk.*
PAN, *s.* Aghann ; falman a' ghlùin.
PANACEA, *s.* Uil'-ic, uil-ioc.
PANADA, PANADO, *s.* Aran air a bhruich ann an uisge.
PANCAKE, *s.* Loireag, foileag.
PANCREAS, *s.* Am brisgean-milis.
PANDEMIC, *adj.* Dùthchasach.
PANDER, *s.* Fear-strìopachais.
PANE, *s.* Ceàrnag ghloine ; mìr.
PANEGYRIC, *s.* Moladh, dàn-molaidh.
PANEGYRIST, *s.* Bàrd-molaidh.
PANEL, *s.* Ceàrnag ; ainm-chlàr luchdbreith.
PANG, *s.* Guin, goimh, cràdh, pian.

PANG, v. a. Gon, cràidh, pian.
PANIC, s. Clisgeadh, maoim.
PANIC, adj. Clisgeach, grad-eagalach.
PANNEL, s. Srathair, sumag, plàt.
PANNIER, s. Curran, cliabh.
PANOPLY, s. Làn-armachd ; lan-fhàsair, làn-uidheam.
PANT, v. n. Plosg ; miannaich, bi 'n ro gheall air.
PANT, s. Plosgadh, àinich.
PANTALOON, s. Triubhas ; cleasaiche.
PANTHEON, s. Teampull nan uile dhia bréige.
PANTHER, s. Fiadh-bheathach ballach.
PANTILE, PENTILE, s. Crom-shligechrè.
PANTLER, s. Fear-gleidhidh arain.
PANTOMIME, s. Baoth-chleasaiche.
PANTRY, s. Seomar-bìdh.
PAP, s. Ceann-cìche ; biadh-leinibh.
PAPA, s. Athair, facal cloinne.
PAPACY, s. Pànanachd.
PAPAL, adj. Pàpanach.
PAPER, s. Pàipeir, pàpair.
PAPER, v. a. Paisg am pàipeir, pàipeirich.
PAPER-MAKER, s. Fear deanamh phàipeirean.
PAPERMILL, s. Muileann-pàipeir.
PAPER-STAINER, s. Dathadair phàipeirean.
PAPILLARY, PAPILLOUS, adj. Cìochach.
PAPIST, s. Pàpanach.
PAPISTICAL, adj. Pàpanach.
PAPPOUS, adj. Clòimheach.
PAPPY, adj. Bog, sùghmhor.
PAR, s Co-ionannachd.
PARABLE, s. Co-shamhla.
PARABOLICAL, adj. Co-shamhlachail.
PARACLETE, s. An Comhfhurtair.
PARADE, s. Feachd-riaghailt ; uaill.
PARADISE, s. Pàrras, nèamh.
PARADOX, s. Dubh-fhacal, frith-bharail.
PARADOXICAL, adj. Baoth-bharaileach.
PARAGON, s. Eiseamplair coimhlionta, ni no neach ro-òirdheirc ; còmpanach.
PARAGRAPH, s. Earrann air leth.
PARALLEL, adj. Co-shìnte ; co-ionann.
PARALLEL, s. Sgrìob-dhìreach ; ion-annachd ; samhailt, leth-bhreac.
PARALLEL, v. a. Co-shìn ; coimeas, samhlaich.
PARALLELISM, s. Co-shìnteachd, co-samhla.
PARALYSIS, s. Pairilis.
PARALYTIC, adj. Pairiliseach, crithanach.

PARALYZE, v. a. Pairilisich, cuir fo lag-chrith.
PARAMOUNT, s. Am priomh, an t-àrd.
PARAMOUR, s. Leannan, ban-suiridh-each.
PARAPET, s. Obair àrd, uchd-bhalla.
PARAPHERNALIA, s. Maoin mnà.
PARAPHRASE, s. Eadar-mhìneachadh.
PARAPHRAST, s. Fear-mìneachaidh.
PARASITE, s. Fear-sodail, ri uaislean.
PARASITICAL, adj. Sodalach, miodalach, sgimeileireach.
PARASOL, s. Grian-sgàilean.
PARBOIL, v. a. Leth-bhruich, slaop.
PARCEL, s. Trusachan, aslachan.
PARCEL, v. a. Roinn na earrannan.
PARCH, v. Tiormaich le teas, déasg.
PARCHEDNESS, s. Déasgachd, sgreadhadh, tiormachd.
PARCHMENT, s. Craiceannsgrìobhaidh.
PARD, PARDALE, s. Liobard.
PARDON, v. a. Math, thoir mathanas.
PARDON, s. Mathanas, loghadh.
PARDONABLE, adj. So-mhathadh.
PARDONABLENESS, s. So-mhathachd.
PARE, v. a. Sgrathaich, gèarr, bearr.
PARENT, s. Pàrant, athair no màthair.
PARENTAGE, s. Breith, sìnnsearachd.
PARENTAL, adj. Athaireil, no màithreil.
PARENTHESIS, s. Mìneachadh am meadhon sgrìobhaidh, air a chomharrachadh mar (so).
PARENTICIDE, s. Mort athar, no màthar.
PARER, s. Inneal-bearraidh.
PARERGY, s. Ni neo-chudthromach.
PARHELION, s. Grian-bréige.
PARIETAL, adj. Taobh-bhabhunnach.
PARING, s. Rusg, sliseag, sgrath.
PARISH, s. Sgìreachd, sgìre.
PARISHIONER, s. Fear-sgìreachd.
PARISYLLABICAL, adj. Coilideach.
PARITY, s. Co-ionannachd.
PARK, s. Pàirce, frìth, lann.
PARLEY, PARLE, s. Còmhradh.
PARLEY, v. n. Dean gnothach le còmhradh beoil.
PARLIAMENT, s. Pàrlamaid, àrd-chomhairle rìgh.
PARLIAMENTARY, adj. Pàrlamaideach.
PARLOUR, s. Seòmar-suidhe.
PARLOUS, adj. Geur, beòthail, peasanach.
PAROCHIAL, adj. Sgìreachdail.
PARODY, s. Atharrais dàin.
PAROLE, s. Gealltannas, beòil.
PAROXYSM, s. Ath-philleadh, tinnis, &c.
PARRICIDAL, adj. Athair-mhortach.

PARRICIDE, *s.* Mortair athar.
PARROT, *s.* Parraid.
PARRY, *v. n.* Seachainn, cuir seachad, dean grad-charachd.
PARSIMONIOUS, *adj.* Gléidhteach, spìocach, cruaidh, gann.
PARSIMONY, *s.* Spìocaireachd.
PARSLEY, *s.* Fionnas-gàraidh.
PARSNIP, PARSNEP, *s.* An curran-geal.
PARSON, *s.* Pears-eaglais, ministear.
PARSONAGE, *s.* Beathachadh-eaglais.
PART, *s.* Cuid, earrann, roinn, cuibhrionn; gnothach, obair.
PART, *v. a.* Roinn; sgar; eadardhealaich; dealaich; gabh cead o; thoir seachad.
PARTAKE, *v.* Compàirtich, roinn ri.
PARTAKER, *s.* Compàirtiche.
PARTIAL, *adj.* Claon-bhretheach, lethbhretheach; bà'gheil ri, aon taobh.
PARTIALITY, *s.* Claon-bhretheachd.
PARTIALIZE, *v. a.* Dean claon-bhretheach.
PARTICIPABLE, *adj.* So-phàirteachadh.
PARTICIPANT, *adj.* Co-roinnteach.
PARTICIPATE, *v.* Compàirtich.
PARTICIPATION, *s.* Co-roinn, compàirt.
PARTICLE, *s.* Dad, mion-fhacal.
PARTICULAR, *adj.* Àraidh, sònraichte; poncail; còrr.
PARTICULAR, *s.* Ni-àraidh, neachsònraichte, ponc.
PARTICULARITY, *s.* Àraidheachd.
PARTICULARIZE, *v. a.* Sònraich.
PARTING, *s.* Dealachadh, siubhal.
PARTISAN, *s.* Fear-leanmhainn; sleagh.
PARTITION, *v. a.* Roinn; eadar-sgar.
PARTITION, *s.* Roinn, cailbhe.
PARTLET, *s.* Cearc, stìm.
PARTLY, *adv.* Ann an cuid.
PARTNER, *s.* Còmpanach, fear-pàirt.
PARTNERSHIP, *s.* Còmpanas, co-roinn.
PARTOOK, *pret.* of *to partake.* Chompairtich.
PARTRIDGE, *s.* Cearc-thomain.
PARTS, *s.* Buadhan nàdurrach, buadhan-inntinn, ceudfathan; earrannandùthcha; pàirtean. *R.D.*
PARTURITION, *s.* Breith, aisead.
PARTY, *s.* Dream, cuideachd, buidheann; bannal; neach-air-leth; freiceadan.
PARTY-COLOURED, *adj.* Ioma-dhathach.
PARTY-MAN, *s.* Fear-aon taoibh.
PARVITUDE, PARVITY, *s.* Mionaideachd; eagarachd, pungalachd.
PASCHAL, *adj.* Càisgeach, càisgeil.
PASS, *v.* Rach thairis, gabh seachad,

rach thar; rach troimh; buadhaich; dearmaid, dì-chuimhnich; leig le, òrduich; leig seachad, math; thoir binn a mach.
PASS, *s.* Glac, bealach, slighe, rathad; cead siubhail; cor, inbhe.
PASSABLE, *adj.* So-imeachd; an eatarais, cuibheasach.
PASSADE, PASSADO, *s.* Uspag.
PASSAGE, *s.* Turas, aisir; slighe; trannsa; earrann, ceann.
PASSENGER, *s.* Fear-turais, fear-aisig.
PASSIBLE, *adj.* So-athailteachadh.
PASSING, *part. adj.* Anabarrach.
PASSING-BELL, *s.* Clag-bàis.
PASSION, *s.* Boile; fearg, corraich, buaireas; dèigh, miann, gràdh; fulangas Chriosd.
PASSION-WEEK, *s.* Seachdain-na ceusda.
PASSIONATE, *adj.* Cas, crosda, feargach, lasanta, grad.
PASSIONATENESS, *s.* Lasantachd, caise.
PASSIVE, *adj.* Fulangach, ciùin.
PASSIVENESS, PASSIVITY, *s.* Fulangachd, foighidneachd, ciùineachd.
PASSOVER, *s.* A chàisg; an t-uan càisge.
PASSPORT, *s.* Litir-cead-siubhail.
PAST, *part.* Seachad, a thréig.
PAST, *s.* An ùine a chaidh, an t-àm a dh' fhalbh, an linn a thréig.
PASTE, *s.* Glaodh flùir.
PASTEBOARD, *s.* Paipeir-glaodhte.
PASTERN, *s.* Rùdan eich, glùn eich.
PASTIME, *s.* Fearas-chuideachd.
PASTOR, *s.* Aodhair, pears'-eaglais.
PASTORAL, *adj.* Aodharachail.
PASTORAL, *s.* Òran-dùthcha.
PASTORSHIP, *s.* Aodharachd.
PASTRY, *s.* Biadh fuinte, pitheannan.
PASTURABLE, *adj.* So-ionaltradh.
PASTURAGE, *s.* Feurach, ionaltradh.
PASTURE, *s.* Ionaltradh, feurachas.
PASTURE, *v.* Ionaltair, feuraich.
PASTY, *s.* Pithean.
PAT, *adj.* Iomchuidh, freagarrach.
PAT, *s.* Coilleag; boiseag.
PAT, *v. a.* Slìob, buail aotrom.
PATCH, *s.* Breaban, bréid, tùthag.
PATCH, *v. a.* Clùd, càirich, tùthagaich, bréideich, cnòdaich.
PATCHER, *s.* Clùdaire, cnòdaire.
PATE, *s.* Claigeann, ceann.
PATENT, *adj.* Fosgailte, follaiseach.
PATENT, *s.* Sgrìobhadh còrach o'n rìgh.
PATENTEE, *s.* Fear-còrach.
PATERNAL, *adj.* Athaireil.
PATERNITY, *s.* Athaireachd.
PATERNOSTER, *s.* A' phaidir.

PATH, PATHWAY, s. Ceum, slighe, rathad, aisridh, cas-cheum.

PATHETIC, PATHETICAL, adj. Drùighteach, tiamhaidh, cianail.

PATHLESS, adj. Gun rathad, gun slighe.

PATHOLOGY, s. Eòlas-ghalar.

PATHOS, s. Déine, dian-labhairt, drùighteachd.

PATHWAY, s. Frith-rathad.

PATIENCE, s. Foighidinn, fulangas.

PATIENT, adj. Foighidneach, fulangach, foisneach.

PATIENT, s. Neach tinn, euslan.

PATLY, adv. Gu freagarrach, iomchuidh.

PATRIARCH, s. Prìomh-athair.

PATRIARCHAL, adj. Prìomh athaireil.

PATRICIAN, adj. Uasal, àrd, flathail.

PATRICIAN, s. Àrd-uasal, àrd-fhlath.

PATRIMONIAL, adj. Dligheach, sinnsearrach, dualach.

PATRIMONY, s. Oighreachd-sinnsearachd, dualachas.

PATRIOT, s. Fear-gràidh d'a dhùthaich, tìr-ghràdhaiche.

PATRIOTISM, s. Gràdh dùthcha.

PATROL, s. Freiceadan sràide.

PATRON, s. Fear comaraidh, fear-taic.

PATRONAGE, s. Comaradh, dìon, taic.

PATRONESS, s. Ban-chomaraidh.

PATRONISE, v. a. Dìon, cùm suas, seas, thoir comaradh.

PATRONYMICK, s. Ainm sìnnsearachd.

PATTEN, s. Bròg fhiodha agus iaruinn.

PATTER, v. a. Dean stairirich.

PATTERN, s. Ball-sampuill ; cumadh.

PAUCITY, s. Ainneamhachd, gainne.

PAUNCH, s. Brù, mionach, maodal.

PAUPER, s. Dìol-déirce, bochd.

PAUPERISM, s. Déirceachd.

PAUSE, s. Stad, anail, grabadh, tosd.

PAUSE, v. n. Fuirich, smuainich, thoir fainear ; stad, clos ; bi aig fois.

PAVE, v. a. Ùrlaraich, leag ùrlar.

PAVEMENT, s. Ùrlar-cloiche, càbhsair.

PAVER, PAVIOUR, s. Càbhsairiche.

PAVILION, s. Pàilliun, bùth.

PAW, s. Spòg, spàg, màg, cràg, cròg.

PAW, v. a. Crògairich, bùraich, sgrìob, cladhaich an talamh mar tharbh ; buail leis a chois toisich ; dean miodal.

PAWN, v. a. Thoir an geall.

PAWNBROKER, s. Malairtear-gìll.

PAY, v. a. Dìol, pàidh, ìoc.

PAY, s. Tuarasdal, luach-saothreach.

PAYABLE, adj. Ri dhìoladh.

PAYMENT, s. Dìoladh, pàidheadh.

PEA, s. Peasair, gràinne peasarach.

PEACE, s. Sìth ; slothchaint ; fois, tamh, réite, socair-inntinn.

PEACE ! interj. Tosd ! clos !

PEACE-OFFERING, s. Sìth-thabhartas.

PEACEABLE, adj. Soitheamh, slothchail ; foistinneach ; sàmhach.

PEACEABLENESS, s. Sìthealachd.

PEACEFUL, adj. Sìochail, ciùin.

PEACEFULNESS, s. Siochainnt.

PEACEMAKER, s. Fear-sìtheachaidh.

PEACHICK, s. Isean na peucaig.

PEACOCK, s. Coileach-peucag.

PEAHEN, s. Peucag, eucag, feucag.

PEAK, s. Stùc, scòrr, binnein, bàrr.

PEAL, s. Stàiririch, toirm, torrunn.

PEAR, s. Peur, meas ioma-ghnè.

PEARL, s. Neamhnad ; leus-sùl.

PEARLY, adj. Neamhnadach.

PEASANT, s. Fear dubh-chosnaidh.

PEASANTRY, s. Tuath cheatharn.

PEASECOD, s. Balg peasrach.

PEAT, s. Mòine ; fàd mhòine.

PEBBLE, PEBBLESTONE, s. Éideag.

PEBBLY, adj. Éideagach.

PECCABILITY, s. Buailteachd do'n pheacadh.

PECCADILLO, s. Meanbh-chorc.

PECCANCY, s. Droch-mhèinn.

PECCANT, adj. Ciontach, peacach ; droch-mhèinneach, aingidh.

PECCAVI, pret. v. Pheacaich mi.

PECK, s. Peic, ceithreamh.

PECK, v. a. Pioc, gobhaich ; spiol.

PECTORAL, adj. Uchdail, broileachail.

PECTORAL, s. Uchd-éideadh.

PECULATION, s. Mèirle, goid.

PECULATE, v. n. Dean gadaidheachd.

PECULIAR, s. Àraidh, sònraichte.

PECULIARITY, s. Buaidh air-leth.

PECUNIARY, adj. Airgeadach.

PEDAGOGUE, s. Beadagan sgoileir.

PEDAL, adj. Casach, luirgneach.

PEDANT, s. Beadagan fòghluim.

PEDANTIC, adj. Uailleil á beaganfòghluim.

PEDANTRY, PEDANTICNESS, s. Moit ionnsachaidh.

PEDESTAL, s. Bun-carraigh.

PEDESTRIAL, PEDESTRIOUS, adj. Air chois, a' coiseachd.

PEDESTRIAN, s. Coisiche.

PEDICLE, s. Cuiseag, lurga duilleig.

PEDICULAR, PEDICULOUS, adj. Mialach.

PEDIGREE, s. Sìnnsearrachd.

PEDLER, s. Ceannaiche-màilc'd.

PEDLERY, s. Frith-cheannachd.

PEDLING, s. Frith-cheannach.

PEDOBAPTISM, s. Naoidh-bhaisteadh.

PEDOBAPTIST, s. Naoidh-bhaistiche.

PENDUNCLE. *s.* An lurga ta ceangal a' mheas ris a' chraoibh.

PEEL, *v. a.* Rùisg, plaoisg, creach.

PEEL, *s.* Rùsg, plaoisg; greidilein.

PEEP, *v. n.* Thoir caog-shealladh, amhairc troi' tholl, gabh sealladh bradach, dean dìdeagaich.

PEEP, *s.* Grad shealladh ; caogadh, sealladh ʃradach, dìdeag.

PEER, *s.* Flath, morair, còmpanach.

PEERAGE, PEERDOM, *s.* Flathachd, moraireachd.

PEERESS, *s.* Bana-mhorair.

PEERLESS, *adj.* Gun choimeas.

PEERLESSNESS, *s.* Neo-choimeasachd.

PEEVISH, *adj.* Dreamach, dranndanach, frionasach, cas, corrach, feargach, crosda.

PEEVISHNESS, *s.* Dranndanachd,-caise.

PEG, *s.* Cnag, stéill, ealachag.

PELF, *s.* Maoin, saibhreas, beartas.

PELICAN, *s.* Pelican, eun mòr fàsaich.

PELLET, *s.* Peileir, ruagaire.

PELLICLE, *s.* Sgrath, sgannan.

PELLITORY, *s.* Lùs-a'-bhalla.

PELLMELL, *adv.* Troi' chéile.

PELLUCID, *adj.* Trìd-shoilleir, soilleir.

PELT, *s.* Peleid, craiceann, bian, seiche ; buille, cnap, sgailc.

PELT, *v. a.* Tilg air, buail, caith air.

PELTING, *part.* Tilgeadh chlach, &c.

PELTMONGER, *s.* Ceannaiche-chraiceann, boiceannaich.

PEN, *s.* Peann, crò, buaile, fang.

PENAL, *adj.* Peanasach, dìoghaltach.

PENALITY, *s.* Buailteachd do pheanas.

PENALTY, *s.* Peanas, pian, ùbhladh.

PENANCE, *s.* Aithridh. *Md.*

PENCE, *s. pl.* of *penny.* Sgillinn.

PENCIL, *s.* Peann-luaidhe.

PENDANT, *s.* Fàinne-cluaise ; grinneas crochte ; bratach-bheag.

PENDENCY, *s.* Dàil, teagamh.

PENDENT, *adj.* An crochadh ; thairis air.

PENDING, *adj.* An crochadh, a' teagamhach.

PENDULOUS, *adj.* An crochadh, crochte.

PENDULUM, *s.* Cudthrom-siùdain.

PENETRABLE, *adj.* So-dhrùigheadh.

PENETRANT, *adj.* Drùighteach, geur.

PENETRATE, *v.* Drùigh ; toll ; faigh troimhe, breathnaich.

PENETRATION, *s.* Tolladh, deargadh, drùigheadh; breithneachadh ; geurthuigse.

PENETRATIVE, *adj.* Geur, drùighteach ; geur-chuiseach.

PENINSULA, *s.* Tairbeart, ròs.

PENITENCE, *s.* Aithreachas.

PENITENT, *adj.* Aithreachail.

PENITENT, *s.* Iompachan. *S.*

PENITENTIAL, *adj.* Aithreachail.

PENITENTIARY, *s.* Ionad-aithreachais.

PENKNIFE, *s.* Sgian-pheann.

PENMAN, *s.* Ùghdar, sgrìobhair.

PENMANSHIP, *s.* Sgrìobhaireachd.

PENNANT, *s.* Ball-tàirnne;bratach.

PENNATED, *adj.* Sgiathach.

PENNILESS,*adj.* Gun pheighinn,ainnis.

PENNON, *s.* Bratach.

PENNY, *s.* Peighinn, sgillinn.

PENNYWORTH, *s.* Luacha-peighinn.

PENSION, *s.* Saor-dhuais bhliadhnach.

PENSIONARY, *adj.* Saor-dhuaiseach.

PENSIONER, *s.* Fear-saor-dhuais.

PENSIVE, *adj.* Trom smaointeachail.

PENSIVENESS, *s.* Tron smaointinneachd.

PENT, *part. pass.* of *to pen.* Punnte.

PENTACAPSULAR,*adj.* Cùig-chlaiseach.

PENTACHORD, *s.* Cruit-nan-cùig-teud.

PENTÆDROUS, *adj.* Cùig-shliseach.

PENTAGON, *s.* Cùig-cheàrnag.

PENTANGULAR, *adj.* Cùig-chearnach.

PENTAPETALOUS,*adj.* Cùig-dhuilleach.

PENTATEUCH, *s.* Cùig leabhraichean Mhaois.

PENTECOST, *s.* A' chaingeis.

PENTECOSTAL, *adj.* Caingeiseach.

PENTHOUSE, *s.* Taigh-sgàile.

PENTILE, *s.* Chlach-mhullaich-chré.

PENURIOUS, *adj.* Spìocach, crìon.

PENURIOUSNESS, *s.* Spìocaiche, crìne.

PENURY, *s.* Bochduinn, ainniseachd.

PEOPLE, *s.* Pobull, sluagh, aiteam.

PEOPLE, *v. a.* Lìon le sluagh.

PEPPER, *s.* Spìosraidh, peabar.

PEPPER, *v. a.* Peabraich ; slac,spuaic.

PEPPERCORN, *s.* Smùirnein, dùradan.

PEPPERMINT, *s.* Mionnt, meant.

PERADVENTURE, *adv.* Theagamh.

PERAMBULATE, *v. a.* Cuairt-imich.

PERAMBULATION, *s.* Cuairt-imeachd.

PERCEIVABLE, *adj.* So-fhaicsinn.

PERCEIVE, *v. a.* Beachdaich, tuig.

PERCEPTIBILITY, *s.* So-léirsinneachd.

PERCEPTIBLE, *adj.* So-léirsinneach.

PERCEPTION, *s.* Amharc, beachd ; eòlas, fiosrachadh ; mothachadh.

PERCEPTIVE, *adj.* Léirsinneach, beachdach.

PERCH, *s.* Creagag, muc-locha, tomhas chùig slat gu leth ; spiris, spàrr.

PERCH, *v.* Cuir air spiris ; rach air spardan ; suidh mar eun.

PERCHANCE, *adv.* A theagamh.

PERCIPIENT, *adj.* Geur-bheachdach.

PERCOLATE, *v. a.* Sìolaidh.

PERCOLATION, *s.* Sìoladh.

PERCOLATOR, s. Sìolachan.
PERCUSS, v. a. Buail, thoir buille.
PERCUSSION, s. Bualadh, buille, farum.
PERDITION, s. Sgrios; bàs-sìorruidh.
PERDU, adv. Am falach; am fagus.
PERDULOUS, adj. Caillte.
PEREGRINATE, v. n. Dean céin-thuras.
PEREGRINATION, s. Céin-thuras.
PEREGRINATOR, s. Taisdealach.
PEREGRINE, adj. Céinthireach:
PEREMPTORY, adj. Smachdail, teann.
PERENNIAL, adj. A mhaireas ré bliadhna; sìor-maireannach.
PERENITY, s. Buan-mhaireannachd.
PERFECT, adj. Iomlan, foirfe, coimhlionta; làn-eòlach; neo-choireach, fior-ghlan; cinnteach, dearbhte.
PERFECT, v. a. Dean iomlan, dean foirfe, dean coimhlionta; làn-chrìochnaich.
PERFECTION, s. Iomlanachd, foirfeachd, coimhliontachd, diongmhaltachd.
PERFECTNESS, s. Iomlanachd, foirfeachd; làn-mhathas.
PERFIDIOUS, adj. Cuilbheartach, meallta, foilleil, sligheach.
PERFIDIOUSNESS, s. Cuilbheartachd.
PERFORATE, v. a. Toll, toll troimh.
PERFORATION, s. Tolladh.
PERFORATOR, s. Sniomhaire, tora.
PERFORCE, adv. A dh' aindeoin, air éigin.
PERFORM, v. a. Coimhlion.
PERFORMANCE, s. Coimhlionadh.
PERFORMER, s. Fear-coimhlionaidh, fear-cluiche.
PERFUME, s. Boltrach, cùbhraidhach.
PERFUME, v. a. Dean cùbhraidh.
PERFUMER, s. Boltraiche, ceannaiche bholtraichean.
PERFUNCTORY, adj. Dearmadach, neo-chùramach; neo-choimhlionta.
PERHAPS, adv. Math a dh' fheudte.
PERICARDIUM, s. Cochull a' chridhe.
PERICRANIUM, s. Cochull na h-eanchain.
PERIL, s. Cunnart, baoghal, gàbhadh.
PERILOUS, adj. Cunnartach, gàbhaidh.
PERIMETER, s. Cuairt-thomhas.
PERIOD, s. Cuairt; ùine, àm, ré; crìoch, ceann, deireadh; pong.
PERIODICAL, adj. Riaghailteach, aig àmaibh suidhichte.
PERIPHERY, s. Cuairt-thiughadh.
PERIPHRASIS, s. Cuairt-labhairt.
PERIPHRASTIC, adj. Cuairt-labhrach.
PERISH, v. Rach a dhìth, faigh bàs, bàsaich; rach am mugha.
PERISHABLE, adj. Bàsmhor, claoidhteach, dìtheachail.

PERJURE, v. a. Thoir mionnan-eithich.
PERJURER, s. Fear-eithich.
PERJURY, s. Eitheach.
PERIWIG, s. Gruag-thilgte, pìorbhuic.
PERIWINKLE, s. Gille-fionn, faochag.
PERK, v. n. Bi guanach, bi gogcheannach.
PERMANENCE, PERMANSION, s. Buanas, maireannachd, seasmhachd.
PERMANENT, adj. Buan, maireannach.
PERMISCIBLE, adj. So-choimeasgadh.
PERMISSIBLE, adj. Ceadaichte.
PERMISSION, s. Cead, saorsa, comas.
PERMISSIVE, adj. Ceadachail.
PERMIT, v. a. Ceadaich; fuilig, luthasaich, thoir suas.
PERMIT, s. Baranta-cuspuinn.
PERMUTATION, s. Malairt, mùthadh.
PERNICIOUS, adj. Millteach, sgriosail.
PERNICIOUSLY, adv. Gu sgriosail.
PERORATION, s. Co-dhùnadh òraid.
PERPEND, v. a. Gabh dlù-bheachd.
PERPENDICULAR, adj. 'Na sheasamh dìreach.
PERPENDICULAR, s. Direachan.
PERPENSION, s. Smuaineachadh.
PERPETRATE, v. a. Ciontaich.
PERPETRATION, s. Ciontachadh.
PERPETUAL, adj. Sìor-mhaireannach.
PERPETUATE, v. a. Cùm an gnàchleachdadh.
PERPETUITY, s. Sìor-mhaireannachd.
PERPLEX, v. a. Cuir an ioma-chomhairle.
PERPLEXED, adj. Ioma-cheisteach, deacair, duilich.
PERPLEXITY, s. Ioma-chomhairle.
PERQUISITE, s. Frith-bhuannachd.
PERRY, s. Peur-leann.
PERSECUTE, v. a. Geur-lean, iomaruag.
PERSECUTION, s. Geur-leanmhainn.
PERSECUTOR, s. Fear-geur-leanmhainn.
PERSEVERANCE, s. Buan-leanaltas.
PERSEVERANT, adj. Buan-leanailteach.
PERSEVERE, v. n. Buanaich, lean.
PERSIST, v. n. Lean ri, bi seasmhach.
PERSISTANCE, s. Seasmhachd.
PERSISTIVE, adj. Buanachail.
PERSON, s. Neach, urra; pearsa.
PERSONABLE, adj. Cumair; tlachmhor.
PERSONAGE, s. Urra, neach fiùghail.
PERSONAL, adj. Aon-urrach, pearsanta.
PERSONALITY, s. Aon-urralachd, féinachd; athais, innisg.
PERSONALLY, adv. Gu h-aon-urrach.
PERSONATE, v. a. Gabh cosltas, neach eile.
PERSONATION, s. Dol an riochd neach eile.

PERSONIFICATION, *s.* Riochd-samhlachadh.

PERSONIFY, *v. a.* Riochd-shamhlaich.

PERSPECTIVE, *s.* Glain-amhairc; fradharc; sealladh.

PERSPECTIVE, *adj.* Fradharcach.

PERSPICACIOUS, *adj.* Geur-fhradharcach.

PERSPICACITY, *s.* Geur-shùileachd.

PERSPICUITY, *s.* Soilleireachd.

PERSPICUOUS, *adj.* Soilleir, so-thuigsinn.

PERSPIRABLE, *adj.* Fallusach.

PERSPIRATION, *s.* Fallus, cur falluis.

PERSPIRE, *v. n.* Cuir fallus dhiot.

PERSUADE, *v. a.* Comhairlich; earalaich, cuir iompaidh; dean deònach.

PERSUASIBLE, *adj.* So-chomhairleach.

PERSUASION, *s.* Comhairle, earalachadh; barail, creideamh.

PERSUASIVE, PERSUASORY, *adj.* Comhairleach, earaileach, iompaidheach.

PERT, *adj.* Clis, beothail, ealamh, beadaidh, ladorna, goileamach.

PERTAIN, *v. a.* Buin do.

PERTINACIOUS, *adj.* Danarra, rag.

PERTINACITY, *s.* Danarrachd, raige, rag-mhuinealachd, déine.

PERTINENCE, *s.* Iomchuidheachd.

PERTINENT, *adj.* Iomchuidh, cubhaidh.

PERTLY, *adv.* Gu clis, gu beadaidh.

PERTNESS, *s.* Beadaidheachd.

PERTURBATE, *v. a.* Buair, aimhreitich.

PERTURBATION, *s.* Iomagain; buaireas.

PERTUSION, *s.* Tolladh; toll.

PERUKE, *s.* Gruag, Fara-ghruag.

PERUSAL, *s.* Leughadh; rannsachadh.

PERUSE, *v. a.* Leugh; rannsaich.

PERVADE, *v. a.* Trid-shiubhail.

PERVASION, *s.* Trid-shiubhal, dol troi'.

PERVERSE, *adj.* Fiar, claon; dian 's an eucoir, rag-mhuinealach, aingidh; mallaichte, crosta.

PERVERSENESS, *s.* Rag-mhuinealachd, aingealtas, dalmachd.

PERVERSION, *s.* Fiaradh, claonadh.

PERVERT, *v. a.* Fiar, claon; truaill.

PERVERTIBLE, *adj.* So-chlaonadh.

PERVICACIOUS, *adj.* Reasgach, dàna.

PERVICACITY, *s.* Danarrachd.

PERVIOUS, *adj.* Neo-dhìonach.

PEST, *s.* Plàigh; dragh, buaireas.

PESTER, *v. a.* Cuir dragh, buair.

PESTHOUSE, *s.* Taigh-leighis na plàighe.

PESTIFEROUS, *adj.* Plàigheach, marbhtach, gabhaltach.

PESTILENCE, *s.* Plàigh, sgrios-ghalar.

PESTILENT, *adj.* Plàigheach, gabhaltach.

PESTLE, *s.* Plocan-pronnaidh.

PET, *s.* Dod, frionas; uan-pheata.

PETAL, *s.* Duilleag, bileag.

PETALOUS, *adj.* Duilleagach, bileagach.

PETITION, *s.* Achanaich, iarrtas, guidhe, aslachadh.

PETITION, *v. a.* Guidh, aslaich, iarr.

PETITIONARY, *adj.* Aslachail.

PETITIONER, *s.* Fear-aslachaidh.

PETRIFACTION, *s.* Tionndadh gu cloich.

PETRIFY, *v. a.* Tionndaidh gu cloich.

PETTICOAT, *s.* Còta-bàn.

PEITTFOGGER, *s.* Fear-lagha gun fhiù, ball-donais; luimeire.

PETTIFOGGING, *adj.* Suarach.

PETTINESS, *s.* Bige, crìne.

PETTISH, *adj.* Dodach, frionasach.

PETTY, *adj.* Beag, suarrach, crìon.

PETULANCE, *s.* Beadaidheachd.

PETULANT, *adj.* Beadaidh, leamh, peasanach, bleideil; goileamach, beag-narach, mi-mhodhail.

PEW, *s.* Suidheachan-eaglais.

PEWET, *s.* A' chrann-lach.

PEWTER, *s.* Staoin, feòdar.

PEWTERER, *s.* Cèard-staoine.

PHALANX, *s.* Dlù-fheachd.

PHANTASM, *s.* Faoin-bharail.

PHANTOM, *s.* Sgleò-shealladh, faileas.

PHARISAICAL, *adj.* Cràbhach o'n leth a mach; cealgach.

PHARMACY, *s.* Eòlas leigheasan.

PHAROS, *s.* Taigh-soluis, taigh-faire.

PHASIS, *s.* Aghaidh, cruth, dealbh.

PHEASANT, *s.* An easag.

PHENIX, PHŒNIX, *s.* An tearc-eun.

PHENOMENON, *s.* Sealladh iongantach.

PHIAL, *s.* Searrag bheag.

PHILANTHROPY, *s.* Gradh-daonna; caomhalachd; seirc.

PHILIPPIC, *s.* Màbaireachd, càineadh.

PHILOLOGER, PHILOLOGIST, *s.* Cànanaich; cainntear.

PHILOLOGY, *s.* Eòlas-chànan.

PHILOMEL, *s.* An spìdeag.

PHILOSOPHER, *s.* Feallsanach, teallsanach, càileadair.

PHILOSOPHER'S-STONE, *s.* Clach-nambuaidh.

PHILOSOPHICAL, *adj.* Teallsanta, ionnsaichte, eagnaidh, fiosrach.

PHILOSOPHY, *s.* Feallsanachd, teallsanachd, eagnaidheachd, reusonachadh, àrd-fhoghlum.

PHILTER, *s.* Eòlas-gràidh. *Mt.*

PHIZ, *s.* Aogas, aghaidh, aodann.

PHLEBOTOMIST, *s.* Fear tarruinn fala.

PHLEBOTOMIZE, *v. a.* Tarruinn fuil.

PHLEBOTOMY, *s.* Fuil-tharruinn.

PHLEGM, *s.* Ronn; leanntan-**cuirp.**

PHLEGMATIC, adj. Ronnach; trom.
PHLEME, s. Tuadh-fhala.
PHOSPHORUS, s. Reull na maidne, &c.
PHRASE, s. Dòigh-labhairt; facal.
PHRASEOLOGY, s. Modh-labhairt.
PHTHISIC, s. Tinneas-caithe, éiteach.
PHTHISICAL, adj. Caithteach, éiteach-ail, seargnach.
PHYLACTERY, s. Crios air an robh sgrìobhaidhean sònraicht' aig na h-Iudhaich.
PHYSIC, s. Eòlas leighis; cungaidhean-leighis; teallsanachd-nàduir.
PHYSICAL, adj. Nàdurra, càileadarach, leigheasach.
PHYSICIAN, s. Léigh, lighiche.
PHYSIOGNOMIST, s. Gnùis-fhiosaiche.
PHYSIOGNOMY, s. Gnùis-fhiosachd; aogas, aogasg.
PHYSIOLOGIST, s. Teallsanach ghnèith-ean a's chàilean.
PHYSIOLOGY, s. Teallsanachd ghnèith-ean a's chàilean.
PHYLOLOGY, s. Lùs-eòlas.
PIA-MATER, s. Cochull na h-eanchainn.
PICK, v. Tagh, gabh roghadh a's tagh-adh; tog, tionail; cuir air leth, glan; fosgail glas; tiolp; spiol, criom.
PICKAXE, s. Piocaid.
PICKED, PIKED, adj. Guineach, geur.
PICKEER, v. Spùinn, spùill.
PICKLE, s. Picill; staid, còr, càradh.
PICKLE, v. a. Saill, dean saillte.
PICKLOCK, s. Glas-phiocaidh.
PICKPOCKET, s. Frith-mhèirleach.
PICKTOOTH, s. Bior-fhiacall.
PICTURE, s. Dealbh, dreach, coltas.
PICTURESQUE, adj. Bòidheach, àillidh.
PIDDLE, v. a. Pioc, bi faoineasach.
PIE, s. Pithean; pioghaid.
PIECE, s. Mìr, roinn, earrann; caob, bloigh; gunna; bonn.
PIECE, v. Cuir mìr ri; ceangail, tàth, tuthagaich.
PIECEMEAL, adj. Aon-fhillte, air leth.
PIECEMEAL, adv. Mìr air mhìr.
PIED, adj. Breac, ballach, balla-bhreac.
PIER, s. Seòlait, laimhrig; carragh.
PIERCE, v. Toll, sàth; drùigh, gluais; lot, gon, guin.
PIERCER, s. Brodaiche, bior-tollaidh.
PIETY, s. Cràbhadh; diadhachd.
PIG, s. Uircean, oircein; gàta.
PIGEON, s. Calman, calaman, colm.
PIGGIN, s. Pigean, soitheachan.
PIGMENT, s. Dath, lith.
PIGMY, s. Duairce, troich, luspardan.
PIGNUT, s. Cnò-thalmhuinn.
PIKE, s. Geadas, crann-shleagh.

PIKESTAFF, s. Crann-sleagha.
PILASTER, s. Carragh ceithir-chear-nach.
PILCHARD, PILCHER, s. Sgadan-sligeach.
PILCHER, s. Faluinn air a lìnigeadh le bian.
PILE, s. Post; cruach, dùn; aitreabh.
PILE, v. Tòrr, cruach, càrn; lìon.
PILEWORT, s. An searraiche.
PILFER, v. Tiolp, dean braide.
PILFERER, s. Frith-mhèirleach.
PILGRIM, s. Eilthireach, fear-cuairt.
PILGRIMAGE, s. Eilthireachd.
PILL, s. Cungaidh leighis.
PILLAGE, s. Creach, spùinn, togail.
PILLAGE, v. a. Spùinn, spùill, creach.
PILLAR, s. Carragh, colbh; fear-cul-taic.
PILLION, s. Sumag, peallag, pilleag.
PILLORY, s. Ballan-stiallach, brangas.
PILLOW, s. Adhartan, cluasag.
PILLOW-BEER, s. Còmhdach-cluasaig.
PILOSITY, s. Ròmaiche, molaiche.
PILOT, s. Fear-iùil luinge.
PILOT, v. a. Treòraich; stiùr.
PILOTAGE, s. Duais-threòraichidh.
PILOUS, adj. Ròmach, molach.
PIMENTO, s. Peabar-dubh.
PIMP, s. Maor-shiùrsaichean.
PIMPERNEL, s. Seamrag-Muire.
PIMPING, adj. Leibideach, crìon.
PIMPLE, s. Biuceau, plucan, guirean.
PIN, s. Dealg, prìne; cnag, dùl.
PINCERS, s. Turcais, teannchar.
PINCH, v. Fàisg, gòmagaich; teann-aich; brùth; goirtich, ciùrr; éig-nich, sàraich, pioc, claoidh; caomh-ainn, bi gann.
PINCH, s. Gòmag; teanntachd.
PINCHBECK, s. Seòrsa meatailte.
PINCUSHION, s. Prìneachan.
PINE, s. Craobh ghiubhais.
PINE, v. Caoidh, searg, eaith ás.
PINFOLD, s. Punnd, fang.
PINION, s. Cleite, ite-sgéithe; glas-làmh, ceangal-nan-dà-chaol.
PINION, v. a. Ceangail na sgiathan; cuibhrich, ceangail na lamhan.
PINK, s. Luibh àraidh; seòrs' éisg; roghadh, taghadh; dath bàn-dhearg.
PINK, v. Bior, toll; sàth; caog.
PINMONEY, s. Airgead pòcaid bhan.
PINNACE, s. Geòla, sgoth luinge.
PINNACLE, s. Binnein, turraid.
PINNER, s. Ceanna-bharr.
PINT, s. Pinnt, leth-chart.
PIONEER, s. Saighdear-tochlaidh.
PIOUS, adj. Diadhaidh, cràbhaidh.
PIP, s. Piochan, galar-chearc.
PIPE, s. Pìob, feadan; guth, anail.

PIPE, v. Dean pìobaireachd.

PIPER, s. Pìobaire.

PIPING, adj. Lag, faoin, goileach.

PIPKIN, s. Soitheachan creadha.

PIQUANT, adj. Beur, geur, goirt, teth.

PIQUE, s. Falachd, mì-run, gamhlas.

PIQUE, v. a. Feargaich; farranaich.

PIRACY, s. Muir-spùinneadh.

PIRATE, s. Spùinneadair-mara.

PIRATICAL, adj. Spùinneach.

PISCARY, s. Cead-iasgaich.

PISCATION, s. Iasgaireachd.

PISCATORY, adj. Iasgach.

PISCIVOROUS, adj. Iasg-itheach.

PISH! interj. Fùith! fùidh! fùich!

PISMIRE, s. Seangan, sneaghan.

PISS, s. Mùn; fual; v. n. Mùin.

PISTOL, s. Daga, dag; seòra cùinidh.

PISTON, s. Slat-stealladair.

PIT, s. Toll, sloc; aigein; uaigh.

PITAPAT, s. Plosgadh-cridhe; luas-analach; plosgartaich.

PITCH, s. Bìgh, àirde, tomhas.

PITCH, v. Suidhich; òrduich; tilg, tilg an coinneamh a chinn; tuit an comhair do chinn; tagh.

PITCHER, s. Pigidh-uisge.

PITCHFORK, s. Gobhlag aolaich.

PITCHY, adj. Bìgheach; doilleir, dubh.

PITCOAL, s. Ala-ghual.

PITEOUS, adj. Muladach, brònach, tùrsach, truagh; truacanta.

PITFALL, s. Tallamh-toll, toll-fo-fhraoch, sloc-thuislidh.

PITH, s. Glaodhan; spionnadh.

PITHINESS, s. Spionnadh, treòir.

PITHLESS, adj. Neo-spionntail, fann.

PITHY, adj. Glaodhanach; spìonn-tail, laidir, smiorail.

PITIABLE, adj. Truagh, bochd.

PITIFUL, adj. Truacanta, tròcaireach; teò-chridheach, truagh; muladach, brònach; leibideach.

PITILESS, adj. Neo-thruacanta, an-iochdmhor, cruaidh-chridheach, mi-thròcaireach; gun truas.

PITTANCE, s. Cuibhrionn, rud beag truagh.

PITY, s. Truacantas, truas.

PITY, v. Gabh truas.

PIVOT, s. Udalan; cuairt-udalan.

PIX, s. Naomh-chiste.

PLACABLE, adj. So-chìosnachadh, soirbh, ciùin.

PLACARD, PLACART, s. Fuagradh; sanas-follaiseach.

PLACE, s. Àite, ionad; còmhnaidh; toiseach; dreuchd.

PLACE, v. a. Suidhich, socraich.

PLACID, adj. Ciùin, socrach, soirbh.

PLACIDNESS, s. Ciùineachd, soirbh-eachd.

PLAGIARISM, s. Mèirle-sgrìobhaidh.

PLAGIARY, PLAGIARIST, s. Mèirleach-sgrìobhaidh.

PLAGUE, s. Plàigh; claoidh; dragh, buaireadh.

PLAGUE, v. a. Pian, buair, leamhaich.

PLAGUY, adj. Plàigheach; draghail

PLAICE, s. Leubag-mhòr.

PLAID, s. Breacan; suaineach.

PLAIN, adj. Rèidh, còmhnard, min, lom; fosgailte; saor, soilleir, soirbh.

PLAIN, s. Còmhnard, rèidhlean, rèidh-leach, faiche, blàr, lòm.

PLAINDEALING, s. Trèidhireachd.

PLAINNESS, s. Còmhnardachd, rèidh-eachd, mìneachd; fosgailteachd, trèidhireachd; neo-sgeamhalachd.

PLAINT, s. Gearan, caoidh, acan, bròn.

PLAINTIVE, adj. Tiamhaidh.

PLAINTIFF, s. Fear-agairt.

PLAIT, s. Filleadh, filleag, dual, pleat.

PLAN, s. Innleachd; dealbh, cumadh.

PLAN, v. a. Dealbh, deilbh, suidhich.

PLANCHED, adj. Dèileach.

PLANCHER, s. Dèile, bòrd.

PLANE, s. Locair; còmhnard.

PLANE, v. a. Locair, locraich.

PLANET, s. Reull, reull-shiùbhlach.

PLANETARY, adj. Reulltach.

PLANK, s. Bòrd, clàr, dèile.

PLANK, v. a. Bòrdaich, clàraich.

PLANNER, s. Fear-tionnsgain.

PLANT, s. Luibh, meacan; fiùran.

PLANT, v. Suidhich; cuir sìolaich; socraich, daingnich.

PLANTAIN, s. Cuach-Phàdruig.

PLANTATION, s. Suidheachadh; ùr-àiteachadh; toirt a staigh.

PLANTER, s. Fear-suidheach, fear-àiteachaidh.

PLANTING, s. Suidheachadh.

PLASH, s. Lochan, pollag; fiùran meanglan.

PLASH, v. a. Luidrig; figh air a' chéile.

PLASHY, adj. Lodanach, uisgidh, fuarraidh.

PLASM, s. Molldair, ladhadair, cum-adair.

PLASTER, s. Sglàib; plàsda-leighis.

PLASTER, v. a. Sglàibrich; glaodh, cuir plàsd' air.

PLASTERER, s. Sglàibeadair.

PLASTIC, adj. Cruth-thabhairteach.

PLAT, s. Mìr fearainn, goirtean.

PLATE, s. Lann; éideadh-màilleach; obair-airgeid; truinnsear.

PLATE, v. a. Lannaich; airgeadaich.

PLATFORM, s. Còmhnard; dealbh, clàr-aghaidh.
PLATOON, s. Gunnairean.
PLATTER, s. Mias-mhòr; dualadair.
PLAUDIT, s. Caithream aoibhneis, luath-ghair, iolach.
PLAUSIBILITY, s. Ceart choltas.
PLAUSIBLE, adj. Coltach, beulchar.
PLAY, v. Cluich; dean fearas-chuideachd; dean mire, dean àbhachd, dean sùgradh; meall, mag, dean fochaid; oibrich, gluais.
PLAY, s. Cluiche, mire, sùgradh, aighear; cleas; macnus; comasgluasaid.
PLAYER, s. Fear-cluiche, cleasaiche.
PLAYFELLOW, s. Còmpanach-cluiche.
PLAYFUL, adj. Cleasanta, beadrach, mireagach, sùgrach, mear.
PLAYHOUSE, s. Taigh-cluiche.
PLAYSOME, adj. Mireagach, sùgach.
PLAYTHING, s. Ball-cluiche.
PLEA, s. Cùis-thagraidh; leisgeul.
PLEAD, v. a. Dìon, tagair; agair reusonaich.
PLEADER, s. Fear-tagraidh.
PLEADING, s. Tagradh, agairt.
PLEASANT, adj. Taitneach, ciatach : tlachdmhor, sunntach, faoilidh, cridheil.
PLEASANTNESS, s. Taitneachd, tlachd, ciatachd, tlachdmhorachd; sunnt, cridhealas.
PLEASANTRY, s. Cridhealas, aighear.
PLEASE, v. Toilich, riaraich, taitinn.
PLEASURABLE, adj. Taitneach, ciatach.
PLEASURE, s. Taitneas, tlachd, toileachadh, toil-inntinn, ciataidh.
PLEBEIAN, s. Duine cumanta, balach.
PLEBEIAN, adj. Cumanta, suarach.
PLEDGE, s. Geall; deoch-slàinte.
PLEDGE, v. a. Cuir an geall, òl air, slàinte.
PLEIADES, s. An griglean.
PLENARY, adj. Làn, foirfe; iomlan.
PLENIPOTENCE, s. Làn-chumhachd.
PLENIPOTENT, adj. Làn-chumhachdach.
PLENIPOTENTIARY, s. Àrd-theachdair.
PLENITUDE, s. Lànachd; pailteas.
PLENTEOUS, adj. Pailt, tarbhach.
PLENTIFUL, adj. Lìonmhor; tòrach.
PLENTY, s. Pailteas; lànachd, saibhreas.
PLETHORA, PLETHORY, s. Làntachd, cuirp, dòmhlachd cuirp.
PLETHORIC, adj. Làn, dòmhail.
PLEURISY, s. An treaghaid.
PLEURITIC, adj. Treaghaideach.
PLIABLE, adj. Sùbailte, maoth.

PLIABLENESS, s. Sùbailteachd.
PLIANT, adj. So-lùbadh.
PLIERS, s. Greimiche, turcais.
PLIGHT, s. Cor, càradh, inbhe, cùis.
PLIGHT, v. a. Thoir geall, thoir urras.
PLINTH, s. Bunait carraigh, stéidh.
PLOD, v. n. Saoithrich, oibrich, imich gu trom; dian-chnuasaich.
PLODDER, s. Fear-trom-shaoithreach.
PLOT, s. Croit, goirtean; innleachd; feall-chomhairle; cuilbheart, foill.
PLOT, v. Tionnsgainn; suidhich; dean foill; dean as-innleachd.
PLOVER, s. Feadag.
PLOUGH, s. Crann, crann-àraidh.
PLOUGH, v. a. Treabh, àr; reub.
PLOUGHMAN, s. Treabhaiche.
PLOUGHSHARE, s. Soc croinn.
PLUCK, v. a. Spìon, buain.
PLUCK, s. Tarruinn, spìonadh; cridhe; sgamhan agus grùthan beathaich.
PLUG, s. Plucan, cnag, geinn.
PLUG, v. a. Plucaich, geinnich, dùin.
PLUM, s. Plumbas; 100,000l.
PLUMAGE, s. Iteach.
PLUMB, v. a. Feuch doimhneachd, feuch dìrichead.
PLUMB, adv. Dìreach 'na sheasamh.
PLUMBER, s. Ceard-luaidhe.
PLUME, s. Ite, fàbhar, dòs-mullaich, seòcan.
PLUME, v. Tog itean; cuir dòs air, dosaich; séid suas, àt.
PLUMINGEROUS, adj. Iteagach.
PLUMMET, s. Sreang-thomhais doimhneachd; cudthrom luaidhe.
PLUMP, adj. Sultmhor, dòmhail, reamhar, reachmhor, taiceil, tiugh.
PLUMP, v. n. Plub, plum.
PLUMPNESS, s. Sultmhorachd, somaltachd, domhladachd.
PLUMPUDDING, s. Marag phlumbais.
PLUMY, adj. Còmhdaichte le itean.
PLUNDER, s. Cobhartach, creach.
PLUNDER, v. a. Spùinn; tog creach.
PLUNDERER, s. Spùinneadair.
PLUNGE, v. Tùm, cuir fodha; tilg sàth.
PLUNGE, s. Tumadh, bogadh; àmhghar, airc, teinn.
PLURAL, adj. Iomarra.
PLURALIST, s. Fear dà dhreuchd.
PLURALITY, s. Iomadachd.
PLUSH, s. Seòrsa clò.
PLUVIAL, PLUVIOUS, adj. Frasach, braonach, robach, fliuch.
PLY, v. Saoithrich, oibrich ri, iomair, dian-ghnàthaich, grìos, aslaich, guidh; lùb.
PLY, s. Aomadh, car, laidhe; filleadh.

PNEUMATIC, *adj.* Gaothach.
PNEUMATICS, *s.* Eòlas gaoithe, &c.
PHEUMATOLOGY, *s.* Eòlas bhith-spior-adail.
PNEUMONICS, *s.* Leigheas sgamhain.
POACH, *v.* Slaop ; dean goid frìthe.
POACHER, *s.* Mèirleach sìthne.
POACHY, *adj.* Àitid, bog.
POCK, *s.* Bòc, guirean brice ; pocan.
POCKET, *s.* Pòcaid, pòca, pùidse.
POCKET, *v. a.* Cuir 's a' phòcaid.
POCKET-BOOK, *s.* Leabhar-pòcaid.
POCULENT, *adj.* A dh' fhaodair òl.
POD, *s.* Cochull, plaosg, sgrath, rùsg.
POEM, *s.* Dàn, duan, laoidh.
POESY, *s.* Bàrdachd, rannachd.
POET, *s.* Bàrd, filidh, aos-dàna.
POETASTER, *s.* Sgonna-bhàrd.
POETESS, POETRESS, *s.* Bana-bhàrd.
POETIC, POETICAL, *adj.* Bàrdail.
POETRY, *s.* Bàrdachd, ranntachd.
POIGNANCY, *s.* Gairge, géire, seirbhe.
POIGNANT, *adj.* Garg, geur, searbh.
POINT, *s.* Roinn, bior; barr-iall; rudha, sròn ; neart, seadh, brìgh, tiota ; cor; ponc, comharradh ; ball ; cuspair, an dearbh nì.
POINT, *v. a.* Geuraich, thoir roinn air, bioraich ; seòl, comharraich ; cuimsich ; poncaich ; feuch, nochd.
POINTED, *adj.* and *part.* Geur, biorach; poncail, eagnaidh.
POINTER, *s.* Cù-eunaich.
POINTLESS, *adj.* Maol; gun roinn.
POISE, *s.* Co-chothrom.
POISE, *v. a.* Co-chothromaich.
POISON, *s.* Nimh, puinnsean.
POISON, *v. a.* Nimhich ; truaill, mill.
POISONOUS, *adj.* Nimheach, nimheil.
POITREL, *s.* Uchd-bheairt eich, &c.
POKE, *s.* Poca, balg, màileid.
POKE, *v. a.* Smeuraich, rùraich.
POKER, *s.* Bioran-griosaich.
POLE, *s.* Crann, maide, cabar, cuaille; cùig slat gu leth.
POLECAT, *s.* Feòcullan, taghan.
POLEMIC, *adj.* Connspaideach.
POLEMIC, *s.* Connspaidiche.
POLESTAR, *s.* An reull-iùil thuath.
POLICE, *s.* Riaghladh baile, &c.
POLICY, *s.* Innleachd-riaghlaidh; seòltachd, steòrnadh, crìontachd, gliocas.
POLISH, *v.* Lìomh, liomhaich, sgéimhich ; oileanaich.
POLISH, *s.* Lìomhadh, loinnireachd.
POLISHER, *s.* Fear-lìomhaidh.
POLITE, *adj.* Modhail, oileanach.
POLITENESS, *s.* Modhalachd.
POLITIC, POLITICAL, *adj.* Eòlach, eagnaidh, seòlta, domhain, carach ;

cuilbheartach ; a bhuineas do dh'-eòlas-riaghlaidh.
POLITICIAN, *s.* Fear eòlach mu innleachdan riaghlaidh.
POLITICS, *s.* Inleachdan riaghlaidh.
POLITURE, *s.* Liomharachd.
POLITY, *s.* Modh riaghlaidh.
POLL, *s.* Ceann ; ainm-chlàr.
POLL, *v. a.* Sgud, bèarr, sgath dheth; spùinn, creach, lom ; gabh ainmean ; gèarr falt.
POLLARD, *s.* Craobh bhearrte ; damh gun chròic ; garbhan, pronn.
POLENGER, *s.* Preas-choille.
POLLUTE, *v. a.* Truaill, salaich, measgaich le salchar.
POLLUTED, *part.* and *adj.* Truaillte.
POLLUTION, *s.* Truailleadh, salchadh.
POLTROON, *s.* Gealtaire, cladhaire.
POLYANTHUS, *s.* Sòbhrach-gheamhraidh.
POLYGAMY, *s.* Ioma-phòsadh.
POLYGLOT, *adj.* Ioma-chainnteach.
POLYGON, *s.* Ioma-chèarnag.
POLYPOUS, *adj.* Ioma-chasach.
POLYPUS, *s.* Àt-cuinnein.
POLYSYLLABLE, *s.* Ioma-shiola.
POLYTHEISM, *s.* Creideamh nan-ioma dia.
POMADE, *s.* Ola-cinn, ola-fuilt.
POMATUM, *s.* Ungadh fuilt.
POMEGRANATE, *s.* Gràn-ubhall.
POMMEL, *s.* Ubhal claidheimh.
POMMEL, *v. a.* Slad, slacainn, pronn.
POMP, *s.* Greadhnachas, uaill.
POMPOSITY, *s.* Mòr-chuis.
POMPOUS, *adj.* Mòr-chuiseach, uailleil.
POMPOUSNESS, *s.* Mòralachd.
POND, *s.* Linne, uisge-tàimh.
PONDER, *v.* Smuainich, beachd-smuainich, fidrich, cnuasaich.
PONDEROSITY, *s.* Cudthromachd ; cùramachd.
PONDEROUS, *adj.* Cudthromach, cùramach, laidir.
PONENT, *adj.* Iar, iarach.
PONIARD, *s.* Cuinnsear.
PONTAGE, *s.* Cìs-drochaid.
PONTIFF, *s.* Àrd-shagart, am pàpa.
PONTIFICAL, *adj.* Àrd-shagartach.
PONTIFICAL, *s.* Leabhar nan deas-ghnàth.
PONTIFICATE, *s.* Pàpanachd.
PONTON, *s.* Drochaid-fhleodraidh.
PONY, *s.* Each beag.
POOP, *s.* Deireadh luinge, uisge-tàimh.
POOR, *adj.* Bochd, aimbeartach, dòlum, ainnis; ìosal, suarrach, leibideach; truagh, cruaidh ; caol, seang.
POORLY, *adj.* Euslainteach, tinn.

Pop, *s.* Sgaile, bragh, braghadh.

Pope, *s.* Am pàpa.

Popedom, *s.* Pàpachd.

Popery, Papistry, *s.* Pàpanachd.

Popgun, Potgun, *s.* Gunna-sgaile.

Popinjay, *s.* An snagan-daraich.

Popish, *adj.* Pàpanach.

Poplar, *s.* Chritheann, critheach.

Poppy, *s.* An crom-lŭs.

Populace, *s.* An sluagh, an cumanta.

Popular, *adj.* Taitneach do 'n t-sluagh; cumanta; so-thuigsinn.

Popularity, *s.* Sluagh-thaitneachd.

Populate, *v. n.* Fàs-lìonmhor, sìolaich; lian le sluagh.

Population, *s.* Sluagh tìre.

Populous, *adj.* Sluaghmhor.

Porcelain, *s.* Criadh fhìnealta.

Porch, *s.* Sgàil-thaigh, foir-dhorus.

Pore, *s.* Pòr, tollan-falluis.

Pore, *v. n.* Geur-amhairc; geursgrùd, geur-bheachdaich.

Poreblind, *adj.* Dalladh-eunain.

Pork, *s.* Muic-fheòil ùr.

Porker, Porkling, *s.* Uircean.

Porosity, *s.* Tolltachd, còsachd.

Porous, Pory, *adj.* Tolltach, pòrach.

Porpoise, Porpus, *s.* Péileag, cana.

Porridge, Potage, *s.* Lite.

Porringer, *s.* Soitheach beag creadha.

Port, *s.* Port; cala, acarsaid, dorus, geata; iomchar, giùlan; fion-dearg.

Portable, *adj.* So-ghiùlan.

Portal, *s.* Dorus-àrd, geata mòr.

Portcullis, *s.* Drochaid-thogalach.

Portend, *v. a.* Fàisnich, fiosaich.

Portent, *s.* Droch comharradh.

Portentous, *adj.* Droch thargrach.

Porter, *s.* Dorsair; gille-teachdaireachd; dù-leann, dubh-lionn.

Porterage, *s.* Duais iomchair.

Portglaive, Portglave, *s.* Feariomchair claidheimh, gille-claidheimh.

Porthole, *s.* Toll gunna mhòir.

Portico, *s.* Sràid chòmhdaichte.

Portion, *s.* Earrann, roinn, cuid.

Portion, *v. a.* Roinn; thoir dlighe no tochradh do.

Portliness, *s.* Stàtalachd, foghainteachd, riochdalachd.

Portly, *adj.* Stàtail, foghainteach.

Portmanteau, *s.* Màileid-turais.

Portrait, *s.* Dealbh duine, sàmhla.

Portray, *v. a.* Tarruinn dealbh.

Portress, *s.* Bann-dorsair.

Pose, *v. a.* Cuir 'na thosd, cuir an ioma-cheist; ceasnaich.

Position, *s.* Suidheachadh.

Positional, *adj.* Ionadach.

Positive, *adj.* Fìor, fìrinneach; dearbh-chinnteach, dearbhte; dìreach, sònraichte, soilleir; féin-bharalach; suidhichte, stéidhichte, socraichte, ùghdarrach.

Positiveness, *s.* Cinnteachd, dearbhtachd; féin-bharalachd.

Posse, *s.* Buidheann, feachd.

Possess, *v. a.* Sealbhaich, gabh seilbh.

Possession, *s.* Sealbhachadh, seilbh.

Possessive, Possessory, *adj.* Seilbheach, seilbheachail.

Possessor, *s.* Sealbhadair.

Posset, *s.* Bainne air a bhinndeachadh le fìon, &c.

Possibility, *s.* Comas, comasachd.

Possible, *adj.* Comasach.

Post, *s.* Gille-litrichean; post; turascabhagach; ionad-freiceadain; dreuchd; àite; gnothach.

Post, *v. n.* Dean turas cabhagach.

Postage, *s.* Duais giùlain litreach.

Postboy, *s.* Fear carbaid-rathaid.

Postchaise, *s.* Carbad-duaise.

Posterior, *adj.* Deireannach.

Posteriors, *s.* Leth-deiridh, màsan.

Posterity, *s.* Na linntean ri teachd.

Postern, *s.* Dorus beag, frith-gheata.

Posthaste, *s.* Cabhag, grad-shiubhal.

Posthumous, *adj.* An déigh bàis.

Postillion, *s.* Gille-carbaid.

Postman, *s.* Gille-litrichean.

Postmaster, *s.* Maighstir-phost.

Post-office, *s.* Taigh-litrichean.

Postpone, *v. a.* Cuir dàil ann.

Postscript, *s.* Fath-sgriobhadh.

Postulate, *s.* Beachd no fìrinn gun dearbhadh.

Postulation, *s.* Togail gun dearbhadh; beachd gun dearbhadh.

Posture, *s.* Suidheachadh, laidhe, dòigh suidhe no seasamh no laidhe; staid, seòl.

Posy, *s.* Blàth-dhos, blàth-bhad.

Pot, *s.* Poit, prais, praiseach.

Pot, *v. a.* Cuir am poit.

Potash, *s.* Luath luibhean.

Potation, *s.* Pòit, pòitearachd.

Potato, *s.* Buntàta.

Potbellied, *adj.* Bronnach.

Potch, *v. a.* Dean goid, dean meirle.

Potcompanion, *s.* Còmpanach òil.

Potency, *s.* Ùghdarras, uachdranachd.

Potent, *adj.* Cumhachdach, treun.

Potentate, *s.* Righ, àrd-uachdaran.

Potential, *adj.* Comasach; buadhach, neartmhor.

Potentiality, *s.* Comasachd.

Potentness, *s.* Neartmhorachd.

Pother, *s.* Gleadhraich, buaireas.

POTION, s. Deoch.

POTSHERD, s. Spreadhan, pigean, sligechreadha. Bi.

POTTER, s. Criadhadair.

POTTERY, s. Criadhadaireachd.

POTTLE, s. Tomhas cheithir pinnt.

POUCH, s. Pocaid, pòca, brù mhòr.

POULT, s. Isean-eòin, pùda.

POULTERER, s. Fear-reic eun.

POULTICE, s. Fuar-lite, fuarag.

POULTRY, s. Cearcan, eòin-taighe.

POUNCE, s. Spòg, cràg; inean eòin.

POUND, s. Pund; pund-Sasunnach; punnd spréidhe.

POUND, v. a. Pronn, brùth, bleith; cuir am punnd.

POUNDAGE, s. Airgead-puinnd.

POUR, v. a. Dòirt, taom, bruchd.

POUT, s. Bodach-ruadh, pollach.

POUT, v. n. Cuir gnoig ort, cuir spliug ort, cuir spreill ort.

POVERTY, s. Bochdainn, ainnis.

POWDER, s. Fùdar, dùs, smùr, sad.

POWDER, v. a. Mìn-phronn, dean 'na smùr; crath smùr air; fùdaraich, crath salann air.

POWDER-HORN, s. Adharc-fhùdair.

POWDERY, adj. Mìn, pronn.

POWER, s. Cumhachd, comas.

POWERFUL, adj. Cumhachdach.

POWERFULNESS, s. Neartmhorachd.

POWERLESS, adj. Lag-chuiseach, fann.

POX, s. Breac; a' bhreac-Fhràngach.

PRACTICABLE, adj. So-dheaneamh.

PRACTICAL, adj. Cleachdail, cleachdte.

PRACTICE, s. Cleachdadh, àbhais; gnàth, innleachd, dòigh.

PRACTIC, adj. Cleachdach; teòma.

PRACTISE, v. Cleachd, gnàthaich.

PRACTITIONER, s. Fear-cleachdaidh.

PRAGMATICAL, adj. Beadaidh, leamh.

PRAISE, s. Cliù, moladh.

PRAISE, v. a. Mol, cliùthaich.

PRAISEWORTHINESS, s. Ion-mholtachd.

PRAISEWORTHY, adj. Ion-mholta.

PRAME, s. Bàta-leathann, coite.

PRANCE, v. n. Leum, geàrr sùrdag, sùrdagaich; céimnich gu h-uallach.

PRANCING, adj. Leumnach, sùrdagach, beiceiseach, meamnach.

PRANK, s. Cleas, cleasachd, meamna, àbhcaid, mire; droch-cleas.

PRATE, v. n. Dean goileam, dean lonais, dean beulais.

PRATE, s. Faoin-chainnt, lonais.

PRATER, s. Glagaire, gobaire.

PRATING, s. Glagaireachd, goileam.

PRATINGLY, ad. Gu goileamach.

PRATLER, s. Goileamaiche.

PRATIQUE, s. Teisteanas-slàinte.

PRATTLE, s. Faoin-chainnt, gobaireachd, briotas, briot.

PRATTLE, v. n. Dean gobaireachd.

PRAVITY, s. Truaillidheachd.

PRAWN, s. Am muasgan-caol.

PRAY, v. Dean ùrnaigh, guidh.

PRAYER, s. Ùrnaigh, guidhe, iarrtas.

PRAYERBOOK, s. Leabhar-ùrnaigh.

PREACH, v. Searmonaich.

PREACHER, s. Searmonaiche.

PREACHING, s. Searmonachadh.

PREAMBLE, s. Roimh-ràdh.

PRECARIOUS, adj. Neo-chinnteach.

PRECARIOUSNESS, s. Neo-chinnteachd.

PRECARIOUSLY, adv. Gu teagamhach, gu baoghalach.

PRECAUTION, s. Faicill, roi'-chùram.

PRECAUTION, v. a. Roi' earalaich.

PRECEDE, v. a. Roi'-imich, rach roimhe.

PRECEDENCE, s. Roi'-imeachd, toiseach, tùs; inbhe, roi'-àite.

PRECEDENT, adj. Roimhe, tùsach.

PRECEDENT, s. Eiseamplair.

PRECEDENTLY, adv. Roi'-làimh.

PRECENTOR, s. Fear-togail-fuinn.

PRECEPT, s. Àinte, reachd, riaghailt.

PRECEPTIVE, adj. Reachdach, àinteil.

PRECEPTOR, s. Oid'-ionnsachaidh.

PRECESSION, s. Roi'-shiubhal.

PRECINCT, s. Comharradh-crìche.

PRECIOUS, adj. Luachmhor, prìseil.

PRECIOUSNESS, s. Luachmhorachd.

PRECIPICE, s. Sgòrr, càs-chreag.

PRECIPITANCE, s. Caise, braise, cabhag, deifir, braisead, déine.

PRECIPITANT, adj. Càs, bras, dian.

PRECIPITATE, v. Tilg sìos, tilg an comhair a' chinn, cabhagaich, deifirich; tuit sìos, sìolaidh gu grunnd.

PRECIPITATE, adj. Chabhagach, deifireach, neo-fhaicilleach.

PRECIPITATELY, adv. An comhair a' chinn.

PRECIPITATION, s. Caise, braise; tuiteam sìos; sìoladh gu grunnd.

PRECIPITOUS, adj. Càs, corrach, sgorrach, creagach; bras.

PRECIPITOUSNESS, s. Caise, braise.

PRECISE, adj. Poncail, eagarrach, fuirmeil.

PRECISION, PRECISENESS, s. Poncalachd, eagarrachd.

PRECLUDE, v. a. Dùin a mach, grab, bac, cuir bacadh air.

PRECLUSIVE, adj. Toirmeasgach.

PRECOCIOUS, adj. Roi'-abaich.

PRECOCIOUSNESS, s. Roi'-abaichead.

PRECOCITY, s. Roi'-abaichead.

PRECOGNITION, s. Roi'-fhiosrachadh.

PRECONCEIT, s. Roi'-bheachd.

PRECONCEIVE, v. a. Roi'-bheachdaich.
PRECONCEPTION, s. Roi'-bheachd.
PRECONCERT, v. Roi'-shuidhich.
PRECONTRACT, s. Roi'-chùmhnant.
PRECONTRACT, v. Roi'-chùmhnantaich.
PRECURSE, s. Roi'-ruith.
PRECURSOR, s. Roi'-ruith-ear.
PRECURSORY, adj. Roi'-ruitheach.
PREDACEOUS, adj. Creachach.
PREDATORY, adj. Reubainneach.
PREDECESSOR, s. Roi'-shealbhadair.
PREEDESTINARIAN, PREDESTINATOR, s. Creideach an roi'-òrduchadh Dhé.
PREDESTINATE, v. a. Roi'-òrduich.
PREDESTINATION, s. Roi'-òrduchadh Dhé, roi'-thaghadh Dhé.
PREDESTINE, v. a. Roi'-òrduich.
PREDETERMINATION, s. Roi'-òrduch-adh, roi'-shònrachadh.
PREDETERMINE, v. a. Roi'-òrduich, roi'-shònraich, roi'-rùinich.
PREDICAMENT, s. Còr, ìre, gne.
PREDICATE, s. Tuairisgeul, aithris.
PREDICATE, v. Abair, innis, aithris, cuir an céill.
PREDICATION, s. Innse; iomradh.
PREDICT, v. a. Roi'-innis, roi'-aithris.
PREDICTIVE, adj. Roi'-innseach.
PREDICTION, s. Fàisneachd.
PREDICTOR, s. Fiosaiche, fàidh.
PREDIGESTION, s. Roi'-mheirbheadh.
PREDILECTION, s. Roi'-thlachd.
PREDISPOSE, v. a. Roi'-uidheamaich.
PREDISPOSITION, s. Roi'-uidheamach-adh, roi'-ullachadh.
PREDOMINANCE, PREDOMINANCY, s. Barrachd, uachdranachd, lamh-an-uachdar, buaidh, ceannas.
PREDOMINANT, adj. Uachdranach, ceannasach, buadhach.
PREDOMINATE, v. n. Buadhaich.
PRE-ELECT, v. a. Roi'-thagh.
PRE-EMINENCE, s. Àrd-bhuaidh.
PRE-EMINENT, adj. Àrd-bhuadhach.
PRE-ENGAGE, v. a. Roi'-cheangail.
PRE-ENGAGEMENT, s. Roi'-cheangal, roi'-ghealladh, roi'-chumhnant.
PRE-ESTABLISHMENT, s. Roi'-shuidh-eachadh, roi'-shocrachadh.
PRE EXIST, v. n. Bi ann roi'-làimh.
PRE-EXISTENCE, s. Roi'-bhith.
PRE-EXISTENT, adj. Roi'-bhitheach.
PREFACE, s. Roi'-ràdh.
PREFACE, v. n. Roi'-abair.
PREFATORY, adj. Roi'-ràdhach.
PREFECT, s. Ceannard, fear-dìona.
PREFER, v. a. Roghnaich, àrdaich.
PREFERABLE, adj. Ni's fèarr.
PREFERENCE, s. Roghainn.
PREFERMENT, s. Ardachadh.

PREFIGURATION, s. Roi'-shamhlachadh.
PREFIX, v. a. Roi'-shuidhich.
PREFIX, s. Roi'-fhacal.
PREGNABLE, adj. So-ghlacadh.
PREGNANCY, s. Leth-tromachd.
PREGNANT, adj. Torrach, leth-trom-ach, làn, trom; tarbhach, sìolmhor.
PREGUSTATION, s. Roi'-bhlasad.
PREJUDGE, v. a. Roi'-bhreithnich.
PREJUDGMENT, s. Roi'-bhreth, claon-bhreth.
PREJUDICATION, s. Roi'-bhreithneach-adh, claon-bhreithneachadh.
PREJUDICE, s. Claon-bhàigh; cron.
PREJUDICE, v. Cuir an droch bheachd, cuir an claon-bharail; dochainn le claon bhreth; ciùrr, lochdaich.
PREJUDICIAL, adj. Claon-bhretheach; cronail, aimhleasach.
PRELACY, s. Easbuigeachd.
PRELATE, s. Easbuig.
PRELATICAL, adj. Easbuigeach.
PRELECTION, s. Searmonachadh.
PRELIMINARY, adj. Tòiseachail.
PRELIMINARY, s. Ceud-thùs, toiseach.
PRELUDE, s. Deuchainn-ghleusta; toiseach, roi' ghnothach, roi'-chùis.
PRELUDE, v. a. Roi'-thaisbean.
PRELUSIVE, adj. Roi'-làimheach.
PREMATURE, adj. Roi' mhithich, roi 'n àm, roi'-abaich.
PREMATURELY, adv. Gu h-ann-tràth-ail, roi'n mhithich.
PREMEDITATE, v. a. Roi'-thionnsgain, roi'-bheachdaich, roi'-chnuasaich.
PREMEDITATION, s. Roi'-thionnsgnadh, roi'-bheachdachadh, roi'-chnuasach-adh.
PREMERIT, v. a. Roi'-thoill.
PREMIER, adj. Prìomh, a's àirde.
PREMIER, s. Àrd-chomhairliche.
PREMISE, v. a. Roi'-mhìnich.
PREMISES, s. Roi'-fhìrinnean; taigh-ean, aitreabh, fearann.
PREMIUM, s. Duais-barrachd.
PREMONISH, v. a. Roi'-earalaich.
PREMONITION, s. Roi'-fhiosrachadh.
PREMONSTRATE, v. a. Roi'-thaisbean.
PRENOMINATE, v. a. Roi'-ainmich.
PRENOMINATION, s. Roi'-ainmeachadh.
PREOCCUPATION, s. Roi'-ghabhail; claon-bhàigh.
PREOCCUPY, v. a. Roi'-shealbhaich.
PREOMINATE, v. a. Roi'-innis.
PREOPINION, s. Roi'-bharail.
PREORDAIN, v. a. Roi'-òrduich.
PREORDINATION, s. Roi'-òrduchadh.
PREPARATION, s. Uidheamachadh.
PREPARATIVE, s. Gleusadh.
PREPARATORY, adj. Ullachail.

PREPARE, *v. a.* Ullaich, uidheamaich, deasaich, dean réidh.

PREPAREDNESS, *s.* Ullamhachd.

PREPENSE, *adj.* Roi'-smuaintichte, roi'-bheachdaichte, suidhichte, socraichte, rùnaichte.

PREPONDERANCE, *s.* Barrachd cudthrom, barrachd cothrom.

PREPOSE, *v. a.* Roi'-chuir.

PREPOSITION, *s.* Roi'-bhriathar.

PREPOSSESS, *v. a.* Roi'-shealbhaich.

PREPOSSESSION, *s.* Roi'-sheilbh.

PREPOSSESSOR, *s.* Roi'-shealbhadair.

PREPOSTEROUS, *adj.* Docharach.

PREPOSTEROUSLY, *adv.* Gu docharachd, gu h eu-céillidh.

PREREQUIRE, *v. a.* Roi'-iarr.

PREREQUISITE, *adj.* Roi'-fheumail.

PRERESOLVE, *v. a.* Roi'-shuidhich.

PREROGATIVE, *s.* Còir-dhlighe.

PREROGATIVED, *adj.* Còir-dhligheach.

PRESAGE, PRESAGEMENT, Manadh, fàisneachd, sanus.

PRESAGE, *v. a.* Roi'-innis, roi'-thaisbean, targair, dean fiosachd.

PRESBYTER, *s* Fear-cléire, cléireach, pears'-eaglais; sagart.

PRESBYTERIAL, *adj.* Cléireachail.

PRESBYTERIAN, *s.* Fear-dion cléire, no phears-eaglais.

PRESBYTERY, *s.* Cléir.

PRESCIENCE, *s.* Roi'-fhios.

PRESCIENT, *adj.* Roi'-fhiosrach.

PRESCRIBE, *v.* Thoir seòladh.

PRESCRIPT, PRESCRIPTION, *s.* Seòladh, òrdugh, riaghailt, riaghailt-léigh.

PRESENCE, *s.* Làthaireachd, làthair; dreach, tuar, aogas, dealbh, cruth; tapachd, teòmachd.

PRESENTATION, PRESENTION, *s.* Roi'-fhaireachadh, roi'-fhiosrachd, roi'-bheachd.

PRESENT, *adj.* A làthair, dlù, làthaireach, aig làimh; 's an àm, 's a' cheart àm; an cuimhne; fo bheachd.

PRESENT, *s.* Tìodhlac, tabhartas.

PRESENT, *v. a.* Thoir an làthair, cuir 's an làthair, nochd, taisbean; tairg, tabhair; thoir seachad, thoir do, builich, air, thoir còir do.

PRESENTABLE, *adj.* So-bhuileachadh, so-thaisbeanadh, so-nochdadh.

PRESENTATION, *s.* Tairgsinn, buileachadh, tabhairt, taisbeanadh, nochdadh, cur 's an làthair.

PRESENTEE, *s.* Neach a fhuair còir air beathachadh eaglais.

PRESENTLY, *adv.* 'S a cheart àm, an ceart uair, air an uair, gu grad, gu clis, gu luath.

PRESENTIMENT, *s.* Roi'-bheachd.

PRESENTMENT, *s.* Tabhairt.

PRESENTNESS, *s.* Cliseachd.

PRESERVABLE, *adj.* So-ghleidheadh.

PRESERVATION, *s.* Saoradh, tèarnadh, gleidheadh, tasgaidh, dìon.

PRESERVATIVE, *s.* Cungaidh-leighis.

PRESERVE, *v. a.* Saor, teasraig, dìon, gléidh; gréidh, dean suas le cungaidh.

PRESERVE, *s.* Meas gréidhte.

PRESERVER, *s.* Fear teasraiginn.

PRESIDE, *v. n.* Ringhail, ringhailtich.

PRESIDENCY, *s.* Riaghlaireachd.

PRESIDENT, *s.* Fear-riaghlaidh.

PRESIGNIFICATION, *s.* Roi'-sheadh.

PRESIGNIFY, *v. a.* Roi'-sheadhaich.

PRESS, *v.* Fàisg, brùth; claoidh, sàraich; éignich, co-éignich; sparr, cuir iompadh; fòirn.

PRESS, *s.* Bruthadair, fàsgadair; clòchlàr; dòmhlachd, mùchadh; déine, braise; còrnchlar.

PRESSGANG, *s.* Luchd-ghlacaidh.

PRESSION, *s.* Bruthadh, fàsgadh.

PRESSMAN, *s.* Fear clò-bhualaidh.

PRESSMONEY, *s.* Airgead-glacaidh.

PRESSURE, *s.* Bruthadh, fàsgadh, teannachadh; éigin, ainneart.

PREST, *adj.* Grad, clis, luath.

PRESUMABLE, *adj.* So-shaoilsinn.

PRESUME, *v. a.* Roi'-chreid, roi'-bheachdaich, gabh mar fhìrinn; abair gun dearbhadh; gabh ort, gabh mar dhànadas; thoir ionnsaidh ladorna, thoir dàn-ionnsaidh.

PRESUMPTION, *s.* Roi'-bheachd; faoindhànadas; coltas cudthromach; dànadas, ladornas; dall-earbsa.

PRESUMPTIVE, *adj.* Roi'-smuainichte; a réir coltais, coltach; dàna, ladorna.

PRESUMPTUOUS, *adj.* Àrdanach, dalma; aindiadhaidh, neo-urramach.

PRESUMPTUOUSNESS, *s.* Uaimhreachas, ladornas, dalmachd.

PRESUPPOSAL, *s.* Roi'-bharail.

PRESUPPOSE, *v. a.* Roi'-bharalaich.

PRETENCE, *s.* Leithsgeul, sgàth, faoinsgeul; cur an ìre, gabhail air féin.

PRETEND, *v.* Leig ort, gabh ort; dean mealladh, gabh feall-choltas; agair, tagair.

PRETENDER, *s.* Fear-agairt còrach, air ni nach bun da.

PRETENSIONS, *s.* Agartas, còire; faoin-choltas.

PRETERIT, *adj.* A chaid seachad.

PRETERNATURAL, *adj.* Mì-nàdurra.

PRETEXT, *s.* Còmhdach, falach, leisgeul.

PRETOR, s. Breitheamh Ròmhanach, ard-bhailidh baile-mhòir.

PRETTINESS, s. Grinneas, briaghachd, bòidhchead, bòidhche.

PRETTY, adj. Grinn, briagha, bòidheach, lurach, laoghach.

PRETTY, adv. An eatorras; a leth char.

PREVAIL, v. a. Buadhaich, coisinn.

PREVAILING, adj. Buadhach.

PREVALENT, adj. Buadhach, cumanta.

PREVALENTLY, adv. Gu buadhach.

PREVARICATE, v. n. Dean breug, bi leam-leat.

PREVARICATION, s. Breugnachadh.

PREVARICATOR, s. Fear-breugnachaidh.

PREVENT, v. Bac, grab, caisg.

PREVENTION, s. Bacadh, grabadh; roi'-ghabhail.

PREVENTIVE, adj. Bacail; dìon, dìdeanach, teasraigeach.

PREVENTIVE, s. Cùngaidh-phillidh.

PREVIOUS, adj. Air thoiseach, roimh.

PREVIOUSLY, ad. Roi'-làimh.

PREVIOUSNESS, s. Tùs, tùsachd.

PREY, s. Creach, cobhartach.

PREY, v. n. Thig beò air reubainn; spùinn, creach; ith suas.

PRICE, s. Luach, prìs; duais.

PRICE, v. a. Meas, cuir luach air.

PRICK, v. Bior, stob, lot; dean biorach; spor, stuig, brosnaich; gon; dean goirt, dean searbh; sgeadaich thu féin; dean comharradh ciùil.

PRICK, s. Stob, bior; dealg; gonadh, agartas coguis; cuspair, ball-amais, comharradh-ciùil; bioradh, brodadh; lòrg maigheich.

PRICKET, s. Dà-bhliadhnach féigh.

PRICKLE, s. Bior, dealg, calg, colg.

PRICKLY, adj. Biorach, guineach.

PRIDE, s. Àrdan, uabhar, uaill, stràic, pròis, moit, uaibhreachas, mòr-chuis.

PRIDE, v. a. Àrdaich thu féin; bi uaibhreach; dean uaill á.

PRIER, s. Fear dian-sgrùdaidh.

PRIEST, s. Sagart, pear-eaglais.

PRIESTCRAFT, s. Cléir-sheòltachd.

PRIESTESS, s. Bann-sagart.

PRIESTHOOD, s. Sagartachd.

PRIESTLINESS, s. Sagartalachd.

PRIESTLY, adj. Sagartail.

PRIESTRIDDEN, adj. Fo chuing shagart.

PRIG, s. Méirleach, beadagan.

PRIM, adj. Fuirmeil, leòmach, eagarach, frionasach, sgeilmeil.

PRIMACY, s. Àrd-shagartachd.

PRIMARY, adj. Ceud, prìomh.

PRIMATE, s. Àrd-shagart.

PRIMATESHIP, s. Àrd-shagartachd, àrd-easbuigeachd, ceannardachd eaglais.

PRIMATICAL, adj. Àrd-shagartach, àrd-easbuigeach.

PRIME, PRIMAL, adj. Moch, prìomh, deagh, sònraichte, gasda; ceud, tùsach; òirdheirc, urramach.

PRIME, s. An òg-mhadainn, a' chamhanaich, briseadh na fàire, mochthrath; taghadh, roghadh; blàthòige, tréine neirt; ùr-thàs, earrachd; foirfeachd, àrd-choimhliontachd, lànachd; tùs, toiseach.

PRIME, v. n. Cuir a steach fùdarcluaise.

PRIMELY, adv. Gu sònraichte math.

PRIMENESS, s. Tùs; urram.

PRIMER, s. Leabhar-cloinne.

PRIMEVAL, adj. Sean-aimsireil, àrsaidh, sean-ghnàthach, ceud-aimsireil.

PRIMITIVE, adj. Prìomh, tùsach, air thoiseach, o thoiseach.

PRIMITIVE, s. Bun-fhacal.

PRIMITIVENESS, s. Prìomhachd.

PRIMITY, s. Prìomhachd, tùsachd.

PRIMOGENIAL, adj. Ceud-ghinte.

PRIMOGENITOR, s. Ceud-sinnsear.

PRIMOGENITURE, s. Sinnsearrachd.

PRIMROSE, s. Sòbhrach, seòbhrach.

PRINCE, s. Prionnsa, flath.

PRINCEDOM, s. Prionnsachd.

PRINCELIKE, adj. Prionnsail.

PRINCELINESS, s. Prionnsalachd.

PRINCELY, adj. Mòr, flathail.

PRINCESS, s. Banna-phrionnsa.

PRINCIPAL, adj. Ceud, prìomh, àraidh, sònraichte.

PRINCIPAL, s. Ceannard, ceann.

PRINCIPALITY, s. Ceannardachd.

PRINCIPALLY, adv. Gu sònraite; thar chàch.

PRINCIPLE, s. Dùil; màthair-aobhair, aobhar; bun, freumh, gineadair; fìrinn-shuidhichte, stéidh; fàth, ceud-fàth; ceart, ceartas, còir.

PRINT, v. a. Comharraich; clòbhuail.

PRINT, s. Comharradh, athailt, lorg; inneal comharrachaidh, laghadair; dealbh, clò-bhualadh.

PRINTER, s. Clò-bhuailtear.

PRINTING, s. Clò-bhualadh.

PRINTLESS, adj. Gun lòrg.

PRIOR, adj. Air tùs.

PRIOR, s. Àrd-mhanach, aba.

PRIORESS, s. Ban-aba.

PRIORITY, s. Toiseach, toiseachd.

PRIORSHIP, s. Abachd.

PRIORY, *s.* Comunn mhanach, abaid.

PRISM, *s.* Gloine-sgaraidh ghathan soluis.

PRISON, *s.* Gainntir, prìosan.

PRISONED, *part.* Prìosanaichte.

PRISONER, *s.* Prìosanach, ciomach.

PRISONMENT, *s.* Prìosanachd.

PRISTINE, *adj.* Prìomh, sean, àrsaidh.

PRITHEE, (*abbreviation for I pray thee.*) Guidheam ort.

PRIVACY, *s.* Uaigneachd, aonarachd, dìomhaireachd, falach, cleith.

PRIVATE, *adj.* Uaigneach, dìomhair, falaichte, neo-fhollaiseach, neo-choitcheann; saighdear-cumanta.

PRIVATEER, *s.* Long-spùinnidh.

PRIVATENESS, *s.* Dìomhaireach.

PRIVATELY, *adv.* Gu dìomhair.

PRIVATION, *s.* Toirt air falbh, dìobhail, call, uireasbhuidh, dìth.

PRIVATIVE, *adj.* A' toirt air falbh, dosgainneach.

PRIVILEGE, *s* Sochair, dlighe, còir.

PRIVILEGE, *v. a.* Builich sochair air, thoir sochair do, saor o chìs.

PRIVITY, *s.* Rabhadh dìomhair.

PRIVY, *adj.* Uaigneach ; fiosrach air.

PRIVY, *s.* Taigh-fuagairt, taigh-beag.

PRIZE, *s.* Duais, geall ; creach.

PRIZE, *v. a.* Meas, cuir mòr mheas air, cuir luach air.

PRO, *prep.* Air son, as leth.

PROBABILITY, *s.* Coltachd, coltas.

PROBABLE, *adj.* Cosltach, coltachail.

PROBAT, PROBATE, *s.* Dearbhadh, còmhdach, deanamh a mach.

PROBATION, *s.* Dearbhadh, feuchainn.

PROBATIONARY, *adj.* Deuchainneach.

PROBATIONER, *s.* Deuchainniche.

PROBE, *s.* Bior-tomhais lotan.

PROBE, *v. a.* Sir, iarr, rannsaich.

PROBITY, *s.* Fìrinn, tréidhireas.

PROBLEM, *s.* Ceist.

PROBLEMATICAL, *adj.* Ceisteach.

PROBOSCIS, *s.* Gnos, soc fada.

PROCEDURE, *s.* Dòigh, stiùradh.

PROCEED, *s.* Toradh, teachd a mach.

PROCEED, *v. n.* Imich, gluais, rach air t' aghaidh ; rach a mach ; sruth, tarmaich, éirich o ; thig air aghaidh; cuir air aghaidh.

PROCEEDING, *s.* Dol, imeachd, siubhal, teachd air aghaidh.

PROCERITY, *s.* Àirde.

PROCESS, *s.* Dol air aghaidh, siubhal, gluasad ; sruth, sruthadh ; seòl, dòigh, innleachd ; cùis-lagha.

PROCESSION, *s.* Mòr-chuideachd, mòr-bhuidheann siubhail.

PROCLAIM, *v. a.* Glaodh, foillsich, éigh.

PROCLAMATION, *s.* Glaodhaich.

PROCLIVITY, *s.* Aomadh, claonadh, togradh, déidh, miann, ealamhachd.

PROCRASTINATE, *v.* Dean maille, cuir dàil, bi màirnealach.

PROCRASTINATION, *s.* Dàil, màirneal.

PROCREANT, *adj.* Torrach, sìolmhor.

PROCREATE, *v. a.* Gin, sìolaich, dèan.

PROCREATION, *s.* Gineamhuinn.

PROCREATIVE, *adj.* Gineamhuinneach.

PROCREATOR, *s.* Gineadair.

PROCTOR, *s.* Fear-gnothaich.

PROCTORSHIP, *s.* Dreuchd fir gnothaich.

PROCURABLE, *adj.* So-fhaotainn.

PROCURATOR, *s.* Procadair.

PROCURE, *v. a.* Faigh, coisinn.

PROCURER, *s.* Fear-solair.

PROCURESS, *s.* Bean-sholar strìopach.

PRODIGAL, *adj.* Struidheil, caithteach.

PRODIGAL, *s.* Struidhear.

PRODIGALITY, *s.* Stròdhalachd.

PRODIGIOUS, *adj.* Uabhasach, ana-barrach, còrr, eagalach.

PRODIGY, *s.* Mìorbhuill, iongantas, neònachas, uabhas.

PRODUCE, *v. a.* Thoir 'san làthair, nochd, taisbean ; thoir mar fhianais.

PRODUCE, *s.* Toradh, cinneas.

PRODUCIBLE, *adj.* So-nochdadh.

PRODUCE, *s.* Toradh, suim, tomad, fàs, cinntinn, àireamh, obair.

PRODUCTION, *s.* Dèanamh, obair, toirt a mach, toirt am fianais ; toradh.

PRODUCTIVE, *adj.* Tarbhach, torach, sìolmhor, lìonmhor, pailt, gineadach.

PROEM, *s.* Roi'-ràdh.

PROFANATION, *s.* Mi-naomhachadh.

PROFANE, *adj.* Mi-naomha.

PROFANE, *v. a.* Mi-naomhaich.

PROFANENESS, *s.* Mi-naomhachd.

PROFANER, *s.* Fear mi naomhachaidh.

PROFESS, *v.* Aidich, cuir an céill, nochd, taisbean, dean aideachadh.

PROFESSION, *s.* Cèaird, obair, dreuchd, ealain ; aideachadh.

PROFESSIONAL, *adj.* Ealainneach.

PROFESSOR, *s.* Fear-aidmheil.

PROFESSORSHIP, *s.* Dreuchd fhir-aidmheil.

PROFFER, *v. a.* Tairg, thoir tairgse, thoir ionnsaidh.

PROFFER, *s.* Tairgse ; deuchainn, oidheirp, ionnsaidh.

PROFICIENCE, PROFICIENCY, *s.* Teachd air aghart, aghartachd.

PROFICIENT, *s.* Fear-ionnsaichte.

PROFILE, *s.* Leth-aghaidh.

PROFIT, s. Buannachd, tairbhe, feum.
PROFIT, v. Buannaich, tarbhaich, dean math do, buidhinn; coisinn.
PROFITABLE, adj. Buannachdach, buannachdail; tarbhach, feumail.
PROFITABLENESS, s. Buannachd.
PROFITLESS, adj. Neo-tharbhach.
PROFLIGACY, s. Mi-stuamachd.
PROFLIGATE, adj. Mi-stuama.
PROFLIGATE, s. Struidhear.
PROFOUND, adj. Domhain; tul-chuiseach, tùrail; iriosal, ùmhal; roionnsaichte, foghlumte.
PROFUNDITY, s. Doimhneachd.
PROFUSE, adj. Pailt, sgaoilteach.
PROFUSENESS, s. Pailteachd; anameasarrachd, ana-caitheamh.
PROFUSION, s. Pailteas; sgapadh, anacaitheamh, struidheas.
PROGENERATION, s. Sìolachadh.
PROGENITOR, s. Gineadair, athair.
PROGENY, s. Sìol, gineal, sliochd, clann, iarmad, teaghlach, àl.
PROGNOSTIC, s. Fiosachd, targradh.
PROGNOSTICATE, v. a. Roi'-innis, targair, dean fiosachd, dean fàisneachd.
PROGNOSTICATION, s. Fiosachd, fàisneachd, targandachd, roi'-innse.
PROGNOSTICATOR, s. Fiosaiche.
PROGRESS, PROGRESSION, s. Cùrsa, siubhal, imeachd; dol air aghart, teachd air aghart; triall, turas, astar.
PROGRESSIONAL, PROGRESSIVE, adj. Siùbhlach, a dol air aghart, aghartach.
PROHIBIT, v. a. Bac, toirmisg, diùlt.
PROHIBITION, s. Bacadh, toirmeasg.
PROHIBITORY, adj. A' toirmeasgach.
PROJECT, v. Tilg; tionnsgainn, cnuasaich; croch thar; sìn a mach.
PROJECT, s. Tionnsgnadh, dealbh, cnuasachd, innleachd, seòl.
PROJECTILE, adj. Gluasadach.
PROJECTION, s. Tilgeadh, caitheamh air aghart, crochadh thar; dealbh, tionnsgnadh.
PROJECTOR, s. Fear tionnsgnaidh.
PROJECTURE, s. Crochadh thar, stùc, sròn.
PROLIFIC, adj. Clannmhor, sìolmhor, torrach; lìonmhor.
PROLIFICATION, s. Sìolmhorachd.
PROLIX, adj. Draolainneach, seamsanach, màirnealach, fadalach.
PROLIXITY, s. Draolainneachd, fadalachd, athaiseachd, maidheanachd.
PROLOGUE, s. Duan roi' chluich.
PROLONG, v. a. Sìn a mach, cuir dàil, cuir seachad.

PROLONGATION, s. Sìneadh a mach; dàil, cur seachad.
PROMENADE, s. Sràid, sràid-imeachd.
PROMINENCE, s. Sròn, gob, roinn.
PROMINENT, adj. Soilleir, follaiseach, a' seasamh a mach.
PROMISCUOUS, adj. Coimeasgte.
PROMISE, v. Geall, thoir gealladh.
PROMISER, s. Fear geallaidh.
PROMISSORY, adj. Gealltannach.
PROMONTORY, s. Roinn, rudha, sroin àird, maol, ceann-tìre.
PROMOTE, v. a. Tog gu inbhe, àrdaich.
PROMOTER, s. Fear àrdachaidh.
PROMOTION, s. Àrdachadh.
PROMPT, adj. Deas, ealamh, ullamh, èasgaidh, iasgaidh, clis, tapaidh.
PROMPT, v. a. Cuidich, thoir còmhnadh do; deachdaich, innis; brosnaich, cuir thuige, stuig; cuir an cuimhne.
PROMPTER, s. Fear-sanais, fearcuimhne; fear-earalachaidh, comhairliche.
PROMPTITUDE, PROMPTNESS, s. Graide, tapachd.
PROMULGATE, PROMULGE, v. a. Craobhsgaoil, foillsich.
PROMULGATION, s. Craobh-sgaoileadh, foillseachadh.
PROMULGATOR, s. Fear foillseachaidh, fear-nochdaidh.
PRONE, adj. Crom, a' cromadh; air a bhroinn, an coinneamh a' chinn; claon, ag aomadh corrach, càs.
PRONENESS, s. Cromadh, lùbadh sìos; laidhe air bolg; leathad; aomadh, claonadh, lùbadh. miann, toil, togradh.
PRONOUN, s. Riochd-fhacal.
PRONOUNCE, v. a. Abair, labhair, cuir a mach gu poncail, aithris.
PRONUNCIATION, s. Dòigh-labhairt.
PROOF, s. Dearbhadh, fianais, daingneachadh, còmhdach; deuchainn, feuchainn; dearbhadh clò-bhualaidh.
PROOF, adj. Daingeann, làidir, a sheasas an aghaidh, dìonach.
PROOFLESS, adj. Neo-dhearbte.
PROP, v. a. Cum suas, goibhlich.
PROP, s. Taic, cul-taic, colbh, gobhal, cumail suas.
PROPAGATE, v. Sìolaich, tàrmaich; craobh-sgaoil, leudaich, meudaich; cuir air aghart; gin; bi sìolmhor.
PROPAGATION, s. Sìolachadh, craobh-sgaoileadh, leudachadh.
PROPAGATOR, s. Fear-sgaoilidh, fear craobh sgaoilidh, fear leudachaidh.
PROPEL, v. a. Cuir air aghart, spàrr.

PROPEND, v. n. Aom, claon, fiar

PROPENSITY, s. Aomadh, claonadh, lùbadh, toil, déidh.

PROPER, adj. Àraidh, àraid, sòn-raichte; iomchuidh, cubhaidh, freag-arrach; ceart, cothromach; fìor, neo-shamhlachail; eireachdail.

PROPERLY, adv. Gu cubhaidh.

PROPERTY, s. Buaidh, càil, nàdur, gnè; seilbh, maoin, cuid, còir; earr-as, eudail.

PROPHECY, s. Fàisneachd, targradh.

PROPHESY, v. Fàisnich, targair.

PROPHET, s. Fàidh, fiosaiche.

PROPHETESS, s. Ban-fhàidh.

PROPHETIC, adj. Fàisneachail.

PROPINQUITY, s. Fagusachd; dàimh.

PROPITIATE, v. a. Réitich, ciùinich.

PROFITIATION, s. Réiteachadh; ìob-airt-réitich, dìoladh, éirig.

PROPITIATORY, adj. Réiteachail.

PROPITIOUS, adj. Fàbharrach, gràs-mhor, tròcaireach, caoimhneil.

PROPITIOUSLY, adv. Fàbharach.

PROPLASM, s. Laghadair.

PROPONENT, s. Fear-tairgse.

PROPORTION, s. Co-ionannachd; co-fhreagarrachd; coimeas; cumadh, dealbh, meudachd.

PROPORTION, v. n. Cuimsich, coim-eas; dean co-fhreagarrach, cùm.

PROPORTIONABLE, adj. Co-fhreagar-rach, dealbhach, cumadail.

PROPORTIONAL, adj. Co-ionann.

PROPORTIONATE, adj. Co-fhreagar-rach.

PROPOSAL, s. Tionnsgnadh, comh-airl'-inntinn; tairgse.

PROPOSE, v. a. Tairg, thoir tairgse.

PROPOSER, s. Fear-tairgse.

PROPOSITION, s. Ciall-ràdh; tairgse.

PROPOUND, v. a. Tairg, nochd, tais-bein.

PROPRIETOR, s. Sealbhadair.

PROPRIETY, s. Iomchuidheachd, freag-arrachd, ceartas; seilbh-chòir.

PROROGUE, v. a. Sìn a mach; cuir dàil, cuir seachad.

PROSAIC, adj. Ròsgach.

PROSCRIBE, v. a. Dìt gu bàs, thoir binn.

PROSCRIPTION, s. Dìteadh gu bàs.

PROSE, s. An-duan, ròsg. Md.

PROSECUTE, v. a. Lean, dlù-lean; giùlain air aghart; tagair.

PROSECUTION, s. Leantainn, cur air aghart; agairt, tagradh.

PROSELYTE, s. Ùr-chreideach.

PROSODIAN, PROSODIST, s. Duanaire.

PROSODY, s. Ranntachd.

PROSPECT, s. Sealladh, fradharc; àite-fradhairc ionad-seallaidh; dùil, beachd.

PROSPECTIVE, adj. A' scalltainn roimhe, a' beachdachadh fad' ás; glic, sicir, fad-sheallach.

PROSPER, v. Soirbhich, dean sona, cuidich le; buadhaich; cinn, fàs, thig air t' aghart.

PROSPERITY, s. Soirbheachadh, sonas, sealbh, ràth, piseach.

PROSPEROUS, adj. Sealbhach, sona, àdhmhor, rathail.

PROSTITUTE, v. a. Truaill, mill, mi-bhuilich.

PROSTITUTE, s. Strìopach, siùrsach.

PROSTITUTION, s. Truailleadh, mi-bhuileachadh; strìopachas.

PROSTRATE, adj. Sìnte, 'na laidhe air a bhlian; strìochdte; sleuchdte.

PROSTRATE, v. a. Tilg sìos, sleuchd.

PROSTRATION, s. Sleuchdadh tuiteam sìos, cromadh sìos; lagachadh.

PROTECT, v. a. Dìon, teasraig, sàbhail.

PROTECTION, s. Dìon, tèarmunn.

PROTECTIVE, adj. Tèarmunnach.

PROTECTOR, s. Fear-tèarmmainn.

PROTEND, v. a. Cùm a mach, sìn a mach.

PROTEST, v. Tog fianais an aghaidh, gairm fianais, cuir fianais air.

PROTEST, s. Cur an aghaidh, fianais-thogte.

PROTESTANT, adj. Ath-leasaichte.

PROTESTANT, s. Protastanach.

PROTESTATION, s. Briathan, bòid.

PROTHONOTARY, s. Àrd-nòtair.

PROTOTYPE, s. Roi'-shamhla.

PROTRACT, v. a. Sìn a mach, cuir dàil.

PROTRACTION, s. Dàil, fadal.

PROTRACTIVE, adj. Seamsanach.

PROTRUDE, v. Pùc, spàrr; dinn.

PROTRUSION, s. Pùcadh, sparradh.

PROTUBERANCE, s. Pluc, meall, àt.

PROTUBERANT, adj. Plucach, meall-ach.

PROUD, adj. Bòsdail, beachdail; uaibh-reach, àrdanach, mòr-chuiseach; mòr, àrd, stàtail; basdalach, spleagh-ach, uallach, leòmach; ain-fheoil-each, àtmhor.

PROVABLE, adj. So-dhearbhadh.

PROVE, v. Dearbh, còmhdaich; feuch, cuir gu deuchainn; fàs, tionndaidh a mach.

PROVEDITOR, PROVEDORE, s. Fear-solair bìdh do luchd-feachda.

PROVENDER, s. Innlinn, biadh spréidhe, fodar, feur; feur-saoidh.

PROVERB, s. Gnà-fhacal, sean-fhacal.

PROVERBIAL, *adj.* Gnà-fhaclach.

PROVIDE, *v. a.* Ullaich, solair, solaraich; tionail; cùmhnantaich.

PROVIDENCE, *s.* Freasdal; crìonnachd, faicill, faicilleachd; caomhantachd.

PROVIDENT, *adj.* Solarach, cùramach, faicilleach, freasdalach.

PROVIDENTIAL, *adj.* Freasdalach.

PROVIDER, *s.* Solaraiche.

PROVIDING, *s.* Cnuasachadh.

PROVINCE, *s.* Mòr-roinn; dùthaich, tìr; siorrachd; gnothach, dreuchd.

PROVINCIAL, *adj.* Dùthchail, neochoitcheann.

PROVISION, *s.* Deasachadh, ullachadh, uidheam, solar, cnuasachadh; biadh, lòn; cùmhnant, bann.

PROVISIONAL, *adj.* Air chois car ùine; a réir cùmhnanta.

PROVISO, *s.* Bann, cùmhnant.

PROVOCATION, *s.* Brosnachadh, buaireadh, chùis-chorraich, farran.

PROVOKE, *v. a.* Buair, brosnaich, feargaich, farranaich, cuir corraich.

PROVOKER, *s.* Fear-brosnachaidh.

PROVOKING, *adj.* Farranach, buaireasach, brosnachail.

PROVOST, *s.* Prothaist.

PROW, *s.* Toiseach luinge.

PROWESS, *s.* Gaisge, treuntas.

PROWL, *v.* Èalaidh air son cobhartaich.

PROWLER, *s.* Èaladair; sèapaire.

PROXIMATE, PROXIME, *adj.* Fagus, dlù, faisg, am fagus.

PROXIMITY, *s.* Fasgusachd, dhùthachd, nàbaidheachd, coimhearsnachd.

PROXY, *s.* Fear-ionaid fir eile.

PRUDE, *s.* Uailleag, leòmag.

PRUDENCE, *s.* Gliocas, crionnachd.

PRUDENT, *adj.* Glic, crìonna, sicir.

PRUDENTIAL, *adj.* Faicilleach, cùram.

PRUDERY, *s.* Moitealachd.

PRUDISH, *adj.* Moiteil, pròiscil.

PRUNE, *v.* Sgath, bèarr, meang.

PRUNE, *s.* Plumbas seargte.

PRUNELLO, *s.* Seòrsa aodaich sìoda.

PRUNER, *s.* Sgathadair, bearradair.

PRUNING-KNIFE, *s.* Sgian-bhearraidh, sgian-sgathaidh.

PRURIENCE, PRURIENCY, *s.* Tachas; mòr-dhéidh, fìleadh.

PRURIENT, *adj.* Tachasach.

PSALM, *s.* Sàlm, laoidh naomha.

PSALMIST, *s.* Sàlmaire.

PSALMODY, *s.* Sàlmadaireachd.

PSALTER, *s.* Sàlmadair.

PSALTERY, *s.* Salltair.

PSEUDO, *adj.* Feallsa, baoth, faoin.

PSHAW! *interj.* Fùigh! fùigh ort!

PUBERTY, PUBESCENCE, *s.* Aois-leannanachd, inbhidheachd.

PUBESCENT, *adj.* Inbheach.

PUBLIC, *adj.* Follaiseach, fosgailte, aithnichte, sgaoilte; coitcheann.

PUBLIC, *s.* Sluagh, am mòr-shluagh.

PUBLICAN, *s.* Cìs-mhaor; òsdair.

PUBLICATION, *s.* Foillseachadh, sgaoileadh, craobh-sgaoileadh, cur-amach.

PUBLICLY, *adv.* Gu follaiseach.

PUBLICNESS, *s.* Follaiseachd.

PUBLISH, *v. a.* Foillsich, dean aithnichte; gairm, glaodh, cuir a mach.

PUBLISHER, *s.* Fear chuir a mach leabhraichean.

PUCELAGE, *s.* Maighdeannas.

PUCK, *s.* Tuath; siochair.

PUCKER, *v. a.* Liorcaich, cas, preas.

PUDDING, *s.* Marag.

PUDDLE, *s.* Poll, eabar, làthach, làib.

PUDDLE, *v. a.* Làbanaich, salaich.

PUDDLY, *adj.* Làibeach, ruaimleach.

PUDENCY, PUDICITY, *s.* Màldachd, nàrachd, beusachd.

PUERILE, *adj.* Leanabaidh, leanabail.

PUERILITY, *s.* Leanabachd, leanabantas.

PUFF, *s.* Osag, oiteag, séideag, feochan, tòth, moladh-bréige.

PUFF, *v. a.* Séid suas, bòchd, àt; bi 'g àinich.

PUFFIN, *s.* Scòrsa eòin, am buthaid; seòrsa éisg, am bolgan-beiceach.

PUFFY, *adj.* Gaothar, osagach, oiteagach, àtmhor; falamh, bolgach

PUG, *s.* Cù beag, ap, apag.

PUGH! *interj.* Ab! ab!

PUGILISM, *s.* Dòrnaireachd.

PUGILIST, *s.* Dòrnair.

PUISNE, *adj.* Òg, beag, crìon, meanbh, ìochdarach, suarrach.

PUISSANCE, *s.* Cumhachd, neart.

PUISSANT, *adj.* Cumhachdach, treun.

PUKE, PUKER, *s.* Deoch dìobhairt.

PUKE, *v. a.* Sgèith, tilg, dìobhair.

PULCHRITUDE, *s.* Bòidhche, maise.

PULE, *v. n.* Dean bìogail; guil, caoin

PULL, *v. a.* Tarruinn, slaoid, spìon.

PULL, *s.* Tarruinn, spioladh, slaod.

PULLET, *s.* Eireag.

PULLEY, *s.* Ulag, fulag.

PULMONARY, PULMONIC, *adj.* Sgamhanach, a bhuineas do'n sgamhan.

PULP, *s.* Laoghan, glaodhan; taois.

PULPIT, *s.* Cùbaid, crannag.

PULPOUS, *adj.* Bogar laoghanach, sùghmhor, brìoghmhor; feòlmhor.

PULPOUSNESS, *s.* Bogarachd, sùgh-mhorachd, laoghanachd.

PULPY, *adj.* Bog, bogar, sùghmhor.

PULSATION, *s.* Bualadh cuisle.

PULSE, *s.* Cuisle, gluasad na fala ; peasair ; pònair ; no pòr mogulach sam bith.

PULVERIZATION, *s.* Mìn-phronnadh.

PULVERIZE, *v. a.* Mìn-phronn.

PULVIL, *s.* Fàileadh cùbhraidh.

PUMICE, *s.* Sligeart, mìn-chlach.

PUMP, *s.* Taòsgair ; bròg-dhamhsa.

PUMP, *v. n.* Taòisg, taom ; tarruinn.

PUN, *s.* Gearr-fhacal, beum.

PUN, *v. n.* Beum, gearr.

PUNCH, *s.* Tolladair, farraiche ; deoch làidir ; dù-cleasaiche ; amadan ; fear beag, staigean ; bun, cnapanach.

PUNCH, *v. a.* Toll, brùdaich.

PUNCHEON, *s.* Togsaid gu leth.

PUNCTILIO, *s.* Modh, modhalachd.

PUNCTILIOUS, *adj.* Modhail, moiteil.

PUNCTUAL, *adj.* Poncail, cinnteach.

PUNCTUALITY, *s.* Poncalachd.

PUNCTUATION, *s.* Poncadh, pung-adh.

PUNCTURE, *s.* Toll stuib, peasgadh, toll-stainge.

PUNGENCY, *s.* Géiread, gairgead.

PUNGENT, *adj.* Geur, goirt, garg ; guineach, biorach, dealgach ; teum-nach, beumnach.

PUNINESS, *s.* Crìne, suarraichead.

PUNISH, *v. a.* Peanasaich, pian, cràidh, smachdaich.

PUNISHABLE, *adj.* So-pheanasachadh, so-phianadh ; buailteach do pheanas, airidh air peanas.

PUNISHMENT, *s.* Dìoghaltas.

PUNITION, *s.* Peannas.

PUNK, *s.* Siùrsach, strìopach.

PUNSTER, *s.* Beumadair.

PUNY, *adj.* Òg ; crìon, beag ; suarrach, leibideach ; fann, lag, truagh.

PUP, *v. n.* Beir cuileanan.

PUPIL, *s.* Clach na sùl ; sgoilear.

PUPILAGE, *adj.* Leanabantachd, òige.

PUPPET, *s.* Fear-bréige.

PUPPY, *s.* Cuilean ; balach bòsdail gun iùl gun mhodh.

PURBLIND, *adj.* Gearr-sheallach.

PURBLINDNESS, *s.* Dalladh-eun.

PURCHASABLE, *adj.* So-cheannach.

PURCHASE, *v. a.* Ceannaich.

PURCHASE, *s.* Ceannach ; cùnradh.

PURCHASER, *s.* Fear ceannaich.

PURE, *adj.* Fìor-ghlan ; soilleir ; neo-thruaillichte, slàn, fallain ; geanmnaidh, màlda, macanta ; neo-choir-each.

PURELY, *adv.* Gu fìorghan, gu'n druaip gun choire ; gun ghò.

PURENESS, *s.* Fìor-ghloine ; soilleir-eachd ; teistealachd, geanmnaidh-eachd ; neo-chiontas.

PURGATION, *s.* Glanadh, sgùradh.

PURGATIVE, *adj.* Purgaideach, sgùr-ach, glanadach.

PURGATIVE, *s.* Pùrgaid.

PURGATORY, *s.* Purgadair, ionad-glanaidh nan aithrichean naomha, àite glanaidh anmannan o thruaill-eachd a' pheacaidh, mu'n téid iad a steach do néimh.

PURGE, *v.* Glan, sgùr, purgaidich ; nigh, ionnlaid ; cairt ; soilleirich.

PURGE, *s.* Sgùradh-cuim.

PURIFICATION, *s.* Glanadh, sìoladh, &c.

PURIFIER, *s.* Fear-glanaidh.

PURIFY, *v. a.* Tùr-ghlan ; sìolaidh.

PURITAN, *s.* Fear-rò-chràbhaidh ; neach chràbhach o'n taobh muigh.

PURITANICAL, *adj.* Ro-chràbhach ; cealgach, mealltach.

PURITY, *s.* Glaine, gloine, gloinead, fìor-ghloine ; neo-chiontas ; geanm-naidheachd, macantas, teistealachd.

PURL, *s.* Leann luibheanach.

PURL, *v. n.* Dean torman, dean crònan.

PURLIEU, *s.* Iomall, buaile.

PURLING, *part. adj.* Tormanach.

PURLION, *v. a.* Goid, siolpadh.

PURPARTRY, *s.* Ciùbhroinn.

PURPLE, *adj.* Crò-dhearg, flannach.

PURPLISH, *adj.* Gòrm-dhearg.

PURPORT, *s.* Ciall, brigh, rùn, seadh.

PURPORT, *v. n.* Bi los, cuir romhad.

PURPOSE, *v. a.* Rùnaich, miannaich, cuir romhad, sònraich, bi 'm brath.

PURPOSE, *s.* Gnothach ; cùis ; rùn, miann, togradh, smuain ; deòin.

PURPOSELY, *adv.* A dh' aon obair, a dh' aon ghnothach ; le deòin.

PURR, *v. n.* Dean crònan, dean dùrdan.

PURSE, *s.* Sporan ; ionmhas.

PURSER, *s.* Gille-sporain.

PURSUABLE, *adj.* So-leantainn.

PURSUANCE, *s.* Leantainn.

PURSUANT, *adj.* A réir, do réir.

PURSUE, *v.* Lean, tòraich ; mair.

PURSUER, *s.* Fear-tòire, fear-agairt.

PURSUIT, *s.* Ruaig, ruagadh, tòir ; lean-tainn, geur-leanmhainn, &c.

PURSUIVANT, *s.* Maor ; teachdaire.

PURSY, *adj.* Bronnach, pocanach.

PURTENANCE, *s.* Grealach, mionach.

PURVEY, *v.* Solair, cnuasaich, cruinn-ich, teachd-an-tìr.

PURVEYANCE, *s.* Solar bìdh.

PURVEYOR, *s.* Fear solaraidh, bìdh.

PURULENCE, PURULENCY, *s.* Iongar.
PURULENT, *adj.* Làn iongrach.
PUS, *s.* Iongar, salchar-lot.
PUSH, *v. a.* Pùc, purr, starr, sàth, stailc ; put, putàgaich, utagaich.
PUSH, *s.* Pùcadh, purradh, utag, putadh, starradh, sàthadh, stailceadh ; urchair ; càs, deuchainn, teanntachd.
PUSHING, *adj.* Aghartach, teòma, beothail ; dichiollach, oidhirpeach.
PUSILLANIMITY, *s.* Cladhaireachd.
PUSILLANIMOUS, *adj.* Gealtach.
PUSS, *s.* Stìoda, stìdidh, ainm cait.
PUSTULE, *s.* Guirean, bucaid ; ăt, bristeadh a mach, plucan.
PUSTULOUS, *adj.* Guireanach, bucaideach, plucanach, builgeineach.
PUT, *v.* Cuir ; socraich ; suidhich, &c.
PUT, *s.* Dubh-bhalach.
PUTATIVE, *adj.* Smuainichte.
PUTID, *adj.* Crìon, ìosal, dìblidh, suarrach, faoin, fagharsach.
PUTREFACTION, *s.* Bréine, breuntas.
PUTREFY, *v.* Grod, lobh, malc, breun.
PUTRID, *adj.* Loibheach, grod, malcte.
PUTRIDNESS, *s.* Breuntas, loibhteachd.
PUTTING-STONE, *s.* Clach-neart.
PUTTOC, *s.* Am beilbhean-ruadh.
PUTTY, *s.* Taois cailc.
PUZZLE, *v. a.* Cuir an ioma-cheist.
PUZZLE, *s.* Ima-cheist, toimhseachan.
PYGMEAN, *adj.* Beag, duairceach.
PYGMY, PIGMY, *s.* Duairce, arrachd, troich, gircean, luch-armunn.
PYRAMID, *s.* Biorramaid, bior-charragh, bior-stùc, carragh barra-chaol.
PYRAMIDAL, PYRAMIDICAL, *adj.* Barrachaol, biorach, binneineach.
PYRE, *s.* Cairbh-theine.
PYRETICS, *s.* Ùr-chasg-fhiabhras.
PYRITES, *s.* Chlach-theine.
PYROMANCY, *s.* Teine-fhiosachd.
PYROTECHNICS, *s.* Obair-theine.
PYROTECHMY, *s.* Eòlas obair-theine.
PYRRHONISM, *s.* Teagamhachd.
PYTALISM, *s.* Ronn, shilleadh.
PYX, *s.* Bocsa nan abhlan coisrighte.

Q

Q, *s.* Seachdamh litir deug na h-Aibidil.
QUACK, *v. n.* Ràc mar thunnaig ; dean gagail, gabh ort.
QUACK, *s.* Sgoitich, feall-léigh.

QUACKERY, *s.* Sgoiteachd.
QUADRAGESIMAL, *adj.* Carghusach.
QUADRANGLE, *s.* Ceithir-chearnag.
QUADRANGULAR, *adj.* Ceithir-chearnach, ceithir-oisinneach.
QUADRANT, *s.* Ceithreamh, seòrsa inneal tomhais, carst-cearcaill.
QUADRANTAL, *adj.* Ceithir-chrunn.
QUADRATE, *s.* Ceithir shlisneag.
QUADRATE, *adj.* Ceithir shliosach.
QUADRATURE, *s.* Ceithir-chearnadh.
QUADRENNIAL, *adj.* Ceithir-bhliadhnach ; ceithir-bhliadhnachail.
QUADRIFID, *adj.* Ceitheir-earrannach.
QUADRILATERAL, *adj.* Ceithir-shlisneach, ceithir-shliseach.
QUADRILLE, *s.* Seòrsa damhsa ; gnè do cluiche air chairtean.
QUADRIPARTITE, *adj.* Ceithreannaichte.
QUADRUPED, *s.* Ceithir-chasach.
QUADRUPLE, *adj.* Ceithir fillte.
QUAFF, *v. a.* Òl, sguab às e.
QUAGGY, *adj.* Bog, ruaimleach, féitheech.
QUAGMIRE, *s.* Suil-chritheach, boglach.
QUAIL, *s.* Gearra-goirt.
QUAINT, *adj.* Cuimir ; snasmhor, greannar, finealta, freagarrach.
QUAINTNESS, *s.* Finealtachd ; cuimireachd ; freagarrachd.
QUAKE, *v. n.* Crith, criothnaich.
QUAKE, *s.* Crith, criothnachadh.
QUALIFICATION, *s.* Deasachadh, uidheamachadh ; taiseachadh ; lughdachadh ; feart, buaidh, càil, gné.
QUALIFY, *v. a.* Deasaich, ullai h ; dean freagarrach, taisich.
QUALITY, *s.* Inbhe, uaillse, àirde ; gnè, buaidh, càil, feart ; uaillsean.
QUALM, *s.* Òrrais, sleogadh.
QUALMISH, *adj.* Òrraiseach, sleogach.
QUANDARY, *s.* Teagamh.
QUANTITY, *s.* Meud, uibhir, tomad ; cudthrom ; na h-urrad.
QUANTUM, *s.* An t-iomlan.
QUARANTINE, *s.* Ùine dhà fhichead là is éigin do luingeas a thig o chéin fuireach, mu m faod iad tighinn gu chala.
QUARREL, *s.* Còmh-strì, connsachadh, droch còrdadh, iorghuill, tuasaid, sabaid, aimhreite, cur a mach ; trod.
QUARREL, *v. n.* Troid, connsaich.
QUARRELSOME, *adj.* Sabaideach, tuasaideach, brionglaideach, carraideach, connspaideach, crosda, aimhreiteach, trodach.
QUARRELSOMENESS, *s.* Tuasaideachd, brionglaideachd, strangalachd.

QUARRY, s. Gairbheal; seòrsa saighde.
QUARRY, v. n. Tochail, cladhaich; bùraich; thig beò air, &c.
QUART, s. Càrt, ceathramh.
QUARTANAGUE, s. Am fiabhrais-crithanach.
QUARTER, s. ceathramh; àite, cearn, ionad, tìr, dùthaich, earrann baile no dùthcha, àirde; ràidhe, cairteal; cairtealan, bàigh, tròcair, iochd.
QUARTER, v. a. Roinn 'na cheithir earrannan, gabh còmhnaidh, cùir suas, fan, fuirich
QUARTERAGE, s. Cuid ràithe, luathasachadh ràithe.
QUARTER-DECK, s. Càr-uachdair deiridh luinge.
QUARTERLY, adj. and adv. Ràitheil, gach ràithe; uair 'san ràithe.
QUARTERMASTER, s. Maighistear chairtealan feachda.
QUARTERN, s. Cairteal, ceithreamh.
QUARTERS, s. Cairtealan.
QUARTERSESSION, s. Mòd-ràithe.
QUARTERSTAFF, s. Ursann-chatha.
QUARTO, adj. Ceathramh.
QUASH, v. a. Mùch, caisg, cum sìos, cum sàmhach; cuir air chùl, ceannsaich.
QUASHING, s. Mùchadh, casgadh.
QUATERNARY, QUATERNION, QUATERNITY, s. Ceithrear.
QUATRAIN, s. Rann cheithir-sreath anns am beil am facal is deireannaiche anns gach sreath a' freagairt ma seach.
QUAVER, v. n. Crith, crath; bog, ceileirich.
QUAY, s. Laimhrig, clacharan.
QUEAN, s. Dubh-chaile, strìopach.
QUEASY, adj. Tinn, sleogach.
QUEEN, s. Bann-righ, bànrinn.
QUEER, adj. Neònach, iongantach.
QUEERNESS, s. Neònachas.
QUELL, v. Mùch, cum fodha; smachdaich, caisg, closnaich; ceannsaich.
QUENCH, v. Cuir ás, mùch, bàth.
QUENCHABLE, adj. So-mhùchadh.
QUENCHLESS, adj. Do-mhùchadh.
QUERIST, s. Ceasnaiche, sgrùdaire.
QUERN, s. Bràdh, muilleann-làimhe.
QUERPO, s. Seacaid, deacaid.
QUERULOUS, adj. Gearanach, casaideach, dranndanach, sraonaiseach.
QUERULOUSNESS, s. Dranndanachd.
QUERY, s. Ceisd, ceist foighneachd.
QUEST, s. Sireadh, rannsachadh, foighneachd, sgrùdadh, tòir, iarrtas, iarraidh, deidh.
QUESTION, s. Ceist, teagamh; amh-

arus, connspaid, deasbaireachd foighneachd.
QUESTION, v. Feòraich, foighneachd, ceasnaich, sgrùd, farraid, cuir an teagamh.
QUESTIONABLE, adj. Teagamhach.
QUESTIONARY, adj. Ceasnachail, rannsachail, sgrùdach.
QUESTIONLESS, adj. Gun teagamh, gun amharus, cinnteach.
QUESTUARY, adj. Gionach, sanntach.
QUIB, s. Geur-fhacal, car-fhacal.
QUIBBLE, v. n. Thoir beum.
QUIBBLER, s. Car-fhaclaiche.
QUICK, adj. Grad, ealamh; beò, beothail, smiorail, tapaidh, ullamh, deas, luath, clis, èasgaidh; cabhagach.
QUICK, s. Beò; beò-fheòil.
QUICKBEAM, s. An Gall-uinnsean.
QUICKEN, v. Beothaich, ath bheothaich, brosnaich, greas, deifirich; geuraich.
QUICKENER, s. Brosnachair; beothachair; greasadair.
QUICK-LIME, s. Aol-teth, aol-beò.
QUICKLY, adv. Gu luath, gu grad, gu clis.
QUICKNESS, s. Luathas, graide, beothalachd, deifir, cabhag, tapadh, tapachd, smioralas; géire.
QUICKSAND, s. Beò-ghaineamh.
QUICKSET, s. Planntan sgithich.
QUICKSIGHTED, adj. Bior-shuileach, grad-sheallach, grad-shuileach.
QUICKSILVER, s. Airgead beò.
QUIDDITY, s. Car-cheist, car fhacal.
QUIESCENCE, QUIESCENCY, s. Sàmhchair, suaimhneas, fois, tàmh, sèimhe, socair, bailbhe.
QUIESCENT, adj. Sàmhach, féitheil, socrach, balbh, tosdach, ciùin.
QUIET, adj. Sàmhach, tosdach, ciùin; màlta, macanta, suairce, socrach; suaimhneach; soitheamh; aig fois.
QUIET, s. Fois, sàmhchair, sèimhe, ciùineas, tàmh, sìth, suaimhneas; tosdachd, tosd.
QUIET, v. a. Caisg, cuir sàmhach, ciùinich, sìochaich, foisnich, socraich.
QUIETISM, s. Sìth-inntinn.
QUIETLY, adv. Gu ciùin; aig fois.
QUIETNESS, s. Sàmhchair, ciùineachd, ciùineas, sìth; sèimhe, fois, fèith.
QUIETUDE, s. Sìth, fois, socair, tàmh.
QUILL, s. Cléite, ite, sgeithe.
QUILT, s. Cùibhrig, brat-leapa.
QUINCE, s. Cuinnse, craobh-chuinnse.
QUINCUNX, s. Craobh-shuidheachadh ioma-shreathach.
QUINQUANGULAR, adj. Cuig-chearnach.

QUINQUEFOLIATED, adj. Cùig-bhileach.
QUINQUENNIAL, adj. Cùig-bliadhnach.
QUINSEY, s. At bràghaid.
QUINT, s. Cùignear, cùig.
QUINTAL, s. Ceud punnt.
QUINTESSENCE, s. Làn-bhrìgh, bladh, feart; an cùigeamh bith.
QUINTUPLE, adj. Cùig-fillte, a chùig uiread, air aithris, cùig uairean.
QUIP, s. Fochaid, sgeig, beum.
QUIRE, s. Ceithir clair fichead pàipeir.
QUIRE, v. n. Co-sheinn, co-sheirm.
QUIRISTER, s. Fear co-sheirm.
QUIRK, s. Car, cuilbheart; slighe; cleas; beum.
QUIT, v. a. Fàg; tréig, cuidhtich, cuir cùl ri; dealaich; pàigh, dìol.
QUIT, adj. Saor, ionann, cuidhte.
QUITCHGRASS, s. Feur-nan-con.
QUITE, adv. Gu tùr, gu léir.
QUITTANCE, s. Cuidhteas; saorsa.
QUIVER, s. Dòrnlach, balg-shaighead.
QUIVER, v. n. Crith, ball-chrith.
QUODLIBET, s. Car, car-fhacal.
QUOIF, QUOIFFURE, s. Ceannabharr.
QUOIT, s. Peileastair.
QUORUM, s. Aireamh-àraidh.
QUOTATION, s. Còmhdachadh, earrann o sgrìobhadh neach eile.
QUOTE, v. a. Ainmich ùghdar, thoir mar ùghdar, thoir mar ùghdarras.
QUOTH, v. imperf. Arsa, ars'.
QUOTIDIAN, adj. Lathail, gach latha.
QUOTIENT, s. A' cho liugha uair.

R

R, s. Ochdamh litir deug na-h-Aibidil.
RABBET, s. Tàth, gleus, gròbadh.
RABBI, RABBIN, s. Olla Iùdhach.
RABBIT, s. Coinean.
RABBLE, s. Gràisg, pràbar.
RABID, adj. Cuthaich, borb, garg.
RACE, s. Réis, ruith, steud, co-ruith; coimhliong; blàr-réis; gineal, ginealach; sliochd, siol, clann, fine, cinneadh, teaghlach.
RACER, s. Falaire, steud-each.
RACEMIFEROUS, adj. Bagaideach.
RACINESS, s. Searbhas, goirteas.
RACK, s. Inneal pianaidh, cuidhle-sgaraidh; prasach.
RACK, v. a. Sàraich, claoidh, pian.

RACKET, s. Callaid; gleadhraich, straoidhlich, sàbaid.
RACKRENT, s. Màl-mòr; màl-sàrach-aidh; àrd-mhàl.
RACOON, s. Broc Americanach.
RACY, adj. Làidir, deagh-bholtrach.
RADIANCE, s. Lannair, soillse, boill-sgealachd, loinnreachas; dealradh, dearsadh; glòir.
RADIANT, adj. Lannaireach, soill-seach, boillsgeil, boillsgeach, deal-rach, dearrsach; glan, soilleir.
RADIATE, v. n. Dealraich, soillsich.
RADIATION, s. Dealrachd, lannair-eachd, boillsgealachd.
RADICAL, adj. Nàdurra; gnéitheil.
RADICATE, v. a. Freumhaich.
RADISH, s. Meacan, curran-dearg.
RADIUS, s. Roth; lànag, spòg.
RAFFLE, v. n. Dìsnich, tilg dìsnean.
RAFFLE, s. Crannchur-gìll.
RAFT, s. Ràth, slaod-uisge, ràmhach.
RAFTER, s. Taobhan, tarsunan.
RAG, s. Giobal, luideag, clùd, cearb, broineag, giobag.
RAGAMUFFIN, s. Sgonn-bhalach.
RAGE, s. Boile, bàinidh, fearg, cuth-ach, fraoch, corraich, buaireadh.
RAGGED, adj. Luideagach, luideach, clùdach; broineagach; giobalach, giobagach.
RAGING, adj. Buaireasach, feargach, fraochail, air a' chuthach, air boile.
RAGOUT, s. Feòil air a deasachadh, a réir seòl nam Fràngach.
RAGWORT, s. Am buaghallan.
RAIL, s. Cliath, iadh-lann.
RAIL, v. Druid, cuir fàl suas; càin.
RAILING, s. Iadh-lann; callaid.
RAILLERY, s. Sgallais, sglàmhradh.
RAIMENT, s. Aodach, earradh.
RAIN, v. a. Sil; fras; dòirt; dean uisge.
RAIN, s. Frasachd, fearr-shion, uisge.
RAINBOW, s. Bogha-frois.
RAIN-GOOSE, s. An learg.
RAINY, adj. Frasach, fliuch, silteach.
RAISE, v. a. Tog suas; àrdaich; dùisg.
RAISIN, s. Fion-dhearc chaoinichte.
RAKE, s. Ràsdal, ràcan; trusdar.
RAKE, v. Ràsdalaich, ràc, cruinnich, trùs, tionail r'a chéile; sgrùd.
RAKEHELL, s. Drùisear, trustar.
RAKISH, adj. Ana-measarra.
RALLY, v. Ath-bhrosnaich, ath-chruinnich feachd.
RAM, s. Reithe.
RAM, v. Spàrr, starr, stailc.
RAMBLE, s. Iomrall, spaidsearachd.
RAMBLE. v. a. Iomrallaich.

RAMBLER, *s.* Fear-fàrsain.

RAMBLING, *adj.* Seacharanach, luaineach, fàrsanach.

RAMIFICATION, *s.* Craobh-sgaoileadh ; sgaoileadh, meurachadh, iomasgaoileadh.

RAMIFY, *v. a.* Meuraich, sgaoil.

RAMMER, *s.* Farraiche ; slat gunna.

RAMOUS, *adj.* Meanglanach, meurach.

RAMP, *s.* Leum, sùrdag.

RAMP, *v. n.* Leum, sùrdagaich.

RAMPANT, *adj.* Ruith-leumnach, ruideiseach, sùrdagach, àrd-leumnach ; macnusach, a seasamh air na casan deiridh.

RAMPART, RAMPIRE, *s.* Bàbhunn, balla-dionaidh, baideal.

RAN, *pret.* of *to run.* Ruith.

RANCID, *adj.* Trom-fhàileach, breun.

RANCOROUS, *adj.* Mi-rùnach, gamhlasach, fuathach, tnùthar.

RANCOUR, *s.* Mi-rùn, gamhlas.

RANDOM, *s.* Tubaist, tuaram.

RANDOM, *adj.* Tubaisteach, tuaireamach ; air thuaram.

RANG, *pret.* of *to ring.* Shéirm, bheum.

RANGE, *s.* Òrdugh, sreud, sreath, breath ; cuairt, creadhal-theine.

RANGE, *v. a.* Cuir an òrdugh, marasglaich ; cuir am breathan, riaghailtich ; cuairtich ; siubhail, rach sìos a's suas.

RANGER, *s.* Fear-rannsaichidh; fidriche ; peathair ; forsair, maor coille.

RANK, *adj.* Làidir, àrd, garbh mar fheur ; breun, faileach.

RANK, *v.* Rangaich, sreathaich, cuir an òrdugh, cuir taobh ri taobh, inbhich ; àitich, gabh àite no inbhe.

RANK, *s* Sreath, sreud ; inbhe ; staid.

RANKLE, *v. n.* Feargaich, àt.

RANNY, *s.* An dallag.

RANSACK, *v. a.* Rannsaich, creach.

RANSOM, *s.* Éirig, dìol, pàigheadh, fuasgladh ; saorsa.

RANSOM, *v. a.* Fuasgail, saor.

RANT, *v. n.* Dean stairirich.

RANT, *s.* Gleadhraich, beucail.

RANTER, *s.* Ministear-bòilich; ranntair.

RANTIPOLE, *adj.* Mi-gheamnaidh.

RANUNCULUS, *s.* Lùs-an-ròcais.

RAP, *v. n.* Buail, grad-bhuail.

RAP, *s.* Buille, sgailleag, pailleart.

RAPACIOUS, *adj.* Fòirneartach, gionach, lonach, craosach.

RAPACITY, *s.* Creachadaireachd, sannt.

RAPE, *s.* Cùis-éigin, truailleadh.

RAPID, *a.* Cas, bras, dian, grad, luath, ealamh, ullamh, clis.

RAPIDITY, *s.* Braise, déine, graide.

RAPINE, *s.* Creachadh.

RAPIER, *s.* Chlaidheamh-bruididh.

RAPTURE, *s.* Éibhneas, mòr-aoibhneas ; àrd-thoileachadh.

RAPTURED, *adj.* Éibhinn.

RAPTUROUS, *adj.* Aoibhneach.

RARE, *adj.* Ainmig, tearc, gann ; annasach ; ainneamh, sàr-mhath, neò-nachas, iongantas-féille. *R. D.*

RAREE-SHOW,*s.* Faoin-shealladh ; neò-nachas, iongantas-féille. *R. D.*

RAREFACTION, *s.* Tanachadh ; meudachadh, sgaoileadh.

RARIFY, *v. a.* Tanaich ; leudaich.

RARELY, *adv.* Gu h-ainmig, gu tearc, gu h-ainneamh, gu gann.

RARENESS, RARITY, *s.* Ainmigead, teirce, annas, ganntachd.

RASCAL, *s.* Sloightear, crochaire.

RASCALLION, *s.* Dù-bhalach.

RASCALITY, *s.* Pràbar, gràisg.

RASCALLY, *adj.* Dìblidh, suarrach.

RASE, *v. a.* Spion á bun ; mill.

RASH, *adj.* Dàna, ceann-laidir, bras, cas, grad, obann, dian; cabhagach.

RASH, *s.* Briseadh a mach, bròth.

RASHER, *s.* Sliseag mhuic-fheola.

RASHNESS, *s.* Dànadas, braisead.

RASP, *s.* Suidheag, sùghag ; eighe.

RASP, *v. a.* Eigheich.

RASPBERRY, *s.* Sugh-craobh.

RASURE, *s.* Sgrìobadh-ás.

RAT, *s.* Radan, rodan.

RATABLE, *adj.* Luachail, prìseil.

RATAFIA, *s.* Seòrsa dibhe làidir.

RATE, *s.* Prìs, luach, fiach.

RATE, *v. a.* Meas ; prìsich ; troid.

RATHER, *adv.* Docha, fearr ; an àite, an àite sin, ni's ro thoiliche.

RATIFICATION, *s.* Daingneachadh.

RATIFY, *v. a.* Daingnich, socraich.

RATIOCINATE, *v. a.* Reusonaich.

RATIOCINATION, *s.* Reusonachadh.

RATIONAL, *adj.* Reusonta, tuigseach.

RATIONALITY, *s.* Reusonachd.

RATSBANE, *s.* Puinnsein nan radan.

RATTLE, *v. n.* Dean gleadhraich.

RATTLE, *s.* Faoin-chainnt, glag ; clach-bhalg ; gleadhraich, stairearaich stàirn, braoidhlich.

RATTLING, *adj.* Gleadhrach.

RATTLESNAKE, *s.* An nathair-ghlagain.

RATTOON, *s.* Sionnach-Innseanach.

RAUCITY, *s.* Tùchanachd.

RAVAGE, *v. a.* Sgrios, dean fàs, fàsaich, creach, spùill, léir-sgrios.

RAVAGE, *s.* Sgrios, fàsachadh, creachadh, spùilleadh, léir-sgrios.

RAVE, *v. n.* Bi air boile, bi 'm breislich.

RAVEL, *v. a.* Rib ; cuir air aimhreith ;

buair ; cuir an ioma-cheist ; fuasgail,
thoir ás a' chéile

RAVELIN, s. Obair-dhìon air chumadh
na leth-ghealaich.

RAVEN, s. Fitheach, coirbidh.

RAVENOUS, adj. Cìocrach, slugach,
glamhach, geocach, craosach.

RAVENOUSNESS, s. Miann-creich.

RAVISH, v. a. Thoir air éigin, thoir
cùis a dh' aindeoin ; truaill, mill ;
toilich, dean aoibhinn.

RAVISHER, s. Fear-éigneachaidh, fear
fòirneirt ; fear-truaillidh.

RAVISHMENT, s. Éigneachadh, éigin,
truailleadh ; làn-éibhneas.

RAW, adj. Amh, amhaidh ; glas, ùr;
fuar ; neo-abaich ; neo-mhèirbhte ;
neo-theòma.

RAWBONED, adj. Cnàmhach.

RAWNESS, s. Amhachd ; aineolas.

RAY, s. Gath-soluis ; leus.

RAZE, s. Carraig-dhinnsear.

RAZE, v. a. Tilg sìos, leag ; lom-
sgrios, fàsaich ; dubh a mach.

RAZOR, s. Ealtainn, bearr-sgian.

RAZURE, s. Dubhadh a mach.

REACH, v. Ruig; sìn ; faigh.

REACH, s. Cumhachd ; comas urrainn,
ruigsinn, ruigheachd ; comas ruig-
sinn, ruigheachd ; sìneadh.

REACTION, s. Ath-ghluasad.

READ, v. Leugh, tuig ; rannsaich.

READ, pret. and part. Leughte.

READEPTION, s. Ath-fhaotainn.

READER, s. Leughair, leughadair.

READILY, adv. Gu réith, gu toileach.

READINESS, s. Ullamhachd, deise.

READING, s. Leughadh, leubhadh.

READMISSION, s. Ath-leigeil a stéach.

READMIT, v. a. Ath-ghabh a staigh.

READY, adj. Ullamh, réith deas, deas-
aichte ; ealamh,-toileach ; furas.

REAFFIRM, v. a. Ath-chòmhdaich.

REAFFIRMANCE, s. Ath-chòmhdachadh.

REAL, adj. Fìor ; cinnteach.

REALITY, s. Fìrinn, cinnteachd.

REALIZE, v. a. Thoir gu buil.

REALLY, adv. Gu fior ; a rìreadh.

REALM, s. Rìoghachd, dùthaich.

REAM, s. Buinnseal paipeir.

REANIMATE, v. a. Ath-bheothaich.

REANNEX, v. a. Ath-cheangail.

REAF, v. a. Buain ; buannaich.

REAPER, s. Buanaiche.

REAR, s. Deireadh feachd ; deireadh.

REAR, v. a. Tog, àraich ; éirich.

REARMOUSE, RAREMOUSE, s. Ialtag.

REASCEND, v. Ath-dhìrich.

REASON, s. Reuson, toinisg, tuigse;
ciall ; aobhar, fàth, ceannfàth.

REASON, v. a. Reusonaich, deasbairich.

REASONABLE, adj. Reusonta, ciallach;
measarra, meadhonach, cuimseach ;
ceart, cothromach.

REASONING, s. Deasbaireachd, reuson-
achadh ; argamaid.

REASSEMBLE, v. a. Ath-chruinnich.

REASSERT, v. a. Ath-dhearbh.

REASSUME, v. a. Ath-ghabh.

REASSURE, v. a. Thoir ath-chinnte.

REAVE, v. a. Thoirt leat le ainneart.

REBAPTIZE, v. a. Ath-bhaist.

REBATE, v. a. Math ; lughdaich.

REBEL, s. Fear ar-a-mach.

REBEL, v. a. Dean ar-a-mach.

REBELLION, s. Ar-a-mach.

REBELLIOUS, adj. Ceannairceach.

REBOATION, s. Ath-gheum.

REBOUND, v. Leum air ais.

REBUFF, s. Ath-bhualadh ; diùltadh.

REBUFF, v. a. Buail air ais ; diùlt.

REBUILD, v. a. Ath-thog.

REBUKE, v. a. Thoir achmhasan.

REBUKE, s. Achmhasan, cronachadh.

REBUS,s. Dealbh-fhacal, seòrsa toimh-
seachain.

RECALL, v. a. Gairm air ais.

RECALL, s. Ath-ghairm ais-ghairm.

RECANT, v. a. Seun, àicheadh.

RECANTATION, s. Seunadh, àicheadh.

RECAPITULATE, v. a. Ath-innis.

RECAPITULATION, s. Ath-innseadh.

RECAPTION, s. Ath-ghlacadh.

RECEDE, v. n. Rach air t' ais.

RECEIPT, s. Gabhail ri ; bann-cuidh-
teachaidh, cuidhteas.

RECEIVABLE, adj. So-fhaotainn.

RECEIVE, v. a. Gabh, gabh ri, faigh.

RECEIVER, s. Fear-gabhail.

RECENT, adj. Ùr, o cheann ghoirid.

RECENTNESS, s. Nuadhachd.

RECEPTACLE, s. Ionad-tasgaidh.

RECEPTION, s. Furmailt, fàilte ; di-
beatha, gabhail, gabhail ri.

RECEPTIVE, adj. So-ghabhail.

RECESS, s. Uaigneas, dìomhaireachd,
sàmhchair ; fàgail, sgur, tàmh, clos,
fosadh, fòis.

RECESSION, s. Pilltinn, dol air ais.

RECHANGE, v. a. Ath-mhùth.

EECIPE, s. Comhairle sgrìobhte léigh.

RECIPIENT, s. Gabhadair.

RECIPROCAL, adj. Malairteach, air
gach taobh, o gach taobh, a réir a'
chéile ; m'a seach.

RECIPROCATE, v. a. Malairtich, dean
mu 'n seach, dean a réir a' chéile.

RECIPROCATION, s. Co-mhùthadh.

RECITAL, RECITATION, s. Aithris;
innseadh, sgeulachd.

RECITATIVE, RECITATIVO, *s.* Fonn, séis, canntaireachd.

RECITE, *v. a.* Ath-aithris ; ath-innis.

RECKLESS, *adj.* Neo-chùramach, coma.

RECKON, *v.* Cunnt ; meas, saoil.

RECKONING, *s.* Cunntadh, meas, lach.

RECLAIM, *v. a.* Leasaich, ath-leasaich, iompaich, ais-ghairm ; ceannsaich, smachdaich.

RECLINE, *v. n.* Sìn, leth-laidh, laidh air do leth-taobh ; claon sìos ; crom sìos, leig taice.

RECLOSE, *v. a.* Ath-dhùin.

RECLUSE, *adj.* Aonaranach, uaigneach.

RECOAGULATION, *s.* Ath-bhinndeachadh.

RECOGNIZANCE, *s.* Gealladh, bann.

RECOGNIZE, *v. a.* Aidich ; aithnich.

RECOGNITION, *s.* Aideachadh, cuimhneachadh ; aithneachadh.

RECOIL, *v. n.* Leum no clisg air t' ais.

RECOINAGE, *s.* Ath-chùinneadh.

RECOLLECT, *v. a.* Cuimhnich ; ath-chruinnich, ath-thionail.

RECOLLECTION, *s.* Cuimhne.

RECOMMENCE, *v. a.* Ath-thòisich.

RECOMMEND, *v. a.* Mol ; cliùthaich.

RECOMMENDATION, *s.* Moladh, cliù.

RECOMMENDATORY, *adj.* Moladach.

RECOMPENSE, *v. a.* Ath-dhìol, dean suas.

RECOMPENSE, *s.* Ath-dhìoladh.

RECONCILE, *v. a.* Dean réith, réitich.

RECONCILABLE, *adj.* So-réiteachadh.

RECONCILEMENT, *s.* Réite, sìth.

RECONCILIATION, *s.* Ath-réite.

RECONDITE, *adj.* Dìomhair, dorcha, domhain, do-thuigsinn.

RECONDICTORY, *s.* Taigh-tasgaidh.

RECONDUCT, *v. a.* Ath-threòraich.

RECONNOITRE, *v. a.* Beachdaich.

RECONQUER, *v. a.* Ath-cheannsaich.

RECONSECRATE, *v. a.* Ath-choisrig.

RECONVENE, *v. n.* Ath-chruinnich.

RECORD, *v. a.* Sgrìobh, cùm air chuimhne.

RECORD, *s.* Leabhar-cuimhne.

RECORDER, *s.* Seanachaidh ; meamhraiche ; eachdraiche.

RECOUNT, *v. a.* Innis, cuir an céill.

RECOURSE, *s.* Ath-philleadh.

RECOVER, *v.* Faigh air ais ; thig uaithe ; fàs gu math.

RECOVERABLE, *adj.* So-leigheas.

RECOVERY, *s.* Faotainn air ais ; dol am feabhas, leigheas, fàs gu math.

RECREANT, *adj.* Gealtach, neo-dhuineil.

RECREATE, *v. a.* Ath-bheothaich, ath-ùraich ; toilich, sòlasaich, aotromaich.

RECREATION, *s.* Caitheamh-aimsir ; culaidh-shùgraidh, lasachadh.

RECREATIVE, *adj.* Ùrachail ; lasacail.

RECREMENT, *s.* Dràbhag ; salachar.

RECREMENTAL, RECREMENTITIOUS. *adj.* Dràbhagach, deasgannach.

RECRIMINATE, *v. a.* Ath-choirich.

RECRIMINATION, *s.* Ath-choireachadh.

RECRUIT, *v. a.* Ath-neartaich, ath-leasaich ; tog saighdearan.

RECRUIT, *s.* Saighdear ùr.

RECTANGLE, *s.* Ceart-chearnag.

RECTANGULAR, *adj.* Ceart-chearnach.

RECTIFIABLE, *adj.* So-cheartachadh.

RECTIFICATION, *s.* Ceartachadh.

RECTIFIER, *s.* Fear ceartachaidh.

RECTIFY, *v. a.* Ceartaich, leasaich, cuir gu dòigh ; ath-tharruinn.

RECTILINEAR, *adj.* Dìreach.

RECTITUDE, *s.* Dìrichead ; ionracas.

RECTOR, *s.* Ministear sgìreachd shasunnach ; ceannard, riaghladair.

RECTORY, *s.* Aitreamh, agus gliobhministear sgìreachd easbuigeach, &c.

RECUBATION, RECUMBENCY, *s.* Leth-laidhe ; sìneadh, aomadh.

RECUMBENT, *adj.* 'Na leth-laidhe.

RECUR, *v.* Thig an aire, thig an cuimhne.

RECURRENCE, RECURSION, *s.* Pilltinn, ath-philltinn, ath-thachairt.

RECURRENT, *adj.* Ath-phìlltinneach.

RECURVATION, *s.* Cùl-aomadh, cromadh an comhair a chùil.

RECUSANT, *s.* Fear a dhiùltas caidreamh a' mhòr-chomuinn.

RECUSE, *v. a.* Diùlt, àicheamh.

RED, *adj.* Dearg, ruadh, flannach.

REDBREAST, *s.* Am brù-dhearg.

REDDEN, *v.* Deargaich ; dean dearg ; fàs dearg, cinn dearg.

REDDISHNESS, *s.* Deirgeachd, ruadhan.

REDE, *s.* Comhairle, sanus.

REDEEM, *v. a.* Saor ; ath-cheannaich.

REDEEMABLE, *adj.* So-shaoradh.

REDEEMER, *s.* Fear-saoraidh, Slànaighear an-t-saoghail.

REDELIVER, *v. a.* Ath-shaor, liubhair ; thoir air ais.

REDEMPTION, *s.* Éirig ; saorsa, saorsainn, sàbhaladh, ath-fhuasgladh.

REDEMPTORY, *adj.* Éirigeil.

REDLEAD, *s.* Basg-luaidhe, basg-ùir.

REDNESS, *s.* Deirge, ruaidhe.

REDOLENCE, REDOLENCY, *s.* Cùbhraidheachd, boltrachas.

REDOLENT, *adj.* Cùbhraidh, deagh-bholtrachail.

REDOUBLE, *v. a.* Dùblaich.

REDOUBT, *s.* Dùn beag, dùn catha.

REDOUBTABLE 195 REGARD

REDOUBTABLE, *adj.* Eagalach, fuath-asach, uabhasach.
REDOUND, *v. n.* Pill air, thig air ais air; tuit air.
REDRESS, *v. a.* Cuir ceart, ceartaich, leasaich; furtaich; dìol; dean suas.
REDRESS, *s.* Leasachadh, dìoladh, dìol. fuasgladh, furtachd; deanamh suas.
REDUCE, *v. a.* Lughdaich, dean ni's lugha; cuir an lughad; ìslich, irios-laich; ceannsaich, smachdaich.
REDUCEMENT, *s.* Lughdachadh, ceann-sachadh, smachdachadh.
REDUCIBLE, *adj.* So-lughdachadh.
REDUCTION, *s.* Lughdachadh, cur an lughad, beagachadh; sàrachadh.
REDUNDANCE, REDUNDANCY, *s.* Ana-bharra, lìon mhorachd, làine.
REDUNDANT, *adj.* Làn-phailt.
REDUPLICATE, *v. a.* Ath-dhùblaich.
REDUPLICATION, *s.* Ath-dhùblachadh.
REDUPLICATIVE, *adj.* Dùbailte.
REE, *v. a.* Criathair, ridilich.
REED, *s.* Cuilc; ribheid; slinn.
REEDIFY, *v. a.* Ath-thog.
REEDY, *adj.* Cuilceach.
REEK, *s.* Deathach, smùid, toit.
REEK, *v. n.* Cuir smùid dhiot.
REEKY, *adj.* Smùideach, toiteach.
REEL, *s.* Ceangaldair, crois-thachrais.
REEL, *v. n.* Tachrais, siùganaich.
RE-ELECTION, *s.* Ath-thaghadh.
REEMBARK, *v. a.* Ath-chuir air bòrd.
REENFORCE, *v. a.* Ath-neartaich.
REENFORCEMENT, *s.* Ath-neartachadh.
REENJOY, *v. a.* Ath-shealbhaich.
REENTER, *v. a.* Ath-inntrinn.
RE-ESTABLISH, *v. a.* Ath-shocraich.
REEVE, REVE, *s.* Stiùbhard.
RE-EXAMINE, *v. a.* Ath-cheasnaich.
REFECTORY, *s.* Pronn-lios; proinn-lis.
REFER, *v.* Leig gu breth.
REFERENCE, *s.* Leigeil gu breth.
REFINE, *v. a.* Tùr-ghlan.
REFINED, *adj.* Tùr-ghlan, fiorghlan.
REFINEMENT, *s.* Fior-ghlanadh; snas, glaine; grinneas, finealtachd.
REFINER, *s.* Leaghadair.
REFIT, *v. a.* Ath-chàirich, tog a rithist.
REFLECT, *v. a.* Tilg air ais; smaoin-tich, ath-smaointich.
REFLECTION, *s.* Smaoin; ath-smaoin-teachadh; beachd; seadh, sùim; cronachadh ccire; ais-thilgeadh; ath-shoillse.
REFLECTIVE, *adj.* Smaointeachail, smuaireanach; a thilgeas faileas; sgàthanach.
REFLECTOR, *s.* Fear-smaointeachaidh.
REFLEX, *adj.* Ath-bhuailte.

REFLEXIBLE, *adj.* So-thilgeadh air ais, so-lùbadh, so-aomadh.
REFLOURISH, *v. n.* Ath-chinn, ath-fhàs.
REFLOW, *v. n.* Ath lìon; ath-shruth.
REFLUENT, *adj.* A' tràghadh.
REFLUX, *s.* Tràghadh, traòghadh.
REFORM, *v.* Leasaich, ath-leasaich; ath-dhealbh, ath-chruth; ceartaich.
REFORM, *s.* Leasachadh; feabhas; ceartachadh.
REFORMATION, *s.* Ath-leasachadh, leas-achadh; atharrachadh, ceartachadh.
REFORMER, *s.* Fear-leasachaidh.
REFRACT, *v. a.* Tionndaidh, cuir gu taobh; claon gathan soluis.
REFRACTION, *s.* Tionnda; claonadh.
REFRACTIVE, *adj.* So-thionndadh.
REFRAGABLE, *adj.* So-chur an aghaidh.
REFRAIN, *v.* Cum air ais, smachdaich, ceannsaich; cum ort, na dean; caomhain.
REFRANGIBLE, *adj.* So-chlaonadh, (mar ghath soluis;) so-sgaradh.
REFRESH, *v. a.* Ùraich, neartaich, beothaich, ath-bheothaich.
REFRESHMENT, *s.* Ùrachadh; fois, tàmh, lasachadh; lòn, biadh.
REFRIGERANT, *adj.* Fionnar, fallain.
REFRIGERATE, *v. a.* Fionnaraich.
REFRIGERATION, *s.* Fionnarachadh.
REFRIGERATIVE, *adj.* Fionnar.
REFUGE, *s.* Tearmann, dìon, dìdean, fasgath; sgàth, sgàile.
REFUGEE, *s.* Fògarrach.
REFULGENCE, *s.* Lainnireachd.
REFULGENT, *adj.* Lainnireach.
REFUND, *v. a.* Dòirt air ais; dìol, ath-dhìol, dean suas, aisig.
REFUSAL, *s.* Diùltadh, àicheadh; òbadh, seunadh.
REFUSE, *v.* Diùlt, àicheidh; òb, seun.
REFUSE, *s.* Fuigheall, fuighleach, sprùileach, deireadh, diù, fartas, fòtus, deasgann, drabh.
REFUSER, *s.* Fear-diùltaidh.
REFUTAL, *s.* Cur a mach; tosdadh.
REFUTATION, *s.* Cur a mach, tosdadh; dìteadh, breugnachadh.
REFUTE, *v. a.* Cuir a mach, cuir sàmhach, cuir an aghaidh; dìt, breugnaich.
REGAIN, *v. a.* Ath-choisinn.
REGAL, *adj.* Rìoghail.
REGALE, *v. a.* Ath-bheothaich; thoir cuirm, dean fleaghachas.
REGALEMENT, *s.* Cuirm, ròic, fleagh.
REGALIA, *s.* Suaicheantais rìoghail.
REGALITY, *s.* Rìoghalachd.
REGARD, *v. a.* Gabh suim, gabh beachd, thoir suim, thoir fainear,

thoir an aire; gabh seadh, gabh cùram, gabh meas, thoir urram.

REGARD, *s.* Suim, beachd, seadh, aire, cùram, meas, urram.

REGARDFUL, *adj.* Furachair, faicilleach, cùramach, suimeil, aireachail.

REGARDLESS, *adj.* Neo-chùramach, neo-fhaicilleach, dearmadach.

REGARDLESSNESS, *s.* Mi-chùramachd.

REGENCY, *s.* Tàinistearachd.

REGENERATE, *v. a.* Ath-ghin, ath-bhreith, ath-nuadhaich.

REGENERATE, *adj.* Ath-ghinte, ath-bhreithte, ath-nuadhaichte.

REGENERATION, *s.* Ath-ghineamhuinn, ath-bhreith, ath-nuadhachadh.

REGENT, *s.* Tàinistear; riaghlair.

REGERMATION, *s.* Ath-bhriseadh.

REGICIDE, *s.* Rìgh-mhort.

REGIMEN, *s.* Lòn-riaghladh.

REGIMENT, *s.* Feachd-mìle, *rèiseamaid.*

REGIMENTAL, *adj.* Feachda.

REGION, *s.* Tìr, dùthaich, fearann, fonn, cearn, àirde; talamh, roinn, ceithreamh.

REGISTER, *s.* Clàr-cuimhne.

REGISTER, *v. a.* Sgrìobh, cuir sìos.

REGORGE, *v. a.* Tilg; sgeith; ath-shluig.

REGRANT, *v. a.* Ath-bhuilich.

REGRADE. *v. n.* Rach air t' ais, fàs ni's mion.

REGRATE, *v. n.* Ceannaich roi-làimh.

REGRESS, *s.* Pilltinn, dol air ais.

REGRESSION, *s.* Pilleadh, teachd air ais.

REGRET, *s.* Duilichinn, farran.

REGRET, *v. a.* Bi duilich, bi farranach.

REGULAR, *adj.* Riaghailteach.

REGULARITY, *s.* Riaghailt.

REGULATE, *v. a.* Riaghlaich; seòl.

REGULATION, *s.* Riaghailt; reachd.

REGULATOR, *s.* Conn-riaghlaidh; treòraiche, fear-seòlaidh; conn. *Md.*

REGURGITATE, *v.* Dòirt air ais.

REGURGITATION, *s.* Dòrtadh air ais.

REHEAR, *v. a.* Ath-chluinn.

REHEARSAL, *s.* Ath-innseadh.

REHEARSE, *v. a.* Ath-aithris.

REIGN, *v. n.* Rìoghaich, riaghlaich.

REIGN, *s.* Rìoghachadh, riaghlachadh.

REIMBURSE, *v. a.* Ath-dhìol.

REIMBURSEMENT, *s.* Ath-dhìoladh.

REIN, *s.* Iall-cheannaireachd; srian.

REIN, *v. a.* Ceannsaich, smachdaich.

REINFORCE, *v. a.* Ath-neartaich.

REINFORCEMENT, *s.* Ath-neartachadh.

REINS, *s.* Na h-airnean, caol an droma.

REINSERT, *v. a.* Ath-chuir sìos.

REINSPIRE, *v. a.* Ath-bheothaich.

REINSTATE, *v.* Cuir an ath-sheilbh.

REINVEST, *v. a.* Cuir an seilbh a rithist; cuir ath-shéisd ri baile.

REITERATE, *v. a.* Aithris a rithisd, 'sa rithisd.

REITERATION, *s.* Ath-aithris.

REJECT, *v. a.* Diùlt, tilg air falbh.

REJECTION, *s.* Diùltadh; dìmeas.

REJOICE, *v.* Dean gàirdeachas, dean aoibhneas, dean luath-ghàir, dean mire, bi àit, bi sùgach.

REJOIN, *v.* Cuir ri chéile rithisd; ath-choinnich; ath-fhreagair.

REJOINDER, *s.* Ath-fhreagairt.

REJUDGE, *v. a.* Ath-sgrùd, ath-cheasnaich, ath-rannsaich.

REKINDLE, *v. a.* Ath-bheothaich.

RELAPSE, *v. n.* Tuislich, no tuit air ais, gabh ath-thinneas.

RELAPSE, *s.* Tuiteam air ais, fàs ni's miosa, ath-philleadh tinneis.

RELATE, *v.* Innis, aithris, cuir an céill; buin do, buin ri.

RELATED, *part.* and *adj.* Inniste, air innseadh, aithriste, air aithris; càirdeach, dìleas.

RELATION, *s.* Innseadh, aithris, cur an céill; sgeul, naidheachd; caraid.

RELATIVE, *s.* Caraid, ban-charaid, fear-cinnidh, dàimheach.

RELATIVE, *adj.* Dàimheil; dìleas, a thaobh.

RELAX, *v.* Lasaich; fuasgail; dearmadaich, cuir air dì-chuimhne; dean socair.

RELAXATION, *s.* Lasachadh, fuasgladh, socair, athais, fois; dearmadachd.

RELAY, *s.* Mùthadh each.

RELEASE, *v. a.* Fuasgail, cuir fa sgaoil.

RELEGATE, *v. a.* Fuadaich, fògair.

RELEGATION, *s.* Fuadach, fògradh.

RELENT, *v. a.* Maothaich; taisich, bogaich, ciùinich, gabh truas.

RELENTLESS, *adj.* Neo-thruacanta.

RELIANCE, *s.* Earbsa, muinghinn.

RELIC, *s.* Fuigheall, fuighleach, fàgail, iarmad; cuimhneachan.

RELICT, *s.* Banntrach.

RELIEF, *s.* Lasachadh, còmhnadh, furtachd, faothachadh, cobhair, fuasgladh, cuideachadh; sòlas.

RELIEVABLE, *adj.* So-lasachadh, so-chòmhnadh, so-chuideachadh.

RELIEVE, *v. a.* Lasaich, cobhair, cuidich; thoir còmhnadh; mùth, atharraich.

RELIEVO, *s.* Dealbh grabhailte, &c.

RELIGION, *s.* Diadhachd, cràbhadh, creideamh, aidmheil.

RELIGIONIST, *s.* Baoth-chreideach.

RELIGIOUS, *adj.* Diadhaidh, cràbhach, cneasta, naomha, creideach.

RELINQUISH, *v. a.* Tréig, cuir cùl.

RELISH, *s.* Blàs taitneach; déidh, miann, sòlas, toil, tlachd.

RELISH, *v.* Fàilich; dean blàsta, blàs-taich, gabh tlachd do ni; bi blàsta.

RELUCENT, *adj.* Deàrsach, soilleir.

RELUCTANCE, *s.* Aindeonachd.

RELUCTANT, *adj.* Aindeonach.

RELUME, RELUMSE, *v. a.* Ath-las.

RELY, *v. a.* Earb, cuir dòchas, cuir muinghinn, dean bun.

REMAIN, *v. n.* Fuirich, fan.

REMAINDER, *s.* Fuigheall, fuighleagh.

REMAINS, *s.* Duslach; corp marbh.

REMAND, *v. a.* Cuir air ais, gairm air ais, cuir fios air ais.

REMARK, *s.* Beachd, ràdh.

REMARK, *v. a.* Beachdaich, thoir fain-ear; comharraich a mach.

REMARKABLE, *adj.* Comharraichte, sònraichte; suaicheanta.

REMEDY, *s.* Leigheas, ìoc-shlaint, cungaidh leigheis; comas, còmhnadh.

REMEDY, *v. a.* Leighis, slànaich.

REMEMBER, *v. a.* Cuimhnich.

REMEMBRANCE, *s.* Cuimhneachan.

REMEMBRANCER, *s.* Meòraiche.

REMIGRATION, *s.* Ath-imrich, pilleadh.

REMIND, *v. a.* Cuimhnich.

REMINISCENCE, *s.* Cuimhneachadh.

REMISS, *adj.* Tais, mi-thapaidh; neo-chùramach, dearmadach, leisg, neo-aireachail, neo-shuimeil, mall, màirn-ealach.

REMISSIBLE, *adj.* So-mhathadh.

REMISSION, *s.* Mathanas; saorsa.

REMISSNESS, *s.* Màirneal, neo-aire, dearmad, neo-chùram, neo-shuim.

REMIT, *v.* Lasaich; math, lùghdaich, thoir suas; dàilich, cuir dàil; cuir air ais.

REMITTANCE, *s.* Sùim airgeid, a chuir-eas neach gu neach eile; pàigheadh.

REMNANT, *s.* Fuigheall, fuighleach, iarmad; an còrr.

REMONSTRANCE, *s.* Cur an aghaidh.

REMONSTRATE, *v. a.* Connsaich, reu-sonaich, thoir reuson, cuir an agh-aidh, earalaich.

REMORSE, *s.* Agartas-cogais; trua-cantachd, iochdmhorachd.

REMORSEFUL, *adj.* Truacanta, maoth.

REMORSELESS, *adj.* An-iochdmhor.

REMOTE, *adj.* Iomallach, cian, an céin, air astar, fad' ás, fad' air falbh.

REMOTENESS, *s.* Céin, iomallachd.

REMOTION, *s.* Carachadh, gluasad.

REMOVABLE, *adj.* So-ghluasad.

REMOVAL, *s.* Gluasad, imrich.

REMOVE, *v.* Cuir ás àite, cuir air falbh, cuir air imrich; falbh, gluais rach air imrich.

REMOVE, *s.* Falbh; imeachd, gluasad, carachadh, mùthadh.

REMOUNT, *v. a.* Ath-dhìrich.

REMUNERABLE, *adj.* So-dhìoladh.

REMUNERATE, *v. a.* Ath-dhìol, pàigh.

REMUNERATION, *s.* Dìol, ath-dhìoladh.

RENARD, *s.* Ruairidh, ainm a' mhad-aidh-ruaidh; cealgaire.

RENASCENT, *adj.* Ath-ghineach.

RENAVIGATE, *v. a.* Ath-sheòl.

RENCOUNTER, *s.* Còmhrag, co-strì.

RENCOUNTER, *v.* Coinnich, buail; rach an dàil, thoir ionnsaidh, dean còmh-rag, thoir coinneamh; còmhlaich, tachair air.

REND, *v. a.* Srac, reub; beubanaich.

RENDER, *v. a.* Ìoc, dìol, ath-dhìol; builich, thoir, tabhair; bàirig eadar-theangaich', mìnich; thoir thairis, liobhair; tiomain.

RENDEZVOUS, *s.* Ionad-còmhlachaidh.

RENDITION, *s.* Liobhairt, toirt suas.

RENEGADE, RENEGADO, *s.* Naomh-thréigeach; fear ceannaireceach.

BENEW, *v. a.* Ath-nuadhaich.

RENEWAL, *s.* Ath-nuadhachadh.

RENNET, *s.* Binid; deasgainn.

RENOVATE, *v. a.* Nuadhaich, ùraich.

RENOVATION, *s.* Nuadhachadh.

RENOUNCE, *v. a.* Diùlt, òb, tréig.

RENOWN, *s.* Cliù, alla, iomradh.

RENOWNED, *adj.* Cliùiteach, allail, iomraiteach, ainmeil.

RENT, *s.* Sracadh, reub; bèarn; gearr-adh; màl, tighinn a steach; cìs.

RENT, *v.* Gabh no thoir air son màil; srac, reub, stroic, sgoilt.

RENT, *part.* Sracte, reubte.

RENTAL, *s.* Màl oighreachd.

RENTER, *s.* Màladair; tuathanach.

RENUMERATE, *v. a.* Ath-dhiol, ath-chunnt.

RENUNCIATION, *s.* Cùlachadh.

REORDAIN, *v. a.* Ath-òrduich.

REORDINATION, *s.* Ath-òrduchadh.

REPAID, *part.* Pàighte, ath-dhìolte.

REPAIR, *v.* Càirich, leasaich, imich, falbh, siubhail; tog ort.

REPAIR, *s.* Càramh; leasachadh.

REPAIRABLE, REPARABLE, *adj.* So-leasachadh, so-chàradh.

REPARATION, *s.* Càramh, dìoladh.

REPARTEE, *s.* Freagairt-geur, beum.

REPASS, *v. n.* Ath-shiubhail.

REPAST, *s.* Biadh, lòn, teachd-an-tìr

REPAY, *v. a.* Ath-dhìol, pàigh, ìoc.

REPEAL, *v. a.* Cuir sìos, cuir air chùl, thoir gu neo-ni.

REPEAL, *s.* Cur air chùl, cur sìos.

REPEAT, *v. a.* Aithris; abair a rìthist; abair air do theangaidh.

REPEATEDLY, *adv.* Gu minig, gu tric.

REPEATER, *s.* Fear-aithris; uaireadear.

REPEL, *v. a.* Tilg air ais, diùlt.

REPENT, *v. n.* Gabh aithreachas.

REPENTANCE, *s.* Aithreachas.

REPENTANT, *adj.* Aithreachail.

REPERCUSS, *v. a.* Buail air.

REPERCUSSION, *s.* Cur air ais.

REPERTORY, *s.* Ionad-tasgaidh.

REPETITION, *s.* Ath-aithris; ath-chantain;ath-dhèanamh;ath-iarrtas.

REPINE, *v. n.* Dean talach, dean frionas, dean gearan.

REPINER, *s.* Fear talaich.

REPLACE, *v. a.* Cuir 'na àite a rithist.

REPLANT, *v. a.* Ath-shuidhich.

REPLENISH, *v. a.* Lìon; airneisich.

REPLETE, *adj.* Làn, iomlan.

REPLETION, *s.* Làine, sàth, lìontachd.

REPLICATION, *s.* Freagairt.

REPLY, *v. n.* Freagair, thoir freagairt.

REPLY, *s.* Freagrairt.

REPOLISH, *v. a.* Ath-lìobhaich.

REPORT, *v. a.* Innis, aithris; abair.

REPORT, *s.* Fathunn, biùthas; iomradh, sgeul; fuaim, bragh, làmh-ach.

REPORTER, *s.* Fear-naidheachd.

REPOSAL, *s.* Foisneachadh.

REPOSE, *v.* Foisnich, gabh tàmh.

REPOSE, *s.* Fois, tàmh; cadal.

REPOSITE, *v. a.* Taisg; cuir seachad.

REPOSITION, *s.* Tasgaidh, cur suas.

REPOSITORY, *s.* Ionad-tasgaidh.

REPOSSESS, *v. a.* Ath-shealbhaich.

REPOSSESSION, *s.* Ath-shealbhachadh.

REPREHEND, *v. a.* Cronaich, coirich.

REPREHENDER, *s.* Fear-cronachaidh.

REPREHENSIBLE, *adj.* Ion-choireach-adh, airidh air achmhasan.

REPREHENSION, *s.* Achmhasan.

REPREHENSIVE, *adj.* Achmhasanach.

REPREHENSORY, *adj.* Achmhasanach.

REPRESENT, *v. a.* Feuch; nochd; foillsich, taisbean, cuir an cèill; dealbh; riochdaich.

REPRESENTATION, *s.* Nochdadh, foill-seachadh, taisbeanadh, coltas; riochd, dealbh, ìomhaigh, aogas.

REPRESENTATIVE, *s.* Fear-ionaid.

REPRESENTMENT, *s.* Iomhaigh; sàmhla.

REPRESS, *v. a.* Caisg; sàraich; ceann-saich, cìosnaich, smachdaich; mùch; cùm fodha.

REPRESS, REPRESSION, *s.* Càsg, sàr-achadh. ceannsachadh, cìosnachadh, mùchadh, cumail fodha.

REPRESSIVE, *adj.* Smachdail.

REPRIEVE, *v. a.* Cuir dàil am peanas.

REPRIEVE, *s.* Mathadh, dàil peanais.

REPRIMAND, *v. a.* Achmhasanaich.

REPRIMAND, *s.* Achmhasan, trod.

REPRINT, *v. a.* Ath-chlò-bhuail.

REPRISAL, *s.* Èirig; ath ghabhail.

REPROACH, *v. a.* Cronaich; maslaich; cuir às leth, tilg suas.

REPROACH, *s.* Cronachadh, maslach-adh; mì-chliù, masladh, sgainneal, tàmailt, aithis; tailceas, innisg, ilisg.

REPROACHABLE, *adj.* Maslachail.

REPROACHFUL, *adj.* Maslach, nàr, gràineil, tàmailteach; tailceasach, beumach, toibheumach.

REPROBATE, *s.* Daoidhear.

REPROBATE, *adj.* Olc, aingidh, baoth.

REPROBATE, *v. a.* Mì-cheadaich; diùlt; cuir cùl; dìt.

REPROBATION, *s.* Dìteadh; di-meas.

REPRODUCE, *v. a.* Ath-thoir a mach.

REPRODUCTION, *s.* Ath-thoirt a mach.

REPROOF, *s.* Sglamhradh, trod.

REPROVABLE, *adj.* Àiridh air trod.

REPROVE, *v. a.* Sglàmhraich; coirich.

REPRUNE, *v. a.* Ath-sgath, ath-bhearr.

REPTILE, *s.* Biast-shnàigeach; trùdar.

REPTILE, *adj.* Snàgach, snàigeach.

REPUBLIC, *s.* Co-fhliatheachd.

REPUBLICAN, *adj.* Co-fhlaitheachdach.

REPUBLICAN, *s.* Fear-co-fhlaitheachd.

REPUDIATE, *v. a.* Dealaich.

REPUDIATION, *s.* Dealachadh.

REPUGNANT, *adj.* Mì-thoileach.

REPULSE, *v. a.* Cùm air ais

REPULSE, *s.* Ais-bhualadh, pilleadh.

REPULSIVE, REPULSORY, *adj.* Ais-bhuailteach, doirbh, oillteil.

REPURCHASE, *v. a.* Ath-cheannaich.

REPUTABLE, *adj.* Cliùiteach.

REPUTATION, *s.* Cliù, meas, alla.

REPUTE, *v. a.* Meas; creid; saoil.

REPUTE, *s.* Cliù, meas, iomradh.

REQUEST, *s.* Iarrtas, achanaich.

REQUEST, *v. a.* Iarr, sir, guidh.

REQUIEM, *s.* Laoidh-guidhe, air son nam marbh, marbh-rann, tuireadh.

REQUIRE, *v. a.* Iarr; sir; feum.

REQUISITE, *adj.* Feumail, iomchuidh.

REQUISITE, *s.* Nì feumail.

REQUITAL, *s.* Dìol, pàigheadh, èirig.

REQUITE, *v. a.* Ath-dhìol, ath-phàigh.

REREWARD, *s.* Feachd-deiridh.

RESALE, *s.* Ath-reic.

RESALUTE, *v. a.* Ath-fhàiltich.

RESCIND, *v. a.* Gearr, cuir sìos lagh.

RESCISSION, *s.* Sgathadh, gearradh.

achadh. ceannsachadh, cìosnachadh, mùchadh, cumail fodha.

RESCRIBE, v. a. Ath-sgrìobh.
RESCRIPT, s. Reachd rìgh.
RESCUE, s. Saoradh, fuasgladh.
RESCUE, v. a. Saor, sgaoil ; tèarainn.
RESEARCH, s. Rannsachadh, ceasnachadh, sgrùdadh, ath-shireadh.
RESEARCH, v. a. Rannsaich, ceasnaich.
RESEMBLANCE, s. Samhla, coltas.
RESEMBLE, v. a. Bi coltach, coimeas.
RESENT, v. a. Gabh gu dona, gabh gu h-olc, gabh mar thàmailt ; dìoghail.
RESENTFUL, adj. Feargach.
RESENTMENT, s. Fearg, dìoghaltas.
RESERVATION, s. Cùl-earalas, falach.
RESERVE, v. a. Taisg, caomhain.
RESERVE, s. Tasgadh, gleighteanas, cùl-earalas; stuaim, nàire, macantas.
RESERVED, adj. Màlda, stuama, macanta; dùinte ; fada thall, mùgach ; neo-shaor; caomhainte, taisgte.
RESERVEDNESS, s. Fiatachd, mùig.
RESERVOIR, s. Màthair-uisge.
RESETTLEMENT, s. Ath-shocrachadh.
RESIDE, v. n. Fuirich, gabh còmhnaidh, cuir suas ; traogh, sìolaidh.
RESIDENCE, RESIANCE, s. Ionad-còmhnaidh, fàrdoch, tàimheach.
RESIDENT, RESISANT, adj. A' fuireach.
RESIDENT, s. Teachdaire rìgh.
RESIDUE, s. Fuigheall, iarmad.
RESIGN, v. a. Thoir suas ; géill.
RESIGNATION, s. Toirt-seachad ; ùmhlachd, strìochdadh, géilleadh.
RESIGNMENT, s. Toirt suas.
RESILIENCE, s. Leum air ais.
RESIN, ROSIN, s. Ròiseid, bìth.
RESINOUS, adj. Ròiseideach, bìtheach.
RESIST, v. a. Cuir an aghaidh.
RESISTANCE, s. Strì, cur an aghaidh.
RESISTIBLE, adj. So-bhacadh.
RESISTLESS, adj. Do-bhacadh, dian.
RESOLUBLE, adj. So-leaghadh.
RESOLUTE, adj. Suidhichte, sònraichte, dàn, danarra, misneachail, gramail, bunailteach, seasmhach.
RESOLUTION, s. Rùin-seasmhach, inntinn, misneach ; sònrachadh ; bunailteachd, bunaiteachd ; fuasgladh, mìneachadh.
RESOLVABLE, adj. So-sgrùdadh.
RESOLVE, v. Sònraich ; cuir romhad ; fuasgail, sgrùd ; leagh.
RESOLVE, s. Rùn-suidhichte.
RESOLVED, adj. Sònraichte, suidhichte.
RESOLVEDLY, adv. Gu suidhichte.
RESOLVENT, adj. Leaghach.
RESONANT, adj. Ath-fhuaimneach.
RESORB, v. Ath-shluig.
RESORT, v. n. Taghaich ; iach.

RESORT, s. Tional, co-thional, cruinneachadh ; coinneamh, cò-dhail.
RESOUND, v. a. Ath-fhuaimnich.
RESOURCE, s. Cùl-earalas, tèarmann ; seòl, dòigh, rathad.
RESPECT, v. a. Urramaich, thoir meas.
RESPECT, s. Urram, meas, spéis.
RESPECTABLE, adj. Measail.
RESPECTFUL, adj. Modhail, beusach.
RESPECTIVE, adj. Sònraichte ; àraid.
RESPECTIVELY, adv. Fa leth.
RESPERSION, s. Spultadh, spairteadh.
RESPIRATION, s. Analachadh, fois.
RESPIRE, v. n. Analaich, leag t'anail.
RESPITE, s. Fois, anail, tàmh; fosadh.
RESPITE, v. a. Thoir fois ; cuir dàil.
RESPLENDENCE, s. Dealrachd dealradh, loinnireachd, dearrsadh, soillse.
RESPLENDENT, adj. Dealrach, lonnrach, dearrsach, boillsgeil.
RESPOND, v. a. Ath-fhreagair.
RESPONDENT, s. Fear freagairt.
RESPONSE, s. Freagairt.
RESPONSIBLE, adj. Freagarrach.
RESPONSION, s. Freagradh.
RESPONSIVE, RESPONSORY, adj. Freagairteach ; ath-fhuaimneach.
REST, s. Fois, tàmh, cadal, sìth, sàmhchair, socair, suaimhneas, ciùineas, clos ; fosadh, sgur ; fèith ; taic, prop, stad ; a' chuid eile ; càch.
REST, v. n. Gabh fois ; caidil, leig t' anail, sguir, dean tàmh, gabh gu clos ; fuirich, fan ; earb ri, earb á.
RESTAURATION, s. Nuadhachadh.
RESTFUL, adj. Sàmhach, ciùin.
RESTIFF, RESTIVE, RESTY, adj. Ceannlaidir, reasgach, stadach, rag.
RESTIFNESS, s. Reasgachd.
RESTITUTION, s. Toirt air ais, dìoladh.
RESTLESS, adj. Mì-fhoisneach, mi-fhoighidneach ; mi-shuaimhneach ; luaineach, neo-shuidhichte, iomairteach, aimhreiteach, buaireasach.
RESTLESSNESS, s. Mi-fhoisneachd, neofhoisneachd, mi-fhoighidinn, mishuaimhneas, dìth foise.
RESTORABLE, adj. So-aiseag.
RESTORATION, s. Ath-aiseag.
RESTORATIVE, adj. Leigheasail.
RESTORATIVE, s. Leigheas-beothachaidh, iocshlaint-neanrtachaidh.
RESTORE, v. a. Thoir air ais ; athdhìol ; leighis, ath-bheothaich.
RESTRAIN, v. a. Bac ; caisg ; cùm air ais, toirmisg, ceannsaich, cùm fodha, smachdaich, cùm fo cheannsal.
RESTRAINT, s. Bacadh, maille, toirmeasg, grabadh, ceannsaclid.

RESTRICT, *v. a.* Bac, ceannsaich, grab, cùm, a steach ; ceangail.

RESTRICTION, *s.* Bacadh ; grabadh, cuibhreachadh, ceangal.

RESTRICTIVE, *adj.* Ceanglach.

RESTRINGENT, *adj.* Ceanglach.

RESUST, *v.* Tachair, thig gu buil.

RESULT, *s.* Buil, crìoch ; deireadh.

RESUME, *v. a.* Ath-thionnsgain.

RESUMPTION, *s.* Ath-thionnsgnadh.

RESURRECTION, *s.* Ais-éirigh.

RESURVEY, *v. a.* Ath-bheachdaich.

RESUSCITATE, *v. a.* Ath-dhùisg.

RESUSCITATION, *s.* Ath-dhùsgadh.

RETAIL, *v. a.* Reic 'na bheaganan.

RETAILER, *s.* Frith-cheannaiche.

RETAIN, *v. a.* Cùm, gléidh, coimhid.

RETAKE, *v. a.* Ath-ghlac, ath-ghabh.

RETALIATE, *v. a.* Ath-dhìol, dìol air ais ; thoir buille air son buille.

RETALIATION, *s.* Ath-dhìoladh.

RETARD, *v.* Bac, grab, cùm air ais, cuir maill' air, cuir éis air.

RETARDATION, *s.* Bacadh, grabadh.

RETCH, *v. n.* Sgèith, sgeath, tilg.

RETENTION, *s.* Cumail ; cuimhneachadh ; cuimhne ; dùnadh.

RETENTIVE, *adj.* Dìonach ; cuimhneachail, cumailteach.

RETICULAR, RETIFORM, *adj.* Lìonanach ; mar lìon ; sùileagach, sgannanach.

RETINUE, *s.* Coigleachd.

RETIRE, *v.* Rach gu taobh ; falbh.

RETIRED, *adj.* Uaigneach ; aonaranach.

RETIREMENT, *s.* Uaigneas.

RETORT, *v. a.* Ais-thilg, tilg air ais.

RETORT, *s.* Geur-fhreagairt ; seòrsa do shoitheach glainne.

RETOUCH, *v. a.* Ath-bhean ri ; leasaich.

RETRACE, *v. a.* Ath-lòrgaich.

RETRACT, *v. a.* Tarruinn air ais.

RETRACTATION, *s.* Ath-bhaireal.

RETRACTION, *s.* Ais-tarruinn.

RETREAT, *s.* Ionad dìomhair ; tèarmann, dìdean, àite teichidh, fasgadh ; teicheadh-airm, ruaig.

RETREAT, *v. n.* Teich ; gabh dìon.

RETRENCH, *v. a.* Gearr dheth, sgàth.

RETRENCHMENT, *s.* Lughdachadh, &c.

RETRIBUTE, *v. a.* Ath-dhìol, phàigh.

RETRIBUTION, *s.* Ath-dhìoladh.

RETRIBUTIVE, *adj.* Dioghalt.

RETRIEVE, *v. a.* Faigh air ais, aisig, ath-bhuidhinn ; ath-ghairm.

RETRIEVABLE, *adj.* A dh' fhaodair fhaighinn air ais.

RETROCESSION, *s.* Dol air ais.

RETROSPECT, *s.* Sealltainn air ais.

RETROSPECTION, *s.* Sealladh air ais.

RETURN, *v.* Thig air ais, pill ; dìol, pàigh, ìoc ; thoir air ais, cuir air ais.

RETURN, *s.* Pilleadh ; teachd air ais ; dìoladh, pàigheadh, freagairt ; tairbhe ; buannachd.

REUNION, *s.* Ath-aonadh.

REVEAL, *v. a.* Nochd, foillsich, taisbean, leig ris ; innis, aithris.

REVEL, *s.* Cuirm ; ruidhtearachd.

REVEL, *v. n.* Dean pòit, dean ròic ; dean ruidhtearachd.

REVELATION, *s.* Taisbeanadh.

REVELLER, *s.* Craosaire, pòitear.

REVELROUT, *s.* Gràisg-phrasgan.

REVELRY, *s.* Ruidhtearachd, pòitearachd, baoisleachd.

REVENGE, *v. a.* Gabh dìoghaltas, thoir aichbheil, thoir dìoladh.

REVENGE, *s.* Dìoghaltas, dìoladh.

REVENGEFUL, *adj.* Dìoghaltach.

REVENGER, *s.* Fear-dìoghaltais.

REVENUE, *s.* Teachd a staigh, màl ; cìs.

REVERBERATE, *v. a.* Dean ath-ghairm.

REVERBERATION, *s.* Ath-ghairm.

REVERBERATORY, *adj.* Ath-fhuaimneach ; ath-phillteach.

REVERE, *v. a.* Thoir àrd urram, thoir àrd meas, urramaich.

REVERENCE, *s.* Urram ; ùmhlachd.

REVERENCE, *v. a.* Urramaich.

REVEREND, *adj.* Urramach, measail.

REVERENT, *adj.* Iriosal, ùmhal, ùmhlachdail, strìochdail.

REVERENTLY, *adv.* Le urram.

REVERSAL, *s.* Atharrachadh breitheanais, ath-bhreth.

REVERSE, *v. a.* Cuir bun os ceann ; atharraich, mùth, caochail.

REVERSE, *s.* Atharrachadh, caochla.

REVERSIBLE, *adj.* Atharrachail.

REVERSION, *s.* Ath-shealbhachadh ; còir-sealbhachaidh.

REVERT, *v.* Mùth, atharraich ; pill.

REVERTIBLE, *adj.* So-thiondadh.

REVERY, REVERIE, *s.* Smaoin, trom-smaoin ; beachd-smaoin.

REVEST, *v. a.* Ath-sgeudaich.

REVIEW, *v. a.* Ath-bheachdaich ; rann-saich ; sgrùd.

REVIEW, *s.* Ath-bheachdachadh ; rann-sachadh ; sgrùdadh, beachdachadh.

REVIEWER, *s.* Fear-Rannsachaidh.

REVILE, *v. a.* Càin, maslaich.

REVILER, *s.* Fear-càinidh, fear-tarcuis.

REVISAL, REVISION, *s.* Ath-leughadh ; ath-sgrùdadh, mion-sgrùdadh.

REVISE, *v. a.* Ath-leugh ; ath-sgrùd.

REVISE, *s.* Ath-leughadh ; ath-sgrùdadh, ath-cheartachadh.

REVISER, *s.* Sgrùdaire, fear sgrùdaidh.

REVISIT, v. a. Ath-thaghaich.
REVIVAL, s. Ath-bheothachadh.
REVIVE, v. Ath-bheothaich; ùraich; thig beò a rithisd; thig thuige; dùisg, brosnaich; glac misneach.
REVOCABLE, adj. So-atharrachadh.
REVOCATE, v. a. Gairm air ais.
REVOCATION, s. Ais-ghairm.
REVOKE, v. a. Tarruinn air ais.
REVOLT, v. n. Dean ar-a-mach; éirich
REVOLT, s. Ar-a-mach; éirigh.
REVOLVE, v. Uim-chuairtich; cnuas-aich, beachd-smuainich.
REVOLUTION, s. Cuairt; uim-chuart-achadh, atharrachadh; ceannairc; teachd Righ Uilleam a's Màiri.
REVULSION, s. Lionadh air ais.
REVULSIVE, adj. Ath-thàirneach.
REWARD, v. a. Ath-dhìol, dìol, pàigh.
REWARD, s. Dìol, dìoladh, pàigheadh, duais, luach-saoithreach.
RHAPSODIST, s. Àrd-ghlòraiche.
RHAPSODY, s. Àrd-ghlòir.
RHETORIC, s. Ùr-labhradh.
RHETORICAL, adj. Ùr-labhrach.
RHETORICIAN, s. Ùr-labhartaiche.
RHEUM, s. Ronnan, tias, mùsgan.
RHEUMATIC, adj. Lòinidheach.
RHEUMATISM, s. Lòinidh; alt-ghalar.
RHEUMINESS, s. Mùsganachd.
RHEUMY, adj. Mùsgach, ronnach.
RHINOCEROS, s. An Sròn-adharcach.
RHOMB, s. Ceithir-shlisneach, &c.
RHOMBOID, s. Am bradan-leathunn.
RHUBARB, s. Luibh-na-pùrgaid.
RHYME, s. Rann; dàn; duan.
RHYME, v. n. Rannaich, dean rann.
RHYMER, s. Rannair, duanair.
RHYTHMICAL, adj. Duanach, binn.
RIB, s. Aisinn; reang, tarsannan.
RIBALD, s. Baobh, trusdar drabasda.
RIBALDRY, s. Dràosdachd.
RIBAND, RIBBON, s. Stìom, ribean.
RIBWORT, s. Slàn-lùs.
RICE, s. Gràn Innseanach.
RICH, adj. Beairteach, saibhir, toiceil; cosgail, luachmhor, prìseil, pailt, torrach; tarbhach, reamhar.
RICHES, s. Beairteas, saibhreas, maoin, stòras, earras, pailteas, toic.
RICHLY, adv. Gu saibhir pailt.
RICHNESS, s. Reamhrachd, saibhreachd, torraichead, beairtichead.
RICK, s. Cruach, rucan; cuidhleag, mulan, tudan.
RICKETS, s. An teannadh.
RICKETY, adj. Teannadach.
RID, v. a. Cuir fa-sgaoil, saor, fuasg-ail; cuir air falbh; dìobair, fuadaich.
RIDDANCE, s. Fuasgladh; saoradh.

RIDDLE, s. Toimhseachan; ruideal; criathar-garbh.
RIDDLE, v. Ruidealaich, ruidil.
RIDE, v. Marcaich; smachdaich.
RIDER, s. Marcaiche, marc-neach.
RIDGIL, RIDGLING, s. Rùda.
RIDGE, s. Druim, croit, mullach; fireach, creachann, aonach; màgh, gead, imire.
RIDGY, adj. Druimeanach.
RIDICULE, s. Fanaid, sgeig; ceòl-gàire; fearas-chuideachd.
RIDICULE, v. a. Dean sgeig.
RIDICULOUS, adj. Ceòl-ghaireach, aigh-earach, neònach.
RIDING, s. Marcachd, earrann, dùthcha.
RIDINGHOOD, s. Deise-mharcachd.
RIFE, adj. Pailt, lìonmhor.
RIFLE, v. a. Spùinn, creach, slad.
RIFT, s. Sgoltadh, gàg; brùc.
RIFT, v. Sgoilt, sgag, sgàin; brùc.
RIG, v. a. Uidheamaich; sgeadaich.
RIGADOON, s. Damhsa Fràngach.
RIGATION, s. Fliuchadh, uisgeachadh.
RIGGING, s. Buill agus acainn luinge.
RIGGISH, adj. Drùiseil, neo-gheimnidh.
RIGHT, adj. Ceart; cubhaidh; freag-arrach; dìreach; tréidhireach, còir.
RIGHT, s. Ceartas; còir, dlighe.
RIGHT, v. a. Thoir ceartas, cuir ceart.
RIGHTEOUS, adj. Fìreanach, tréidhir-each, còir, math, ionraic, cothrom-ach; subhailceach.
RIGHTEOUSNESS, s. Fìreantachd tréi-dhireas, ionracas.
RIGHTFUL, adj. Dligheach, ceart.
RIGHTLY, adv. Gu ceart.
RIGID, adj. Rag; forganta, geur-theann, doirbh; dùr, cruaidh, fuar, leacanta.
RIGIDITY, s. Raige; dùiread, cruas.
RIGOUR, s. Cruas, fuachd; déine.
RIGOROUS, adj. Cruaidh, cruadalach, gàbhaidh; min-phongail.
RILL, RILLET, s. Caochan, sruthan, alltan, srùlag.
RIM, s. Oir, iomall, bile.
RIME, s. Liath-reothadh, crith-reoth-adh, cith-reothadh.
RIMPLE, v. a. Preas, luirc, càs.
RIMY, adj. Ceòthar; liath le reothadh.
RIND, s. Cairt, rùsg, cochull.
RIND, v. a. Rùisg, plaoisg, cairt.
RINDLE, s. Guitear, claiseag.
RING, s. Fàinne; ailbheag, cearcall, cuairteag, beum cluig.
RING, v. a. Beum, seirm, buail.
RINGDOVE, s. An smùdan.
RINGER, s. Fear-cluig.
RINGLEADER, s. Ceann-gràisge.

RINGLET, *s.* Dualag. bachlag, ciabhag, fainneag, cuachag, cleachdag.

RINGTAIL, *s.* Bréid-air-tòin.

RINGWORM, *s.* Buaileag-thimcheill.

RINSE, *v. a.* Srùthall, nigh, ruinnsich.

RINSER, *s.* Sruthlair, nigheadair.

RIOT, *s.* Tuaireap, aimhreite.

RIOT, *v. n.* Tog tuaireap.

RIOTER, *s.* Fear-tuaireap.

RIOTOUS, *adj.* Tuaireapach.

RIP, *v. a.* Srac, reub, srac suas, srac ás a' chéile, sgoilt; nochd, innis, foillsich, taisbean, leig ris.

RIPE, *adj.* Abaich; foirfidh; inbheach.

RIPE, RIPEN, *v. n.* Abaich.

RIPENESS, *s.* Abaichead; foirfeachd.

RIPPLE, *v. n.* Faochanaich, crith.

RIPPLING, *s.* Tonn-luasgadh.

RISE, *v. n.* Éirich; dìrich; bris a mach, dean ceannairc, dean àr-a-mach, dean tuaireap.

RISE, *s.* Éiridh, dìreadh; tùs.

RISEN, *part.* Air éiridh.

RISIBLE, *adj.* Gàireachail.

RISK, *s.* Cunnart, gàbhadh.

RISK, *v. a.* Cuir an cunnart.

RITE, *s.* Deas-ghnàth.

RITUAL, *adj.* Deas-ghnàthach.

RITUAL, *s.* Leabhar dheas-ghnàth.

RIVAL, *s.* Co-dheuchainniche, cò-shaoithriche; co-shuirdhiche.

RIVAL, *adj.* Co-strìgheach.

RIVALRY, *s.* Comh-dheuchainn, co-dheuchainneachd, comh-eud.

RIVE, *v.* Reub, srac, sgàin, sgoilt.

RIVEL, *v. a.* Càs, preas, liurc.

RIVEN, *part.* Reubte, sracte, sgàinte.

RIVER, *s.* Abhuinn, (*etymo.* Àbh-bhuinne, àbh *and* buinne, water and stream,) erroneously written " amh-ainn." The true Scottish *gen.* of this noun is abhna *and* abhunn; " aibhne" is the Irish *genitive.*

RIVER-DRAGON, *s.* An croghall-mòr.

RIVER-HORSE, *s.* An t-each-uisge.

RIVET, *s.* Sparrag, teannachan.

RIVET, *v. a.* Sparr, teannaich.

RIVULET, *s.* Sruthan, caochan, srùlag.

RIXDOLLAR, *s.* Bonn cheithir tastain a's shè sgillinn.

ROACH, *s.* Seòrs' éisg.

ROAD, *s.* Rathad, ròd slighe, aisridh, acarsaid; bàdh, bàdhan, poll, òban, calla.

ROAM, *v.* Seabhaid; rach air seach-ran, rach gu taobh, bi 'san athaman-aich, rach air fàrsan.

ROAN, *adj.* Grìs-fhionn, riabhach.

ROAR, *v. n.* Beuc, geum, éigh, glaodh, sgairtich, ràn; roic; dean burral.

ROAR, *s.* Beuc, geum, roic, éigh, glaodh, ràn, sgairt, burral, ulfhart.

ROAST, *s.* Ròsta; *v. a.* Ròist.

ROB, *v. a.* Spùill, creach, slad.

ROBBER, *s.* Creachadair, spùilleadair, fear-reubainn, fear-slaide.

ROBBERY, *s.* Reubainn, creach.

ROBE, *v. a.* Sgeadaich, còmhdaich.

ROBE, *s.* Falluinn, trusgan.

ROBIN-RED-BREAST, *s.* Am brù-dhearg.

ROBUST, *adj.* Garbh, làidir, calma, neartmhor, comasach, lùghor, féith-each, gramail, garg.

ROBUSTNESS, *s.* Neart, spionnadh.

ROCAMBOLE, *s.* Creamh-nan-creag.

ROCHEALUM, *s.* An t-àlm-fiorghlan.

ROCHET, *s.* Léine-aifrionn; seòrs' éisg.

ROCK, *s.* Carraig, creag, sgòrr-bheann; cuigeal; tèarmunn, dìdean.

ROCK, *v.* Luaisg, tulg, siudanaich; fuluaisg, cuir a chadal; bi air udal.

ROCKET, *s.* Seòrs' obair-theine.

ROCKY, *adj.* Creagach, carraigeach, garbh; clachach, cruaidh.

ROD, *s.* Slat; sgiùrsair.

RODE, *pret.* of *to ride.* Mharcaich.

ROE, *s.* Earba, ruadhag; iùchair éisg.

ROEBUCK, *s.* Boc-earba.

ROGATION, *s.* Seadhan, aslachadh.

ROGATION-WEEK, *s.* Seachduin bhog-adh-nan-gad, an seachdamh latha roi'n chàingis.

ROGUE, *s.* Sloightear, cealgair.

ROGUERY, *s.* Sloightearachd.

ROGUISH, *adj.* Sloighteil, carach.

ROIST, *v. n.* Dean gleadhraich.

ROLL, *v.* Fill; cuir càr air chàr; tonn-luaisg, cuairsg, cuairtich, cuir mu chuairt, rach mu chuairt.

ROLL, *s.* Rola, ruileag.

ROLLER, *s.* Cuairsgean.

ROMAN, *adj.* Ròmanach.

ROMANCE, *s.* Ròlaist, spleaghraich.

ROMANCER, *s.* Reòlaistiche, spleaghaire.

ROMANIST, *s.* Pàpanach.

ROMANTIC, *adj.* Ròlaisteach, spleagh-ach, spleighreach.

ROME, *s.* An Ròimh.

ROMISH, *adj.* Ròimheach, pàpanach.

ROMP, *s.* Dubh-caile; garbh-chluich.

ROMP, *v. n.* Dean garbh-chleasachd.

ROMPING, *s.* Garbh-chleasachd.

RONDEAU, *s.* Iorram, ùilean.

RONION, *s.* Umarlaid, bronnag.

ROOD, *s.* Ròd, an ceathramh cuid do dh' acair fearainn; crois a' Phàpa.

ROOF, *s.* Mullach taighe, fraigh, tudh-adh; uachdar a' chàirein.

ROOF, *v. a.* Cuir mullach air taigh.

ROOK, *s.* Ròcas; cealgair.

Rook, *v. n.* Thoir an car á; meall, creach, spuinn, spuill, slad.

Rookery, *s.* Ionad-ròcas.

Room, *s.* Seòmar, rùm; àite; ionad.

Roomy, *adj.* Farsainn, leathann.

Roost, *s.* Spàrr, spiris, iris, fàradh.

Roost, *v. n.* Rach air spiris.

Root, *s.* Freumh; stoc, bun; meacan, tùs, mathair-aobhair, aobhar.

Root, *v.* Freumhaich, gabh freumh; suidhich, daingnich; sgrios; spìon ás a' bhun; mill.

Rooted, *adj.* Freumhaichte.

Rootedly, *adv.* Gu domhainn, gu daingeann, gu teann.

Rope, *s.* Tobha, ròp, ball.

Rope, *v. n.* Righnich, fàs tiugh.

Ropedancer, *s.* Dhamhsair ròp.

Ropemaker, *s.* Fear deanamh ròp.

Ropiness, *s.* Rìghneachd.

Ropy, *adj.* Righinn, bìthanach.

Roquelaure, Roquelo, *s.* Cleòca fireanaich; faluinn-uachdair.

Rosary, *s.* A' chonair, paidirean.

Roscid, *adj.* Driùchdach, drùchdach.

Rose, *s.* An ròs, an dris-bhil.

Rose, *pret.* of *to rise.* Dh' éirich.

Rosed, *adj.* Dearg, ruiteach.

Roseate, *adj.* Ròsach, ruiteach.

Rosemary, *s.* Ròs-Muire.

Roset, *s.* Gnè do dhath dearg.

Rosin, *s.* Reòiseid.

Rostrum, *s.* Gob; claigeann toisich luinge, crannag, sgalan.

Rosy, *adj.* Ruiteach, mar ròs.

Rot, *v.* Gròd, lobh, breò, malc.

Rot, *s.* An tòchd; malcadh-tioram, grodadh, lobhadh.

Rotary, Rotatory, *adj.* Cuairteach, rothach, cuairsgeach.

Rotation, *s.* Dol-mu'n-cuairt.

Rote, *v. a.* Ionnsaich air do theangaidh.

Rote, *s.* Sriut, facail air teangaidh.

Rotten, *adj.* Grod, lobhte, malcte, breun, breoite, cnàmhte.

Rotund, *adj.* Cruinn.

Rotunda, *s.* Togail chruinn.

Rotundity, *s.* Cruinnead; cruinne.

Rouge, *s.* Dearg, dath dearg.

Rough, *adj.* Garbh; molach, ròmach, ròinneach; gruamach, gnò; dòbhaidh, gailbheach, garbh, gàbhaidh, doinionnach, stuadh-ghreannach; garg, searbh, geur, goirt; dealgach; creagach, clachach.

Roughcast, *s.* Dealbh gun liobhach.

Rough-draught, *s.* Ceud-tharruinn.

Roughen, *v.* Dean garbh, fàs garbh; fàs gruamach, sgaiteach no coimheach; fàs gailbheach.

Roughly, *adv.* Gu garbh.

Roughness, *s.* Gairbhead, molaichead, romaiche, gairge, coimheachas; seirbhe; gailbheichead, fiadhaichead.

Round, *adj.* Cruinn, cearclach; slàn, neo-bhriste, glan, cuimir, riochdail; pongail, luath; sgairteil; mòr.

Round, *s.* Cuairt, cearcall; car.

Round, *adv.* Mu' n cuairt; air gach taobh; timchioll, mu thimchioll.

Roundelay, *s.* Luinneag, coilleag.

Roundhouse, *s.* Prìosan, gainntir.

Roundish, *adj.* A leth-char cruinn.

Roundness, *s.* Cruinnead mìnead.

Rouse, *v.* Dùisg; caraich; brosnaich; mosgail, brosgail; brod.

Rousing, *adj.* Brosnachail, mosglach.

Rout, *s.* Pràbar, cumasg; ruaig.

Rout, *v.* Ruag, sgiùrs, sgap.

Route, *s.* Rathad, slighe.

Rove, *v.* Bi air fàrsan, rach air iomrall, siubhail gu luaineach.

Rover, *s.* Fear-fàrsain, almharrach; fear luaineach; creachadair mara.

Roving, *adj.* Fàrsanach, seachranach; iomralltach, neo-shuidhichte.

Row, *s.* Sréad, sreath, breath, sàbaid.

Row, *v. a.* Iomair, dean iomaradh, [*often erroneously written and expressed* "iomram;" *the imperative mood sing.* "let me row."]

Rowel, *s.* Spuir, silteach eich.

Rower, *s.* Iomaraiche, ràmhaiche.

Royal, *adj.* Rioghail.

Royalist, *s.* Fear rìoghail.

Royalty, *s.* Rìoghalachd.

Roynish, *adj.* Crìon; suarrach.

Rub, *v.* Suath; tachais; sgrìob; teannaich; glan, sgùr.

Rub, *s.* Suathadh; bacadh, maille; cruadal.

Rubber, *s.* Sgrìobadair; inneal suathaidh; seòrs' èighe.

Rubbish, *s.* Salachar, trusdaireachd.

Rubify, *v. a.* Dearg, deargaieh.

Rubric, *s.* An sgrìobhadh dearg.

Ruby, *s.* Ruiteachan, rùban; deargsheud; guirean no plucan dearg.

Ructation, *s.* Brùc, brùcail.

Rudder, *s.* Stiùir.

Ruddiness, *s.* Deirge, ruthadh.

Ruddle, *s.* Céir dhearg, clach-dhearg.

Ruddy, *adj.* Ruiteach, dearg.

Rude, *adj.* Borb; balachail, doirbh, mi-mhodhail; brùideil, aineolach, neo-fhoghluimte, neo-shnasmhor; neo-ghrinn, neo-ealanta; neo-sgileil, neo-theòma.

Rudeness, *s.* Buirbe; mi-mhodh; brùidealachd; aineolas; déine.

RUDIMENT, *s.* Tionnsgnadh, ceud thoiseach, ceud-fhoghlum.
RUDIMENTAL, *adj.* Tionnsgnach.
RUE, *v. a.* Crean, gabh aithreachas.
RUE, *s.* An rùdh, an ruadh-lùs.
RUEFUL, *adj.* Muladach, brònach, dubhach, trom creanachail.
RUEFULNESS, *s.* Mulad, doilghios.
RUFF, *s.* Gibeag-muineil; seòrs' éisg.
RUFFIAN, *s.* Fear-brùideil.
RUFFIAN, *adj.* Bruideil, olc.
RUFFLE, *v. a.* Cuir à òrdugh; buair; tog greann mar ni gaoth air uisge.
RUFFLE, *s.* Frilleag, gibeag; sàbaid.
RUG, *s.* Brat-teallaich.
RUGGED, *adj.* Garbh, creagach, sturrach; bacach, bacanach, stacach; droch-mhuinte, doirbh, borb, brùideil; mi-mhodhail; gailbheach.
RUGGEDNESS, *s.* Gairbhe; buirbe.
RUGOSE, *adj.* Caisreagach, phreasach.
RUIN, *s.* Léir-sgrios; lom-sgrios; dol sìos; mi-shealbh; làrach.
RUIN, *v. a.* Léir-sgrios; dìth-mhill, dean truagh, tilg sìos, leag; creach.
RUINATE, *v. a.* Thoir gu bochdainn.
RUINATION, *s.* Léir-chreach
RUINOUS, *adj.* Sgriosal, millteach.
RULE, *s.* Riaghailt; àithne; òrdugh; riaghladh; smachd, ceannas; nòs, gnàth, àbhaist; lagh, reachd.
RULE, *v. a.* Riaghail; stiùr; smachdaich; cuir gu dòigh.
RULER, *s.* Uachdaran, riaghladair.
RUM, *s.* Deoch làidir o shiùcar.
RUMBLE, *v. n.* Dean rùcail.
RUMINANT, *adj.* A chnàmhas cìr.
RUMINATE, *v.* Cnàmh cìr; cnuasaich.
RUMINATION, *s.* Cnàmhadh cìre, athchagnadh, cnuasachadh.
RUMMAGE, *v.* Rannsaich; sgrùd, sir.
RUMMER, *s.* Glaine; còrn, cuach.
RUMOUR, *s.* Fathunn, iomradh, sgeul.
RUMOUR, *v. a.* Sgaoil, innis, aithris.
RUMP, *s.* An dronn, an rumpull, am feaman, bun an earbaill, mìr-cagnaidh nam bàrd.
RUMPLE, *s.* Preasag; càs, lorc.
RUMPLE, *v. a.* Preas, cas, liurc.
RUN, *v.* Ruith, greas, steud; teich; sruth; leagh; troi'-lot, bior, sàth.
RUN, *s.* Ruith, steud; gluasad, slighe.
RUNAGATE, *s.* Dìobarach, claghaire.
RUNDLET, RUNLET, *s.* Buideal.
RUNG, *s.* Rong, rongas.
RUNNEL, *s.* Sruthan, srùlag, caochan.
RUNNER, *s.* Steudair, gille-ruithe, teachdaire; clach-mhuilinn.
RUNNET, *s.* Binid; deasgainn.
RUNNING, *adj.* Steudach; siùbhlach.

RUNNION, *s.* Sgonn-bhalach, ùmaidh.
RUNT, *s.* Mart beag; arrach.
RUPEE, *s.* Bonn Innseannach is fiach da thastan a's trì sgillinn.
RUPTION, *s.* Briseadh, sgaoileadh.
RUPTURE, *s.* Mam-sic; sgàineadh, aimhreit, eas-còrdadh.
RUPTURE, *v. a.* Bris, sgàin, sgaoil.
RURAL, *adj.* Dùchail, tìreil.
RUSH, *s.* Luachair, buigneach; ni suarrach sam bith; dian-ruith.
RUSH, *v. n.* Brùc, ruith, pùc, buail air aghart; stiall; thoir ionnsaidh làidir, thoir garbh-ionnsaidh.
RUSH-LIGHT, *s.* Coinneal-buaic-sitheig.
RUSK, *s.* Briosgaid chruaidh.
RUSHY, *adj.* Luachrach; luachaireach.
RUSSET, *adj.* Donn, dù-ruadh.
RUSSET, *s.* Drògaid, éideadh dùthcha.
RUSSETING, *s.* Ubhal-an-eich.
RUST, *s.* Meirg, ruadh-smal.
RUST, *v.* Meirg; meirgeich.
RUSTIC, *adj.* Dùthchail; neo-shnasmhor, aineolach; sìmplidh.
RUSTIC, *s.* Galla-bodach, fear-dùcha.
RUSTICAL, *adj.* Borb; aineolach.
RUSTICATE, *v.* Tuinich san dùthaich; fuadaich do 'n dùthaich.
RUSTICITY, *s.* Sìmplidheachd, neosheòltachd, neo-chealgachd.
RUSTLE, *v. n.* Dean starbhanaich.
RUSTLING, *s.* Starbhanaich.
RUSTY, *adj.* Meirgeach, làn.
RUT, *s.* Clais-càs-cùirn, dàmhair no daradh nam fiagh, cullachd nan torc-coille, &c. &c.
RUTH, *s.* Truas, truacantas, bàigh.
RUTHFUL, *adj.* Muladach, brònach, truagh; caomh, bàigheil, truacanta.
RUTHLESS, *adj.* Cruaidh, borb, cruadalach, neo-thruacanta.
RUTTISH, *adj.* Coinnanach; drùiseil; macnusach; teth, air dàradh.
RYE, *s.* Seagal, siogal.
RYEGRASS, *s.* Feur-cuir.

S

S, *s.* Naothamh litir deug na h-Aibidil.
SABAOTH, *s.* Feachd, armailt, sluagh.
SABBATH, *s.* Sàbaid; dòmhnach.
SABBATICAL, *adj.* Sàbaideach.
SABLE, *s.* Dù-radan, dù-rodan.
SABLE, *adj.* Dubh, dorcha, ciar.

Sabre, *s.* Claidheamh crom.
Sabulous, *adj.* Grinnealach.
Saccharine, *adj.* Siùcarach, milis.
Sacerdotal, *adj.* Sagartach.
Sachel, *s.* Pocan ; sacan, balgan.
Sack, *s.* Sac, poca ; balg, soire, creach, reubainn ; seòrsa fìona.
Sack, *v. a.* Sacaich, cuir an sac ; creach; sgrios baile.
Sackbut, *s.* Seòrsa pìob chiùil.
Sackcloth, *s.* Saic-aodach.
Sackposset, *s.* Bainne agus fion.
Sacrament, *s.* Sàcramaid ; bòid.
Sacramental, *adj.* Sàcramaideach.
Sacred, *adj.* Naomha, seunta, coisrigte, diadhaidh.
Sacredness, *s.* Naomhachd.
Sacrific, *adj.* Ìobairteach.
Sacrifice, *s.* Ìobairt, tabhartas.
Sacrifice, *v. a.* Ìobair, thoir suas, ìoc, marbh ; thoir thairis.
Sacrificial, *adj.* Ìobairteach.
Sacrilege, *s.* Ceall-shlad, ceall-ghoid, goid nithe naomha, aircheall.
Sacrilegious, *adj.* Ceall-shladach ; a' truailleadh nithean naomha.
Sacringbell, *s.* An clagan-coisrigidh.
Sacristan, *s.* Cleireach sagairt ; maor-eaglais ; fear-gleidhidh nan nithe coisrichte.
Sacristy, *s.* Ionad tasgaidh nithe naomha no coisrichte.
Sad, *adj.* Brònach, dubhach, muladach, tùrsach, trom, dòlasach, doilghiosach, neo-éibhinn ; dorcha ; nàr, maslach ; olc, aingidh.
Sadden, *v. a.* Dean brònach, dean dubhach, dean muladach, dean tùrsach no trom ; dean doilghiosach, cuir fo sproc ; fàs muladach.
Saddle, *s.* Dìollaid, pillean.
Saddle, *v. a.* Dìollaidich.
Saddler, *s.* Dìolladair.
Sadness, *s.* Bròn, dubhachas, mulad, truime, sproc, doilghios.
Safe, *adj.* Tèaruinte, slàn, sàbhailte.
Safeguard, *s.* Dìon, dìdean, tèarmunn, tèaruinteachd. coimheadachd.
Safety, *s.* Tèaruinteachd.
Saffron, *s.* An cròch.
Saffron, *adj.* Buidhe; cròchach.
Sag, *v.* Luchdaich, tromaich ; sacaich.
Sagacious, *adj.* Geur-chùiseach, glic, tuigseach, toinisgeil, fad-sheallach, sicir, crìonna.
Sagacity, *s.* Géir-chùis, tuigse, toinisg, gliocas, crìonnachd.
Sage, *s.* Slàn-lùs ; duine glic.
Sage, *adj.* Glic, foghluimte ; sicir.
Sago, *s.* Seòrsa gràin Innseanach.

Said, *pret.* and *part.* of *say.* Thubhairt ; mar a thùbhradh.
Sail, *s.* Seòl ; brat-siùil.
Sail, *v.* Seòl, bi seòladh.
Sailfish, *s.* An cairbean.
Sailor, *s.* Seòladair, maraiche.
Sailyard, *s.* Slat-shiùil.
Sainfoin, *s.* An saoidh-dhearg.
Saint, *s.* Naomh.
Saint, *v.* Naomhaich, àireamh am measg nan naomh.
Sainted, *adj.* Naomha, cràbhach.
Saintly, Saintlike, *adj.* Naomha, diadhaidh beannaichte, cneasta.
Sake, *s.* Son, sgàth, &c.
Saker, *s.* Seòrsa de ghunna mòr.
Salacious, *adj.* Macnusach, drùiseil, neo-gheimnidh, baoiseach.
Salacity, *s.* Macnus, drùis.
Salad, *s.* Biadh-lùs, luibhean.
Salamander, *s.* A' chorra-chagailt.
Salary, *s.* Tuarasdal bliadhna.
Sale, *s.* Reic, màrgadh.
Saleable, *adj.* So-reic, margail.
Salesman, *s.* Fear-reic, ceannaiche.
Salient, *adj.* Leumnach, sùrdagach; stìnleagach; plosgartach.
Saline, Salinous, *adj.* Saillte.
Saliva, *s.* Smugaid, seile, ronn.
Salivate, *v. a.* Ronnaich.
Salivation, *s.* Sileadh ronn.
Sallow, *s.* Geal-sheileach.
Sallow, *adj.* Bànaidh, glasdaidh.
Sally, *s.* Brùc, ionnsaidh.
Sally, *v. n.* Brùc, bris a mach, thoir ionnsaidh.
Salmagundi, *s.* Ioma-chumasg, [mios air a dheanamh suas le feòil phronn, sgadan, ola, fion-geur, peabar a's uinneinean.]
Salmon, *s.* Bradan.
Salmontrout, *s.* Bànag, geala-bhreac.
Saloon, *s.* Àrd-thalla.
Salt, *s.* Salann ; *adj.* Saillte.
Saltcellar, *s.* Saillear.
Salter, *s.* Ceannaiche-salainn.
Saltern, *s.* Obair-shalainn.
Saltish, *adj.* A leth-char saillte.
Saltness, *s.* Saillteachd.
Saltpetre, *s.* Mear-shalann.
Salubrity, *s.* Slàinte, fallaineachd.
Salutary, *adj.* Slàinteil, slàn.
Salutation, *s.* Fàilte; furan.
Salute, *v. a.* Cuir fàilte, cuir furan, dean beatha, fàiltich, furanaich, pòg.
Salute, *s.* Fàilte, furan, pòg.
Salutiferous, *adj.* Slàinteachail.
Salvable, *adj.* Ion-shàbhaladh.
Salvation, *s.* Saoradh, saorsainn, sàbhaladh ; slàinte ; slànachadh.

SALVE, *s.* Sàbh-leigheis, ìoc, ùngadh.
SALVER, *s.* Mias, aisead.
SALVO, *s.* Leithsgeul, cuir-seachad.
SAME, *adj.* Ionann, ceudna ; ceart.
SAMENESS, *s.* Co-ionannachd.
SAMLET, *s.* Glas-bhreac, bradan òg.
SAMPHIRE, *s.* Lŭs-nan-cnàmh.
SAMPLE, *s.* Samhla, eiseamplair.
SAMPLER, *s.* Foir-theagaisg fuaigheil.
SANABLE, *adj.* So-leigheas.
SANATIVE, *adj.* Leigheasach.
SANCTIFICATION, *s.* Naomhachadh.
SANCTIFIER, *s.* Fear naomhachaidh.
SANCTIFY, *v. a.* Naomhaich ; coisrig.
SANCTIMONIOUS, *adj.* Cràbhach.
SANCTIMONY, *s.* Naomhachd.
SANCTION, *s.* Aontachadh ; ùghdarras ; rùn ; toil ; comas, cead ; reachd ; òrdugh.
SANCTITUDE, SANCTITY, *s.* Naomhachd ; diadhachd, glaine, mathas.
SANCTUARY, *s.* Ionad-naomha ; tèarmunn, dìdean, comaraich.
SAND, *s.* Gainmheach, grinneal.
SANDAL, *s.* Bonn-bhròg ; cuaran.
SANDBLIND, *adj.* Gearr-sheallach.
SANDSTONE, *s.* Clach ghainmheich.
SANDY, *adj.* Gaineamhainneach.
SANE, *adj.* Glic, ciallach ; fallain.
SANG, *pret.* of *to sing.* Shéinn.
SANGUINARY, *adj.* Fuilteach, fuileach, fuileachdach, garg, borb, marbhtach.
SANGUINE, *adj.* Flann-dearg ; teth, blàth, dian, deòthasach, earbsach, dian-dhòchasach, toileil.
SANGUINEOUS, *adj.* Fuilteach, fuileach.
SANHEDRIM, *s.* Ard-chomhairle nan Iudhach.
SANICLE, *s.* Seorsa luibh, (*the Yorkshire sanicle.* Am bodan dubh.)
SANIOUS, *adj.* Iongarach.
SANITY, *s.* Gliocas, toinisg, ciall, tuigse, slàinte, càil-inntinn.
SANK, *pret.* of *to sink.* Air siothladh, air dol fodha, air dol gu grunnd.
SAP, *s.* Brìgh, sùgh, snothach.
SAP, *v.* Fo-chladhaich, mill.
SAPID, *adj.* Sùghmhor, blasda, milis.
SAPIDITY, *s.* Blasdachd, mìlseachd.
SAPIENCE, *s.* Gliocas, tuigse, tùr.
SAPIENT, *adj.* Glic, tuigseach, tùrail.
SAPLESS, *adj.* Gun sùgh, gun bhrìgh.
SAPLING, *s.* Faillean, fiùran, ògan.
SAPONACEOUS, SAPONARY, *adj.* Siabunnach, mar shiabunn.
SAPOR, *s.* Blas.
SAPPHIRE, *adj.* Sàpir, lèig ghorm.
SAPPINESS, *s.* Sùgharachd ; ùraireachd.
SAPPY, *adj.* Sùghar, brìghmhor.
SARABAND, *s.* Damhsa Spàinteach.

SARCASM, *s.* Gearradh, beum ; tearrachd, geur-mhagadh.
SARCASTIC, SARCASTICAL, *adj.* Beumnach, geur, tearrachdail, sgeigeil.
SARCENET, *s.* Sìoda, fìnealta.
SARCLE, *v. a.* Dean gart-ghlanadh.
SARCOPHAGOUS, *adj.* Feòil-itheach.
SARCOPHAGUS, *s.* Tuamh, tunga.
SARDINE, SARDONYX, *s.* Seòrsa do chloich luachmhoir.
SARSAPARILLA, *s.* Seòrsa do luibh iocshlainteach a tha tighinn ás na h-Innseachan shuas.
SASH, *s.* Crios ; bann ; stiom sròl ; uinneag-thogalach.
SASSAFRAS, *s.* Luibh ioc-shlainteach a tha tighinn á America.
SATAN, *s.* Sàtan, an diabhol, an t-aibhistear, an t-àbharsair, an riabhach-mòr, an donus, an dòlas, am buaireadair, am fear is miosa.
SATANIC, SATANICAL, *adj.* Diabhlaidh, deamhnaidh, aingidh, ifrinneach.
SATCHEL, *s.* Pocan-màileid.
SATE, SATIATE, *v. a.* Sàth, lìon gu sàth, sàthaich ; làn-toilich.
SATELLITE, *s.* Cuairt-reull.
SATIATE, *adj.* Sàthach, sàsaichte, lìonta, làn, toilichte, buidheach.
SATIETY, *s.* Teannadh, teann-shàth, sàth, leòir.
SATIN, *s.* Sròl, seòrsa sìoda.
SATIRE, *s.* Aoir, tearrachd.
SATIRIC, SATIRICAL, *adj.* Aoireil, beumach, sgaiteach, tearrachdail.
SATIRIST, *s.* Eisg, beithir-bheuma, aoireadair, tearracadair.
SATIRIZE, *v. a.* Dean aoireadh ; càin.
SATISFACTION, *s.* Taitneas, sàsachadh ; lan-toileachadh ; dìoladh, éirig.
SATISFACTORY, *adj.* Taitneach.
SATISFIED, *adj.* Toilichte, sàsaichte ; sàthach ; buidheach.
SATISFY, *v.* Toilich, sàsaich ; dìol ; dean cinnteach ; thoir toileachas inntinn, taitinn ri, thig ri, dean buidheach, riaraich.
SATURABLE, *adj.* So-shàsachadh.
SATURANT, *adj.* Sàsachail, lìontach.
SATURATE, *v. a.* Sàsaich, lìon.
SATURDAY, *s.* Di-sathuirne.
SATURITY, *s.* Sàth, làn, leòir.
SATURN, *s.* Sathuirn ; aon do na reulltan seacharanach ; luidhe.
SATURNIAN, *adj.* Sona ; òrdha.
SATURNINE, *adj.* Dorcha, gruamach ; dubhach, brònach, tròm.
SATYR, *s.* Seòrsa apa ; dia-coille.
SAUCE, *s.* Leannra ; sùgh.
SAUCEBOX, *s.* Peasan, fear lonach.

SÁUCEPAN, *s.* Sgeileid, aghann.

SAUCER, *s.* Chopan iochdrach.

SAUCINESS, *s.* Beadaidheachd, peasanachd, gobaireachd, mi-mhod.

SAUCY, *adj.* Gobach, lonach, mimhodhail, làsdach, stràiceil, beadaidh; peasanach.

SAUNTER, *v. n.* Spaidseirich.

SAUSAGE, *s.* Ìsbean, marag gheal.

SAVAGE, *adj.* Allmharra, fiadhaich, borb, allaidh; brùideil; ain-iochdmhor; neo-thruacanta, cruaidhchridheach.

SAVAGE, *s.* Borbanach, duine fiadhaich.

SAVAGENESS, *s.* Buirbe, fiadhaichead, an-iochdmhorachd, brùidealachd, allmharrachd, neo-thruacantachd.

SAVANNA, *s.* Magh fada réidh.

SAVE, *v. a.* Saor, teasairg, sàbhail, tèaruinn, dìon, gléidh, coimhid; caomhain.

SAVE, *adv.* Ach; saor o.

SAVED, *part.* Saorte, sàbhailte, tèaruinte, gléidhte; caomhainte.

SAVIN, *s.* Seòrsa luibh; samhan.

SAVING, *adj.* Caontach, grunndail, gléidhteach, spìocach, crìon.

SAVING, *adv.* Ach, saor o.

SAVINGNESS, *s.* Caontachd; grunndalachd, spìocaireachd.

SAVIOUR, *s.* Slànaighear.

SAVORY, *adj.* Garbhag ghàraidh.

SAVOUR, *s.* Fàile, boltrach, blas.

SAVOUR, *v.* Cuir fàileadh, amhairc coltach ri; seall mar.

SAVOURINESS, *s.* Boltrachd, mìlse.

SAVOURY, *adj.* Boltrachail, cùbhraidh, fàileach, milis; blasta.

SAVOY, *s.* Seòrsa càil.

SAW, *pret. of see.* Chunna, chunnaic, bheachdaich, dhearc.

SAW, *s.* Sàbh, tuireasg; sean-fhacal.

SAW, *v. a.* Sàbh, dean sàbhadh.

SAWDUST, *s.* Min-sàibh, sadach shàbhaidh, garbhan tuirisg.

SAWFISH, *s.* Am fiaclachan.

SAWPIT, *s.* Sloc sàbhaidh.

SAWYER, *s.* Sàbhadair.

SAXIFRAGE, *s.* Lùs-nan-cluas.

SAY, *v. a.* Abair, innis, labhair, aithris.

SAYING, *s.* Ràdh, facal, briathar.

SCAB, *s.* Creim, sgreab, sgab, càrr; cloimh, broth, tachas, sgrìobach, guirean.

SCABBARD, Truaill, duille.

SCABBY, *adj.* Creimeach, sgreabach, sgabach, carrach, cloimheach, clomhach, clamhrach, brothach; truagh, dìblidh, mosach.

SCABROUS, *adj.* Garbh, neo-mhìn, molach, robach, neo-bhinn.

SCAFFOLD, *s.* Sgàlan; lobhta.

SCAFFOLDING, *s.* Lobhtachan, sgàlain.

SCALADE, SCALADO, *s.* Fàrachadh, toirt a mach baile le streap.

SCALD, *v. a.* Sgailt, loisg, plod.

SCALD, *s.* Càrr, sgreab; losgadh, sgalltadh, plodadh.

SCALE, *s.* Slige chothrom, lann éisg; fàradh, dreimire; sgreab, sgrath, sgròilleag; aon do chomharran na gréin-chrios; an aibidil chiùil.

SCALE, *v. a.* Streap, streap le fàradh, cothromaich; lannaich, sgrath, sgròillich.

SCALED, *adj.* Lannach, sligeach.

SCALINESS, *s.* Lannachd.

SCALL, *s.* Luibhre, càrr, mùir.

SCALLION, *s.* Creamh gàraidh.

SCALLOP, *s.* Slige-chreachainn; eagachadh, fiaclachadh.

SCALP, *s.* Còmhdach a' chlaiginn.

SCALPEL, *s.* Sgian ghearraidh léigh.

SCALY, *adj.* Lannach; sligeach.

SCAMBLE, *v.* Sgròbaich; bi tuasaideach, beubanaich, reub, stròic.

SCAMBLE, *s.* Tuasaid; streapaid.

SCAMMONY, *s.* Seòrsa pùrgaid.

SCAMPER, *v. n.* Thoir do bhuinn às.

SCAN, *v. a.* Tomhais; ceasnaich, sgrùd.

SCANDAL, *s.* Sgainneal, tuaileas, toibheum, droch-alla, oilbheum, cùlchaineadh, dìmeas.

SCANDALIZE, *v. a.* Sgainnealaich, maslaich, tuaileasaich, dean tàir, nàraich.

SCANDALOUS, *adj.* Maslach, tàmailteach, sgainnealach, nàr.

SCANDALOUSLY, *adv.* Gu maslach.

SCANNING, *s.* Tomhas-rann.

SCANT, *adj.* Gann, tearc; gortach.

SCANTINESS, *s.* Gainnead, crìne.

SCANTLET, *s.* Beagan, criomag; roinn.

SCANTY, *adj.* Gann; cumhann, crìon; gearr, beag, bochd, spìocach.

SCAPE, *v. a.* Teich, tar às, seachuinn.

SCAPULA, *s.* Cnaimh an t-slinnein.

SCAPULAR, *adj.* Slinneineach.

SCAR, *s.* Aile, athailt; leòn, sgòrr.

SCAR, *v. a.* Comharraich, leòn.

SCARAB, *s.* Daol, daolag dhubh.

SCARCE, *adj.* Gann; tearc; tèirc; ainmig; ana-minig; ainneamh.

SCARCE, SCARCELY, *adv.* Air éiginach gann, is gann.

SCARCENESS, SCARCITY, *s.* Gainnead, gainne, teirce, tearcad, ainmigead; daorsa.

SCARE, *v. a.* Fuadaich, fògair saodaich, cuir eagal air.

SCARECROW, s. Bodach-ròcais ; buachaill'-bréige, fear-bréige, bòchdan.
SCARF, s. Tonnag, guailleachan.
SCARFSKIN, s. Craiceann ; sgannan.
SCARIFICATION, s. Sgròilleachadh.
SCARIFY, v. a. Sgòr; sgrìob, sgoch.
SCARLET, s. and adj. Sgàrlaid.
SCATCHES, s. Casan-corrach.
SCATE, s. Sgait, sòrnan; bròg-spéidhilidh, speidhleachan.
SCATE, v. n. Speidhil.
SCATHE, v. a. Sgath, mill, caith.
SCATTER, v. Sgap, sgaoil, sgainnir; bi sgaoilte, bi sgapte.
SCATTERING, s. Sgapadh, sgaoileadh.
SCAVENGER, s. Clàbadair.
SCELERAT, s. Daoidhear, daoidh.
SCENE, s. Coltas ; taisbeanadh, roinncluiche; sgàil-bhrat, no brat-crochaidh taigh-cluiche.
SCENERY, s. Riochd-àite ; dealbhcholtas.
SCENT, s. Fàileadh, bòladh, lòrg.
SCENT, v. n. Cuir a mach fàileadh.
SCENTED, adj. Boltrach.
SCEPTIC, s. Fear as-creideach.
SCEPTICAL, adj. Neo-chreideach.
SCEPTICISM, s. Mi-chreideamh, teagamh.
SCEPTRE, s. Colbh, slat-rìoghail.
SCHEDULE, s. Sgrìobhadh, ròla paipeir.
SCHEME, s. Dòigh, modh, innleachd.
SCHEMER, s. Fear-innleach.
SCHISM, s. Eas-aontachd eaglais.
SCHISMATIC, s. Fear tréigsinn eaglais.
SCHISMATICAL, adj. Eas-aontach.
SCHOLAR, s. Sgoilear, foghlumach.
SCHOLARSHIP, s. Sgoilearachd, ionnsachadh, foghlum, oilean.
SCHOLASTIC, SCHOLASTICAL, adj. Sgoilearach, ionnsaichte, foghlumte.
SCHOLIAST, s. Fear-mìneachaidh.
SCHOLIUM, s. Mìneachadh.
SCHOOL, s. Sgoil ; taigh-fòghluim.
SCHOOLFELLOW, s. Co-sgoilear.
SCHOOLMASTER, s. Maighstear-sgoile.
SCHOOLMISTRESS, s. Ban-mhaighstear sgoile, ban-oid'-fhoghluim.
SCIATIC, s. Lòini, lòinidh.
SCIATICAL, adj. Gu h-olc leis an loini.
SCIENCE, s. Ealain ; ceird-èolas.
SCIENTIFIC, adj. Ealanta; ionnsaichte.
SCIMITAR, s. Claidheamh-crom.
SCINTILLATE, v. n. Sradagaich.
SCINTILLATING, adj. Sradagach.
SCINTILLATION, s. Sradadh, caoireadh.
SCION, s. Faillean, maothan, fiùran.
SCIRRHOSITY, s. Cruadhachadh fàireig.
SCIRRHOUS, adj. Cruaidh mar fhàireig.
SCIRRHUS, s. At fàireig, beum-sice.

SCISSIBLE, SCISSILE, adj. So-sgoltadh, so-ghearradh, so-sgaradh.
SCISSORS, s. Siosar; deimheas bheag.
SCISSURE, s. Sgoltadh, sgàineadh,gàgadh, sgadadh, peasgadh, sgreadhadh.
SCLEROTIC, adj. Cruaidh, greannach.
SCOAT, v. n. Cuir stad air cuibhle.
SCOFF, v. n. Mag, dean fanaid.
SCOFFINGLY, ad. Gu fanaideach.
SCOFFER, v. Sgeigear; fear fochaid.
SCOLD, v. a. Troid; cronaich.
SCOLDING, adj. Sglàmhrach, eallsgail.
SCOLLOP, s. An creachann.
SCONCE, s. Sgàth-dhùn ; dìon ; ùbhladh ; ceann ; coinnlear-meurach.
SCOOP, s. Liagh, ladar, taoman.
SCOOP, v. a. Sluaisdich, cladhaich.
SCOPE, s. Rùn, ciall, miann; rùm, àite, comas; fuasgladh.
SCOPULOUS, adj. Creagach, garbh.
SCORBUTIC, adj. Carraeh, tachasach.
SCORCH, v. Loisg, dàth; gread.
SCORE, s. Sgrioch ; sgrìob; sreath ; sgàth ; fiachan, cunntas; fichead.
SCORIOUS, adj. Salach ; stùrach.
SCORN, v. Dean dìmeas, dean tàir.
SCORN, s. Dìmeas, tarcuis, fanaid.
SCORNER, s. Fear-fanaid, sgeigeir.
SCORNFUL, adj. Dìmeasach, fanaideach, sgeigeil, tàireil, tarcuiseach.
SCORPION, s. Nathair-nimhe, (Esec. ii. 6 ;) aon do chomharran a' ghréinchrios.
SCOT, s. Albannach.
SCOTCH, v. a. Gearr, peasg, sgoch.
SCOTCH, s. Gearradh, peasg, sgoch.
SCOTCH, SCOTTISH, adj. Albannach.
SCOT-FREE, adj. Saor; gun phàigheadh.
SCOTOMY, s. Tuainealaich.
SCOTTICISM, s. A' Bheurla Albannach.
SCOUNDREL, s. Slaoightire.
SCOUR, v. a. Glan, soilleirich ; nigh ; sgànraich; teich, ruith.
SCOURER, s. Glanadair.
SCOURGE, s. Sgiùrsair, sgiùrsadh.
SCOURGE, v. a. Sgiùrs, peanasaich.
SCOUT, s. Fear-coimheid, beachdair.
SCOUT, v. n. Beachdaich air gluasad nàmhaid.
SCOVEL, s. Moibeall, meaban.
SCOWL, v. a. Bi fo ghruaim, cuir mùig ort.
SCRAG, s. Blianach, feòil bhochd.
SCRAGGY, adj. Blian, bochd ; creagach.
SCRAMBLE, v. n. Smearaich, streap.
SCRAMBLE, s. Streapais, streap.
SCRAP, s. Crioman, crimeag, pronnan, mìr, pioc; fuigheall; bruanag.
SCRAPE, s. Cruaidh-chas, teanntachd ; dragh ; sgrìob.

SCRAPE, v. Sgrìob; sgròb; cnuasaich, teanail, trùs; bi sgrìobadh.

SCRAPER, s. Sgrìobachan, sgrìobadair; droch-fhìdhleir; spìocaire.

SCRATCH, v. a. Sgrìob, sgròb; tachais.

SCRATCH, s. Sgrìob, sgròb; sgrioch.

SCRATCHES, s. Galar-each.

SCRAW, s. Sgrath, rùsg.

SCRAWL, s. Sgròbaireachd.

SCREAK, v. n. Sgread, sgreuch, sgiamh.

SCREAM, v. n. Sgread, sgreuch, sgriach, sgairt, glaodh ràn, sian.

SCREECH, v. n. Sgreuch, sgread.

SCREECHOWL, s. A' chailleach-oidhche.

SCREEN, v. a. Dìon, sgàilich, falaich.

SCREEN, s. Dìon, sgàilean, fasgadh.

SCREW, s. Bidhis, no bitheas, *from* biast, *a beast or worm.*

SCRIBBLE, v. a. Dean sgròbail sgrìobhaidh.

SCRIBBLE, s. Sgròbail, droch sgrìobhadh.

SCRIBBLER, s. Ùghdar suarach, droch sgrìobhaiche.

SCRIBE, s. Sgrìobhaiche.

SCRINE, s. Tasgaidh sgrìobhaidhean.

SCRIP, s. Màla, màileid, pocan, balg, sporan; duilleag-sgrìobhaidh.

SCRIPTORY, adj. Sgrìobte, sgrìobhach.

SCRIPTURAL, adj. Sgriobturail.

SCRIPTURE, s. Sgriobtur.

SCRIVENER, s. Sgrìobhadair.

SCROFULA, s. Easba-bràgaid, tinneas-an-rìgh, silteach.

SCROFULOUS, adj. Guireanach, silteach, leanntach.

SCROLL, s. Ròla, ròl.

SCROTUM, s. Magairle, clach-bhalg.

SCRUB, s. Spìocaire, sgrubaire, sgruim-bean; seann sguabach.

SCRUB, v. a. Glan, nigh, suath.

SCRUBBED, SCRUBBY, adj. Suarrach, spìocach, crìon, gun fhiù.

SCRUPLE, s. Amharus, teagamh, ioma-cheist, ioma-chomhairle; tomhas léigh, fichead gràinn' air chothrom.

SCRUPLE, v. n. Cuir amharus, sòr, bi 'n teagamh, bi 'n ioma-chomhairle.

SCRUPULOSITY, s. Amharus, teagamh, amharusachd, teagamhachd.

SCRUPULOUS, adj. Teagamhach.

SCRUPULOUSNESS, s. Teagamhachd faicilleachd.

SCRUTABLE, adj. So-sgrùdadh, so-rannsachadh.

SCRUTINIZE, v. a. Sgrùd, rànnsaich, ceasnaich, mion-cheasnaich.

SCRUTINY, s. Sgrùdadh, rannsachadh.

SCRUTOIRE, s. Clàr-sgrìobhaidh.

SCUD, v. n. Ruith roi 'n ghaoith, teich.

SCUFFLE, s. Brionglaid, tuasaid, collaid, caonnag, sabaid, aimhreit.

SCULK, v. n. Dean cùiltearachd.

SCULKER, s. Cùiltear, fògaraiche.

SCULL, s. Claigeann; pleadhan.

SCULLER, s. Eithear-pleadhain.

SCULLERY, s. Taigh-sguideileireachd.

SCULLING, s. Pleadhanachd.

SCULLION, s. Sguidleir; dubh-chaile

SCULPTOR, s. Grabhaltaiche.

SCULPTURE, s. Gràbhaladh.

SCUM, v. a. Sgùm, thoir cobhar dheth.

SCUM, s. Barrag, uachdar, cobhar.

SCURF, s. Sgrath; creim, càrr, sgreab.

SCURFY, adj. Sgrathach, creimeach, carrach, sgreabach.

SCURRILITY, s. Sglàmhrainn.

SCURRILOUS, adj. Sglàmhrainneach, sgainnealach, ana-cainnteach.

SCURRILOUSNESS, s. Sglamhrainneachd.

SCURVY, s. An tachas-tioram.

SCURVY, adj. Sgabach, carrach, suarrach, diblidh.

SCURVYGRASS, s. Lùs-nam-mial.

SCUT, s. Feaman maigheich.

SCUTCHEON, s. Suaicheantas.

SCUTTLE, s. Sgùile; dian-choiseachd.

SCYTHE, s. Speal, fàladair.

SEA, s. Muir, cuan, fairge, garbh-thonn, sùmainn, sùmaid.

SEABEACH, s. Tràigh, cladach, mol.

SEABEATEN, s. Tonn-bhuailte.

SEABOY, s. Giullan maraiche.

SEABREACH, s. Briseadh mara.

SEABREEZE, s. Lear-ghaoth.

SEACALF, s. Ròn; codrum.

SEACOAST, s. Taobh na mara.

SEAFARER, s. Maraichte, seòladair.

SEAFIGHT, s. Cath mara.

SEAFOWL, s. Eun-mara.

SEAGIRT, adj. Lear-chuartaichte.

SEAGREEN, adj. Liath-ghorm.

SEAGULL, s. Farspag, farspach.

SEAL, s. Ròn; seula; comharradh.

SEAL, v. a. Seulaich; seul; daingnich, naisg; dùin.

SEALING-WAX, s. Ceur-sheulachaidh.

SEAM, s. Sgăr; fuaigheal; tàthadh, aonadh; geir, muc-bhlonag.

SEAM, v. a. Tàth; fuaigh, fàitheim.

SEAMAID, s. Maighdean-mhara

SEAMAN, s. Seòladair, maraiche.

SEAMEW, s. Faoilinn, faolag.

SEAMLESS, adj. Gun tàth; gun fhàitheam; gun sgar.

SEAMOSS, s. Coireall, lìnean.

SEAMSTRESS, s. Ban-fhuaghlaiche.

SEAPIECE, s. Dealbh mara.

SEAPINK, s. Neoinean cladaich.

SEAPORT, s. Long-phort, cala.

SEAR, v. a. Loisg; crannaich.
SEARCE, s. Criathar; siolachan.
SEARCE, v. a. Criathair; dràbh.
SEARCER, s. Criathradair.
SEARCH, v. a. Rannsaich; sgrùd.
SEARCH, s. Sireadh, rannsachadh;
sgrùdadh; iarraidh; tòir.
SEARCHING, s. Sireadh, rannsachadh.
SEARCLOTH, s. Bréid-céire.
SEASICKNESS, s. Tinneas na mara.
SEASON, s. Àm, aimsir, tràth; cothrom,
àm iomchuidh, mithich.
SEASON, v. a. Gréidh, leasaich, dean
blasta; dean ri, cleachd ri.
SEASONABLE, adj. Àmail; tràthail,
iomchuidh, freagarrach.
SEAT, s. Suidheachan, cathair, àite-
suidhe; àros, àite-còmhnaidh.
SEAT, v. a. Suidh; dean suidhe, soc-
raich, daingnich.
SECEDE, v. n. Teich, rach a thaobh.
SECEDER, s. Fear-tréigsinn.
SECERN, v. a. Sgar; criathair.
SECESSION, s. Tréigsinn, fàgail.
SECLUDE, v. a. Dùin a mach, dealaich,
cuir air leth.
SECLUSION, s. Uaigneas, aonaranachd,
dùnadh a mach.
SECOND, s. Tiota; fear-còmhnaidh.
SECOND, adj. Dara; faisge, faigse.
SECOND, v. a. Cuidich; cobhair.
SECONDARY, adj. Ìochdrach, dara,
ni's ìsle.
SECONDARY, s. Fear-ionaid.
SECONDHAND, adj. Ath-ghnàthach.
SECONDLY, adv. Anns an dara h-àite.
SECRESY, s. Uaighneas, cleith.
SECRET, adj. Dìomhair, uaigneach;
falaichte; falachaidh, ceilte.
SECRET, s. Rùn-dìomhair, cogar, cagar.
SECRETARY, s. Rùn-chléireach.
SECRETE, v. a. Falaich, ceil, cleith;
dealaich, sgar; sìolaidh; fàisg.
SECRETION, s. Fàsgadh, sìola; deal-
achadh.
SECRETNESS, s. Dìomhaireachd.
SECT, s. Dream, luchd-co-bharail.
SECTARY, s. Fear dealachaidh o'n
Eaglais choitcheann.
SECTATOR, s. Fear-leanmhainn.
SECTION, s. Roinn; earrann, cuibh-
rionn, gearradh.
SECTOR, s. Roinneadair.
SECULAR, adj. Saoghalta, talmhaidh.
SECULARITY, s. Saoghaltachd.
SECUNDINE, s. Ath-bhreith.
SECURE, adj. Tèaruinte; seasgair,
neo-chunnartach, gun chùram, cinn-
teach, muinghinneach, misneachail.
SECURE, v. a. Tèaruinn; dean cinn-

teach, gabh aig; dìon, dean diong-
alta; glac.
SECURITY, s. Dìon, dìonadh, fasgadh;
tèaruinteachd, cinnte, urras; seasg-
aireachd, mi-chùram, cion-aire, neo-
shùim.
SEDAN, s. Cathair-iomchair.
SEDATE, adj. Ciùin, sàmhach, bìth,
socrach, soimeach, màlda, suidhichte,
stéidheil, stòlda.
SEDATENESS, s. Ciùineachd, socair.
SEDENTARY, adj. Suidheach.
SEDGE, s. Seileasdair.
SEDGY, s. Seileasdaireach.
SEDIMENT, s. Grunnd, grùid, dràbhag,
deasgann, druaip.
SEDITION, s. Ceannairc, àr-a-mach,
éirigh, buaireas.
SEDITIOUS, adj. Ceannairceach, buair-
easach, buaireante.
SEDITIOUSLY, adv. Gu ceannairceach.
SEDUCE, v. a. Thoir a thaobh; buair;
meall; truaill.
SEDUCEMENT, s. Buaireadh, mealladh.
SEDUCIBLE, adj. So-mhealladh.
SEDUCTION, s. Mealladh, buaireadh,
truailleadh, mealltaireachd.
SEDULITY, s. Dìchioll, dìchiollachd,
dùrachd, tulchuiseachd.
SEDULOUS, adj. Dìchiollach, dùrachd-
ach, aghartach, saoithreachail.
SEDULOUSLY, adv. Gu dìchiollach.
SEE, s. Cathair-easbuig.
SEE, v. a. Faic, seall, amhairc; dearc;
feuch.
SEE! interj. Faic! seall! feuch!
amhairc!
SEED, s. Siol, iarmad, fras; fros, pòr;
gineal, clann, sliochd.
SEED, v. n. Sìolaich; cuir fras dhìot.
SEEDLING, s. Faillean, fiùran, ògan.
SEEDSMAN, s. Fear cuir.
SEEDTIME, s. Àm cuir an t-sìl.
SEEDY, adj. Sìolach, pòrach.
SEEING, s. Fradharc; léirsinn; faicinn.
SEEING, adv. A chionn, do brìgh.
SEEK, v. a. Iarr, rannsaich; sir, feòr-
aich, fiosraich, lean, bi air tòir.
SEEL, v. n. Aom gu taobh.
SEEL, s. Luasgadh luinge, tulgadh
tuinn.
SEEM, v. a. Bi mar; gabh ort, leig ort.
SEEMING, s. Aogas, coltas; beachd.
SEEMLINESS, s. Eireachdas, bòidh-
chead, maise.
SEEMLY, adj. Eìreachdail, ceanalta,
bòidheach, eugasach, maiseach, grinn,
ciatach; freagarrach, iomchuidh,
cubhaidh.
SEEN, adj. Eòlach, fiosrach.

SEER, *s.* Fear seallaidh, tàisear, fear da-shealladh ; fiosaiche, fàidh.
SEESAW, *s.* Udalanachd.
SEETHE, *v.* Bruich, earra-bhruich ; goil, bi air ghoil.
SEGMENT, *s.* Gearradh-cuairteig.
SEGREGATE, *v. a.* Dealaich ; sgăr, cuir a thaobh.
SEGREGATION, *s.* Dealachadh, sgăradh, sgărachdainn.
SEINE, *s.* Seòrsa lìn-iasgaich.
SEIZE, *v. a.* Glac, greimich, dean greim air, cuir làmh air, gabb.
SEIZIN, *s.* Gabhail seilbh.
SEIZURE, *s.* Glacadh ; greim ; fasdadh.
SELDOM, *adv.* Gu h-ainmig, gu tearc ; ainmig, tearc, teirc.
SELECT, *v. a.* Tagh, rŏghnaich.
SELECT, *adj.* Taghte, rŏghnaichte.
SELECTION, *s.* Taghadh, rŏghnachadh.
SELF, *pron.* Féin, e-féin, fhéin.
SELF-CONCEIT, *s.* Féin-spéis.
SELF-CONCEITED, *adj.* Fein-spéiseil ;
SELF-DENIAL, *s.* Féin-àicheadh.
SELF-EVIDENT, *adj.* Làn-shoilleir.
SELF-EXISTENCE, *s.* Féin-bhith.
SELF-INTEREST, *s.* Féin-bhuannachd.
SELFISH, *adj.* Féineil, féin-chùiseach.
SELFISHNESS, *s.* Féin-eileachd.
SELF-SAME, *adj.* Ceart, ionann.
SELF-WILL, *s.* Féin-thoil ; reasgachd.
SELL, *v. a.* Reic.
SELLANDER, *s.* Sgăb-glùin-eich.
SELLER, *s.* Reiceadair, fear-reic.
SELVES, *s. plur. of self.* Sinne, sinn-féin.
SELVAGE, *s.* Oir aodaich, balt.
SEMBLANCE, *s.* Samhla, coltas, aogas, dreach, riochd ; suaip.
SEMI, *s.* Leth.
SEMIANNULAR, *adj.* Leth-chruinn.
SEMIBRIBE, *s.* A' Phong-thomhais.
SEMICIRCLE, *s.* Leth-chearcall.
SEMICIRCULAR, *adj.* Leth-chearclach.
SEMICOLON, *s.* Pong stada mar so (;).
SEMILUNAR, *adj.* Air chumadh na gealaich ùire.
SEMINAL, *adj.* Siolach, pòrach.
SEMINARY, *s.* Sgoil ; lios froise.
SEMINATION, *s.* Sìolchur, cur.
SEMIQUAVER, *s.* Pong-dha-chritheach.
SEMITONE, *s.* Leth-phung.
SEMIVOWEL, *s.* Leth-fhoghair.
SEMPITERNAL, *adj.* Sìorruidh.
SEMPITERNITY, *s.* Siorruidheachd.
SENARY, *adj.* Sèathnar, seiseir.
SENATE, *s.* Ard-chomhairle.
SENATOR, *s.* Comhairleach.
SEND, *v. a.* Cuir, cuir fios, cuir air ghnothach ; cuir a mach, sgaoil.
SENESCHAL, *adj.* Ard-stiùbhaird.

SENILE, *adj.* Sean ; seantaidh, aosda.
SENIOR, *s.* Am fear is sine.
SENIOR, *adj.* Is sine, n'is sine.
SENIORITY, *s.* Aois, sinead.
SENNA, *s.* Seòrsa pùrgaid.
SENOCULAR, *adj.* Sè-shuileach.
SENSATION, *s.* Mothachadh ; càil, beachd, faineachadh ; faireachdainn.
SENSE, *s.* Mothachadh ; càil, beachd ; brìgh ; barail, seadh ; ciall ; tuigse, toinisg, geur-mhothachadh.
SENSELESS, *adj.* Neo-mhothachail, gun mhothachadh ; gun chàil ; neo-thuigseach ; baoghalta, amaideach, gun tuigse, gun toinisg ; gun chiall.
SENSIBILITY, *s.* Mothachadh, mothachalachd ; càil.
SENSIBLE, *adj.* Mothachail ; so-fhaireachdainn ; tùrail ; tuigseach.
SENSITIVE, *adj.* Mothachail.
SENSUAL, *adj.* Feòlmhor, collaidh ; sòghmhor, nàdurra ; mi-gheimnidh, macnusach.
SENSORIUM, SENSORY, *s.* Ionad a' mhothachaidh, ball-a' mhothachaidh.
SENSUALIST, *s.* Fear mi-gheimnidh ' fear macnusach ; drùisear, trusdar.
SENSUALITY, *s.* Feòlmhorachd, collaidheachd, macnus, macnusachd, mi-gheimnidheachd.
SENSUALIZE, *v. a.* Dean feòlmhor, dean macnusach ; truaill.
SENTENCE, *s.* Binn, breth.
SENTENCE, *v.* Thoir breth, dìt, thoir binn, thoir a mach binn.
SENTENTIOUS, *adj.* Brìghmhor ; drùighteach, goirid, gearr.
SENTENTIOUSNESS, *s.* Giorrad cainnte, brìghmhorachd, brìgh.
SENTIENT, *adj.* Mothachail.
SENTIMENT, *s.* Smuain, barail, beachd, rùn, miann, dùrachd.
SENTINEL, SENTRY, *s.* Fear-faire fear-freiceadain, freiceadan.
SENTRY-BOX, *s.* Bothan-faire.
SEPARABLE, *adj.* So-dhealachadh.
SEPARATE, *v. a.* Dealaich, sgăr, tearb, roinn, cuir às a' chéile ; cuir air leth, rach a thaobh, rach air leth.
SEPARATE, *adj.* Dealaichte, roinnte, às a chéile, o chéile, air leth ; leis-féin.
SEPARATION, *s.* Dealachadh, sgăradh, tearbadh ; sgaoileadh.
SEPOSITION, *s.* Cur air leth.
SEPOY, *s.* Saighdear-Innseanach.
SEPT, *s.* Cinneach, gineal, fine.
SEPTANGULAR, *adj.* Seachd oisinneach.
SEPTEMBER, *s.* Mìos meadhonach an fhoghair, an seachd mìos.

SEPTENARY, *adj.* Seachdnar.
SEPTENNIAL, *adj.* Seachd-bliadhnach.
SEPTENTRION, *s.* An àirde tuath.
SEPTENTRIONAL, *adj.* Tuathach.
SEPTILATERAL, *adj.* Seachd-shlisneach.
SEPTUAGINT, *s.* Bìoball Greugais nan trì-fichead 's a deich fear-mìneachaidh.
SEPTUPLE, *adj.* Seachd-fillte.
SEPULCHRAL, *adj.* Tuamach.
SEPULCHRE, *s.* Tuam, uaigh.
SEPULCHRE, *v. a.* Adhlaic, tìodhlaic.
SEPULTURE, *s.* Adhlacadh, tiodhlacadh.
SEQUACITY, *s.* Rìghneachd.
SEQUEL, *s.* An ni a leanas, crìoch, deireadh, ceann-thall.
SEQUENCE, *s.* Leanmhainn.
SEQUENT, *adj.* Leanmhainneach.
SEQUESTER, *v. a.* Cuir gu taobh, cuir air leth, cuir sàradh.
SEQUESTERED, *adj.* Air leth, diomhair, uaigneach.
SEQUESTRATION, *s.* Dealachadh ; tabhairt air falbh buannachd seilbhe.
SEQUESTRATOR, *s.* Fear-sàraidh.
SERAGLIO, *s.* Taigh-bhan Mhahomat.
SERAPH, *s.* Àrd-aingeal.
SERAPHIC, *adj.* Ainglidh, fiorghlan.
SERAPHIM, *s.* Aingeal.
SERE, *adj.* Tioram, seacte, seargte.
SERENADE, *s.* Ceòl-leannanachd.
SERENE, *adj.* Soineannta ; fèitheil, ciùin, foisneach ; soilleir, sàmhach, maiseach, farasda.
SERENELY, *adv.* Gu soireanta, ciùin.
SERENENESS, SERENITY, *s.* Soireanntachd, ciùineas, fèith, sàmhchair, fois, sèimheachd.
SERENITUDE, *s.* Soireanntas, ciùine.
SERGE, *s.* Cùrainn.
SERGEANT, *s.* Ceannard air dà shaighdear dheug ; àrd-fhear-lagha.
SERIES, *s.* Sreath, srèad, òrdugh.
SERIOUS, *adj.* Suidhichte, dùrachdach ; stòlda, smuaireanach, foisneach ; diadhaidh ; cudthromach, trom.
SERIOUSNESS, *s.* Stòldachd ; farasdachd ; aire dhùrachdach.
SERMON, *s.* Searmoin, teagasg.
SERMONIZE, *v. n.* Searmonaich.
SEROSITY, *s.* Uisgealachd.
SEROUS, *adj.* Uisgidh, uisgeil, tana.
SERPENT, *s.* Nathair, beithir.
SERPENTINE, *adj.* Lùbach, carach.
SERRATE, SERRATED, *adj.* Gròbach, fiaclach, cabach ; eagach.
SERUM, *s.* Meug fala.
SERVANT, *s.* Seirbheiseach, gille, òglach, sgalag, ban-oglach, beannmhuinntir, searbhanta.

SERVE, *v.* Dean seirbheis ; thoir ùmhlachd ; cuidich, foghain ; toilich riaraich.
SERVICE, *s.* Seirbheis ; muinntearas, dreuchd, obair ; dleasnas, còmhnadh, feum, stà, deagh thùrn ; aoradh ; cùrsa, riarachadh, saighdearachd.
SERVICEABLE, *adj.* Feumail ; iomchuidh ; stàthmhor ; èasgaidh, dìchiollach.
SERVILE, *adj.* Tràilleil ; dìblidh, suarrach ; truaillidh, eisimeileach.
SERVILITY, SERVILENESS, *s.* Dìblidheach, tràillealachd ; suarrachas.
SERVITOR, *s.* Seirbhiseach.
SERVITUDE, *s.* Daorsa, tràillealachd seirbheis ; muinntearas.
SESS, *s.* Cìs, càin.
SESSION, *s.* Àm suidhe mòid, suidhe mòid.
SET, *v.* Suidhich, socraich, àitich, planntaich ; sònraich, òrduich ; cuir ceart cnàimh.
SET, *part.* Suidhichte, socraichte, sònraichte ; riaghailteach ; àitichte, gnàthach.
SET, *s.* Srèud, dòrlach do ni sam bith ; càraid, leth-bhreacan ; bannal, buidheann, cuideachd ; planntan.
SETON, *s.* Silteach.
SETTEE, *s.* Làmhsaid ; beinc.
SETTER, *s.* Fear-suidheachaidh, cù-eunaich, cù-luirg.
SETTING, *s.* Suidheachadh ; dol fodha.
SETTLE, *s.* Cathair, suidheagan.
SETTLE, *v.* Socraich, suidhich ; àitich ; tuinich ; sìolaidh ; traogh, ciùinich, caisg.
SETTLEMENT, *s.* Socrachadh, suidheachadh ; còrdadh, sònrachadh, bann ; àiteachas ; tuineachas.
SEVEN, *adj.* Seachd. seachdnar, mòr-sheisear.
SEVENFOLD, *adj.* Seachd-fillte.
SEVENTEEN, *adj.* Seachd-deug.
SEVENTEENTH, *adj.* Seachdamh-deug.
SEVENTH, *adj.* Seachdamh.
SEVENTHLY, *adv.* Anns an t-seachdamh àite.
SEVENTY, *adj.* Tri-fichead 's a deich.
SEVER, *v.* Sgàr, thoir às a' chéile, dealaich ; tearb, cuir air leth.
SEVERAL, *adj.* Iomadh, iomadaidh.
SEVERAL, *s.* Iomadh, leth-fa-leth.
SEVERANCE, *s.* Dealachadh, sgaradh.
SEVERE, *adj.* Geur, cruaidh, teann, doirbh ; gruamach ; an-iochdmhor, borb, neo-thruacanta, garg, geurtheann ; gàbhaidh, gaillionnach.

SEVERITY, *s.* Cruadhas, cruas, géire; teinne, teinnead; doirbhe, ain-iochd, buirbe; neo-thruacantas; docair, gairge, gàbhadh; truime.

SEW, *v. a.* Fuaigh, lean.

SEWER, *s.* Fuaghalaiche; gille cuirme; guitear, clais uisge.

SEX, *s.* Gineal, cineal, gnè.

SEXAGENARY, *adj.* Tri fichead bliadhna dh' aois.

SEXAGONAL, *adj.* Sè-shlisneach.

SEXTANT, *s.* An sèathamh cuid do chearcall.

SEXTON, *s.* Fear-cluig; maor-eaglais.

SEXTUPLE, *adj.* Sè-fillte; a shè uiread.

SHABBINESS, *s.* Suarraichead, crìne, leibideachd, spìocaireachd.

SHABBY,*adj.* Suarrach, crìon, leibideach.

SHACKLE, *v. a.* Geimhlich, cùingich.

SHACKLES, *s.* Ceanglaichean.

SHADE, *s.* Sgàil, dubhar, duibhre, doirche, duirche; dìon, fasgadh; sgàil, sgàilean; taibhse, tannasg.

SHADE, *v. a.* Sgàil, duibhrich, dorchaich; dìon, cuir sgàil air.

SHADINESS, *s.* Duibhre, duirche.

SHADOW, *s.* Faileas; dubhar, dùbhradh; dìon, fasgadh, fàbhar, tèarmann; comharradh, lorg; samhla.

SHADOW, *v. a.* Duibhrich, dorchaich, dubharaich, sgàilich; cuir faileas.

SHADOWY, *adj.* Faileasach, sgàileach; dubharach, dorcha, samhlachail.

SHADY, *adj.* Dubharach, sgàileach.

SHAFT, *s.* Saighead; cas, samhach.

SHAG, *s.* Fionnadh, calg; seòrsa eudaich, seòrsa eoin.

SHAGGY, *adj.* Molach, ròmach, roinneach, rŭbach, rònach, caiteanach, peallagach, giobach.

SHAGREEN, *s.* Craicionn-mùrlaich.

SHAKE, *v.* Crath; cuir air chrith; luaisg; crith, criothnaich; tri-bhuail.

SHAKE, *s.* Crathadh; bogadh, luasgadh; crith, tri-bhualadh.

SHAKER, *s.* Crathadair; bogadair.

SHALL, *v. defective;* it has no tenses but *shall* future, and *should* imperfect. Ni.

SHALLOON, *s.* Clò-greòsgach.

SHALLOP, SHALLOOP, *s.* Sgoth, curach.

SHALLOW, *adj.* Tana, eu-domhain; fàs, faoin; lag.

SHALLOW,,*s.* Tanalach; àthan, oitir.

SHALLOWNESS, *s.* Tainead; eu-doimhne, tanalachd; baoghaltachd.

SHAM, *v. a.* Meall, thoir an car á.

SHAM, *s.* Mealladh; leithsgeul; cur dheth; cur seachad; cleas, car.

SHAM, *adj.* Fallsail, mealltach.

SHAMBLES, *s.* Margadh feòla.

SHAMBLING, *adj.* Luidseach.

SHAME, *s.* Nàire, masladh; mì-chliù, tàir, tàmailt, eas-onair.

SHAME, *v.* Nàraich, cuir gu nàire, maslaich, gabh nàire.

SHAMEFACED, *adj.* Gnùis-nàrach.

SHAMEFUL, *adj.* Nàr, nàrach, maslach, tàmailteach, tàireil, sgainnealach.

SHAMELESS, *adj.* Beag-nàrach, mi-nàrach dàna; beadaidh, ladorna.

SHAMOIS, or CHAMOIS, *s.* Fiadhghobhar, gobhar-allaidh.

SHAMROCK, *s.* Seamrag, seamair. *M.d.*

SHANK, *s.* Lurga; cas, samhach.

SHANKY, *adj.* Luirgneach.

SHAPE, *v. a.* Cùm, dealbh, cruth.

SHAPE, *s.* Cumadh, cumachd, dealbh.

SHAPELESS. *adj.* Neo-chuimir, neo-chumadail, mi-dhealbhach, neo-eireachdail, gun chumadh, á cumadh.

SHAPELINESS, *s.* Cumadalachd, cuimireachd, deagh chumadh, eireachdas.

SHAPELY, *adj.* Cuimir, cumadail cùmte dealbhach, eireachdail, dreachmhor.

SHARD. *s.* Bloigh, bloighd, sgealb spreaghan, pigean, plaosg, lŭs àraidh; seòrsa éisg.

SHARE,*v. a.* Roinn, pàirtich, riaraich; gabh pàirt, faigh cuibhrionn.

SHARE, *s.* Roinn, earrann, cuid, cuibhrionn; crannchur; comaidh; soc.

SHARER, *s.* Fear-roinn, fear-comaidh.

SHARK, *s.* Iasg fuilteach craosach; fear cuilbheartach gionach.

SHARP, *adj.* Geur; smiorail, sgairteil, tapaidh, ealamh, dealasach, deas; faobharach, biorach, guineach, lotar; beur; geur, goirt, garg; sgreadanach, cruaidh.

SHARPEN, *v.* Geuraich, roinnich; bioraich, faobharaich, thoir roinn; thoir faobhar.

SHARPER, *s.* Beuraiche, cealgair, mealltair, caraiche; gadaiche, meirleach.

SHARPNESS, *s.* Beurachd, géire, géiread; guineachas; faobhar.

SHARP-SET, *adj.* Acrach, cìocrach.

SHARPSIGHTED, *adj.* Geur-shuileach, bior-shuileach, biorach.

SHARPWITTED, *adj.* Geur, beumach.

SHATTER, *v. a.* Bris, bruan, bloidich, dean 'na mhìreannan.

SHAVE, *v. a.* Bearr, lom, lomair.

SHAVEGRASS, *s.* A bhiorag.

SHAVER, *s.* Bearradair.

SHAVING, Bearradh; sliseag.

SHAWL, *s.* Neapuig-mhòr.

SHE, *adj.* Boireann, boireannach.

SHE, *pron.* I, ise, si.

SHEAF, *s.* Sguab; dòrlach.

SHEAR, *v. a.* Buain; bearr, lom, lomair.

SHEARER, *s.* Buanaiche.

SHEARING, *s.* Buain.

SHEARS, *s.* Siosar, deamhais.

SHEATH, *s.* Truaill, duille.

SHEATHE, SEATH, *v. a.* Truaill, cuir an truaill, cuir an duile.

SHED, *v. a.* Dòirt, taom, sil; cuir.

SHED, *s.* Bùth, sgàil; bothan,

SHEEN, *adj.* Loinnreach; glan, soilleir.

SHEEN, *s.* Boilsgeadh, deàrsadh.

SHEEP, *s. sing.* and *pl.* Caora, othaisg, òisg; caoirich, meanbh-chrobh.

SHEEPCOT, SHEEPFOLD, *s.* Crò-chaorach, bothan-chaorach, fang, mainnir.

SHEEPHOOK, *s.* Cromag cìobair, bachall buachailleachd.

SHEEPISH, *adj.* Baoghalta; nàrach.

SHEEPISHNESS, *s.* Baoghaltachd, faiteachas, gnuis-nàire, diùideachd.

SHEEPSHEARING, *s.* Lomairt; àm rùsgadh nan caorach.

SHEEP'S-EYE, *s.* Gràdh-shealladh.

SHEEPWALK, *s.* Ionaltradh chaorach.

SHEER, *adj.* Glan, fior-ghlan.

SHEER OFF, *v. n.* Goid air falbh; teich, às an rathad, seup.

SHEET, *s.* Clàr paipeir; braithlin, brailìn, lian-bhrat, lìon-aodach, lìon-anard; pill; seòl, brèid, sgòd-siùil.

SHEET, *v. a.* Còmhdaich, paisg.

SHEETANCHOR, *s.* Acair-bhàis.

SHEKEL, *s.* Bonn airgeid Iùdhach.

SHELF, *s.* Sgeilp; còrn-chlar, sgeir.

SHELL, *s.* Slige, sgrath, plaosg.

SHELL, *v. a.* Plaoisg, sgrath, fosgail.

SHELLFISH, *s.* Maorach, faoch.

SHELLY, *adj.* Sligeach; faochagach.

SHELTER, *s.* Fasgadh, dìon, tèarmann, dìdean, sgàil.

SHELTER, *v.* Dìon, tèarmainn.

SHELVING, *adj.* Claon, aomta, corrach.

SHELVY, *adj.* Ao-domhainn; sgeireach, creagach.

SHEPHERD, *s.* Aodhair, cìbeir.

SHEPHERDESS, *s.* Bana-chìbeir.

SHEPHERDY, *s.* Cìbeireachd.

SHERBET, *s.* Seòrsa dibhe.

SHERD, *s.* Slige-chreadha, pigean.

SHERIFF, *s.* Siorra, siorram.

SHERIFFALTY, *s.* Siorraidheachd.

SHERRY, *s.* Fion Spàinteach.

SHEW, *v. a.* Feach, nochd, foillsich, dearbh; cuir an cèill, minich, leig, ris, taisbean, dean aithnichte.

SHIELD, *s.* Sgiath, targaid; dìon, dìdean, tèarmann.

SHIELD, *v. a,* Dìon, gléidh, tèaruinn, coimhead, còmhdaich.

SHIFT, *v.* Caraich, glidich, mùth, rach á h-àite; tionndaidh, solair, rach às.

SHIFT, *s.* Seòl, modh, dòigh; innleachd; cleas; laoim, car, cuilbheart; léine boireannaich; mùthadh, atharrachadh.

SHIFTER. *s.* Cealgair, caraiche.

SHIFTING, *s.* Carachadh, imrich.

SHIFTING, *adj.* Cealgach, carach.

SHIFTLESS, *adj.* Neo-innleachdach; neo-sholarach, &c.

SHILLING, *s.* Tastan, sgillinn-Shasunnach.

SHIN, *s.* Faobhar na lurgann.

SHINE, *v. n.* Dealraich, dèarrs, soillsich, loinnir; bi sònraichte, bi suaicheant; bi urramach.

SHINE, *s.* Aimsir ghrianach; dealradh.

SHINESS, *s.* Fiatachd, coimheachas.

SHINGLES, *s.* Seòrsa do theine dé.

SHINY, *adj.* Deàlrach, dèarrsach.

SHIP, *s.* Long, soitheach, bàrc.

SHIP, *v. a.* Cuir air bòrd luinge.

SHIPBOARD, *s.* Bòrd-luinge.

SHIPMAN, *s.* Maraiche, seòladair.

SHIPPING, *s.* Cabhlach, luingeas.

SHIPWRECK, *s.* Long-bhriseadh.

SHIPWRIGHT, *s.* Saor luingeis.

SHIRE, *s.* Siorrachd, siorramachd.

SHIRT, *s.* Léine, cneas-lìn.

SHITTIM, *s.* Seòrsa fiodha Arabach.

SHITTLECOCK, *s.* Coileach-sraide; call-chircean, circe-ball.

SHIVE, *s.* Sliseag; sgealb, bloigh; mìr arain, sliseag arain.

SHIVER, *v.* Crith; bruan; bris; spealg.

SHIVER, *s.* Sgealb, spealg, bruan.

SHIVERING, *s.* Ball-chrith 'crith-fhuachd, crith; briseadh, sgealbadh, sgoltadh, spealgadh.

SHAOL, *s.* Oitir; tanalach; cailcean, sgeir; sgaoth, sgann.

SHOALY, *adj.* Tana, ao-dhomhainn, oitireach, sgeireachd, cailceanach.

SHOCK, *s.* Crith, criothnachadh; oilbheum; oillt; gràin, déisinn; ionnsaidh; ruathar; adag, rucan, mulan, cù molach,

SHOCK, *v.* Adagaich; rucanaich; crith, crath, criothnaich; thoir oilbheum, cuir déisinn, cuir gràin air, cuir gairisinn air, thoir ionnsaidh.

SHOCKING, *adj.* Qillteil, eagalach, gràineil; gairisineach déisinneach.

SHOE, *s.* Bròg, crudha.

SHOE, *v. a.* Brògaich, crùdhaich.

SHOEBOY, *s.* Gille-bhròg.

SHOEMAKER, *s.* Greusaiche, (*etymo.* gréidh-seiche, the old Gaelic word for a tanner,) corrupted "griasaiche."

SHOOT, *v.* Tilg; cuir a mach, fàs.

SHOOT, *s.* Meangan, meanglan, faill-ean, maothan, ùr-fhas, fiùran, ògan.

SHOOTER, *s.* Fear tilgidh.

SHOP, *s.* Bùth; bathair, bùth-oibre.

SHOPBOARD, *s.* Bòrd-oibreach.

SHOPKEEPER, *s.* Fear-bùth.

SHORE, *s.* Tràigh, cladach, tìr, taobh mara, guitear, clais uisge; taic, prop.

SHORELESS, *adj.* Gun tràigh.

SHORN, *part.* and *part.* of *to shear.* Lomairte, lomte, bearrte, buainte.

SHORT, *adj.* Goirid; gearr; beag; crìon; cutach; gann; ath-ghearr; crosda, dreamach, càs.

SHORTEN, *v. a.* Giorraich.

SHORTLIVED, *adj.* Gearr-shaoghalach.

SHORTNESS, *s.* Giorrad, giorradas.

SHORT-SIGHTED, *adj.* Gearr-sheallach.

SHOT, *pret.* and *p. part.* of *to shoot.* Thilg; tilgte.

SHOT, *s.* Urchair, braidhe, spraidhe, làmhach, peileirean; lach.

SHOTFREE, *s.* Lach-shaor, saor.

SHOUGH, *s.* Cù molach.

SHOULDER, *s.* Gualainn, slinnean.

SHOULDERBELT, *s.* Crios-guaille.

SHOULDERBLADE, *s.* Cnàimh-slinnein.

SHOUT, *s.* Caithream, glaodh, iolach.

SHOUT, *v. n.* Glaodh, tog iolach.

SHOVE, *v. a.* Pùc, fùc, pùt, dinn.

SHOVE, *s.* Pùcadh, pùtadh, ùpag.

SHOVER, *s.* Sluasaid.

SHOW, *s.* Iongantas-féille, *R. D.;* seall-adh-iongantais; ball-amhairc; greadh-nachas, mòr-chuis; spaglainn.

SHOW, *v. a.* Feuch, nochd, leig ris, foillsich, taisbean.

SHOWBREAD, SHEWBREAD, *s.* Aran-taisbeanta, aran-coisrigte.

SHOWER, *s.* Fras, fros; sileadh.

SHOWER, *v. a.* Fras, dòirt, sil, taom, sgap, sgaoil; bi frasach.

SHOWERY, *adj.* Frasach, silteach.

SHOWY, *adj.* Briagha, grinn; greadh-nach, rìmheach, basdalach, faicheil.

SHRED, *s.* Mìr, bideag, cearb.

SHREW, *s.* Té ladorna; bana-cheard.

SHREWD, *adj.* Sicir, glic, ciallach; dùbailte, cealgach, seòlta, geur; olc.

SHRIEK, *v.* Sgread, sgreuch, sgairt, glaodh, ràn, sian, thoir sgàl.

SHRIFT, *s.* Aideachadh.

SHRILL, *adj.* Sgreadach, cruaidh, sgalanta, sgalach, binn, geur.

SHRIMP, *s.* Carran; duairce.

SHRINE, *s.* Naomh-chiste.

SHRINK, *v. n.* Crup; geiltich, ath.

SHRINK, *s.* Crupadh, crìonadh, searg-adh, seacadh, preasadh.

SHRIEFT, *s.* Faoisid peacaidh.

SHRIVE, *v. a.* Éisd ri faoisid.

SHRIVEL, *v. a.* Crup, preas, preasag-aich, searg, liurc; sgreag.

SHRIVELLED, *adj.* Preasach.

SHROUD, *s.* Marbh-phaisg, ais-leine, linnseach, aodach-mairbh; còmhdach.

SHROUD, *v.* Còmhdaich, dìon, thoir fasgadh; gabh fasgadh.

SHROVETIDE, *s.* Di-mairt-inid.

SHRUB, *s.* Preas; deoch mhillis.

SHRUBBY, *adj.* Preasach.

SHRUG, *v. a.* Crup, crùb, clòimhdich.

SHRUG, *s.* Clòimhteachadh; giùig.

SHUDDER, *v. n.* Criothnaich, oilltich.

SHUDDER, *s.* Ball-chrith, oillt, allsga.

SHUFFLE, *v.* Cuir thar a chéile, cuir troi' chéile; coimeasg.

SHUFFLE, *s.* Coimeasgadh; cleas, cuilbheart, seamaguad.

SHUN, *v. a.* Seachain.

SHUT, *v. a.* Dùin, druid.

SHUT, *adj.* Dùinte, druidte.

SHUTTER, *s.* Comhla uinneige.

SHUTTLE, *s.* Spàl, spàla. *D. B.*

SHY, *adj.* Fiata, coimheach, taghanta, fiadhaich; moiteil; faicilleach; amharusach.

SHYNESS, *s.* Fiatachd, mòitealachd.

SIBILATION, *s.* Feadail, fead.

SICAMORE, SYCAMORE, *s.* Crann-sice.

SICK, *adj.* Tinn, euslainteach.

SICKEN, *v.* Fàs tinn; gabh tinneas; dean tinn, cuir galar air.

SICKLE, *s.* Corran; corran-buana.

SICKLY, *adj.* Tinn, euslainteach.

SICKNESS, *s.* Tinneas, euslainte, eucail.

SIDE, *s.* Taobh, slios; oir, cliathach.

SIDE, *v.* Aom; cùm taobh ri, cuidich, cuir le; gabh taobh.

SIDELONG, *adj.* Leth-taobhach.

SIDESADDLE, *s.* Dìollaid-boireannaich.

SIDEWAYS, SIDEWISE, *adv.* An comh-air a thaoibh, a leth-taobh.

SIEGE, *s.* Séisd, iom-dhruideadh.

SIEVE, *s.* Criathar.

SIFT, *v. a.* Criathair, criathraich.

SIFTER, *s.* Criathradair, criathraiche.

SIGH, *s.* Osunn, osann, acain, osna.

SIGH, *v. a.* Osnaich, dean osann.

SIGHING, *s.* Osnaich; acain.

SIGHT, *s.* Sealladh; fradharc, léirsinn.

SIGHTLESS, *adj.* Gun fradharc, dall.

SIGHTLY, *adj.* Taitneach, maiseach.

SIGN, *s.* Comharradh, mìorbhuil, iongantas; àile, lòrg; bratach, meirghe; samhla; smèid; dealbh, sop-reic, comharradh-ceannaich.

SIGN, *v. a.* Cuir do làmh ri, cuir t' ainm ri; comharraich; ciallaich.

SIGNAL, *s.* Sanus, fios, comharradh.

SIGNAL, *adj.* Sònraichte, ion-chomharraichte, mòr, àraidh.

SIGNALIZE, *v. a.* Dean ainmeil.

SIGNATURE, *s.* Ainm-sgrìobhte, comharradh, suaicheantas ; fo-sgrìobhadh, littir-chomharrachaidh.

SIGNET, *s.* Seula ; saoil ; seula rìgh.

SIGNIFICANCY, *s.* Ciall ; seadh, sùim, meas, urram, brìgh, bladh ; cothrom, cudthrom.

SIGNIFICANT, *adj.* Ciallachail, ciallaidheach, cudthromach.

SIGNIFICATION, *s.* Ciall, brìgh ; seadh.

SIGNIFICATIVE, *adj.* Seadhach.

SIGNIFY, *v.* Feuch, innis, dean aithnichte, cuir an cèill, thoir sanus, thoir fios ; ciallaich.

SIGNPOST, *s.* Colbh-seòlaidh.

SILENCE, *s.* Sàmhchair, ciùineas, sèimhe, fèith, tàmh, fois.

SILENCE, *interj.* Tòst ! bi sàmhach !

SILENCE, *v. a.* Cuir sàmhach, cuir 'na thosd.

SILENT, *adj.* Sàmhach, tosdach, balbh, ciùin, bìth.

SILICIOUS, *adj.* Ròinneach, ròmach ; clachach, sgorach, sporach.

SILK, *s.* Sìoda ; *adj.* Sìoda.

SILKEN, *adj.* Sìoda, sìodail ; mìn.

SILKMERCER, *s.* Marsanta-sìoda.

SILK-WEAVER, *s.* Breabadair-sìoda.

SILKWORM, *s.* Cnuimh-shìoda.

SILKY, *adj.* Sìodach, sìodail ; mìn.

SILL, *s.* Clach an dor'uis.

SILLINESS, *s.* Faoineachd ; baoghaltachd ; amaideachd, gòraich.

SILLY, *adj.* Faoin, baoghalta, fachanta, neo-thùrail, amaideach, gòrach, simplidh ; socharach.

SILVAN, SYLVAN, *adj.* Coillteach, coilltidh, coillteachail.

SILVER, *s.* Airgead.

SILVER, *adj.* Airgiodach ; airgeid.

SILVERSMITH, *s.* Ceàrd airgeid.

SIMAR, *s.* Earrasaid.

SIMILAR, *adj.* Coltach, co-ionann.

SIMILARITY, *s.* Co-ionannachd, coltas.

SIMILE, *s.* Samhla, coimeas.

SIMILITUDE, *s.* Cosmhalachd.

SIMMER, *v. n.* Bruich, earrabhruich.

SIMONY, *s.* Ceall-shlad, goid no reic nithe naomha, no ni a bhuineas do dh' eaglais.

SIMPER, *s.* Fàite, fèith-ghàire.

SIMPER, *v. n.* Dean snodh-ghàire.

SIMPLE, *adj.* Glan, neo-thruaillte ; aon-fhillte ; sìmplidh, neo-chiontach, neo-chronail ; còir, onarach ; iriosal ; amaideach, baoghalta, socharach, aineolach, neo-theòma.

SIMPLE, *s.* Ni aon-ghneitheach ; ni leis fèin, lùs, luibh.

SIMPLER, SIMPLEST, *s.* Lighiche-lùs.

SIMPLETON, *s.* Baothalan, baothaire.

SIMPLICITY, *s.* Sìmplidheachd, aon-fhillteachd, ionracas ; socharachd ; baoghaltachd.

SIMPLIFY, *v. a.* Dean so-thuigsinn.

SIMPLY, *adv.* Gu h-amaideach.

SIMULATION, *s.* Cealgaireachd.

SIMULTANEOUS, *adj.* Còlath, maraon, a dh' aon bheum, cuideachd.

SIN, *s.* Peacadh ; cionta, lochd.

SIN, *v. n.* Peacaich ; ciontaich.

SINCE, *adv.* A chionn ; o chionn, o'n.

SINCE, *prep.* O, bho ; o 'n àm sin.

SINCERE, *adj.* Trèidhireach, [*commonly written* trèibhdhireach*], ionraic, onorach, fìrinneach, neo-chealgach.

SINCERITY, *s.* Trèidhireas ionracas.

SINECURE, *s.* Oifigeach, diamhainn.

SINEW, *s.* Fèith ; fèith-lùghaidh.

SINFUL, *adj.* Peacach, mi-naomh, olc.

SING, *v.* Sèinn, gabh òran ; mol.

SINGE, *v. a.* Dàth, doth.

SINGER, *s.* Fear-sèinn, òranaiche.

SINGLE, *adj.* Aon-fhillte ; neo-phòsta, àraidh ; aonaranach ; glan, iomlan, foirfe.

SINGLENESS, *s.* Aon-fhillteachd ; foirfeachd, ionracas.

SINGULAR, *adj.* Sònraichte ; àraid, àraidh, air leth, neònach, iongantach ; còrr, aineamh.

SINGULARITY, *s.* Sònraichead, àraidheachd, neònachas.

SINGULARIZE, *v. a.* Dean sònraichte.

SINISTER, *adj.* Cèarr, clì ; olc, easionraic ; neo-cheart, neo-chothromach ; mi-shealbhar, mi-shona.

SINK, *v.* Cuir fodha ; bàth, tom, tùm, ceil, sàraich, ìslich ; rach fodha ; rach air chùl, rach gu neo-ni ; traogh.

SINK, *s.* Clais ; guitear ; sloc.

SINLESS, *adj.* Neo-lochdach, neochiontach, neo-thruaillidh.

SINNER, *s.* Peacach, peacair.

SIN-OFFERING, *s.* Ìobairt pheacaidh.

SINUATE, *v. a.* Lùb, crom, fiar.

SINUOUS, *adj.* Lùbach, carach.

SINUS, *s.* Camas, geotha, bàdh.

---

* Various words of this kind are to be met with in old Gaelic books, as "*saoidhbhreas*," wealth ; "*aoidhbhneas*," joy, &c. The quiescent consonants *dh* and *bh*, in all such words, have long since been rejected by Dr Smith and others—this word alone excepted ; thus rendering it, without any good reason, the most repulsive combination of letters now in the language.

SIP, v. Òl, srùbagaich.
SIP, s. Balgam, srùbhag.
SIPHON, s. Pìob-uisge.
SIR, s. A shàir, a mhaighstir.
SIRE, s. Athair; a righ!
SIREN, SYREN, s. Bain-dia; bean tàlaidh gu sgrios.
SIREN, adj. Meallta, a' tàladh.
SIRIUS, s. Reull a' choin.
SIROCCO, s. Gaoth an eara-dheas.
SIRRAH, s. Ainm dìmeas; a dhuine so.
SISTER, s. Piuthar.
SISTERHOOD, s. Peathrachas.
SISTERLY, adj. Piutharail.
SIT, v. Suidh, dean suidhe.
SITE, s. Suidheachadh, àite, làrach.
SITTER, s. Suidhear; eun-guir.
SITTING, s. Suidhe; gur.
SITUATE, SITUATED, adj. Suidhichte.
SITUATION, s. Àite; inbhe, cŏr; staid, suidheachadh.
SIX, adj. Sè; sianar.
SIXFOLD, adj. Sè fillte; a shè uiread.
SIXPENCE, s. Sè-sgillinn.
SIXSCORE, s. Sè fichead.
SIXTEEN, adj. Sè deug.
SIXTEENTH, adj. Seathamh deug.
SIXTH, adj. Sèathadh, sèathamh.
SIXTH, s. An sèathamh cuid.
SIXTIETH, adj. Trì ficheadamh.
SIXTY, adj. Trì fichead.
SIZE, s. Meud, meudachd, tomad.
SIZE, v. a. Tomhais; sònraich.
SIZY, adj. Righinn, glaodhar.
SKATE, s. Sgait; brŏg-spéilidh.
SKEAN, s. Cuinnsear, sgian.
SKEIN, s. Sgeinn, sgéinnidh.
SKELETON, s. Craimhneach.
SKEPTIC, s. Fear teagamhach.
SKEPTICAL, adj. Teagamhach.
SKETCH, s. Ceud tharruinn.
SKETCH, v. a. Dealbh, tarruinn.
SKEWER, s. Bior-feòla; dealg.
SKIFF, s. Sgoth, curach, eather.
SKILFUL, adj. Sgileil, eolach, teòma.
SKILFULNESS, s. Sgil, teòmachd.
SKILL, s. Sgil, eòlas, teòmachd.
SKILLED, adj. Sgileil, seòlta, eòlach.
SKILLET, s. Coireachan, sgeileid.
SKIM, v. a. Sgiob, siab; sgùm, thoir uachdar dheth, tog barrag dheth.
SKIMMER, s. Sgùmaŭ, sgumadair.
SKIM MILK, s. Bainne-lom.
SKIN, s. Craiceann, bian, seiche; rùsg.
SKIN, v. Fionn, feann, faobhaich, thoir an craiceann do, rùisg; còmhdaich le craiceann.
SKINKER, s. Gille-copain.
SKINNER, s. Craiceanniche.
SKINNY, adj. Tana, caol, cruaidh.

SKIP, v. Leum; sùrdagaich; rach thairis, rach seach.
SKIP, s. Leum, sùrdag, frith-leum.
SKIPPER, s. Sgiobair.
SKIRMISH, s. Arabhaig.
SKIRT, s. Sgòd; oir cearb; sgioball; iomall, fraidhe, taobh.
SKIT, s. Aoir; slios-bhualadh.
SKITTISH, adj. Fiadhta, gealtach, sgeunach; luaineach, aotrom, guanach, mear.
SKREEN, s. Creathar-garbh; fasgath.
SKULL, s. Claigeann.
SKULK, v. n. Falaich bi cuiltearachd.
SKY, s. Speur, iarmailt, adhar, often erroneously written " Athar."*
SKYLARK, s. Riabhag, uiseag.
SKYLIGHT, s. Adhar-leus.
SKYROCKET, s. Seòrsa obair-theine.
SLAB, s. Leac, cùl-déile.
SLABBER, v. n. Sil ronn; smugaich, ronnaich, fliuch, salaich.
SLABBY, s. Ronnach smugaideach.
SLACK, adj. Lăs, lăsach, fuasgailte, neo-dhaingeann, neo-dhiongmhalta; tais, mall, màirnealach, athaiseach; neo-chùramach; fann, lag.
SLACK, SLACKEN, v. Lasaich, dean lasach, fuasgail, failnich, fannaich; dean maille.
SLACK, s. Gual mìn, gual pronn.
SLACKNESS, adj. Lasaiche, lasaichead, fuasgailteachd; màirnealachd, athaiseachd, mi-chùram.
SLAG, s. Luaithre no sal iaruinn.
SLAKE, v. a. Mùch, caisg, bàth.
SLAIN, part. pass of to Slay. Mharbhadh, chaidh ás.
SLAIN, s. Slinn breabadair.
SLANDER, s. Tuaileas, sgainneal.
SLANDER, v. a. Cul-chàin, maslach.
SLANDERER, s. Fear-tuaileis.
SLANDEROUS, s. Tuaileasach.
SLANT, v. Claon, fiar, aom.
SLANT, SLANTING, adj. Claon, fiar, aomte, aomadh, neo-dhìreach.
SLAP, s. Sgailc, boiseag, pailleart, sgealp, déiseag.
SLAP, v. a. Sgailc, déiseagaich.
SLAPDASH, adv. Muin air mhuin.

---

* This error is very apt to mislead those unacquainted with Gaelic grammar, who might suppose it to imply *father*, of which it is the genitive. For example, in the Gaelic translation of Ephes. ii. 2, we read " cumhachd an *athair*," the power of the *air*, by many, at first sight, understood, notwithstanding the letter *i*, as, " the power of the *father*." Written " cumhachd an *adhair*," the distinction must be at once apparent

SLASH, v. a. Gearr, sgath; beum.
SLASH, s. Gearradh, leòn, beum.
SLATE, s. Sglèat, leac.
SLATE, v. a. Sgleat, sglèataich.
SLATER, s. Sglèatair.
SLATTERN, s. Straille, dràic sgliùrach, trusdar caile, sgumrag,
SLAUGHTER, s. Ar, marbhadh, casgradh, spadadh.
SLAUGHTER, v. a. Casgair, marbh.
SLAUGHTERHOUSE, s. Taigh-spadaidh, taigh-casgraidh, broth-thaigh.
SLAUGHTERMAN, s. Fear-spadaidh.
SLAVE, s. Tràill, brùid, braighde, ciomach, tàrlaid.
SLAVER, v. n. Sil ronnan.
SLAVER, s. Ronnan, staonag.
SLAVERY, s. Braighdeannas, daorsa, tràillealachd.
SLAVISH, adj. Tràilleil.
SLAVISHNESS, s. Tràillealachd.
SLAY, v. a. Marbh casgair.
SLAYER, s. Mortair; marbhaiche.
SLED, SLEDGE, s. Càrn-slaoid; òrdmòr gobha.
SLEEK, SLEEKY, adj. Mìn, slìogach, slìom, sliobach, sleamhainn.
SLEEKNESS, s. Mìnead, slìobachd.
SLEEP, s. Pràmh, suain; cadal.
SLEEPINESS, s. Cadalachd; truime.
SLEEPLESS, adj. Gun chadal.
SLEEPY, adj. Cadalach, cadaltach.
SLEET, s. Clàmhainn, glìob.
SLEET, v. n. Cuir clàmhainn.
SLEETY, adj. Clàmhainneach.
SLEEVE, s. Muilicheann.
SLEIGHT, s. Cleas, seòl, càr.
SLENDER, adj. Tana, caol, seang, bochd, meuranta; beag, crìon, gann.
SLENDERNESS, s. Caoile, caoilead, tainead; dìth tomaid; gainne.
SLICE, s. Sliseag; mìr tana.
SLICE, v. a. Sliseagaich, snaidh.
SLIDE, v. n. Sleamhnaich, speidhil.
SLIDE, s. Sleamhnachadh, spéileadh.
SLIGHT, s. Dearmad, dìmeas, tàir.
SLIGHT, adj. Tana; neo-ghramail; faoin, beag, suarrach, eutrom.
SLIGHT, v. a. Dearmaid, dearmadaich, cuir air dìmeas, no air bheag sùim.
SLIGHTNESS, s. Caoilead, tainead, anfhannachd; eutreòir; fadharsachd.
SLIM, adj. Seang, caol, maoth.
SLIME, s. Làthach; clàbar.
SLIMINESS, s. Bìtheantachd; rìghneachd, sleamhneachd.
SLIMY, adj. Bìtheanta, righinn, sleamhainn, tiugh.
SLING, s. Crann-tabhaill, bann.
SLING, v. a. Tilg le crann-tabhaill, &c.

SLINK, v. n. Sèap, siap, snàg air falbh, goid air falbh.
SLIP, s. Tuisleadh; mearachd; car; crioman, stiall; cuiseag, maothan.
SLIP, v. Sleamhnaich, spéil, tuislich; snàg; dean mearachd.
SLIPKNOT, s. Lùb-ruithe.
SLIPPER, s. Bròg-sheòmair.
SLIPPERINESS, s. Sleamhnachd;
SLIPPERY, SLIPPY, adj. Sleambainn mùghtach.
SLIT. v. a. Sgoilt, sgoch, gearr.
SLIT, s. Sgoltadh, sgoch, gearradh.
SLIVER, v. a. Sgoilt, sgath.
SLIVER, s. Spealtag, spithag,
SLOBBER, v. Dean fliuch le smugaidean, splàngraich.
SLOE, s. Àirneag; draighneag.
SLOOF, s. Saitheach aon chroinn.
SLOP, v. a. Òl gu gionach; spliut, spairt, sguab ás.
SLOPE, s. Leathad, claon-bhruthach; fiaradh, claonadh.
SLOPE, adj. Claon, aom, fiar cam.
SLOPPY, adj. Eabarach, fliuch.
SLOT, s. Lorg féigh; beul-maothain.
SLOTH, s. Leisg, dìomhanas.
SLOTH, s. A'Chorra-leisg.
SLOTHFUL, adj. Leisg, slaodach.
SLOUCH, s. Cromadh, slaodaire, cuacaire, sealladh dìblidh.
SLOUGH, s. Rumach, làthach; càthar; cochull, mogunn.
SLOUGHY, adj. Feuthach, clàbarach.
SLOVEN, s. Straille dràic; tàsan, liobasdair; slaodaire.
SLOVENLY, adj. Dràichdeil, slaodach, liobasda, salach, rapach.
SLOW, adj. Mall, màirnealach, athaiseach, tàsanach, slaodach; leisg.
SLOWNESS, s. Maille; màirnealachd, athaiseachd, slaodachd.
SLOWWORM, s. An dall-chnuimh.
SLUBBER, v. a. Dean air dòigh sam bith, pat thairis.
SLUBBERDEGULLION, s. Trùsdar.
SLUDGE, s. Poll, eabar, làthach.
SLUG, s. Leisgean, slaod; rong; seilcheag; peileir-greannach.
SLUGGARD, s. Leisgean, lunndaire.
SLUGGISH, adj. Leisg, lunndach, cadalach; trom, marbhanta, mall.
SLUICE. s. Tuil-dhorus.
SLUMBER, v. n. Caidil, gabh pràmh.
SLUMBER, s. Clò-chadal dùsal, pràmh.
SLUMBEROUS, adj. Cadalach, trom.
SLUR, v. a. Salaich, mill, truaill; meall.
SLUR, s. Tàir, athais, dìmeas.
SLUT, s. Botramaid, bréineag.
SLUTTISH, adj. Salach, breun, mosach.

SLUTTISHNESS, *s.* Mosaiche.

SLY, *adj.* Carach, sligheach, mealltach.

SMACK, *s.* Blǎs, deagh-bhlas; sgleog pòige; long aon chrannach.

SMALL, *adj.* Beag, crìon, cutach; caol; meanbh; mìn, pronn.

SMALL-COAL, *s.* Gual-caoranach.

SMALLNESS, *s.* Bigead, crine, lughad, caoile, caoilead; laigead, di-neart.

SMALLPOX, *s.* A' Ghall-bholgach; a' bhreac; a' bhàn-ghucach; a' bhean-mhath. *N. H.*

SMALT, *s.* Guirmean, dath gorm.

SMART, *adj.* Sgairteil, tapaidh, beothail; sgealparra, smiorail, geur.

SMART, *s.* Pian, guin, goimh, cràdh.

SMART, *v. n.* Pian, goirtich, crean.

SMARTNESS, *s.* Sgairtealachd, tapadh, beothalachd, smioralas, géire.

SMATCH, *s.* Blǎs; fàileadh.

SMATTERING, *s.* Leth-eòlas.

SMEAR, *v. a.* Smiùr, buaichd.

SMELL, *v.* Snòtaich, srònaisich; biodh fàileadh dhìot.

SMELL, *s.* Fàileadh, bòladh.

SMELT, *s.* Am mòrgadair.

SMELT, *v. a.* Leagh.

SMELTER, *s.* Leaghadair.

SMERK, *v. n.* Amhairc gu tlà, ghràdhach, &c.

SMERK, SMIRK, *adj.* Cridheil; sunntach.

SMIKET, *s.* Còta-bàn boireannaich.

SMILE, *v. n.* Dean fàite; dean snodha ghàire; bi mìog-shuileach.

SMILE, *s.* Fàite, fèith-ghàire, fiamhghàire, snodha-gàire; miog-shealladh.

SMITE, SMITTEN, *part. pass.* of *to smite.* Buailte, marbh, millte.

SMITE, *v. a.* Buail, marbh, mill.

SMITH, *s.* Gobha, gobhainn.

SMITHERY, SMITHY, *s.* Cèardach.

SMOCK, *s.* Léine boirionnaich.

SMOCKFACED, *adj.* Smigeideach, lom.

SMOKE, *s.* Smùid, ceò, deatach.

SMOKE, *v.* Tilg smùid, no toit; gabh pìob thombaca, faigh air fhàileadh; lòrgaich a mach.

SMOKE-DRY, *v. a.* Tiormaich san tòit.

SMOKY, *adj.* Toiteach, ceòthach.

SMOOTH, *adj.* Mìn, sleamhainn réidh, còmhnard; tlà, ciùin; sèimh; lom.

SMOOTH, *v. a.* Mìnich; dean réidh; dean còmhnard, sliob, lìomh; sleamhnaich, ciùinich.

SMOOTHNESS, *s.* Mìnead; lìomhachas; sleamhnad, ciùinead.

SMOTE, *pret.* of *to smite.* Bhuail, mharbh, mhill.

SMOTHER, *v. a.* Mùch, tachd, caisg.

SMOTHER, *s.* Toitearlach, casg.

SMUG, *adj.* Deas, sgeinmeil, sgeilmeil, spailpeanta; cuimir, sgiult.

SMUGGLE, *v. a.* Dean cùiltearachd.

SMUGGLER, *s.* Ciùltear.

SMUGGLING, *s.* Cùiltearachd.

SMUGNESS, *s.* Sgeinmealachd.

SMUT, *s.* Salachar, draosdachd.

SMUTTY, *adj.* Salach; draosda.

SNACK, *s.* Roinn, cuid, cuibhrionn.

SNAFFLE, *s.* Srian-sròine.

SNAIL, *s.* Seilicheag, seilcheag.

SNAKE, *s.* Rìghinn, nathrair-shuairc.

SNAKEROOT, *s.* Seòrsa luibh.

SNAKY, *adj.* Nathaireil; lùbach.

SNAP, *v.* Cnac, bris, teum, beum, gearr, tiolam; glac gu grad.

SNAP, *s.* Cnac, teum, beum, tiolam.

SNAPPER, *s.* Tiolpadair, beumaire.

SNAPPISH, *adj.* Tiolamach; beumach; dranndanach, dreamach, crosda.

SNAP-SACK, *s.* Àbarsgaig saighdear.

SNARE, *s.* Ribe, painntir, lìon, eangach, ceap-tuislidh, goisid.

SNARE, *v. a.* Rib, glac, painntirich.

SNARL, *v. n.* Dean dranndan, dean grunsgul; labhair gu cǎs.

SNARLER, *s.* Dranndanaich; diorrasan.

SNATCH, *v.* Glac, beir air; tiolp, teum, thoir tiolam, thoir sitheadh.

SNATCH, *s.* Greis; tiolp, làn-beòil.

SNEAK, *v. n.* Fèathlaidh, snàig, crùb.

SNEAKING, *adj.* Snàgach, dìblidh.

SNEER, *v. a.* Seall gu tarcuiseach, dean gàire, dean fanaid, mǎg.

SNEER, *s.* Sealladh-mǎgaidh, sealladh, fanaideach, facal tàireil; beum.

SNEEZE, *v. n.* Dean sreothart.

SNEEZE, *s.* Sreothart, sreothartaich.

SNEEZEWORT, *s.* Am meacanragaim, SNICER, *v. n.* Dean faoin-ghaire.

SNICK AND SNEE, *s.* Biodagraich.

SNIPE, *s.* An meannan-adhair.

SNIVEL, *v. n.* Dean smùchanaich.

SNORE, *s.* Srann-chadal.

SNORT, *s.* Srannartaich, séidrich.

SNOUT, *s.* Soc; gnos, sòrn, sròn.

SNOW, *s.* Sneachda.

SNOWDROP, *s.* A' ghealag-làir.

SNOWY, *adj.* Sneachdach; sneachdaidh.

SNUB, *s.* Cruaidh-shnaimh, gath.

SNUFF, *s.* Smàl coinnle; snaoisean.

SNUFF, *v.* Sròineisch; snòtaich, gabh snòitean; smàl.

SNUFFBOX, *s.* Bocsa-snaoisein.

SNUFFERS, *s.* Smàladair.

SNUFFLE, *v. n.* Labhair gu glòmach.

SNUG, *adj.* Clùmhar, còsach.

SNUGGLE, *v. n.* Laidh gu clùmhar.

So, *adv.* Mar sin, mar so, mar sud, air an dòigh so, air an dòigh sin, air an dòigh ud, air an t-seòl so, air an t-seòl sin, air an t-seòl ud.

SOAK, v. Bog, sùgh; fliuch; sùig, òl.

SOAP, s. Siabunn.

SOAB, v. n. Itealaich gu h-àrd; éirich.

SOB, s. Osann, osna, ospag, plosg.

SOB, v. n. Dean osann, dean osnaich.

SOBER, adj. Measarra, stuama, geimnidh, ciùin; riaghailteach.

SOBER, v. a. Dean measarra; dean cùim, thoir gu céill.

SOBERNESS, SOBRIETY, s. Measarrachd; stuamachd, geimnidheachd, ciùineas.

SOCIABLE, adj. Caidreach, caideara, cuideachdail, càirdeil; còmpanta, conaltrach.

SOCIABLENESS, s. Caireamhachd; caidearach; còmpantachd.

SOCIAL, adj. Caidreamhach, comunnach, daonnach.

SOCIETY, s. comunn, cuideachd; aonachd; cinneadh-daonna; còisir.

SOCINIAN, s. Fear cumail a mach nach co-ionann Criosd ri Dia, fearleanmhainn Socinuis.

SOCK, s. Fochann, bréid-bròige.

SOCKET, s. Ceal; lag na sùl.

SOD, s. Fàl, fàilean, tobhta.

SODALITY, s. Còmpanas, comunn.

SODDEN, part. Leth-bhruich.

SOFA, s. Langsaid, làmhsaid.

SOFT, adj. Bog, bogar; tais; maoth, tlà; mìn, ciùin, sèimh; farasda, fòil, caomh, baoghalta.

SOFT, interj. Socair! air do shocair!

SOFTEN, v. Bogaich, taislich, maothaich, ciùinich.

SOFTLY, adv. Gu fòil, gu ciùin.

SOFTNESS, s. Buige, tai…e; caoimhneas, ciùineas, maothalachd; taisealachd.

SOIL, v. a. Salaich, dubh, truaill; mathaich, innearaich.

SOIL, s. Ùir, talamh; fearann, tìr; inneir, aolach, salchar; sal.

SOJOURN, v.n. Còmhnaich, gabh còmhnaidh; tuinich, fan, fuirich.

SOJOURN, s. Còmhnaidh, cuairt.

SOJOURNER, s. Fear-cuairt, aoidh.

SOJOURNING, s. and part. Cuairt; eilthire, turas.

SOLACE, s. Sòlas; co-ghàirdeachas.

SOLACE, v. a. Thoir sòlas, furtaich.

SOLAN-GOOSE, s. Sùlair, guga.

SOLAR, SOLARY, adj. Gréine; grianach.

SOLD, pret. part. of to sell. Reicte.

SOLLIER, s. Saighdear, milidh.

SOLDIERSHIP, s. Saighdearachd.

SOLDIERY, s. Saighdearan.

SOLE, s. Bonn coise na bròige; lèabag.

SOLE, v. a. Cuir bonn air.

SOLE, adj. A mhain, aon-fhillte.

SOLECISM, s. Baoth-labhradh.

SOLELY, adv. A mhàin; gu sòn̄aichte.

SOLEMN, adj. Sòlaimte, greadhnach; foirmeil; tiamhaidh, trom.

SOLEMNITY, s. Sòlaimteachd; deasghnàth bliadhnail; greadhnachas.

SOLEMNIZE, v. a. Urramaich; coimhid gu deas-ghnàthach.

SOLICIT, v. a. Aslaich, guidh, grìos.

SOLICITATION, s. Aslachadh, guidhe, grìosadh; sireadh; mosgladh, dùsgadh, brosnachadh.

SOLICITOR, s. Fear-tagairt.

SOLICITOUS, adj. Iomaguineach, cùramach; déidheil.

SOLICITRESS, s. Ban-achanaiche.

SOLICITUDE, s. Iomaguin, ro-chùram.

SOLID, adj. Teann, daingeann, tiugh, trom, tarbhach; neò-fhàs, làidir; fior; glic, suidhichte.

SOLID, s. Tiugh, a'chuid theann do'n chorp; ni sam bith aig am beil fad, leud, agus tiuighead.

SOLIDITY, s. Tairbhe, tiuighead, taicealachd; gramalas; ciall, toinisg.

SOLIDNESS, s. Tiuighead; ciall.

SOLILOQUIST, s. Féin-labhairtiche.

SOLILOQUIZE, v. a. Labhair riut-féin.

SOLILOQUY, s. Féin-labhairt.

SOLITARY, adj. Aonaranach; uaigneach, fàs; tiamhaidh; ùdlaidh.

SOLITUDE, s. Uaigneas; fàsach.

SOLO, s. Port aon inneil.

SOLSTICE, s. Grian-stad.

SOLUBLE, adj. So-leaghadh, fuasglach.

SOLUTION, s. Dealachadh; leaghadh; ni leaghte; fuasgladh, mineachadh.

SOLUTIVE, adj. Purgaideach.

SOMATOLOGY, s. Corp-theagasg.

SOLVE, v. a. Fuasgail, mìnich.

SOLVENCY, s. Comasachd air ìocadh.

SOLVENT, adj. Comasach air ìocadh.

SOME, adj. Cuid, roinn, feadhainn.

SOMBRE, SOMBROUS, adj. Dorcha, neulach, gruamach, dubh.

SOMEBODY, s. Neach-eigin, cuid-eigin.

SOMEHOW, adv. Air chor-eigin.

SOMERSET, SUMMERSET, s. Căr-a'-mhuiltean, căr-a'-mhuiltean air an stob.

SOMETHING, s. Rud-eigin, ni-eigin.

SOMETHING, adv. A leth-char.

SOMETIME, adv. Uair-eigin.

SOMETIMES, adv. Air uairibh.

SOMEWHAT, s. Beagan, rud-eigin.

SOMEWHAT, adv. A leth-char.

SOMEWHERE, adv. An àit'-eigin.

SOMNIFEROUS, SOMNIFIC, adj. Cadalach, cadaltach, dùsalach.

SOMNOLENCY, s. Cadaldachd.

SON, s. Mac, *from* "meac," an extraction. *Dim* "meacan," hence macan.
SON-IN-LAW, s. Cliamhuinn.
SONG. s. Àmhran; òran; dàn.
SONGSTER, s. Òranaiche.
SONGSTRESS, s. Ban-òranaiche.
SONIFEROUS, SONORIFIC, SONORIFEROUS, *adj.* Fuaimneach.
SONNET, s. Luinneag, duanag.
SONOROUS, *adj.* Ard-ghuthach.
SOON, *adv.* A chlisge, gu luath, an ùin ghearr, gu tràthail, luath, grad.
SOOT, s. Sùithe; *etymo.* Sùgh-thigh.
SOOTED, *adj.* Sùidhte, làn sùithe.
SOOTH, s. Fìrinn; dearbh-fhìrinn.
SOOTHE, *v. a.* Breug, tàlaidh; ciùinich.
SOOTHSAY, *v. a.* Fàisnich.
SOOTHSAYER, s. Fiosaiche, fàidh.
SOOTHSAYING, s. Fiosachd, fàisneachd.
SOOTY, *adj.* Sùitheach, dorcha.
SOP, s. Ròmag, stapag.
SOP, *v. a.* Tùm ann an spiorad.
SOPH, s. Stuidear òg Sasunnach.
SOPHISM, s. Cealg-ràdh.
SOPHIST, SOPHISTER, s. Breug-reusonaiche, feallsanach carach.
SOPHISTICAL, *adj.* Fallsa, cealgach.
SOPHISTICATE, *v. a.* Truaill, mill.
SOPHISTICATION, s. Truailleadh.
SOPHISTRY, s. Reusonachd mheallta.
SOPORIFEROUS, SOPORIFIC, *adj.* Cadalach, cadaltach, pràmhail.
SORCERER, s. Fiosaiche, drùidh.
SORCERESS, s. Ban-drùidh, baobh.
SORCERY, s. Drùidheachd, fiosachd.
SORD, s. Àilean, lianan.
SORDES, s. Mosaiche; anabas, draib.
SORDID, *adj.* Salach, mosach, crìon, mìodhur, biastail, spìocach.
SORE, s. Creuchd, lot, cneadh.
SORE, *adj.* Goirt, cràiteach, piantail.
SOREL, s. Tri-bhliadhnach buic.
SORREL, s. Sealbhag; biadh-eunain.
SORROW, s. Mulad, bròn.
SORROWFUL, *adj.* Muladach, brònach.
SORRY, *adj.* Duilich, muladach, brònach; suarrach, dìblidh, truagh.
SORT, s. Seòrsa, gnè; modh, dòigh.
SORT, *v.* Cuir gu dòigh, cuir an òrdugh; seòrsaich; roinn; riaghailtich.
SORTANCE, s. Freagarrachd.
SORTMENT, s. Cur an òrdugh.
SOT, s. Burraidh, ùmaidh, misgear.
SOUL, s. Anam; deò, spiorad.
SOUND, *adj.* Slàn, fallain; glic.
SOUND, s. Caolas; tanalach mara.
SOUND, *v.* Dean fuaim, dean toirm; gleang; tomhais doimhneachd; sgrùd, raunsaich; séinn, mol, séirm.

SOUNDING, *adj.* Fuaimneach.
SOUNDNESS, s. Fallaineachd, slàinte fìrinn, trèidhireas.
SOUP, s. Eanaraich, eun-bhrigh.
SOUR, *adj.* Goirt, geur, garg, searbh; doirbh, crosda, dùr, gruamach.
SOURCE, s. Tobar; ceud-aobhar. mathair-aobhair, bun, freumh.
SOURISH, *adj.* A leth char goirt.
SOUS, s. Bonn-Fràngach.
SOUSE, *adv.* Le splad; le sic.
SOUTH, s. An àirde deas, deas.
SOUTH, *adj.* Deas, deasach.
SOUTH-EAST, s. An eara-dheas.
SOUTHERLY, *adj.* Deas, á deas, mu dheas; deiseal.
SOUTHWEST, s. An iar-dheas.
SOVEREIGN, s. Rìgh; òr-fhichead-tastan.
SOVEREIGN, *adj.* Rìoghail; còrr.
SOVEREIGNTY, s. Uachdaranachd.
SOW, s. Muc, crain, orc.
SOW, *v.* Cuir, sìol-chuir; sgaoil.
SOWENS, s. Làgan, càbhraich.
SPACE, s. Uidhe, rùm; farsuinneachd; ùin; àm, tìm; astar, greis.
SPACIOUS, *adj.* Farsuinn, mòr.
SPACIOUSNESS, s. Farsuinneachd.
SPADDLE, s. Pleadhan, pleadhag.
SPADE, s. Spaid; caibe, coibe.
SPALL, s. A' ghualainn.
SPAN, s. Rèis, naoi-òirlich.
SPAN, *v. a.* Tomhais le rèis.
SPANGLE, s. Spangan *M.d.*
SPANGLE, *v. a.* Loinnrich, boillsg.
SPANIEL, s. Cù-eunaich; sgimileir.
SPANISH, *adj.* Spàinteach.
SPANNER, s. Gleus-gunna.
SPAR, s. Tarsannan, crann, glas.
SPAR, *v.* Duin. glais; dòrn, cath.
SPARABLE, s. Mion-tharung.
SPARE, *v.* Caomhain, sàbhail, bi bàigheil ri; seachainn, bi caonntach.
SPARE, *adj.* Gann, truagh; caonntach.
SPARERIB, s. Aisinn air bheag feòla.
SPARING, *adj.* Gann, spìocach.
SPARK, s. Srad, sradag; dril; lasgaire, gasganach, òganach spairiseach.
SPARKLE, s. Tuireann; lannair, dealradh, sradagraich.
SPARKLE, *v.* Lannair, dealraich; sradagaich; deàrrs, boillsg, soillsich.
SPARKLING, *adj.* Loinnreach, dealrach; sradagach; drilseach, soillseach.
SPARROW, s. Gealbhonn, glas-eun.
SPARROW-GRASS, s. Creamh-mac-féigh.
SPARROWHAWK, s. An speireag.
SPASM, SPASMODICAL, s. Féith-chrupadh, orc, ìonga, ìne.
SPASMODIC, *adj.* Féith-chrupach, orcach, iodhach, ìneach.

SPAT, *s.* Maoirneag.

SPATTER, *v.* Spult, salaich; tilg smug-aid, cùl-chàin.

SPATTERDASHES, *s.* Casa-gearra.

SPATULA, *s.* Spaideal, maide-poite.

SPAW, *s.* Tobar-mheine.

SPAWL, *s.* Smugaid, splangaid.

SPAWN, *v.* Cladh; sìolaich.

SPAWN, *s.* Iuchraichean éisg; sìol.

SPAWNER, *s.* Iasg-iochrach.

SPAWNING, *s.* Cladh, mealagachadh.

SPAY, *v. a.* Spoth ainmhidhean boireann.

SPEAK, *v.* Labhair, bruidhinn, abair, can, bruidhnich; innis, luaidh, aithris.

SPEAKABLE, *adj.* So-labhairt, còmh-raideach, conaltrach.

SPEAKER, *s.* Fear-labhairt.

SPEAKING, *s.* Bruidheann, labhairt.

SPEAR, *s.* Sleagh, craosach, mòrghath,

SPEARMINT, *s.* Mionntainn.

SPEARWORT, *s.* Glais-leun.

SPECIAL, *adj.* Àraidh, sònraichte; òirdheirc, prìomh; neo-choitcheann.

SPECIES, *s.* Gné, seòrsa, dream.

SPECIFIC, *adj.* Àraid, àraidh, sònraichte.

SPECIFIC, *s.* Ùrchasg; iocshlaint.

SPECIFY, *v. a.* Comharraich, ainmich.

SPECIMEN, *s.* Samhla; sampull.

SPECIOUS, *adj.* Greadhnach; dealbh-ach, aogasach, coltach.

SPECK, *s.* Smal, sal, ball.

SPECK, *v. a.* Salaich, ballaich.

SPECKLE, *s.* Spotag, ball beag.

SPECKLE, *v. a.* Ballaich, breacaich.

SPECKLED, *adj.* Ballach, balla-bhreac.

SPECTABLE, *s.* Sealladh, ball-amhairc.

SPECTACLES, *s.* Speuclair.

SPECTATOR, *s.* Fear-amhairc.

SPECTRE, *s.* Tannasg, bòcan.

SPECULATE, *v.* Smaointich, beachdaich, cnuasaich; cunnartaich.

SPECULATION, *s.* Beachdachadh, smaointeachadh, rannsachadh, deuch-ainn, dealbhadh.

SPECULATIVE, *adj.* Beachdail, smuain-teachail, tionnsgnach.

SPECULATOR, *s.* Dealbhadair, tionn-sgnaiche; fear-beachdachaidh.

SPECULUM, *s.* Sgàthair.

SPEECH, *s.* Cainnt, cànan, bruidheann; labhairt, seanachas, òraid, uirghioll.

SPEECHLESS, *adj.* Balbh, gun chainnt.

SPEED, *v.* Greas, luathaich, deifirich.

SPEED, *s.* Luaths, deifir, cabhag; *good speed*, deagh shoirbheachadh.

SPEEDY, *adj.* Luath, cabhagach.

SPELL, *s.* Òradh, giseag, seun; greis.

SPELL, *v. n.* Litirich.

SPELTER, *s.* Seòrsa miotailt.

SPEND, *v.* Caith, builich, caisg; claoidh.

SFENDTHRIFT, *s.* Struidhear.

SPERM, *s.* Sìol-sìolachaidh.

SPERMACETI, *s.* Blonag muice mara.

SPERMATIC, *adj.* Sìolach.

SPEW, *v.* Tilg, sgeith, dìobhuir.

SPHACELUS, *s.* Cnàmhuin.

SPHERE, *s.* Cuairt cruinne, cruinne-cé; ball cruinn; inbhe, àite.

SPHERIC, SPHERICAL, *adj.* Cruinn, cuairteach, guairneach, guairsgeach.

SPHERICALNESS, SPHERICTY, *s.* Cruinn-ead, cuairteachd, guairsgeachd.

SPHERICS, *s.* Cruinn-eòlas.

SPHERULE, *s.* Cruinne beag.

SPICE, *s.* Spìosraidh.

SPICERY, *s.* Spìosraidh, peabar.

SPICK AND SPAN, *adv.* Ùr nogha.

SPICY, *adj.* Spìosrach; cùbhraidh.

SPIDER, *s.* Damhan-allaidh.

SPIGOT, *s.* Spiocaid, leigeadair.

SPIKE, *s.* Dias arbhair, bior iaruinn.

SPIKE, *v. a.* Tàirng, spàrr bior iaruinn.

SPIKENARD, *s.* Boltrachan, spiocnard,

SPILL, *v.* Dòirt; taom, caill, mill.

SPILTH, *s.* Ni taomte sam bith.

SPIN, *v.* Snìomh, toinn, cuir dàil.

SPINAGE, *or* SPINACH, *s.* Bloinigean.

SPINDLE, *s.* Dealgan, fearsaid.

SPINDLE-SHANKED, *adj.* Caol-chasach.

SPINE, *s.* Cnàimh na droma.

SPINET, *s.* Seòrsa-inneal-ciùil.

SPINIFEROUS, *adj.* Deilgneach.

SPINK, *s.* An lasair-choille.

SPINSTER, *s.* Bana-chalanaich, ban-sniomhaich, boireannach neo-phòsta.

SPINY, *adj.* Deilgneach, driseach.

SPIRACLE, *s.* Toll gaoithe, toll caol.

SPIRAL, *adj.* Snìomhanach.

SPIRE, *s.* Stìopull; binein.

SPIRIT, *s.* Spiorad; tannasg, anam; misneach, smior, smioralas, smearal-as, beothalas; nàdur, gné, càil; deò, beatha; uisge-beatha, deoch làidir.

SPIRIT, *v. a.* Misnich, brosnaich; meall; tàlaidh, goid air falbh.

SPIRITED, *adj.* Misneachail, smiorail, duineil, beò, sgairteil.

SPIRITEDNESS, *s.* Misneach, smioralas.

SPIRITLESS, *adj.* Neo-mhisneachail, neo-smiorail, neo-dhuineil, neo-bheò, neo-sgairteil; gealtach, tròm, marbh, neo-shunntach.

SPIRITUAL, *adj.* Spioradail, neo-chorp-orre, nèamhaidh; naomha, diadhaidh, inntinneach.

SPIRITUALITY, *s.* Spioradalachd, neo-chorporrachd, cràbhadh.

SPIRITUALIZE, *v. a.* Naomhaich, glan.

SPIRITUOUS. *adj.* Làidir mar dheoch.

SPIRT, *v.* Sgiùrd, spùt, steall.

Spiry, *adj.* Barra-chaol; spiriseach.
Spit, *s.* Bior, feòla, bior-ròsta.
Spit, *v.* Cuir air bior; tilg smugaid.
Spitchcock, *s.* Easgann ròiste.
Spite, *s.* Gamhlas, mì-run falachd, miosgainn, fuath.
Spite, *v. a.* Farranaich, feargaich.
Spiteful, *adj.* Gamhlasach.
Spitefulness, *s.* Gamhlasachd.
Spittle, *s.* Smugaid, seile.
Splash, *v. a.* Spairt, spliut.
Splahsy, *adj.* Salach, làthachail.
Splay, *v. a.* Cuir ás an ált.
Splayfoot, *adj.* Spliathach, pliutach.
Spleen, *s.* An dubh-liath, fearg; farmad, gamhlas; beum-corraich; airsneul.
Spleenful, *adj.* Farmadach, gamhlasach, feargach, crosda.
Splendent, *adj.* Loinnreach, dearsach, dealrach, boillsgeil, soillseach.
Splendid, *adj.* Dealrach, loinnreach; ro ghrinn; greadhnach, basdalach.
Splendour, *s.* Dealradh, dearrsadh, lainnir, boillsgeadh ; greadnachas.
Splenetic, *adj.* Frionasach, crosta.
Splenetive, *adj.* Teinntidh, dian.
Splice, *v. a.* Tàth, teum.
Splint, *s.* Bloigh, *pl.* bloighdean.
Splinter, *s.* Sgealban, spealg.
Split, *v. a.* Sgoilt, sgealb; bris, bruan; crac; srac, sgàin.
Splutter, *s.* Tuasaid, sabaid, caonnag, aimhreite, connsachadh, ùprait.
Spoil, *v.* Spùinn, spùill, creach, mill, truaill, cuir a dholaidh.
Spoil, *s.* Cobhartach, creach.
Spoiler, *s.* Spùilleadair, fear reubainn, milltear; fear truaillidh.
Spoke, *s.* Tarsanan ratha.
Spokesman, *s.* Fear-labhairt.
Spoliation, *s.* Spùilleadh, milleadh.
Sponsal, *adj.* Maraisteach, pòsaidh.
Sponsor, *s.* Goistidh, urras.
Spontaneous, *adj.* Saor, deònach.
Spontaneously, *adv.* A dheòin.
Spontaneousness, *s.* Deònachd.
Spool, *s.* Iteachan; tachras.
Spoon, *s.* Spàin.
Spoonful, *s.* Làn spàine.
Sport, *s.* Cluich spòrs ; fala-dhà, fearas-chuideachd ; àbhachd, sealg.
Sport, *v.* Cluich, dean mire, dean sùgradh, dean spòrs, dean meoghail.
Sportful, *adj.* Cridheil, sunntach, aighearach, mireagach, sùgach.
Sportfulness, *s.* Cridhealas, mire.
Sportive, *adj.* Mear, cridheil, aighearach, sùgach, suigeartach.
Sportsman, *s.* Gìomanach, sealgair.
Spot, *s.* Smal, ball, ionaid; tàmailt.

Spot, *v. a.* Salaich; ballaich, truaill.
Spotless, *adj.* Gun smal, gun bhall, gun ghaoid, gu ghò, gun choire.
Spotted, *adj.* Ballach, balla-bhreac, salach, truaillidh.
Spousal, *s.* Pòsadh, maraiste.
Spouse, *s.* Céile, céile-pòsta.
Spout, *s.* Steall, pìoban; srùlag.
Spout, *v. a.* Spùt, steall, doirt.
Spoutfish, *s.* Muirsgian.
Sprain, *s.* Snìomh, siachadh.
Sprat, *s.* Gearra-sgadan, sàrdail.
Sprawl, *v. n.* Smògaich, snàig.
Spray, *s.* Cathadh mara; barr-géige.
Spread, *v.* Sgaoil; sgap; còmhdaich; sin a mach, foillsich.
Spreut, *part.* Sgapte, sgaoilte.
Sprig, *s.* Faillean, maothan, fiùran.
Spright, *s.* Tannasg.
Sprightliness, *s.* Beothalas.
Sprightly, *adj.* Beò, meamnach, mear, smiorail, cridheil, sunntach, suilbhear; aotrom.
Spring, *v.* Fas, cinn; sruth a mach; spùt; leum, thoir leum.
Spring, *s.* Earrach ; leum, cruinnleum, sùrdag; fuaran, sùbailteachd.
Springe, *s.* Ribe, gòisid.
Springhalt, *s.* Ceum-crùbaich.
Springle, *s.* Dul, lub-ruithe.
Springtide, *s.* Reothairt; aislear.
Sprinkle, *v.* Crath, sgap; 'sgaoil.
Sprinkling, *s.* Crathadh, sgapadh, sgaoileadh, maoth-fhliuchadh.
Sprit, *s.* Ogan, maoth-fhailean.
Sprite, *s.* Spiorad, tannasg, màileachan.
Spritsail, *s.* Seòl-spreòid.
Sprout, *v. n.* Cuir a mach faillean.
Sprout, *s.* Faillean, fiùran, maothan, buinneag, ùr-fhàs, gineag.
Spruce, *adj.* Sgeilmeil, sgiolta ; snasmhor ; spailpeanta ; deas.
Spruce, *s.* Seòrsa giubhais.
Spruceness, *s.* Sgilmeileachd.
Spud, *s.* Duirceall.
Sprunt, *s.* Maide garbh cutach.
Spume, *s.* Cobhar, cop.
Spumous, Spumy, *adj.* Cobharach.
Spung, *s.* Spong, fàisgean.
Spungy, *adj.* Spongach, còsagach.
Spunk, *s.* Brathadair, lasadan.
Spun, *pret.* and *p. part.* of to *spin.* Shniomh ; sniomhte.
Spur, *s.* Spor; spuir; brosnachadh.
Spur, *v. a.* Spor, greas, stuig, brod.
Spurious, *adj.* Mealltach, truaillidh.
Spurling, *s.* Spéirleag.
Spurn, *v.* Breab; cuir dimeas air diùlt le tàire dean tarcuis air.
Spurn, *s.* Breab, dimeas, tarcuis.

SPURT, s. Briosgadh.
SPUTTER, v. Dean bladaireachd.
SPY, s. Beachdair, fear-brathaidh.
SPY, v. Beachdaich, faigh a mach; brath, rannsaich; dearc leis an t-sùil.
SPYBOAT, s. Bàta brathaidh.
SPYGLASS, s. Glain'-amhairc.
SQUAB, adj. Neo-chlòimhichte, goirid, cutach, bunach, dòmhail; tiugh; reamhar, pocanach.
SQUAB, s. Sàsag, suidheachan.
SQUABBISH, SQUABBY, adj. Feolmhor, dòmhail, trom, somalta.
SQUABBLE, v. n. Connsaich, dean strì.
SQUABBLE, s. Tuasaid, sabaid, connsachadh, brionglaid, buaireas.
SQUABBLER, s. Buaireadair.
SQUADRON, s. Earrann cabhlaich no feachd.
SQUALID, adj. Salach; mosach, dèisneach, sgreamhail.
SQUALL, SQUAL, v. n. Sgread, sgiamh.
SQUALL, s. Sgal gaoithe, sgread, sgiamh, sgrèach.
SQUALLY, adj. Oiteagach, gaòthar.
SQUAMOS, SQUAMOUS, adj. Lannach.
SQUANDER, v. a. Caith, strùigh, sgap, cosg, mill.
SQUANDERER, s. Strùighear.
SQUARE, adj. Ceithir-chèarnach; cothromach; ceart, ionraic.
SQUARE, s. Ceithir-chearnag.
SQUARE, v. Dean ceithir chèarnach; socraich, dean cothromach; riaghailtich; cuir an òrdugh.
SQUASH, s. Splad, splaitseadh.
SQUAT, v. n. Crùb, liùg, laidh sìos.
SQUAT, s. Crùban, gurraban.
SQUAT, adj. Saigeanta, cutach, bunach.
SQUEAK, v. n. Sgiamh; sgread, sian.
SQUEAK, s. Sgiamh chabhagach.
SQUEAMISH, adj. Òrraiseach, gratharra, àilleasach, faralach.
SQUEEZE, v. a. Teannaich, mùch; brùth, fàisg; sàraich, claoidh.
SQUELCH, s. Splad, plaidse.
SQUIB, s. Paipeir sradagach.
SQUINT, adj. Claon, fiar-shuileach.
SQUINT, v. Seall claon no fiar.
SQUINTEYED, adj. Fiar-shuileach.
SQUIRE, s. Ridire beag.
SQUIRE, v. a. Comhaidich, treòraich.
SQUIRREL, s. An fheòrag.
SQUIRT, v. a. Sgiort, steall, taosg.
SQUIRT, s. Stealladair, gunn-uisge.
STAB, v. a. Troi-lot, sàth.
STAB, s. Sàthadh, lot, leòn.
STABILITY, s. Bunailteachd, buansheasamh, maireannachd; cinnteachd.

STABLE, adj. Daingeann, buan, bunaiteach, seasmhach, maireannach, diongmhalta.
STABLE, s. Stàbull, marc-lann, eachlann.
STACK, s. Cruach, mulan, ruc, tudan.
STACK, v. a. Cruach, cruinnich, càrn.
STADLE, s. Lorg, trostan; òg-chrann.
STAFF, s. Bata, lorg; bachall; cuaille; samhach, cas; suaicheantas; cùltaic.
STAG, s. Damh cabrach féigh.
STAGE, s. Ionad-cluiche, ceann-uidhe.
STAGE-COACH, s. Càrbad-rèidh.
STAGGARD, s. Damh féigh ceithirbhliadhnach.
STAGGER, v. Breathlaich, tuainealaich, tuislich, bi gu tuiteam; bi 'n ioma-cheist; oilltich, cuir am breathal, cuir air boile.
STAGGERS, s. Galair each.
STAGNANT, adj. Neo-ghluasadach.
STAGNATE, v. n. Stad mar ni uisge.
STAGNATION, s. Lodachadh, stad.
STAID, adj. Stòlda, suidhichte, glic.
STAIN, s. Ball, sal, spot, coire, truailleadh; lochd, gaoid; dath, lì; tàmailt, nàire, mi-chliù.
STAIN, v. a. Salaich, ballaich; truaill; nàraich; maslaich.
STAIR, s. Staidhir, staidhre.
STAIRCASE, s. Ionad-staidhreach.
STAKE, s. Post, maolanach; carragh, colbh; geall; cipein, bacan.
STAKE, v. a. Gramaich, daighnich, gabh aige; cuir geall.
STALACILITES, s. Caisean-snidhe.
STALE, adj. Sean; goirt; searbh.
STALE, v. n. Mùin, dean uisge.
STALENESS, s. Seanndachd, goirteas.
STALK, v. n. Ceumnaich; spaisdeirich, imich gu stàtail; eulaidh.
STALK, s. Ceum uallach; cas cuiseige, cuinnlein, cuiseag, gas, galan.
STALKINGHORSE, s. Each-sèilge.
STALKY, adj. Cuiseagach, cuinnleineach, gasach, galanach.
STALL, s. Prasach, buaigheal, bualaidh, ionad-biathaidh mhart no each.
STALL, v. a. Biath, cuir am bà-thaigh.
STALLION, s. Òigeach, àigeach, greigheach, greigheire. Ir.
STAMINA, s. Brìgh, stuth; smior, bun, susbaint.
STAMMER, v. n. Bi manndach no liodach, dean gagaireachd.
STAMMERER, s. Fear manndach, liodach, gagaire, glugaire.
STAMP, v. Staile; pronn, brùth; comharraich.
STAMP, s. Àile; dealbh, comharradh

uidheam comharrachaidh, seòrsa, sliochd.

STANCH, v. Cuir stad air fuil, &c.

STANCH, adj. Dian; diongmhalta, daingeann, làidir, bunaiteach, fìrinneach, fior, dìleas.

STANCHION, s. Cùl-taic, gobhal, gàd.

STAND, s. Seasamh, àite-seasaimh ; stad, teagamh ; ioma-cheist ; bùth.

STAND, v. Seas, seasamh ; dean seasamh, fuirich, fan, stad ; mair ; fuilig, giùlain ; buanaich.

STANDARD, s. Suaicheantas, bratach, meirghe ; craobh ; riaghailt-shuidhichte, modh-seasmhach.

STANDEL, s. Seanna chraobh.

STANDING, s. Seasamh ; buanachadh; mairsinn ; cor ; inbhe.

STANDING, part. adj. Suidhichte, socraichte, seasmhach, buan.

STANDISH, s. Seas-dubh. I. R.

STANG, s. Cùig slat gu leth.

STANNARY, s. Méinn staoine.

STANZA, s. Rann, ceithreamh.

STAPLE, s. Margadh shuidhichte ; stìnleag, stapall.

STAPLE, adj. Socraichte, margail.

STAR, s. Riohnag, reull.

STARBOARD, s. Taobh deas luinge.

STARCH, s. Stalcair, stalc.

STARCH, v. a. Stalcaich, stalc.

STARCHED, adj. Stalcanta.

STARE, v. n. Spleuc, geur-bheachdaich.

STARE, s. Spleuc, geur-amharc.

STARGAZER, s. Reuladair, speuradair.

STARK, adj. Fìor, iomlan ; rag, làidir ; teann, dearrasach.

STARKLY, adv. Gu rag, gu làidir.

STARLIGHT, s. Reull-sholus.

STARLIKE, adj. Rionnagach, reannagach, drilinneach.

STARLING, s. Druid, druid-dubh.

STARRED, adj. Rionnagach, reulltach.

STARRY, adj. Rionnagach, reulltach.

STARSHOOT, s. Sgeith-rionnaige.

START, v. Clisg, grad-leum, criothnaich, grad-éirich, falbh, siubhail; cuir clisgadh air ; cuir ás an alt ; cuir ás àite ; cuir san rathad.

START, s. Clisgeadh ; briosgadh, gradleum ; teannadh air falbh ; toiseach.

STARTING, s. Clisgeadh, briosgadh, leum.

STARTLE, v. Clisg, cuir clisgeadh air ; oilltich, cuir eagal air, cuir maoim air ; crùp, crùb

STARTISH, STARTLISH, adj. Gealtach, eagalach, maoimeach.

STARVE, v. Cuir gu bàs le gort no fuachd ; meilich.

STARVLING, s. Fear-caoile, creutair truagh, gortach.

STATARY, adj. Ceangailte, suidhichte.

STATE, s. Staid, inbhe, còr, gné ; rioghachd, dùthaich ; mòr-chuis, greadhnachas, mòralachd, luchdriaghlaidh, stàta.

STATE, v. a. Cuir an céill, aithris gu puncail, thoir cunntas.

STATELINESS, s. Stàidealachd, greadhnachas, mòralachd, uaill.

STATELY, adj. Stàideil, greadhnach, flathail, rìmheach, uallach, allail.

STATEMENT, s. Cunntas.

STATESMAN, s. Fear-stàta, comhairleach-rìoghachd.

STATICS, s. Eòlas-cothromachaidh.

STATION, s. Seasamh ; àite, ionad ; dreuchd, post, oifig, inbhe.

STATION, v. a. Socraich ; suidhich.

STATIONARY, adj. Socraichte, aitichte.

STATIONERY, s. Bathar phàipeirean.

STATIONER, s. Reiceadair phàipeirean.

STATUARY, s. Gràbhalaiche.

STATUE, s. Ìomhaigh ; riochd.

STATURE, s. Àirde, àirdead.

STATUTE, s. Lagh, reachd, òrdugh.

STAVE, v. Cuir 'na chlàraibh.

STAVE, s. Clàr ; plur. Staves. Clàir.

STAY, v. Fuirich, fan, feith, stad, seas; buanaich ; còmhnaich, tuinich ; cùm, bac, caisg, gabh roimh ; cùm suas ; cum taic ri.

STAY, s. Fanachd, fatainn, fuireach, feitheamh, buanachd, stad ; dàil ; bacadh ; taic, cùl-taic ; dìon, tèarmann ; stadh ; cliabh.

STAYED, adj. Suidhichte, socraichte, stòlte, socrach ; bacte, grabte; ciùin, ciùinichte.

STAYS, s. Stadhannan ; cliabh mnatha.

STEAD, s. Ionad, riochd ; stà, feum.

STEADFAST, adj. Bunaiteach, suidhichte, daingeann, seasmhach, buan.

STEADFASTNESS, s. Bunailteas.

STEADINESS, s. Bunailt ; seasmhachd.

STEADY, adj. Bunailteach, gramail ; daingeann ; socrach, suidhichte.

STEADY, v. a. Socraich, dainguich, cum suas.

STEAK, s. Staoig, toitean ; fillean.

STEAL, v. Goid ; dean mèirle.

STEALTH, s. Goid, mèirle, braide.

STEAM, s. Toit, smùid.

STEED, s. Steud ; steud-each ; falaire.

STEEL, s. Stàilinn, cruaidh.

STEEL, v. a. Cruadhaich, stàilinnich.

STEEL, adj. Stàilinneach, cruaidh.

STEELY, adj. Cruaidh mar stàilinn

STEELYARD, s. Biorsamaid.

H

STEEP, *adj.* Corrach, c&s.

STEEP, *s.* Bruach, uchdach, bruthach.

STEEP, *v. a.* Bogaich, tùm, taisich.

STEEPLE, *s.* Stìopall, binean.

STEEPNESS, *s.* Caisead, corraichead.

STEEPY, *adj.* Corrach, c&s, creagach.

STEER, *s.* Damh òg; tarbh òg.

STEER, *v.* Stiùr, seòl; treòraich.

STEERAGE, *s.* Stiùradh, seòladh, riaghladh, steòrnadh, seòmar-mòr luinge.

STEERSMAN, *s.* Stiùradair.

STELLAR, STELLARY, *adj.* Rionnagach.

STELLATION, *s.* Drillinn.

STELLION, *s.* Arc-luachrach bhallach.

STEM, *s.* Lorg, cas, cuiseag; bun, stoc; sliochd, clann, gineal, teaghlach; toiseach luinge.

STEM, *v. a.* Gabh roimh, cum roimh, bac, caisg, cuir stad air.

STENCH, *s.* Droch thòchd, bréine.

STENOGRAPHY, *s.* Gearr-sgrìobhadh.

STENTORIAN, *adj.* Àrd-labhrach.

STENTOROPHONIC, *adj.* Àrd-ghlòireach.

STEP, *v. n.* Thoir ceum, imich, ceumnaich, coisich, gluais, rach, falbh.

STEP, *s.* Ceum; gluasad, imeachd.

STEPDAME, STEPMOTHER, *s.* Muime.

STEPDAUGHTER, *s.* Dalta nighin.

STEPFATHER, *s.* Oide, fear màthar.

STERCORACEOUS, *adj.* Inneireach.

STERCORATION, *s.* Mathachadh.

STERILITY, *s.* Fàsalachd; seasgad.

STERLING, *adj.* Fìor, firinneach.

STERLING, *s.* Airgead Sasunnach.

STERN, *adj.* Gruamach, duairceach, gnù, gnò, cruaidh; neo-thruacanta.

STERN, *s.* Deireadh luinge.

STERNNESS, *s.* Gruaim, gruamaiche; cruathas, duairceas; an-iochd.

STERNON, STERNUM, *s.* Cnàimh a' bhroilich, cnaimhe-uchda.

STEW, *v. a.* Stòbh; earr-bhruich.

STEW, *s.* Stòbh; taigh-teth.

STEWARD, *s.* Stiùbhard.

STEWARDSHIP, *s.* Stiùbhardachd.

STICK, *s.* Bioran, maide, bata, lorg.

STICK, *v.* Sàth; lot; lean, coimhlean; dlùthaich ri; lean ri; stad; cùm ri.

STICKLE, *v. n.* Connsaich; seas ri.

STICKLER, *s.* Fear-cuidichidh, fear a chumas taobh ri neach ; fear a chumas a mach gu dian.

STICKY, *adj.* Righinn, leanailteach.

STIFF, *adj.* Rag, do-lùbadh; reasgach, dùr; teann, cruaidh, deacair.

STIFFEN, *v.* Dean rag, ragaich.

STIFFNECKED, *adj.* Rag-mhuinealach.

STIFFNESS, *s.* Reasgachd, raige.

STIFLE, *v.* Mùch, tachd; cùm fodha, caisg, falaich, ceil; cuir ás.

STIGMA, *s.* Comharradh-maslaidh ; lorg, tàmailt, sgainneal, mi-chliù.

STIGMATIZE, *v. a.* Comharraich le tàire; cuir fo thàmailt.

STILE, *s.* Staidhir, ceum bealaich ; meur uaireadair gréine.

STILETTO, *s.* Cuinnsear.

STILL, *adj.* Sàmhach, ciùin, sèimh.

STILL, *s.* Poit-dubh, poit-thogalach ; sàmhchair, tosd.

STILL, *v. a.* Ciùinich, cuir sàmhach, caisg, sìthich.

STILLNESS, *s.* Ciùineas, tost, fèith.

STILTS, *s.* Trosdain; casan-còrrach.

STIMULATE, *v. a.* Spor, brod, stuig, brosnaich, cuir thuige, buair.

STIMULUS, *s.* Sporadh, brodadh, brosnachadh, buaireadh.

STING, *s.* Gath ; guin, goimh.

STING, *v. a.* Gath, cuir gath, gathaich, guin, leòn, lot, cràidh.

STINGINESS, *s.* Spìocaireachd.

STINGO, *s.* Seann lionn.

STINGY, *adj.* Cruaidh ; sanntach.

STINK, *s.* Bòladh breun; tòchd; tùt.

STINKARD, *s.* Spìocaire; bréinean.

STINT, *v. a.* Socraich; cùm a staigh.

STINT, *s.* Crìoch, ceann, bacadh ; earrann, cuibhrionn, cuid.

STIPEND, *s.* Stìopain ; tuarasdal, pàidheadh suidhichte.

STIPENDIARY, *s.* Fear-tuarasdail.

STIPULATE, *v. a.* Cùmhnantaich, socraich, sònraich, suidhich.

STIPULATION, *s.* Cùmhnant.

STIPULATIVE, *adj.* Cùmhnantach.

STIPULATOR, *s.* Cùmhnantaiche.

STIR, *v.* Gluais, caraich, glidich ; brosnaich; beothaich; stùig, cuir thuige ; tog.

STIR, *s.* Buaireas, othail, ùinich, aimhreit, strìth, iomairt.

STIRRER, *s.* Buaireadair, brosnaiche, fear moch-éiridh.

STIRRUP, *s.* C&s-dul, stiorap.

STITCH, *v. a.* Fuaigh; tàth.

STITCH, *s.* Greim snàthaid, greim fuaigheil ; guin, goimh, treathaid.

STITHY, *s.* Innein.

STIVE, *v. a.* Dòmhlaich, dean teth.

STOCK, *v. a.* Stoc; post, bun; baothaire; gurraiceach, ùmaidh; sìol, sliochd, clann, gineal, pòr, teaghlach; stòr, stòras, maoin; pac.

STOCK, *v. a.* Lìon, stocaich ; cruach, càrn, cruinnich.

STOCKDOVE, *s.* Smùdan.

STOCKFISH, *s.* Trosg tioram.

STOCKING, s. Stocain, osan.
STOCKLOCK, s. Glas-chip.
STOCKS, s. Ceap-peanais.
STOIC, s. Teallsanach a ta leanmhainn Sèno.
STOLE, s. Còta fada; rìoghail; brat.
STOLIDITY, s. Baothaireachd.
STOMACH, s. Goile, stamac, maodal; sannt bìdh, acras, àrdan, misneach, toil, togradh, dèigh.
STOMACH, v. Gabh gu dona, gabh corraich; gabh fearg.
STOMACHER, s. Uchd-chrios.
STOMACHIC, s. Leigheas goile.
STONE, s. Clach, àl.
STONE, adj. Cloiche, do chloich.
STONE, v. a. Clach, tilg clachan.
STONECAST, s. Urchair cloiche.
STONEFRUIT, s. Clach-mheas, gach meas anns am beil clach.
STONEHORSE, s. Òigeach, àigeach.
STONEPIT, s. Clach-thochailt.
STONY, adj. Clachach, làn chlach, sgàirneach; cruaidh; an-iochdmhor.
STOOL, s. Stòl, sorchan, suidheagan; ionad-suidhe; tom, fuasgladh cuirp.
STOOP, v. n. Crom, lùb, aom, gèill, strìochd, crùb, ìslich.
STOOP, s. Cromadh, lùbadh, aomadh, tuiteam; crùbadh.
STOP, v. a. Stad, cuir stad, bac, toirmisg, cùm, grab, caisg, cuir dheth, cuir dàil; sguir, leig dhìot, fan, fuirich.
STOP, s. Stad, grabadh, toirmeasg; fanachd, fuireach; dàil.
STOPPAGE, s. Aobhar stad, bacadh; stad, sgur, dàil, maille, grabadh.
STOPPLE, STOPPER, s. Àrcan.
STORE, s. Maoin, stòras, beairteas, pailteas, stoc, ionmhas; faodail, feudail; tasg-thaigh.
STORE, v. Uidheamaich, lìon, stòr, stocaich, taisg, càrn suas, cuir seachad.
STOREHOUSE, s. Taigh-stòir.
STORK, s. A chorra-bhàn.
STORM, s. Anradh, doireann, gaillionn, doinionn, stoirm, toirm, an-uair; ionnsaidh air baile-dìona.
STORM, v. Thoir ionnsaidh làidir, tog gaillionn no doinionn; bi fo chorraich; cuir sèisd. D. B.
STORMY, adj. Ànradhach, gaillionnach, doinionnach, gaothar; crosta.
STORY, s. Naidheachd, sgeul, sgeulachd; uirsgeul, eachdraidh; breug, ùrlar, lobhta.
STOT, s. Damh.
STOUT, adj. Làidir, treun, foghain-

teach, calma, comasach, toirteil, gramail, garbh, tiugh; tùrail; dàna, danarra, misneachail.
STOUTNESS, s. Treise, spionnadh, trèine, gramalas, dànadas; reasgachd, misneach.
STOVE, s. Taigh-teth; àmhuinn, seòrsa fùirneis.
STOW, v. a. Taisg, càrn suas.
STOWAGE, s. Àite-tasgaidh.
STRABISM, s. Caogadh.
STRADDLE, v. n. Imich gu gobhlach.
STRAGGLE, v. n. Rach air iomrall, rach air seacharan, rach air faontradh.
STRAGGLER, s. Fear-fuadain.
STRAIGHT, adj. Dìreach; deas.
STRAIGHT, STRAIGHTWAYS, adv. Gu grad, gu h-ealamh, air ball, gu luath, gun stad, gun dàil.
STRAIGHTEN, v. a. Dìrich.
STRAIN, v. Fàisg; sìolaidh; teannaich, dlùthaich; siach, sniomh, cumhanuaich, dean spàirn.
STRAIN, s. Fonn; siachadh, snìomh, spàirn, nàdur.
STRAINER, s. Sìolachan.
STRAIT, adj. Teann, cumhann, aimhleathan; dlù; cruaidh, duilich, docair, deacair.
STRAIT, s. Caolas, cneas mara, cunglach, àirleag; càs, teinn, teanntachd; bochdainn, sàrachadh, uireasbhuidh.
STRAITEN, v. a. Teannaich, dean aimhleathan; sàraich, claoidh.
STRAITNESS, s. Cuingead, cuinge, cruadhas, teanntachd.
STRAND, s. Tràigh, cladach; bruach.
STRAND, v. Cuir air, rach air; cuir no rach air cladach.
STRANGE, adj. Iongantach, neònach, miorbhuileach; coimheach, coigreach, allmharra, gallda; fiadhaich, aineamh, annasach; anabarrach.
STRANGE, interj. Iongantach!
STRANGER, s. Coigreach, allmharrach.
STRANGLE, v. a. Tachd, mùch, croch.
STRANGLES, s. An galar-greidh.
STRANGUARY, s. An galar-fuail.
STRAP, s. Crios. iall, stiom, giort.
STRAPPADO, s. Sgiùrsadh.
STRAPPING, adj. Mòr, calma, deas, foghainteach, tlachdmhor.
STRATA, s. Leapaichean, sreathan.
STRATAGEM, s. Cuilbheart, cogaidh.
STRATUM, s. Leabaidh, breath, sreath.
STRAW, s. Connlach; fodar.
STRAWBERRY, s. Sùbh-làir.
STRAY, v. n. Rach air seacharan, rach air iomrall; rach am mearachd.
STRAY, s. Ainmhidh seacharain.

STREAK, s. Stiall, stìom, srian.
STREAK, v. a. Stiall, stiallaich.
STREAKY, adj. Stiallach, srianach.
STREAM, s. Sruth; buinne.
STREAM, v. Sruth, ruith, dòirt.
STREAMER, s. Bratach, sròl, meirghe.
STREAMLET, s. Caochan, sruthan.
STREAMY, adj. Sruthanach.
STREET, s. Sràid.
STRENGTH, s. Neart, spionnadh, tréine, treise ; marsainn, lùgh, treòir ; cumhachd ; gramalas ; dìon ; tèarmann; dùn, daighneach ; armailt.
STRENGTHEN, v. Neartaich; beothaich; daingnich ; socraich.
STRENGTHENER, s. Neartachair.
STRENUOUS, adj. Dàna ; gaisgeil, misneachail; dùrachdach; curanta, dian, dealasach.
STREFEROUS, adj. Àrd-fuaimneach.
STRESS, s. Cudthrom; cothrom; strìth; spàirn ; eallach ; éigin.
STRETCH, v. a. Sìn, sgaoil; ragaich ; sìn a mach ; leudaich.
STRETCH, s. Sìneadh ; ionnsaidh.
STRETCHER, s. Ragadair; sìneadair; lunn-chas, luchd-iomaraidh.
STREW, v. n. Sgaoil, sgap, crath.
STRIÆ, s. Claisean slige-chreachainn no slige-coileige.
STRIATE, STRIATED, adj. Claiseach.
STRICKEN, part. Buailte.
STRICKLE, s. Stràcadair. Sk.
STRICT, adj. Teann, cruaidh, geur ; doirbh ; leacanta ; poncail, dìreach.
STRICTURE, s. Crupadh, teannachadh; buille ; beantainn.
STRIDE, v. n. Thoir sìnteag, thoir sùrdag, rach gobhlach, thoir ceum fada.
STRIDE, s. Sìnteag, sùrdag, fad-cheum.
STRIFE, s. Strìth, còmh-strith, connsachadh, caonnag, buaireas, ùtag, sàbaid, tuasaid, aimhreite.
STRIKE, v. Buail, dòrnaich ; géill.
STRIKER, s. Fear-bualaidh.
STRIKING, part. adj. Drùighteach, iongantach, neònach.
STRING, s. Sreang, sreangan, toinntean, còrd ; teud-chiùil.
STRING, v. a. Sreangaich, teudaich.
STRINGED, adj. Teudaichte.
STRINGENT, adj. Ceangaltach.
STRINGY, adj. Sreangach, teudach.
STRIP, v. a. Rùisg, lom, nochd, faobhaich, sgath ; cairt, sgrath, plaoisg.
STRIP, s. Stiall, stiom.
STRIPE, v. a. Stiall, stiallaich; buaíl; sgiùrs, sgiuts.
STRIPLING, s. Òganach, bàlachan.
STRIVE, v. n. Dean spàir ', dean strìth.

STRIVING, s. Co-strìth, gleachd.
STROKE, s. Buille, gleadhar, stràc.
STROKE, v. a. Mìnich, slìog, slíob.
STROKING, s. Slìobadh, suathadh.
STROLL, v. n. Sràid-imich, seabhaid.
STROLLER, s. Sabhdaire, spaisdear.
STRONG, adj. Làidir, neartmhor, treun, lùghmhor, calma, foghainteach, gramail ; fallain, slàinteil ; dian, deòthasach ; diongmhalta ; daingeann ; teann.
STROW, v. a. Sgaoil; sgap ; crath.
STRUCTURE, s. Togail ; aitreabh.
STRUGGLE, v. n. Gleachd ; dean spàirn, dean strìth; streap, dean iomairt ; saoithrich.
STRUGGLE, s. Gleachd, spàirn, strìth.
STRUMPET, s. Siùrsach, strìopach.
STRUT, v. n. Imich gu stràiceil; bòc
STRUT, s. Ceum uallach.
STUB, s. Bun, òrda, durc.
STUB, v. a. Spion as á bhun.
STUBBED, adj. Bunach, stumpach, gearr, goirid, geinneach, cutach.
STUBBLE, s. Asbhuain, stailcneach.
STUBBORN, adj. Rag, rag-mhuinealach, reasgach, eas-ùmhal.
STUBBORNNESS, s. Ragaireachd, reasgachd, danarrachd, eas-ùmhlachd.
STUBBY, adj. Cutach, stobanach, bunach, bunanta, goirid.
STUCKLE, s. Stùcan, adag, sgrùdhan.
STUD, s. Tarag, tacaid ; greigh.
STUDENT, s. Sgoilear, stuidear.
STUDIED, adj. Ionnsaichte.
STUDIOUS, adj. Déidheil air foghlum ; smuainteachail ; meòrach.
STUDY, s. Smuainteachadh ; cnuasachd, seòmar, meòraich, meòrachadh.
STUDY, v. Smuainich, smaointich ; cnuasaich, meòraich, beachdaich, thoir fainear, breithnich, ionnsaich.
STUFF, s. Stuth ; cùngaidh ; seòrsa clò.
STUFF, v. Lìon, lìon gu sàth ; spàrr, dinn ; bòc ; ăt, ith séid.
STUFFING, s. Lìonadh, dinneadh, sparradh, mìlsean am feòil.
STULTILOQUENCE, s. Glòireamas; baois.
STUM, s. Fìon ùr ; braileis.
STUMBLE, v. Tuislich, sleamhnaich.
STUMBLE, s. Tuisleadh, sleamhnach adh, cliobadh, mearachd, sgiorradh.
STUMBLER, s. Fear-tuislidh.
STUMBLING, s. Tuisleadh, sleamhnachadh, spéidhleadh, clibeadh.
STUMBLINGBLOCK, s. Ceap-tuislidh.
STUMP, s. Bun ; stoc, ceapan.
STUMPY, adj. Bunach, eutach.
STUN, v. a. Cuir tuaineal, cuir tàineal
STUNT, v. a. Cum o fhàs.

STUPEFACTION, *s.* Neo-mhothachadh.

STUPENDOUS, *adj.* Fuathasach, uabhasach, iongantach, anabarrach.

STUPID, *adj.* Dùr; baoghalta.

STUPIDITY, *s.* Baoghaltachd.

STUPIFY, *v. a.* Cuir tuaineal.

STUPOR, *s.* Tuaineal; tàineal.

STURDINESS, *s.* Neart, spionnadh, gramalas, duinealas, bunantachd.

STURDY, *adj.* Làidir, neartmhor, bunanta, gramail, calma, garbh.

STURGEON, *s.* An stirean.

STURK, *s.* Gamhainn.

STUTTER, *v. n.* Bi manndach, bi liodach, bi gagach bi glugach.

STUTTERER, *s.* Fear manndach, fear liodach, gagaire, glugaire.

STY, *s.* Fail mhuc.

STYGIAN, *adj.* Ifrinneach.

STYLE, *s.* Modh-labhairt; dòigh-labhairt ; modh-sgrìobhaidh ; dòigh-sgrìobhaidh ; tiodal, ainm ; seòl, modh, dòigh.

STYLE, *v. a.* Ainmich, goir.

STYPTIC, *adj.* Casgach air fuil.

STYPTIC, *s.* Leigheas casg-fala.

SUASIBLE, *adj.* So-earalachadh.

SUAVITY, *s.* Mìlse ; taitneachd.

SUBACID, *adj.* A leth-char goirt; rudeigin searbh.

SUBACRID, *adj.* A leth-char geur.

SUBALTERN, *s.* Iochdaran.

SUBDUE, *v. a.* Ceannsaich, ciùinich, sàraich, cuir fodha, cìosnaich.

SUBDUER, *s.* Fear-ceannsachaidh.

SUBJECT, *v. a.* Cuir fo smachd, smachdaich, ceannsaich, sàraich, cuir fo cheannsal ; dean buailteach do.

SUBJECT, *adj.* Ùmhal; fo smachd, ceannsaichte, fo chìs ; buailteach.

SUBJECT, *s.* Iochdaran ; ceann-eagair, ceann-teagaisg, stéidh-theagaisg.

SUBJECTION, *s.* Ceannsachadh, ceannsal, ceannasachd, smachd.

SUBJOIN, *v. a.* Cuir ri ; fàth-sgrìobh.

SUBJUGATE, *v. a.* Ceannsaich, cìosnaich, cuir fo cheannas.

SUBJUGATION, *s.* Cèannsachadh.

SUBJUNCTION, *s.* Leasachadh.

SUBLIMATION, *s.* Togail le neart teine.

SUBLIME, *v. a.* Tog le neart teine.

SUBLIME, *adj.* Àrd; òirdheirc ; mòr; uaibhreach, greadhnach; urramach.

SUBLIMITY, *s.* Àirde ; òirdheirceas.

SUBLUNAR, SUBLUNARY, *adj.* Talmhaidh, saoghalta; tìmeil.

SUBMARINE, *adj.* Fo 'n mhuir.

SUBMERGE, *v. a.* Cuir fo 'n uisge.

SUBMERSION, *s.* Cur fo 'n uisge.

SUBMISSION, *s.* Ùmhlachd, géill.

SUBMISSIVE, *adj.* Ùmhal, iriosal.

SUBMISSIVELY, *adv.* Gu h-ùmhal.

SUBMISSIVENESS, *s.* Ùmhlachd.

SUBMIT, *v.* Géill, strìochd, lùb.

SUBORDINACY, *adj.* Iochdranachd.

SUBORDINATE, *adj.* Iochdarach.

SUBORDINATION, *s.* Iochdaranachd.

SUBORN, *v. a.* Solair os n-iosal; brìob.

SUBORNATION, *s.* Foill-cheannach.

SUBORNER, *s.* Fear-foille.

SUBPŒNA, *s.* Rabhadh laghail

SUBSCRIBE, *v. n.* Fo-sgrìobh

SUBSCRIBER, *s.* Fo-sgrìobhair.

SUBSCRIPTION, *s.* Fo-sgrìobhadh; còmhnadh, cuideachadh, aontachadh.

SUBSEQUENCE, *s.* Leantainn.

SUBSEQUENT, *adj.* A leanas.

SUBSERVE, *v. a.* Fritheil ; cuidich.

SUBSERVIENCE, *s.* Frithealadh.

SUBSERVIENT, *adj.* Fritheilteach, cuideachail, còmhnachail ; feumail.

SUBSIDE, *v. n.* Traogh, tràigh, tuit sìos ; ciùinich, ìslich, sìolaidh.

SUBSIDENCY, *s.* Traoghadh, tràghadh, sìoladh, tuiteam sìos.

SUBSIDIARY, *adj.* Cuideachail.

SUBSIDY, *s.* Cuideachadh, còmhnadh.

SUBSIGN, *v. a.* Cuir ainm ri.

SUBSIST, *v. n.* Buanaich, thig beò, thig suas, bi beò, beathaich.

SUBSISTENCE, *s.* Bith; beatha; buanachadh, tighinn beò, beathachadh, teachd-an-tir, lòn.

SUBSISTENT, *adj.* Beò, maireann.

SUBSTANCE, *s.* Bith ; corp ; brìgh, bladh, stuth, tairbhe ; maoin, saibhreas, beairteas.

SUBSTANTIAL, *adj.* Fìor ; beò ; corporra ; làidir ; gramail ; socrach, tàbhachadh tarbhach ; beairteach reachdmhor, biadhchar, brighor.

SUBSTANTIALITY, *s.* Corporrachd.

SUBSTANTIATE, *v. a.* Fìrinnich.

SUBSTANTIVE, *s.* Ainm.

SUBSTITUTE, *v. a.* Cuir an àite.

SUBSTITUTE, *s.* Fear-ionaid.

SUBSULTIVE, *adj.* Leumnach, clisgeach.

SUBTEND, *v. n.* Sìn mu choinneamh.

SUBTENSE, *s.* Sreang bogha.

SUBTERFUGE, *s.* Leithsgeul, cleas.

SUBTERRANEAN, SUBTERRANEOUS, *adj.* Fo-thìreach, iochdrach, fo 'n talamh.

SUBTILE, *adj.* Tana, caol; seang ; finealta, sligheach ; geur, carach, cealgach, cuilbheartach, eòlach, seòlta, innleachdach.

SUBTILENESS, *s.* Taine, caoile, finealtachd ; géire, cuilbheartachd.

SUBTILIATE, *v. a.* Tanaich, dean tana.

SUBTILIATION, *s.* Tanachadh.

SUBTILTY, *s.* Taine, tainead, finealt-achd; car, cuilbheart, innleachd.

SUBTLE, *adj.* Carach, cuilbheartach, seòlta, eòlach, sligheach.

SUBTRACT, *v. a.* Thoir uaithe.

SUBTRACTION, *s.* Toirt uaithe.

SUBURB, *s.* Iomall baile.

SUBVERSION, *s.* Tilgeadh sìos, sgrios.

SUBVERSIVE, *adj.* Millteach, sgriosail.

SUBVERT, *v.* Tilg bun os ceann.

SUCCEDANEOUS, *adj.* An àite ni eile.

SUCCEDANEUM, *s.* Ni an àite ni eile.

SUCCEED, *v.* Lean, thig an dèigh, thig an lòrg, thig an àite; soirbhich.

SUCCESS, *s.* Soirbheachadh, àgh; buaidh; sealbh, rath, sonas, sèamhas.

SUCCESSFUL, *adj.* Soirbheasach, àgh-mhor, buadhach, sealbhach.

SUCCESSION, *s.* Leantainn, leanachd; lorg slighe; còir-sheilbh.

SUCCESSIVE, *adj.* Leantainneach; a lean-as; an òrdugh, an riaghailt.

SUCCESSOR, *s.* Fear-ionaid, fear a thig an àite fir eile.

SUCCINCT, *adj.* Cuimir, truiste; deas, gearr, aith-ghearr, cutach.

SUCCORY, *s.* Lùs-an-t-siùcair.

SUCCOUR, *v. a.* Cuidich, cobhair, furt-aich, thoir furtachd.

SUCCOUR, *s.* Còmhnadh, cuideachadh, cobhair, furtachd.

SUCCULENT, *adj.* Brìoghmhor, sùgh-mhor, sultmhor.

SUCCUMB, *v. n.* Gèill, strìochd, lùb.

SUCCUSSION, *s.* Crathadh, bogadanaich,

SUCH, *pron.* A leithid; mar.

SUCK, *v.* Sùigh, deoghail; srùb.

SUCK, *s.* Sùgadh, sùghadh, deoghal. srùbadh, bainne-cìche.

SUCKER, *s.* Deoghladair; sùghair, srùbair; faillean, fiùran, maothan.

SUCKET, *s.* Mìlsean.

SUCKLE, *v. a.* Thoir cìoch, àraich.

SUCKLING, *s.* Cìochran, naoidhean.

SUCTION, *s.* Sùghadh; deoghal.

SUDDEN, *adj.* Grad, obann, cas, ealamh, cabhagach, disgir.

SUDDENLY, *adv.* Gu h-obann.

SUDORIFIC, *adj.* Fallusach.

SUDS, *s.* Cobhar shiabuinn.

SUE, *v.* Cuir thuige, lean, tagair, agair, guidh, aslaich, sir, iarr.

SUET, *s.* Geir, igh, blonag.

SUETY, *adj.* Reamhar, blonagach.

SUFFER, *v. a.* Fuilig, giùlain, iom-chair; leig le; ceadaich.

SUFFERABLE, *adj.* So-fhulang.

SUFFERANCE, *s.* Fulang, foighidinn, giùlan; cead, comas.

SUFFERER, *s.* Fulangaiche.

SUFFERING, *s.* Fulangas, foighidinn, pian, cràdh.

SUFFICE, *v.* Foghain; sàsaich.

SUFFICIENCY, *s.* Diongmhaltas; fogh-ainteachd; èifeachd; pailteas; fogh-nadh; leòir, na 's leòir, sàsachadh.

SUFFICIENT, *adj.* Diongmhalta, fogh-ainteach, comasach, iomchuidh, freagarrach, leòir, na 's leòir.

SUFFOCATE, *v. a.* Tachd, mùch.

SUFFOCATION, *s.* Tachdadh, mùchach.

SUFFOCATIVE, *adj.* Tachdach, mùchach.

SUFFRAGAN, *s.* Easbuig-cuideachaidh.

SUFFRAGANT, *s.* Comh-oibriche.

SUFFRAGE, *s.* Tagh-ghuth; aontach-adh, còmhnadh.

SUFFUSE, *v. a.* Còmhdaich, sgaoil air.

SUFFUSION, *s.* Còmhdachadh.

SUGAR, *s.* Siùcar.

SUGARY, *adj.* Siùcarach, milis.

SUGGEST, *v. a.* Thoir sanus; cuir an ceann, cuir an cuimhne, cuir an aire; cagair.

SUGGESTION, *s.* Sanus, rabhadh, cagar.

SUICIDE, *s.* Fèin-mhortair; fèin-mhort.

SUIT, *s.* Iarrtas, iarraidh; sireadh; cùis, cùis-lagha, cùis-tagraidh; cul-aidh, deise, trusgan; suiridhe.

SUIT, *v.* Freagarraich, freagair; uidh-eamaich; deasaich; èid; còird.

SUITABLE, *adj.* Freagarrach, iom-chuidh, cumhaidh.

SUITABLENESS, *s.* Freagarrachd.

SUITER, SUITOR, *s.* Suirdhiche; leannan; fear-aslachaidh.

SUITRESS, *s.* Ban-aslachaidh.

SULKINESS, *s.* Gruaim, moit, mùig.

SULKY, *adj.* Gruamach, iargalta, mùgach, coimheach, neo-aoidheil.

SULLEN, *adj.* Doirbh, doichiollach; gnò, gnù; dùr, reasgach, cianail.

SULLENNESS, *s.* Doirbheas, doireann tachd, gruamaichead; mùgalachd dùiread, reasgachd.

SULLY, *v. a.* Salaich, truaill; mill.

SULPHUR, *s.* Pronnasg, rif, riof.

SULPHUREOUS, *adj.* Pronnasgach.

SULPHURY, *adj.* Pronnasgach.

SULTAN, *s.* Rìgh nan Turcach.

SULTANA, *s.* Ban-righ nan Turcach.

SULTRY, *adj.* Bruthainneach, blàth.

SUM, *s.* Àireamh, sùim, brìgh.

SUM, *v. a.* Àireamh, sùim, cunnt.

SUMLESS, *adj.* Do-àireamh.

SUMMARY, *adj.* Aithghearr, gearr.

SUMMARY, *s.* Giorrachadh.

SUMMER, *s.* Sàmhradh; sail-ùrlair.

SUMMERHOUSE, *s.* Tigh-sàmhraidh.

SUMMERSET, *s.* Càr-a'-mhuiltein.

SUMMIT, *s.* Mullach, binnein, barr.

SUMMON, *v. a.* Gairm, òrduich.
SUMMONER, *s.* Maor, gairme.
SUMMONS, *s.* Gairm gu mòd, bàirlinn.
SUMPTER, *s.* Each-saic.
SUMPTUARY, *adj.* A riaghladh cosgais.
SUMPTUOUS, *adj.* Cosgail; sòghail.
SUMPTUOUSNESS, *s.* Cosgalachd.
SUN, *s.* Grian, lò-chrann. *Ob.*
SUNBEAM, *s.* Gath-gréine, deò-grein.
SUNBURNT, *adj.* Grian-loiste.
SUNDAY, *s.* Di-dòmhnaich.
SUNDER, *v. a.* Dealaich, sgar.
SUNDEW, *s.* Lùs-na-fearna-guirme.
SUNDIAL, *s.* Uaireadair-gréine.
SUNDRY, *s.* Iomadaidh.
SUNDRIES, *s. pl.* Ioma nithe.
SUNFLOWER, *s.* Neòinean-gréine.
SUNK, *part.* of *sink.* Air dol fodha.
SUNLESS, *adj.* Gun ghrian, gun teas.
SUNNY, *adj.* Grianach; deisearach.
SUNRISE, *s.* Èiridh na gréine.
SUNSET, *s.* Laidhe na gréine.
SUNSHINE, *s.* Dèarsadh na gréine.
SUNSHINY, *adj.* Grianach dèarsach.
SUP, *v.* Òl; gabh suipeir.
SUP, *s.* Balgum, làn-beòil.
SUPERABLE, *adj.* Sò-cheannsachadh.
SUPERABOUND, *v. n.* Bi lìonmhor.
SUPERABUNDANCE, *s.* Tuille 's a chòir.
SUPERABUNDANT, *adj.* Anabarra pailt.
SUPERADD, *v. a.* Cuir ri.
SUPERADDITION, *s.* Cuir ris.
SUPERANNUATE, *v. a.* Meas mò 's sean.
SUPERB, *adj.* Rimheach, greadhnach.
SUPERCARGO, *s.* Fear-cùram luchda.
SUPERCILIOUS, *adj.* Àrdanach, uallach.
SUPERCILIOUSNESS, *s.* Àrdan, uaill.
SUPEREMINENCE, *s.* Barrachd.
SUPEREMINENT, *adj.* Barrachdach.
SUPEREROGATION, *s.* Bàrra-ghniomh.
SUPEREXCELLENT, *adj.* Barraichte.
SUPERFICE, *s.* Uachdar.
SUPERFICIAL, *adj.* Uachdrach; suarrach, faoin; neo-dhiongmhalta, neo-ghramail; neo-ionnsaichte; ao-dhomhain; air bheag eòlais.
SUPERFICIALNESS, *s.* Suarraichead; eu-doimhneachd, beag-eòlas.
SUPERFICIES, *s.* An taobh a muigh, an t-uachdar, am barr.
SUPERFINE, *adj.* Barr-fhìnealta.
SUPERFLUITY, *s.* Anabharra.
SUPERFLUOUS, *adj.* Neo-fheumail.
SUPERFLUX, *s.* Anacuimse.
SUPERHUMAN, *adj.* Thar nàdur-daonna.
SUPERINCUMBENT, *adj.* Air muin.
SUPERINTEND, *v. a.* Amhairc thairis.
SUPERINTENDENCY, *s.* Riaghladh.
SUPERINTENDENT, *s.* Riaghladair.
SUPERIOR, *adj.* Is àirde, is fearr.

SUPERIORITY, *s.* Barrachd; ceannas, &c.
SUPERLATIVE, *adj.* Is airde, còrr.
SUPERLATIVELY, *adv.* Gu barrachdail.
SUPERNAL, *adj.* Nèamhaidh.
SUPERNATURAL, *adj.* Thar nàduir.
SUPERNUMERARY, *adj.* Còrr.
SUPERSCRIBE, *v. a.* Sgrìobh air taobh muigh no air cùl litreach.
SUPERSCRIPTION, *s.* Cùl-sgrìobhadh.
SUPERSEDE, *v.* Cuir air chùl.
SUPERSTITION, *s.* Saobh-chràbhadh.
SUPERSTITIOUS, *adj.* Saobh-chràbhach.
SUPERSTRUCT, *v. a.* Tog, tog air.
SUPERSTRUCTION, *s.* Togail.
SUPERSTRUCTURE, *s.* Air-thogail.
SUPERVISE, *v. a.* Seall thairis.
SUPERVISOR, *s.* Fear-rannsachaidh.
SUPINE, *adj.* Air druime-direach, leisg, màirnealach, coma.
SUPINENESS, *s.* Leisg, tromasanachd.
SUPFER, *s.* Suipeir.
SUPPERLESS, *adj.* Gun suipeir.
SUPPLANT, *v. a.* Cuir á àite le foill.
SUPPLE, *adj.* Sùbailte, so-lùbadh, maoth; carach, miodalach, brosgalach, sodalach, goileamach.
SUPPLEMENT, *s.* Leasachadh.
SUPPLEMENTAL, SUPPLEMENTARY, *adj.* Leasachail, ath-leasachail.
SUPPLENESS, *s.* Sùbailteachd.
SUPPLIANT, *adj.* Aslachail.
SUPPLIANT, SUPPLICANT, *s.* Fear-aslachaidh, achanaiche.
SUPPLICATE, *v. a.* Aslaich, guidh.
SUPPLICATION, *s.* Aslachadh, guidhe, grìosadh, ùrnaigh, achanaich.
SUPPLY, *v. a.* Dean suas; cum ri, seas air son, dean àite.
SUPPLY, *s.* Còmhnadh, cobhair furtachd, deanamh suas, co-leasachadh.
SUPPORT, *v. a.* Cùm suas, cùm taic ri, dean cùl-taic, cùm taobh ri, dean còmhnadh le, cuidich, cobhair; beathaich, dìon.
SUPPORT, *s.* Taic, cùl-taic; sorchan, còmhnadh, cobhair, cuideachadh.
SUPPORTABLE, *adj.* So-ghiùlan, so-iomchar, so-fhulang.
SUPPORTER, *s.* Fear cumail suas, dion-adair; cul-taic.
SUPPOSABLE, *adj.* So-shaoilsinn.
SUPPOSE, *v. a.* Saoil, smaointich, baralaich, beachdaich.
SUPPOSITION, *s.* Saoilsinn, barail, smuain, beachd.
SUPPOSITITIOUS, *adj.* Fallsa; breugach.
SUPPOSITITIOUSNESS, *s.* Fallsachd.
SUPPRESS, *v. a.* Ceannsaich, lùb, cùm fodha, sàraich. falaich, ceil, mùch, cùm sàmhach; cùm a stigh.

SUPPRESSION, *s.* Ceannsachadh, cumail fodha, lùbadh, falach, ceiltinn, mùchadh, cleìth.

SUPPRESSOR, *s.* Ceileadair, mùchadair.

SUPPURATE, *v. a.* Iongraich.

SUPPURAITON, *s.* Iongrachadh.

SUPPURATIVE, *adj.* Iongarach.

SUPRAMUNDANE, *adj.* Os ceann-an-t-saoghail, uachdrach.

SUPRAVULGAR, *adj.* Os ceann a chumanta, barraichte, barrail.

SUPREMACY, *s.* Ard-cheannas, ceannasachd, àrd-uachdranachd,

SUPREME, *adj.* Ard, is àirde.

SURAL, *adj*, Calpach ; luirgneach.

SURANCE, *s.* Barantas ; urras.

SURCEASE, *v.* Sguir, stad, cuir stad air, cuir crìoch air.

SURCEASE, *s.* Sgur ; stad, fosadh.

SURCHARGE, *v, a.* An-luchdaich.

SURCHARGE, *s.* An-luchd, an-truime.

SURCINGLE, *s.* Crios-tàrra, giort.

SURCOAT, *s.* Còt'-uachdair.

SURD, *adj.* Bodhar.

SURDITY, *s.* Buidhre.

SURE, *adj.* Cinnteach, neo-thuisleach, neo-mhearachdach, fìor, fiosrach ; daingeann ; tèaruinte.

SURE, SURELY, *adv.* Air chinnte, gun teagamh ; gu dearbh, gu dimhin, gu fìor, gu fìrinneach.

SURFACE, *s.* Uachdar, aghaidh, taobh a muigh, luth a muigh.

SURFEIT, *v.* Sàsaich, lìon, gu sàth ; ith gu sàth.

SURFEIT, *s.* Sàsachadh ; sàth ; tarbhas, teann-shàth, sèid, gràin le ithe.

SURGE, *s.* Sùmainn, bòc-thonn.

SURGE, *v. n.* At ; èirich, bòc.

SURGEON, *s.* Dearg-léigh, làmh-léigh.

SURGERY, *s.* Dreuchd làmh-léigh.

SURGY, *adj.* Sùmainneach, stuadhach.

SURLINESS, *s.* Iargaltachd.

SURLY, *adj.* Iargalta, doirbh, gruamach, nuarranta, mi-mhodhail ; neo-shìobhalta, gnò, gnù, gnùtha.

SURMISE, *s.* Barail, umhaill, saoilsinn.

SURMOUNT, *v. a.* Rach os ceann, rach thairis, buadhaich, thoir buaidh, faigh lamh-an-uachdar.

SURMOUNTABLE,*adj.*So-cheannsachadh.

SURNAME, *s.* Sloinneadh.

SURNAME, *v. a.* Sloinn.

SURPASS, *v. a.* Thoir bàrr, fairtlich, buadhaich ; bi os ceann.

SURPASSING, *adj.* Òirdheirc ; barrail.

SURPLICE, *s.* Leine-aifrionn.

SURPLUS, *s.* Còrr, barrachd, barrachdas, còrrlach, fuigheall, fuighleach.

SURPRISE, *s.* Ioghnadh, iongantas ; fuathas ; clisgeadh, uabhas ; teachd gun fhios ; glacadh gun fhios.

SURPRISE, *v. a.* Thig gun fhios, cuir ioghnadh, clisg, glac gun fhios ; thig gun fhaireachadh.

SURPRISING, *part. adj.* Iongantach, neònach, mìorbhuileach.

SURRENDER, *v.* Strìochd, géill ; thoir suas ; thoir air ais.

SURRENDER, *s.* Strìochdadh, géilleachdainn ; toirt thairis, toirt suas.

SURREPTITIOUS, *adj.* Meallta, bradach.

SURROGATION, *s.* Cur an àite neach.

SURROUND, *v. a.* Cuartaich, iomadhruid, iadh mu thimchioll.

SURTOUT, *s.* Còt'-uachdair, faluinn.

SURVEY, *v. a.* Gabh beachd, amhairc, gabh sealladh ; tomhais fearann.

SURVEY, *s.* Sealladh, beachd, sealltuinn thairis ; tomhas.

SURVEYOR, *s.* Fear tomhais ; fear riaghlaidh, fear-beachdachaidh.

SURVIVE, *v.* Mair beò, bi làthair, mair an déigh, bi beò an déigh.

SURVIVER, SURVIVOR, *s.* An t-aon a bhios a làthair an déigh bàs neach eile.

SUSCEPTIBILITY, *s.* Faireachdainn.

SUSCEPTIBLE, SUSCEPTIVE, *adj.* Mothachail, beothail ; a' faireachadh.

SUSCEPTION, *s.* Gabhail.

SUSCIPIENT, *s.* Fear-gabhail.

SUSCITATE, *v. a.* Dùisg, brosnaich.

SUSPECT, *v.* Cuir an amharas, cuir umhaill ; bi amharasach, cùm an teagamh ; baralaich ; saoil ciontach, smaoinich ciontach.

SUSPECTED, *adj.* Fo amharas.

SUSPEND, *v. a.* Croch, cuir an crochadh, dàilich, cuir dàil ; cuir á dreuchd car ùine, cùm an ioma-cheist.

SUSPENSE, *s.* Eu-cinnte, teagamh.

SUSPENSION, *s.* Crochadh ; bacadh, cur dheth, dàileachadh, grabadh ; cumail air ais.

SUSPICION, *s.* Amharus, an-amharus, umhaill ; teagamh.

SUSPICIOUS, *adj.* Amharusach ; eu-cinnteach ; fo amharus.

SUSPIRATION, *s.* Osunn, osnaich.

SUSPIRE, *v. n.* Tarruinn anail ; tarruinn osunn, osnaich.

SUSTAIN, *v. a.* Cùm suas, giùlain ; cùm taic ri ; cuidich ; fuilig, cùm beò.

SUSTENANCE, *s.* Biadh, lòn, beathachadh, teachd-an-tìr.

SUSTRATE, *v. n.* Dean cagarsnaich.

SUSTRATION, *s.* Cagar, torman.

SUTLER, *s.* Ceannaiche.

SUTURE, *s.* Tàthadh, ceangal-chnàmh.

SWAB, *s.* Moibean, sguab-làir.

Swab, *v. a.* Glan le moibean.

Swaddle, *v. a.* Paisg, sgaoil.

Swaddle, *s.* Aodach suainidh.

Swag, *v. n.* Croch gu tròm; bi tromsanaich.

Swagger, *v. n.* Dean spaglainn; dean buamasdaireachd, bi spaillichdeil, dean bòsd, dean ràiteachas.

Swaggerer, *s.* Buamasdair, bladhastair, fear spagluinneach, fear spaillichdeil; fear bòsdail.

Swaggy, *adj.* Trom, liobasta, lòdail.

Swain, *s.* Òganach, òigear, fleasgach; tuathanach, buachaille.

Swallow, *s.* Gòbhlachan-gaoithe.

Swallow, *v. a.* Sluig.

Swamp, *s.* Boglach, féith, càthar.

Swampy, *adj.* Bog, càtharach.

Swan, *s.* Eala (*often erroneously written* "ealadh").

Sward, *s.* Fàilean; fòd, sgrath, feur, rùsg; craiceann muice.

Swarm, *s.* Sgaoth, sgann.

Swarm, *v. n.* Cruinnich mar sgaoth.

Swarthy, *adj.* Ciar, odhar, lachdun.

Swash, *s.* Pluinnse, plubartaich.

Swash, *v. a.* Dean plubartaich; dean gleadhraich, dean fuaim.

Swathe, *v. a.* Paisg, spaoil.

Sway, *v.* Riaghail, òrduich; seòl, stiùr; aom; bi cumhachdach.

Sway, *s.* Iomairt, truime; cumhachd; seòladh, riaghladh; smachd.

Sweal, Swale, *v. n.* Caith ás.

Swear, *v.* Mionnaich, thoir mionnan; cuir gu mionnan, gabh mionnan.

Swearer, *s.* Mionntair.

Swearing, *s.* Mionnachadh.

Sweat, *s.* Fallus.

Sweat, *v.* Cuir fallus dhìot, cuir am fallus; saoithrich.

Sweaty, *adj.* Fallusach; goirt.

Sweep, *v.* Sguab, glan; sguids.

Sweep, *s.* Sguabadh; deannadh.

Sweepings, *s.* Trusdaireachd, fòtus.

Sweepnet, *s.* Lìon-sgrìobaidh.

Sweepstakes, *s.* Fear-chosna'-gach-gill.

Sweet, *adj.* Milis, blasda, ùr; cùbhraidh; caoimhneil, caoin, caomh, beulchar, tlà; taitneach, sòlasach, sèimh, ciùin; binn, ceòlmhor; ciatach, laoghach, bòidheach, lùrach, grinn, greannar, màlda.

Sweet, *s.* Milse, milseachd.

Sweetbread, *s.* Aran-milis.

Sweetbrier, *s.* Feara-dhris.

Sweeten, *v.* Mìlsich; dean milis.

Sweetheart, *s.* Leannan.

Sweetish, *adj.* A leth-char milis.

Sweetmeat, *s.* Mìlsean, biadh-milis.

Sweetness, *s.* Mìlseachd.

Swell, *v.* Àt, séid, bòc; séid suas, bolg a mach; meudaich, fàs dòmhail.

Swell, *s.* Àt, séid, dòmhladas; tonn, sumainn, sùmaid.

Swelling, *s.* Àt, iongrachadh, éiridh, cnap, meall; séideadh, bòcadh.

Swelter, *v.* Tiormach, crion, sgreag.

Sweltry, *adj.* Bruthainneach.

Swerve, *v. n.* Claon, fiar, aom; lùb, rach a thaobh.

Swift, *adj.* Luath, siùbhlach, luainneach, lùghar, lùghmhor, grad, ealamh; clis; deas, éasgaidh.

Swift, *s.* Gobhlan-gaiumhlich.

Swiftness, *s.* Luathas, luas.

Swig, *v.* Òl gu lonach; gabh balgam mòr.

Swill, *v.* Òl gu lonach; bogaich, fliuch; cuir air mhisg.

Swill, *s.* Sùs, biadh mhuc.

Swim, *v.* Snàmh; gluais gu fòil.

Swim, *s.* Balg-snàmha.

Swimmer, *s.* Snàmhaiche.

Swimming, *s.* Snàmh; tuaineal.

Swindle, *v. a.* Meall, thoir an càr á.

Swindler, *s.* Mealltair, cealgair.

Swindling, *s.* Mealltaireachd.

Swine, *s.* Muc; mucan.

Swineherd *s.* Mucair.

Swing, *v.* Seòg, seòganaich, luaisg, tulg, udail, siùdain, siùd.

Swing, *s.* Greallag; siùdan, tulgadh, seògan, luasgan, luasgadh; cead-féin.

Swinge, *v. a.* Sgiùrs, buail, gabh air.

Swinging, *adj.* Mòr; garbh.

Swingle, *v. n.* Luaisg, seòg, siùd.

Swinish, *adj.* Mucanta; salach.

Switch, *s.* Slat-chaoil, slatag.

Switch, *v. a.* Buail le slait, sgiùrs.

Swivel, *s.* Udalan, seòrsa gunna.

Swobber, *s.* Sguabadair.

Swoon, *v. n.* Rach an neul, rach am plathadh, rach am preathal.

Sword, *s.* Claidheamh, slacan. *Md.*

Swordfish, *s.* An brod-iasg.

Swordman, *s.* Fear-claidheimh.

Swordplayer, *s.* Basbair.

Sycophant, *s.* Sodalaiche.

Sycophantic, *adj.* Sodalach.

Syllabic, Syllabical, *adj.* Lideachail, dùrdach, smideachail.

Syllable, *s.* Lideadh, dùrd, smid.

Syllabus, *s.* Ceann-eagair.

Syllogism, *s.* Argamaid chuairteach.

Sylph, *s.* Sìthiche; màileachan.

Syllogistical, *adj.* Co-argainneach.

Sylvan, *adj.* Coillteach; dubharach.

Sylvan, *s.* Dia-coille.

Symbol, *s.* Samhla, coltas, crùth.

Symbolical, *adj.* Samhlachail.

Symbolize, v. Samhlaich, riochdaich.
Symmetrical, Symmetral, adj. Co-fhreagarrach, dealbhach, cumadail.
Symmetry, s. Co-fhreagarrachd; cumadh, cumadalachd, cumaireachd.
Sympathetic, adj. Co-mhothachail; truacanta, co-fhulangach, bàigheil.
Sympathize, v. a. Co-mhothaich, co-fhuilig, comh-fhairich.
Sympathy, s. Co-mhothachadh, co-fhulangas, truacantas, bàigh.
Symphonious, adj. Co-shéirmeach.
Symphony, s. Co-shéirm.
Symptom, s. Comharradh, coltas.
Symptomic, adj. A' tachairt air uairibh.
Synagogue, s. Sinagog. B.
Syncope, s. Neul; giorrachadh facail.
Synod, s. Seanadh.
Synodical, adj. A bhuineas do sheanadh, seanadhail.
Synonymous, adj. Co-chiallach.
Synonymy, s. Co-fhacal.
Synopsis, s. Giorrachadh.
Syntax, s. Cur ri chéile fhacal.
Synthesis, s. Co-thàthadh.
Syringe, s. Steallaire, gun-uisge.
System, s. Riaghailt; dòigh, seòl.
Systematical, adj. Riaghailteach.
Systole, s. Crìonadh cridhe; giorrachadh air lideadh fada.

T

T, s. Ficheadamh litir na h-Aibidil.
Tabby, s. Seorsa sìoda.
Tabby, adj. Slatach; stiallach.
Tabefy, v. n. Caith, searg, meath.
Tabernacle, s. Pàilliun, bùth.
Tabernacle, v. n. Pàilliunaich.
Tabid, adj. Éiteachail, gaoideil.
Tablature, s. Grinneas-balla.
Table, s. Bòrd; clàr; clàr-innseadh.
Tablecloth, s. Anart-bùird.
Tableman, s. Fear-feòirne.
Tablet, s. Bòrdan, clàran.
Tabour, s. Druma-bheag.
Tabourine, s. Druma-meòir.
Tabular, adj. Cèarnach, leacach.
Tabulated, adj. Còmhnard, leacach.
Tache, s. Cromag, lùb, dùl.
Tacit, adj. Sàmhach, tòsdach, balbh.
Taciturnity, s. Sàmhchair, tòst.
Tack, v. Tàth, fuaigh; tionndaidh.
Tack, s. Tacaid; aonta; siubhal luinge an aghaidh na gaoithe.

Tackle, s. Acuinn, cungaidh, uidheam; buill; saighead.
Tackling, s. Acuinn-luinge, uidheam.
Tactic, adj. A bhuineas do dh' òrdugh catha.
Tactics, s. Feachd-oilean, cath-ghleus, rian-arm. Oss.
Tadpole, s. Ceann-phollag, ceann-simid. Arg.
Taffeta, Taffety,* s. Seòrsa sìoda.
Tag, s. Othaisg; aigilean.
Tag, v. a. Tàth, ceangail, fuaigh.
Tail, s. Earball, earr, feaman, breaman, runnsan, rùmpull, ruinns, dronn.
Tailor, s. Tàillear.
Taint, v. Salaich, truaill, mill; bi salach no truaillidh.
Taint, s. Ball, sal, salchar; gaoid; galar; coire, truailleadh.
Tainture, s. Ball-dubh, salachadh.
Take, v. Gabh, glac, beir air, cuir làmh air; cuir an làimh.
Taking, s. Glacadh, gabhail, trioblaid.
Talbot, s. Gaothar-ballach.
Tale, s. Sgeulachd, sgeul, ùr-sgeul; faoin-sgeul; spleadh.
Talebearer, s. Fear-tuaileis; breugaire, fear-geòlaim, gobaire.
Talent, s. Tàlann, suim àraidh airgeid; càil, ceud-fàth, comas, feart.
Talisman, s. Dealbh druidheachd.
Talk, v. n. Labhair, bruidhnich.
Tal s. Labhairt, bruidheann, cainnt, brosgal, seanachas; conaltradh; iomradh, falthunn; gobais, goileam.
Talkative, adj. Bruidhneach, gobach, goileamach, còmhraiteach, beulach, beulchar; brosgalach.
Talkativeness, s. Goileam, lonais, gobaireachd, gobais, gusgul.
Talker, s. Geoileamaiche, gobaire.
Talking, s. Còmhradh, cainnt, labhairt, bruidheann, conaltradh.
Tall, adj. Àrd, mòr, fada.
Tallness, s. Àirde.
Tallage, s. Càin, cìs.
Tallow, s. Geir, igh, blonag.
Tally, v. Dean freagarrach.
Tally, s. Cunntas-eag.

---

* The ancient silk bow-string, denominated *taifeid*, was made of this kind of silk. The fanciful philologists, who would have us to believe that every Gaelic word is of itself pure, furnishes far-fetched definitions of this term. Others take it for an *arrow*, a mistake still more gross. See the "History of Rob Roy," in "Cuirtear nan Gleann," where the contributor, in the poetical part of it, speaks of "*taifeid gheur !*"

Talmud, Thalmud, *s.* Leabhar beulaithris nan Iùdhach.

Talon, *s.* Ionga, pliut, spuir, spor.

Tamarind, *s.* Meas Innseanach.

Tambarine, *s.* Druma bheag; criathar mion.

Tame, *adj.* Callda, callaidh; ciùin; soirbh; soitheamh; socrach; sòirbh; ceannsaichte.

Tame, *v. a.* Callaich, ciùinich; ceannsaich, dean soirbh, dean soimeach.

Tameness, *s.* Callaidheachd, ciùine; socair; séimheachd, soirbhe.

Tammy, Taminy, *s.* Stùth-cùrainn.

Tamper, *v. a.* Bean ri, bean do, meachranaich, cleachd innleachdan.

Tan, *v.* Cairt; cairtich.

Tang, *s.* Blas làidir, fuaim, guth.

Tangible, *adj.* So-laimhseachadh.

Tangle, *v. a.* Rib, cuir an sàs, cuir air aimhreidh, amhlaich.

Tangle, *s.* Slat-mhara, barr-staimh.

Tank, *s.* Amar-uisge.

Tankard, *s.* Curraighean.

Tanner, *s.* Fear deasachaidh leathair.

Tanpit, *s.* Sloc-cartaidh.

Tansy, *s.* Lùs-na-Fràing.

Tantalize, *v. a.* Thoir a mach miann.

Tantamount, *adj.* Co-ionann.

Tantivity, *adv.* Le cabhaig.

Tap, *v. a.* Maoth-bhuail, bean; cnag; bris air, fosgail, leig, tarruinn á.

Tap, *s.* Maoth-bhuille; goc, pìobantaosgaidh, pìob-tharruinn.

Tape, *s.* Stìom, crios caol, stiall.

Taper, *adj.* Barra-chaol.

Taper, *v. n.* Dean caol, a' chuid 's a' chuid; fàs barra-chaol.

Taper, *s.* Dreòs, coinneal-chéire.

Tapestry, *s.* Obair-ghréis.

Tapster, *s.* Buidealair.

Tar, *s.* Bìth, teàrr; seòladair.

Tarantula, *s.* Damhan-allaidh.

Tardiness, *s.* Athaiseachd.

Tardy, *adj.* Athaiseach, mall, màirnealach, slaodach, socrach, leisg.

Tare, *s.* Cogull, dìthean.

Target, *s.* Targaid, sgiath.

Tariff, *s.* Cairteal co-cheannachd.

Tarnish, *v.* Salaich, mill; fàs dubh.

Tarpawling, *s.* Cainb-thearra.

Tarry, *v.* Fuirich, stad, dean maille.

Tart, *adj.* Garg, searbh, geur, goirt.

Tart, *s.* Pithean-meas.

Tartan, *s.* Breacan; cadath, catas.

Tartar, *s.* Tart-thìreach, Tartair; sgrisleach, cruaidh-sgrath.

Tartary, *s.* An Tart-thìr.

Tartness, *s.* Gairgead, seirbhe.

Task, *s.* Obair r'a dèanamh; gnìomh.

Tassel, *s.* Cluigein, babaid, babag; froinich; lùs-na-màighdeinn.

Tases, *s.* Leis-bheart.

Taste, *v.* Blais, gabh blas; feuch.

Taste, *s.* Blas; feuchainn, aithne.

Tastefulness, *s.* Blasdachd.

Tasteless, *adj.* Neo-bhlasta.

Tastelessness, *s.* Neo-bhlastachd.

Taster, *s.* Fear-blasaid; còrn.

Tatter, *v. a.* Reub, srac, stròic.

Tatter, *s.* Luideag, stròic, cearb.

Tatterdemalion, *s.* Luinnsear, ruibealtaich, fear-luideagach.

Tattle, *v. n.* Dean goileam, labhair gu gobach; dean briot.

Tattle, *s.* Goileam, briot, gobair.

Tattler, *s.* Goileamaiche, gobaire.

Tattoo, *s.* Drumadh dhachaigh.

Taunt, *v. a.* Beum, sgeig, mag, dean fochaid air; maslaich.

Taunt, *s.* Beum, geur-fhacal, beurrfhacal; magadh, sgeig, fanaid.

Taunter, *s.* Beumadair.

Tautological, *adj.* Cuairt-bhriathrach, aithriseach.

Tautology, *s.* Cuairt-bhriathran.

Tavern, *s.* Taigh-òsda.

Taw, *v.* Gealaich leathar, alm.

Taw, *s.* Cluiche air bhulagan.

Tawdry, *adj.* Fàoin-bhreagh.

Tawny, *adj.* Odhar, lachdunn, ciar.

Tax, *s.* Cìs-Rìgh, càin.

Tax, *v. a.* Cìs, càin, leag cìs, cuir càin; cronaich, coirich, cuir as leth.

Taxable, *adj.* Buailteach do chis.

Taxation, *s.* Cìs-leagadh.

Tea, *s.* Tea, tì, teatha. *Irish.*

Teach, *v.* Teagaisg, ionnsaich, oileanaich, foghluim, innis.

Teachable, *adj.* So-theagasg.

Teacher, *s.* Oid-ionnsaich, fear-teagaisg, maighistear-sgoile.

Teague, *s.* Éireannach.

Teal, *s.* Crann-lach.

Team, *s.* Feun; greigh, graidh.

Tear, *s.* Deur, boinne; sracadh, reubadh, stroiceadh.

Tear, *v.* Srac, stròic, reub; spìon, thoir ás a' chéile; bi air boile.

Tearful, *adj.* Deurach, caointeach.

Tease, *v. a.* Cìr, spiol; tlàm; buair, faranaich, cuir dragh air.

Teasel, *s.* Lùs-an fhùcadair.

Teat, *s.* Sine, deala.

Technical, *adj.* Ealanta.

Techy, Tetchy, *adj.* Frionasach, dreamach, dodach, crosda, dìorrasach, gèarr, cas, cabhagach.

Ted, *v. a.* Sgaoil feur-saoidh.

Te Deum, *s.* Laoidh naomha.

TEDIOUS, *adj.* Mall, màirnealach, maidheanach, seamsanach ; buan.

TEEM, *v.* Beir, thoir a mach ; bi torrach, bi làn, cuir thairis.

TEEMFUL, *adj.* Torrach, siòlmhor.

TEEMLESS, *adj.* Neo-thorrach.

TEENS, *s.* Deugan ; eadar dà bliadhna dheug a's fichead bliadhna.

TEETH, *plural* of *tooth*. Fiaclan.

TEGUMENT, *s.* Rùsg, sgrath, cochull.

TEINT, *s.* Dath, lì, neul.

TELEGRAPH, *s.* Céin-chagair.

TELESCOPE, *s.* Gloine-amhairc.

TELL, *v.* Innis, aithris, nochd, cuir an céill, foillsich ; abair, cunnt, àir-eamh ; thoir fios, cuir fios.

TELLER, *s.* Fear-innsidh, cunntair.

TELLTALE, *s.* Gobaire ; fear-aithris ; fear-tuaileis.

TEMERARIOUS, *adj.* Bras, dàna, cas.

TEMERITY, *s.* Braise, dànadas.

TEMPER, *v. a.* Ciùinich ; measarraich ; measgaich, coimeasg ; thoir gu staid fhreagarrach.

TEMPER, *s.* Nàdur, gné, càil-aignidh ; gean ; measarrachd, stuaim ; ciall ; faobhar ; fadhairt. *Md.*

TEMPERAMENT, *s.* Càil, càileachd, staid, nàdur.

TEMPERANCE, *s.* Measarrachd, stuam-achd, foighidinn, ciùineas.

TEMPERATE, *adj.* Measarra, stuama, foighidneach, ciùin ; macanta.

TEMPERATURE, *s.* Staid càile-nàduir.

TEMPEST, *s.* Doireann, doinionn, stoirm, ànradh, an-uair, gailionn.

TEMPESTUOUS, *adj.* Ànrach, stoirmeil, gailbheach, doinionnach.

TEMPLAR, *s.* Stuidear-san-lagh.

TEMPLE, *s.* Teampull ; leth-cheann.

TEMPORAL, *adj.* Aimsireil ; talmhaidh.

TEMPORALITY, *s.* Séilbh-thalmhaidh.

TEMPORALS, *s.* Nithe saoghalta.

TEMPORALTY, *s.* Am math-shluagh ; séilbh neo-eaglaiseil.

TEMPORARY, *adj.* Neo-mhaireann, neo-bhuan, siùbhlach ; car ùine, ré seal.

TEMPORIZE, *v. n.* Cuir dàil, maillich ; aontaich ; géill do na h-amannaibh, imich a réir na h-aimsir.

TEMPT, *v.* Buair, meall ; brosnaich, feuch ri, thoir ionnsaidh ; tàlaidh.

TEMPTATION, *s.* Buaireadh, mealladh ; cathachadh ; brosnachadh.

TEMPTER, *s.* Buaireadair ; mealltair ; an t-aibhisdear, an diabhol.

TEN, *s.* Deich, deichnear.

TENABLE, *adj.* So-ghleidheadh.

TENACIOUS, *adj.* Féin-bharaileach, dòchasach ; cumailteach, leanailt-

each, righinn ; splocach, iongach, sporach, crìon, gann.

TENACITY, *s.* Leanailteachd, righ-neachd, cumailteachd.

TENANT, *s.* Tuathanach ; fear-aonta.

TENANTABLE, *adj.* So-àitichte.

TENANTLESS, *adj.* Neo-àitichte.

TENANTRY, *s.* Tuath-cheathairn.

TENCH, *s.* Seòrs' éisg àibhne.

TEND, *v.* Gléidh, thoir an aire air, cum sùil air, fair, lean, treòraich ; aom ; siubhail a dh' ionnsaidh.

TENDENCE, TENDENCY, *s.* Aomadh ; rùn, miann, seòladh, cùrsa.

TENDER, *adj.* Maoth, anfhann, lag, fann, tais, bog ; caomh, suairce, còir, caoimhneil, tlùsail, truacanta ; caoin, mìn, òg, fiùranta.

TENDER, *v. a.* Tairg, nochd.

TENDER, *s.* Tairgse ; long-fhreacadain.

TENDERHEARTED, *adj.* Teò-chridh-each, tiom-chridheach, blàth-chridh-each, tlùsail, truacanta.

TENDERLING, *s.* Maoth-chabar.

TENDERNESS, *s.* Anfhainneachd ; maoth-alachd ; ùiread ; caomhalachd, tlùs, caoimhneas, bàigh, truacantas ; gràdh, gaol ; cùram.

TENDINOUS, *adj.* Féitheach.

TENDON, *s.* Féith-lùghaidh.

TENDRIL, *s.* Maotharan, faillean.

TENEBRIOUS, *adj.* Dorcha, ghuamacr.

TENEMENT, *s.* Aitreabh, gabhail, &c.

TENET, *s.* Barail-shuidhichte, beachd ; punc-chreidimh.

TENNIS, *s.* Cluich-cneutaig.

TENON, *s.* Làmh.

TENOR, TENOUR, *s.* Brìgh, bladh, ciall, seadh ; rùn ; staid, inbhe ; modh ; aomadh, claonadh, cùrsa ; fuaim ; fonn mheadhonach.

TENSE, *adj.* Teann, rag, tarruinnte.

TENSENESS, *s.* Tinnead, raigead.

TENSION, *s.* Teannachadh, sìneadh, ragachadh, tarruinn.

TENT, *s.* Bùth, pubull, pàilliun.

TENTATION, *s.* Deuchainn, buaireadh.

TENTED, *adj.* Bùthach, pàilliunach.

TENTER, *s.* Cromag, dubhan.

TENTH, *adj.* Deicheamh.

TENTH, *s.* Deicheamh, deachamh.

TENTHLY, *adv.* 'San deicheamh àite.

TENUITY, *s.* Tainead ; caoile.

TENUOUS, *adj.* Tana, caol, meanbh.

TENURE, *s.* Còir-fearainn, gabhaltas.

TEPEFACTION, *s.* Blàthachadh.

TEPID, *adj.* Meagh-bhlàth.

TEPIDITY, *s.* Meagh bhlàthas.

TERGEMINOUS, *adj.* Trì-fillte.

TERGIVERSATION, *s.* Dol air ais ; cùlcheumnachadh, cur dheth ; car ; caochlaideachd, luaineachas.

TERM, *s.* Crìoch, iomall, ceann, ceann-crìche ; facal, briathar; ainm; cùmhnant ; ùine, tìm ; àm suidhe mòid.

TERM, *v. a.* Ainmich, gairm, goir.

TERMAGANT, *adj.* Buaireasach.

TERMAGANT, *s.* Ban-sglàmhrainn.

TERMINABLE, *adj.* So-chrìochnachadh.

TERMINATE, *v.* Crìochnaich.

TERMINATION, *s.* Crìochnachadh.

TERMLESS, *adj.* Neo-chrìochnach.

TERRACE, *s.* Barra-bhalla.

TERRAQUEOUS, *adj.* Talmhuisgidh.

TERRENE, TERRESTRIAL, *adj.* Saoghalta.

TERRESTRIAL, TERRESTRIOUS, *adj.* Talmhaidh, saoghalach.

TERRIBLE. *adj.* Eagalach, uabhasach, uabharra, fuathasach, oillteil.

TERRIER, *s.* Abhac, cù-tagraidh.

TERRIFIC, *adj.* Eagalach, uabhasach, uabharra, fuathasach, oillteil.

TERRIFY, *v. a.* Cuir eagal no oillt air, clisg, geiltich.

TERRITORY, *s.* Tìr, fearann, fonn, dùthaich, talamh.

TERROR, *s.* Eagal, oillt, uabhas ; culaidh-eagail, cùis-eagail.

TERSE, *adj.* Glan, cuimir, grinn.

TERTIAN, *s.* Fiabhras-critheannach.

TESSELATED, *adj.* Daoimeanach.

TEST, *s.* Deuchainn ; ceasnachadh.

TESTACEOUS, *adj.* Sligeach.

TESTAMENT, *s.* Tiomnadh.

TESTAMENTARY, *adj.* A réir tiomnaidh.

TESTATOR, *s.* Fear-tiomnaidh.

TESTATRIX, *s.* Ban-tiomnaidh.

TESTER, *s.* Sè-sgillinn ; brat-leapa.

TESTICLE, *s.* Magairle, clach.

TESTIFY, *v.* Thoir fianais, dearbh.

TESTIMONIAL, *s.* Teisteannas.

TESTIMONY, *s.* Fianais, dearbhadh.

TESTINESS, *s.* Frionasachd, frithearachd, crosdachd, càise.

TESTY, *adj.* Frionasach, crosda, snoigeasach, dranndanach, feargach, cas.

TETE-A-TETE, *s.* Ceann-ri-ceann ; còmhradh càirdeil, conaltradh.

TETHER, *s.* Teaghair, aghastar, taod.

TETTER, *s.* Frìd, miol-chrion.

TEWTAW, TOWTOW, *v. a.* Buail, bris.

TEXT, *s.* Ceann-teagaisg.

TEXTILE, *adj.* So-fhigheadh.

TEXTUARY, *adj.* A réir ceann-teagaisg.

TEXTURE, *s.* Figheadaireachd, fighe.

THAN, *adv.* Na (*erroneously spelt* "no").

THANE, *s.* Morair, iarla.

THANK, *v. a.* Thoir taing, thoir buidheachas.

THANKFUL, *adj.* Taingeil, buidheach.

THANKFULNESS, *s.* Taingealachd.

THANKLESS, *adj.* Mi-thaingeil.

THANKS, *s.* Buidheachas, taing.

THANKOFFERING, *s.* Iobairt-bhuidheachais, ìobairt-thaingealachd.

THANKSGIVING, *s.* Breith-buidheachas.

THAT, *dem. pron.* Sin, ud ; *rel. pro.* a ; *conj.* gu, gu'm, gun, gur, chum. *adv.* a chionn, do bhrìgh, a thaobh.

THATCH, *s.* Tubha, tubhadh.

THATCH, *v. a.* Tubh, dean tubhadh.

THATCHER, *s.* Tubhadair.

THAW, *s.* Aiteamh ; leaghadh.

THAW, *v.* Leagh ; dean aiteamh.

THE, *article, definite.* An, am, a, 'n.

THEATRE, *s.* Taigh-cluiche.

THEATRIC, THEATRICAL, *adj.* Cluicheil.

THEE, *pron. s.* Thu, thusa.

THEFT, *s.* Mèirle, goid, braide.

THEIR, *pron. poss.* An, am.

THEIST, *s.* Dia-chreideach.

THEM, *pron.* Iad, iadsan.

THEME, *s.* Stéidh, cùis, aobhar.

THEMSELVES, *pron.* Iad-féin.

THEN, *adv.* Air sin, air an àm sin, ar déigh sin ; uime sin, mata, mas eadh.

THENCE, *adv.* As a sin, ás an àite sin, o 'n àm sin ; o sin ; air son sin.

THENCEFORTH, *adv.* O 'n àm sin.

THENCEFORWARD, *adv.* O sin suas.

THEOCRACY, *s.* Dia-riaghladh, riaghladh freasdal Dé.

THEODOLITE, *s.* Inneal tomhais.

THEOGONY, *s.* Deé-ghinealachd.

THEOLOGIAN, *s.* Fear-aidmheil diadhachd, diadhaire.

THEOLOGICAL, *adj.* Diadhaireach.

THEOLOGIST, THEOLOGUE, *s.* Diadhair.

THEOLOGY, *s.* Diadhachd.

THEOREM, *s.* Barail ; ràdh fìor, fìrinn; barail chum dearbhaidh.

THEORETIC, THEORETICAL, *adj.* Smuainteachail, beachdail, tionnsgalach.

THEORIST, *s.* Beachdair.

THEORY, *s.* Smuainteachadh, beachd ; dealbh-inntinn, tionnsgnadh.

THERE, *adv.* An sin, an sud, san àite sin ; do 'n àite sin.

THEREABOUT, *adv.* Air feadh a sin, mu'n àite sin, mu sin ; mu'n tuairmeis sin, mu thimchioll.

THEREAFTER, *adv.* An déigh sin.

THEREAT, *adv.* An sin, aige sin ; air son sin ; 'san àite sin.

THEREBY, *adv.* Le sin, leis a' sin ; teann air a sin, dlù, am fagus.

THEREFORE, *adv.* Uime sin, air an aobhar sin, le sin, air son sin.

THEREFROM, *adv.* O sin, o sud, o' so, uaithe sin, uaithe so.

THEREIN, *adv.* An sin, ann, a staigh an sin, a steach an sin.

THEREINTO, *adv.* A steach ann, ann.

THEREOF, *adv.* Do sin, do so, dheth sin.

THEREON, *adv.* Air a sin, air so.

THEREOUT, *adv.* Ã sin, a mach, ãs.

THERETO, THEREUNTO, *adv.* Thuige sin, a chum sin, gu sin.

THEREWITH, *adv.* Leis a sin, air ball.

THEREWITHAL, *adv.* A bharr, a thuileadh, a thuileadh air sin.

THERMOMETER, *s.* Teas-mheidh.

THESE, *pron. pl.* Iad, iad so.

THESIS, *s.* Argamaid, argainn. *Arg.*

THEY, *pron.* Iad, iadsan.

THICK, *adj.* Tiugh, garbh; reamhar.

THICK, *s.* Tiuighead, tiughalachd.

THICK, *adv.* Gu tric, gu minig; gu dlũ.

THICKEN, *v.* Tiughaich; dòmhlaich; neartaich; binndich, rìghnich; fãs tiugh, fãs dòmhail.

THICKET, *s.* Doire, dhlũ-choille, badan.

THICKNESS, *s.* Tiughad, tiuighead, dòmhlachd, gairbhe; maoilead.

THICKSET, *adj.* Dlũ, air a' chéile.

THIEF, *s.* Mèirleach, gadaiche.

THIEFCATCHER, *s.* Maor-mheirleach.

THIEVE, *v. n.* Goid, dean méirle.

THIEVERY, *s.* Méirle, braide, goid.

THIEVISH, *adj.* Bradach, tiolpach.

THIGH, *s.* Sliasaid, leis.

THILL, *s.* Cãs-chùirn; cãs-charbaid.

THIMBLE, *s.* Meuran.

THIN, *adj.* Tana, caol; finealta; seang; gann, tearc; bochd.

THIN, *v. a.* Caolaich, tanaich.

THINE, *pron.* Do, d', leat-sa.

THING, *s.* Ni, rud, cùis; gnothach.

THINK, *v.* Smaointich, saoil, baralaìch, meòraich, measraich, meas, cuir an suim; cuimhnich, thoir fainear.

THINKING, *s.* Smaointeachadh; baralachadh; saoilsinn.

THINNESS, *s.* Tainead; tearcad, teirce, teircead, ainmigead; caoilead.

THIRD, *adj.* An treas.

THIRD, *s.* An trian, treas cuid.

THIRDLY, *adv.* Anns an treas àite.

THIRST, *s.* Pathadh, tart; ìotadh; tiormachd; ro-mhiann, ro-dhéidh, ro-gheall, dian-thogradh.

THIRST, *v.* Bi pàiteach, bi tartmhor.

THIRSTINESS, *s.* Pàiteachd, tartmhorachd, ìotmhorachd; tiormachd.

THIRSTY, *adj.* Pàiteach; tartmhor, ìotmhor, tioram, déidheil.

THIRTEENTH, *adj.* An treas-deug.

THIRTEEN, *adj.* Trì-deug.

THIRTY, *adj.* Deich thar fhichead.

THIS, *pron. dem.* So, an ni so.

THISTLE, *s.* Cluaran, fòthannan.

THISTLY, *adj.* Cluaranach.

THITHER, *adv.* Thun a sin, an sin, gu ruig a sin, do 'n àite sin.

THITHERTO, *adv.* Chum na crìche sin.

THITHERWARD, *adv.* Gu ruig a sin.

THONG, *s.* Iall, stiall, balt.

THORAX, *s.* Uchd, maothan.

THORACIC, *adj.* Maothanach.

THORN, *s.* Dris, droigheann.

THORNBACK, THORNBUT, *s.* Sgait.

THORNY, *adj.* Driseach, droighneach; stobach; deacair, draghail.

THOROUGH, *adj.* Iomlan, foirfe.

THOROUGH, *prep.* Trìd, tre, troimh.

THOROUGHFARE, *s.* Rathad, slighe.

THOROUGHPACED, *adj.* Coimhlionta.

THOSE, *pron. plural* of *that.* Iad sud, iad sin; sud, sin, ud.

THOU, *the second pron. personal.* Tu, thu.

THOUGH, *conj.* Ged; gidheadh.

THOUGHT, *s.* Smaoin, smuain, aire, beachd, barail, saoilsinn, seadh, suim, cùram; dùil, dòchas, iomagain.

THOUGHTFUL, *adj.* Smaointeachail, smuaireanach; iomaguineach, cùramach, cumhneach, dìomhair.

THOUGHTLESS, *adj.* Neo-smaointeachail, neo-chùramach, neo-fhaicilleach; mi-shuimeil, faoin, baoth, gòrach.

THOUGHTSICK, *adj.* Iargaineach.

THOUSAND, *adj.* Mìle, deich ceud.

THOWL, *s.* Urracag, cnag; bac.

THRALL, *s.* Tràill; tràilleachd, daorsa.

THRALDOM, *s.* Tràillealachd, daorsa.

THRASH, *v.* Buail; slacainn; gréidh; boicnich, dòrnaich, oibrich, saothraich; sùist, buail arbhar.

THRASHER, *s.* Buailtear.

THRASONICAL, *adj.* Ràiteachail; bòsdal.

THREAD, *s.* Snàthainn, toinntean.

THREAD, *v. a.* Cuir snàthainn troimh.

THREADBARE, *adj.* Lom, caithte.

THREAT, *s.* Bagairt, maoidheadh.

THREATEN, *v. a.* Bagair, maoidh.

THREATENING, *s.* Bagradh, mùiseag.

THREATFUL, *adj.* Bagarrach.

THREE, *adj.* Trì, triùir.

THREEFOLD, *adj.* Trì fillte.

THRENODY, *s.* Dan-corranaich.

THRESHOLD, *s.* Stairseach.

THRICE, *adv.* Trì uairean.

THRIFT, *s.* Deagh bhuil, sùrd.

THRIFTINESS, *s.* Fearas-taighe.

THRIFTLESS, *adj.* Neo-shùrdail, neo-dhèanadach; stròghail.

THRIFTY, *adj.* Sùrdail; gnìomhach, dèanadach, cùramach, gléidhteach.

THRILL, *v.* Toll; guin; cuir gaoir ann; dean fuaim geur; clisg, crith.

THRIVE, *v. n.* Soirbhich; cinn, fàs.

THROAT, *s.* Sgòrnan, sgòrnach. *Ir.*

THROB, *s.* Plosg, plosgart, ospag.

THROB, *v. n.* Dean plosgartaich, ploisg.

THROE, *s.* Ospag, uspag, éigin, greim; pian, saothair, frith-bhualadh.

THRONE, *s.* Cathair, rìgh-chathair.

THRONG, *s.* Dòmhladas, mòr-shluagh.

THRONG, *v. n.* Dòmhlaich, teannaich; mùch; brùth, trus, cruinnich.

THROSTLE, *s.* Smeòrach.

THROTTLE, *s.* Sealbhan.

THROTTLE, *v. a.* Tachd, mùch.

THROUGH, *prep.* Troi, tre, trìd.

THROUGHOUT, *adv.* Troimh; o cheann gu ceann; gu crìch, gu deiridh, anns gach àite, feagh gach àite.

THROUGHLY, *adv.* Gu tur, gu h-uile.

THROW, *v.* Tìlg; thoir urchair, tilg sìos, leag; tilg air falbh.

THROWSTER, *s.* Fear-tacrais sìoda.

THRUM, *s.* Fuidheag.

THRUM, *v. a.* Dean dreangail chluiche.

THRUSH, *s.* Smeòrach.

THRUST, *v.* Sàth; spàrr; put, pùc, purr, dinn, fuadaich, thoir ionnsaidh; torchuir, troi'-lot.

THRUST, *s.* Sàthadh, sparradh, pucadh, purradh, ionnsaidh ghuineach.

THRYFALLOW, *v. a.* Dean treas-threabhadh, dean treas-eilbheadh. *N. H.*

THUMB, *s.* Òrdag làimhe.

THUMB, *v. a.* Meuraich, làimhsich.

THUMP, *s.* Buille, gleadhar, stràc.

THUMP, *v.* Buail; slacainn, dòrnaich.

THUNDER, *s.* Tàirneanach.

THUNDER, *v.* Tàirneanaich; maoidh le briathraibh bòrb, dean tàirnthoirm, no stairirich.

THUNDERBOLT, *s.* Beithir.

THUNDERCLAP, *s.* Bradh torrainn.

THUNDERER, *s.* Tàirneanaiche.

THUNDERSTRUCK, *adj.* Buailte le dealanach; fo amhluadh; air grad chlisgeadh; fo oillt.

THUNDEROUS, *adj.* Torrannach.

THURSDAY, *s.* Diar-daoin.

THUS, *adv.* Mar so, air an dòigh so.

THWACK, *v. a.* Buail, spuac, cnap.

THWACK, *s.* Buille, gleadhar, dòrn.

THWART, *adj.* Crosgach, tarsainn; trasta, crosta, reasgach, draghail.

THWART, *v.* Cuir an aghaidh; cuir tarsainn, thig tarsainn; bi 'n aghaidh, seas an aghaidh.

THY, *pron.* of *thee.* Do, d', t'.

THYME, *s.* Mionnt, meannt.

THYSELF, *pron. recip.* Tu-féin, thuféin, thu-fhéin, thusa-féin.

TIAB, TIABA, *s.* Crùn, coron, fleasg.

TICK, *s.* Creideas; earbsa; feursanan, ua-mial, mial-chon; aodach-adhairt; buille uaireadair.

TICKET, *s.* Cairt-chomharraidh.

TICKLE, *v.* Diogail, ciogail; taitinn.

TICKLISH, *adj.* Ciogailteach; deacair.

TIDDLE, *v. a.* Dean mùirn, dean beadradh; mùirnich, breug, tàlaidh.

TIDE, *s.* Seòl-mara, làn-mara, sruth, buinne-shruth, àm, ùin, tràth.

TIDEWAITER, *s.* Maor-cuspainn.

TIDINESS, *s.* Sgioltachd, sgiobaltachd.

TIDINGS, *s.* Naidheachd; sgeul.

TIDY, *adj.* Sgiolta, sgiobalta, cuimir.

TIE, *v. a.* Ceangail, snaim.

TIE, *s.* Ceangal, snaim, bann.

TIER, *s.* Sreath, breath, sreud.

TIERCE, *s.* Togsaid-gu-'trian.

TIFF, *s.* Deoch; dod, snoigeas.

TIGER, *s.* Tigeir, fiadh-bheathach mòr céin-thireach air chumadh cait.

TIGHT, *adj.* Teann; gramail, cuimir.

TIGHTEN, *v. a.* Teannaich, daingnich, dìonaich, dlùthaich.

TIGHTNESS, *s.* Teinnead, daingneachd.

TIGRESS, *s.* Bann-tìgeir.

TILE, *s.* Criadh-leac.

TILER, *s.* Tughadair, chriadh-leac.

TILING, *s.* Tughadh chriadh-leac.

TILL, *s.* Cobhan airgeid.

TILL, *prep.* Gu, gus, gu ruig, thun.

TILL, *v. a.* Àitich, treabh, ruamhair, oibrich, saothraich, saoithrich.

TILLABLE, *adj.* So-àiteach.

TILLAGE, *s.* Treabhadh, ar.

TILLER, *s.* Treabhaiche; ailm.

TILT, *s.* Arm-chleas, bùth, sgàilean; còmhdach; aomadh.

TILT, *v.* Rach an dàil, ruith an aghaidh; aom, còmhdaich, cathaich le cuinnsearaibh.

TIMBER, *s.* Fiodh; maide.

TIMBERED, *adj.* Fiodha.

TIMBREL, *s.* Tìompan.

TIME, *s.* Ùin, àm, aimsir, uair, tràth, tìm, ùine. *Arg.*

TIME, *v. a.* Cùm tìm, tràthaich.

TIMEFUL, *adj.* Tìmeil, tràthail.

TIMEKEEPER, TIMEPIECE, *s.* Tràthadair, uaireadair, uaradair. *N. H.*

TIMELESS, *adj.* Neo-thìmeil; roi'n àm, roi'n mhithich.

TIMELY, *adj.* An deagh àm; ann an deagh thràth, tràthail.

TIMESERVING, *adj.* Strìochdach, do'n tìm, do réir an àma.

TIMID, *adj.* Gealtach, clisgeach.

TIMIDITY, TIMOROUSNESS, *s.* Gealtachd, sgàthachd, cladhaireachd, meath-chridheachd, athadh.

Timorous, *adj.* Eagalach, sgàthach.

Tin, *s.* Staoin, iarunn-geal.

Tincture, *s.* Dath, lìth; sùgh.

Tincture, *v. a.* Dath, cuir lìth air.

Tinder, *s.* Fadadh-spùinge.

Tine, *v. a.* Fadaich, làs, cuir ri theine.

Tine, *s.* Fiacail cliath-chliathaidh.

Tinge, *v. a.* Dath, lìth; salaich.

Tingle, *v. n.* Gliong, dean gaoir, cluinn gaoir, cluinn fuaim, fairich crith-ghluasad.

Tinker, *s.* Cèard, dubh-cheard.

Tinkle, *v.* Gliong, dean gliongarsaich; thoir gliong air.

Tinman, *s.* Cèard-staoine.

Tinsel, *s.* Faoin-bhreaghas.

Tinsel, *adj.* Basdalach, soillseach.

Tint, *s.* Dath, lìth, neul, tuar.

Tiny, *adj.* Crìon, meanbh, beag.

Tip, *s.* Bàrr, binnein, biod.

Tip, *v. a.* Cuir mullach air; bean.

Tippet, *s.* Éididh-muineil.

Tipple, *v.* Bi dèidheil air òl, dean pòit.

Tippler, *s.* Misgear, pòitear.

Tipsy, *adj.* Air mhisg, soganach, froganach, froidhleach.

Tiptoe, *s.* Corra-biod.

Tire, *s.* Sréad, sreath, breath; aodach-cinn, àirneis, acuinn.

Tire, *v.* Sgìthich, sàraich, dean sgìth; fàs sgìth; éid, sgeadaich.

Tired, *adj.* Sgìth, sgìthichte.

Tiresome, *adj.* Sgìtheachail.

Tirewoman, *s.* Ban-fhuaidhealaiche.

Tiringroom, *s.* Seòmar-sgeadachaidh.

Tissue, *s.* Òrneileis.

Tit, *s.* Each beag; bean; eun.

Tithe, *s.* Deicheamh, deachamh; chàin; cléir-chàin, deachmhadh. *Ir.*

Titheable, *adj.* Buailteach do chàin.

Tither, *s.* Fear-trusaidh deachaimh.

Titillation, *s.* Giogal, ciogailt, diogladh, druideadh, drunnsail.

Title, *s.* Tiodal, ainm; còir, dlighe.

Title, *v. a.* Ainmich, goir, tiodalaich.

Title-page, *s.* Clàr-ainme.

Titmouse, Tit, *s.* Am mionnaran.

Titter, *v. n.* Dean fa-ghàire.

Tittle, *s.* Pong, pung; lideadh.

Tittle-tattle, *s.* Goileam; lonais.

Titubation, *s.* Tuisleachadh.

Titular, *adj.* Ainmichte.

To, *prep.* Do, a dh' ionnsaidh; ri, ris; gu; gus; chum, gu ruig; thun. *Sign of the infinitive.* A.

Toad, *s.* A mhial-mhàgach, màgach.

Toadstool, *s.* Balg-losgainn.

Toast, *s.* Deoch-slàinte; aran-caoin.

Toast, *v.* Òl deoch-slàinte; thoir deoch-slàinte; caoinich.

Tobacco, *s.* Tombaca.

Tobacconist, *s.* Fear reic tombaca.

Tod, *s.* Ochd puint fhichead olla.

Toes, *s.* Meòirean nan cas.

Together, *adv.* Le chéile, còmhlath, còmhluath, mar chòmhlath, li chéile, cuideachd; maraon; gu léir.

Toil, *v.* Saoithrich, oibrich; gabh saothair; sgìthich, sàraich.

Toil, *s.* Saothair, obair ghoirt.

Toilet, *s.* Bòrd-sgeadachaidh.

Toilsome, *adj.* Saoithreachail, goirt.

Toilsomeness, *s.* Sgìos.

Token, *s.* Cuimhneachan, tabhartas, comharradh; comhar. *Ps.*

Told, *part.* Dh' innis, thubhairt; dh' aithris; chùnnt.

Tolerable, *adj.* So-fhulang; meadhonach, an eatorras, cùibheasach; mar sin fhéin; mu 'n làimh.

Tolerance, *s.* Fulangas.

Tolerate, *v. a.* Fuilig, ceadaich.

Toleration, *s.* Fulang, comas.

Toll, *s.* Càin, cìs; buille cluig.

Toll, *v. a.* Beum no buail clag.

Tollbooth, *s.* Toll-bùth, toll-dubh.

Tomb, *s.* Tuam, tùnga, tùngais. *R. D.*

Tombless, *adj.* Gun uàigh; gun leac.

Tomboy, *s.* Caile-bhalach.

Tombstone, *s.* Tuam-leac, leac-laidhe, leac-lighidh, leac-uaghach.

Tome, *s.* Earrann-leabhair.

Ton, *s.* Tunna, cuthrom dà, mhìle punt; nòs, àird' an fhasain.

Tone, *s.* Fonn, fuaim; gleus.

Tong, *s.* Crambaid, teanga, bucail.

Tongs, *s.* Clobha, maide-briste. *Ir.*

Tongue, *s.* Teanga; cainnt, cànan.

Tongue, *v.* Troid; tachair ri.

Tonguetied, *adj.* Manntach, gagach.

Tonic, *adj.* Gleusach, guthach.

Tonnage, *s.* Tunna-chìs.

Tonsure, *s.* Bearradh, lomairt.

Too, *adv.* Cuideachd, fòs, mar an ceudna; tuilleadh 's a' chòir.

Took, *pret.* of *take.* Ghabh.

Tool, *s.* Ball-acainn, cùngaidh.

Tooth, *s.* Fiacail.

Toothach, *s.* Déideadh, cnuimh.

Toothless, *adj.* Gun fhiaclan.

Toothpick, *s.* Bior-fhiacal.

Toothsome, *adj.* Deagh-bhlasda.

Top, *s.* Mullach, bàrr, binnein, bidein, uachdar, druim, bràighe, roinn: gille-mirean.

Top, *v.* Barraich; thoir barrachd, bearraich, còmhdaich mullach; thoir barrachd, thoir bàrr, smàl.

Topaz, *s.* Clach-bhuidhe phrìseil.

Tope, *v. n.* Pòit, bi air mhisg.

TOPER, s. Pòitear, misgear.
TOPFUL, adj. Lom-làn, dearr-làn.
TOPGALLANT, s. Baideal. Md.
TOPHET, s. Ifrinn, an dù-shloc.
TOPIC, s. Ceann-còmhraidh, stéidh.
TOPKNOT, s. Dos-cinn.
TOPMOST, adj. Uachdrach.
TOPOGRAPHY, s. Tìr-chunntas, sgrìobhadh mu dhéibhinn àiteachan.
TOPSAIL, s. Seòl-àrd, rò-sheòl.
TOPSTONE, s. Clach-mhullaich.
TOPSY-TURVY, s. Bun-os-ceann.
TOR, s. Binnein cruach.
TORCH, s. Leus, dòrn-leus.
TORMENT, v. a. Cràidh, pian, claoidh.
TORMENT, s. Cràdh, pian, pianadh, claoidh, àmhghar, dòrainn.
TORMENTOR, s. Claoidheadair, fear pianaidh, fear-léiridh.
TORMENTIL, s. Cara-mhil-a'-choin, leanartach, cairt-bhlàir. Lew.
TORNADO, s. Ioma-ghaoth.
TORPEDO, s. Orc-iasg.
TORPENT, adj. Marbh, marbhanach.
TORPID, adj. Gun chlì, gun chàil.
TORPIDNESS, s. Marbhantachd.
TORPOR, s. Marbhanta, cion lùis.
TORRENT, s. Beum-sléibhe, bras-shruth.
TORRID, adj. Teth, tioŗam, loisgeach.
TORT, s. Beud, dochan, cron.
TORTILE, TORTIVE, adj. Sniamhanach, dualach, faineach, cuairteagach.
TORTOISE, s. Sligeanach.
TORTUOUS, adj. Snìomhach, lùbach.
TORTURE, s. Cràdh, pian, claoidh.
TORTURE, v. a. Cràidh, pian, claoidh, sàraich, léir, cuir gu cràdh.
TORY, s. Fear taobh rìgh.
TOSS, v. Luaisg, gluais, tilg, thoir urchair; tilg sios agus suas; tilg a null 's a nall; siùdain, seòganaich.
TOSSPOT, s. Pòitear, misgear.
TOTAL, adj. Iomlan, uile; làn.
TOTALLY, adv. Gu léir.
TOTTER, v. n. Crithich, crith, turamanaich, bi tuiteam.
TOUCH, s. Beantainn; buntuinn; mothachadh, feuchainn, deuchainn; càr; speal, greadan; suaip; buille; beagan, rud-eigin; làimhseachadh.
TOUCH, v. Bean do, buin do, buin ri, cuir meur air, cuir corrag air, laimhsich; drùigh air.
TOUCH-HOLE, s. Toll-cluaise.
TOUCHING, adj. Drùighteach.
TOUCHSTONE, s. Clach-dearbhaidh.
TOUCHWOOD, s. Caisleach spuinge.
TOUCHY, adj. Crosda, frithearra, cas.
TOUGH, adj. Righinn; buan; teann.
TOUGHEN, v. n. Rìghnich, dean righinn

TOUGHNESS, s. Rìghneachd, rìghnead
TOUR, s. Turas, cuairt, astar.
TOURIST, s. Fear-turais, fear-cuairt.
TOURNAMENT, s. Cath-chleasachd.
TOURNIQUET, s. Casg-fala.
TOUSE, v. Slàoid, tarruinn; reub, spìon.
TOW, s. Àsgart, pab; barrach. Is.
TOW, v. a. Slaoid, tre uisge.
TOWARD, adj. A ullamh, aontachail.
TOWARD, adv. Fagus, air aghaidh, deas.
TOWARDS, prep. Chum; mu thimchioll.
TOWEL, s. Tubhailte, searadair.
TOWER, s. Tùr, tòr, dùn, turaid; caisteal; daingneach; currac-àrd.
TOWER, v. n. Itealaich gu h-àrd.
TOWERY, adj. Tùrach, turaideach.
TOWN, s. Baile-mòr; baile-margaidh.
TOWNCLERK, s. Cléireach baile.
TOWNSMAN, s. Comh-bhailiche.
TOXICAL, adj. Nimheach, nimheil.
TOY, s. Àilleagan, déideag.
TOY, v. n. Cluich; dean mire, dean sùgradh, dean beadradh.
TRACE, v. a. Lorgaich; rach air tòir; comharraich a mach.
TRACES, s. Beairt-iall, beairt-dhreollaig, beairt-tharuinn, beairt-shlaoid.
TRACER, s. Lorgair, cù-luirg.
TRACK, s. Lorg, aile, frith-rathad.
TRACKLESS, adj. Gun slighe, gun cheum.
TRACT, s. Dùthaich; cùrsa; leabhran.
TRACTABLE, adj. Soitheamh, soirbh; so-theagasg; aontachail, ciùin.
TRACTABLENESS, s. Soimeachas; socair.
TRACTILE, adj. A ghabhas bualadh a mach, so-bhualadh a mach.
TRADE, s. Cèaird; ealain; co-cheannachd, malairt; cleachdadh, gnàths.
TRADE, v. Dean ceannachd; malairtich.
TRADER, s. Fear-malairt.
TRADESMAN, s. Fear-ceirde, fear-bùth.
TRADITION, s. Beul-aithris, beul-oideas.
TRADITIONAL, TRADITIONARY, adj. Beul-aithriseach, beul-iomraidheach.
TRADUCE, v. a. Cul-chàin, dean tarcuis.
TRADUCEMENT, s. Cùl-chaineadh, tàir.
TRADUCER, s. Fear cùl-chàinidh.
TRADUCTION, s. Tarruinn; aithrïs.
TRAFFIC, s. Ceannachd, bathar. Arg.
TRAFFICKER, s. Fear-malairt.
TRAGEDIAN, s. Sgrìobhadair bròin-chluich, cleasaiche bròin-chluich.
TRAGEDY, s. Bròn-chluich.
TRAGIC, TRAGICAL, adj. Brònach.
TRAGICOMEDY, s. Cluich bròin-'s aoibhneis, cluich broin is aighir.
TRAIL, v. Slaoid, tarruinn; lorgaich.
TRAIL, s. Lorg; sguain, slaod.
TRAIN, v. a. Tarruinn; meall; tog; àraich; teagaisg, ionnsaich; cleachd.

TRAIN, s Mealladh; cuideachd, buidheann; slaod, earball, iomall; òrdugh, cùrsa; luchd-leanmhainn.

TRAINBANDS, s. Dìon-fheachd.

TRAINOIL, s. Ola muice-mara.

TRAIT, s. Buille; tuar, suaip.

TRAITOR, s. Fear-brathaidh.

TRAITORLY, TRAITOROUS, adj. Brathach; fealltach, slaoighteil.

TRAITRESS, s. Bana-bhrathadair.

TRAMMEL, s. Lìon; ribe; cuibhreach.

TRAMMEL, v. a. Glac, rib; grab, stad.

TRAMPLE, v. a. Saltair, breab.

TRANCE, TRANSE, s. Neul, plathadh.

TRANCED, adj. Ann an neul.

TRANQUIL, adj. Sàmhach, sìochail, ciùin, fèitheil, sèimh, stòlta.

TRANQUILLITY, s. Sàmhchair, ciùineas.

TRANQUILLIZE, v. Sithich, ciùinich.

TRANSACT, v. a. Dean gnothach; cuir air aghart, cuir gu dòigh.

TRANSACTION, s. Gnothach, gnìomh.

TRANSCEND, v. a. Rach thairis, thoir barrachd, thoir barr.

TRANSCENDENCE, TRANSCENDENCY, s. Barrachd, barrachas, barr-mhaise.

TRANSCENDENT, adj. Barrachdail.

TRANSCRIBE, v. a. Ath-sgrìobh.

TRANSCRIBER, s. Ath-sgrìobhair.

TRANSCRIPT, s. Ath-sgrìobhadh.

TRANSCRIPTION, s. Ath-sgrìobhadh.

TRANSFER, v. a. Thoir thairis; reic.

TRANSFER, s. Malairt; toirt thairis.

TRANSFERABLE, adj. So-thoirt thairis.

TRANSFIGURATION, s. Cruth-chaochladh, cruth-atharrachadh.

TRANSFIGURE, v. a. Cruth-atharraich.

TRANSFIX, v. a. Troi'-lot, sàth.

TRANSFORM, v. a. Cruth-atharraich.

TRANSFORMATION, s. Cruth-atharrachadh, cruth-chaochladh.

TRANSFUSE, v. a. Coimeasg.

TRANSGRESS, v. Rach thairis; ciontaich.

TRANSGRESSION, s. Cionta, easantas.

TRANSGRESSIVE, adj. Ciontach.

TRANSGRESSOR, s. Ciontach, peacach.

TRANSIENT, adj. Diombuan, siùbhlach, neo-mhaireann, caochlaideach.

TRANSIENTNESS, s. Diombuanas.

TRANSIT, s. Eadar-dhol.

TRANSITION, s. Imeachd, caochla.

TRANSITORY, adj. Siùbhlach, diombuan, caochlaideach, neo-mhaireann.

TRANSLATE, v. a. Eadar-theangaich; atharraich, tionndaidh.

TRANSLATION, s. Eadar-theangachadh.

TRANSLATOR, s. Eadar-theangair.

TRANSLUENCY, s. Trìd-shoillseachd.

TRANSLUCID, TRANSLUCENT, s. Trìd-shoilleir, tre-shoillseach, glan.

TRANSMARINE, adj. Thall thar chuan.

TRANSMIGRATE, v. a. Rach o thìr gu tìr.

TRANSMIGRATION, s. Cian-imrich.

TRANSMISSION, s. Cur o àite gu àite.

TRANSMISSIVE, adj. Air a chur sios o neach gu neach.

TRANSMIT, v. a. Cuir o àite gu àite.

TRANSMUTABLE, adj. Mùthach.

TRANSMUTATION, s. Tùr-chaochla.

TRANSMUTE, v. a. Tur-chaochail.

TRANSOM, s. Tarsannan, rùngas.

TRANSPARENCY, s. Trìd-shoillse, glaine.

TRANSPARENT, adj. Trìd-shoilleir, glan.

TRANSPIERCE, v. a. Troi'-shàth.

TRANSPIRE, v. Rach an ceò; bris a mach, thig am folais.

TRANSPLACE, v. a. Atharraich, cuir às àite, cuir do dh' àit' eile.

TRANSPLANT, v. a. Ath-shuidhich.

TRANSPORT, v. a. Thoir o àite gu àite; giùlain, iomchair, fògair, sgiùrs.

TRANSPORT, s. Long-ghiùlang; iomchar, buaireadh; éibhneas; fògarach.

TRANSPORTATION, s. Fògradh.

TRANSPOSAL, s. Atharrachadh.

TRANSPOSE, v. a. Atharraich.

TRANSPOSITION, s. Atharrachadh.

TRANSUBSTANTIATE, v. a. Brìghatharraich, brìgh-mhùth.

TRANSUBSTANTIATION, s. Brìgh-atharrachadh, brìdh-chaochla.

TRANSUDE, v. n. Rach seachad an ceò.

TRANSVERSE, v. a. Mùth; caochail.

TRANSVERSE, adj. Crasgach, trasta.

TRANSVERSELY, adv. Gu crasgach.

TRAP, s. Ribe, painntear.

TRAP, v. a. Rib, glac; cuir an sàs.

TRAP-DOOR, s. Dorus-dìomhair.

TRAPPINGS, s. Rìmheadh; briaghas.

TRASH, s. Nì gun fhiù; trusdaireachd.

TRASHY, adj. Suarach, gun fhiù.

TRAVAIL, v. Bi ri saothair chloinne; sàraich, claoidh, pian, sgìthich.

TRAVAIL, s. Saothair, éigin, obair, sgìtheachadh; saothair chloinne.

TRAVEL, v. Rach air-thuras, triall, siubhail thairis air; falbh, gluais, imich; saothraich, saoithrich.

TRAVEL, s. Turas, taisdeal, siubhal.

TRAVELLER, s. Fear turais, fear-astair, fear-siùbhail, coisiche, taisdea'aiche, fear gabhail an rathaid.

TRAVELLING, s. Siubhal, imeac d.

TRAVERSE, adv. Gu tarsainn,

TRAVERSE, adj. Tarsainn, fiar.

TRAVERSE, v. Seòl tarsainn, siu hail, triall; coisich, imich; grab, bac; cuir crasgach, rannsaich.

TRAVESTY, adj. Neònach; baoth.

TRAY, s. Sgàl, sgùil; losaid.

TREACHEROUS, adj. Mealltach.
TREACHERY, s. Ceilg, brath, foill.
TREACLE, s. Dràbhag siùcair.
TREAD, v. Saltair, ceumnaich; cliath.
TREAD, s. Ceum; slighe, rathad.
TREADLES, s. Casan-beaga breabadair.
TREASON, s. Ar-a-mach, ceannairc.
TREASONABLE, adj. Foilleil.
TREASURE, s. Ionmhas, maoin.
TREASURE, v. a. Taisg, cuir seachad.
TREASURER, s. Fear-coimheid-ionmhais.
TREASURY, s. Ionad an-ionmhais.
TREAT, v. Socraich, cuir gu dòigh;
labhair air; laimhsich; gnàthaich;
gabh ri; cùmhnantaich; thoir cuirm.
TREAT, s. Fleagh, cuirm, féisd. Arg.
TREATISE, s. Seanachas, sgrìobhte.
TREATMENT, s. Gnàthachadh.
TREATY, s. Bann, cùmhnant; còrd-
adh; suidheachadh chùisean.
TREBLE, adj. Trì-fillte; binn, cruaidh.
TREE, s. Craobh, crann, dŏs.
TREFOIL, s. An trì-bhileach.
TRELLIS, s. Obair-chliath.
TREMBLE, v. n. Crith, criothnaich.
TREMBLING, adj. Critheanach.
TREMBLING, s. Criothnachadh.
TREMENDOUS, adj. Fuathasach, uabh-
asach, eagalach, uabharra, oillteil.
TREMOR, s. Ball-chrith.
TREMULOUS, adj. Critheanach, eagalach.
TREN, s. Mòr-ghath éisg.
TRENCH, v. a. Cladhaich, claisich.
TRENCH, s. Clais-bhlàir, sloc, dìg.
TRENCHER, s. Trinnsear.
TREPAN, v. a. Rib, glac, meall.
TREPAN, s. Boireal; ribe, painntear.
TREPIDATION, s. Geilt-chrith.
TRESPASS, v. n. Ciontaich, peacaich.
TRESPASS, s. Cionta, peacadh, aing-
uidheachd, coire, easantas, briseadh-
riaghailte, aindlighe.
TRESS, s. Caisreag, ciabhag, bachlag,
camag, dual, flann.
TRESSY, adj. Bachlagach, camagach,
caisreagach, ciabhagach, dualach.
TRESTLE, TRESSEL, s. Sorachan.
TRET, s. Luathsachadh tomhais.
TREVET, s. Trì-chasach.
TREY, s. An treas ball do chairtean
no do dhìsnean.
TRIAD, s. Triùir; triear.
TRIAL, s. Deuchainn; dearbhadh;
spàirn, strìth; buaireadh; cùis-lagha.
TRIANGLE, TRIGON, s. Trì-chearnag.
TRIANGULAR, adj. Trì-chearneach.
TRIBE, s. Treubh, fine, cinneadh, clann,
teaghlach, sliochd, sìol; seòrsa, pòr.
TRIBULATION, s. Trioblaid, àmhghar,
teinn, teanntachd, an-shocair, éigin.

TRIBUNAL, s. Cathair-breitheanais
cùirt-lagha, mòd-ceartais.
TRIBUNE, s. Ceann-feadhna Ròimheach.
TRIBUTARY, adj. Fo cheannsal.
TRIBUTE, s. Cìs, càin; ùmhlachd.
TRICE, s. Tiota; sealan; gradag.
TRICK, s. Car, cleas, cuilbheart.
TRICK, v. Meall, thoir an car á;
sgeadaich, uidheamaich.
TRICKING, s. Sgeadachadh, caradh.
TRICKLE, v. n. Sil, sruth, ruith.
TRIDENT, s. Muirghe; coron-meurach.
TRIDUAN, adj. Gach treas latha.
TRIENNIAL, adj. Gach treas bliadhna.
TRIFLE, v. n. Dean bàbhdaireachd,
caith aimsir gu diomhain.
TRIFLE, s. Faoineas; rud beag, ni
gun fhiù, ni suarach.
TRIFLER, s. Bàbhdaire.
TRIFLING, adj. Bàbhdach, gun fhiù;
beag, crion, suarach.
TRIFOLIATE, adj. Trì-dhuilleach.
TRIGGER, s. Iarunn-leigidh.
TRIGON, s. Trì-shlisneag.
TRIGONAL, adj. Trì-oisneach.
TRIGONOMETRY, s. Tomhas nan-trian.
TRILATERAL, adj. Trì-shlisneach.
TRILL, s. Caireall, crith, crith-cheòl.
TRILLION, s. Muillean mhuillean de
mhuilleanan.
TRIM, v. Uidheamaich, gleus, deasaich,
cuir gu dòigh; cuir an òrdugh;
càirich, snas, ceartaich.
TRIM, s. Uidheam, gleus, òrdugh.
TRIM, adj. Glan, sgiobalta, speisealta,
sgeinmeil; cuimir, cuanta.
TRIMMER, s. Fear-leam-leat; geinn.
TRIMMING, s. Sgiamh, breaghas.
TRINITY, s. An Trianaid.
TRINKET, s. Àilleagan, seud.
TRIO, s. Ceòl-triùir.
TRIP, v. Cuir camacag; cuir bacag,
tuislich, sleamhnaich; gabh ceum;
rach am mearachd.
TRIP, s. Bacag; tuisleadh, mearachd;
turas beag, astaran.
TRIPARTITE, adj. An trì earrannaibh.
TRIPE, s. Maodal; grealach.
TRIPHTHONG, s. Trì-fhoghair.
TRIPLE, adj. Trì-fillte.
TRIPLET, s. Trì do dh'aon seòrsa.
TRIPLICATE, adj. Trìoblaichte.
TRIPOD, s. Stòl trì-chasach.
TRIPOLY, s. Gaineamh-gheur.
TRIPPING, adj. Iullagach, luath.
TRISYLLABLE, s. Trì-shiola.
TRITE, adj. As an fhasan; caithte.
TRITHEISM, s. Aoradh nan trì dia.
TRITURABLE, adj. So-phronnadh.
TRITURATION, s. Pronnadh.

TRIUMPH, *s.* Buaidh-chaithream; glòir; buaidh; gàirdeachas.

TRIUMPH, *v.* Dean buaidh-chaithream, dean luathghair; faigh buaidh; giùlain buaidh gu tarcuiseach.

TRIUMPHAL, TRIUMPHANT, *adj.* Buadhach, buadhor; caithreamach.

TRIUMVIRATE, *s.* Riaghladh triùir.

TRIUNE, *adj.* Tri-aon, mar an trionaid.

TRIVET, *s.* Trì-chasach.

TRIVIAL, *adj.* Faoin; suarrach; gun fhiù, gun seadh, gun suim, coitcheann.

TROD, TRODDEN, *part. pass.* of *to tread.* Saltairte fo chasaibh.

TROLL, *v.* Ruidhil; ruith mu 'n cuairt; dean iasgach gheadas; cuir air falbh gu siùbhlach.

TROLLOP, *s.* Draip, sgliùrach, botrumaid, dubh-chaile, trusdar caile.

TROOP, *v. n.* Ruith am buidheann; triall le cabhaig.

TROOP, *s.* Buidheann, bannal, cuideachd; trùp, marc-shluagh.

TROOPER, *s.* Trùpair, saighdear-eich.

TROPE, *s.* Mùthadh seadh facail.

TROPHIED, *adj.* Cosgarra; sgeadaichte le buaidh-shuaicheantais.

TROPHY, *s.* Craobh-chosgair.

TROPIC, *s.* An grian-stad.

TROPICAL, *adj.* Samhlachail.

TROT, *v.* Trot; cuir na throtan.

TROT, *s.* Trot, trotail, trotan.

TROTH, *s.* Creideas; fìrinn, briathar.

TROTTER, *s.* Cas caorach.

TROUBLE, *s.* Buaireas, aimhreite; dragh, saothair; farran; éigin, aire, cruaidh chas, teanntachd, teinn; anshocair, àmhghar, truaighe, trioblaid.

TROUBLE, *v. a.* Buair; cuir dragh air, farranaich, cuir gu trioblaid, cuir thar a chéile, pian.

TROUBLESOME, *adj.* Draghail; buaireasach, aimhreiteach, trioblaideach.

TROUBLESOMENESS, *s.* Draghalachd.

TROUGH, *s.* Amar, clàr.

TROUNCE, *v. a.* Cuir gu taic; peanasaich; lunndrainn, buail, dòrnaich.

TROWSERS. *s.* Triubhas.

TROUT, *s.* Breac, bricean.

TROW, *v. n.* Saoil, smuainich.

TROWEL, *s.* Sgreàdhal, trùghan.

TRUANT, *s.* Lùrdan; sgoilear leisg.

TRUANT, *adj.* Leasg, màirnealach.

TRUCE, *s.* Fosadh-còmhraig; anail.

TRUCIDATION, *s.* Marbhadh, milleadh.

TRUCK, *v. n.* Dean malairt, iomlaidich.

TRUCKLE, *v. n.* Strìochd, lùb, crùb.

TRUCULENT, *adj.* Borb, garg, fiadhaich, gruamach; fuilteach.

TRUDGE, *v. n.* Triall air éigin.

TRUE, *adj.* Fìreannach, fìor, dìleas, tréidhireach; ceart, dligheach, cair; deimhinn, ciunteach, seasmhach.

TRUEBRED, *adj.* Do 'n t-seòrsa cheart.

TRUEHEARTED, *adj.* Ionraic, dìleas.

TRUENESS, *s.* Fìrinn, ionracas.

TRUEPENNY, *s.* Fear-cinnteach, ceart.

TRULL, *s.* Strìopach bhochd.

TRULY, *adv.* Gu f⌃inneach, gu dearbh, gu deimhinn; a theart rìreadh.

TRUMP, *s.* Trompaid; buadh-chairt.

TRUMP, *v. a.* Coisinn le buaidh-chairt.

TRUMPERY, *s.* Faoineas; faoin-chainnt.

TRUMPET, *s.* Tròmbaid, triùmpaid, buabhall, stòc, *Md.* and *Buch.*

TRUMPET, *v. a.* Gairm, foillsich, dean aithnichte; séid le tròmbaid.

TRUMPETER, *s.* Tròmbaidear.

TRUNCHEON, *s.* Siolpan; bata.

TRUNDLE, *s.* Ruithlean, roillean.

TRUNDLE, *v. n.* Ruithil, roill; theirig car m'a char, car air char.

TRUNK, *s.* Stoc, bun-craoibhe; cobhan, ciste, gnos, sròn; corp, còm.

TRUNNIONS, *s.* Deilg-taoibh gunna-mòir.

TRUSS, *s.* Crios trùsaidh, braghairt, buinnseal; muillean.

TRUSS, *v. a.* Trus, ceangail.

TRUST, *s.* Earbsa, dòchas, creideas.

TRUST, *v.* Earb á, cuir dòchas ann, cuir muinghinn ann, creid, thoir creideas do, bi earbsach, bi cinnteach; bi 'n dòchas, bi 'n dùil.

TRUSTEE, *s.* Ceileadair, fear-cùraim.

TRUSTY, *adj.* Dìleas, earbsach, ionraic, fìrinneach, fìor, diongmhalta, daingeann, seasmhach, làidir.

TRUTH, *s.* Fìrinn; ionracas.

TRY, *v.* Feuch, feuch ri; thoir ionnsaidh, cuir deuchainn air; dearbh, cuir gu deuchainn, ceasnaich, rannsaich, sgrùd, fidir.

TUB, *s.* Ballan, cùdainn, tùba.

TUBE, *s.* Pìob, feadan.

TUBERCLE, *s.* Plucan, guirean, buicean.

TUBEROUS, *adj.* Plucanach, buiceanach.

TUBULAR, TUBULATED, TUBULOUS, *adj.* Pìobach, pìobanach, feadanach.

TUCK, *s.* Claidheamh-caol; eangach.

TUCK, *v. a.* Trus, criosraich.

TUCKER, *s.* Eideadh-uchd mna.

TUESDAY, *s.* Di-Màirt.

TUFT, *s.* Dos, dosan, babag, toipean, tolman, toman, bad, gasan, gasgan, badan, doire, garan.

TUFTY, *adj.* Dosach, dosrach; topanach, badanach; gasganach; tolmanach, tomanach, doireach.

TUG, *v.* Spiol, spìon, tarruinn, dragh, slaoid; gleachd, dean strìth.

Tug, s. Spioladh, spionadh, spiodadh, draghadh, tarruinn, slaodadh.

Tugger, s. Long-shlaodaidh.

Tuition, s. Ionnsachadh, teagasg.

Tumble, v. Tuit, tuislich ; tilg sios.

Tumble, s. Tuiteam, leagadh.

Tumbler, s. Cleasaiche-car ; còrn.

Tumbrel, s. Cairt-innearach.

Tumefaction, s. Ăt, bòcadh.

Tumefy, v. n. Ăt, bòc, séid suas.

Tumid, adj. Ătmhor ; làn, bòsdail, mòr-chuiseach, spagluinneach.

Tumorous, adj. Bòcach ; spaideil, spagluinneach, mòr-chùiseach.

Tumour, s. Ăt ; iongrachadh, màm, meall ; spagluinn ; mòr-chuis.

Tumult, s. Iorghuill, săbaid, aimhreite, buaireas, mi-riaghailt.

Tumultuary, adj. Iorghuilleach, aimhreiteach, săbaideach, mi-riaghailteach, troi'-cheile.

Tumultuous, adj. Iorghuilleach, săbaideach, aimhreiteach, buaireasach, mi-riaghailteach.

Tun, s. Tunna, da phìob.

Tune, s. Port, fonn, séis.

Tune, v. a. Gleus, cuir am fonn.

Tuneful, adj. Fonnmhor, binn.

Tuneless, adj. Neo-fhonnmhor, neobhinn, neo-ghleusta.

Tuner, s. Fear-gleusaidh.

Tunic, s. Casag leinibh.

Tunnage, s. Tunna-chìs ; tomhas.

Tunnel, s. Luidheir ; lìonadair.

Tup, s. Reithe ; v. Put mar ni reithe.

Turban, s. Ceann-eideadh Turcach.

Turbary, s. Còir moinntich.

Turbid, adj. Tiugh, ruaimleach, neoshoilleir, thar a chéile.

Turbidness, s. Ruaimleachd.

Turbinated, adj. Toinnte, sniomhte.

Turbot, s. Am bradan-leathann.

Turbulence, s. Buaireas ; mi-riaghailt, aimhreite, troi'-chéile.

Turbulent, adj. Buaireasach.

Turd, s. Cac, inneir, aolach, salachar.

Turf, s. Sgroth, sgràth ; tota, fàl, fòd [commonly written "fòid," the gen. sing. of fòd and fàd].

Turfy, adv. Fàileanach, gòrm.

Turcent, adj. Làn, ătmhor ; gaothar.

Turgid, adj. Gaothar ; ătmhor.

Turk, s. Turcach ; adj. Turcach.

Turkey, s. Eun-Fràngach.

Turmeric, s. Dath-buidhe.

Turmoil, v. a. Bi cruaidh shaobhair ; bi sgìth, bi sàraichte.

Turn, s. Tionndadh ; lùb, car ; cuairt ; atharrachadh ; pilleadh, pilltinn ; grathunn, tacan ; gnothach ; cùis ;

tùrn, gnìomh ; faothachadh ; aomadh, claonadh.

Turn, v. Pill, tionndaidh ; iompaich ; lùb ; cuir mu 'n cuairt, cuir a cheann fodha, fàs, cinn ; dealbh, cùm ; mùth, atharraich, thig air t' ais.

Turncoat, s. Fear-leam-leat.

Turner, s. Tuairnear.

Turning, s. Tionndadh, càr, lùb.

Turnip, s. Sneup, neup, nèip. Arg.

Turnpike, s. Chachaileith-cìse.

Turnsol, s. An grain-ròs.

Turpentine, s. Bànbhìth giubhais.

Turpitude, s. Gràinealachd, olcas.

Turret, s. Turait ; binnein ; baideal.

Turtle, s. Calman, turtur.

Tush ! interj. Bi d' thosd ! uist ! ĕist !

Tusk, s. Tosg, sgor-fhiacail.

Tut ! interj. Tŭt ! h-ŭd !

Tutelage, s. Oideas ; togail suas.

Tutelar, Tutelary, adj. Dìonach.

Tutor, s. Oide-ionnsaich ; tùitear.

Tutorage, s. Uachdranachd fir-foghluim, ionnsachadh ; foghlum.

Tutoress, s. Ban-oid-ionnsaich.

Tuz, Tuzz, s. Ciabhag, badan fuilt.

Twain, adj. Dithis, càraid.

Twang, s. Srann ; fuaim gheur.

Twang, v. n. Dean srann.

Twattle, v. n. Dean gobaireachd.

Tweak, v. a. Gòmagaich, teannaich.

Tweedle, v. a. Meuraich gu tlà.

Tweezers, s. Greimiche.

Twelfth, adj. An dara deug.

Twelve, adj. A dhà dheug.

Twentieth, adj. Am ficheadamh.

Twenty, adj. Fichead.

Twice, adv. Dà uair ; dà chuairt.

Twig, s. Faillean, maothan, gineag.

Twilight, s. Eadar-sholus, camhanaich, camhanach, chamh-fhàir.

Twilight, adj. Dorcha, dubharach.

Twin, s. Leth-aon.

Twine, v. a. Toinn, dual, figh.

Twine, s. Sgéinnidh ; toinntean ; toinneamh, sniamh.

Twinge, v. a. Fàisg, toinn, cràidh.

Twinkle, v. n. Priob ; boillsg.

Twinkling, s. Priobadh ; crith-bhoillsge, dealradh, plathadh ; gliosgardaich.

Twinling, s. Uan leth-aon.

Twirl, v. a. Ruidhil mu'n cuairt.

Twirl, s. Ruidhle, cuartalan.

Twist, v. n. Toinn, toinneamh, snìomh, figh, dualaich, cuir an amladh a chéile, bi sniomhte, bi toinnte.

Twist, s. Toinneamh, snìomh, car ; toinntean, sreang, snàthain.

Twister, s. Fear-toinneimh, sniomhaire, sniomhadair ; corra-shiamain.

TWISTING, *s.* Toinneamh, sniomh.

TWIT, *v. a.* Beum; maoidh, sgeig, mag, fochaidich, dean fanaid.

TWITCH, *s.* Spioladh; spìonadh; guin.

TWITCH, *v. a.* Spiol, spion, pioc; biorg.

TWITTER, *v. n.* Dean diorrasan; sitrich, truitrich, crith; sgeig, màg, dean fàite, dean snodha.

TWITTER, *s.* Diorrasan; sitrich.

TWO, *adj.* A dhà, dà, dithis; càraid.

TWOFOLD, *adj.* Dà-fhillte.

TWOHANDED, *adj.* Dà-làmhach.

TWOPENCE, *s.* Dà-sgillinn.

TYMPANUM, *s.* Druma.

TYPE, *s.* Samhla, comhar; clò-litir.

TYPICAL, *adj.* Samhlachail.

TYPIFY, *v. a.* Samhlaich.

TYPOGRAPHER, *s.* Clò-bhuailtear.

TYPOGRAPHICAL, *adj.* Samhlachail.

TYPOGRAPHY, *s.* Clò-bhualadh.

TYRANNIC, TYRANNICAL, *adj.* Aintighearnail; smachdail, ceannasach; ainneartach, sàrachail; borb.

TYRANNISE, *v. a.* Bi aintighearnail.

TYRANNY, *s.* Ain-tighearnas.

TYRO, *s.* Foghlumaiche.

U

U, *s.* An t-aon litir thar fhichead do 'n Abidil.

UBERTY, *s.* Pailteas, tairbhe.

UBIQUITARY, *adj.* Uile-làthaireach.

UBIQUITY, *s.* Uile-làthaireachd.

UDDER, *s.* Ùgh, ùgh mairt.

UGLINESS, *s.* Duaichneachd.

UGLY, *adj.* Grannda, duaichnidh.

ULCER, *s.* Neasgaid, leannachadh; iongrachadh; bolg, leus, bucaid, spucaid, guirean, creuchd.

ULCERATE, *v.* Iongraich, leannaich.

ULCERATION, *s.* Iongrachadh, creuchd.

ULCEROUS, *adj.* Neasgaideach; leannachail, silteach, creuchdach.

ULIGINOUS, *adj.* Féitheach, fliuch, bog, làthachail, làbanach, clàbarach.

ULTIMATE, *adj.* Deireannach.

ULTRAMARINE, *adj.* Allmharrach.

ULTRAMARINE, *s.* Dath-gòrm maiseach.

UMBER, *s.* Dath-buidhe; seòrs éisg.

UMBLES, *s.* Grealach féigh.

UMBO, *s.* Cop, cnap-sgéithe.

UMBRAGE, *s.* Sgàile, dubhar, dùbhradh, duibhre; leithsgeul; amharus, umhaill; corraich, fearg; mìothlachd.

UMBRAGEOUS, UMBROSE, *adj.* Sgàileach, dubharach, dorcha.

UMBRELLA, *s.* Sgàilean-uisge.

UMPIRE, *s.* Breitheamh, breithe.

UN, *partc.* Neo; mi, eu, as, an, ana, do.

UNABASHED, *adj.* Neo-nàraichte.

UNABLE, *adj.* Neo-chomasach.

UNACCEPTABLE, *adj.* Neo-thaitneach.

UNACCOMPANIED, *adj.* Aonarach.

UNACCOMPLISHED, *adj.* Neo-chrìochnaichte, neo-oileanaichte, neo-ionnsaichte; bhuaidh, inntinn.

UNACCOUNTABLE, *adj.* Do-innse, do-aithris, do-chur an céill; iongantach, neònach, neo-fhreagarrach.

UNACCUSTOMED, *adj.* Neo-chleachdte.

UNACQUAINTED, *adj.* Aineolach.

UNACTIVE, *adj.* Neo-theòma.

UNADMIRED, *adj.* Neo-urramaichte.

UNADORNED, *adj.* Neo-sgeadaichte.

UNADVISED, *adj.* Neo-chomhairlichte.

UNAFFECTED, *adj.* Fìor, ionraic, neo-chealgach; còir; sìmplidh.

UNAFFECTING, *adj.* Neo-dhrùighteach.

UNAIDED, *adj.* Neo-chuidichte.

UNALIENABLE, *adj.* Neo-bhuileachail.

UNALLIED, *adj.* Neo-chàirdeach.

UNALTERABLE, *adj.* Neo-chaochlaideach; diongalta, maireann.

UNALTERED, *adj.* Neo-atharraichte.

UNAMENDABLE, *adj.* Do-leasachadh.

UNAMIABLE, *adj.* Neo-chiatach.

UNANIMITY, *s.* Aon-inntinn.

UNANIMOUS, *adj.* Aon-inntinneach.

UNANSWERABLE, *adj.* Do-fhreagairt.

UNAPPALLED, *adj.* Neo-sgàthach.

UNAPPEASABLE, *adj.* Do-chasgadh.

UNAPPREHENSIVE, *adj.* Gun amharus.

UNAPPROACHED, *adj.* Do-ruigheachd.

UNAPT, *adj.* Neo-fhreagarrach.

UNAPTNESS, *s.* Neo-fhreagarrachd.

UNARGUED, *adj.* Neo-chonnsaichte.

UNARMED, *adj.* Neo-armaichte.

UNARTFUL, *adj.* Neo-ealanta, simplidh.

UNASKED, *adj.* Gun iarruidh.

UNASPIRING, *adj.* Neo-mhiannach.

UNASSAILABLE, *adj.* Do-bhualadh.

UNASSISTED, *adj.* Neo-chuidichte.

UNASSUMING, *adj.* Neo-stràiceil.

UNATTAINABLE, *adj.* Do-ruigsinn.

UNATTEMPTED, *adj.* Gun deuchainn.

UNATTENDED, *adj.* Gun chuideachd.

UNAUTHORIZED, *adj.* Gun ùghdarras.

UNAVAILABLE, UNAVAILING, *adj.* Gun stà, gun mhath, faoin gun fheum.

UNAVOIDABLE, *adj.* Do-sheachanta.

UNAWARE, UNAWARES, *adv.* Gun fhios, gun fhaireachadh, gun aire, gun aithne; gu h-obann, gu grad.

UNAWED, *adj.* Gun fhiamh, gun athad

UNBAR, *v. a.* Thoir an crann deth.
UNBEATEN, *adj.* Neo-bhuailte.
UNBECOMING, *adj.* Mi-chiatach.
UNBEFITTING, *adj.* Neo-fhreagarrach.
UNBELIEF, *s.* Ana-creideamh.
UNBELIEVER, *s.* Ana-creideach.
UNBENEVOLENT, *adj.* Neo-dhaonaireach, neo-mhathasach.
UNBENT, *adj.* Do-lùbadh.
UNBESEEMING, *adj.* Neo-chiatach.
UNBEWAILED, *adj.* Neo-chaoidhte.
UNBIDDEN, *adj.* Gun iarraidh, gun sireadh, gun chuireadh, neo-chuirte.
UNBIND, *v. a.* Fuasgail, tuasgail.
UNBLAMABLE, *adj.* Neo-choireach.
UNBLEST, *adj.* Neo-bheannaichte.
UNBODIED, *adj.* Neo-cherparra.
UNBOLT, *v. a.* Thoir an crann deth.
UNBOSOM, *v. a.* Leig ris ; nochd
UNBOTTOMED, *adj.* Gun ghrunnd.
UNBOUGHT, *adj.* Neo-cheannaichte.
UNBOUNDED, *adj.* Neo-chrìochnach.
UNBREECHED, *adj.* Gun bhriogais.
UNBROKEN, *adj.* Neo-cheannsaichte.
UNBROTHERLY, *adj.* Neo-bhràthaireil.
UNBURDEN, *v. a.* Aotromaich.
UNBURIED, *adj.* Neo-adhlaicte.
UNBUTTON, *v. a.* Fuasgail putan.
UNCALCINED, *adj.* Neo-loisgte.
UNCALLED, *adj.* Gun chuireadh.
UNCAUGHT, *adj.* Neo-ghlacte.
UNCAUTIOUS, *adj.* Neo-aireachail.
UNCEASING, *adj.* Gun sgur.
UNCERTAIN, *adj.* Neo-chinnteach.
UNCERTAINTY, *s.* Neo-chinnteachd.
UNCHANGEABLE, *adj.* Neo-chaochlaideach, maireannach, buan.
UNCHARITABLE, *adj.* Neo-sheirceil.
UNCHARITABLENESS, *s.* Mi-sheircealachd, mi-charthannachd.
UNCHASTE, *adj.* Neo-gheimnidh.
UNCHRISTIAN, *adj.* Ana-crìosdail.
UNCIRCUMCISED, *adj.* Neo-thimchioll-ghearrta, gun timchioll-ghearradh.
UNCIVIL, *adj.* Mi-shuairce, borb.
UNCIVILIZED, *adj.* Borb, fiadhaich.
UNCLE, *s.* Brathair-athar no màthar.
UNCLEAN, *adj.* Neo-ghlan, peacach.
UNCLEANLINESS, *s.* Neo-ghloine.
UNCLERICAL, *adj.* Neo-chléireachail.
UNCLOUDED, *adj.* Neo-ghruamach.
UNCOCK, *v. a.* Cuir gunna bharr lagh.
UNCOLLECTED, *adj.* Neo-chruinnichte.
UNCOLOURED, *adj.* Neo-dhathte.
UNCOMBED, *adj.* Neo-chìrte.
UNCOMELINESS, *s.* Mi-chiatachd.
UNCOMELY, *adj.* Mi-chiatach.
UNCOMFORTABLE, *a.* An-shòcrach.
UNCOMMON, *adj.* Neo ghnàthach.
UNCOMMUNICATED, *adj.* Neo-bhuilichte.

UNCOMPLAISANT, *adj.* Mi-shuairce.
UNCOMPLETE, *adj.* Neo-chrìochnaichte
UNCOMPOUNDED, *adj.* Neo-mheasgte.
UNCOMPRESSED, *adj.* Neo-theannaichte.
UNCONCERN, *s.* Neo-chùram.
UNCONCERNED, *adj.* Neo-chùramach.
UNCONDITIONAL, *adj.* Neo-chùmhnantach, gun chùmhnanta.
UNCONFINABLE, *adj.* Neo-iomallach.
UNCONFIRMED, *adj.* Neo-dhaingnichte.
UNCONFORMITY, *s.* Neo-fhreagarrachd.
UNCONGEALED, *adj.* Neo-reòta.
UNCONJUGAL, *adj.* Neo-mharaisteach.
UNCONQUERABLE, *adj.* Do-cheannsachadh, do-chìosachadh.
UNCONSCIONABLE, *adj.* Neo-chogaiseach, mi-chogaiseach.
UNCONSCIOUS, *adj.* Neo-fhiosrach.
UNCOURTEOUS, *adj.* Mi-shuairce.
UNCOUTH, *adj.* Neònach, neo-mhìn.
UNCREATE, *v. a.* Cuir gu neo-bhith.
UNCREATED, *adj.* Neo-chruthaichte.
UNCROWN, *v. a.* Dì-chrùnaich.
UNCTION, *s.* Ungadh ; taiseachadh.
UNCTUOUS, *adj.* Reamhar, sailleil.
UNCULLED, *adj.* Neo-thaghte.
UNCULTIVATED, *adj.* Fiadhaich, neo-àitichte ; neo-foghluimte.
UNCUMBERED, *adj.* Neo-dhamhnaichte.
UNCURTAILED, *adj.* Neo-ghiorraichte.
UNCUT, *adj.* Neo-ghearrte.
UNDAN, *v. a.* Leig ruith le.
UNDAUNTED, *adj.* Neo-ghealtach.
UNDEBAUCHED, *adj.* Neo-thruaillichte.
UNDECEIVE, *v. a.* Cuir ceart.
UNDECEIVED, *adj.* Neo-mheallta.
UNDECIDED, *adj.* Neo-ehinnteach.
UNDECISIVE, *adj.* Neo-chinnteach.
UNDECKED, *adj.* Neo-sgeadaichte.
UNDEFEASIBLE, *adj.* Seasmhach.
UNDEFILED, *adj.* Neo-thruaillidh.
UNDEFINED, *adj.* Neo-mhìnichte ; gun chrìoch, neo-shònraichte.
UNDENIABLE, *adj.* Do-àicheadh.
UNDEPLORED, *adj.* Neo-chaoidhte.
UNDEPRAVED, *adj.* Neo-thruaillte.
UNDER, *adv.* and *prep.* Fo; an iochdar.
UNDERBID, *v. a.* Tairg ni's lugha na luach, tairg fo luach.
UNDERGO, *v. a.* Fuilig, giùlain.
UNDERGROUND, *s.* Fo 'n talamh.
UNDERHAND, *adj.* Dìomhair; cealgach.
UNDERLINE, *s.* Iochdaran.
UNDERMINE, *v. a.* Cladhaich fodha ; fo-chladhaich ; cuir neach ás àite gun fhios, no le foill.
UNDERMOST, *adj.* Is ìsle, ìochdrach.
UNDERNEATH, *prep.* Fo, fodha.
UNDERPLOT, *s.* Fo-chluich.
UNDERPRIZE, *v. a.* Dì-mheas

UNDERRATE, v. a. Di-mheas.
UNDERSELL, v. a. Reic fo luach.
UNDERSTAND, v. Tuig; thoir fainear.
UNDERSTANDING, s. Tuigse; ciall.
UNDERSTANDING,adj.Tuigseach, sgileil.
UNDERSTRAPPER, s. Iochdaran.
UNDERTAKE, v. Gabh o's làimh
UNDERTAKER, s. Fear-gnothaich; fear a ghabhas adhlac os laimh.
UNDERTAKING, s. Gnothach, obair.
UNDERVALUE, v. a. Di-mheas.
UNDERWOOD, s. Preasarnach, crìonach.
UNDERWORK, s. Ceartaichean.
UNDERWRITE, v. a. Fo-sgrìobh.
UNDERWRITER, s. Urrasaiche.
UNDERWRITTEN, adj. Fo-sgrìobhte.
UNDESCRIED, adj. Neo-fhaicinte.
UNDESERVED, adj. Neo-thoillteannach.
UNDESERVING, adj. Neo-airidh.
UNDESIGNING, adj. Neo-chealgach.
UNDESTROYED, adj. Neo-sgrioste.
UNDETERMINED, adj. Neo-shònraichte.
UNDIGESTED, adj. Neo mhearbhte.
UNDIMINISHED, adj. Neo-lughdaichte.
UNDISCERNED, adj. No-fhaicsinn.
UNDISCERNIBLE,adj.Neo-fhaicsinneach.
UNDISCERNING, adj. Neo-thuigseach.
UNDISCIPLINED, adj. Neo-ionnsaichte.
UNDISCOVERED, adj. Neo-aithnichte.
UNDISCREET,adj. Gòrach, eu-crìonna, mi-chiallach, mi-shuairce.
UNDISGUISED, adj. Nochdte; fior.
UNDISPUTED, adj. Neo-chonnsachail.
UNDISTURBED, adj. Neo-bhuairte.
UNDIVIDED, adj. Neo-phàirtichte.
UNDO, v. a. Mill; sgrios; fuasgail.
UNDONE, adj. Caillte, neo-chrìoch-naichte; neo-dheante, sgrioste.
UNDOUBTED, adj. Cinnteach; fior.
UNDOUBTEDLY, adv. Gu cinnteach, air chinnte, gun teagamh, gun amharus.
UNDRESS, v. a. Lom; rùisg.
UNDRESSED, adj. Neo-sgeadaichte.
UNDULATE, v. a. Udail mar thonn.
UNDULATION, s. Tonn-luasgadh.
UNDULATORY, adj. Tonn-luasgach.
UNDUTIFUL, adj. Mi-dhleasanach.
UNEASINESS, s. An-shocair; ioma-cheist; cùram; ro-chùram, aimheal.
UNEASY, adj. An-shocrach; neo-shocrach, aimhealach.
UNELIGIBLE, adj. Neo-roghnachail.
UNEMPLOYED, adj. Gun obair, 'na thàmh, dìomhanach.
UNENJOYED, adj. Neo-shealbhaichte.
UNENLIGHTENED,adj.Neo-shoillsichte.
UNENTERTAINING,adj.Neo aighearach.
UNEQUAL, adj. Neo-ionann.
UNEQUITABLE, adj. Neo-cheart.
UNEQUIVOCAL, adj. Soilleir.

UNERRING, adj. Neo-mhearachdach.
UNEVEN, adj. Neo-chòmhnard.
UNEVENNESS, s. Neo-chòmhnardachd.
UNEXAMPLED, adj. Neo-choimeiseil.
UNEXCEPTIONABLE, adj. Gun choire.
UNEXECUTED, adj. Neo-choimhlionta.
UNEXERCISED, adj. Neo-chleachdte.
UNEXHAUSTED, adj. Neo-thràighte.
UNEXPECTED, adj. Gun dùil.
UNEXPERIENCED, adj Neo-chleachdte.
UNEXPLORED, adj. Neo-rannsaichte.
UNEXPRESSIBLE, adj. Do-labhairt.
UNEXTINGUISHABLE, adj. Do-mhùch-adh, nach gabh cuir ás.
UNFADING, adj. Neo-sheargte, buan.
UNFAILING, adj. Neo-fhàillinneach.
UNFAIR, adj. Mi-cheart, claon.
UNFAITHFUL, adj. Neo-dhìleas.
UNFASHIONABLE, adj. Neo-fhasanta.
UNFASHIONED, adj. Neo-chùmte.
UNFATHOMABLE, adj. Do-thomhas.
UNFATHOMED,adj.Neo-ghrùnndaichte.
UNFATIGUED, adj. Neo-sgìth.
UNFAVOURABLE,adj.Neo-fhàbharrach.
UNFED, adj. Neo-bhiadhta.
UNFEELING, adj. Neo thlusail.
UNFEIGNED, adj. Neo-chealgach, fior.
UNFELT, adj. Neo-mhothaichte.
UNFERTILE, adj. Neo-thorrach.
UNFERMENTED, adj. Neo-oibrichte.
UNFETTERED, adj. Neo-chuibhrichte.
UNFINISHED, adj. Neo-chrìochnaichte.
UNFIRM, adj. Neo-sheasmhach, lag.
UNFIT, adj. Neo-iomchuidh.
UNFIT, v. a. Dean neo-iomchuidh.
UNFITNESS, s. Neo-iomchuidhead.
UNFIXED, adj. Neo-shuidhichte.
UNFLEDGED, adj. Gun itean.
UNFOLD,v.a. Fosgail; nochd, foillsich.
UNFORESEEN, adj. Neo-fhairichte.
UNFORGIVING, adj. Neo-mhathach.
UNFORMED, adj. Neo-chumadail.
UNFORSAKEN, adj. Neo-thréigte.
UNFORTIFIED, adj. Neo-dhaingnichte.
UNFORTUNATE, adj. Mi-shealbhach.
UNFREQUENT, adj. Ainmig, tearc.
UNFREQUENTED, adj. Neo-àitichte; fàs.
UNFRIENDED, adj. Gun charaid.
UNFRIENDLY, adj. Neo-chàirdeil.
UNFROZEN, adj. Neo-reòta.
UNFRUITFUL, adj. Neo-tharbhach.
UNFURL, v. a. Sgaoil, siùil, no brat.
UNFURNISHED, adj. Gun àirneis; neo-uidheamaichte, neo-dheasaichte.
UNGAIN, UNGAINLY, adj. Neo-chiat-ach; neo-eireachdail, mi-chuannta.
UNGENERATIVE, adj. Neo-thorrach.
UNGENEROUS, adj. Mi-shuairce, neo-fhialaidh, spìocach, crìon.
UNGENIAL, adj. Neo-bhaigheil.

UNGENTEEL, adj. Neo-eireachdail.
UNGENTLE, adj. Neo-shuairce.
UNGENTLEMANLIKE, adj. Neo-uasal; miodhoir, neo-mhodhail.
UNGIRT, adj. Neo-chrioslaichte.
UNGODLINESS, s. Mi-dhiadhachd.
UNGODLY, adj. Mi-dhiadhaidh.
UNGORGED, adj. Neo-lìonta.
UNGOVERNABLE, adj. Do-cheannsachadh, do-riaghladh, borb.
UNGOVERNED, adj. Neo-cheannsaichte.
UNGRACEFUL, adj. Neo-ghrinn.
UNGRACIOUS, adj. Neo-thaitneach.
UNGRATEFUL, adj. Mì-thaingeil; neo-thaingeil; neo-thaitneach.
UNGROUNDED, adj. Gun stéidh.
UNGUARDED, adj. Neo-dhìonta.
UNGUENT, s. Ungadh; ola.
UNHANDSOME, adj. Neo-thlachdmhor.
UNHANDY, adj. Neo-làmhchair.
UNHAPPY, adj Mi-shona, truagh.
UNHARMED, adj. Neo-dhochannaichte.
UNHARMONIOUS, adj. Neo-fhonnmhor.
UNHARNESS, v. a. Neo-bheairtich.
UNHEALTHFUL, UNHEALTHY, adj. Euslainteach, eucaileach, tinn.
UNHEARD, adj. Neo-iomraiteach.
UNHEEDED, adj. Gun mheas, gun suim.
UNHOLY, adj. Mi-naomha.
UNHONOURED, adj. Neo-onoraichte.
UNHOPEFUL, adj. Neo-dhòchasach.
UNHORSE, v. a. Tilg bhàrr eich.
UNHOSPITABLE, adj. Neo-aoidheil.
UNHURT, adj. Neo-chiùrrte, gun dochann, gun bheud.
UNHUSK, v. a. Plaoisg, faoisg.
UNICORN, s. Aon-adharcach, buabhall.
UNIFORM, adj. Aon-dealbhach.
UNIFORMITY, s. Riaghailteachd, co-ionannachd, aon-fhuirm. Ir.
UNIMAGINABLE, adj. Do-smuainteachadh, do-bharalachadh.
UNIMPAIRABLE, adj. Do-mhilleadh.
UNIMPAIRED, adj. Neo-mhillte.
UNIMPORTANT, adj. Fadharsach.
UNIMPROVABLE, adj. Do-leasachadh.
UNIMPROVED, adj. Neo-leasaichte.
UNINCLOSED, adj. Neo-dhìonte.
UNINDIFFERENT, adj. Neo-choidheis.
UNINFORMED, adj. Neo-ionnsaichte.
UNINGENUOUS, adj. Neo-ionraic.
UNINHABITABLE, adj. Do-àiteachadh.
UNINHABITED, adj. Neo-àitichte.
UNINJURED, adj. Gun chiorram.
UNINSPIRED, adj. Neo-dheachdte.
UNINSTRUCTED, adj. Neo-theagaisgte.
UNINSTRUCTIVE, adj. Neo-ionnsachail.
UNINTELLIGENT, adj. Aineolach.
UNINTELLIGIBLE, akj. Do-thuigsinn.
UNINTENTIONAL, adj. Neo-rùnaichte.

UNINTERESTED, adj. Gun seadh, coma.
UNINTERRUPTED, adj. Neo-bhacte.
UNINVESTIGABLE, adj. Do-sgrùdadh.
UNINVITED, adj. Neo-chuirte.
UNION, s. Aonachd; co-bhann.
UNIPAROUS, adj. Aon-bhretheach.
UNISON, adj. Aon-ghuthach.
UNISON, s. Aon-ghuth; gleus.
UNIT, s. Aon, a h-aon.
UNITARIAN, s. An-trìonaidiche.
UNITE, v. Ceangail; dlùthaich, aontaich, tàth, cuir ri chéile; gabh tàthadh, fàs mar aon.
UNITION, s. Aontachas; aontachadh.
UNITY, s. Aonachd, co-chòrdadh.
UNIVERSAL, adj. Coitcheann.
UNIVERSE, s. An domhan.
UNIVERSITY, s. Àrd-thaigh-foghlum.
UNIVOCAL, adj. Aon-ghuthach.
UNJUST, adj. Eucorach, mi-cheart.
UNJUSTIFIABLE, adj. Do-fhìreannachadh, do-dhìonadh.
UNKENNEL, v. a. Cuir à saobhaidh.
UNKEPT, adj. Neo-ghléidhte.
UNKIND, adj. Neo-chaoimhneil.
UNKINDNESS, s. Neo-chaoimhneas.
UNKNIGHTLY, adj. Neo-fhlathail.
UNKNIT, v. a. Sgar, sgaoil, fosgail.
UNKNOWING, adj. Aineolach.
UNKNOWN, adj. Neo-aithnichte.
UNLABOURED, adj. Neo-shaothairichte.
UNLACE, v. a. Fuasgail, sgaoil.
UNLADE, v. a. Aotromaich.
UNLADEN, adj. Neo-luchdaichte.
UNLAID, adj. Neo-leagte.
UNLAMENTED, adj. Neo-chaoidhte.
UNLAWFUL, adj. Mi-laghail.
UNLEARNED, adj. Neo-fhoghluimte.
UNLEAVENED, adj. Neo-ghoirtichte.
UNLESS, conj. Saor o; mur, mu's.
UNLETTERED, adj. Neo-ionnsaichte.
UNLEVELLED, adj. Neo-chòmhnard.
UNLIBIDINOUS, adj. Neo-chonnanach.
UNLICENSED, adj. Neo-cheadaichte.
UNLICKED, adj. Neo-imlichte; neo-chùmte, neo-sheamhsar.
UNLIKE, adj. Neo-choltach.
UNLIKELIHOOD, UNLIKELINESS, s. Eucosalachd; eucoltas.
UNLIKELY, adj. Eu-coltach.
UNLIMITED, adj. Neo-chrìochnach.
UNLOAD, v. a. Aotromaich.
UNLOCK, v. a. Fosgail glas.
UNLOOKED-FOR, adj. Gun dùil ris.
UNLOOSE, v. a. Fuasgail.
UNLOVELY, adj. Neo-ionmhuinn.
UNLOVING, adj. Neo-ghaolach.
UNLUCKY, adj. Mi-shealbhar.
UNMADE, adj. Neo-dhèante.
UNMAIMED, adj. Neo-chiorramach.

UNMAN, *v.* Spŏth; dean tais, dean mi-fhearail, mì-mhisnich.
UNMANAGEABLE, *adj.* Do-cheannsach-adh, do-riaghladh ; trom.
UNMANLY, *adj.* Neo-fhearail, meata.
UNMANNERED, *adj.* Mi-mhodhail.
UNMANNERLY, *adj.* Neo-shìobhalta.
UNMARKED, *adj.* Neo-chomharraichte.
UNMARRIED, *adj.* Neo-phòsta.
UNMASK, *v. a.* Leig ris ; rùisg.
UNMASKED, *adj.* Leigte ris; rùisgte.
UNMASTERED, *adj.* Neo-cheannsaichte.
UNMATCHABLE, *adj.* Gun choimeas.
UNMATCHED, *adj.* Gun leth-bhreac.
UNMEANING, *adj.* Gun seadh.
UNMEANT, *adj.* Neo-rùnaichte.
UNMEASURABLE, *adj.* Do-thomas.
UNMEASURED, *adj.* Neo-thomhaiste.
UNMEET, *adj.* Neo-airidh, neo-iom-chuidh, neo-fheagarrach.
UNMELTED, *adj.* Neo-leaghte.
UNMERCIFUL, *adj.* An-tròcaireach.
UNMERITABLE, *adj.* Neo-airidh.
UNMINDED, *adj.* Neo-chuimhnichte.
UNMINDFUL, *adj.* Dì-chuimhneach,
UNMINGLED, *adj.* Neo-choimeasgta.
UNMIXED, *adj.* Neo-mheasgta, glan.
UNMOLESTED, *adj.* Gun dragh.
UNMOVEABLE, *adj.* Do-ghluasad.
UNMOVED, *adj.* Neo-ghluaiste.
UNMOURNED, *adj.* Neo-chaoidhte.
UNMUSICAL, *adj.* Neo-cheòl mhor.
UNNAMED, *adj.* Neo-ainmichte.
UNATURAL, *adj.* Mi nàdurra.
UNNAVIGABLE, *adj.* Do-sheòladh.
UNNECESSARY, *adj.* Neo-fheumail.
UNNEIGHBOURLY, *adj.* Neo-choimh-earsnachail, neo-nàbachail ; neo-chòir, neo-chaoimhneil, neo-choin-gheallach; neo-chòmpanta.
UNNERVATE, *adj.* Anfhannaichte.
UNNERVE, *v. a.* Anfhannaich.
UNNERVED, *adj.* Anfhann ; tais.
UNNUMBERED, *adj.* Do-àireamh.
UNOBSERVABLE, *adj.* Do-fhaicinn.
UNOBSERVANT, *adj.* Neo-shuimeil.
UNOBSERVED, *adj.* Neo-bheachdaichte.
UNOBSTRUCTED, *adj.* Neo-bhacte.
UNOBTAINABLE, *adj.* Do-fhaotainn.
UNOCCUPIED, *adj.* Neo-shealbhaichte.
UNOFFENDING, *adj.* Neo-choireach.
UNOPERATIVE, *adj.* Neo-éifeachdach.
UNOPPOSED, *adj.* Neo-bhacte.
UNORDERLY, *adj.* Mi-riaghailteach.
UNORTHODOX, *adj.* Neo-fhallain.
UNPACK, *v. a.* Fuasgail, fosgail.
UNPAID, *adj.* Neo-phàighte.
UNPALATABLE, *adj.* Neo-bhlasda.
UNPARALLELED, *adj.* Gun choimeas.
UNPARDONABLE, *adj.* Gun leithsgeul,

nach mathar; nach fhaodar a mhath-adh, nach faigh mathanach.
UNPARDONED, *adj.* Neo-mhathte.
UNPARLIAMENTARY, *adj.* An aghaidh achd socraichte na pàrlamaid.
UNPARTED, *adj.* Neo-dhealaichte.
UNPARTIAL, *adj.* Dìreach, neo-chlaon, cothromach, neo-leth-bhreitheach.
UNPASSABLE, *adj.* Do-imeachd.
UNPAWNED, *adj.* Neo-ghealltainte.
UNPEACEABLE, *adj.* Buaireasach.
UNPENSIONED, *adj.* Neo-dhuaisichte.
UNPEOPLE, *v. a.* Dean fàs ; sgrios.
UNPERCEIVABLE, *adj.* Do-mhothach-adh, do-fhaireachdainn.
UNPERCEIVED, *adj.* Gun fhios.
UNPERFECT, *adj.* Neo-iomlan.
UNPERFORMED, *adj.* Neo-dhèanta.
UNPERISHABLE, *adj.* Maireannach.
UNPERPLEXED, *adj.* Gun amhluadh.
UNPETRIFIED, *adj.* Neo-cruadhaichte.
UNPHILISOPHICAL, *adj.* Neo-fheallsanta.
UNPILLOWED, *adj.* Gun chluasag.
UNPIN, *v. a.* Fuasgail dealg.
UNPITIED, *adj.* Gun truas ri.
UNPITYING, *adj.* Neo-thruacanta.
UNPLEASANT. *adj.* Mi-thaitneach.
UNPLEASED, *adj.* Mi-thoilichte.
UNPLEASING, *adj.* Mi-thaitneach.
UNPLIANT, *adj.* Do-lùbadh, rag.
UNPLOWED, *adj.* Neo-threabhta.
UNPOETICAL, *adj.* Neo-fhileanta.
UNPOLISHED, *adj.* Neo-liobhta ; borb.
UNPOLITE, *adj.* Mi-mhodhail.
UNPOLLUTED, *adj.* Neo-thruaillte.
UNPOPULAR, *adj.* Neo-ionmhainn.
UNPRACTISED, *adj.* Neo-chleachdte.
UNPRAISED, *adj.* Gun iomradh.
UNPRECEDENTED, *adj.* Gun choimeas.
UNPREFERRED, *adj.* Neo-àrdaichte.
UNPREGNANT, *adj.* Neo-thorrach.
UNPREJUDICATE, *adj.* Neo-chlaon.
UNPREJUDICED, *adj.* Neo-leth-bhreth-each, neo-chlaon-bhretheach.
UNPREMEDITATED, *adj.* Neo-smuain-tichte roi'-làimh, neo-shònraichte.
UNPREPARED, *adj.* Neo-ullamh.
UNPREPOSSESSED, *adj.* Gun taobh ri.
UNPRETENDING, *adj.* Neo-dhàna.
UNPREVENTED, *adj.* Neo-bhacte.
UNPRINCELY, *adj.* Mi-fhlathail.
UNPRINCIPLED, *adj.* Neo-chogaiseach.
UNPRINTED, *adj.* Neo-chlò-bhuailte.
UNPRIZED, *adj.* Neo-mheaste.
UNPROCLAIMED, *adj.* Neo-ghairmte.
UNPROFANED, *adj.* Neo-thruaillte.
UNPROFITABLE, *adj.* Neo-tharbhach.
UNPROLIFIC, *adj.* Seasg, aimrid.
UNPROPITIOUS, *adj.* Mi-shealbhach.
UNPROPORTIONED, *adj.* Neo-chumadail.

UNPROPPED, *adj.* Gun chùl-taic.
UNPROSPEROUS, *adj.* Mi-shealbhar.
UNPROTECTED, *adj.* Gun dìon.
UNPROVIDED, *adj.* Neo sholaraichte.
UNPROVOKED, *adj.* Neo-bhrosnaichte.
UNPRUNED, *adj.* Neo-ghearrta.
UNPUBLISHED, *adj.* Neo-fhoillichte.
UNQUALIFIED, *adj.* Neo-fhr agarrach.
UNQUALIFY, *v. a.* Dean neo-fhreagarra.
UNQUENCHABLE, *adj.* Do-mhùchadh.
UNQUENCHED, *adj.* Neo-mhùchte.
UNQUESTIONABLE, *adj.* Gun cheist.
UNQUESTIONABLY, *adv.* Air chinnt.
UNQUESTIONED, *adj.* Neo-cheasnaichte.
UNQUIET, *adj.* Neo-fhoisneach.
UNRACKED, *adj.* Neo-shìolaidhte.
UNRAVEL, *v. a.* Fuasgail, réitich.
UNREAD, *adj.* Neo-leughte.
UNREADY, *adj.* Neo-dheas.
UNREAL, *adj.* Neo-fhìor, faoin.
UNREASONABLE, *adj.* Mi-reusonta.
UNRECLAIMED, *adj.* Neo-chìosnaichte.
UNRECONCILED, *adj.* Neo-réidh.
UNRECORDED, *adj.* Neo-sgrìobhte.
UNRECOUNTED, *adj.* Neo-aithriste.
UNREDUCED, *adj.* Neo-lughdaichte.
UNREFORMABLE, *adj.* Do-leasachadh.
UNREFORMED, *adj.* Neo-leasaichte.
UNREFRESHED, *adj.* Neo-ùraichte.
UNREGARDED, *adj.* Gun sùim.
UNREGERERATE, *adj.* Neo-ath-ghinte.
UNREGISTERED, *adj.* Neo-sgrìobhte.
UNRELENTING, *adj.* Neo-thruacanta.
UNRELIEVABLE, *adj.* Do-chòmhnadh.
UNREMEDIABLE, *adj.* Do-leigheas.
UNREPENTED, *adj.* Neo-aithreachail.
UNREPINING, *adj.* Neo-aithreach.
UNREPLENISHED, *adj.* Neo-lìonta.
UNREPROACHED, *adj.* Neo-chronaichte.
UNREPROVED, *adj.* Neo-achmhasan-aichte.
UNREQUESTED, *adj.* Gun iarraidh.
UNREQUITABLE, *adj.* Neo-dhìolta.
UNRESENTED, *adj.* Maite.
UNRESERVED, *adj.* Fosgarra.
UNRESISTED, *adj.* Gun bhacadh.
UNRESOLVED, *adj.* Neo-shònraichte.
UNRESTORED, *adj.* Neo-aisigte.
UNRESTRAINED, *adj.* Neo-smachdaichte.
UNREVEALED, *adj.* Ceilte.
UNREVENGED, *adj.* Neo-dhìolta.
UNREVOKED, *adj.* Seasmhach.
UNREWARDED, *adj.* Neo-dhuaisichte.
UNRIDDLE, *v. a.* Tomhais; fuasgail.
UNRIG, *v. a.* Rùisg dhet.
UNRIGHTEOUS, *adj.* Eas-ionraic.
UNRIGHTFUL, *adj.* Neo-dhligheach.
UNRIPE, *adj.* Anabaich, glas.
UNRIVALLED, *adj.* Gun choimeas.
UNROL, *v. a.* Fosgail, fuasgail.

UNROOF, *v. a.* Thoir mullach dheth.
UNROOT, *v. a.* Spìon á bhun.
UNROUNDED, *adj.* Neo-chruinn.
UNRUFFLE, *v. n.* Bi ciùin.
UNRULY, *adj.* Aimhreiteach.
UNSAFE, *adj.* Neo-thèaruinte.
UNSAID, *adj.* Neo-ainmichte.
UNSALTED, *adj.* Neo-shaillte.
UNSALUTED, *adj.* Neo-fhàiltichte.
UNSANCTIFIED, *adj.* Neò-naomhaichte.
UNSATIABLE, *adj.* Do-shàsachadh.
UNSATISFACTORY, *adj.* Neo-thaitneach.
UNSATISFIED, *adj.* Neo-thoilichte.
UNSAVOURY, *adj.* Mi-bhlasda; breun.
UNSAY, *v. a.* Thoir air ais facal.
UNSCHOLASTIC, *adj.* Neo-ionnsaichte.
UNSCHOOLED, *adj.* Gun sgoil.
UNSCREENED, *adj.* Neo-sgàilichte.
UNSEAL, *v. a.* Fosgail seula.
UNSEALED, *adj.* Neo-sheulaichte.
UNSEASONABLE, *adj.* Neo-thràthail.
UNSEASONABLENESS, *s.* Mi-thràth.
UNSEASONED, *adj.* Neo-shaillt; neo-thràthail; neo-thiormaichte.
UNSECONDED, *adj.* Neo-chuidichte.
UNSECURE, *adj.* Neo-thèaruinte.
UNSEEMLY, *adj.* Mi-chiatach.
UNSEEN, *adj.* Neo-fhaicinte.
UNSERVICEABLE, *adj.* Gun stà.
UNSETTLE, *v. a.* Dean mi-chinnteach.
UNSETTLED, *adj.* Neo-shocrach, neo-shuidhichte, neo-shònraichte; luaineach, siùbhlach; caochlaideach; neo-àitichte; guanach, aotrom.
UNSEVERED, *adj.* Neo-sgarte.
UNSHACKLE, *v. a.* Mi-chuibhrich.
UNSHAKEN, *adj.* Neo-charaichte, neo-ghluasadach; daingeann.
UNSHAPEN, *adj.* Neo-chumadail.
UNSHEATH, *v. a.* Rùisg, tarruinn.
UNSHELTERED, *adj.* Gun fhasgadh.
UNSHIP, *v. a.* Thoir á luing.
UNSHOD, *adj.* Gun bhrògan.
UNSHORN, *adj.* Neo-bhuainte.
UNSIFTED, *adj.* Neo-chriafhairte.
UNSIGHTLINESS, *s.* Duaichneachd.
UNSIGHTLY, *adj.* Duaichnidh.
UNSKILFUL, *adj.* Mi-theòma.
UNSKILFULNESS, *s.* Aineolas.
UNSKILLED, *adj.* Aineolach.
UNSLAKED, *adj.* Neo-mhùchta.
UNSOCIABLE, *adj.* Neo-chaidreach.
UNSOILED, *adj.* Neo-shalaichte.
UNSOLD, *adj.* Neo-reicte.
UNSOLID, *adj.* Fàs; neo-ghramail.
UNSOPHISTICATED, *adj.* Ionraic; fìor.
UNSORTED, *adj.* Neo-dhòigheil.
UNSOUGHT, *adj.* Gun iarraidh.
UNSOUND, *adj.* Mi-fhallain; grod.
UNSPEAKABLE, *adj.* Do-labhairt.

Unspecified, *adj.* Neo-ainmichte.
Unspoiled, *adj.* Neo-chreachta, neo-mhillte ; neo-thruaillichte.
Unspotted, *adj.* Gun bhall; gun smal.
Unstable, *adj.* Neo-sheasmhach.
Unstained, *adj.* Gun sal ; gun smal.
Unstaunched, *adj.* Neo-chaisgte.
Unsteadfast, *adj.* Mi-stéidheil.
Unsteady, *adj.* Neo-sheasmhach.
Unstinted, *adj.* Neo-ghann, fial, pailt.
Unstrained, *adj.* Neo-éignichte.
Unstring, *v. a.* Lasaich, fuasgail.
Unsubstantial, *adj.* Gun bhrìgh.
Unsuccessful, *adj.* Mi-shealbhar.
Unsugared, *adj.* Gun siùcar.
Unsuiting, *adj.* Neo-fhreagarrach.
Unsuitable, *adj.* Neo-iomchuidh.
Unsullied, *adj.* Gun truailleadh.
Unsung, *adj.* Neo-iomraiteach.
Unsunned, *adj.* Neo-ghrianaichte.
Unsupported, *adj.* Neo-chuidichte.
Unsuspected, *adj.* Saor o amharus.
Unsuspecting, *adj.* Neo-amharusach.
Unsuspicious, *adj.* Gun umhaill.
Unsustained, *adj.* Neo-thaicichte.
Unswayed, *adj.* Neo-cheannsaichte.
Unswear, *v. a.* Thoir mionnan air ais.
Untainted, *adj.* Neo-thruaillichte.
Untamed, *adj.* Neo-chàllaichte.
Untasted, *adj.* Neo-bhlasta.
Untaught, *adj.* Neo-ionnsaichte.
Untempered, *adj.* Neo-chruadhaichte.
Untenable, *adj.* Do-dhìon.
Untenanted, *adj.* Neo-àitichte.
Untented. *adj.* Neo-fhritheilte.
Unterrified, *adj.* Gun sgàth.
Unthanked, *adj.* Gun taing.
Unthankful, *adj.* Mi-thaingeil.
Unthawed, *adj.* Gun aiteamh.
Unthinking, *adj.* Neo-smaointeachail.
Unthought-of, *adj.* Gun spéis.
Unthreatened, *adj.* Neo-bhagairte.
Unthrift, *s.* Struidhear.
Unthrifty, *adj.* Stròghail, sgapach.
Unthriving, *adj.* Mi-shoirbheasach.
Untie, *v. a.* Fuasgail, lasaich.
Untied, *adj.* Fuasgailte, las.
Until, *adv.* Gu ruig, gu, gus.
Untilled, *adj.* Neo-àitichte.
Untimely, *adj.* Neo-thràthail.
Untimely, *adv.* Roimh 'n àm.
Untinged, *adj.* Neo-dhàthte.
Untired, *adj.* Neo-sgìth.
Untitled, *adj.* Neo-thiodalaichte.
Unto, *prep.* Do, gu, chum, thun, a dh' ionnsaidh, gu ruig.
Untold, *adj.* Neo-aithriste.
Untouched, *adj.* Neo-làmhaichte.
Untoward, *adj.* Rag, reasgach, fiar.
Untraceable, *adj.* Do-lòrgachadh.

Untraced, *adj.* Neo-lòrgaichte.
Untrained, *adj.* Neo-ionnsaichte.
Untransparent, *adj.* Dorcha.
Untravelled, *adj.* Neo-choisichte.
Untried, *adj.* Neo-dheuchainte.
Untrod, *adj.* Neo-lòrgaichte.
Untroubled, *adj.* Neo-bhuairte.
Untrue, *adj.* Neo-dhìleas.
Untruly, *adv.* Gu neo-dhìleas, gu fallsa, gu mealltach,
Untruth, *s.* Breug ; sgleò.
Untunable, *adj.* Do-ghleusadh.
Unturned, *adj.* Neo-thionndaidhte.
Untutored, *adj.* Neo-ionnsaichte.
Untwine, Untwist, *v. a.* Thoir as a chéile, thoir ás an fhighe.
Unusual, *adj.* Neo-àbhaisteach.
Unvalued, *adj.* Di-measte.
Unvanquished, *adj.* Neo-cheannsaichte, neo-chlaoidhte.
Unvaried, *adj.* Gun atharrachadh.
Unvarnished, *adj.* Neo-lìtheach.
Unveil, *v. a.* Leig ris, nochd.
Unveritable, *adj.* Fallsa, breugach.
Unversed, *adj.* Neo-eòlach.
Unviolated, *adj.* Neo-bhriste, slàn.
Unvisited, *adj.* Neo-thaghaichte.
Unawakened, *adj.* Neo-dhùisgte.
Unwarlike, *adj.* Neo-churanta.
Unwarned, *adj.* Gun sanas.
Unwarrantable, *adj.* Neo-cheadaichte, neo-laghal.
Unwarranted, *adj.* Neo-chinnteach.
Unwary, *adj.* Neo-fhaiceallach; obann.
Unwashed, *adj.* Neo-nighte; salach.
Unwasted. *adj.* Neo-chaithte.
Unwearied, *adj.* Neo-sgìth.
Unwed, *adj.* Neo-phòsta.
Unwelcome, *adj.* Neo-thaitneach.
Unwholesome, *adj.* Neo-fhallain.
Unwieldy, *adj.* Trom, liobasda.
Unwind, *v. a.* Thoir as a chéile.
Unwise, *adj.* Neo-ghlic, gòrach.
Unwonted, *adj.* Aineamh, tearc.
Unworthy, *adj.* Neo-airidh.
Unwreathe, *v. a.* Thoir ás an dual,
Unwritten, *adj.* Neo-sgrìobhte.
Unwrought, *adj.* Neo-oibrichte.
Unwrung, *adj.* Neo-fhàisgte.
Unyielded, *adj.* Neo-strìochdte.
Unyoke, *v. a.* Neo-bheartaich.
Up, *adv.* Shuas ; gu h-àrd.
Up, *prep.* Suas ri bruthach.
Upbraid, *v. a.* Maoidh ; troid.
Upheld, *part.* Air a chumail suas.
Uphill, *adj.* Ri bruthach, duilich.
Uphold, *v. a.* Cum suas, tog.
Upholder, *s.* Fear taice.
Upholsterer, *s.* Fear àirneisiche.
Upland, *s.* Airde ; aonach ; mullach.

UPLAY, v. a. Càrn suas, cnuasaich.
UPLIFT, v. a. Tog suas, àrdaich.
UPMOST, adj. Is àirde.
UPON, prep. Air, air muin.
UPPER, adj. Uachdrach (erroneously written " uachdarach").
UPPERMOST, adj. Is uachdraiche.
UPRAISE, v. a. Tog suas, àrdaich.
UPRIGHT, adj. Tréidhireach ; ionraic ; dìreach 'na sheasamh, onarach, simplidh, ceart, cothromach, fior.
UPRIGHTNESS, s. Tréidhireas, fireantachd ; seasamh dìreach.
UPRISE, v. n. Éirich, suas.
UPROAR, s. Gàire ; buaireas.
UPROOT, v. a. Spìon á bhun.
UPSHOT, s. Co-dhùnadh, crìoch ; deireadh, ceann mu dheireadh.
UPSIDE, adv. An t-uachdar.
UPSTART, s. Ùranach.
UPSTART, v. a. Leum suas.
UPWARD, adj. Suas, gu h-àrd.
URBANITY, s. Furmailt, suairceas.
URCHIN, s. Cràineag ; isean, gàrlach.
URETHRA, s. Fual-chuisle.
URGE, v. a. Earalaich ; spàrr ; aslaich ; brosnaich stuig ; cuir thuige ; teannaich ; fàisg, pùc, brùth.
URGENCY, s. Cabhag ; earailteachd, feumalachd, fòghnadh.
URGENT, adj. Dian, earailteach, cabhagach, feumail.
URGER, s. Fear-earailteach ; earalaiche.
URINAL, s. Buideal-fuail.
URINARY, adj. Fualach, nùnach.
URINE, s. Maighistir, fual, mùn.
URN, s. Poit tasgaidh luaithre nam marbh ; soigheach uisge.
Us, the oblique case of we. Sinn, sinne
USAGE, s. Àbhaist, nòs, gnà ; càradh.
USANCE, s. Riadh, ùin-réidh.
USE, s. Stà, math, feum ; dìol, gnàthachadh ; cleachdadh, nòs, àbhaist ; co-ghnàth ; riadh.
USE, v. Gnàthaich ; buin ri, dean feum ; cleachd ; bi cleachdte, giùlain, iomchair.
USED, adj. Gnàthaichte, cleachdte.
USEFUL, adj. Feumail, iomchuidh, freagarrach, stàmhor, tarbhach, math.
USEFULNESS, s. Feumalachd.
USELESS, adj. Neo-fheumail, gun stà.
USHER, s. Fo'-mhaighstir; gille-doruis.
USHER, v. a. Thoir a steach, thoir a stigh, feuch a steach, feuch a stigh.
USQUEBAUGH, s. Uisge-beatha.
USUAL, adj. Coitcheann, tric, minig, gnàthach, gnàthaichte.
USUALLY, adv. Gu minig, a réir àbhaist, mar is trice.

USURER, s. Fear-réidh, fear-ocair.
USURIOUS, adj. Riadhach ; ocarach.
USURP, v. a. Gléidh gun chòir.
USURPATION, s. Glacadh gun chòir.
USURPER, s. Rìgh neo-dhligheach.
USURY, s. Airgead-réidh.
UTENSIL, s. Ball-acuinn, cungaidh beairt ; goireas, ball-àirneis.
UTERINE, adj. Machlagach.
UTERUS, s. Machlag, machlach.
UTILITY, s. Feum ; math, stà.
UTMOST, adj. Iomallach, deireannach, is deireannaiche, is mò, is àirde.
UTMOST, s. Meud, làn-oidhirp.
UTTER, v. a. Labhair, abair, innis, nochd, cuir an céill ; reic ; sgaoil.
UTTERABLE, adj. So-labhairt.
UTTERANCE, s. Labhairt ; guth.
UTTERLY, adv. Gu tur, gu léir.
UTTERMOST, s. A chuid is mò.
UTTERMOST, adj. Is iomallaiche, is fhaide mach, is faid air fàlbh.
UVULA, s. Cioch-shlugain.
UXORIOUS, adj. Mùirneach mu mhnaoi.
UXURIOUSNESS, s. Céile-mhùirn.

V

V, s. An dara litir thar fhichead do 'n Aibidil.
VACANCY, s. Fàslach ; failbhe ; àite falamh, àite fàs ; anail, clos, tàmh ; còs, bèarn ; neo-thoirt.
VACANT, adj. Fàs, falamh ; faoin.
VACATE, v. a. Falmhaich ; fàg ; dean faoin, cuir air chùl ; tréig.
VACATION, s. Uine shaor ; sgaoileadh ; tàmh, anail.
VACCINATION, s. Cur breac a' chruidh.
VACINE, adj. Cruidh.
VACUITY, s. Failmhe, failbhe.
VACUATION, s. Falmhachadh.
VACUOUS, adj. Falamh, fàs, faoin.
VACUUM, s. Falamhachd.
VADE-MECUM, s. Leabhar-pòcaid.
VAGABOND, s. Fear-fuadain.
VAGARY, s. Faoin-dhòchas.
VAGRANT, s. Fear-seacarain, diol-deirce, deirceach. R. D.
VAGRANT, adj. Siùbhlach ; seachranach, iomrallach.
VAGUE, adj. Sgaoilte, faontrach.
VAIL, v. Leig sìos ; ìslich ; géill.
VAILS, s. Airgead doruis.
VAIN, adj. Faoin ; diomhain ; neo-

éifeachdach, neo-tharbhach; falamh; fàs; uallach, stràiceil; suarrach; sgàileanta; bòsdail, spaglainneach.

VAIN-GLORIOUS, *adj.* Ràiteachail.

VAIN-GLORY, *s.* Ràiteachas.

VALE, *s.* Gleann, srath.

VALENTINE, *s.* Leannan; dealbh-gaoil.

VALERIAN, *s.* An trì-bhileach.

VALET, *s.* Gille-coise.

VALETUDINARIAN, *s.* Neach tinn.

VALIANT, *adj.* Treun, foghainteach, calma, làidir, neartmhor, misneachail.

VALIANTNESS, *s.* Gaisge, tréine.

VALID, *adj.* Tàbhachdach; éifeachdach, comasach; cumhachdach, foghainteach, làidir; tarbhach.

VALIDITY, *s.* Tàbhachd; éifeachd.

VALLEY, *s.* Gleann; glac, lag.

VALOROUS, *adj.* Gaisgeanta, curanta.

VALOUR, *s.* Gaisge, tréine, cruadal.

VALUABLE, *adj.* Luachmhor, prìseil.

VALUATION, *s.* Meas, luach; fiach.

VALUE, *s.* Prìs, luach, fiach; toirt.

VALUE, *v. a.* Meas, prìsich, cuir meas.

VALVE, *s.* Pìob-chòmhla; duilleag-doruis.

VAMP, *s.* Leathar-uachdair.

VAMP, *v. a.* Càirich, clùd, clùdaich.

VAN, *s.* Toiseach-feachda; tùs.

VANE, *s.* Coileach-gaoithe.

VANGUARD, *s.* Tùs-feachd.

VANILLA, *s.* Faoineag; seòrsa luibh.

VANISH, *v. n.* Rach ás an t-sealladh, falbh mar sgàile; sìolaidh air falbh.

VANITY, *s.* Diomhanas, faoineas; uaill.

VANQUISH, *v. a.* Buadhaich, ceannsaich, cìosnaich, thoir buaidh; claoidh; faigh làmh-an-uachdar, cuir fo smachd; cuir fo cheannsal.

VANQUISHER, *s.* Buadhaire.

VANTAGE, *s.* Tairbhe, làmh-an-uachdar, cosnadh, cothrom.

VAPID, *adj.* Neo-bhrìgheil, marbhanta, air dol eug; air bàsachadh mar leann.

VAPOROUS, *adj.* Smùideach, ceòthar.

VAPOUR, *s.* Deatach; ceo-gréine.

VAPOURS, *s.* Leanntras, liunntras.

VARIABLE, *adj.* Caochlaideach.

VARIABLENESS, *s.* Caochlaideachd.

VARIANCE, *s.* Aimhreite, cur a mach.

VARIATION, *s.* Caochla, dealachadh.

VARIEGATE, *v. a.* Breac, breacaich, ballaich, balla-bhreacaich, stiallaich.

VARIEGATED, *adj.* Breac, ballach.

VARIETY, *s.* Atharrachadh, caochla.

VARIOUS, *adj.* Eugsamhail, iomadach, iomadh, mòran; ioma-ghnèitheach.

VARLET, *s.* Crochaire; gàrlach.

VARNISH, *s.* Slìob-ola, falaid.

VARNISH, *v. a.* Slìobaich, falaidich.

VARNISHER, *s.* Slìobaiche, falaidiche.

VARY, *v.* Caochail, eugsamhlaich, atharraich; breacaich, ballaich; rach a thaobh, claon.

VASE, *s.* Soire, soitheach.

VASSAL, *s.* Ìochdaran; coitear.

VASSALAGE, *s.* Ìochdranachd.

VAST, *s.* Fàsach, ionad fàsail.

VAST, **VASTY**, *adj.* Mòr, ro-mhòr, ana-measarra, fuathasach; anabharrach, ana-cuimseach, aibhseach.

VASTNESS, *s.* Ana-cuimseachd, anmhorachd, anabharrachd.

VAT, *s.* Dabhach.

VATICIDE, *s.* Mortair-bhàrd.

VATICINATE, *v. n.* Fàisnich.

VAULT, *s.* Bogha; seileir; uamh, tuam.

VAULT, *v.* Leum, gearr sùrdag; dean ruideis, tog bogha.

VAULTED, **VAULTY**, *adj.* Boghata.

VAUNT, *s.* Bòsd; spaglainn.

VAUNT, *v.* Dean bòsd, dean uaill.

VEAL, *s.* Laoigh-fheoil.

VECTURE, *s.* Giùlan, iomchar.

VEER, *v.* Tionndaidh, atharraich; rach mu 'n cuairt; cuir mu 'n cuairt; cuir timchioll; cuir tiomall.

VEGETABLE, *s.* Luibh, lùs.

VEGETATE, *v. n.* Fàs mar lùs.

VEGETATION, *s.* Fàs, luibhean.

VEGETATIVE, *adj.* A' fàs mar luibh.

VEGETE, *adj.* Làidir, lùghar, beò.

VEHEMENCE, *s.* Déineas, déine, gairgead, deòthas, dealas, braisead.

VEHEMENT, *adj.* Dian; déineachdach, borb, garg, deòthasach, loisgeanta, bras, dealasach, da-rireadh.

VEHICLE, *s.* Càrn, carbad, cairt, inneal giùlain, inneal-iomchair.

VEIL, *s.* Gnùis-bhrat, sgàile.

VEIL, *v. a.* Còmhdaich, falaich, ceil.

VEIN, *s.* Cuisle, féith; gnè; slighe: stiall; nàdur, inntinn, càil, sannt.

VEINED, *adj.* Cuisleach, féitheach stiallach, snìomh-chuisleach, breac.

VELLICATE, *v. a.* Spìon, spiol.

VELLICATION, *s.* Spionadh, spioladh.

VELLUM, *s.* Craicionn-sgrìobhaidh.

VELOCITY, *s.* Luathas, clise.

VELVET, *s.* Sìoda molach.

VENAL, *adj.* So-cheannach, an geall air duais, sanntach; cuisleach, féitheach.

VENALITY, *s.* Brìobachd, sannt duaise.

VENATIC, *adj.* Sealgach.

VENATION, *s.* Sealg, faoghaid.

VEND, *v. a.* Reic, noch ri reic.

VENDER, *s.* Reiceadair, fear-reic.

VENDIBLE, *adj.* Reiceadach, so-reic.

VENDITION, *s.* Reic.

VENEER, *v. a.* Còmhaich le fiodh tana.

VENEFICIAL, *adj.* Nìmhneach, nimhe.

VENENATE, *v. a.* Puinnseanaich.
VENERABLE, *adj.* Urramach, measail.
VENERATE, *v. a.* Urramaich.
VENERATION, *s.* Àrd-urram.
VENEREAL, *adj.* Drùiseil, macnusach.
VENERY, *s.* Drùis ; macnusachd.
VENESECTION, *s.* Leagail-fala.
VENGEANCE, *s.* Dìoghaltas; peanas.
VENGEFUL, *adj.* Dìoghaltach.
VENIABLE, VENIAL, *adj.* So-mhathadh, so-lughadh, ceadaichte.
VENISON, *s.* Sithionn; fiaghach.
VENOM, *s.* Nimhe, puinnsean.
VENOMOUS, *adj.* Nimheil, mì-runach.
VENOMOUSNESS, *s.* Nimhealachd.
VENT, *s.* Luidhear ; fosgladh ; toll-gaoithe, leigeil a mach.
VENT, *v. a.* Leig a mach ; abair, labhair ; dòirt a mach, thoir gaoth, foillsich ; leig ruith le.
VENTILATE, *v. a.* Fasgainn, fidrich.
VENTILATION, *s.* Fasgnadh, fionnarachadh, cur ris a' ghaoith ; fidreachadh, rannsachadh, sgrùdadh.
VENTILATOR, *s.* Fasgnadan.
VENTRICLE, *s.* Goile, bronnag; bolgan.
VENTRILOQUIST, *s.* Brù-chainntear.
VENTURE, *s.* Tuaiream ; cunnart.
VENTURE, *v.* Cuir an cunnart, cunnartaich ; dùraig; gabh cuid cunnairt, rach an cunnart, thoir ionnsaidh.
VENTURESOME, VENTUROUS, *adj.* Misneachail, dàna, neo-ghealtach.
VERACITY, *s.* Fìreantachd, fìrinn.
VERB, *s.* Facal, briathar.
VERBAL, *adj.* Faclach ; beòil.
VERBATIM, *adv.* Facal air son facail.
VERBERATE, *v. a.* Fri-bhuail ; sgiùrs.
VERBERATION, *s.* Straoidhleireachd.
VERBOSE, *adj.* Briathrach, ràiteach.
VERBOSITY, *s.* Briathrachas.
VERDANT, *adj.* Gorm ; feurach, uaine.
VERDICT, *s.* Breth-bharail.
VERDIGRIS, *s.* Meirg umha.
VERDURE, *s.* Feur-uaine ; glasradh.
VERGE, *s.* Slat-shuaicheantais ; oir.
VERGE, *v. n.* Aom, claon ; teann ri.
VERIFICATION, *s.* Fìreannachadh.
VERIFIER, *s.* Dearbhair.
VERIFY, *v. a.* Dearbh ; fìrinnich ; daighnich, còmhdaich.
VERILY, *adv.* Gu deimhinn, gu fior, gu fìrinneach, gu cinnteach, gu dearbha.
VERISIMILAR, *adj.* Cotlach, coslach.
VERISIMILTUDE, VERISIMILITY, *s.* Cosmhalachd, cosamhlachd.
VERITABLE, *adj.* Fìor, cinnteach.
VERITY, *s.* Fìrinn dhearbhte.
VERJUICE, *s.* Sùgh nan ubhall-each.
VERMICULATION, *s.* Snìomhanachd.

VERMICULE, *s.* Cnuimh, durrag.
VERMICULOUS, *adj.* Cnuimheagach.
VERMIFUGE, *s.* Fùdar-nam-biast.
VERMILION, *s.* Seòrsa deirg.
VERMIN, *s.* Meanbh-bhéistean.
VERMINOUS, *adj.* Béisteagach.
VERNACULAR, *adj.* Dùthchasach.
VERNAL, *adj.* Earraich, céitein.
VERNILITY, *s.* Tràillealachd.
VERSATILE, *adj.* So-thionndadh; caochlaideach, luaineach ; luasganach.
VERSATILITY, *s.* Caochlaideachd.
VERSE, *s.* Rann ; dàn ; duan ; ceithreamh ; earran ; rannachd.
VERSED, *adj.* Teòma, sgileil, eòlach, fiosrach, foghluimte, ionnsaichte.
VERSIFICATION, *s.* Ranndachd.
VERSIFIER, *s.* Bàrd, duanaire.
VERSIFY, *v.* Cuir an dàn, rannaich.
VERSION, *s.* Atharrachadh ; eadar-theangachadh ; tionndadh, caochla.
VERT, *s.* Gorm-choille.
VERTEBRAL, *adj.* Druim-altach.
VERTEBRE, *s.* Alt droma.
VERTEX, *s.* Mullach ; bior; binnein.
VERTICAL, *adj.* Dìreach os ceann.
VERTIGINOUS, *adj.* Cuairteach, tuaineALACH cuairsgach, timchiollach.
VERTIGO, *s.* Tuaineal ; stùird.
VERVAIN, *s.* Crubh-an-leòghain.
VERY, *adj.* Fìor, ceart ; adv. Ro; glé.
VESICLE, *s.* Leus, builgein, guirein.
VFSICULAR, *adj.* Fàs, tolltach, còsach.
VESPER, *s.* Reannag-an-fheasgair.
VESPERS, *s.* Fea garain. *Md.*
VESSEL, *s.* Soitheach, long.
VEST, *s.* Siosta-còt, peiteag.
VEST, *v. a.* Sgeadaich, éid ; gabh.
VESTAL, *s.* Maighdeann-fhiorghlan.
VESTAL, *adj.* Glan-maighdeannail.
VESTIBULE, *s.* For-dhorus.
VESTIGE, *s.* Lòrg ; comharradh.
VESTMENT, *s.* Aodach, éideadh, earradh, trusgan ; culaidh.
VESTRY, *s.* Seòmar-eaglais ; coinneamh fhoirfeach.
VESTURE, *s.* Aodach, éideadh, earradh, trusgan, culaidh.
VETCH, *s.* Peasair-nan-each.
VETERAN, *s.* Seann-saighdear.
VETERINARIAN, *s.* Spréidh-lighich.
VEX, *v. a.* Buair, cràidh, claoidh, sàraich, farranaich.
VEXATION, *s.* Buaireadh, càmpar, aimheal, farran, àmhghar.
VEXATIOUS, *adj.* Buaireasach, càmparach, farranach, aimhealach, draghalach, àmhgharach.
VEXATIOUSNESS, *s.* Aimhealachd.
VIAL, *s.* Searrag ghlaine.

VIAND, s. Biadh, lòn.
VIATICUM, s. Biadh-siùbhail.
VIBRATE, v. Triobhuail ; crath, crith.
VIBRATION, s. Triobhualadh, crith.
VIBRATORY, adj. Triobhualach.
VICAR, s. Biocair, co-arbha.
VICARAGE, s. Co-arbachd.
VICARIOUS, adj. Ionadach, an riochd.
VICE, s. Dubhailc ; aingidheachd ; droch-bheart ; glamaire.
VICEGERENT, s. Fear-ionaid.
VICEROY, s. Fear ionaid righ.
VICINAGE, s. Nàbachd ; dlùthas.
VICINAL, VICINE, adj. Fagus, dlù air.
VICINITY, s. Coimhearsnachd.
VICIOUS, adj. Dubhailceach, aingidh.
VICISSITUDE, s. Caochla, tionnda.
VICTIM, s. Iobairt ; neach air a sgrios.
VICTOR, s. Buadhair, curaidh.
VICTORIOUS, adj. Buadhach, gaisgeil.
VICTORIOUSLY, adv. Buadhach.
VICTORY, s. Buaidh; làmh an uachdar.
VICTUAL, s. Lòn, biadh, beatha.
VICTUALLER, s. Biotailliche.
VICTUALS, s. Biotailt.
VIDELICET, adv. Is e sin ri ràdh.
VIDUITY, s. Bantrachas.
VIE, v. n. Dean strìth, dean spàirn.
VIEW, v. a. Beachdaich, amhairc air, dearc, feuch, gabh fradharc, gabh, beachd, gabh sealladh.
VIEW, s. Beachd, sealladh, fradharc ; léirsinn, faicinn ; dùil.
VIGIL, s. Faire ; trasg, ùrnaigh-fheasgair ; aoradh-oidhche.
VIGILANCE, s. Faiceallachd, furachras; beachdalachd, faire, caithris.
VIGILANT, adj. Faiceallach, furachail, aireachail, cùramach ; caithriseach.
VIGOROUS, adj. Treun, làidir, calma, neartmhor, gramail, lùghor, beò.
VIGOUR, s. Tréine, spionnadh, treòir, neart, lùgh, comas, cumhachd.
VILE, adj. Salach, grannda, gràineil; truaillidh, dìblidh, suarrach, di-measda ; aingidh, dubhailceach.
VILENESS, s. Truaillidheachd, suarr-achas, gràinealachd, trustaireachd, dìblidheachd, tàirealachd.
VILIFY, v. a. Maslaich ; ìslich, dean tàir, salaich, truaill; màb, càin ; di-mheas, dean suarrach.
VILL, VILLA, s. Taigh-dùthcha, taigh sàmhraidh, baile duin', uasail.
VILLAGE, s. Frith-bhaile, baile-beag.
VILLAGER, s. Fear frith-bhaile.
VILLAIN, s. Slaoightear, crochaire.
VILLANOUS, adj. Slaoighteil; dìblidh.
VILLANY, s. Slaightearachd, aingidh-eachd; cionta, coire; lochd, do-bheart.

VILLOUS, adj. Molach, ròmach, ròinn-each, giobach, cléiteagach.
VIMINEOUS, adj. Maothranach, slatag-ach, fiùranach, caolach, gadanach.
VINCIBLE, s. So-cheannsachadh.
VINDICATE, v. a. Fìreanaich, dìol ; dearbh, dìon, cùm suas.
VINDICATION, s. Fìreanaichadh.
VINDICATIVE, adj. Dìoghaltach.
VINDICATOR, s. Fear-dìonaidh.
VINDICTIVE, adj. Dìoghaltach.
VINE, s. Fìonan, crann-fìona.
VINEGAR, s. Fìon-geur.
VINEYARD, s. Fìon-lios, gàradh-fìona.
VINE-PRESS, s. Fìon-amar.
VINOUS, adj. Fìonach.
VINTAGE, s. Fìon-fhoghar.
VINTAGER, s. Fion-fhogharaiche.
VINTNER, s. Fìon-òsdair.
VINTRY, s. Fìon-mhargadh.
VIOL, s. Fidheall.
VIOLABLE, adj. So-chiùrradh.
VIOLATE, v. a. Ciùrr, mill, bris , dochainn ; truaill, éignich.
VIOLATION, s. Milleadh, briseadh ; éigneachadh ; truailleadh.
VIOLENCE, s. Ainneart, fòirneart, éig-in, droch-ionnsaidh ; déine ; braise, deòthas, ciurram ; cron, éigneach-adh, truailleadh.
VIOLENT, adj. Dian ; ainneartach ; ceann-laidir ; garg, fòirneartach, borb, deòthasach.
VIOLET, s. Sail-chuaich, dail-chuach.
VIOLIN, s. Fidheall, fiodhall.
VIOLIST, s. Fìdhleir.
VIOLONCELLO, s. Fidheall-chruit.
VIPER, s. Nathair-nimhe, baobh.
VIRAGO, s. Aigeannach.
VIRENT, adj. Uaine, gorm, glas.
VIRGIN, s. Maighdeann, òigh, ainnir.
VIRGIN, adj. Maighdeannail, òigheil.
VIRGINAL, s. Òigh-cheòl.
VIRGINAL, adj. Òigheil, banail, màlda.
VIRGINITY, s. Maighdeannas.
VIRIDITY, s. Guirme, uainead.
VIRILE, adj. Fearail; duineil.
VIRILITY, s. Fearachas.
VIRTUAL, adj. Éifeachdach, feartach, buadhach ; nàdurail ; brìgheil.
VIRTUALITY, s. Éifeachd.
VIRTUATE, v. a. Dean éifeachdach.
VIRTUE, s. Subhailc ; deagh-bheus ; buaidh ; neart, comas ; éifeachd.
VIRTUOSO, s. Fear-ionnsaichte.
VIRTUOUS, adj. Subhailceach; beus-ach, geimnidh ; éifeachdach, cumh-achdach, comasach, slàinteil, math.
VIRULENCE, s. Nimhe ; géire, gairge, falachd, gamhlas, mì-run, miosgainn.

VIRULENT, adj. Nimhneach; cnàmhtach, geur, garg, gamhlasach, mìrunach, miosgainneach.

VIRIS, s. Speach, nimh, ioghair.

VISAGE, s. Aghaidh, aodann, gnùis, sealladh, tuar, dreach.

VISCERATE, v. a. Thoir am mionach à.

VISCID, adj. Righinn, sticeach.

VISCIDITY, s. Leanailteachd.

VISCOSITY, s. Righneachd.

VISCOUNT, s. Biocas, morair.

VISCOUNTESS, s. Bana-bhiocas.

VISCOUS, adj. Glaodhanta, bìthanach.

VISIBILITY, VISIBLENESS, s. Faicsinneachd, leirsinneachd, soilleireachd.

VISIBLE, adj. Faicsinneach ; soilleir.

VISION, s. Fradharc ; sealladh, taisbean, foillseachadh; taibhs, tannasg ; sgàile ; bruadar, aisling.

VISIONARY, adj. Faoin, meallta, taisbeanach, baralach, dòchasach.

VISIONARY, s. Taibhsear, aisliche.

VISIT, s. Céilidh ; coimhead.

VISIT, v. Fiosraich ; taghail, thoir céilidh, rach, a' choimhead.

VISITANT, s. Fear-céilidh.

VISITATION, s. Fiosrachadh, breitheanas; cuairt-rannsachaidh.

VISITER, VISITOR, s. Aoidh; dàimh. Oss.

VISOR, s. Cidhis, sgàile, cleith.

VISTA, s. Caol-shealladh, aisir.

VISUAL, adj. Fradharcach, léirsinneach.

VITAL, adj. Beathail, beò.

VITALITY, s. Beathalachd.

VITALS, s. Buill na beatha, neart.

VITIATE, v. a. Mill; truaill, salaich.

VITIATION, s. Truailleadh ; milleadh.

VITIOUS, adj. Dubhailceach, truaillidh.

VITREOUS, adj. Glaineach, glaine.

VITRIFY, v. Fàs mar ghlaine.

VITRIOL, s. Uisge-loisgeach.

VITRIOLIC, adj. Mar uisge-loisgeach.

VITUPERATE, v. a. Coirich, cronaich.

VITUPERATION, s. Cronachadh, trod.

VIVACIOUS, adj. Maireann, buan, beò ; mear, sgairteil, sùnntach.

VIVACITY, s. Beothalas,,meanmnachd.

VIVID, adj. Beò ; boillsgeanta, grad.

VIVIDNESS, s. Beothalachd, boillsge.

VIVIFIC, adj. Beothachaidh.

VIVIFY, v. a. Thoir beò ; beothaich.

VIVIPAROUS, adj. Beò-bhreitheach.

VIXEN, s. Sionnach-boireann.

VIZ, adj. Is e sin ri ràdh.

VIZARD, s. Cidhis, sgàil.

VIZIER, s. Àrd-fhear-comhairl' an Turcaich, priomh-chomhairleach Turcach.

VOCABULARY, s. Facalair.

VOCAL, adj. G thach, fonnar.

VOCALITY, s. Labhairt, cainnt.

VOCATION, s. Gairm, cèaird; rabhadh

VOCIFERATE, v. Glaodh, sgairt; beuc

VOCIFERATION, s. Glaodh, sgairt, beucail, sgairteachd ; gàir, iolach.

VOCIFEROUS, adj. Beucach, sgairteach; stàirneach, glaodhach, guthach.

VOGUE, s. Fasan, gnàths, nòs.

VOICE, s. Guth, glaodh ; guth-taghaidh ; facal, sgairt, éigh, labhairt.

VOID, adj. Falamh, fàs, faoin.

VOID, s. Fàsalachd, falaimhe.

VOID, v. a. Falmhaich ; tilg a mach.

VOIDABLE, adj. So chur air chùl.

VOLATILE, adj. Itealach, leumnach, grad-shiùbhlach ; beò, beothail, spioradail, mear ; caochlaideach ; mùiteach ; grad-thioram, lasanta.

VOLATILENESS, VOLATILITY, s. Gradthiormachd ; luaineachd, caochlaideachd; beothalachd, iomaluaths.

VOLCANO, s. Beinn-theine.

VOLE, s. Buaidh-iomlan.

VOLERY, VOLARY, s. Sgaoth eun.

VOLILATION, s. Comas itealaich.

VOLITION, s. Toil, rùn, deònachadh.

VOLLEY, s. Làdach ; v. Tilg a mach.

VOLUBILITY, s. Deas-labhairteachd, caochlaideachd ; lonais beulais.

VOLUBLE, adj. Deas-chainnteach; luaineach, caochlaideach ; siùbhlach.

VOLUME, s. Rola, leabhar, pasgan.

VOLUMINOUS, adj. Ioma-rolach.

VOLUNTARY, adj. Toileach, a dheòin.

VOLUNTEER, s. Saighdear-saor-thoile.

VOLUPTUARY, s. Ròicear, sòganiche.

VOLUPTUOUS, adj. Sòghmhor, sòghail.

VOLUPTUOUSNESS, s. Mi-stuamachd.

VOMIT, v. a. Tilg, sgeith, dìobhuir, tilg a mach, cuir a mach.

VOMIT, s. Tilgeadh, sgeith; dìobhuir purgaid-thilgidh.

VORACIOUS, adj. Cìocrach, gionach ; craosach, glutach, lonach.

VORACIOUSNESS, VORACITY, s. Cìocras, craosaireachd, glamaireachd, gionaichead lon, glutaireachd.

VORTEX, s. Cuairt-shlugan ; coire-cuairteig, faochag, cuairteag, cuinneag-thuaitheil, ioma-ghaoth.

VORTICAL, adj. Tuaitheallach.

VOTARESS, s. Ban-bhòidiche.

VOTARY, s. Fear-bòide.

VOTE, s. Guth-taghaidh.

VOTE, v. a. Thoir guth-taghaidh.

VOTER, s. Fear guth-taghaidh.

VOTIVE, adj. Bòideach.

VOUCH, v. a. Dearbh, còmhdaich, thoir fianais, tog fianais.

VOUCH, s. Fianais; dearbhadh ; teisteannas, briathar.

I

VOUCHER, s. Fear dearbhaidh, fianais, teisteanas, dearbhadh.

VOW, s. Bòid, mòid, mionnan, guidhe, gealladh, mionnan-cùmhnainte.

VOW, v. Bòidich, mionnaich.

VOWEL, s. Foghair, guth.

VOYAGE, s. Taisdeal, turas-mara.

VOYAGER, s. Taisdealaich.

VULGAR, adj. Coitcheann; gràisgeil; ìosal, suarrach; balachail; neo-shuairce, mi-mhodhail.

VULGAR, s. Gràisg, pràbar.

VULGARISM, s. Trustaireachd.

VULGARITY, s. Gràisgealachd.

VULGATE, s. Bìoball laidinn Pàpanach.

VULNERABLE, adj. So-leònte.

VULNERATE, v. a. Leòn; dochainn.

VULTURE, s. Fang, preachan.

VULTURINE, adj. Preachanach.

W

W. s. An treas litir thar f hichead do 'n Aibidil.

WAD, s. Cuifein; muillean.

WABBLE, v. n. Gluais o thaobh gu taobh, dean luaghainn. Lw.

WADDING, s. Garbh-lìnig, cuifein.

WADDLE, v. n. Imich 's an turraman.

WADE, v. n. Rach troi' uisge.

WAFER, s. Abhlan, dèarnagan; breacag

WAFT, v. Giùlain; iomchair troi' 'n adhar, snàmh.

WAFT, s. Crathadh brataich ri gaoith.

WAG, v. Crath, gluais; crith, bog, seòg, siubhail.

WAG, s. Feer-an-cheairdeach.

WAGE, v. a. Feuch ri; naisg geall; thoir ionnsaidh, dèan.

WAGER, s. Geall; tairgse bòide.

WAGER, v. a. Cuir geall, cuir au geall.

WAGES, s. Tuarasdal, duais.

WAGGERY, s. Fala-dhà, an-cheart.

WAGGISH, adj. Ain-cheartach, cleas-anta; sgeigeil, sgeigeach, magail, abhcaideach.

WAGGLE, v. n. Dean turramanaich.

WAGGON, s. Cairt-mhòr.

WAGGONER, s. Cairtear.

WAGTAIL, s. Breachd-an-t-sìl, an glaiseun-seilich. Arg.

WAIF, s. Faòtail; ulaidh.

WAIL, WAILING, s. Caoidh, caoineadh, brun, tuireadh, gul, gal.

WAIL, v. Dean-tuireadh, dean bròn, dean gal, caoidh, caoin, guil.

WAILFUL, adj. Tùrsach, brònach, muladach, dubhach, deurach.

WAIN, s. Feun, feanaidh, lòpan.

WAINSCOT, s. Cailbhe-fhiodh; tal-ainte; darach-buidhe.

WAIST, s. Meadhon, cneas, crios.

WAISTCOAT, s. Siostacota, peiteag.

WAIT, v. Feith, fuirich, fritheil; stad.

WAIT, s. Laidhe, plaid-laidhe.

WAITER, s. Gille-frithealaidh.

WAITS, s. Ceòl-òidhche.

WAIVE, v. a. Cuir gu taobh; trèig.

WAKE, v. Dùisg, mosgail, fairich; brosnach cuir chuige, bruidich; dean caithris, dean faire.

WAKE, s. Féill coisrigidh eaglais; rotal luinge; lòrg.

WAKEFUL, adj. Furachair, faicilleach; aireachail, caithriseach.

WAKEN, v. Dùisg, mosgail, fairich.

WALK, s. Sràid; rathad, slighe, imeach; ceum sràide; coiseachd, sràid-imeachd.

WALK, v. Coisich, imich, ceum, sràideasaich, sraid-imich; spaid-searaich; falbh, siubhail, triall.

WALKER, s. Coisiche; oifigeach.

WALKINGSTICK, s. Lòrg, bata-làimhe.

WALKMILL, s. Mullean-luaidh.

WALL, v. a. Cuartaich le balla; dìon, druid, callaidich, tog balla.

WALL, s. Balla; callaid.

WALLET, s. Màileid, balg; poca.

WALL-EYED, adj. Geal-shuileach.

WALLOP, v. n. Teas, goil, bruich.

WALLOW, v. n. Luidir, aornagaich, aoineagaich, aoineagraich, loirc.

WALNUT, s. Geinm-chnò.

WALTRON, s. An t-each-uisge.

WAN, adj. Glas-neulach; glasdaidh.

WAND, s. Slat, slatag, maothan.

WANDER, v. Seachranaich, iomrall-aich, rach air seachran, rach air iomrall; rach am mearachd, rach air aimhreidh, rach air faontradh.

WANDERER, s. Seachranaiche, iom-rallaiche, fògaraiche; deòra, fear-allabain, fear-fuadain.

WANDERING, s. Seachran, iomralladh, iomrall, faontradh; allaban.

WANE, v. n. Beagaich, lughdaich; searg, rach air ais, caith air falbh, crìon, fas sean.

WANE, s. [of the moon,] Earr-dhubh; eàrradh, crìonadh, lughdachadh.

WANT, s. Uireasbhuidh, dìth, gainne, bochdainn, easbhuidh; cion.

WANT, v. n. Bi dh' easbhuich; bi

an uireasbhuidh, bi am feum, bi as eugmhais; bi an dìth ; sir, iarr; bi as aonais; fàilnich, thig gearr.

WANTON, *s.* Striopach, siùrsach, gaorsach ; druisear, trurstar.

WANTON, *adj.* Macnusach, feòlmhor, mear, meamnach ; aotrom.

WANTON, *v. n.* Dèan mire.

WANTY, *s.* Giort; crios-tarra.

WAR, *s.* Còmhrag cogadh ; cath.

WAR, *v.* Còmhraig, cog ; cathaich.

WARBLE, *v.* Canntairich; ceileirich.

WARBLER, *s.* Ceileiriche ; canntairiche.

WARD, *s.* Daingneach, àite-dìon, faire; freiceadan ; leanabh fo thùitearachd; earrann, cearn glaise.

WARD, *v.* Dìon ; cùm freiceadan ; cùm air falbh.

WARDEN, *s.* Fear-gleidhidh.

WARDER, *s.* Maor-coimhid.

WARDROBE, *s.* Seòmar-aodaich.

WARDSHIP, *s.* Tùitearachd.

WAREFUL, *adj.* Furachair, fàicilleach.

WAREHOUSE, *s.* Taigh-taisg.

WARES, *s.* Bathar, marsantachd. *Arg.*

WARFARE, *s.* Cogadh, cath.

WARILY, *adv.* Gu faicilleach.

WARLIKE, *adj.* Curanta, cogach ; coganta, cathach, gaisgeil.

WARLOCK, *s.* Druidh, draoidh.

WARM, *adj.* Blàth ; teth ; teinnteach; feargach ; dian, cas, lasanta; teòchridheach; caoimhneil.

WARM, *v. a.* Blàthaich, teò, teòthaich, teasaich, brosnaich, las.

WARMING-PAN,*s.* Aghann-blàthachaidh.

WARMTH, *s.* Blàthas, blàs, dèine, teas-inntinn, deothas, dealas.

WARN, *v. a.* Thoir sanas, thoir rabhadh,thoir bàirlinn; thoirfaireachadh.

WARNING, *s.* Sanas, rabhadh, comhairle, faireachadh, bàirlinn; fios.

WARP, *v.* Tionndaidh a thaobh; rach gu taobh, atharraich, claon; crup ; seac, lùb ; dlùthaich; trus.

WARP, *s.* Dlùth ; snàth-deilbhe.

WARRANT, *s.* Barandas; comas.

WARRANT, *v. a.* Urrasaich, barandaich, dean cinnteach, thoir barandas, rach an urras, deimhinnich.

WARRANTABLE, *adj.* Barantach ; làghail ; dligheach, ceadaichte.

WARRANTY, *s.* Barandas, urras.

WARREN, *s.* Broclach; faic.

WARRIOR, *s.* Mìlidh, curaidh, gaisgeach, laoch ; cathach, fear-feachd, fear-cogaidh, saighdear.

WART, *s.* Foinneamh.

WARTY, *adj.* Foinneamhach.

WARY, *adj.* Faicilleach, curamach.

WAS, *pret.* Bu, b', bha, bh'.

WASH, *v. a.* Nigh, glan, ionnlaid.

WASH, *s.* Bog, boglach, féith , uisge siabuinn ; spùt; sòs, biadh-mhuc ; sluisrich ; nigheadaireachd.

WASHER, *s.* Nìgheadair ; sgùradair.

WASHERWOMAN, *s.* Bean-nigheadaireachd, bean-nighe.

WASHY, *adj.* Fliuch, àitidh, uisgidh; bog, tais, lag, spùtach, steallach.

WASP, *s.* Connspeach, connsbeach.

WASPISH, *adj.* Speachanta ; speacharra, dreamach,dranndanach, crosda.

WASSAIL, *s.* Deoch, phòit.

WASSAILER, *s.* Pòitear, misgear.

WASTE, *v.* Caith, sgrios, struigh, cosg, mill; caith air falbh, lùghdaich, searg ; rach an lughad.

WASTE, *adj.* Fàs ; uaigneach, dìthreabhach, sgriosta, millte ; suarrach, gun stà ; anabarrach, ro mhor.

WASTE, *s.* Caitheamh, ana-caitheamh, struidheadh, strògh, diombuil ; sgrios ; fàsach, milleadh, lùghdachadh, fartas, asgart, dìthreabh.

WASTEFUL, *adj.* Caithteach ; sgriosail millteach ; còsgail, strùidheil, stròghail ; uaigneach, fàs.

WASTER, *s.* Strùidhear, milltear.

WATCH,*s.* Faire, faireachadh; caithris; beachd, sùil; uaireadair; luchd-faire ; freiceadan ; forair. *Ps.*

WATCH, *v.* Dean faire, cùm faire; suidh ; cùm sùil, dean freiceadan, dìon, gléidh, coimhead, cùm ; bi cùramach, bi faicilleach.

WATCHET, *adj.* Gorm aotrom.

WATCHFUL, *adj.* Cairiseach, furachair, faicilleach, faireil, aireach.

WATCH-HOUSE, *s.* Tigh-aire, taigh-faire ; taigh-caithris, taigh-freiceadain, gainntir, toll-bùth.

WATCHING *s.* Caithris, faire.

WATCHMAKER, *s.* Uaireadairiche.

WATCHMAN,*s.* Fear-faire, fear-caithris, gocmunn, gocuman.

WATCHWORD, *s.* Ciall-chagar ; diùbhras an airm, facal-faire.

WATER, *s.* Uisge ; bùrn ; muir, mùn.

WATER, *v.* Uisgich, fliuch ; sil, fras.

WATERAGE, *s.* Airgead-aisig.

WATERCRESSES, *s.* Biolaire an-fhuarain; an dobhar-lùs.

WATER-DOG, *s.* Cù-uisge.

WATERFALL, *s.* Eas, leum-uisge.

WATERFOWL, *s.* Eun-uisge.

WATERGRUEL,*s.* Brochan uisge, dubh-bhrochan, stiùireag, easach. *Arg.*

WATERMAN, *s.* Portair, fear-asig

WATER-LILY, *s.* Billeag bhàite ; bioias.

WATERMARK, *s.* Àird' an làin-mhara.

WATERMILL, *s.* Muileann-uisge.

WATERWORK, *s.* Obair-uisge.

WATERY, *adj.* Fliuch, uisgidh, bog.

WATTLE, *s.* Slat-chaoil; sprogan coilich.

WATTLE, *v. a.* Figh le caol.

WAVE, *s.* Tonn, sùmainn, sùmaid, stuadh, lunn, bàrc.

WAVE, *v.* Tog tonn; crath, luaisg; cuir dheth, fàg, trèig; cuir gu taobh, seachainn; giùlain; shèid, suas.

WAVER, *v. n.* Bi 'n ioma-chomhairle, bi air udal, bi eadar da chomhairle, bi ann an teagamh, bineo-shuidhichte.

WAVERER, *s.* Fear-iomaluath.

WAVY, *adj.* Tonnach, stuadhach.

WAX, *s.* Cèir, cèir-sheillean.

WAX, *v.* Cèirich; fàs, mòr, cinn,

WAXED, WAXEN, *adj.* Cèireach,

WAY, *s.* Rathad, slighe, ròd; car, bealach; aisridh, ceum; modh, seòl, dòigh, meadhon; astar.

WAYFARER, *s.* Fear-turais, fear-astair, fear-gabhail an rathaid.

WAYLAY, *v. a.* Dean plaid-laidhe, dean feall-fhalach, dean fàth-fheitheamh.

WAYMARK, *s.* Post-seòlaidh rathaid.

WAYWARD, *adj.* Bras, cabhagach, frithearra, dian, obann, reasgach, dreamluinneach, crosda, corrach.

WE, *pron.* Sinn, sinne.

WEAK, *adj.* Lag, fann; gun dìon.

WEAKEN, *v. a.* Lagaich, fannaich.

WEAKLING, *s.* Spreòchan.

WEAKLY, *adj.* Lag; fann, anfhann.

WEAKNESS, *s.* Laigse, anfhannachd.

WEAL, *s.* Math; sonas, soirbheachadh.

WEALTH, *s.* Beairteas, saibhreas.

WEALTHY, *adj.* Beairteach, saibhir.

WEAN, *v. a.* Cuir bhàrr na cìche; caisg.

WEAPON, *s.* Ball-airm, ball-deise.

WEAR, *v.* Caith; lughadaich, claoidh, sàraich; cosg, cuir umad; cuir timchioll searg as.

WEAR, *s.* Caitheamh; tuil-dhorus; àbh iasgach, cabhall,tàbhan.

WEARER, *s.* Fear-caitheamh.

WEARIED, *adj.* Sgìth; airtoirt thairis.

WEARINESS, *s.* Sgìtheas, sgìos, fannachadh; fadal, fadachd.

WEARING, *s.* Aodach, earradh.

WEARISOME, *adj.* Sgìtheil; fadalach.

WEARY, *adj.* Sgìth; claoidhte.

WEARY, *v. a.* Sgìthich; fannaich; thoir thairis; sàraich; oibrich; caith; lèir, claoidh.

WEASAND, WEASON, *s.* Stèic-bhràghaid; sgòrnan na-h-analach.

WEASEL, *s.* Neas, nios.

WEATHER, *s.* Aimsir, àm, uair; sìde.

WEATHER, *v. a.* Seas ri; cùm ri, rach air fuaradh; cùm ri fuaradh, cuir fodha; cuir ri gaoith.

WEATHERBEATEN, *adj.* Sàraichte; cruadhaichte; cleachdteri droch shìde.

WEATHERBOARD, *s.* Taobh-an-fhuaraidh, taob na gaoithe.

WEATHERCOCK, *s.* Coileach-gaoithe.

WEATHERGAGE, *s.* Adhar-mheidh.

WEATHERWISE, *adj.* Sgileil mu'n aimsir.

WEAVE, *v.* Figh, dual, dlùthaich, amlaich, pleat; dean fighe.

WEAVER, *s.* Breabadair; figheadair.

WEB, *s.* Dèilbhidh, èideadh.

WEBBED, *adj.* Ceangailte le lìon.

WEBFOOT, *s.* Spòg-shnàmha.

WED, *v. a.* Pòs, ceangail am pòsadh.

WEDDED, *adj.* Pòsta.

WEDDING, *s.* Pòsadh; banais.

WEDGE, *s.* Geinn, deinn. *Ir.*

WEDGE, *v. a.* Teannaich le geinn.

WEDLOCK, *s.* Pòsadh, ceangal-pòsaidh.

WEDNESDAY, *s.* Dì-ciadain.

WEED, *s.* Luibh, èideadh-bròin.

WEED, *v. a.* Gart-ghlan.

WEEDER, *s.* Gart-ghlanaiche.

WEEDY, *adj.* Lùsanch; fiadhain.

WEEK, *s.* Seachduin.

WEEKLY, *adj.* Gach seachduin.

WEEL, *s.* Poll-cuairteig; cabhall.

WEEN, *v. n.* Saoil, smuainich.

WEEP, *v.* Dean gul, dean caoidh, guil, caoin, dean tuireadh, dean bròn.

WEEPER, *s.* Fear-bròin; geala-bhrèid-bròin, bàn-shròl-bròin.

WEEPING, *s.* Gul, caoineadh, caoidh.

WEEPING, *adj.* Deurach; snitheach.

WEEVIL, *s.* Leòmann, reudan.

WEFT, *s.* Inneach, snàth-cuire.

WEFTAGE, *s.* Fighe, pleatadh.

WEIGH, *v.* Cothromaich; beachd-smuaintich, breathnaich.

WEIGHED, *adj.* Cothromaichte.

WEIGHER, *s.* Fear-cothromachaidh.

WEIGHT, *s.* Cothrom; cudthrom; uallach, eallach, eire.

WEIGHTINESS, *s.* Truime, truimead, cudthromachd, chothromachd.

WEIGHTLESS, *adj.* Aotrom; faoin, neo-throm; gun chothrom.

WEIGHTY, *adj.* Tròm, cudthromach.

WELCOME, *adj.* Taitneach; faoilteach, fàilteach, furanach, furmailteach.

WELCOME, *s.* Fàilte, faoilte, fùran.

WELCOME! *interj.* Fàilte! 's e do bheatha! 's e bhur beatha!

WELCOME, *v. a.* Fàiltich; faoiltich, furanaich altaich beatha, cuir fàilt' air; cuir furain air.

WELCOMER, *s.* Fear-fàilte.

WELD, v. a. Buail 'sa chéile.
WELD, WOULD, s. Am buidh-fhliodh.
WELDING, s. Tàth, tàthadh.
WELFARE, s. Sonas, àdh, slàinte.
WELKIN, s. Na speuran.
WELL, s. Tobar, fuaran, tiobairt. Ob.
WELL, adj. Math; ceart, gasta slàn, fallain, tarbhach, sona.
WELL, adv. Gu math, gu ceart; gu slàn, gu fallain; gu gleusda, gu gasda.
WELLADAY! interj. Mo chreach! mo thruaighe! mo ghunaidh! mo sgaradh! mo léireadh!
WELLBEING, s. Soirbheas; sonas, leas.
WELLBORN, adj. Uasal, inbheach, àrd.
WELLBRED, adj. Modhail; beusach.
WELLDONE! interj. Math thu féin! 'S math a fhuaradh tu, sin a lochain!
WELLFAVOURED, adj. Sgiamhach, ciatach, maiseach, eireachdail, bòidheach, tlachdmhor cuanda.
WELLNIGH, adv. Am fogus; ach beag, cha mhòr nach.
WELLSET, adj. Fuirbineach.
WELLSPRING, s. Tobar fhìr-uisg.
WELLWISHER, s. Fear deagh-rùin.
WELLWISH, s. Deagh-rùn.
WELT, s. Balt; oir, fàitheam.
WELT, v. a. Fàithem, faim.
WELTER, v. n. Aoirneagaich; luidir.
WEN, s. Fùth; fliodh.
WENCH, s. Siùrsach; caile.
WENCH, v. n. Bì ri siùrsachd.
WENCHER, s. Fear strìopachais.
WEND, v. n. Rach, imich, falbh.
WENNY, adj. Flùthach; fliodhach.
WENT, pret. and part. of go. Chaidh.
WEPT, part. Ghuil, chaoin; caointe.
WERE, pret. of To be. Bhà, bu, b'.
WEST, s. An iar, an àirde 'n-iar, àirde laidhe na gréine, an taobh siar.
WEST, adj. Suas, shuas, siar.
WEST, adv. An iar, iar.
WESTERING, adj. Siar, gus an iar.
WESTERLY, WESTERN, adj. As an airde 'n iar, o 'n iar; chum na h-airde an iar.
WESTWARD, adj. Gu 's an airde 'n iar.
WET, s. Fliuiche, uisge, fliuchadh.
WET, adj. Fliuch, àitidh; bog, tais.
WET, v. a. Fliuch, uisgich.
WETHER, s. Mult, reithe spoite.
WETNESS, s. Fliuichead, fliuchalachd.
WETTISH, adj. A leth-char fliuch.
WEX, v. a. Cinn fàs mòr.
WHALE, s. Muc-mhara; orc. Ob.
WHARF, s. Laimhrig.
WHARFAGE, s. Cìs-laimhrig.
WHARFINGER, s. Fear-laimhrig.
WHAT, pron. Ciod; creud.

WHATEVER, WHATSOEVER, pron. Ciod air bith, ciod sam bith, ge b'e air bith.
WHEAL, s. Guirean, spucaid, plucan.
WHEAT, s. Cruithneachd, cruineachd.
WHEATEN, adj. Do chruithneachd.
WHEEDLE, v. a. Meall le briodal.
WHEEDLING, adj. Brìodalach.
WHEEL, s. Cuidhle, cuidheall, roth.
WHEEL, v. Cuidhil, ruidhil, roil, rol; cuir mu 'n cuairt, tionndaidh mu 'n cuairt, rach mu 'n cuairt.
WHEELBARROW, s. Bara-rotha.
WHEELWRIGHT, s. Saor-chuidhleachan.
WHEELY, adj. Cruinn; rothach, ruidhleanach, cearclach, cuairsgeach.
WHEEZE, v. n. Bi pìochanaich.
WHEEZING, adj. Pìochanach.
WHELK, s. Màighdealag; guirean, bocaid.
WHELM, v. a. Còmhdaich, cuibhrig.
WHELP, s. Cuilein.
WHEN, adv. C'uin? i. e. cia ùine? ciod an t-àm? 'nuair, air an àm.
WHENCE, adv. Cia ás? cò as? ciod ás? cò uaithe? c' arson? ciod uime?
WHENCESOEVER, adv. Ciod air bith an t-aite ás, ge b' e air bith cò ás.
WHENEVER, adv. Cho luath agus ceart cho luath 's, ge b' e uair.
WHERE, adv. C' àite? far.
WHEREABOUT, adv. Cia mu thimchioll?
WHEREAS, adv. A chionn gu, air a mheud 's gu, air a mheud 's gu'm, a chionn gu'm, do bhrìgh gun, a thaobh gur, do bhrìgh gur; a chionn gur; 'nuair; an àite sin.
WHEREAT, adv. Aige, aige sin; cò aige? ciod aige?
WHEREBY, adv. Leis; cò leis? leis an do.
WHEREVER, adv. Cia b' e air bith àite, c' àite sam bith, ge b' e àite.
WHEREFORE, adv. C' arson? ciod uime? air an aobhar sin, uime sin.
WHEREIN, adv. Far, anns an, anns am; c' àite? ciod ann? cò ann?
WHEREINTO, adv. A dh' ionnsaidh.
WHEREOF, adv. Do, cò dheth? cò leis? do dheth.
WHEREON, adv. Air, air an do; ciod air?
WHERESOEVER, adv. Ge b' e àite.
WHEREUNTO, adv. Ciad fàth? ciod do? ciod is crìoch do? c' arson? a dh' ionnsaidh.
WHEREUPON, adv. Air a sin.
WHEREWITHAL, adv. Cò leis? ciod leis? leis, le, leis an do.
WHERRET, v. a. Cuir dragh air.
WHERRY, s. Bàta dà chroinn.
WET, v. a. Geuraich; faobharaich.
WHET, s. Geurachadh; faobharachadh.
WHETHER, pron. Cò aca? cò dhiù.

WHETHER, *adv.* Co dhiù, ge b' e.

WHETSTONE, *s.* Clach-fhaobhair.

WHETTER, *s.* Fear-geurachaidh.

WHEY, *s.* Meòg, meug.

WHEYEY, WHEYISH, *adj.* Meògach, meògar, meugaidh.

WHICH, *pron. inter.* Cia ? ciod ?

WHICH, *pron. rel.* A ; nach, nith.

WHICHEVER, WHICHSOEVER, *pron.* Cia air bith, ciod air bith, ciod sam bith.

WHIFF, *s.* Tòth ; oiteag, séideag, osag.

WHIFFLE, *v. a.* Bi ann an iomchomh-airle ; crath, crith ; sgap, sgaoil.

WHIFFLER, *s.* Gaoithean.

WHIG, *s.* Cuigse. *Mt.* and *R.D.*

WHIGGISH, *adj.* Cuigseach.

WHIGGISM, *s.* Cuigseachd.

WHILE, *v.* Cuir dheth aimsir; sìn ùine.

WHILE, *s.* Grathunn, tacan ; greis.

WHILE, WHILES, WHILST, *adv.* Am feadh, 'nuair, an àm, fhad 's; am fad 's ré na h-ùine.

WHIM, WHIMSEY, *s.* Faoineachd ; faoin-dhòchas, amaideachd ; neònachas, faoineas, saobh-smuain.

WHIMPER, *v. n.* Dean sgiùganaich.

WHIMSICAL, *adj.* Faoin, neònach, iongantach, breisleachail.

WHIN, *s.* Conasg, conusg.

WHINE, *v. n.* Dean caoidhearan; guil.

WHINE, *s.* Caoidhearan. *Md.*

WHINNY, *v. n.* Dean sitrich.

WHIP, *v.* Sgiùrsair, slat, cuip.

WHIP, *v.* Sgiùrs, tilip.

WHIPCORD, *s.* Còrd-sgiùrsaidh.

WHIPHAND, *s.* Làmh-an-uachdar.

WHIP-SAW, *s.* Tuireasg, sàbh-mòr.

WHIRL, *v.* Cuairtich, cuibhlich, ruidh-il ; ruith mu'n cuairt.

WHIRL, *s.* Cuairt, cuibhle, ruidhil ; dol mu 'n cuairt, cuartag.

WHIRLIGIG, *s.* Gillemirean.

WHIRLPOOL, *s.* Cuairt-shlugan, faochag, cuairt-shruth, coire-tuaicheal.

WHIRLWIND, *s.* Ioma-ghaoth.

WHIRRING, *s.* Sgiath fharum.

WHISK, *s.* Sguab, sguabag.

WHISK, *v.* Sguab, sguab seachad.

WHISKER, *s.* Ciabhag.

WHISKY, *s.* Uisge-beatha.

WHISPER, *v. n.* Cogair, cagair.

WHISPER, *s.* Cogar, cagar, sanas.

WHISPERER, *s.* Fear-cagarsaich.

WHIST ! *interj.* Uist ! éisd ! bi do thosd ! tòst, bi sàmhach !

WHIST, *s.* Seòrsa cluiche air chairtein.

WHISTLE, *v.* Dean fead, feadairich.

WHISTLE, *s.* Feadag, feadan ; fead.

WHISTLER, *s.* Fear-feadaireachd.

WHIT, *s.* Mìr, dad; smad, dadum.

WHITE, *adj.* Geal ; bàn, fionn.

WHITE, *s.* Gile, geal; baine, gealagan.

WHITE, *v. a.* Gealaich, bànaich.

WHITEN, *v.* Gealaich, bànaich.

WHITENESS, *s.* Gile, gilead, bàinead.

WHITEWASH, *s.* Aol-uisg.

WHITHER, *adv.* C' àite ? ceana, cia 'n taobh ? ciod an car, ciod an rathad? far, a dh' ionnsaidh.

WHITHERSOEVER, *adv.* Ge b'e air bith àite; c' àlt' air bith.

WHITING, Cùiteag, phronn-chailc.

WHITISH, *adj.* A leth-char geal.

WHITLOW, *s.* Ana-bhiorach.

WHITSTER, *s.* Fear-gealachaidh.

WHITSUNTIDE, *s.* Caingis, Bealltuinn.

WHITTLE, *s.* Sgian, corc.

WHIZ, *v. n.* Srann.

WHIZZING, *s.* Srannail.

WHO, *pron. interrog.* Cò ?

WHO, *rel. pron.* A ; nach.

WHOEVER, *pron.* Cò air bith.

WHOLE, *adj.* Slàn, fallain ; iomlan ; uile, gu léic, uile gu léir.

WHOLE, *s.* An t-iomlan.

WHOLESALE, *s.* Reic-shlàn.

WHOLESOME, *adj.* Slàn, fallain.

WHOLLY, *adv.* Gu slàn ; gu tur ; gu h-iomlan, gu léir, gu buileach.

WHOM, *accus. sing.* and *plur.* of *Who.* A.

WHOMSOEVER, *pron.* Cò air bith; aon air bith, neach sam bith.

WHOOP, *s.* Coileach-oidhche ; glaodh, gàir, iolach ; gàir-chatha.

WHORE, *s.* Siùrsach, strìopach.

WHOREDOM, *s.* Strìopachas.

WHOREMASTER, WHOREMONGER, *s.* Drùisear, fear-strìopachais.

WHORESON, *s.* Mac-dìolain.

WHORISH, *adj.* Strìopachail.

WHORTLEBERRY, WHURT, *s.* Braoileag.

WHOSE, *pron. interrog.* Cò ? cò leis ?

WHOSE, *pron. poss.* of *Who* and *Which.* Aig am beil.

WHOSOEVER, *pron.* Cò air bith.

WHY, *adv.* C'arson ? ciod uime ? cia fàth ? c' uige ? c' uime ?

WICK, *s.* Buaic, lasadan.

WICKED, *adj.* Olc, aingidh; mallaichte, ciontach, peacach, dubhailceach.

WICKEDNESS, *s.* Aingidheachd ; olc, droch-bheart, peacadh, cionta.

WICKER, *adj.* Slatach, gadach.

WICKET, *s.* Caol-dhorus, dorus cumh-ann, fath-dhorus.

WIDE, *adj.* Farsuinn, leathann, mòr, leòbhar.

WIDEN, *v.* Leudaich, farsuinnich; leathannaich ; fàs farsainn.

WIDGEON, *s.* An t-amadan-mòintich.

WIDOW, *s.* Banntrach.
WIDOWER, *s.* Aonrachdan.
WIDOWHOOD, *s.* Banntrachas.
WIDTH, *s.* Farsuinneachd; leud.
WIELD, *v. a.* Làimhsich; stiùr.
WIELDY, *adj.* So-làimhseachadh.
WIFE, *s.* Bean-phòsta, céile.
WIG, *s.* Pìorbhuic; fara-ghruag.
WIGHT, *s.* Neach; bith, urra.
WIGHT, *adj.* Uallach; iullagach.
WIGHTLY, *adv.* Gu luath.
WILD, *adj.* Fiadhaich; borb; allaidh; allta; allmharra; fiadhain; fàs, garbh, neo-àitichte; mi-riaghailteach; mac-meanmnach, faoin.
WILD, *s.* Dìthreabh, fiadh-aite.
WILDER, *v. a.* Cuir air seachran.
WILDERNESS, *s.* Fàsach.
WILDFIRE, *s.* Teine-gradaig.
WILD-GOOSE, *s.* Cadhan.
WILDING, *s.* Ubhal-fiadhain.
WILDNESS, *s.* Fiadhaichead, buirbe.
WILE, *s.* Car, cleas, cealg, cuilbheart.
WILFUL, *adj.* Rag, reasgach, ceannlaidir, danarra; dùr, doirbh; ansrianta, dearrasach.
WILFULNESS, *s.* An-toilealachd, reasgachd, rag-mhuinealachd.
WILL, *s.* Toil, rùn, àill, gean, miann, togradh; deòin, roghainn; tiomnadh.
WILL, *v. a.* Iarr; toilich; miannaich; rùnaich, sanntaich; togair, òrduich.
WILLING, *adj.* Toileach, deònach, togarrach; miannach.
WILLOW, *s.* Seileach.
WILL-WITH-A-WISP, *s.* Sionnachan.
WILY, *adj.* Eòlach, seòlta, culbheartach, sligheach, innleachdach.
WIMBLE, *s.* Tora, boireal.
WIN, *v.* Coisinn; buidhinn, faigh.
WINCE, WINCH, *v. n.* Breab; tilg.
WINCH, *s.* Maighdean-shniomhain.
WIND, *s.* Gaoth; soirbheas; anail.
WIND, *v.* Tionndaidh, toinn, lùb, trùs, tachrais; fàilich; rothainn; atharraich; rach mu'n cuairt.
WINDEGG, *s.* Ubh-maothaig.
WINDER, *s.* Toinneadair, toinntear, fear-tachrais; cuidhle-thachrais.
WINDFLOWER, *s.* Lùs-na-gaoithe.
WINDGUN, *s.* Gunna-gaoithe.
WINDINESS, *s.* Gaotharachd.
WINDING, *s.* Lùbadh; fiaradh, car.
WINDINGSHEET, *s.* Marbh-phaisg.
WINDLASS, *s.* Ailig-ghuairneach, unndais; tachrasan.
WINDLE, *s.* Dealgan, fearsaid.
WINDMILL, *s.* Muileann-gaoithe.
WINDOW, *v. a.* Uinneagaich.
WINDOW, *s.* Uinneag.

WINDPIPE, *s.* Deteigheach, detioch; stéic-bràghad.
WINDWARD, *adv.* Air fuaradh.
WINDY, *adj.* Gaothar; stoirmeil, doinionnach; gaothach, aotrom.
WINE, *s.* Fìon.
WINEPRESS, *s.* Fìon-amar.
WING, *s.* Sgiath; cùl-taigh.
WING, *v. a.* Cuir sgiathan air; falbh air iteig; leòn 's an sgéith.
WINGED, *adj.* Sgiathach, luath.
WINK, *s.* Priobadh, caogadh, smèideadh.
WINK, *v. n.* Caog; priob, smèid; ceadaich, aontaich; leig seachad.
WINNER, *s.* Fear-buannachadh.
WINNING, *adj.* Tàirnneach, dlù-thairnneach, mealltach, ionmhuinn; maiseach; taitneach, ciatach; gaolach.
WINNING, *s.* Cosnadh; buidhinn.
WINNOW, *v.* Fasgain; glan, gréidh rannsaich; feuch; dealaich, sgar.
WINTER, *s.* Geamhradh,; dùbhlachd.
WINTER, *v.* Geamhraich; cuir thairis no caith an geamhradh.
WINTERLY, WINTRY, *adj.* Geamhradail, geamhrail, geamhrach.
WINY, *adj.* Fionach.
WIPE, *v. a.* Siab, sguab, glan.
WIPE, *s.* Siabadh, suathadh, glanadh; beum; buille, gleadhar.
WIRE, *s.* Cruaidh-theud.
WISDOM, *s* Gliocas, tuigse, eòlas, ciall, tùr, eagnaidheachd; crìonnachd.
WISE, *adj.* Glic, eòlach, sicir, crìonna, ciallach, fiosrach, stòlda.
WISEACRE, *s.* Baothaire, burraidh.
WISH, *v.* Miannaich, guidh, togair; sanntaich, iarr, rùnaich, bi deònach.
WISH, *s.* Miann, àill, togradh; guidhe; toil, dùrachd, déigh; iarrtas.
WISHER, *s.* Fear-miannachaidh.
WISHFUL, *adj.* Togarrach, miannach, sanntach, déidheil, cionail.
WISKET, WHISKET, *s.* Sgùile, sgùlan.
WISP, *s.* Mùillean, boitein, sop.
WISTFUL, *adj.* Dùrachdach, smuainteach, aireach, cùramach.
WIT [to]. Is e sin ri ràdh.
WIT. *s.* Aigneadh, ciall, inntinn, tuigse, tùr, toinisg, meamna, mac-meanma, mac-meanmain; geur-labhairt; fear geur-chuiseach, fear geur-chainnteach, bearradair; fear tulchuiseach, fear mòr-thuigse; innleachd, tionnsgnadh.
WITCH, *s.* Bana-bhuidseach, bandruidh, briosag. *Kk.*
WITCHCRAFT, *s.* Buidseachd, rosachd, druidheachd; geasan, dolbh.
WITH, *prep* Le, leis, maille ri; ina

ri, cuide ris, am fochar. With me,
thee, her, him, *leam, leat, leatha, leis;*
with us, you, them, *leinn, leibh, leo.*

WITHAL, *adv.* Leis, mar ri.

WITHDRAW, *v.* Falbh, thoir air ais,
thoir air falbh, rach a thaobh; cuir
a thaobh; ais-chéimnich.

WITHDRAWING-ROOM, *s.* Seòmar-taoibh.

WITHE, *s.* Slat-chaoil; cual-chaoil.

WITHER, *v.* Searg, seac, crìon, caith
air falbh, sgreag, meath.

WITHERING, *s.* Seargadh, seacadh,
crìonadh, sgreagadh.

WITHERS, *s.* Slinneanan eich.

WITHHOLD, *v. a.* Cùm air ais, bac.

WITHIN, *adv.* and *prep.* A steach.

WITHINSIDE, *adv.* An leth a steach.

WITHOUT, *prep.* Gun; as eugmhais;
a mach, a muigh, an taobh a muigh.

WITHOUT, *conj.* Mur, saor; mur
déan, mur bi, mur tachair.

WITHOUT, *adv.* Am muigh, a mach.

WITHSTAND, *v. a.* Cùm ris, cùm an
aghaidh, cùm roimh, seas ri.

WITHY, *s.* Gad.

WITLESS, *s.* Gòrach; amaideach, eu-
céillidh, faoin, neo-thùrail.

WITLING, *adj.* Fear leth-gheur.

WITNESS, *s.* Fianais.

WITNESS. *v.* Thoir fianais, dean fian-
ais, dearbh le fianais, tog fianais.

WITTED, *adj.* Geur, tùrail.

WITTICISM, *s.* Maol-abhachd.

WITTY, *adj.* Geur, beumnach, aig-
neach, bearradach, tuigseach, tul-
chuiseach, geur-chuiseach, mac-
meamnach, geur-fhaclach; sgaiteach.

WIVE, *v. a.* Pòs, gabh bean.

WIVES, *s. pl.* of *wife.* Mnathan.

WIZARD, *s.* Baobh; fiosaiche; drùidh.

WO, *s.* An-aoibhneas; truaighe.

WOAD, *s.* Seòrsa guirmein.

WOFUL, *adj.* Truagh, dubhach, bròn-
ach, muladach, tùrsach, cumhach,
doilghiosach, an-aoibhneach.

WOLF, *s.* Madadhallaidh; mac-tìre; faol.

WOLFDOG, *s.* Faol-chù.

WOLFSBANE, *s.* Fuath-a-mhadaidh.

WOMAN, *s.* Bean; boireannach.

WOMANISH, *adj.* Banail, màlda.

WOMANHATER, *s.* Fear-fuathachaidh
bhan, bean-fhuathaiche.

WOMANKIND, *s.* An cinneadh banail.

WOMANLY, *adj.* Banail; mar mhnaoidh.

WOMB, *s.* Machlag, bolg; brù.

WOMB, *v. a.* Dùin; gin an uaigneas.

WOMEN, *s. pl.* of *woman.* Mnài.

WONDER, *s.* Iongantas, neònachas.

WONDER, *v. n.* Gabh iongantas.

WONDERFUL, *adj.* Iongantach.

WONDERSTRUCK, *adj.* Fo amhluadh.

WONDROUS, *adj.* Neònach.

WONT, *v. n.* Gnàthaich, cleachd.

WONTED, *part. adj.* Gnàthaichte;
coitcheann, cumanta, cleachdte.

WOO, *v.* Dean suiridhe, dean mire no
beadradh; iarr; sir.

WOOD, *s.* Coill, coille; fiodh, fiùdhaidh;
iùdh, *and* iuch. *Ob.*

WOODBINE, *s.* Eidheann-ma-cnrann;
iadh-shat; deòthlag.

WOODCOCK, *s.* Coileach-coille, crom-
nan-duileag, creòthar.

WOODED, *adj.* Coillteach.

WOODEN, *adj.* Fiodha, do dh fhiodh.

WOODHOLE, *s.* Toll-connaidh.

WOODLAND, *s.* Fearann-coilleach.

WOODLAND, *adj.* Coillteachail.

WOODLARK, *s.* An riabhag-choille.

WOODLOUSE, *s.* Reudan, mial-fhiodha.

WOODMAN, WOODSMAN, *s.* Gìomanach;
eunadair, sealgair; maor-coille.

WOODMONGER, *s.* Fear-reic-fiodha,
ceannaiche-fiodha.

WOODPECKER, *s.* An lasair-choille, an
snagan-daraich.

WOODSARE, *s.* Smugiad-na-cuthaige.

WOODSORREL, *s.* Biadh-an-eòin, biadh-
eunain, glaodhran, feada-coille.

WOODNYMPH, *s.* Annir-choille.

WOODY, *adj.* Coillteach, doireach.

WOOER, *s.* Suiridheach, suiridhche.

WOOF, *s.* Inneach, snath-cuir.

WOOL, *s.* Clòimh, olunn.

WOOLEN, *adj.* Olla, do chlòimh.

WOOLLY, *adj.* Ollach, clòimheach.

WOOLPACK, *s.* Poca cloimhe.

WOOLSTAPLER, *s.* Ceannaiche-clòimhe.

WORD, *s.* Facal, briathar; gealladh.

WORD, *v.* Faclaich, deachd.

WORDY, *adj.* Briathrach; faclach.

WORE, *pret.* of *to wear.* Chaith.

WORK, *s.* Obair, saothair, gnìomh,
gothach cùis; dragh.

WORK, *v.* Oibrich, saoithrich.

WORKER, *s.* Oibriche.

WORKHOUSE, *s.* Taigh-nam-bochd.

WORKINGDAY, *s.* Latha-oibre.

WORKMAN, *s.* Fear-cèairde; fear-oibre.

WORKMANLIKE, *adj.* Ealadhanta.

WORKMANSHIP, *s.* Obair, ealdhain.

WORKSHOP, *s.* Bùth-oibre.

WORKWOMAN, *s.* Ban-fhuaighealaich.

WORLD, *s.* Saoghal, domhan, an
cruinne; an cinne-daonna.

WORLDLING, *s.* Duine saoghalta.

WORLDLY, *adj.* Talmhaidh; saoghalt-
ach, saoghalta, sanntach, spìocach-
teann-chruaidh.

WORM, *v.* Snìomh, toinn troimh.

Worm, *s.* Cnuimh, cnuimheag, durr-ag; cliath-thogalach.
Wormwood, *s.* Burmaid; burban.
Wormy, *adj.* Cnuimheach.
Worn, *part. pass.* of to *wear.* Caithte.
Worril, *s.* Feursanan.
Worry,*v.a.* Reub; stròic, beubanaich.
Worse, *adj.* Ni's miosa.
Worship, *s.* Urram, onoir, spéis.
Worship, *s.* Aoradh; urram.
Worship, *v.* Dean aoradh.
Worshipful, *adj.* Urramach.
Worst, *adj.* A's miosa.
Worsted, *s.* Abhras.
Wort, *s.* Brailis, seòrsa càil.
Worth, *s.* Fiach, luach, prìs; luach-mhorachd, fiachalachd.
Worth, *adj.* Fiù, airidh, fiach.
Worthiness, *s.* Toillteannas; òirdheirceas; subhaile; mathas.
Worthless, *adj.* Suarrach, gun fhiù.
Worthlessness,*s.* Neo-fhiùghalachd.
Worthy, *adj.* Fiachail, fiùghail airidh, cubhaidh, toillteannach, cliù-thoillteannach, òirdheirc.
Wot, *v. n.* Bi fiosrach.
Wove, *pret.* and *part.* of to *weave.* Dh' fhigh air fnige.
Woven, *part.* Fighte.
Would, *pret.* of to *will.* B' àill.
Wound, *s.* Lot, cneadh, creuchd, dochann, leòn, gearradh.
Wound, *v. a.* Leòn, creuchd, reub, lot, dochainn, cràidh, ciùrr.
Wound, *pret.* of to *wind.* Tachraiste.
Wrack, *s.* Bristeadh sgrios call.
Wrangle, *v. n.* Connsaich, deasbair-ich; cuir a mach, troid.
Wrangle, *s.* Connsachadh, trod.
Wrangler, *s.* Fear-connsachaidh.
Wrap, *v. a.* Paisg, trùs; fill, cuairsg.
Wrapper, *s.* Filleag, còmhdach.
Wrath, *s.* Fraoch; corraich; fearg.
Wrathful, *adj.* Fraochanta, fearg-ach, corrach càs, frithearra.
Wreak, *v. a.* Dean dìoghaltas.
Wreak, *s.* Dìoghaltas.
Wreakful, *adj.* Dìoghaltach.
Wreath, *s.* Blàth-fhleasg, coron, fleasg, figheachan; clàideag, lùbag, dual, camag; cuidhe.
Wreathe, *v. a.* Toinn, pleat, dual, cas, snìomh, cuairsg.
Wreathy,*adj.* Snìomhanach, cuairsg-each, leadanach, dualach.
Wreck, *s.* Long-bhriseadh; léir-sgrios, bàthadh.
Wreck, *v.* Sgrios le ànradh cuain; bris, mill; bi air do bhriseadh.
Wren, *s.* Dreadhandonn.

Wrench, *v.a.* Toinn,snìomh; spìon.
Wrench, *s.* Toinneamh; snìomh, spìonadh, siachadh.
Wrest, *v. a.* Spìon; toinn, toinneamh, snìomh; éignich.
Wrest, *s.* Toinneamh; éigin.
Wrestle, *v. n.* Gleachd, dean strì.
Wrestler, *s.* Gleachadair, caraiche.
Wretch, *s.* Truaghan; crochaire.
Wretched, *adj.* Truagh, dòlum, bochd; dona, mi-shealbhar, dòruinn-each, truaillidh, crìon, suarrach; dòlasach,doilghiosach, àmhgharach; leibideach, tàireil.
Wretchedness, *s.* Truaighe, donas.
Wriggle, *v.* Fri-oibrich; siùd, seòg.
Wriggling, *s.* Seòganaich, crathail.
Wright, *s.* Saor.
Wring, *v.* Fàisg; toinn, toinneamh; snìomh; sàraich, claoidh; gabh a dh' aindeoin, dean ainneart.
Wrinkle, *s.* Preas, preasadh, crupag, criopag, lorc, caisreag.
Wrinkle, *v. n.* Preas, Preasagaich, crup, cas, liurc, sream.
Wrinkled, *adj.* Preasagach; preasagaichte, casach, liurcach.
Wrist, *s.* Caol an dùirn.
Wristband, *s.* Bann-dùirn.
Writ, *s.* Sgriobhtur; reachd.
Write, *v.* Sgrìobh; gràbhail, geàrr.
Writer, *s.* Sgrìobhadair, ùghdar.
Written, *pass. part.* of to *write.* Sgrìobhte, air a sgrìobhadh.
Writhe,*v.* Toinn, toinneamh,snìomh; càs; cam, siach, fiar.
Writing. Sgrìobhadh.
Wrizzled,*adj.* Preasach, sreamach; seacte, seargte.
Wrong, *s.* Eucoir, eu-ceart, near-achd; dochair, coire.
Wrong,Wrongly, *adv.* Air aimhreith.
Wrong, *adj.* Eucorach, docharach, mearachdach, olc; coireach, cearr, air aimhreith, neo-chothromach, neo-chubhaidh.
Wrong, *v. a.* Dean eucoir air, doch-annaich, bhalaich, ciùrr.
Wrongful,*adj.* Eu-corach, eu-ceart-ach,mearachdach,lochdach, ciontach, cronail, coireach.
Wrongheaded,*adj.* Caoch-cheannach, gòrach, amaideach, baoghalta, eu-céillidh, mearachdach.
Wrongfully, *adv.* Gu neo-dhligheach, gu cronail, gu mi-cheart.
Wrote,*pret. part.*of to *write.* Sgrìobh.
Wroth, *adj.* Feargach, an corraich.
Wrought. *part.* Oibrichte; dèante.
Wrung, *part.* of to *wring.* Fàisgte.

WRY, *adj.* Cam, fiar. claon, crotach.

X

X, *s.* Ceathramh litir thar fhichead na h-aibidil.

XERIF, *s.* Flath Barbarianach.

XEBECK, *s.* Bìrlinn.

XEROCOLLYRIUM, *s.* Sàbh-shùl.

XENODOCHY, *s.* Aoidheachd.

XEROPHAGY, *s* Biadh-tioram.

XIPHOIDES, *s.* Maothan.

XYLOGRAPHY, *s.* Gràbhaladh air fiodh.

XYSTUS, *s.* Rathad spaidsearachd.

Y

Y, *s.* Cùigeamh, litir thar fhichead, na h-Aibidil.

YACHT, *s.* Sgoth-luingeanach.

YARD, *s.* Gàradh; iadh-lann, lios, cùirt. Slat; slat-thomhais, slat-shiùil.

YARDWARD, *s.* Tomhas-slaite.

YARN, *s.* Snàth; snàth-olla, abhras.

YARROW, *s.* Eàrr-thalmhuinn.

YAWL, *s.* Geòla, bàta luinge.

YAWN, *s.* Meunan, mianan.

YAWN, *v. n.* Dean meunanaich.

YAWNING, *s.* Meunanaich.

YAWNING, *adj.* Meunanach, cadaltach.

YCLEPED, *part.* Ainmichte.

YE, *nominative plur.* of *thou.* Sibhse.

YEA, *adv.* 'S eadh; air chinnt.

YEAN, *v. n.* Beir uan.

YEANLING, *s.* Uan, uanan, uainein.

YEAR, *s.* Bliadhna.

YEARLING, *s.* Bliadhnach.

YEARLY, *adv.* Gach bliadhna.

YEARN, *v. n.* Gabh truas, mothaich truas; fàisg, léir, cràidh.

YEARNING, *s.* Truacantas, bàigh.

YELK, YOLK, *s.* Buidheagan uibhe.

YELL, *s.* Sgrèach, sgriach, sgal, glaodh, sgairt, ulfhart, ràn, burral.

YELL, *v. n.* Sgrèach, sgriach, sgal, glaodh, sgairt, ulfhart, ràn, burral.

YELLOW, *adj.* Buidhe.

YELLOW, *s.* Dath-buidhe.

YELLOWHAMMER, *s.* Buidheagbhuachair.

YELLOWISH, *adj.* A leth-char buidhe.

YELLOWNESS, *s.* Bhuidhneachd.

YELP, *s.* Tathunn, tathunnaich, comhartaich, deithleann.

YELP, *v. n.* Dean tathunn, tathunnaich.

YEOMAN, *s.* Tuathanach, fear gabhalach; leth dhuin'-uasal.

YEOMANRY, *s.* Tuath-mheasail.

YERK, *s.* Sgailleag, frith-bhuille, gleog, gleadhar; sitheadh.

YERK, *v.* Buail gu grad, frith-bhuail; thoir sitheadh, sgiùrs, gabh air thoir grad leum.

YES, *adv.* Seadh, 'se, tha, &c. &c.

YEST, YEAST, *s.* Beirm, cop.

YESTERDAY, *adv.* An dé.

YESTERNIGHT, *adv.* An raoir.

YESTY, YEASTY, *adj.* Beirmeach.

YET, *conj.* Gidheadh, fòs, fathast.

YET, *adv.* Fathast, fhathast; osbarr, tuilleadh fòs; *as yet;* gus a nise.

YEW, *s.* Iubhar, iuthar.

YEWEN, *adj.* Iubhair.

YIELD, *v.* Géill; strìoc; lub, feachd; thoir a mach; thoir suas, aontaich.

YOKE, *s.* Cuing, ceangal, slàbhraidh; càraid, dithis; daorsa, tràilleachd.

YOKE, *v. a.* Beartaich; cuingich, caraidich; sàraich, claoidh, ceannsuich, tràillich, cìosnaich.

YOKE-FELLOW, *s.* Comh-oibriche.

YON, YONDER, *adv.* Ud, an sud.

YORE, *adv,* O shean, o chian.

YOU, *pron. oblique case* of *ye.* Thu, thusa, tu; sibh, sibhse.

YOUNG, *adj.* Òg; aineolach, lag.

YOUNG, *s.* Òigridh; àl-òg.

YOUNGER, *adj.* Ni's òige.

YOUNGEST, *adj.* A's òige.

YOUNGISH, *adj.* A leth-char òg.

YOUNGLING, *s.* Ogan, maotharan.

YOUNGSTER, YOUNKER, *s.* Òganach.

YOUR, *pron. sing.* Do, d' t'.

YOUR, *pron. pl.* Bhur, ur, 'r.

YOURS, *pron. sing.* Leat, leatsa.

YOURS, *pron. pl.* Leibh, leibhse.

YOURSELF, *pron.* Thu-féin.

YOURSELVES, *pron.* Sibh-féin.

YOUTH, *s.* Oigear; òige pàiste, òigeachd; òigridh, òganaich.

YOUTHFUL, *adj.* Òg, ògail, òigeil.

YOUTHLY, YOUTHY, *adj.* Òg, ògail.

YULE, *s.* An Nollaig.

YUX, YEX, *s.* An àileag

Z

Z. Sèathamh litir thar fhichead na h-Aibidil.

ZANY, *s.* Sgeigeir, cleasaiche.

ZEAL, *s.* Miann, eud; dian-dheòthas; dealas, deagh-dhùrachd.

ZEALOT, *s.* Eudair; Fear-tnuail; fear-leanmhainn, fear-dealaidh.

ZEALOUS, *adj.* Eudmhor, miannmhor, dealasach, deòthasach, dùrachdach, dian; teth, bras, togarrach.

ZEALOUSNESS, *s.* Dealasachd, dùrachd.

ZEBRA, *s.* An asal-stiallach.

ZECHIN, *s.* Òr naoi tastan.

ZENITH, *s.* Druim an adhair.

ZEPHYR, ZEPHYRUS, *s.* Tlàth-ghaoth; seamh-ghaoth; gaoth an iar.

ZEST, *s.* Blas; blas taitneach.

ZEST, *v. a.* Dean blasda.

ZIGZAG, *adj.* Carach; lùbach, cam

ZINC, *s.* Seòrsa miotailt.

ZODIAC, *s.* Grian-chrios.

ZODIACIAL, *adj.* Grian-chriosach.

ZONE, *s.* Crios; cearcall, cuairt; bann; cuairt do 'n talamh.

ZOOGRAPHER, *s.* Fear-sgrìobhaidh mu thimcholl ainmhidhean.

ZOOGRAPHY, *s.* Cunntas mu thimchioll cumadh agus nàduir ainmhidhean.

ZOOLOGY, *s.* Cunntas mu ainmhidhibh.

ZOOPHYTE, *s.* Beò-luibh.

ZOOTOMIST, *s.* Cairbh-sgathaich.

ZOOTOMY, *s.* Cairbh-sgathadh.

THE COMMON CHRISTIAN NAMES OF MEN AND WOMEN, IN ENGLISH AND GAELIC.

NAMES OF MEN.

ADAM, ...Adhamh.	FILLAN, ...Faolan.
ADOMAN, ...Donnan.	FINGAL, ...Fionn.
ALBERT, ...Ailbeart.	FINLAY, ...Fionnladh.
ALEXANDER, *Ellic* .....Alasdair.	FRANCIS, *Frank* ......Frang.
ALAN, ...Ailean.	GEOFFRY, ...Goiridh.
ALPIN, ...Ailpein.	GEORGE, ...Seòras.
ANDREW, ...Aindrea.	GILLANDERS, ...Gilleanndrais.
ANGUS, ...Aonghas.	GILBERT, ...Gillebard.
ARCHIBALD, ...Gilleasbuig.	GILBRIDE, ...Gillebrìde.
ARTHUR, ...Art.	GILLIES, ...Gilliosa.
AULAY, ...Amhladh.	GODFREY, ...Guaidhre.
BANQUO, ...Bàncho.	GREGOR, ...Griogair.
BARTHOLOMEW, *Bat.*..Parlan.	HENRY, *Harry*.........Eanruig.
BEARNARD, ...Bearnard.	HECTOR, ...Eachunn.
BENJAMIN, *Ben.*.......Beathan.	HUGH, ...Ùisdean.
BRIAN, ...Brian.	JAMES, *Jemmy*.........Seumas.
CATHELD, ...Cathal.	JOHN, *Jack* ....Iain.
CHARLES, ...Tearlach.	JOSEPH, *Joe* ....Ioseph.
CHRISTOPHER, ...Gillecriosd.	KENNEDY, ...Uarraig.
COLIN, ...Cailean.	KENNETH, ...Coinneach.
COLL, ...Colla.	LACHLAN, ...Lachunn.
CONALL, ...Connull.	LAWRENCE, ...Làbhruinn.
CONSTANTINE, ...Conn.	LEWIS, ...Luthais.
DANIEL, *Donald* ......Dòmhnull.	LUKE, ...Lucais.
DAVID, *Davie* ....Daibhidh.	LUDOVICK, ...Maoldònaich.
DERMUD, ...Diarmad.	MAGNUS, ...Mànus.
DUGALD, ...Dùghall.	MALCOLM,* ....Calum.
DUNCAN, ...Donnachadh.	MARC, ...Marcus.
EDWARD, *Ned* ....Eideard.	MARTIN, ...Màrtainn.
EUGENE, ...Aodh.	MATTHEW, *Mat*........Mata.
EVANDER, ...Iomhar.	MAXWELL, ...Macsual.
EWEN, ...Eòbhann.	MAURICE, ...Maolmuire.
FARQUHAR, ...Fearchar.	MICHAEL, ...Mìcheil.
FERGUS, ...Fearghus.	MUNGO, ...Mungan.

---

* "Malcolm" is a name of Celtic origin—from "*Maolcolum*," a votary of St Columba; as "*Maolmuire*" signifies a votary of the Virgin Mary. The English affix *bald*, is synonymous with the Gaëlic prefixes *maol* and *gille*,—"*Maolciaran*," a votary of St Kiaran, was in former times a Gaëlic proper name, but is now used only as descriptive of a person who is woe-begone and bending under sorrow. Examples of this use of the term will be found in the poetical compositions of Mary M'Leod, the celebrated poetess of Harris, and of Roderick Morrison, the famous blind harper of Lewis.

MURDOCH, ...Murchadh.
MURPHY, ...Muireach.
NICOLAS, *Nic*...........Neacal.
NAUGHTAN, ...Neachdann.
NIEL, ...Niall.
NINIAN, ...Ringean.
NIVEN, ...Gillenaomh.
NORMAN, ...Tòrmod.
OLIVER, ...Olaghair.
OWEN, ...Aoghann.
PAUL, ...Pàl, Pòl.
PATRICK, ...Pàdruig.
PETER, ...Peadar.
PHILIP, ...Philip.
QUINTIN, ...Caoidhean.

RICHARD, *Dick* ....Ruiseart.
ROBERT, *Bob* ....Rob.
RODERICK, *Rory* ......Ruairidh.
RONALD, ...Raonull,
SAMUEL, *Sam* ....Samuel.
SOMERLED, ...Somhairle
SIMON, ...Sìm.
SOLOMON, ...Solamh.
STEPHEN, ...Steaphan.
TADDEUS, ...Taogh.
THOMAS, *Tom* ....Tòmas.
TORQUIL, ...Torcull.
WALTER, ...Bhaltair.
WILLIAM, *Will* ......Uilleam.
ZACHARY, *Zach*........Sachairi.

NAMES OF WOMEN.

AMELIA, ...Aimili.
ANABELLA, ...Barabal.
ANGELICA, ...Aingealag.
ANN, *Nanny*...........Anna.
BARBARA, ...Barbara.
BEATRICE, ...Beitiris.
BETSY, ...Beitidh.
CATHARINE, *Kate* ...Caitriana.
CHRISTIAN, *Chris*......Cairistìne.
CICELY, *Cis*...........Silis.
CLARE, ...Sorcha.
CLARISA, ...Caitir.
DIANA, ...Diana.
DORCAS, ...Deòiridh.
DOROTHY, *Dolly* .....Diorbhail.
ELGIN, ...Eiliginn.
ELIZABETH, *Bess*......Ealasaid.
FLORA, ...Fionnaghal.
FRANCES, *Fanny* ......Fràngag.
GRACE, ...Giorsail.
HELEN, *Nelly* ....Eilidh.

HENRIETTA, *Harriet*.Eiric.
ISABELLA, *Bell* ....Iseabal.
JANET, ...Seònaid.
JANE, *Jean, Jenny*, ...Sìne.
JUDITH, ...Siubhan.
LOUISA, ...Liùsaidh.
LUCRETIA, ...Lùereis.
MARGARET, *Peggy* ....Mairearad.
MARGERY, ...Marsail.
MARION, ...Muireall.
MARTHA, *Patty* ......Moireach.
MARY, *Molly*..........Màiri.
MALVINA, ...Malamhìn.
MILDRED, ...Milread.
EUPHAM, ...Oighrig.
RACHEL, ...Raònaild.
SARAH, *Sally* ....Mòr.
SOPHIA, ...Beathag.
SUSANNA, *Susan*......Siùsan.
UERE, ...Eamhair.
WINIFRED, ...Ùna.